Sunyo Translation Series in Accounting Classics

CORNERSTONES OF COST MANAGEMENT

Second Edition

Don R.Hansen Maryanne M.Mowen

三友会计名著译丛

“十二五”国家重点图书出版规划项目

成本会计（第二版）

成本管理基础

(美) 唐 · R.汉森 玛丽安娜 · M.莫文 ◉ 著

曹玉珊 ◉ 译

大连

辽宁省版权局著作权合同登记号：图字 06-2013-134 号
Cornerstones of Cost Management, Second Edition
Don R. Hansen, Maryanne M. Mowen

图书在版编目（CIP）数据

成本会计：成本管理基础（第二版）/（美）汉森（Hansen, D. R.），（美）莫文（Mowen, M. M.）著；曹玉珊译．—大连：东北财经大学出版社，2014. 8
（三友会计名著译丛）
ISBN 978-7-5654-1509-8

Ⅰ. 成… Ⅱ. ①汉… ②莫… ③曹… Ⅲ. 成本会计 Ⅳ. F234. 2

中国版本图书馆 CIP 数据核字（2014）第 093166 号

东北财经大学出版社出版发行
大连市黑石礁尖山街 217 号　邮政编码　116025
教学支持：（0411）84710309
营 销 部：（0411）84710711
总 编 室：（0411）84710523
网　　址：http://www.dufep.cn
读者信箱：dufep@dufe.edu.cn
大连图腾彩色印刷有限公司印刷

幅面尺寸：185mm×260mm　字数：987 千字　印张：43 3/4　插页：1
2014 年 8 月第 1 版　2014 年 8 月第 1 次印刷
责任编辑：刘东威　刘　佳　　责任校对：辛杰洋　南乐宁
封面设计：冀贵收　　版式设计：钟福建
定价：88.00 元

译者序

成本信息是许多管理决策所要求的关键数据。作为详细阐述这一关键信息的生成、使用及规则的课程，“成本会计”逐渐成为会计学专业（甚至企业管理专业）的核心课程。随着经济全球化步伐的加快，跨国公司越来越多，成本业务也日益国际化，此时，就像财务会计准则的国际趋同一样，企业成本管理信息系统的运作模式也逐渐显露出“国际趋同”的迹象。在此背景下，东北财经大学出版社引入了美国成本管理专家玛丽安娜·M. 莫文（Maryanne M. Mowen）与唐·R. 汉森（Don R. Hansen）合著的《成本会计：成本管理基础》（第二版）一书①，旨在介绍企业成本管理信息系统的（国际上的）“一般”运作模式。通读全书，可以发现以下几个特点：

（1）坚持传统、脉络清晰。本书在专业内容以及专业术语方面与同类教材保持了一致性，所增加的一些特别内容亦不与传统概念存在任何冲突，而更有补充、发展之意。但坚持传统需要恰当区分成本会计与管理会计的界限，这是因为成本会计发展的一个特点是：成本会计与管理会计的内容相互融合（以至于有“成本管理会计”的说法），且“纯粹的”成本会计内容日益缩减。本书顺应了这种发展趋势（本书英文名的变更可视为一种信号），涵盖了管理会计的内容，但是没有压缩成本会计的原理，并且其阐述的顺序先于管理会计。这一点可以本书对作业成本法、作业预算、作业管理以及作业基础的业绩评价等内容的安排为代表。

（2）专著范模、紧扣实际。坚持传统可能导致因循守旧、失去创新。本书通过密切联系实际、关注最新研究成果，以致推陈出新、不落窠臼。这一点可以参见关于运用资源属性判别成本性态的方法（第 3 章）、作业成本法的简化（第 4 章）、JIT 生产（第 11 章）与精益会计（第 15 章）等。尤为可贵的是，本书的创新内容全部基于最近的学术研究，并且一般基于知名企业的具体实践。因此，读者可能会发现，本书的作者是用专著的范式写作教材，既提炼了思想，又可付诸实践。

（3）深入浅出、版式新颖。在同类教材汗牛充栋的环境下，无论是传统的经典原理还是创新的实践观念，要得到普遍的认可，都需要采用一种格式新颖、通俗易懂的方法，促使读者会心地接受。本书除去运用标识重要概念（如加粗、斜体等）、给出学习提示等通用写作方法之外，还大量穿插了数据图表、现实案例、“基础（练习）”、“道德问题”等多种生动活泼的阐述方式，可谓匠心独运。特别值得一提的是，现实案例和“道德问题”的版式设计。前者增加了所述原理的趣味性和可信度，后者则发人深省，尤其具有实践价值。

本书译者长期从事成本管理会计课程的双语教学工作，使用本书（英文版）也已整整四年，总体上感觉过程顺利、效果良好。出于中文阅读的习惯以及了解中国企业成本管理的需要（一般是中外比较的方法），因此有许多学生提出“可否将本书翻译成中文”的问题。令人感动的是，当译者转述这一想法后，东北财经大学出版社

---

① 《成本会计（Cornerstones of Cost Management）》（第二版）一书，因原引入的该书第一版书名即为“成本会计（Cost Accounting）”，为了承接，且第二版修改的英文书名本意与之相近，故第二版的书名仍译为“成本会计”，另加根据其英文直译的副标题“成本管理基础”。

非常地支持。于是，译者充分利用教学科研的闲暇，努力奋战，共历时一年又三个月，方才完成全部初稿。但限于译者的翻译水平，虽有多位同仁的协助，似仍未达到最初的期望。用“信、达、雅”的标准来评价，译者认为，本译著只能勉强达到“信”的层次，即译文尽可能准确、不歪曲、不遗漏，也没有随意增减意思；但译文较拘泥原文的形式，文句未必通顺，因此可能不“达”；至于“雅”，则因为选词困难、语言转换不当而不可企及，比如：把“committed resources”译为“预定资源”而不是“约束性资源”；把“operation costing”译为“工序成本法”而不是“经营成本法”等等。此外，在译文细节中，还有许多欠缺之处，均尊请读者原谅。

最后，特别感谢余新培教授、吉伟莉副教授以及聂卉如、肖翠、谭文颖硕士等人在专业术语确定、初稿翻译、习题选择、总稿审定等方面给予的大力帮助！

曹玉珊

2014 年暮春

目　录

第1章 成本管理导论

学习本章之后，您可以：

①描述成本管理的概况并且解释它与财务会计的区别。

②识别目前影响成本管理的各种因素。

③描述管理会计师在一个组织中的功能。

④理解道德行为对于管理会计师的重要性。

⑤确认内部会计师需要获取的三种资格认证。

1.1 财务会计与成本管理：一个系统框架

一个系统框架有助于我们理解在成本管理领域出现的各种问题，还可以让我们加深理解财务会计和成本管理之间的区别。一个会计信息系统（accounting information system）包含有相互联系的手工部件和计算机部件，并使用诸如数据收集、记录、汇总、分析与管理等处理方法，将输入材料转换为提供给使用者的信息。

一个组织的会计信息系统有两个主要的子系统：（1）财务会计信息系统；（2）成本管理会计信息系统。这两个系统的主要区别之一就是目标使用者的不同。

1.1.1 财务会计信息系统

财务会计（financial accounting）信息系统主要关注的是为外部使用者生产信息产品。它使用经过明细分类的经济事项作为输入材料，并且其加工过程遵循一定的规则和惯例。对财务会计而言，该输入材料的性质以及主导加工过程的规则和惯例，均由证券交易委员会（SEC）与财务会计准则委员会（FASB）进行界定。其产出的信息产品是给予外部使用者（投资者、债权人、政府机构和其他外部使用者）的财务报表，如资产负债表、利润表和现金流量表。财务会计信息用于投资决策、受托责任评估、活动监控和制定监管措施。

1.1.2 成本管理信息系统

成本管理（cost management）信息系统主要关注的是，使用必须满足管理目标的输入材料及其加工过程为内部使用者生产信息产品。对于那些界定输入材料性质与加工过程的外部强制性规则条例，成本管理信息系统并不受其约束。相反，那些规定输入材料性质与加工过程的规则条例由公司内部人员来设定。成本管理信息系统有三个宽泛的目标，即针对以下三点要求提供信息：

a. 为产出的服务、产品以及管理者感兴趣的其他成本对象计算成本

b. 规划和控制

c. 制定决策

满足上述第一个目标的信息要求取决于成本对象的性质以及管理者试图了解该成本信息的缘由。比如，符合FASB规则要求的产品成本信息是为了用于估算资产负债表上的存货以及计算利润表上产品销售成本（COGS）项目的费用。这些产品成本包括材料成本、人工成本和制造费用。另外，管理者们还可能出于战术性和战略性盈利

能力分析的目的而希望了解与该产品相关联的所有成本。如果这样的话，那么就需要额外的与产品设计、开发、营销以及分销等活动有关的成本信息。比如，制药企业就可能希望将研发成本与特定品种或者一类药品联系起来。

成本信息还被用于规划与控制。它可以帮助管理者们决策，什么该做、为什么要做、应该怎么做以及做到何种程度。比如，关于一种新产品的预计收入及其成本的信息可以作为决策依据用于目标成本规划。在此阶段，其预计收入与预计成本可能覆盖该新产品的整个生命周期。这样，包含设计、开发、测试、生产、营销、分销以及售后服务等活动的计划成本就是基本的信息。

最后一点就是，成本信息还是许多管理决策所要求的关键数据。比如，一个管理者可能需要决策一种零部件是继续自行制造还是从外部供应商那里购买。在这种情况下，该管理者需要知道与制造该零部件有关的材料、人工和其他生产投入的成本，以及如果该产品不再生产时这些成本中有哪几项就不复存在等信息。同时需要的信息就是关于该零部件的采购成本，包括诸如接收和储存物品等内部活动导致的任何增量成本。

成本管理拥有的关注点比传统成本系统的关注点更为广泛。它不仅关注成本是多少，而且关注是哪些因素驱动了成本，比如时间周期、质量以及加工过程的生产率。因此，成本管理要求深入了解一个企业的成本结构。管理者们必须能够明确长期的和短期的成本活动与过程，以及产品服务、顾客、供应商与其他利益对象的成本信息，并且需要仔细研究这些成本的动因。

1.1.3 对应不同目的的不同系统

财务会计系统和成本管理系统告诉我们，不同的系统满足不同的目的。如前所述，这两个系统是会计信息系统的子系统。而成本管理信息系统又进一步包含了两个主要的子系统：成本会计信息系统和经营控制信息系统。这两个子系统的目标分别对应前述成本管理信息系统的第一个和第二个目标（成本计算目标和控制目标）。这两个成本系统的产出是为了实现其第三个目标（制定决策目标）。

成本会计信息系统（cost accounting information system）是成本管理的一个子系统，它被设计用于向特定产品、服务以及按照管理者意图所分类的其他对象分配成本。对外部财务报告而言，成本会计系统必须向产品分配成本，以便估算存货，确定销售成本。并且，这些分配的方法必须遵循 SEC 和 FASB 设定的规则和惯例。这些规则和惯例并不要求所有向特定产品分配的成本与其所需要的分配量之间保持必然的因果关系。因此，使用财务会计原则来界定产品成本可能导致对特定产品成本的低估或者高估。对于存货价值和销售成本的报告而言，这样做并无大碍。存货价值和销售成本是按合计数报告的，因此低估数额和高估数额可能相互冲销以至于财务报表上所报告的价值达到一个合理的准确度。

但是，在特定的产品层次，被扭曲的产品成本可能导致管理者们做出存在重大错误的决策。比如，一个管理者可能错误地降低一种产品的重要性并对其过高定价，而事实上该产品已经有很高的盈利。制定决策需要准确的产品成本信息。如果可能的话，成本会计系统应该提供既准确同时又符合财务报告惯例要求的产品成本信息。而如果不可能的话，那么成本系统则必须分别提供两组信息：一组信息符合财务报告规则条例的要求，另一组信息满足管理者制定决策的需求。

经营控制信息系统(operational control information system) 是成本管理的一个子系统。它被设计用于提供准确且及时的反馈信息。该反馈信息主要关注管理者们及其他相关人员从事计划与控制活动的绩效。经营控制主要关注什么活动应该开展以及评价这些活动取得了什么效果。它致力于识别提升业绩的机会并努力发现提升业绩的路径。一个良好的经营控制信息系统可以提供信息来帮助管理者们潜心从事能够持续、全面提升他们业务绩效的工作。

在这个系统中，产品成本信息起到了一定的作用，但是光有它，还远远不够。计划与控制还需要更广泛的信息，并且该信息应覆盖整个价值链。比如，每一个营利性的制造业和服务业组织的存在就是为了服务于顾客。因此，经营控制系统的一个目标就是提高顾客可以接收到的价值。产品与服务应该为迎合具体的顾客需求而生产。(注意这将会怎样影响到价值链中的设计与开发系统。）对顾客而言，质量、可承受的价格以及在售后支付较低的使用与保养成本等也很重要。

经营控制系统的第二个相关目标是，通过提供这些产品与服务来提高利润水平。公司只会在其可为公司所有者带来足够回报的情况下，才提供达到公司可承受能力的、良好设计的高质量产品。对管理性的计划与控制而言，考虑质量、差异化的产品设计以及售后的顾客需求等问题的成本信息是至关重要的。

1.2 影响成本管理的因素

世界范围的竞争压力、放松管制、服务行业的增长，以及信息与生产技术的进步，已经改变了我们经济的性质，并且导致了制造业与服务业在其经营方式上的急剧变化。这些变化反过来促进了创新与相关成本管理实践的发展。比如，作业成本会计系统已经在许多组织中得以开发与运用。而且，成本管理会计系统的关注焦点已经扩展至这样的地步——它要求管理者们更好地满足顾客的需求并且能够管理企业的业务过程以用于为顾客创造价值。一个企业可以通过比其竞争对手向顾客提供相对较少的成本而更多的价值来建立一种竞争优势。为确保与维持一种竞争优势，管理者们需要做出努力，及时提升业绩、质量和效率。人们必须提供会计信息来支持这三个基本的组织目标。

1.2.1 全球性的竞争

大幅提升的交通与通信系统已经为许多制造业和服务业公司促成了全球性市场。几十年前，这些公司既不知道也不关心日本、巴西、德国和中国的同行正在同时生产什么。这些外国公司不是竞争对手，因为它们的市场被地理空间所分割。现在，全球化竞争带来了机会。公司无论大小，都会受其影响。Stillwater Designs，一家设计和销售 K 牌音响（Kicker speakers）的小公司，却在欧洲拥有很具影响力的市场。K 牌音响的生产大多外包给了亚洲的制造商。与此同时，宝洁、可口可乐和玛氏等公司，其合作公司正在中国开发规模可观的市场。现在正在日本制造的汽车，两周后可以出现在美国。投资银行家和管理咨询师可以随时联系国外机构的办公室。高效的交通与通信系统，伴随着价格更低、质量更高的产品，加大了所有公司的风险。这种全球性竞争的环境大大增加了对成本信息的需求，不仅是要更多，而且要更准确。成本信息在降低成本、提高生产率以及评价生产线的盈利性方面，扮演着至关重要的角色。

1.2.2 服务行业的增长

就在传统行业的重要性衰减之时，服务部门增加了其在经济中的分量。服务部门现在占美国经济与就业的大概四分之三。许多服务业——其中如会计服务、交通、电信和医药服务等——现在出口到了其他国家（如印度与阿根廷）。专家预计，随着其生产率的增长，服务业将继续扩大它的规模与重要性。对许多服务业的管制放松（如过去的航空业与电信业以及现在的公用事业）加剧了服务业的竞争。许多服务业组织正在艰难过活。竞争程度的加剧促使了这个行业的管理者们更加需要可用于计划、控制、持续改进以及决策制定的准确的成本信息。因此，服务部门的变化增加了对创新以及相关的成本管理信息的需求。

1.2.3 信息技术的进步

信息技术有三个重大进步。其中之一与计算机集成（computer-integrated）的应用密切关联。在自动化制造过程中，计算机被用来监控操作活动。因为计算机的使用，相当数量的有用信息得以收集，所以管理者们几乎可以在事情发生的同时就获悉组织内发生了什么事情。现在，人们可以连续追踪产品在工厂里的移动过程，以及（在实时的基础上）报告诸如生产数量、原料使用、出现废料与产品成本的信息。这个进步的结果就是经营信息系统的出现。这个系统将生产、营销以及会计数据等完全整合在一起。

企业资源规划（ERP）（enterprise resource planning，ERP）**软件**的目标是提供一个整合的系统容量（integrated system capability）——该系统能够操控一个公司的所有活动并且提供一个端口以获取来自该公司各个不同功能领域的实时数据。使用这些实时数据，可使管理者们有能力持续提升组织单位与组织程序的效率。为了支持持续的效率提升，人们需要及时、准确和详细的信息。

自动化和一体化提高了信息的数量（详细程度）与及时性。管理者们都想完全利用更为复杂之信息系统的价值，但是他们必须接触这个系统的数据——他们必须快速有效地从这个信息系统里抽取和分析这些数据。这一点，相应地，意味着分析工具必须同时是强力高效的。

信息技术的第二个重大进步就是提供了必要的工具：个人电脑（PCs）、在线分析程序（OLAP）以及决策支持系统（DSS）的普及。PC 可以链接公司的信息系统，而 OLAP 和 DSS 帮助管理者们掌握了使用信息的能力。任何类型的组织管理者们都可以利用 PCs 和软件助手。通常，一台 PC 就是一个网络终端，它连接组织的数据库，以帮助管理者们更快地获取信息、做出个人分析以及编写大量的个人报告。现在，人们可以拥有提高产品成本核算准确度的能力。因为信息技术的进步，成本会计师可以灵活应对那些更为复杂的产品成本计算方法，如作业成本法（ABC）所带来的管理需求。但是，即使可以应用到相关的信息技术，许多企业却仍然因为它的高昂成本及其复杂性而不采用 ABC。为了应对这些问题，人们开发了简化与改进的成本计算系统，如时间驱动的作业成本法（TDABC），而同时保留了（原方法的）能够提高准确度的优点。

ABC 软件属于在线分析类软件。在线分析的应用功能可以独立于组织的真实交易，但同时又依赖于内存于 ERP 系统的数据。通常，ABC 软件的界面可以连接 DSS 软件和其他在线分析软件以实现成本预测、产品定价以及规划与预算等功能的应用。现在，电脑功能的大幅应用使得会计师们随时地（as-needed）提供特制（individualized）报告成为可能。许多企业发现，现代成本管理系统的反应能力的提升，可以帮助企业大大节省成本，因为不再需要每月编制巨量的内部财务报告。

信息技术的第三个重大进步是电子商务的出现。**电子商务**（electronic commerce，e-commerce）是指任何使用信息与通信技术来进行交易的商务形式。互联网交易、电子数据交换以及条码编码法都属于电子商务的范畴。互联网交易可将在地理上相距甚远的买卖双方联系在一起并进行交易。互联网交易使公司表现得像一个虚拟组织，这样就减少了（公司之间）应共同承担的费用。**电子数据交换**（electronic data interchange，EDI）是指在计算机之间利用电话线路进行单据交换，它被广泛用于企业的采购与分销业务。交易伙伴之间的信息分享，可以降低成本，并加强与顾客之间的关系以至于强化竞争地位。EDI 是供应链管理（价值链管理）的必要组成部分之一。**供应链管理**（supply chain management）是指针对产品或服务，始于原材料的采购，一直到制造、库存、分销、批发以及零售（等活动）的全过程管理。EDI 的出现与供应链管理提高了两种特定成本计算的重要性，即计算价值链上的各种作业的成本，以及确定公司针对不同供应商与顾客所花费的不同成本。

1.2.4 制造环境的进步

诸如约束理论和适时制系统等生产管理方法可以帮助企业提高质量、减少库存、消除浪费以及降低成本。自动化生产可以达到类似效果。改进的生产技术及其操作方法对成本管理产生了重大影响。其影响面包括：产品成本计算系统、成本控制系统、成本分配方法、存货管理、成本结构、资本预算、变动成本法以及许多其他会计操作方法。

（1）约束理论

约束理论（theory of constraints）是一种用于持续改进制造与非制造作业效率的方法。它的特点是，像是一种“思维过程”——首先认定所有资源都是有限的。而且，某些资源比其他资源更为关键。其中最关键的因素，被称为“约束点”，是（管理者应该）关注的焦点。通过管理该“约束点”，业绩可以被提升。对该“约束点”的管理就是必须对它进行识别与充分利用（比如，相对于该“约束点”，业绩必须达到最大化）。所有其他的行动都必须服从该“充分利用（该‘约束点’）”的决策。最后一点就是，为了提升业绩，管理者们必须不断激活该“约束点”（使其不断降低对业绩的约束）。这个过程应不断反复直到该“约束点”被完全清除为止（不再存在限制业绩的关键因素）。待到再次出现新的关键性资源约束因素，这个过程又重新开始。使用这个方法可以减少采购时间的提前量（lead time），因而可进一步减少库存。

(2) 适时制生产

作为一种需求拉动型系统 (demand-pull system), **适时制**(just-in-time, JIT) **生产**(manufacturing) 力图促使企业只按顾客的需要之时以及需求之量来生产产品。需求之量，按顾客订单来计量，拉动产品通过制造过程。每道工序只生产可满足后续工序的必需之量。只有当收到后续工序发来需要生产的信号之时，本道工序才有生产活动。部件与原料只在投产之时及时送达。

JIT 生产，通常能把存货降到远远低于传统体系下存货水平的位置，还强化了对质量控制的重视，并且会带来生产组织与执行方式的重大变革。JIT 生产关注的焦点是通过降低存货成本以及处理其他经济问题来持续提升业绩。减少库存可以释放资本以用于更多的生产投资。提高质量可以增强企业的竞争力。最后一点就是，将传统生产方式变革为 JIT 生产，可使企业更为关注产品的质量与生产率问题，并且同时可使企业更为准确地计量产品成本。

(3) 精益生产

JIT 是另一个更为综合的方法的关键组成部分，该方法称为精益生产。**精益生产**(lean manufacturing) 是指持续地改进工作以及不断消除浪费，包括消除人力资源的浪费。浪费是指不能增加给予最终使用者（顾客）价值的任何东西。消除浪费的一个成果就是减少采购时间的提前量、促成流线型的生产过程以及降低成本。

(4) 计算机集成生产

制造环境的自动化可使企业降低库存、提高生产率、改进质量与服务、缩短加工时间以及增加产出。自动化可以为企业带来竞争优势。采用自动化的生产设施，通常是 JIT 以及响应提高质量与缩短反应时间之要求的结果。在越来越多的企业实现了自动化之后，竞争压力就会迫使其他企业如是跟进。对很多制造性企业而言，采用自动化等同于（激烈竞争环境下的）自我拯救。

自动化的三个可能层次是：a. 单机设备 (the stand-alone piece of equipment); b. 基层组织；c. 全厂范围的完全集成。企业在试图实行任何层次的自动化之前，第一步要做的都应该是创造一个更为集中的、更为简化的生产流程。比如，全厂范围完全集成带来的大多数利益通常可以简单地通过应用 JIT 生产方式来获取。

如果自动化被证明是有效的话，那么就意味着（企业）要安装计算机集成生产 (computer-integrated manufacturing, CIM) 系统。CIM 具有下列功能：a. 通过计算机辅助设计 (CAD) 系统来设计产品；b. 运用计算机辅助检测 (CAE) 系统来测试该设计（的有效性）；c. 使用计算机辅助生产 (CAM) 系统来制造产品 (CAMs 使用电脑控制的机器和机器人)；d. 运用信息系统将自动化的各个部件联系起来。

CAM 的一个特例是弹性生产系统。弹性生产系统能够自始至终使用在主机控制下的机器人以及其他自动化设备生产一个族类的产品。这种使用相同设备组来生产多种产品的能力无疑是颇具优越性的。

1.2.5 顾客导向

企业为了建立一种竞争优势，都在专心关注面向顾客的价值输送。会计师与管理者们把一个企业的**价值链**(value chain) 定义为设计、开发、制造、营销以及向顾客交付产品与服务所需的整套作业（the set of activities）。因此，任何过程或作业所面临的一个关键问题就是，它对顾客而言是否重要。成本管理系统必须跟踪与许多种重要作业（比如，产品质量、环境影响、新产品开发以及送货效率等）有关的信息。顾客们现在把产品或服务的送货也看作是产品的一部分。公司之间必须竞争的不仅是技术与生产条件，而且包括送货与（对顾客之要求）做出反应（response）的速度。有些公司如联邦快递（FedEx）就充分利用了顾客的这种需求，识别与开发了一个美国邮政服务（U. S. Postal Service）所不能涉足的市场。

公司也有内部顾客。一个公司的参谋职能部门的存在就是服务于一线职能部门。会计部门为生产经理撰写成本报告。“顾客驱动的”会计部门要评估这些报告的价值，以确保它们所传达的重要信息是及时的、可读的。它们会撤下那些不符合标准的报告。

1.2.6 新产品开发

生产成本中的很大部分取决于新产品的开发与设计阶段。现在，人们普遍认识到，开发决策对企业价值链的其他环节具有一定的影响。这种认识导致了一种需求，即针对新产品开发的更为成熟的成本管理程序——比如目标成本规划和作业成本管理。**目标成本规划**（target costing）鼓励管理者们评估产品设计对产品生命周期各阶段的成本影响并同时激励相关人员改变产品设计以降低成本。**作业成本管理**（activity-based management）识别在产品开发过程中每个阶段产生的作业并评估这些作业的成本。作业成本管理能很好地配合目标成本规划，因为它能使管理者们识别那些非增值作业，然后予以消除直至降低整个生命周期成本。

1.2.7 全面质量管理

持续改进与消除浪费是支配卓越制造水平的两大基本原则。在今天的世界级的竞争环境下，卓越的制造水平是企业生存的关键所在。专业的[①]产品与服务制造以及微乎其微的浪费是世界级企业的两大孪生目标。**全面质量管理**（total quality management）的理念，是管理者们可据此创造出一种促使组织生产无缺陷产品与服务之环境的理念，它已经取代了过去人们可接受的质量观念。强调质量对服务与产品而言并无二致。

现实案例

Advocate Good Samaritan Hospital 是位于伊利诺伊州唐纳斯格罗夫的一家急诊医院。2010 年，这家医院获得了卫生保健领域的马尔科姆·波多里奇（Malcolm Baldridge）国家质量奖。这个奖项只颁给执行卓越的质量与业绩管理的组织。这家医院将死亡率比率（实际死亡率/预期死亡率）由 2004 年的 0.73 降到了 2010 年的 0.25。并且，肾衰竭的观测值与预期值之比由 2007 年的 3.0 降到了 2009 年的 0.86。通过创造一种呵护病人安全的文化，这家医院使其医疗事故成本在 2005—2010 年间下降了 83%，节省了 1 000 万美元。

---

① 参见 http：//www. nist. gov/baldridge/award_ recipients/good-samarian_ profile. cfm on August 1，2011。

这个信息非常明显。追求高质量目标就意味着大量获利。成本管理可以通过提供关于与质量相关的作业及其质量成本的信息来支持这个目标。它也可以报告与质量创新相关联的成本节约情况。管理者们需要知道在与质量相关的作业中，哪些可以增加价值，而哪些不可以。他们还需要知道质量成本是什么，以及一段时间以来它们是怎么变化的（等相关问题）。

1.2.8 时间作为一种竞争要素

时间是价值链各个环节上的关键要素。企业可以通过重新设计产品与加工流程、消除浪费以及非增值性作业来缩短产品上市的时间。企业可以在产品或服务的送货、产品返工、材料与配件的无谓移动等方面，减少时间的花费。

减少非增值时间与提高质量之间是相辅相成的。伴随着质量的提高，对返工的需求以及制造良好产品的时间需求都会减少。总之，企业的目标是提高对顾客要求做出反应的速度（responsiveness）。

时间也与产品生命周期相关。许多行业的技术创新速度加快了，而特定产品的生命周期可以大大缩短。管理者们必须能够对改变的市场条件做出快速且果断的反应。为了达到这个目的，他们必须获取必要的信息。惠普公司发现在新产品开发上超支预算的50%（以加快开发速度）比推迟6个月（开发成功）更为划算。这种成本与时间的关联性是成本管理系统的内容之一。

1.2.9 效率

尽管质量与时间是重要的，但是仅仅提升这两个方面而没有相应地提升财务业绩的话，那么即使不是致命性的失败，也会是功亏一篑。提高效率也是至关重要的。无论是用财务指标衡量的，还是用非财务指标衡量的效率，都需要得到提高。成本是衡量效率的一个关键指标。成本的变化趋势和生产率指标的变化是衡量持续改进决策之生产效率的重要指标。为使这些衡量效率的指标具有一定的意义，成本必须被合理地定义、恰当地计量以及准确地分配。

生产活动的产出必须与所需的投入相关联，并且应该计算生产率变化导致的总体财务效果。作业成本法以及与利润相关联的生产率指标可以迎合这些需求。作业成本法是一个较新的成本会计方法，它可以更准确地、更合理地分配成本。通过分析潜在的作业与加工过程、消除非增值性作业以及提升增值性作业，企业可以大幅地提高其效率。

1.3 管理会计师的角色

世界一流的企业是那些坚持顾客至上的企业。它们了解它们的市场与它们的产品。它们力图持续地改进产品的设计、制造与发送。这些公司能够在全球性竞争环境中进行巅峰对决。会计师们，也可以被称为世界一流的。那些配得上这一称谓的会计师是睿智的和胸有成竹的。他们不仅接受了能够汇总与提供财务信息方面的教育和培训，而且在财务与商务领域也在不断更新自身的知识。此外，世界一流的会计师们还必须熟悉他们公司经营所处国家的关税情况以及财务会计规则。

1.3.1 一线职位与参谋职位

成本管理会计师在一个组织中的角色是，作为支持与团队工作的一分子。他们要协助那些承担实现组织基本目标之责任的人员。那些直接承担组织基本目标之责任的职位被称为**一线职位**(line position)。通常，一线职位的人员参与生产与销售他们公司产品或服务的活动。而那种支持性的并且只是间接承担组织基本目标之责任的职位被叫做**参谋职位**(staff position)。

在一个基本业务为生产与销售激光打印机的组织中，负责制造与营销的副总、制造厂部经理以及装配人员等都是一线职位。而负责财务与人力资源的副总、成本会计师以及采购部经理等则都是参谋职位。

图表1-1的局部组织结构图显示了生产与财务职位的组织职能。因为一个组织的基本目标之一就是生产，所以那些直接介入生产活动的人员把持一线职位。尽管诸如会计主管与成本会计主管等管理会计师们也可能在组织中发挥一定的影响作用，但是他们没有超过生产部门经理的权力。一线职位的管理者们是那些制定影响生产活动之政策和决策的人员。当然，会计师们可以通过提供与解释会计信息，对那些政策和决策产生重大影响。会计师们也可以参与涉及决策制定的项目团队。

图表1-1　**局部组织结构图：制造业公司**

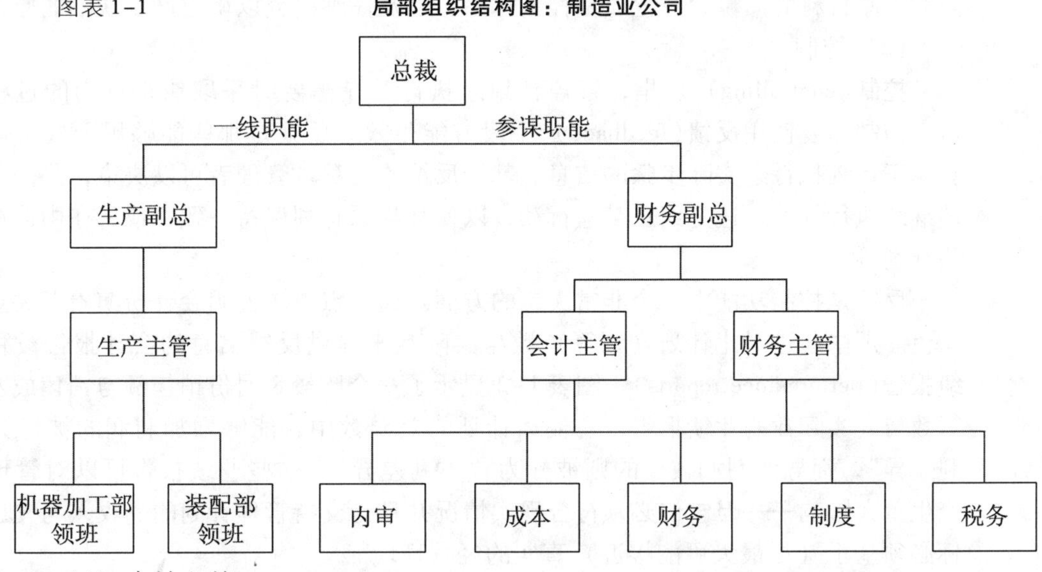

(1) 会计主管

会计主管(controller) 是会计工作人员的主管者，监管所有的会计部门。因为管理会计在一个组织的经营活动中扮演了至关重要的角色，所以会计主管通常被视为顶层管理团队的成员之一，并且被鼓励去参与计划、控制与决策制定活动。作为会计工作人员的主管者，会计主管对内外部的会计需求都要负责。这种职责可能包括对内部审计、成本会计、财务会计（包括SEC要求的报告和财务报表）、会计制度（包括分析、参与和内部控制）、预算支持、经济分析以及税务等工作的直接责任。会计主管工作的任务及其组织划分视企业情况的不同而各有不同。有些公司里，内审可能直接向财务副总报告，而（会计）制度部门则可能直接向财务副总甚至其他的参谋职能副总报告。一个可能的会计主管工作组织也可参见图表 1-1 所示。

（2）财务主管

财务主管（treasurer）的职责是理财。具体来说，财务主管就是筹集资本、管理现金（存取款和看管资金）、投资以及管理投资者关系。财务主管也可能负责信用政策和收款以及保险业务。如图表 1-1 所示，财务主管向财务副总报告。

1.3.2 用于计划、控制、持续改进与决策制定的信息

成本管理会计师负责根据企业内外部报告的要求生成财务信息。这一点所涉及的职责是，收集、加工并报告可帮助管理者们从事计划、控制以及其他决策制定活动的信息。

（1）计划

被称为**计划**（planning）的管理活动是指详细构想可以达到特定终点的未来行为。因此，计划需要设置目标并识别可以达到那些目标的路径。一个企业可能拥有通过提高整体产品质量以提升短期与长期获利能力的目标。通过提高产品质量，企业应该能够减少废料和返工、降低顾客投诉的数量与担保赔付的金额、减少用于即时检测的资源消耗等等，以提高获利能力。这一点可以通过下列工作来实现：与供应商合作以提高购入原材料的质量、建立质量控制体系，以及仔细研究以确定产生缺陷的原因。

（2）控制

控制（controlling）是指，管控计划之执行并在需要时采取纠正行为的过程。通常，控制需要使用**反馈**（feedback）手段方能生效。反馈是那些能够用于效果评价或者纠正计划执行之实际步骤的信息。基于反馈的情况，管理者可以决策，是一如既往地继续执行计划，还是纠正某些行动，以使其与原计划保持一致，或者在中途调整一些计划。

反馈是控制功能中一个非常关键的方面。这一点再次说明会计扮演着至关重要的角色。那些通过对比计划（预算）数与实际数来提供反馈信息的会计报告被称为**业绩报告**（performance reports）。图表 1-2 显示了一个比较 8 月份销售额与销售成本之预算数与其实际数的业绩报告。在偏离计划的差异数中，能够增加利润的被标为“有利差异”，而导致利润减少的则被标为“不利差异”。这些业绩报告可以对管理行为产生重大影响——但它们必须符合现实情况并且是支持管理计划的。收入与支出的目标必须基于（尽最大可能接近）真实的经营环境。

图表 1-2　**业绩报告举例**

Golding Foods, Inc.
业绩报告
截止到 2014 年 8 月 31 日

预算项目	实际数	预算数	差异数
销售额	$ 800 000	$ 900 000	$ 100 000（U）
销售成本	600 000	650 000	50 000（F）

注：U 为不利差异；F 为有利差异。

（3）持续改进

在变化不定的环境中，企业必须持续地改进以保持或者建立一种竞争优势。一个追求持续改进的公司拥有一个较之自身以前以及较之竞争同行更好的业绩目标。**持续改进**（continuous improvement）被定义为“对提升所传向顾客之价值的不懈追求”[①]。在实践中，持续改进意味着，探寻路径以通过减少浪费、提高质量与降低成本来增加整体效率。成本管理通过提供信息以帮助识别可以改进的路径并且随后报告该路径实施的进展情况，来支持持续改进的行为。成本管理还可以发展出一个能够锁定与维持任何改进之成果的控制系统，因此具有非常重要的作用。

（4）决策制定

在多个竞争性备选方案中做出选择的过程就是**决策制定**。如果管理者们可以获取被收集到的关于备选方案的相关信息，那么就可以改进其决策的效果。会计信息系统的一个主要功能就是，提供用于决策制定的信息。因为拥有这种普遍的管理功能，所以会计信息系统是计划与控制两个活动中的重要组成部分。管理者们必须在多个竞争性目标以及执行所选中目标的多个方法中做出选择。在大量的互斥方案中，只能选取一个。类似的观点也可用于解释关于控制功能的相关问题。

1.4 会计与道德行为

商业道德（business ethics）是指分辨工作环境中的事物或行为何为正确、何为错误，并选择其中正确的事物或行为。商业道德也可被视为商业环境中的行为科学（science of conduct）。个人道德行为的原则包括，关心他人的福利（well-being）、尊重他人、诚实与可受信赖、公平、良好行为以及避免伤害他人。而对专业人士而言，比如会计师、经理人、工程师和医师等，道德行为的原则还要扩展，包括诸如客观、充分披露、保守秘密、恪尽职守以及避免利益冲突等概念。

1.4.1 道德行为的好处

注重商业道德能为公司带来明显的好处。道德名声显赫的公司可以创造很高的顾客与员工忠诚度。现在的遵守道德行为可以避免后来的法律诉讼成本。那些准备入行常驻的公司会发现，诚实与公平地对待所有的投票者（constituents）有利可图。进一步地说，一家超越利润观念来看待顾客，并且又被看作是带着正直与荣誉感来经营的公司，更可能成为一家取得商业成功并且愿意担当的企业。大量的关注道德与财务业绩关系的研究都证明了这些观点。这些研究发现，道德表现与经济业绩之间存在一种正相关关系。[②] 总之，注重道德的行为有利可图。

1.4.2 管理会计师的道德行为准则

组织与专业机构通常会为它们的管理人员和普通员工建立一份道德规章（code）

---

① W. Maguire and D. Heath, “Capacity Management for Continuous Improvement,” Journal of Cost Management (January 1997): 26-31.

② Curtis C. Verschoor, “Principles Build Profits,” Management Accounting (October 1997): 42-46; Simon Webley and Elise Moore, “Does Business Ethics Pay?” Executive Summary, Institute of Business Ethics, http://www.ibe.org.uk as of May 11, 2004; Han Donker, Deborah Poff, and Saiff Zahir, “Corporate Values, Codes of Ethics, and Firm Performance: A Look at the Candadian Context,” Journal of Business Ethics (October 2008): 527-537.

或者行为准则（standards）。所有服从2002年《萨班斯-奥克斯利法案》的企业都必须披露，它们是否已经为资深财务管理人员建立了一份道德规章，并且如果没有建立则要解释其原因。一份道德规章尽管并非法律强制要求，但它确实被强烈推荐。德勤公司和《公司董事（Corporate Board Member）》杂志在2003年进行的一份调查发现，83%的被调查公司建立了正式的道德规章，98%的被调查公司赞同一份道德与行为规章是公司治理的必要组成部分，而那些建立了正式道德规章的被调查公司中有75%的公司积极地监控了其执行情况。[①] 2008年，美国的审计、税务和咨询服务公司毕马威（KPMG）进行了一项调查，发现《财富》全球200强上榜公司中有86%的公司拥有正式的企业行为规章。从地区调查来看，100%的北美公司、80%的欧洲公司以及52%的亚洲公司，拥有道德规章。[②] 北美公司的强力表现部分地反映了《萨班斯—奥克斯利法案》的强大约束力，即它要求解释为什么不建立道德规章的理由。管理会计师协会（IMA）为管理会计师建立了道德准则。管理会计师们受这些职业规章的约束，并且被告知"他们不得犯有违反这些准则的行为，也不能容忍他们组织中其他人所犯有的类似行为"[③]。图表1-3列示了该准则以及关于解决道德矛盾的建议方案。该规章分为5个主要部分：胜任能力、保密操守、正直品格、可靠德行以及道德冲突的解决方案。

以下举例说明该规章的运用。假设财务副总已经告知了一个分部的会计主管比尔·约翰森，说其分部的会计人员将在以后的4周内减少20%。并且，比尔·约翰森还被强烈要求不得向拟解雇人员透露信息以防可能发生的骚动。一个拟解雇的人员是一个成本会计师，他恰好是比尔·约翰森的一个好友。比尔·约翰森还知道他的好友计划在未来几周内购买一辆新的运动型多用途汽车（SUV）。比尔很想把这个消息告诉他的朋友，以帮助他避免占用这笔资金，因为在找到新职位之前，他可能要靠这笔钱来过活。如果比尔和他的朋友分享了这条机密信息，他的行为会有悖道德吗？这种情形就是一个道德困境的例子。如果告知他的朋友就违反了Ⅱ-1款的规定，即机密信息除非被授权方可泄露。解决这个矛盾的方案可以非常简单，比如与副总交谈，说明难处，然后获准向该解雇人员透露这一信息。

图表1-3　　**职业道德惯例公告：管理会计师协会（IMA）**

IMA会员的行为要遵守道德。一份遵守职业道德惯例的承诺包括，那些能够表明我们的价值观以及指导我们行为之准则的主要原则。

原则

IMA的首要道德原则包括：诚实、公平、客观和担当。会员们的行动要遵守这些原则，并且要鼓励他们组织中的其他人员紧随。

准则

不能遵守下列准则的会员将受到惩罚。

---

① Deloitte & Touche LLP and Corporate Board Member magazine, "Business Ethics and Compliance in the Sarbanes-Oxley Era: A Survey," http://www.deloitte.com/US/corpgov as of May 11, 2004.

② KPMG, "Business Codes of the Global 200: Their Prevalence, Content, and Embedding," http://www.kpmg.com/Global/en/IssuesAndInsights/ArticlesPublications/Pages/Business-codes-Global-200.aspx as of November 11, 2011.

③ Statement on Management Accounting No. 1C, "Standards of Ethical Conduct for Management Accountants" (Montvale, NJ: Institute of Management Accountants, 1983).

续表

Ⅰ. 胜任能力

每个会员有责任：

1. 通过持续地扩展知识与技能以保持适当的职业之专业技能水准。

2. 依照相关的法律、法规与技术标准完成工作任务。

3. 提供准确、清晰、简洁、及时的信息与建议以支持决策。

4. 识别并揭示那些可能阻碍职业判断或者成功履职的职业局限性或其他限制条件。

Ⅱ. 保密操守

每个会员有责任：

1. 保守信息机密除非被授权或者法律要求方可公开。

2. 通知所有相关各方恰当地使用机密信息，监控下属行为以确保遵照执行。

3. 谨防利用机密信息以获取不道德的或是非法利益。

Ⅲ. 正直品格

每个会员有责任：

1. 缓和实际的利益冲突，定期与业务关系人（business associates）沟通以避免（双方之间）显而易见的利益冲突，与所有各方探讨解决任何潜在的冲突。

2. 谨防采取任何可能侵害道德义务之执行的行为。

3. 避免从事或支持任何可能败坏职业声誉的活动。

Ⅳ. 可靠德行

每个会员有责任：

1. 公平客观地交流信息。

2. 充分披露所有的通常可以影响目标使用者理解该报告、进行分析或是提出建议的相关信息。

3. 遵照组织的政策或适用的法律披露存在于信息发布、及时性、操作程序以及内部控制等方面的时间延误或是不足之处。

道德冲突的解决方案

在应用职业道德惯例准则（The Standard of Ethical Professional Practice）的过程中，你可能会遇到识别不道德的行为或是解决一个道德冲突的难题。如果碰上了道德问题，你应该依照组织的既有政策去解决这类冲突。如果这些政策不足以帮助解决该道德冲突，你应该考虑采取下列行动：

1. 与离你最近的上司讨论这个问题，除非该上司确实与此事无关。如果那样，则应向更高层次的上司汇报。如果还不能得到满意的答复，则可以向再高一层次的管理层提交该问题。如果最近的上司是 CEO 或者同等级别的领导，那么可接受的复审之权威机构可能是一个团队，比如审计委员会、执行委员会、董事会、受托理事会（board of trustees）或者股东代表委员会。只有在得到离你最近上司的认可，即视同他或她与此无关之时，方可上报更高层次的领导。也不宜向组织并未雇用或者约定的权威机构或个人交流此问题，除非你认为此事已明显地触犯了法律。

2. 与一个 IMA 的道德事务顾问或其他公正的指导者进行一次密谈，澄清相关道德问题，以进一步了解可能采取的行动。

3. 就该道德问题涉及的法律义务和权利咨询你的律师。

Source：Institute of Management Accountants（www. imanet. org）. Adapted with permission.

1.5 资格认证

管理会计师可以获取多种资格认证。其中，三种主要的认证是，管理会计师证（Certificate of Management Accounting）、公共会计师证（Certificate of Public Accounting）和内部审计师证（Certificate of Internal Auditing）。每种资格认证都能向一个成本或管理会计师展示其特定的优势。在每种资格认证中，每个申请者都必须接受专业的教育、满足关于工作经验的要求以及通过达标考试才能获取该资格证书。因此，该三种证书都表明，其持有者已经达到了职业胜任能力的最低限要求。并且，该三种证书还要求其持有者必须接受后续的职业教育才可以保住其证书资格。因为资格证书可以表明职业胜任能力，所以大多数组织都鼓励它们的管理会计师去争取获得这些资格的认证。

1.5.1 管理会计师证

1974 年，管理会计师协会（IMA）发展了管理会计师证以满足管理会计师们的专业需求。一个**注册管理会计师**（Certificated Management Accountant，CMA）意味着他通过了严格的达标考试，并且符合关于工作经验的要求，以及参与了后续教育。

获取 CMA 证书或称号的一个关键要求是通过一个达标考试。考试内容包括两个部分：a. 财务计划、执行与控制；b. 制定财务决策。每个部分考试时长 4 个小时，包括 100 道选择题以及 2 个 30 分钟的写作题。每年有 3 次考试机会，每次在为期 2 个月的时窗里择机举行：a. 1 月和 2 月；b. 5 月和 6 月；c. 9 月和 10 月。

创办 CMA 项目的一个主要目的，是想把管理会计塑造为区别于公共会计职业的、被认可的职业学科与技能训练体系。自其开办以来，CMA 项目取得了很大的成功。现在，许多公司都资助那些为管理会计师考试进行考前培训的课程或者为之付费，也会为获取 CMA 证书提供其他的财务激励。

1.5.2 公共会计师证

公共会计师证是会计领域中最早的认证项目。不像 CMA 的称号，公共会计师证的目的在于为外部审计师提供一个最低限度的职业资格证明。外部审计师的责任是对一家公司财务报表中的信息之可靠性提供鉴证。只有**注册会计师**（Certificated Public Accountant，CPAs）才被（法律）允许担任外部审计人员。CPAs 必须通过全国统考并经由他们执业的国家颁发执业许可证。尽管公共会计师证并不包含管理会计的职业培训内容，但是许多管理会计师仍然乐意持有它。

1.5.3 内部审计师证

内部会计师们可以获取的另一个认证是内部审计师证。1974 年创立内部审计师证的动因与启动 CMA 项目的原因非常相似。作为公司控制环境的重要组成部分，内部审计人员评价与鉴定公司的各种活动。内部审计人员在独立于被审计部门的同时，也确实向公司的顶层管理者提供报告。既然内部审计不同于外部审计与管理会计，于是许多内部审计人员就感到有必要得到一种专业认证。为了取得**注册内部审计师**

（Certificated Internal Auditor，CIA）的资格，申请者必须通过旨在考察技术能力的综合考试并且拥有2年的工作经验。

练习题

问题讨论

1.1 什么是成本管理？它与管理会计和成本会计有何不同？

1.2 成本管理与财务会计的不同之处在哪里？

1.3 请识别并讨论影响成本管理的重点问题和影响实践活动的因素。

1.4 什么是弹性制造系统？

1.5 管理者在组织中担任什么角色？请描述一些在管理者控制范围内的活动。

1.6 一线职位和参谋职位的区别在哪里？

1.7 管理者应该是高层管理员工中的一员。您是否同意这种表述？解释您的理由。

1.8 请描述计划、控制与反馈之间的联系。

1.9 成本管理在关于持续改进的目标上扮演了一个什么样的角色？

1.10 业绩报告在控制职能上扮演了一个什么样的角色？

1.11 什么是商业道德？在管理会计的课程中是否有可能教授道德行为？

1.12 拥有较高道德标准的公司与那些有着更低道德标准的公司相比，有更好的经营业绩。您是否同意这个观点？理由又是什么？

1.13 请回顾管理会计师道德行为的准则。您是否认为这些准则将会对管理会计师的道德行为产生影响？解释您的理由。

1.14 会计资格认证的三种形式是什么？您认为哪种资格认证对管理会计人员来说是最好的？为什么？

1.15 注册管理会计师考试（CMA）的两部分是什么？它们所指出的成本与管理会计以及财务会计的区别在哪里？

习题

1.1 财务会计与成本管理

请将以下行为按与财务会计信息系统相关联还是与成本管理信息系统相关联进行分类：

a. 决定一家上市公司CEO的总薪酬

b. 发表一份季度盈利报告

c. 运用TDABC（时间驱动作业成本分析法）来确定单位产品的成本

d. 计算达到盈亏平衡时应卖出的产品的数量

e. 编制SEC要求出具的报告

f. 编制销售预算

g. 运用成本与收益信息来决定某条生产线是否继续保留

h. 按照一般公认会计原则（GAAP）的要求来编制年度资产负债表

i. 运用成本与收益信息来决定是否投资一个新的生产系统

j. 通过提高企业产品的总体质量来降低成本

k. 通过资产负债表中的债务权益比率和流动比率来评估企业破产的可能性

l. 通过上市公司的财务报告来决定是否买这个公司的股票

1.2 以客户为导向，质量，基于时间的竞争

Hepworth 通信公司是一家生产手机的公司，公司产品的四种主要的电子元件中的一种是在公司内部生产的，另外的三种元件是从外部供应商处购买的。电子元件和其他零件在装配部进行装配，然后经过测试部门的测试。未通过测试的产品将被送到返工部门。将产品分解后，出现故障的零件将会被更换。测试部门的数据显示，本公司生产的元件是导致产品不合格的最常见的原因。50 件不合格的手机中就有一件是因为有故障的内部生产元件造成的。

Barry Norton 是元件部门的经理。在最近的绩效评估中，公司经理告诉 Barry 需要对客户的需求更加敏感。这个告诫使得 Barry 有些困惑，毕竟这些元件没有卖给外部客户，而是用来生产本公司的手机。

要求：

（1）谁是 Barry 的顾客？

（2）请说明公司经理告诫 Barry 需对客户更敏感的原因，并解释对客户需求更具有敏感性将如何提高公司基于时间的竞争能力。

（3）成本管理在帮助 Barry，使他对客户需求反应更加敏感方面会起到怎样的作用？

1.3 一线职位与参谋职位

Ruido 扬声器公司中三个职员的工作职责描述如下：

Kaylin Hepworth 是生产部经理，负责放置扬声器组件的塑料外壳的生产。她在监督生产线工人的同时也协助建立生产进度表，并且负责检查生产定额是否达到。她也要对控制生产成本负责。

Joseph Henson 是公司经理，负责监督公司中所有的工作人员。Kaylin 和其他生产部经理都直接向 Joseph 报告。Joseph 负责公司中的一切，包括生产、后勤、人事以及会计。同时，他也要协助建立公司的生产预算，并负责控制公司成本。

Leo Tidwell 是成本会计师，负责整个公司所有的会计职责，领导三个成本会计经理和四个会计人员，并且负责编制所有的生产成本报告。例如，他要编制实际成本与预算成本相比较的定期业务报告。他协助解释和阐明报告并且向公司经理就如何控制成本提供建议。

要求：

请鉴定 Kaylin、Joseph 和 Leo 是一线职位还是参谋职位，并解释您的理由。

1.4 道德问题

Heart Health Procedures（HHP）公司的外部审计师正在对 HHP 公司的财务报告进行年度审计。作为审计的一部分，外部审计师准备了一份声明书让 HHP 公司的执行总裁与财务总监签字。这份声明书在其他的事项之外提供了这样的陈述，即管理当

局已适当提供以下信息：

将过多或者废弃的存货的价值减值至可变现净值；采购合同中购买库存数量超过需求或者价格超过市场价格所造成的损失。

HHP 最开始经营的是一种独特的打开阻塞心脏动脉的医疗器械。在过去的几年里，由于 HHP 公司的主要竞争者被食品及药物管理局（FDA）强行取消了提供此类器械的资格。HHP 公司的市场份额有了明显的增长。HHP 公司在独家供应商处购买需要的材料。两年前，HHP 公司与这一供应商签订了一份 5 年期合同，每一年的价格都在目前的价格之上随通货膨胀进行自动调整。一般认为长期合同对确保充分的材料供应和打击新进竞争者是必要的。但在去年 HHP 的主要竞争对手开发出了一种在技术上更先进的产品，这一产品使用一种变革性的低成本材料。这一新产品最近获得了 FDA 的许可，而且已被推荐给医学界并获得了高度的评价。可以预见 HHP 已渐缩小的市场份额将出现大幅度缩水，而且因为竞争者使用它们最近开发出的更优良、更便宜的材料，所以最先用于 HHP 的医疗器械材料的价格将会下降。竞争者特准几个外部供应商生产这种材料以保证可以获得数量和价格竞争力。此时 HHP 正在考虑是否购买这一新材料。

HHP 的执行官们的奖金计划是同公司的整体盈利相联系的。生产副总裁 Jim Honig 负责公司所有的生产和仓储。在审计过程中，他对 CEO 和 CFO 说，他不认为存在任何过时存货，也不存在现在或者预期的价格显著低于购得存货价格或合同规定价格的存货或购买合同。尽管助理会计主管 Marian Nevins 已向他报告过由于市场份额的缩小而存在过多存货，并且由于 5 年期购买合同的剩余年限造成的重大损失，但 Jim 仍坚持他的观点。

Marian 已经将这一情况提请她的上司——会计主管，但她的上司也享有这一奖金计划，并直接向 CFO 报告了。Marian 和外部审计人员的工作联系比较密切因而确知外部审计经理对存货和购买义务问题并不十分清楚。Marian 关心这个情况，但不知道该如何处理这件事。

要求：

（1）假设会计主管没有通知 CEO 和 CFO 这一情况。请通过讨论“管理会计人员道德行为准则”中的特定准则，来讨论未采取显著行动的会计主管的行为道德性。

（2）假设 Marian Nevins 认为会计主管存在不道德行为，并将这一发现告知了 CEO 和 CFO，请描述为解决这一问题她所应采取的步骤。请在您的答案中指出“管理会计人员道德行为准则”。

（3）请说明 HHP 为改进公司的道德情况而能够采取的行动。

第 2 章　成本管理的基础概念

学习本章之后，您可以：

①描述一个成本管理信息系统、它的目标和它的主要子系统，以及指出它与其他经营与信息系统是如何关联的。

②解释成本分配的流程。

③界定有形与无形产品，并解释为何对产品成本的概念存在不同的定义。

④为制造业组织和服务业组织编制利润表。

⑤解释传统成本管理系统与当代成本管理系统之间的差异。

学习成本会计与成本管理需要理解基础的成本概念、术语以及产生这些概念术语的相关信息系统。我们需要一个基本框架以帮助我们了解在成本会计与成本管理领域出现的各种各样的话题。一个关于系统的观点可以为达到这个目标提供一个有用的框架。但是，一个信息系统是什么呢？存在对应不同目的的不同系统吗？同时，成本是什么意思？存在对应不同目的的不同成本（概念）吗？本章主要关注这些基本问题并为后文的学习打下必要的基础。在打基础的时候，我们不准备在不同的系统与不同的成本（概念问题）上花费太多篇幅。其他的系统与其他的成本（概念问题）将在以后章节讨论。然而，完整理解本章所阐述的概念对于正确理解以后章节的内容，是非常重要的。

2.1　一个系统框架

一个系统(system) 是指是由相互联系、相互作用的若干部分，以一定的结构组成的具有特定功能的整体。以一个家庭影院为例。这个系统有许多相互联系的部件，如扬声器、无线电接收器、扩音器、电视以及 DVD 播放器等。其最重要的程序（或者旨在达到一个目标的一系列行动）是放映电影；另一个程序是将环绕立体声传送到整个房间。该系统的主要目标是在主人看电影时为其提供一种类似剧院效果的体验。需请注意，对实现整体目标而言，这个系统的每一个部件都是非常关键的。比如，如果扬声器失效了，那么即使其他部件仍在正常工作，扩音器和无线电接收器也不能提供类似剧院效果的声音。

一个系统的正常运转表现为，通过使用一些程序将输入材料转化为满足系统目标的产出。以电影放映程序为例。这个程序要求输入材料如一部电影（通常是蓝光光碟或 DVD)、一个蓝光光碟或 DVD 播放器、一台电视以及电源。这些输入材料被转换为电影的重播状态，即这个程序的一个产出。另一个程序的产出，环绕立体声的传送，显然对达到该系统的整体目标而言，也是非常关键的。DVD 的加密声音、扩音器以及扬声器成为传送程序的输入材料。这个程序转换输入材料以使音轨被传送至遍布房间的每个扬声器。通过这种方式，类似剧院的感觉可在家庭里面复制（当然，其效果要差一些）。家庭影院体验的运作模式如图表 2-1 所示。

2.1.1　会计信息系统

一个信息系统的作用就是向公司里可能需要信息的人们提供信息。比如，人力资

图表 2-1　　家庭影院系统的运作模式

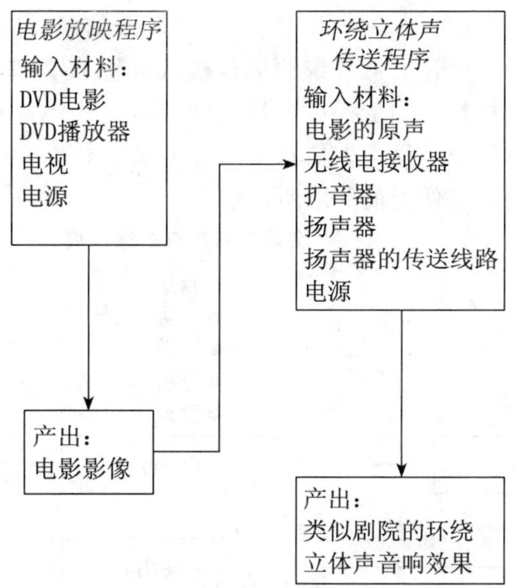

源（HR）信息系统与原材料需求计划（MRP）系统就都属于信息系统。HR 系统自其员工被雇用开始就跟踪其信息。该信息包括：雇用日期、初级职务（entry-level title）与薪酬，以及任何用于确定员工福利所需的信息数据。MRP 是一个计算机系统，用来跟踪用于制造过程的原材料的采购与使用情况。这些系统可能还有子系统。比如，工资单系统就是 HR 的一个子系统。这是一个交易处理系统。工资单系统使用来自 HR 数据库的信息，并伴有税收、应支付给员工的福利以及应支付给各种政府机构的适当代扣款等相关的信息，以定期处理工资单交易。

会计信息系统（accounting information system）就是这样一个系统，它包括相互联系的人工会计信息系统和计算机会计信息系统，并使用诸如数据收集、记录、汇总、分析与管理等处理方法，将输入材料转换为供给使用者的信息。和任何系统一样，一个会计信息系统有它的目标、相互关联的子系统、加工程序以及系统产出。一个会计信息系统的整体目标是向使用者提供信息。其相互关联的子系统包括（多个）数据库以及数据库管理程序。数据库通常是以数字化的形式来收集数据或信息。数据库管理系统是为了满足控制、维护以及取用某个特定数据库的需要。出于会计目的，数据库被进行了改造以适用于跟踪订单、销售以及其他交易。信息管理系统使得企业可以有效管理发货、应收账款与收现、存货、总分类账以及成本会计等事务。每个相互关联的部分本身就是一个系统，因而被称为会计信息系统的子系统。数据库管理系统的加工程序可以包括数据的收集、分类、汇总与管理。有些程序可能还是正式的决策模型——即那些使用输入材料并提供作为信息产出的关于决策建议的信息的模型。会计信息系统的产出是载有使用者所需信息的数据和报告。

会计信息系统有两个关键特征使之区别于其他信息系统。第一，会计信息系统的输入材料通常是经济事项。第二，一个会计信息系统的运作模式与信息的使用者密切相关，因为会计信息系统的产出能对其使用者产生重大影响，并且可作为所有行动的基础。会计信息的这种功能特别适用于战术性与战略性决策，但不太适用于日常决策。而在其他情形下，信息产出的作用可能只是证实所采取的行动具有意料之中的效果[①]。会计信息系统的另一个可能的产出是反馈信息，它同时又是后续运作系统工作所需的输入材料。会计信息系统的运作模式如图表 2-2 所示。该图举例列示了会计信息系统的输入材料、加工程序以及信息产出（列示并不详尽）。需请注意，个人交流也是一种信息产出。通常，信息使用者可能等不及正式报告的出炉，而可能通过与会计师的直接交流以便提前获取所需信息。

图表 2-2　**会计信息系统的运作模式**

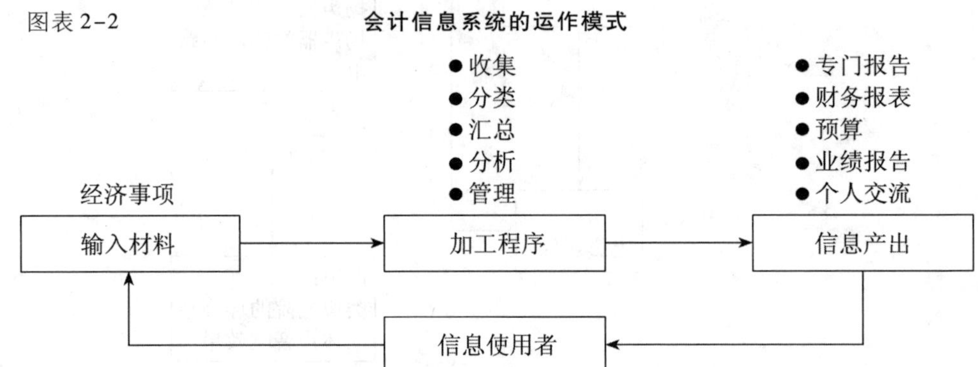

会计信息系统可以分为两个主要的子系统：a. 财务会计信息系统；b. 成本会计信息系统。尽管我们现在强调的是第二个子系统，但也应该指出，该两个子系统不能相互独立[②]。理想的情形是，该两个子系统整合在一起并共同拥有相互联系的数据库。其中的任何一个系统的信息产出都可以作为另一个系统的输入材料。

（1）财务会计信息系统

财务会计信息系统（financial accounting information system）主要关注为外部使用者生产信息产品。它使用经过明细分类（比如，实付工资、购入原材料）的经济事项作为输入材料，并且其加工过程遵循一定的规则和惯例。对财务会计而言，该输入材料的性质以及主导加工过程的规则和惯例，现在均由证券和交易委员会（SEC）与财务会计准则委员会（FASB）进行界定，未来可能由国际会计准则理事会（IASB）进行界定。其产出的信息产品是给予外部使用者（投资者、债权人、政府机构和其他外部使用者）的财务报表，如资产负债表、利润表和现金流量表。财务会计信息用于投资决策、受托责任评估、活动监控和监管措施制定。

（2）成本管理信息系统

成本管理信息系统（cost management information system）主要关注为内部使用者生产信息产品。对于那些界定输入材料性质与加工过程的外部强制性规则条例，成本管理信息系统并不受其约束。相反，那些规定输入材料性质与加工过程的规则条例由公司内部人员来设定。成本管理信息系统有三个宽泛的目标，即针对以下三点要求提供信息：

a. 为产出的服务、产品以及管理者感兴趣的其他成本对象计算成本

---

① 信息的这种作用参见原书第 27 页第 1 个脚注的文献的阐述。这篇论文报告了关于管理者们如何使用会计信息的一项实证研究（field study）结果。作者指出，正规的信息产出好像不宜用于日常决策。对于日常使用的信息，管理者们通常使用人际关系交流来获取。支持本观点的文献参见原书第 27 页第 1 个脚注的文献。

② 本节中，关于该观点的许多资料都是依据从下列文章中发现的线索：参见原书第 27 页第 2 个脚注的文献。

b. 规划和控制

c. 制定决策

一个产品或服务的成本是多少？这个问题的答案取决于管理层为什么想知道该成本。比如，依据 GAAP（公认会计原则）计算的产品成本，是为了用于计价资产负债表上的存货以及计算利润表上产品销售成本（COGS）项目的费用。这些产品成本包括材料成本、人工成本和制造费用。另外，管理者们还可能出于战术性和战略性盈利能力分析的目的而希望了解与该产品相关联的所有成本。比如，一家银行可能想了解关于向小企业提供贷款的成本与收入。然后，可能还需要了解更多的关于坏账准备、资金成本、收账成本等的信息。

成本信息还被用于规划和控制。它可以帮助管理者们决策，什么该做、为什么要做、应该怎么做以及做的程度如何。比如，制药企业就希望了解某个特定品种或者一个类别的药品的生命周期成本计算问题。新产品的预期收入与成本可能要覆盖其整个生命周期。这样，包含设计、开发、测试、生产、营销、分销以及售后服务等活动的计划成本就是一些基本的信息。这些成本构建了价值链管理的基础。

价值链(value chain）是指与设计、开发、制造、营销、配送以及向顾客提供所售产品与服务之售后服务相关的整套经营活动。图表 2-3 说明了价值链的业务流程。对顾客价值的重视迫使管理者们需要明确，价值链中的哪一项活动对顾客来说是很重要的。成本管理信息系统应该追踪那些跨越价值链的一大堆活动的信息。以送货部门为例，及时配送产品或服务是给予顾客的总体产品价值的一部分。提高送货与（对顾客的要求做出）反应的速度可以提高产品的价值。联邦快递就充分利用了价值链中的这一点，成功开发了一个美国邮政服务（U. S. Postal Service）不能涉足的市场。今天，许多消费者都认为推迟送货就是取消送货。这一点意味着，一个良好的成本管理系统应该能够开发并计量可以衡量顾客满意度的指标。

图表 2-3　**价值链**

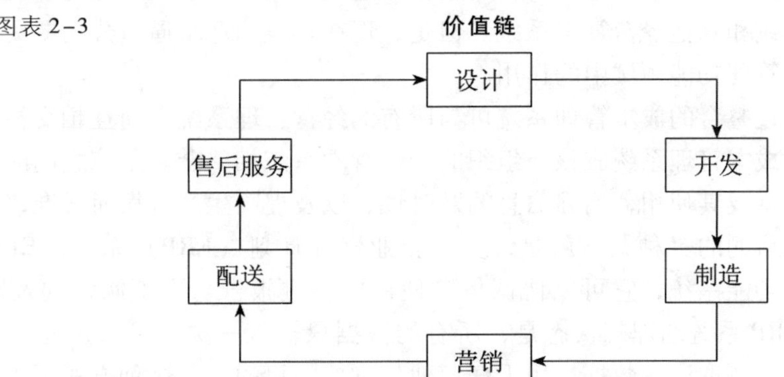

公司也有内部顾客。比如，采购程序购买并发送部件与材料至生产部门。及时地向生产部门经理提供高质量的部件，对采购部门自身来讲也是至关重要的，因为它对公司整体而言，就意味着向外部顾客提供高质量的产品。重视对内部价值链的管理以及对内部顾客的服务，揭示了跨职能视角（cross-functional perspective）的重要性。内部价值链与外部价值链将在第 11 章加以详细讨论。

现实案例

将价值链作业流线化（streamlined）的一个案例公司是 Stillwater Designs，它创出了K牌音响（Kicker speakers）。最初，这家公司设计、制造和分销它的汽车音响。但是，其制造环节是可以外包的部分——过去也确实如此。现在，该公司集中精力从事研究与开发，以及直销与分销。[①]

最后一点就是，成本信息对许多管理决策而言都是很重要的。比如，一个管理者可能需要决定一种零部件是继续自行制造还是从外部供应商那里购买。在这种情况下，该管理者需要知道与制造该零部件有关的材料、人工和其他生产投入的成本，以及如果该产品不再生产时这些成本中有哪几项就不复存在等信息。同时需要的信息就是关于该零部件的采购成本，包括诸如接收和储存物品等内部活动导致的任何增量成本。

2.1.2 与其他经营管理系统及职能的关系

成本管理信息系统生产的成本信息有益于整个组织，因此应该要有一种全组织视角（organization-wide perspective）。一个企业的不同领域的管理者们都需要成本信息。比如，一个工程经理必须制定关于产品设计的战略决策。根据该设计，后续的制造、营销、服务等成本可能大幅变化。有一次，Hewlett-Packard的一个工程师告诉我们，70%的最终产品成本都已在设计阶段“被锁定”了。为了针对不同的设计方案提供准确的成本信息，成本管理系统不仅要同设计与开发系统互动，而且还要与生产、营销及顾客服务系统互动。用于战术决策制定的成本信息也很重要。比如，一个销售经理在面对一项关于低于正常售价出售的订单决策时，就需要可靠而准确的成本信息。这种销售行为只有在生产系统仍有闲置产能的情况下才是可行的。在这种情形中，一项良好的决策需要成本管理系统、营销系统与分销系统以及生产系统之间的互动才能达成。这两个示例表明，成本管理系统应该要有一种全组织视角，并且必须在一个组织中与非财务功能及系统进行恰当的整合。过去，人们几乎没有花费什么力气去整合成本管理系统和其他经营管理系统。但是，现在竞争的环境逼迫公司要更加关注成本管理在所有管理功能领域中的作用。

一个经过整合的成本管理系统可与所有的经营管理系统之间互相交换信息。在一定程度上，成本管理系统应该与组织的经营管理系统相整合。系统之间的整合可以减少累赘的数据及其使用，增强信息的及时性，以及提高生产可靠而又准确之信息的效率。实现此目的的一种做法就是，实施企业资源计划（ERP）系统。ERP系统是高度整合的跨功能系统，它可以协调信息使用以促进报告与决策制定的及时性与准确性。使用ERP系统的理想状态是，所有的数据只输入一次。然后，处于公司任何位置的人都可以获取这些数据，用于任何他们需要的目的。在这种方式下，出于某一种需求所收集的信息应该还可以同时用于其他需要。比如，进入ERP系统的某种销售订单可以（同时）被销售部门用于更新顾客记录、被生产部门用于安排所订货产品的制造，以及被会计部门用于记录销售业务。

---

① 基于与该公司最高领导层的访谈对话：http：//kicker. com。

2.1.3 对应不同目的的不同系统

财务会计系统和成本管理系统告诉我们，不同的系统满足不同的目的。如前所述，这两个系统是会计信息系统的子系统。而成本管理信息系统又进一步包含了两个主要的子系统：成本会计信息系统和经营控制信息系统。这两个子系统的目标分别对应前述成本管理信息系统的第一和第二个目标（成本计算目标，以及规划与控制目标）。这两个成本系统的产出是为了实现第三个目标（制定决策目标）。

成本会计信息系统(cost accounting information system) 是成本管理的一个子系统，它被设计用于，向特定产品、服务以及按照管理者意图所分类的其他对象分配成本。对外部财务报告而言，成本会计系统必须向产品分配成本以便计价存货与确定销售成本。并且，这些分配的方法必须遵循SEC、FASB以及（可能由）IASB设定的规则和惯例。这些规则和惯例并不要求所有向特定产品分配的成本与其所需要的分配量之间保持必定的因果关系。因此，使用财务会计原则来界定产品成本可能导致对特定产品成本的低估或者高估。对于存货价值和销售成本的报告而言，这样做并无大碍。存货价值和销售成本是按合计数报告的。因此，低估数额和高估数额可能相互冲销，以至于财务报表上所报告的价值达到一个合理的准确度。

但是，对于特定的产品层次，被扭曲的产品成本可能导致管理者们做出重大错误的决策。比如，一个管理者可能错误地降低一种产品的重要性并对其过高定价，而事实上该产品已经足够盈利。制定决策需要准确的产品成本信息。如果可能的话，成本会计系统应该制造既准确又同时符合财务报告惯例要求的产品成本信息。而如果不可能的话，那么成本系统则必须制造两组信息：一组信息符合财务报告规则条例的要求；另一组信息满足管理者制定决策的需求。

经营控制信息系统(operational control information system) 是成本管理的一个子系统。它被设计用于，提供准确且及时的反馈信息。该反馈信息主要关注管理者们及其他相关人员从事规划与控制活动的业绩。它有助于确保日常的业务活动支持组织的长期战略目标。经营控制主要关注，什么活动应该要开展以及评价这些开展活动取得了什么效果。它可以识别提升业绩的机会。一个良好的经营控制信息系统可以提供信息，来帮助管理者们潜心从事能够持续、全面提升他们业务绩效的工作。

尽管产品成本信息对这个管理程序而言非常重要，但是还远远不够。规划与控制还需要更广泛的信息，并且该信息应覆盖整个价值链。比如，每一个盈利性的制造业和服务业组织的存在就是为了服务于顾客。因此，经营控制系统的一个目标就是为了提高顾客可以享受到的价值。产品与服务应该为迎合具体的顾客需求而生产（注意这将如何影响到价值链中的设计与开发系统）。对顾客而言，质量、可承受的价格以及售后的较低的使用与保养成本等也很重要。

经营控制系统的第二个相关目标是，通过提供这些产品与服务来提高利润水平。公司只会在其同时可为公司所有者带来足够回报的情况下，才提供达到公司可承受能力的、良好设计的高质量产品。对管理性的规划与控制而言，考虑质量、差异产品设计以及售后的顾客需求等问题的成本信息是至关重要的。

图表2-4说明了我们前面讨论过的，会计信息系统中的各种子系统。

图表 2-4　　会计信息系统的子系统

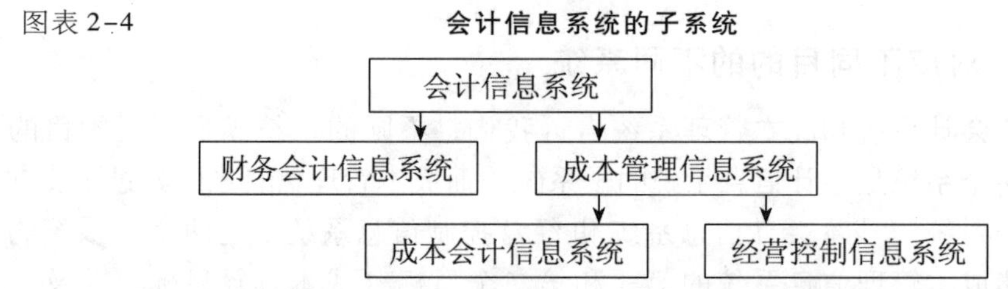

2.2　成本分配：直接追溯、动因追溯以及分摊

为了探讨成本会计系统与经营控制系统，我们需要理解成本的含义并熟悉与这两个系统相关的成本术语。我们还必须理解用于分配成本的程序，（因为）成本分配是成本会计系统的一个关键程序。改进成本分配程序是成本管理领域在过去的 30 多年时间里的主要发展方向之一。首先，让我们来界定成本的概念。

成本(cost) 是为（获得）预期能为组织在现在或未来带来经济利益的产品或服务而牺牲的现金或现金等价物的价值。我们使用*现金等价物*一词，是因为非现金资产也可以被用来交换（人们）希望得到的产品或服务。比如，人们可能用设备来交换生产材料。

发生成本是为了创造未来的利益。在一个营利性企业，未来利益通常意味着收入。当成本被用来创造收入时，它被叫做“消逝”（expire)。消逝的成本称为**费用**(expenses)。在每个期间的利润表上，费用被用来扣减收入以确定当期的利润。一项**损失**(loss) 是指消逝了成本却没有产生任何收入利益。比如，被洪水冲毁的未保险存货将被划归为利润表上的损失。

许多成本不会在一个特定期间里消失。这些未消逝的成本划归为**资产**(assets) 并出现在资产负债表中。计算机与工厂建筑物是常见的够用一个期间以上的资产。需要指出，一项成本是划归为费用还是划归为资产（这两种做法）的主要区别是，对时间的把控。这一点区分很重要，并将在后文中用于理解其他成本概念。

2.2.1　成本对象

构建成本会计信息系统的目的是计量成本并向成本对象分配成本。**成本对象**(cost objects) 可以是为其计量与分配成本的任何事物。它们可能包括产品、顾客、部门、项目、作业等。比如，如果我们想确定生产一辆自行车的成本是多少，那么成本对象就是那辆自行车。如果我们想确定一个工厂的一个维修部门的经营成本，那么成本对象就是那个维修部门。如果我们想确定一种新玩具的开发成本，那么成本对象就是那个新玩具。作业是一种特别类型的成本对象。一项**作业**(activity) 是一个组织运行工作的基本单位。一项作业也可以定义为，一个组织中的有助于管理者们实现规划、控制以及决策制定目的的行为之集合体。近年来，作业日益成为重要的成本对象。作业在向其他成本对象分配成本的过程中扮演着重要的角色，并且是一个作业成本会计系统的基本要素。举例来说，作业包括组装生产设备、移动材料与产品、购买零部件、向顾客收款、支付账单、维修设备、处理订单、设计产品以及检测产品等。

2.2.2 成本分配的准确性

准确地将成本分配至成本对象是非常重要的。准确性并不是用某种潜在的“真实”成本的概念来衡量的。相反，它是一个相对的概念，并且和所用的成本分配方法的合理性与逻辑性之间有着很大的关系。一些成本分配方法（的结果）明显比其他方法（的结果）更为准确。比如，假设你想确定，一个经常去一家校外披萨店 Hideway 的学生 Elaine 的午餐成本。（你可采用的）一种成本分配的方法是，计算从中午 12 点到 1 点之间在 Hideway 用餐的顾客数量，然后用它去除 Hideway 在此期间赚取的总销售收入。假设这样计算的结果是每个午餐顾客要花 6.25 美元。基于这种方法，我们可能会认为，Elaine 每天用于午餐的花销就是 6.25 美元。（你可采用的）另一种方法是，跟着 Elaine 去并看着她花了多少钱。假设她每天吃一份大份的沙拉（chef's salad）和一份中杯的饮料，成本是 4.50 美元。我们很容易就能看出哪种成本分配方法（的结果）更准确。因为受到其他消费者（成本对象）的消费模式影响，所以得到 6.25 美元的成本分配额的结果是扭曲的。事实上，大多数午餐客户只点价值 5.95 美元的午间套餐（一份小披萨，一份小份沙拉，以及一份中杯饮料）。

扭曲的成本分配结果会导致低劣的决策。比如，如果一个电厂经理试图决策，是继续自行发电还是从当地一家公用事业公司购买电力。那么对于这项分析来说，准确地衡量自己发电的成本就是非常重要的。如果高估了自己的发电成本，那么该经理就可能决定关闭内部电力部门以便于从外部公司来购买电力，而一种更准确的成本分配结果则可能建议相反的决策。我们很容易就能看出，低劣的成本分配可能导致高昂的代价。

（1）可追溯性

理解成本与成本对象之间的关系可以提高成本分配的准确性。成本与成本对象之间要么是直接的关系要么是间接的关系。**间接成本**（indirect cost）是那些不能轻易且准确地追溯到成本对象的成本。**直接成本**（direct cost）是那些能够轻易且准确地追溯到成本对象的成本[①]。轻易且准确地追踪成本对象的意思是，可以使用一种因果关系（causal relationship）来分配成本。因此，**可追溯性**（traceability）是指借助因果关系而使用一种经济可行的方法将成本直接分配给成本对象的能力。可追溯至对象的成本越多，成本分配的准确性就越高。另需强调的一点是，成本管理系统一般要处理多个成本对象。因此，对一个特定成本项目而言，它有可能同时被划分为直接成本和间接成本。这完全取决于哪一个成本对象是其参照点。比如，如果厂房是成本对象，那么为厂房制热与制冷的成本就是一项直接成本；而如果成本对象是在厂房中生产的产品，那么这种共用的能源成本就是一项间接成本。

（2）追溯方法

可追溯性意味着通过使用因果关系，成本能够被轻易且准确地分配。将成本追溯至成本对象有两种方法：a. *直接追溯*；b. *动因追溯*。**直接追溯**（direct tracing）是

① 直接成本的这个定义是基于计算机辅助制造国际公司（CAM-I）编制的词汇表。

指，识别与成本对象之间存在具体的或者自然的关系的成本并将其分配至成本对象的程序。直接追溯大多数只要通过*自然观察*(physical observation) 就可以做到。比如，假定电力部门是成本对象。电力部门管理者的工资以及生产电力的燃料，就是那种与成本对象（电力部门）之间存在（通过自然观察）可具体指明其关系的成本。第二个例子是，以一条蓝牛仔裤为例。材料（牛仔布、拉链、纽扣和缝线）以及人工（依据式样裁剪布料以及缝合）都是可以自然观察到的，因此，材料与人工成本可以直接归入牛仔裤的成本。最理想的一种状态是，所有的成本都应该使用直接追溯法归入成本对象。

遗憾的是，自然地观察一个成本对象所耗用资源的精确数量，通常是不可能的。(因此) 第二种最好的方法是，使用原因——结果推理以找出影响因素——称为*动因*——动因可以被察觉并用以计量一个成本对象所消耗的资源。**动因**(drive) 是导致资源使用量、作业使用量、成本以及收入发生变化的因素。**动因追溯**(drive tracing) 使用动因将成本分配给成本对象。尽管其精确度要低于直接追溯，但是如果原因——结果关系是合理的话，动因追溯仍然可以做到较为准确。以牛仔裤制造工厂的电力成本为例。工厂经理可能想知道有多少电力用于开动缝纫机器。采用自然观察的方法可能需要一个仪表用于测量缝纫机器所消耗的电力，但这并不切实可行。因此，一个动因如“机器小时”就可用于分配电力成本。如果电力成本是每机器小时 0.10 美元且缝纫机器一年用了 200 000 个机器小时，那么就应将 20 000 美元（$ 0.10×200 000）的电力成本分配给缝纫作业。第 4 章将详细解释如何使用动因分配作业成本。

(3) 分配间接成本

间接成本不能追溯至成本对象。(其原因) 要么是成本与成本对象之间没有因果关系，要么是（有因果关系但）追溯过程不具经济可行性。将间接成本分配到成本对象的过程被称为**分摊**(allocation)。既然不存在因果关系，那么分摊间接成本的基础就是*便利性*或者某种*假设的联系*。比如，以一个制造 5 种产品的企业的制热与照明成本为例。假设这种能源成本要被分给该 5 种产品。显然，要发现某种因果关系是很困难的。一个便利的方法是简单地按照每个产品所耗直接人工工时的比例来分摊该成本。主观地分摊间接成本会降低成本分配的整体准确性。相应地，最好的成本计算政策是只追溯直接成本至成本对象的那种成本分配政策。但是，人们也会承认分摊间接成本，除了准确性之外还可以满足其他目的。比如，分摊间接成本可能是出于外部报告的需要。不过，出于管理需要的大多数成本分配方法都是准确性较高的。只有在极少数情况下，直接成本分配与间接成本分配才应该被分开报告。

(4) 关于成本分配方法的总结

(诚如前述) 将成本分配至成本对象有三种方法：直接追溯、动因追溯，以及分摊。三者中，直接追溯最为精确，因为它依据的是可自然观察到的因果关系。动因追溯依据被称为动因的因果因素来将成本分配至成本对象。动因追溯的精确性取决于动因所表达之因果关系的强度。无论是较之直接追溯还是较之（间接成本）分摊，识别动因并评价该因果关系的质量都是相对比较麻烦的。分摊，尽管是最简单且最廉价的方法，但同时也是准确度最低的成本分配方法；只要有可能就应尽量避免。在许多场合，通过动因追溯以提高准确性的好处多于它所带来额外操作（计量）成本的坏处。这个成本—效益问题将在本章的后续内容中进行更为完整的讨论。这个（成本—效益决策）程序确实会带来关于竞争性成本管理系统的选择难题。

2.3 产品成本与服务成本

最重要的成本对象之一就是组织的产出。产出有两种类型，分别是有形产品和服务。**有形产品**(tangible products）是指，通过使用人工以及诸如厂房、土地和机器等资本性投入，将原材料转换成完工成品而生产出来的物品。电视、汉堡、汽车、电脑、衣服以及家具等都是有形产品的例子。**服务**(service）是指为某个顾客而完成的任务或作业，或者因为某个顾客使用一个组织的产品或设施而完成的一项作业。服务也要使用材料、人工和资本性投入来生产。保险项目、医疗护理、牙医护理、伤痛护理以及做账等都是为顾客而完成的服务作业的例子。汽车租赁、视频设备租赁以及滑雪等都是因为顾客使用一个组织的产品或设施而完成的作业的例子。

服务在三个重要方面区别于有形产品：无形性、易消逝性和不可分割性。**无形性**的意思是，服务的买方在买到一项服务之前不能看见、感觉、听到或是尝试该服务的式样。因此，服务是*无形产品*。**易消逝性**意味着服务不能被储存（有形产品不能被储存的非正常情况较为少见)。最后一点，**不可分割性**是指服务的生产者和其购买者通常必须为该项交易而直接接触。事实上，服务通常是不可与其生产者相分离的。比如，一项视力检测业务就要求患者和验光师同时在场。但是，有形产品的买卖双方就不必直接接触。比如，汽车购买者就不必与生产汽车的工程师以及装配线的工人直接接触。

生产有形产品的组织称为*制造业组织*。生产无形产品的组织称为*服务业组织*。生产物品或服务的组织的管理者们出于很多理由，包括盈利性分析以及有关产品设计、定价和产品组合等理由，需要知道特定产品的成本情况。

现实案例

比如，McDonald's Corporation（麦当劳）需要知道特定产品的成本以确定是否把它们留在优惠菜单（dollar menu）上。双层芝士汉堡，一个广受欢迎的品种，其成本整整提高了1美元。许多专卖店都拒绝把它放在优惠菜单里出售——有些店的要价在2美元以上。2008年后期，McDonald's将其替换为只有一个小薄片芝士的双层汉堡。这种改变使得其专卖店得以继续提供那份运行已久且被广泛接受的优惠菜单，而不必承受注定的损失——该损失源自时时都在低于成本销售的双层芝士汉堡。

服务业公司也会将成本与利润挂钩。

现实案例

许多职业运动队，包括New Jersey Net（新泽西网队），很乐意做任何事情（go the extra mile）来取悦赛季门票的持有者（球迷）。考虑到可供球迷们选择的娱乐活动实在太多，球队聘请了好客的行家与门房以向球迷们提供更多的服务。这些附加服务包括对更衣室的特别探访，以及（让球迷）有机会就他们关心的事物与高级管理层对话。尽管这些附加服务的开销并不便宜，但是它们对于（球队）维持满意的收入来讲非常重要，即使是在（球队的成绩）胜负率比较糟糕的时候[1]。

既然对制造业与服务业企业而言成本都很重要，那么当我们讨论产品成本时，我们所指的产品就总是包括有形产品和无形产品两者在内。

2.3.1 不同的成本（概念）对应不同的（管理）目的

成本管理的一个基本原则是，“不同成本（概念）对应不同的（管理）目的”。产品成本的概念可以因为适用目的的不同而不同。图表 2-5 给出三个关于成本概念以及一些它们所能满足之目标的例子。对于定价决策、产品组合决策以及战略性盈利能力分析而言，所有可循价值链追踪的成本都需要分配给该产品（价值链在第 1 章及本章均只做介绍，而将在第 11 章进行详细探讨）。对于战略性产品设计决策以及战术性盈利能力分析而言，需要分配生产、营销以及顾客服务（含售后服务）等成本。对于外部财务报告而言，FASB 的规则与惯例则要求只有产品成本才能被用于计算生产成本。如果出于其他的目的，可能还需要使用其他的产品成本概念。

图表 2-5　**产品成本概念举例**

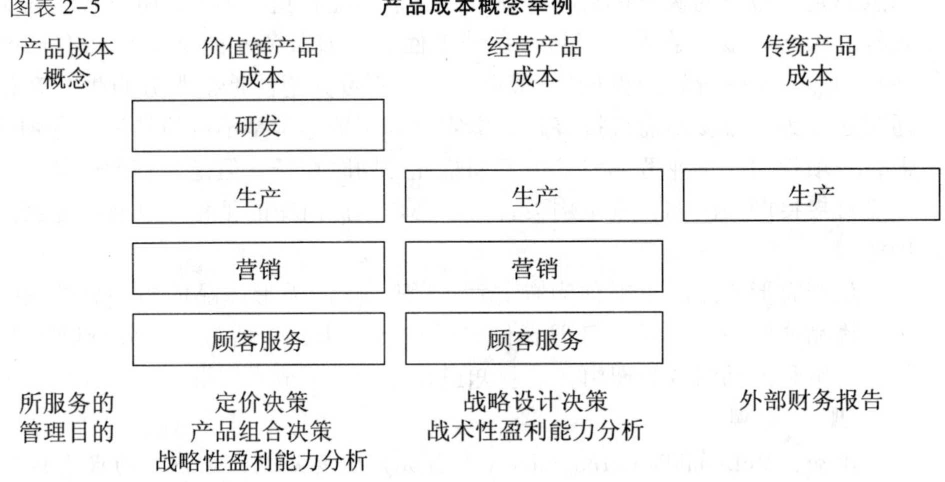

2.3.2 产品成本与外部财务报告

成本管理系统的一个重要目标是为外部财务报告计算产品成本。来自外部的强制性标准要求成本应按特殊目的及其所服务的功能来分类。成本可进一步分为两种主要的功能类别：生产（成本）与非生产（成本）。生产（或产品）成本是那些与制造产品或提供劳务有关的成本。非生产成本是那些与销售及管理功能有关的成本。对有形物品而言，生产与非生产成本通常被分别称为*制造成本*与*非制造成本*。生产成本可进一步分为，*直接材料*、*直接人工*和*制造费用*。对外部财务报告而言，只有该三个成本要素才可以分配作为产品成本。

（1）直接材料

直接材料（direct material）是那些可追溯至所生产之物品或服务的材料。那些材料的成本可直接由产品负担，是因为人们能根据自然观察去计量每个产品所耗的材料

① Adam Thompson, “The Nosebleed Vips,” *The Wall Street Journal* (March 19, 2007): B1.

数量。通常，那些成为有形产品之构成部分或者用于所提供之服务的材料被归类为直接材料。比如，一辆汽车上的用钢、家具上的木料、香水中的酒精、牛仔裤中的布料、牙齿矫正用的牙箍、一次手术所用的纱布与麻醉剂、一件胸衣上的彩带，以及一次航班上发的饮料等，都是直接材料。

（2）直接人工

直接人工(direct labor) 是那些可追溯至所生产之物品或服务的人工。就像直接材料一样，人们也可根据自然观察去计量每个产品所耗的人工数量。那些将原材料转换为产品或者向顾客提供服务的雇工被归类为直接人工。Dell（戴尔电脑）组装线上的工人、餐馆的厨师、一项开胸手术的外科护士，以及 Southwest Airlines（西南航空公司）的飞行员等都是直接人工的例子。

（3）制造费用

所有的生产成本中除去直接材料与直接人工之外的成本混为一类称为**制造费用**(overhead)。在一个制造企业，制造费用也被看作是*制造部门负担的成本*(factory burden) 或*制造工作的管理费用*(manufacturing overhead)。制造费用这个成本类别包含了非常多的各种各样的项目。生产产品需要除去直接材料与直接人工之外的许多投入。比如，房屋与设备的折旧、维修、监管、搬运材料、动力、房产税、景观美化，以及工厂保安等。**耗用品**(supplies) 通常是指那些生产所必需但又不构成完工产品之部分形态或者不用于提供一项服务的材料。一家快餐馆洗碗机需用的洗洁精以及生产设备需用的润滑油都属于耗用品。

那些不能明显构成完工产品之部分形态的直接材料，通常被混在一起归入制造费用称为**间接材料**(indirect material)。从操作成本与便利性的角度来看，这种处理是合理的。其追溯分配的（操作）成本大于提高准确性带来的效益。用于制作家具或者玩具的胶水就是（间接材料的）一个例子。

直接人工的加班成本也通常被分配计入制造费用。其理由是，通常很难找出导致加班的特定生产班次。相应地，加班成本应由所有生产班次来共同负担，因此是一项间接制造成本。需请注意，只有加班成本本身才可以这样处理。如果工人的正常工资是每小时 16 美元，而加班津贴是每小时 8 美元，那么就只有那 8 美元的加班津贴要分配计入制造费用。那 16 美元的正常工资仍然被看作是直接人工成本。但是，在特定场合，加班成本是与一项特定生产班次相关的，比如，当生产能力达到 100% 时而要执行的一项特殊订单。此时，把加班津贴处理为直接人工成本是较为合适的。

（4）主要成本与加工成本

划分制造（成本）与非制造（成本）有助于理解一些相关的成本概念。制造成本与非制造成本的功能区别，是划分可存货化成本（inventoriable cost）和不可存货化成本（noninventoriable cost）两个概念的基础——至少对外部报告而言是这样。对不同生产成本项目进行组合，可以得出主要成本和加工成本两个概念。

主要成本是直接材料成本与直接人工成本的总和。**加工成本**是直接人工成本与制造费用成本的总和。对一个制造企业来说，加工成本可以解释为将原材料转换为最终产品的成本。基础 2.1 说明了如何以及为何计算主要成本、加工成本，以及产品成本。

基础 2.1：如何以及为何计算主要成本、加工成本、变动性产品成本和产品成本总额

资料：

Carreker 公司制造手机。Carreker 预计下一年度将生产 30 000 部手机，其总成本如下：

直接材料	$ 150 000
直接人工	90 000
变动性制造费用	30 000
固定性制造费用	450 000

为什么：

产品成本是管理层进行控制与制定决策的基础。管理者们使用这些成本来预测销售量的增减变化会对经营收益产生多大的影响。因为固定成本不管销量如何变化都保持不变，所以关于主要成本、加工成本、变动性产品成本以及总体产品成本的情况可以给出重要的信息，由此可以分析这些成本在不同产量水平上的不同金额。

要求：

a. 计算单位主要成本。

b. 计算单位加工成本。

c. 计算单位变动性产品成本总额。

d. 计算单位产品（制造）成本总额。

e. **如果**下一年度将制造 32 000 部手机，**结果会是怎样的？**请用文字解释它将如何影响单位主要成本、单位加工成本、单位变动性产品成本总额，以及单位产品成本总额。

解答：

a. 单位主要成本＝（直接材料+直接人工）÷生产数量

＝（$ 150 000+ $ 90 000）÷30 000＝$ 8

b. 单位加工成本＝（直接人工+制造费用）÷生产数量

＝（$ 90 000+ $ 30 000+ $ 450 000）÷30 000＝$ 19

c. 单位变动性产品成本总额＝（直接材料+直接人工+变动性制造费用）÷生产数量

＝（$ 150 000+ $ 90 000+ $ 30 000）÷30 000＝$ 9

d. 单位产品成本总额＝（直接材料+直接人工+变动性制造费用+固定性制造费用）÷生产数量

＝（$ 150 000+ $ 90 000+ $ 30 000+ $ 450 000）÷30 000＝$ 24

e. 如果生产数量增加了，单位变动性成本不会受到任何影响。因此，单位主要成本和单位变动性成本将保持不变。但是，单位加工成本和单位产品成本将因为固定性制造费用的原因而下降。固定性制造费用总量保持不变，但其单位量将因为产量增加而下降。相反，如果产量下降了，那么单位固定性制造费用就会增加。

(5) 非生产成本

非生产成本分为两类：营销（销售）成本和管理成本。营销与管理成本不能存

货化，因此被称为*期间成本*。**期间成本**(period cost）是发生在某一期间的费用。因此，期间成本不能存货化，也不能分配计入产品成本。期间成本出现在利润表中——不在资产负债表中。在一个制造业组织，这些成本可能是相当高的（经常高于销售收入的25%)，因此通过控制它们而带来的成本节省额，往往要比控制产品成本而带来的成本节省额大得多。

现实案例

比如，Domino Sugar Company 在它的 Baltimor 炼糖厂开展了一些促进员工健康的项目。“整个公司将随后全面铺开该项目，因为我们需要一支健康的劳动力队伍”，财务经理 Mark Triche 说道：“我们知道它将帮助我们降低成本。” Procter & Gamble (P&G，宝洁公司）为了开发与主导它在中国的消费品市场，在市场营销方面花费了巨资。近期的一个重要活动是鼓励中国的父母们使用公司的 Pampers（帮宝适）牌一次性尿布，采取的宣传方式有广告、大型联欢会，以及在城市中心的仓储式促销，还有网络病毒式促销等。把两者——那些免费样品的成本以及支付给数以千计的中国销售人员的工资——联系起来，我们就可以理解，为什么在中国市场的营销费用在 P&G 的预算中占有很大的比重。

对服务业组织而言，其销售及管理费用的相对重要性取决于所生产服务的性质。比如，医生和牙医，一般就几乎不做营销，因而其销售费用就很少。而另一方面，如航空公司，则可能发生很大的销售成本。

那些为营销与分销一种产品或服务所必需的成本是**营销（销售）成本**。通常，它们是关于争取订单(order-getting）的成本和处理订单(order-filling）的成本。营销成本如下列所示：销售人员的工资与佣金、广告费、仓储费、运费以及顾客服务费。其中，前两项费用是争取订单的成本；后三项费用则是处理订单的成本。

所有那些不能合理地分给营销成本或生产成本的成本是管理成本。管理活动的作用是确保组织的各种活动得以适当的协整，以符合企业整体的行为要求（overall mission)。比如，企业总裁就会关注，营销活动与生产活动在其被分别执行时的综合效率。适当地整合该两大功能，对于企业利润的最大化而言，是至关重要的。管理成本的例子有，顶层行政人员的工资、法律费、年报的打印与报送费，以及审计费(general accounting）等。研发费也是管理成本的一部分，并且在其发生的当期列为费用。图表 2-6 列示了各种生产与非生产成本项目。

图表 2-6　**生产成本与非生产成本**

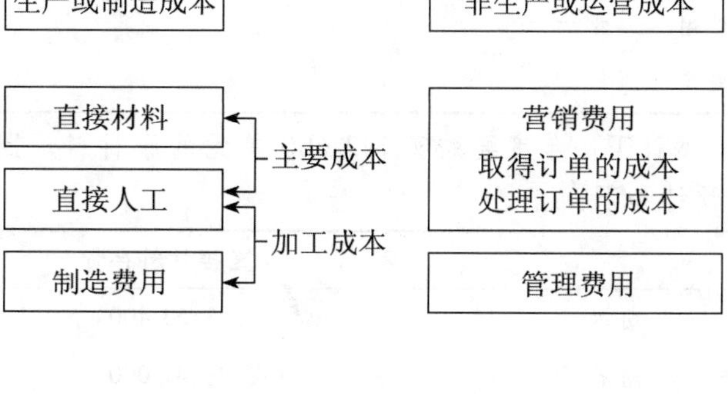

生产或制造成本		非生产或运营成本
直接材料	主要成本（直接材料＋直接人工）	营销费用：取得订单的成本、处理订单的成本
直接人工	加工成本（直接人工＋制造费用）	
制造费用		管理费用

2.4 外部财务报告

外部财务报告要求对成本按其功能进行分类。在编制利润表时，生产成本与非生产成本是分开列报的。其分开列报的原因是，生产成本是产品成本——该成本在产品个体被售出之前应被存货化——而营销与管理等非生产成本被视为期间成本。因此，已售产品的生产成本被确认为一项费用（产品销售成本，COGS）列入利润表。而未售产品的生产成本被报告为存货列入资产负债表。营销与管理费用被视为期间成本，并且必须如同利润表中的费用项目一样逐项、逐期扣减。非生产成本不能列入资产负债表。

2.4.1 利润表：制造业企业

为外部群体编制的利润表要遵从财务会计导论课程中讲到的标准格式。利润表经常被看作是**吸收成本式利润**(absorption-costing income）或**完全成本式利润**(full-costing income)，因为*所有的*制造成本（直接材料、直接人工和制造费用）都被分配计入产品成本。

在吸收成本法下，费用按其功能分开列报并抵减收入以得出经营利润。按其功能分类的两大类费用是产品销售成本与运营费用。这个分类与区分制造性和非制造性（营销与管理）费用的做法是一致的。**产品销售成本**(cost of goods sold）是已售产品中的直接材料、直接人工以及制造费用的成本。要计算产品销售成本，必须首先确定产品的制造成本。

（1）产品制造成本

产品制造成本是指当期已完工产品的全部制造成本。能够计入完工产品的成本只有直接材料、直接人工以及制造费用的成本。一张能给出该分配过程之详细信息的辅助表格，被称为产品制造成本表。基础 2.2 说明了产品制造成本表的编制过程。

基础 2.2：如何以及为何编制产品制造成本表

资料：

Carreker 公司制造手机。Carreker 预计下一年度将生产 30 000 部手机，其总成本如下：

直接材料	$ 154 300
直接人工	90 000
变动性制造费用	30 000
固定性制造费用	450 000

Carreker 预计下一年度要购买 143 600 美元的原材料。期初与期末的直接材料及在产品存货预计如下：

	直接材料存货	在产品存货
期初	$ 53 400	$ 75 000
期末	47 000	60 000

为什么：

产品制造成本表主要用于外部财务报告。它是用于编制产品销售成本表以及利润表的关键的基础数据。

要求：

a. 编制一张标准格式的产品制造成本表。

b. **如果**下一年度将制造32 000部手机，**结果会是怎样的？**请解释产品制造成本表中的哪一行的数据将会受到影响以及受到影响的结果如何。

解答：

a.

Carreker公司产品制造成本表

下一年度

直接材料		
期初存货	$ 53 400	
加：购入	143 600	
可用材料	$ 197 000	
减：期末存货	47 000	
用于生产的直接材料		$ 150 000
直接人工		90 000
制造工作（制造部门）管理费用		480 000
（本期）增加的制造成本总额		$ 720 000
加：期初在产品		75 000
减：期末在产品		60 000
产品制造成本		$ 735 000

b. 如果生产数量增加了，那么用于生产的直接材料成本也会增加。因为期初存货中的直接材料足够供用，所以，我们不好断定是要增加采购还是降低期末材料存货。直接人工将随着产量的增加而增加。制造费用将随着变动性制造费用的增加而增加，但固定性制造费用部分仍将保持不变。至于期初与期末的在产品是否需要变化，我们也不好断定，因为增加的2 000单位的产量来自当期的产品投入。

需请注意的是，基础2.2中，本期投入的制造成本总额应与期初在产品的制造成本相加，然后，再减去期末在产品的制造成本，即可得到（本期的）产品制造成本。如果是单一产品，那么其平均单位成本可以通过用产量去除产品制造成本来计算。比如，Carreker公司手机的平均单位成本大约是24.5美元（735 000美元

÷30 000）。

在产品(work in process) 包括在某个特定时间点所有只是局部完工的产品。期初在产品是指本期初仍在加工中的只是局部完工的产品。期末在产品是指本期末仍在加工中的只是局部完工的产品。在产品制造成本表中，那些只是局部完工的产品成本被报告为期初与期末在产品成本。期初在产品成本表示从前期带入本期的制造成本；而期末在产品成本表示从本期带入下期的制造成本。在这两种情况下，都必须继续投入制造成本以将在产品加工至彻底完工。

(2) 产品销售成本

一旦编成了产品制造成本表，马上就可以计算产品销售成本。产品销售成本是本期所销售产品的制造成本。需请记住很重要的一点是，产品制造成本可能等于也可能不等于产品销售成本。此外，我们还需记住的一点就是，产品销售成本是一项费用，并且属于利润表项目。基础 2.3 说明了一个制造业公司的产品销售成本表的编制过程。

基础 2.3：如何以及为何编制产品销售成本表

资料：

Carreker 公司制造手机。Carreker 预计下一年度将生产 30 000 部手机，其总成本如下：

直接材料	$ 150 000
直接人工	90 000
变动性制造费用	30 000
固定性制造费用	450 000

Carreker 预计下一年度要购买 143 600 美元的原材料。期初与期末的直接材料及在产品存货预计如下：

	直接材料存货	在产品存货
期初	$ 53 400	$ 75 000
期末	47 000	60 000

Carreker 公司预计可销售 34 000 部手机。预计期初完工产品存货是 151 000 美元，而期末数是 45 000 美元。

为什么：

产品销售成本表主要用于外部财务报告。它是用于编制利润表的关键的基础数据。

要求：

a. 编制一张标准格式的产品销售成本表。

b. **如果下一年度将只能销售 32 000 部手机，结果会是怎样的？**请解释产品销售成本表中的哪一行的数据将会受到影响以及受到影响的结果如何。

解答：

a.

Carreker 公司产品销售成本表

下一年度

产品制造成本	$ 735 000
加：期初完工产品	151 000
可供销售的产品成本	$ 886 000
减：期末完工产品	45 000
产品销售成本	$ 841 000

b. 如果销售数量减少了，而产量保持不变，那么期末完工产品存货将会增加，因为未售产品仍然属于存货。

最后一点就是，我们现在已经准备完毕，可以着手为一家制造业企业编制一张利润表了。基础 2.4 说明了如何将产品销售成本表的结果以及非制造费用用于计算经营利润。边际毛益（gross margin），又称为毛利（gross profit）（销售收入与产品销售成本的差额），是利润表中的一个重要数据。边际毛益以及边际毛益率（边际毛益除以销售收入之后的比率）是衡量盈利能力的重要指标。

基础 2.4：如何以及为何编制一张制造业企业的利润表

资料：

Carreker 公司制造手机。Carreker 预计下一年度将生产 30 000 部手机，其总成本如下：

直接材料	$ 150 000
直接人工	90 000
变动性制造费用	30 000
固定性制造费用	450 000

Carreker 预计下一年度要购买 143 600 美元的原材料。期初与期末的直接材料及在产品存货预计如下：

	直接材料存货	在产品存货
期初	$ 53 400	$ 75 000
期末	47 000	60 000

Carreker 公司预计可销售 34 000 部手机，单价为 35 美元。预计期初完工产品存货是 151 000 美元，而期末数是 45 000 美元。销售费用总额和管理费用总额预计分别为 62 000 美元和 187 000 美元。

为什么：

利润表主要用于外部财务报告。投资者以及外部群体用它来评价一家企业的财务状况。

要求：

a. 编制一张标准格式的利润表。

b. **如果下一年度将只能销售 32 000 部手机，结果会是怎样的？**请解释利润表中的哪一行的数据将会受到影响以及受到影响的结果如何。

解答：

a.

Carreker 公司利润表			
下一年度			
			%
销售收入（$ 35×34 000）		$ 1 190 000	100.00
减：产品销售成本		841 000	70.67
边际毛益		$ 349 000	29.33
减去经营费用：			
销售费用	$ 62 000		
管理费用	187 000	249 000	20.92
经营利润		$ 100 000	8.40*

*：差异是小数点的原因。

b. 如果销售数量减少了，销售收入和产品销售成本都会减少，边际毛益也会减少。因为对于销售与管理费用没有任何关于变动性因素的说明，所以我们可以假定它们都是固定性的。基于此假定可知，它们不会随着销售量的变化而变化。因此，经营利润将会减少。

通常，利润表中有一栏显示每一行数据相对于销售收入的百分比。显然，销售收入占销售收入的 100%。管理层可以检查这些百分比，并将其与企业历史数据以及行业平均值进行对比，以观察各项费用是否符合预期。如果行业的销售费用一般是占销售收入的 15%，而一家公司的数值明显高于或低于该比例，那么管理层就该仔细思考其营销策略是否恰当的问题。

现实案例

RadioShack 的 CEO，Julian Day 说："即使销售收入是非常重要的，销售收入本身也不能是经营目标。毛利才是目标。"这个观点说明了收入与成本之间的相互作用关系。为了提高边际毛益，Day 削减了资本支出与存货。这个策略在 2009 年的第一个季度就有了成效，并帮助企业在销售下降的第二季度保住了一定的利润水平。

2.4.2 利润表：服务业组织

服务业组织的利润表，看起来非常类似基础 2.4 中演示的制造业组织的利润表。但是，产品销售成本在一些关键方面有所不同。其中一点就是，服务业企业没有完工产品存货，因为服务不可以被储存，尽管有可能存在在产品意义上的服务。比如，一位建筑师可能有一些正在绘制中的图纸，而一个牙医可能拥有处于不同求诊阶段而等待箍牙的大量患者。此外，有些服务业企业会在产品销售成本中追加一些用于完成订单的成本。

现实案例

比如，一家网络直销公司如 Land's End 本身并不制造其所销售的货品。相反，它通过购买产品、安排特定设计之产品的制造，以及提供产品目录、便捷的免费电话与网上选购等业务，赚取利润。诸如产品储存、挑选与包装，以及送货等业务的成本都是产品销售成本的组成部分。

2.5 传统成本管理系统与作业成本管理系统

成本管理系统可大致分为两类：传统(traditional) 成本管理系统与作业(activity-based) 成本管理系统。尽管两大系统都可见诸实践，但传统成本管理系统比作业成本管理系统的使用要广泛得多。然而，随着对更为准确之成本信息的需求增大，聪明的成本会计师们已经学会了运用作业成本会计的概念来确定为制定管理决策所用的成本。对于那些面临产品品种日益分散、产品结构日益复杂、产品周期日益缩短、质量要求越来越高、竞争压力越来越大的组织来讲，作业成本管理是特别有效的。这些组织通常会采用适时制生产方式并应用先进的制造技术（详细阐述见第 11 章）。对于身处这种先进制造环境的企业来说，传统成本管理系统可能并不奏效。这些组织需要更为相关、更为及时的成本信息，用于建立一种长期可持续的竞争优势。组织必须在增加其自身利润的同时提高给予其顾客的价值。对于应对先进制造环境来说，更好地评价成本行为、提高产品成本计算的准确性，以及追求实现持续的成本改进，都是十分重要的。

2.5.1 传统成本管理系统：一个简要的概述

成本管理系统由两个子系统组成：成本会计系统和经营控制系统。分开讨论每个子系统是比较合理和比较方便的。当然，对子系统有效的评价结论也同样适用于对总系统的评价。

(1) 传统成本会计

传统成本会计系统假定，所有成本可以依据其相对于产品生产数量(units) 或生产量 (volume) 变化的反应特征，而归类为固定成本或变动成本。因此，被假定为唯一重要的成本动因是，产品数量或者与生产数量高度相关的其他动因如直接人工工时与机器工时等。在向产品分配生产成本时，可以使用这些以数量或产量为基础的动因。仅仅使用数量或产量基础之动因来向成本对象分配成本的成本会计系统，称为**传统成本系统**(traditional cost system)。因为以数量为基础的动因通常不是唯一可以解释因果关系的动因，所以其大量的成本分配行为只能被归类为分摊（前已述及，分摊是基于假定的联系或便利性的成本分配）。换言之，传统成本会计系统倾向于强调成本分摊。

一般来讲，传统成本会计系统的产品成本计算目标是，为了满足财务报告的目的而向存货与产品销售成本分配生产成本。(传统成本会计系统) 不能满足那些用于管理的、更为综合之产品成本概念的要求，比如图表 2-5 所示的价值链与经营成本等概念。然而，传统成本会计系统经常可以提供有用的关于产品成本概念之相关概念的信息。比如，可以依据其报告单位主要成本以及单位变动性制造成本等。

（2）传统成本控制

传统成本控制系统向组织的构成单位分配成本，并要求各单位管理者负责对所分配的成本进行控制。其业绩通过比较实际产出与标准或预算产出来评价。其重心在于财务指标，忽视非财务指标。管理者所得的回报要基于其控制成本的能力。这种方法将成本追溯至应负责该成本之发生的责任个体。报酬体系用于激励这些责任个体去努力管理成本。这种方法认定，组织整体业绩的最大化，可以通过下属个体组织（称为责任中心）业绩的最大化来实现。

2.5.2 作业成本管理系统：一个简要的概述

今天，服务业与制造业企业同样面临着竞争性商业环境中的巨大变化。作为这种变化的应对措施，作业成本管理系统悄然出现并逐步演进。一个作业成本管理系统的整体目标是通过管理作业以降低成本并提升顾客价值。一个设计良好的作业成本管理系统可以帮助管理者们实现经营目标与战略目标。经营性的作业成本管理与效率（efficiency）或“正确做事（doing things right）”（的目标）有关。因此，作业成本信息可用于提高效率，以及在维持或提升顾客价值的同时而降低成本。战略性的作业成本管理系统与效果（effectiveness）或“做正确的事（doing the right things）”（的目标）有关。因此，作业成本信息可帮助管理者决策生产何种服务或产品，以及何种作业最适合于他们的生产①。一般来说，作业成本系统比传统系统能满足更多的管理目标。

（1）作业成本会计

一个作业成本会计系统更为重视成本追溯，而非成本分摊。通过识别与产品产量无关的动因（称为*非产量基础的作业动因*）大大扩展了动因追溯的功能。同时使用产量基础的与非产量基础的作业动因提高了成本分配的准确性以及成本信息的整体质量与相关性。一个同时使用产量基础的与非产量基础的作业动因，来向成本对象分配成本的成本会计系统，称为**作业成本（ABC）系统**（activity-based cost system）。比如，以“材料移动”动因（将原材料以及部分完工产品从工厂的某一处移动到另一处）为例。对于衡量某产品所需之材料搬运作业的指标而言，该产品所需的材料移动次数应该比该产品的生产数量更为合理。事实上，该产品的生产数量可能与衡量该产品所需之材料搬运作业之间没有什么关系（一批10个单位的某种产品可能需要的材料搬运作业与一批100个单位的另一种产品所需的材料搬运作业一样多）。因此，作业成本会计系统倾向于强调成本追溯。

一个作业成本系统中的成本计算显得比较灵活。作业成本管理系统能为多种多样的管理目标包括财务报告目标制造成本信息。为了更好地规划、控制与决策制定，它重视更为综合的产品成本概念。因此，“不同成本（概念）对应不同的（管理）目的”这句格言，在这里体现了它的真实含义。

---

① 参见 R. S. Kaplan and R. Cooper, *Cost and Effect*: *Using Integrated Cost Systems to Drive Profitability an*（Boston: Harvard Business School Press, 1998）.

（2）作业成本控制

基于作业的经营控制子系统和传统的经营控制子系统之间也有明显的差异。传统成本管理会计系统的重心是管理成本。然而，在先进的制造环境下，管理作业——而不是管理成本——才是控制成功的关键。因此，作业管理是当代经营控制系统的核心。**作业管理**(activity-based management，ABM）出于提高顾客价值并同时增加企业利润的目的，重点关注对作业的管理。作业管理包括动因分析、作业分析与业绩评价，并鼓励使用 ABC 作为其主要的信息来源。图表 2-7 中的纵向维度或者成本视角(cost view)，表示将资源成本追溯至作业然后再到成本对象。成本视角是控制维度的重要输入材料，后者被称为过程视角(process view)。过程视角帮助识别导致一项作业成本的因素（解释成本为何产生）、确定做了什么工作（识别作业），以及评价工作表现及其取得的效果（作业完成得如何）。因此，一个作业控制系统需要详细的作业信息。

图表 2-7　　**作业管理模型**

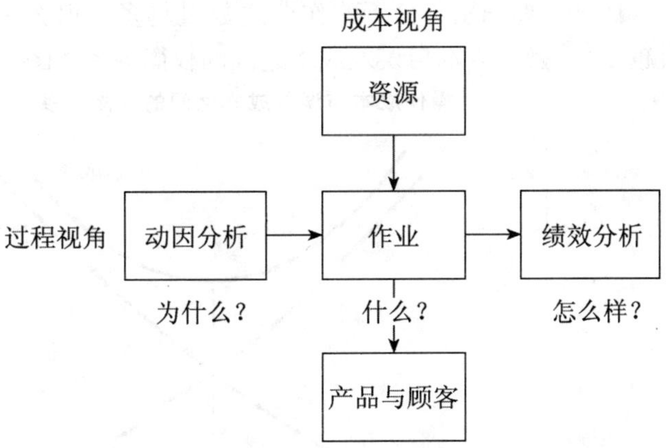

这个新观点，关注作业而不是成本，关注系统全局（systemwide）绩效最大化而不是个体绩效最大化方面的功能或责任（accountability)。在跨功能与跨部门的层次上削减作业是全局性的视野，它需要一种整体控制的方法。从本质上讲，这种形式的控制认为，个体下属单位的效率最大化并不必然导致整个系统的效率最大化。ABM 经营控制信息系统的另一个重大差异是，它认为评价业绩的财务指标与非财务指标都很重要。图表 2-8 比较了传统成本管理系统与作业成本管理系统的主要特征。

图表 2-8　　**传统成本管理系统与作业成本管理系统的比较**

传统系统	作业系统
产量基础的动因	产量基础与非产量基础的动因
强调成本分摊	强调成本追溯
狭隘而严格的产品成本计算	广泛的、灵活的产品成本计算
聚焦于管理成本	聚焦于管理作业
很少的作业信息	丰富的作业信息
个体单位业绩的最大化	系统全局业绩的最大化
使用财务指标衡量业绩	同时使用财务指标与非财务指标衡量业绩

2.5.3 一个成本管理系统的选择

一个作业成本管理系统可以带来许多明显的好处，包括产品成本计算的更高准确性、决策制定的改进、战略规划的提升，以及作业管理能力的增强。但是，要获取这些好处也要付出高昂的代价。一个作业成本管理系统是更为复杂的系统，它需要相当多的作业计量工作——而计量作业是非常费时费力的。正如 Kaplan 和 Anderson 指出的那样，"ABC 系统是建设起来费钱，维持下去麻烦，调整一次困难。"

在决定是否要实施作业成本管理系统的时候，一个管理者必须权衡操作成本与误差成本之间此消彼长的关系。**操作成本**(measurement costs) 是与操作某成本管理系统相关的成本。**误差成本**(error costs) 是与运用劣质成本信息而制定之不利决策相关的成本。一个成本管理系统的理想状态是使得操作成本与误差成本之和最小化。但需请注意的是，这两种成本是相互矛盾的。成本管理系统越是复杂，其误差成本就越低，但是操作成本也越高（比如，要识别与分析的作业之数量越多，那么用于分配产品成本的动因之数量也会越多）。操作成本与误差成本之间的权衡关系如图表 2-9 所示。

图表 2-9　　**操作成本与误差成本之间的权衡关系**

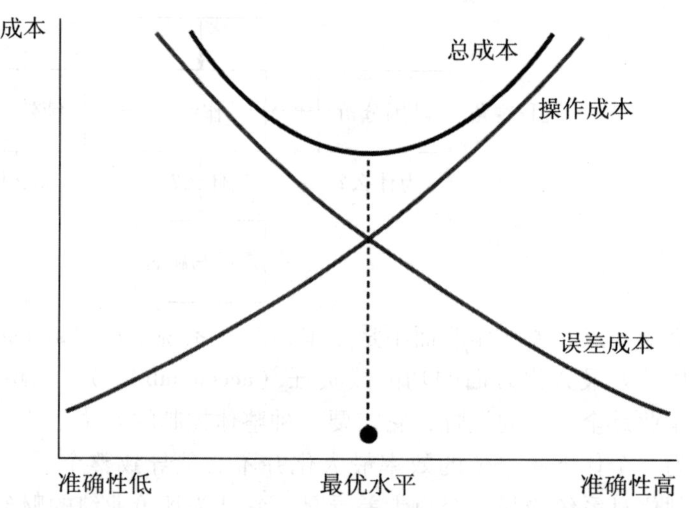

人们正在发展关于作业成本法的新型操作方法。比如，时间驱动的（time-driven）作业成本法就把成本动因问题简单化了，它关注的重心是完成一项作业所需的时间。此外还有一种观点认为，对某些组织而言，最优的成本系统不一定就是 ABM 系统。因为操作成本与误差成本之间的权衡关系，最优的成本管理系统很有可能是更为简单的传统系统。这一点也可以部分地解释为什么大多数企业仍然维持传统系统。

近年来，制造环境的变化使得更为准确，当然也更为复杂的成本管理系统显得更有吸引力。新的信息技术降低了操作成本；电脑化的生产规划系统以及高效低廉的计算机也使得数据收集和运算更为便捷。如果操作成本下降了，那么图表 2-9 中的操作成本曲线就将向右下方移动，导致总成本曲线也移向右下方。此时，最优成本管理系统可有更高的准确性。

如果操作成本下降了，那么误差成本就上升了。一般地，误差意味着产品成本计算高估了或者低估了。如果该成本高估的产品使得竞争更为激烈了，那么企业就可能会停产那些在传统系统下可能不盈利的产品。如果竞争的性质改变了，那么误差成本也会相应增加。比如，如果出现专注单一产品的竞争者，那么他们就会使用更为准确的成本信息（因为所知的所有成本都是属于该单一品种产品的）来制定定价与营销策略。因为有更好的成本信息，所以产品更为集中的企业可能获取那些产品更为分散的生产者（其成本系统在向个体产品分配成本时，可是分摊而不是追溯）所失去的市场份额。其他诸如放松管制和 JIT 制造系统（它会导致产品更为集中的生产环境）等因素也会增加误差成本。如果误差成本上升了，那么图表 2-9 中的误差成本曲线就将向右上方移动，导致总成本曲线也移向右上方。此时，更优的成本管理系统需要更高的准确性。

某些企业中会增加的另一种成本是非道德行为的成本。

道德问题

比如，Metropolitan Life Insurance 公司支付 2 000 多万美元的罚金，并且必须向投保人退款 5 000 多万美元，因为它的一些代理商冒用退休计划名头违法销售保单。如果采用一个 ABM 系统，或许可以对此问题给出预警，因为它可以借助类型、投保人年龄、代理商以及投保目的等特征来追踪保单的销售情况。关键的一点是，人们期望每个公司能够对它们的经营行为进行控制。如果存在产生非道德行为的空间，那么公司就必须采取措施以识别并纠正恶习。因为此时操作成本下降而误差成本上升了，所以现有的成本管理系统不再最优。图表 2-10 说明了，误差成本与操作成本的变化是如何促使现有成本管理系统变得不合时宜的。如图所示，误差成本与操作成本的变化促成了更为准确之成本管理系统的出现。然后，那些经历了操作成本下降而误差成本上升的企业，就应该考虑应用一个 ABM 系统了。尽管大多数企业仍在使用传统的成本管理系统，但作业成本法以及作业成本管理的使用也正在被慢慢推广，并且人们对它们的兴趣也很高。

图表 2-10　**操作成本与误差成本的移动**

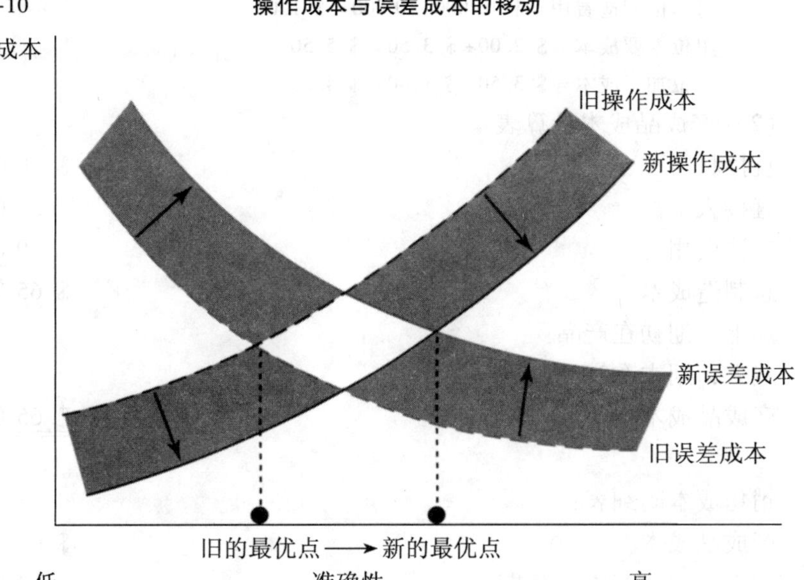

练习题

复习题

2.1 成本的类型，商品生产成本，吸收成本利润表

Palmer 制造公司是一家生产风向标的公司。在刚刚结束的一年中，Palmer 公司生产了 10 000 个风向标，总成本如下：

直接材料	$ 20 000
直接人工	35 000
制造费用	10 000
销售费用	6 250
管理费用	14 400

在这一年中，Palmer 以每个 12 美元的价格卖出了 9 800 个风向标，期初有 630 单位的产成品库存，其总成本为 4 095 美元，期初与期末都没有在产品。

要求：

(1) 请计算以下的单位成本：直接材料、直接人工、制造费用、主要成本，加工成本。

(2) 请编制商品制造成本及销售成本明细表。

(3) 请编制 Palmer 制造公司的吸收成本法下的利润表。

解答：

(1) 每单位直接材料 = $ 20 000÷10 000 = $ 2.00
每单位直接人工 = $ 35 000÷10 000 = $ 3.50
每单位制造费用 = $ 10 000÷10 000 = $ 1.00
单位主要成本 = $ 2.00+ $ 3.50 = $ 5.50
单位加工成本 = $ 3.50+ $ 1.00 = $ 4.50

(2) 产成品成本计算表

直接材料	$ 20 000
直接人工	35 000
制造费用	10 000
总制造成本	$ 65 000
加上：期初在产品	0
减去：期末在产品	(0)
产成品成本	$ 65 000

销售成本明细表：

产成品成本	$ 65 000
加上：期初产成品存货	4 095

减去：期末产成品存货*	(5 395)
销售成本	$ 63 700

* 期末产成品库存=10 000+630−9 800=830；830×（$ 2.00+$ 3.50+$ 1.00）=$ 5 395

(3) 利润表

销售收入（9 800×$ 12）		$ 117 600
减去：销售产品成本		63 700
毛利润		$ 53 900
减去：营业费用		
销售费用	$ 6 250	
管理费用	14 400	20 650
营业收入		$ 33 250

问题讨论

2.1 什么是会计信息系统？

2.2 财务会计信息系统与成本管理信息系统有什么区别？

2.3 成本管理信息系统的对象是什么？

2.4 请定义和解释成本管理信息系统的两个主要子系统。

2.5 什么是成本对象？请举出一些例子。

2.6 什么是经济活动？请举出制造性企业经济活动的例子。

2.7 什么是直接成本？什么是间接成本？

2.8 可追溯性的意思是什么？

2.9 什么是分摊？

2.10 请解释成本动因追踪是如何起作用的。

2.11 什么是有形产品？

2.12 什么是服务？请解释服务与有形产品有什么不同的地方。

2.13 请举出产品成本定义的三个例子。为什么我们需要不同的产品成本定义？

2.14 请鉴定出决定生产产品成本的三个成本要素（外部报告）。

2.15 制造性企业与服务性企业的利润表有什么区别？

习题

2.1 产品成本

Pietro 冷冻食品公司生产冷冻披萨，在下一个年度，Pietro 公司预计会生产50 000单位的披萨，总成本如下：

直接材料	$ 120 000
直接人工	60 000
变动性制造费用	25 000
固定性制造费用	220 000

要求：

(1) 请计算每单位主要成本。

（2）请计算每单位加工成本。

（3）请计算每单位变动性产品成本总额。

（4）请计算每单位产品（制造）成本总额。

（5）假使生产的数量增加到55 000单位，所有单位变动成本保持不变。请解释将会对以下成本产生什么影响：总直接材料、总直接人工、总的变动性制造费用、总的固定性制造费用、单位主要成本、单位加工成本。在这种情况下，每单位产品的成本会是多少？

2.2 产品制造成本

参阅2.1，在下一个年度中，Pietro公司预计将会生产50 000单位的产品，总成本如下：

直接材料	?
直接人工	$ 60 000
变动性制造费用	25 000
固定性制造费用	220 000

在下个年度中，Pietro预计购买119 300美元的直接材料。预计期初和期末直接材料及在产品存货如下：

	直接材料存货	在产品存货
期初	$ 5 600	$ 12 500
期末	4 900	14 600

要求：

（1）请编制一张标准格式的产品制造成本表。

（2）假使期末直接材料的存货增加了2 000美元，请解释产品制造成本计算表中的哪一行数据将会受到影响以及受到影响的结果如何？

2.3 产品销售成本

参阅2.2，Pietro公司预期生产50 000单位的产品，并销售49 300单位产品，期初产成品存货为42 500美元，期末产成品存货预计为34 000美元。

要求：

（1）请编制一张标准格式的产品销售成本表。

（2）假使期初产成品存货价值降低了5 000美元，将会对产品销售成本有什么影响？

2.4 利润表

参阅2.2、2.3，在下一个年度中，Pietro公司预计生产50 000单位的产品，并且以每单位12.50美元的价格卖出49 300单位产品。期初产成品存货为42 500美元，期末产成品存货预计为34 000美元，总销售费用预计为26 000美元，总的管理费用预计为134 000美元。

要求：

（1）请编制一张标准格式的收益表，其中必须包括销售百分比。

（2）假使售出产品的成本比例在过去的几年中是65%，请解释管理者将会做出怎样的反应。

2.5 服务成本

Jean 和 Tom Perritz 拥有并经营着 Happy Home Helpers 公司（HHH），它是一家提供房屋清洁服务的公司。每一次清理（对一栋房屋进行一次清理）耗费一个拥有3名清洁工人的清理队伍1.5个小时的时间。平均来看，HHH 公司每年完成15 000次清洁活动。以下总成本与总清洁活动相关联：

直接材料	$ 27 000
直接人工	472 500
变动性制造费用	15 000
固定性制造费用	18 000

需求：

（1）请计算每次清洁活动的主要成本。

（2）请计算每次清洁活动的加工成本。

（3）请计算每次清洁活动的总变动成本。

（4）请计算每次清洁活动的总服务成本。

（5）假使 Jean 和 Tom 租赁的用来 HHH 公司办公室的场所租金增加了1 500美元，请解释其对以下项目的影响：

a. 每次清洁活动的主要成本。

b. 每次清洁活动的加工成本。

c. 每次清洁的总变动成本。

d. 每次清洁的总服务成本。

2.6 生产服务成本

Jean 和 Tom Perritz 拥有并经营着 Happy Home Helpers 公司（HHH），它是一家提供房屋清洁服务的公司。每一次清理（对一栋房屋进行一次清理）耗费一个拥有3名清洁工人的清理队伍1.5个小时的时间。平均来看，HHH 公司每年完成15 000次清洁活动。以下总成本与总清洁活动相关联：

直接材料	?
直接人工	$ 472 500
变动性制造费用	15 000
固定性制造费用	18 000

在下一年度中，HHH 公司预计购买25 600美元的直接材料，预期期初和期末直接材料的存货如下：

	直接材料存货
期初	$ 4 000
期末	2 600

没有在产品存货，换而言之，一次清洁服务的开始与结束都是在同一天。

要求：

（1）请编制一张标准格式的生产服务成本计算表。

（2）假使HHH公司计划买30 000美元的直接材料，假设期初与期末材料的存货不变，请解释生产服务成本计算表中的哪一行数据将会受到影响以及受到影响的结果如何？

2.7 服务销售成本

Jean和Tom Perritz拥有并经营着Happy Home Helpers公司（HHH），它是一家提供房屋清洁服务的公司。每一次清理（对一栋房屋进行一次清理）耗费一个拥有3名清洁工人的清理队伍1.5小时的时间。平均来看，HHH公司每年完成15 000次清洁活动。以下总成本与总清洁活动相关联：

直接材料	?
直接人工	\$ 472 500
变动性制造费用	15 000
固定性制造费用	18 000

在下一年度中，HHH公司预计购买25 600美元的直接材料，预期期初和期末直接材料的存货如下：

	直接材料存货
期初	\$ 4 000
期末	2 600

没有在产品存货和产成品存货，换而言之，一次清洁服务的开始与结束都是在同一天。

要求：

（1）请编制一张标准格式的服务销售成本计算表。

（2）这种服务销售成本计算表与制造公司的产品销售成本计算表有什么不同之处？

2.8 利润表

Jean和Tom Perritz拥有并经营着Happy Home Helpers公司（HHH），它是一家提供房屋清洁服务的公司。每一次清理（对一栋房屋进行一次清理）耗费一个拥有3名清洁工人的清理队伍1.5个小时的时间。平均来看，HHH公司每年完成15 000次清洁活动。以下总成本与总清洁活动相关联：

直接材料	?
直接人工	\$ 427 500
变动性制造费用	15 000
固定性制造费用	18 000

在下一年度中，HHH公司预计购买25 600美元的直接材料，预期期初和期末直

接材料的存货如下：

	直接材料存货
期初	$ 4 000
期末	2 600

没有在产品存货和产成品存货，换而言之，一次清洁服务的开始与结束都是在同一天。HHH 公司预计在下一年度中以每清洁一次 45 美元的价格销售出 15 000 次清洁服务。总的销售费用预计为 22 000 美元，总的管理费用预计为 53 000 美元。

要求：

（1）请编制一张标准格式的利润表。

（2）假如 Jean 和 Tom 将每次清洁的价格提高至 50 美元，其他信息不变。请解释利润表中的哪一行数据将会受到影响以及受到影响的结果如何？

2.9 成本会计信息系统

下列项目与成本会计信息系统相关联：

a. 直接材料的使用

b. 将直接材料成本分配至每个产品

c. 发生的直接人工成本

d. 生产设备的折旧

e. 成本会计人员

f. 报价，在产品的生产成本上加价 25%

g. 实际产生的电力成本

h. 实际产生的材料处理成本

i. 电脑

j. 将直接人工成本分配至每个产品

k. 产品成本

l. 决定继续做一部分而不是购买它

m. 打印机

n. 详细介绍了单个产品成本的报告

o. 将制造费用分配至每个产品

要求：

（1）请将上述项目分为下列类别：

a. 相互关联的组成部分

b. 流程

c. 目标

d. 投入

e. 产出

f. 使用者行为

（2）请画出运行模型图来阐明成本会计信息系统——将前面的内容来作为模型组成部分的例子的事项。

(3) 请基于您的运行模型图，确定使用哪种生产成本定义——价值链成本、经营成本或产量基础的生产成本。

2.10 成本分配方法

Niazm 公司是一家生产音箱的公司。最近，为了生产音箱的匣子，Nizam 从传统的部门装配系统转变成制造单元。假设匣子制造单元是一个成本对象，假设以下成本要全部或者部分分配到这个制造单元：

a. 用来生产匣子的电锯、砂纸、钻头的折旧

b. 用来加热、冷却放置匣子的车间的电力

c. 制造单元主管的薪酬

d. 生产柜外壳的木料

e. 维护加工单元的设备（维修部来提供）

f. 切割木料和组装机柜耗费的人工

g. 更换砂带

h. 工厂的清洁服务成本

i. 用于生产的材料的订购成本

j. 工业工程师的薪酬（她工作时间的20%是用于这个生产单元）

k. 维护工厂和场地的费用

l. 工厂的人事办公室的费用

m. 厂房折旧

n. 工厂接待员的薪酬和福利

要求：

请确定哪种成本分配方式可以用来分配上述匣子生产单元的生产活动的成本：直接追溯法、成本动因追踪法或是分摊法。如果选择成本动因追踪法，请确定一个潜在的作业动因用来追踪。

2.11 产品成本的定义、价值链

Millennium Pharmaceuticals 公司（MPI）设计并生产了许多种类的药物。Glaxane 是一种新型的药物，它经过了7年的开发过程，刚刚收到食品及药物管理局的批准，MPI 公司已经开始准备生产及销售这种药物。

要求：

经理在做有关 Glaxane 的决策时，应分别考虑价值链中的哪种成本？

(1) Shelly Roberts 是北加利福尼亚州，新伯尼尔工厂的经理。Glaxane 将在这里生产。Shelly 保证 Glaxane 的生产将会使用易于理解的生产流程，并不需要额外的培训和资本投资。

(2) Leslie Bothan 是市场营销副总裁，Leslie 的工作涉及定价及销售 Glaxane。由于 Glaxane 是它的“药物家族”中第一种被商业化生产的药物，因此，对于它潜在的副作用，公司并没有经验。全面的测试并没有显现出任何真正的问题（除了偶尔的胃灼热和失眠），但是公司并不确定这就代表副作用并不存在。

(3) Dante Fiorello 是研发部的首席工程师，他负责所有的研究项目。作为一个整体，最终生产的药物能够支持实验室的研发。他正在对 Glaxane 家族药物的潜在影

响做进一步的研究和评估。

2.12 传统成本管理系统与作业基础成本管理系统

Jazon 制造公司生产两种不同型号的相机。其中一种型号的相机有自动对焦功能，而另一种型号的需要使用者自己对焦。这两种产品是分批生产的，每次生产一个批次，设备都必须为将要生产的型号按特定形式装配。人工对焦的相机比自动对焦的相机需要更多的零件。生产人工对焦的相机还需要更多的人工、更多的装配时间。尽管人工对焦相机需要更多的人工，但是它所需的机器配置更复杂，从而导致人工对焦相机比自动对焦相机消耗更多的设备活动资源。这两款相机的部分零件是从外部供应商处购得的。因为它有更多的零部件，人工相机比自动相机需要更多的购买与接收活动。目前 Jazon 只分配了主要成本到这两种产品。全厂的制造费用将会归集在一起，并且按两种型号相机使用的直接人工小时的比例将制造费用分配至这两种产品。所有的其他成本视为期间费用。

Jazon 为工厂内部所有的部门做成本预算，包括支持部门，比如维护和采购部门，还有生产部门，比如机械加工和装配部门。部门经理按照其控制成本的能力来进行评估和奖励。个人管理绩效评估是通过比较实际成本与预算成本来评估的。

要求：

（1）Jazon 是运用了传统成本管理系统还是作业基础的成本管理系统？请解释您的理由。

（2）假如您想设计一个更准确的成本核算系统，您需要做什么更改？具体而言，解释为什么您所做的更改将提高成本分配的准确性。

（3）为了使作业基础的经营控制系统生效，应该做出什么更改？请解释为什么您相信这些更改将会提供更好的控制。

2.13 成本信息和决策、资源和作业动因、作业基础和产量基础系统对比

Wright 塑料制品公司在几年以前一直都是一家专门生产塑料餐盘的小公司。尽管公司的盈利情况一直很好，但是由于竞争加剧，盈利已有所下降。许多竞争者提供全面的塑料制品，管理层认为这造成了竞争劣势，因为公司只能生产塑料餐盘。三年前管理层决定增加生产线。它们认为每个厂房的现存的闲置生产能力能够轻易地转型生产其他的塑料产品。每个工厂将利用一个生产线来生产其他的产品。例如 Atlanta 工厂将有一个生产线转型生产塑料杯子，并且生产一打（12 个）杯子的变动成本最后要从生产一打塑料餐盘的变动成本中区别开来（这里所指的变动成本是当生产产量变动时总体变动的成本。包括直接材料、直接人工和产量基础的变动制造费用，如动力和其他的机器成本。）。由于固定费用不会改变，预期新产品利润将明显增加（对 Atlanta 工厂而言）。

增加新产品线后的两年里，Atlanta 工厂（像其他工厂一样）的利润并未提高——事实上反而是下降了。公司总裁调查后发现利润并没有如预期的那样增长，是因为固定成本实际上发生了显著增长。总裁会见了 Atlanta 工厂各个辅助部门的经理。下面给出了这些经理中的四种典型。

材料处理部门经理：杯子所要求的额外包扎使得对材料处理的要求增多。我们不得不增加一台交叉升降机和雇用额外的工人。

检验部门经理：检测杯子比检测塑料盘子更加复杂。我们只是从每一捆中选取样品作检测，但您应明白，由于新的生产线的产品的捆数增加，我们不得不雇用更多的工人。

采购部门经理：新的生产线增加了购买订单的数量。我们不得不使用更多的资源来处理这一增加的数量。

会计部门经理：比以前要处理更多的交易。我们不得不增加我们的员工。

要求：

（1）请解释为什么增加新的生产线的后果没有被精确地预计到。

（2）作业基础成本管理系统是否能避免这一问题？假如能够的话，您是否建议公司采用这一系统？请解释并讨论作业基础成本管理系统和产量基础成本管理系统的区别。

2.14 产品制造成本、利润表

Orman 公司是一家生产平板电脑霓虹色外壳的公司。在上一年度中，Orman 公司报告如下：

在产品存货（1 月 1 日）	$ 13 250
在产品存货（12 月 31 日）	28 250
产成品存货（1 月 1 日）	113 000
产成品存货（12 月 31 日）	85 000
原材料存货（1 月 1 日）	3 450
原材料存货（12 月 31 日）	2 700
购入的直接原材料	183 750
直接人工	138 000
厂房折旧	19 500
工资、生产监督	47 000
间接人工	68 300
动力、厂房	15 700
销售折扣	42 000
工资、销售监督	75 000
折旧、工厂设备	32 000
管理费用	168 000
物料（40% 用于厂房，60% 用于营业部）	18 000
广告费用	43 600

上一个年度中，Orman 生产了 89 000 单位的产品并以每个 10.5 美元的价格卖出了 90 500 单位产品。

要求：

（1）请编制产品制造成本报表。

（2）请编制吸收成本计算法下的利润表。

2.15　产品成本定义：道德案例

药物成本高的信息经常在新闻中出现。考虑到制造每剂药的制造成本是如此之低，客户群体认为有些药物（例如，艾滋病毒抗逆转录病毒药物、重组干扰素 β-1）的定价“太高”。他们谈到价格欺诈和暴利问题。制药公司辩护道，药物的定价是根据研究和开发成本来收取的。他们声明研究项目中药物成功的比例很低，在有希望的药物达到食品和药物管理局的要求，成为可供出售的药物之前可能要耗费好几年的时间。

要求：

（1）客户群体运用了哪种成本的定义？Pharmaceutical 公司又运用了哪种成本的定义？在顾客群体援引的成本数据中包含了什么？pharmaceutical 公司在对产品成本的讨论中包含了什么？您认为在比较药物的成本与其价格时哪些成本应该包括进去？

（2）假设您是 pharmaceutical 公司的会计，承担了负责与新药品相关成本的汇总，这些成本数据将会被用来定价，其决定了这款药物的盈利能力。您认为您会将哪些成本包括进去？IMA 职业行为准则对您的选择是否有影响？请讨论这个问题。

2.16　网络研究案例

在互联网上，访问几个企业资源计划供应商的主页，例如 http：//www.infor.com；http：//www.ca.com；http：//www.oracle.com；http：//www.sap.com。（提示：在每个网站的搜索框中输入“.erp”来获得更具体的结果。）它们受赞扬的优势有哪些？公司间是否会出现差异？作为中等规模制造公司的财务总监，请给首席执行官写一份备忘录来建议安装 ERP 系统，讨论 ERP 系统供应商之间的异同点。

第3章　成本性态

学习本章之后，您可以：

①定义与描述固定成本、变动成本以及混合成本。

②解释资源的使用、作业，以及它们与成本性态的关系。

③解释如何使用几种成本预测的方法。

④使用高低点法、散点图法以及最小二乘法将混合成本分解为其所包含的固定成本成分与变动成本成分。

⑤评价成本模型的可靠性。

⑥解释如何使用多元回归法确定成本性态。

⑦界定学习曲线的概念，并讨论它对成本性态的影响。

⑧讨论如何使用管理层判断以确定成本性态。

成本会表现出几种性态：变动性、固定性与混合性。对规划、控制以及决策制定而言，了解成本会怎样随作业的变化而变化（的特性），是非常重要的。比如，预算、决策一条生产线的去留，以及评价一个分部的业绩等，都取决于是否理解成本性态。不能了解并深入理解成本性态，可能导致糟糕的——甚至是灾难性的——决策。本章将深入探讨成本性态问题，以便为将其用于学习其他成本管理话题打下恰当的基础。比如，本量利分析（第16章）和变动成本系统（第18章），就要求将所有成本划归为固定成本或变动成本。本章将阐述，可把成本分解为固定成本与变动成本类别的几种方法，探讨这些方法所包含的假设前提及其局限性，并评价这些方法的可靠性。

3.1　关于成本性态的基础知识

成本性态(cost behavior) 是一个术语，用于描述一项成本是否会随产量水平的变化而变化（的性质）。其总量不随产量的变化而变化的成本是*固定成本*。而另一方面，其总量随产量的增加而增加、随产量的减少而减少的成本是*变动成本*。尽管在经济学理论里人们可以*假定*固定成本与变动成本是客观存在的，但是在现实世界里，管理会计师们必须（努力）去识别并计量它们。首先，让我们回顾一下关于成本与产量计量的基本概念。然后，我们将浏览固定成本、变动成本以及混合成本（的基本性质）。最后，我们将评价时间维度对成本性态的影响。

3.1.1　成本对象

回顾第2章的内容可知，一个成本对象就是管理者们意图了解其成本信息的一个项目。所以，（讨论成本性态问题的）第一步就是确定适当的成本对象。这一点，在制造业企业相对比较容易，其成本对象一般是有形的产品。对服务业企业来说，合理但抽象的成本对象是服务。比如，医院可能就会把诸如验血、放射业务等特定服务作为主要的成本对象。但是，此外还存在各种各样的成本对象需要管理者们去了解它们的成本性态。

现实案例

互联网已经从根本上改变了公司与它们的供应商及顾客之间做生意的方式了。价格竞争是非常残酷的，所以企业通常不能仅仅通过使用低价策略而获得成功。相反，它们要使用一种专事服务顾客的策略。网购公司（internet-based company）力求（向顾客）提供一种购物体验，包括通过向顾客提供体贴入微的信息服务以善待顾客，以及一个安全的货款支付系统。网购企业完美地实现了与顾客的无缝对接，使他们免于搜寻信息的辛苦，并顺利地挑选产品或服务、付款以及享受后续的售后服务。能跟踪顾客持续变化之喜好的软件，是顾客购物体验受到好评的一个重要指标。Amazon. com 是这方面的一个成功典范，因为它热忱欢迎新老顾客，并且营造了一种有趣而轻松的购物体验。因此，"网购公司很少依赖传统卖场等传统基础设施，而更多依赖扬声器、特制软件，以及智力资本等可以在信息空间满足顾客的资源"。这就意味着顾客是非常恰当的成本对象，而那些与顾客服务捆在一起的作业及其动因则是网购公司必需的重要数据。

3.1.2 产量的计量指标

固定成本与变动成本这两个术语只有在与特定的产量指标或产量动因相关联的时候才有意义。因此，我们必须首先确定，引发该成本的作业以及计量该作业之产能及其产量的相关动因。比如，材料搬运作业可以用移动次数来计量；产品运输作业可以用售出数量来计量；而医院床单的清洗作业可以用洗涤的重量来计量。作业动因的选择不仅受制于企业特征，而且还要受制于作业特征以及被计量的成本。

作业动因通过计量作业产量（用量）的变化来解释作业成本的变化。作业动因通常分为两大类：*产量层次的动因*与*非产量层次的动因*。诚如前述，动因是指那些导致资源用量、作业用量、成本以及收入变化的因素。**产量层次的动因**（unit-level drivers）解释生产数量变化引起的成本变化。直接材料的重量、操作生产机器所用的千瓦时以及人工工时都是产量层次动因的例子。尽管这些动因的数量都不等于产量的数量，但是每一个动因的数量都确实会与产量的数量同步变化。**非产量层次的动因**（non-unit-level drivers）解释非生产数量的其他因素变化引起的成本变化。非产量层次动因的例子有生产准备的次数、工作指令、工程变更指令、检测用时以及材料搬运次数等。

在传统成本管理系统中，人们假定成本性态只可用产量层次的动因来描述。而在作业成本管理系统中，人们会同时用产量层次的动因和非产量层次的动因来描述成本性态。因此，在解释成本性态的视角方面，ABC 系统可能远比传统的、产量基础的系统更为丰富。反过来，（在作业成本管理系统中），人们现在必须为范围特别宽的作业去识别（大量的）成本性态模式。

我们现在可以更加深入地考察固定成本、变动成本与混合成本了。在讨论其中每一种成本时，我们都假定该成本只与一种产量指标相关。

3.1.3 固定成本

固定成本（fixed costs）是指在相关范围内尽管其关联的动因水平发生变化但其自身总量仍保持不变的成本。为了说明固定成本的性态，下面以 JCM Audio Systems, Inc. 经营的一个工厂为例，该工厂生产家庭音响系统的扬声器。该工厂的一个部门生产31/2英寸的音圈，故其作业是音圈的生产，而作业动因是音圈的产量。该部门拥有两条生产线，且每条生产线每年可生产100 000个音圈。每条生产线都有一个生产线经理管理其生产工人，该经理每年的报酬是60 000美元。如果产量低于100 000个，则只需要一个经理管理；如果产量在100 001～200 000个之间，则需要启动第二条生产线并由两个经理来管理。该工厂的不同产量水平下的管理成本如下表所示：

JCM Audio Systems, Inc.

管理成本	音圈生产量	单位成本
\$ 60 000	40 000	\$ 1.50
60 000	80 000	0.75
60 000	100 000	0.60
120 000	120 000	1.00
120 000	160 000	0.75
120 000	200 000	0.60

评价成本性态的第一步是界定一个恰当的作业动因。在这个例子里，作业动因是音圈的产量。其第二步是界定**相关范围**（relevant range）的含义，即能使一个企业在正常经营条件下其假定的成本关系保持有效的一个范围。假设（本例的）相关范围是120 000～200 000个产量。（那么）请注意，只要是在这个范围内，那么即使生产更多的音圈，其管理成本的总量仍将保持不变。换言之，不管其音圈的产量是120 000个、160 000个还是200 000个，JCM Audio Systems都只需要支付120 000美元的管理成本。

需请特别注意固定成本定义中的总量一词。虽然即使生产再多的音圈其管理成本总额仍可保持不变，但是其产量变化却一定会导致其单位成本发生变化。如本例所示，在相关范围内（120 000～200 000个），单位管理成本由1.00美元降到了0.60美元。鉴于单位固定成本的这种性态，我们会轻易地认为，固定成本会受到动因水平变化的影响，而事实上它们不会（受影响）。单位固定成本可能会误导，并且可能会导致相反的决策。因此，保险起见，我们应该经常采用固定成本总额的概念。

图表3-1是固定成本性态图。在相关范围内，固定成本的性态表现为一条水平线。需请注意，当音圈产量为120 000个时，管理成本为120 000美元；而当音圈产量为160 000个时，管理成本还是120 000美元。这条线直观地说明了，无论作业动因水平如何变化，该成本都保持不变的性质。在相关范围内，固定成本总额可由下列简单的线性方程来表示：

F=固定成本总额

在上例中，在100 001～200 000个的范围内，不管音圈的产量是多少，管理成本的总额都一直是120 000美元。因此，该管理成本是一些固定成本。并且本例中的固定成本方程是：F=120 000美元。严格来讲，这个模型是假定在任何产量水平上，固定成本都是120 000美元（如图表3-1中的虚线所示，假定该固定成本线可以延伸并与纵轴相交）。尽管这个假设不一定是真实的，但只要是能在相关范围内进行经营决策，这个假设就是无伤大雅的。

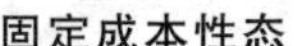

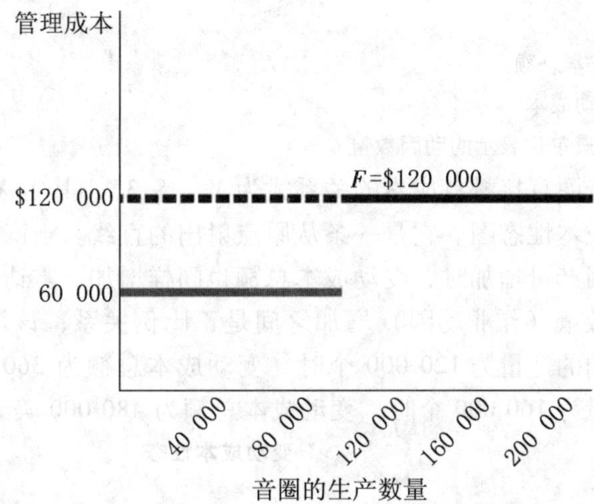

图表 3-1 固定成本性态

固定成本会变化吗？当然会，但是这种变化并不表示它们具有变动成本的性态。它们在新的更高的（或更低的）水平上还是固定的。假设 JCM Audio System 给音圈生产线的管理者加薪了，不是 60 000 美元一年，而是 64 000 美元一年。那么，现在其管理成本就是每年 128 000 美元（2×64 000）。但是，对于音圈的产量而言，该管理成本仍然是固定的。你能在图表 3-1 中画出新的固定成本线吗[①]？

3.1.4 变动成本

变动成本（variable costs）被定义为，其总量随一项作业动因变化而同比例变化的成本。让我们扩展前述 JCM Audio Systems 的例子，以考察音圈的直接材料成本来说明变动成本的性态。该成本是音圈的直接材料成本，而其动因是音圈的产量。每个音圈需要 3 美元的直接材料成本。各种产量水平下的音圈直接材料成本总额列示如下：

JCM Audio Systems，Inc.

音圈的直接材料成本	音圈生产量	音圈的单位直接材料成本
$ 120 000	40 000	$ 3
240 000	80 000	3
360 000	120 000	3
480 000	160 000	3
600 000	200 000	3

随着音圈生产数量的增多，其直接材料成本也以正比例同时增加。比如，当产量由 80 000 个翻倍到 160 000 个时，音圈的直接材料成本也同比例由 240 000 美元翻倍到 480 000 美元。但请注意，其每单位的直接材料成本保持不变。

变动成本也可用一个线性方程来表达。式中，变动成本总额是作业动因水平的因变量。其关系可由下列模型来表示：

① 新的固定成本线是与 Y 轴在 $ 128 000 点上相交的水平线。请注意，这条线高于且平行于原来的固定成本线。

$Y_V = VX$

其中，

Y_V = 变动成本总额

V = 单位变动成本

X = 以其计量单位表示的动因数量

因此，音圈直接材料成本的关系式为 $Y_V = \$ 3X$，其中 X = 音圈的产量。图表 3-2 画出了变动成本性态图。它是一条从原点射出的直线。当产量为零时，变动成本总额也为零。而当产量增加时，变动成本总额也同样增加。需请注意，变动成本总额增加与音圈生产数量（作业动因）增加之间是正比例关系；该增加的比例就是该直线的斜率。当音圈的产量为 120 000 个时，变动成本总额为 360 000 美元（3×120 000）；当音圈的产量为 160 000 个时，变动成本总额为 480 000 美元（3×160 000）。

图表 3-2　　　　　　　　　　变动成本性态

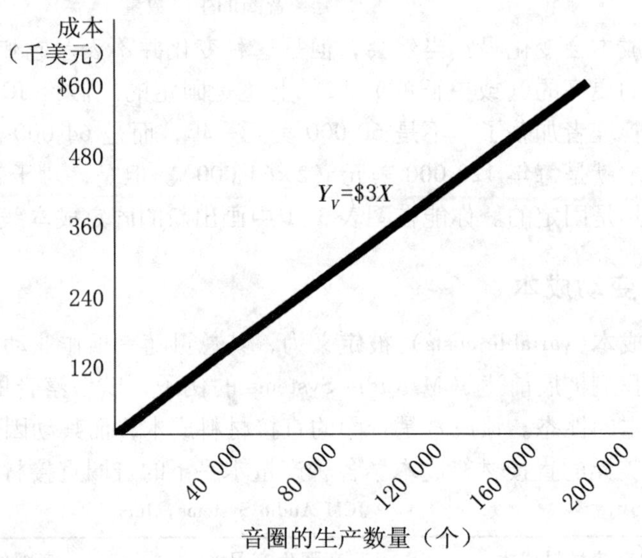

3.1.5　线性假设

前述变动成本的定义以及图表 3-2 表明，其直接材料成本与音圈的生产数量之间是一种线性关系。那么这种线性关系的假设有多大的合理性呢？成本真的会随作业动因水平的增加而正比例增加吗？如果不是这样，那么这种假设的线性成本函数与其隐含的成本函数之间又有多大的近似度呢？

经济学家通常假定成本会（首先）按照一个递减的比率随一定的产量增长而增长，而后在某个点上又会按照一个递增的比率增长。图表 3-3 演示了这种类型的非线性性态。图中，变动成本随产量的增加而增加，但不是正比例关系。

如果非线性的特征更加符合现实情形，那么我们又该怎么办？一种可能的做法是，确定实际的成本函数——但是每一种作业都可能拥有一种不同的成本函数，因此这种做法可能非常费时费力（即使可以做成的话）。把这种情况假设为一种线性关系就会简单得多。

图表 3-3　　变动成本的非线性性质

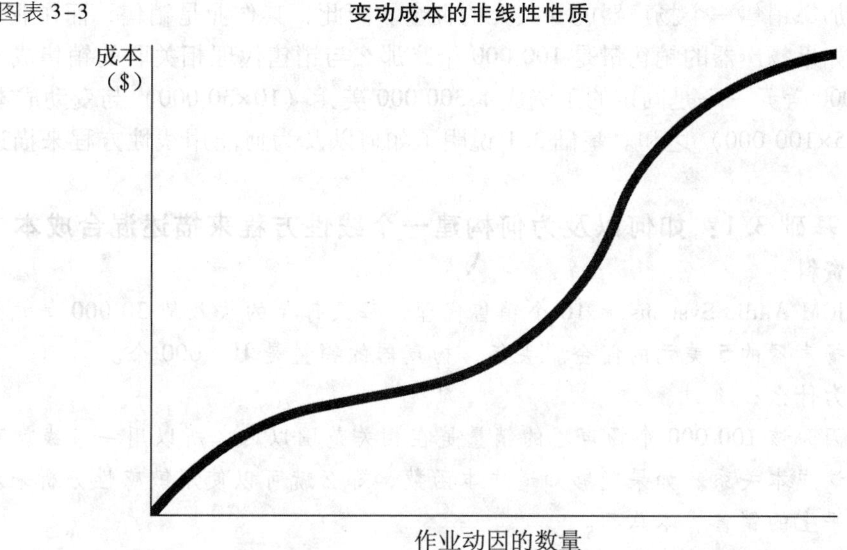

如果假设了成本与产量之间的一种线性关系，那么其主要的问题就是，该假设的函数与其隐含的函数之间有多大的近似度。图表 3-4 可以让我们了解一下假设一个线性成本函数的后果。因为包含了固定成本，所以我们可以定义一个*相关范围*，即一个能使该假设的成本关系有效的作业范围。这里的有效性是指该线性成本函数与其隐含的函数之间有多大的近似度。需请注意，当产量超过 X^* 时，该近似性就不复存在。

图表 3-4　　变动成本的相关范围

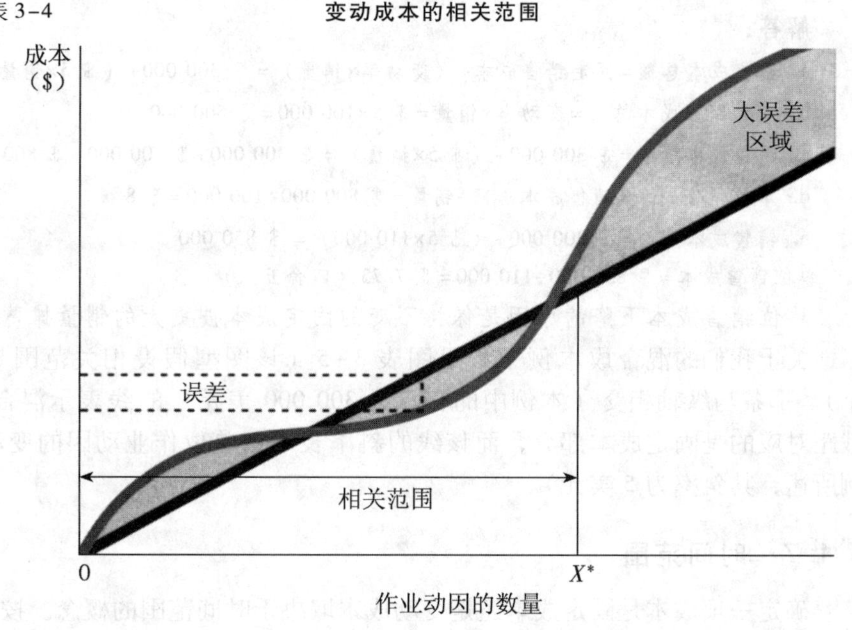

3.1.6　混合成本

混合成本是兼有固定与变动成本两种成分的成本。比如，销售代理的报酬通常是工资加佣金。假设 JCM Audio Systems 有 10 个销售代理，每人每年的收入是 30 000 美元外加每销售一个扬声器的 5 美元的佣金。因此，其作业是销售，而作业动因是销售量。如果扬声器的销售量是 100 000 个，那么与销售代理相关联的销售成本总额就是 800 000 美元——是固定的工资成本 300 000 美元（10×30 000）与变动成本500 000美元（5×100 000）之和。基础 3. 1 说明了如何以及为何能用线性方程来描述一项混合成本。

基础 3. 1：如何以及为何构建一个线性方程来描述混合成本

资料：

JCM Audio Systems 有 10 个销售代理，每人每年的收入是 30 000 美元外加每销售一个扬声器的 5 美元的佣金。去年，扬声器的销量是 100 000 个。

为什么：

因为该 100 000 个扬声器的销量是在相关范围以内，所以用一条线就可以很好地描述该成本关系。如果能够知道成本函数，那么就可以使用敏感性分析来观察不同销量水平上的销售成本总额。

要求：

a. 写出销售成本总额的函数式。

b. 计算去年的变动销售成本总额。

c. 计算去年的销售成本总额。

d. 计算去年的单位销售成本。

e. **如果**去年的销售量是 110 000 个扬声器，**结果会是怎样的？**其销售成本总额与单位销售成本将会是多少？请解释为什么单位销售成本会下降。

解答：

a. 销售成本总额 = 固定销售成本 +（变动率×销量）= $ 300 000+（$ 5×销量）

b. 变动销售成本总额 = 变动率×销量 = $ 5×100 000 = $ 500 000

c. 销售成本总额 = $ 300 000+（$ 5×销量）= $ 300 000+ $ 500 000 = $ 800 000

d. 单位销售成本 = 销售成本总额÷销量 = $ 800 000÷100 000 = $ 8

e. 销售成本总额 = $ 300 000+（$ 5×110 000）= $ 850 000

单位销售成本 = $ 850 000÷110 000 = $ 7. 73（四舍五入）

单位销售成本下降的原因是保持不变的固定成本被更大的销量摊薄了。

关于我们的混合成本例子参见图表 3-5（该图型假设相关范围是 0 ~ 200 000 个）。那条与纵轴相交（本例中的交点为 300 000 美元）的线表示混合成本。其中，截距对应的是固定成本部分，而该线的斜率表示每单位作业动因的变动成本（如本例所述，其斜率为 5 美元）。

3. 1. 7 时间范围

确定一项成本是固定成本还是变动成本取决于时间范围的概念。按照经济学的理论，在**长期**(long run）里，所有成本都是变动成本；在**短期**(short run）里，则至少有一项成本是固定成本。但是，多长时间才算是短期呢？不同的成本其短期的时长也不同。比如，直接材料调整起来就相对容易一些。Starbucks Coffee（星巴克）就可能把咖啡豆（一种直接材料）看作是变动成本，即使在接下来的几个小时里，手上还没

图表 3-5　　混合成本性态

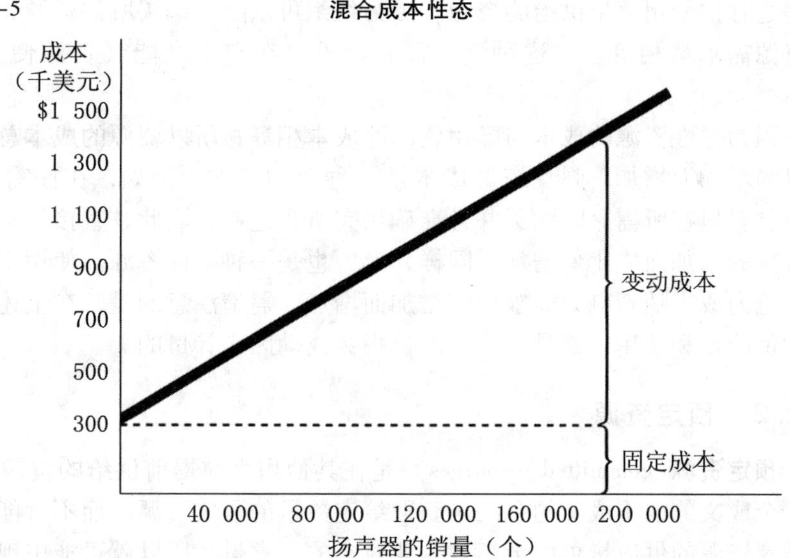

用完的咖啡豆金额有固定成本的性质。然而，它的一个咖啡店的店面租期，调整起来就更为困难。该租期管用一年或好几年。这种成本通常就被视为固定成本。短期期间的长度取决于管理者判断的某个范围以及估计成本性态的目的。比如，对一个一次性的特殊订单进行投标，其可能的时间跨度只需一个月——这个时长足以制作一份竞标书并完成该订单的生产任务。其他类型的决策，比如产品组合决策，就会影响一个相当长的时期内的成本。在这种情形下，那些必须考虑的成本，如产品设计、产品开发、市场开发以及市场渗透的成本，就是长期的变动成本。短期成本通常不足以反映用于一种产品的设计、生产、营销、分销以及维护所必需的所有成本。近年来，学者们已经发现了一些判别方法用于清晰分辨长期和短期的成本性态。这些判别方法与作业以及确保一项作业完成所需的资源有关。

3.2　资源、作业与成本性态

资源是指某个主体完成作业活动所需的经济要素。一个制造性工厂的一般资源包括直接材料、直接人工、电力和设备等。如果一家公司为资源付了钱，那么它就购得了用以完成一项作业的能力或产能。如第 2 章所述，一项作业就是一项业务，比如安装设备、购买材料、组装材料以及成品装箱等。如果一个企业购买了完成一项作业所需的资源，那么它就获取了**作业产能**(activity capacity)。通常，所需作业生产能力的数量取决于该作业完成的效率程度。这种完成作业的效率程度被称为**可用产能**(practical capacity)。

如果所获取的所有作业产能没有用完，那么就会出现**空余产能**(unused capacity)，它表示所拥有的产能与作业的实际耗用数之间的差额。资源支出与资源耗用之间的这种关系可用于界定变动成本与固定成本的性态。

3.2.1　弹性资源

资源可分为两类：弹性资源和预定资源。**弹性资源**(flexible resources) 是在组织所需之时按所用之量供给的资源。因为组织可以随时购买所需资源，所以资源供给量与资源需求量相等。对这种资源而言，不存在空余产能（资源使用与资源供给相等）。

因为弹性资源的成本与已用资源的成本相等，所以资源的成本总额随着该资源需求量的增加而增加。弹性资源成本是一种变动成本。比如，在按需生产的制造环境中，材料只在所需之时购买并且准确用完所买之量。因此，直接材料的数量和成本随着产量的增加而成比例增加。同样，电力也是一种弹性资源。使用千瓦时作为成本动因，电力成本随着电力需求量的增加而增加。需请注意的是，在上述每个例子中，资源的供给量和使用量都是用一项产量指标或动因来计量的。

3.2.2 预定资源

预定资源(committed resources) 是在其使用之前提前供给的资源。组织通常会借助一个成文的或不成文的合约来获取给定数量的预定资源，而不管能否将其用完。因为预定资源的供应量可能会超过企业对它的需求量，所以就可能出现空余产能。

许多资源都是组织在确知对其需求量之前获取的。关于这类资源的获取，有两种例子。第一种例子是，组织通过一次性付款或者签订一份明文规定的分期付款合同而购买多期服务产能。这种提前获取资源的形式有很多例子，如购入或租用房屋与设备等。每年与该多期相关的摊销费用和该资源的实际耗用量之间没有关系。通常，这些费用被称为**确定性固定费用**(committed fixed expenses)。这些费用本质上与预定资源——即那些用于提供长期作业产能的成本相对应。

道德问题

第二种例子也是更为重要的例子是，关于组织如何通过——通常与其员工之间的隐形契约来提前获取资源的。

这些隐形契约需要重点关注道德问题，因为它们表明，即使是在已经使用的作业数量出现暂时下降的时候也还要维持就业与工资的水平。订立隐形契约的一个例子是，用 150 000 美元雇用 3 个技术工程师以提供可以应付 7 500 份工程变更通知单（作业动因）的产能（通常，为了应对顾客的反馈信息以及竞争压力，产品需要重新设计或者做出调整。工程变更通知单就是启动这个程序的单据)。一般地，即使是实际完成的工程变更通知单只有 7 000 份，组织也不会辞退其中的任何一个工程师——当然，除非该作业需求量的下降被认为是永久性的下降。

许多公司可以用低工资来应付经济状况的起伏，然后在年终改变津贴的水准。此外，许多公司还会用另一种办法，即向永久性员工支付低工资，而向暂时性或者临时性工人支付浮动性工资。无论是在制造业还是在服务业，也无论是熟练工（比如护士和信息技术专家）还是非熟练工（比如临时工)，这种薪酬方式都是一种趋势。

现实案例

比如，Google 对使用短期职工或者独立合同制工人，就有一套政策。在一个新项目开始时，合同制工人可以让公司很快就凑齐人手，而当完成了该项目的时候，公司又可以很方便地辞退他们。

使用临时性工人的主要理由是——这种做法在应对需求波动、控制规模下滑，以及防止骨干员工失业等方面具有灵活性。这种类型的资源支出本质上相当于**随意性固定费用**(discretionary fixed expenses)——那些用于获取短期作业产能的成本。

3.2.3 对控制与决策制定的意义

上文阐述的以作业为基础的资源使用模式能提升控制与决策制定的管理效率。经营控制系统鼓励管理者们更多地关注对资源使用与支出的控制。一个设计良好的经营系统可以帮助管理者们评价因为新的产品组合决策而导致的资源需求变化。增加新型的、顾客化的产品可能增加对各种制造费用作业的需求；如果没有可用的空余作业产能，那么就必须增加（用于购买）资源的支出。

同样，如果可以减少资源的消耗而带来空余产能，那么管理者们就必须仔细考虑怎样利用这些多余的产能。消除剩余的产能可以减少资源的支出因而可以提高利润总额。换一种做法的话，就是利用剩余产能以增加产量，那么它可以在不相应增加资源支出的情况下增加收入。

以作业为基础的资源使用模式还能帮助管理者们更准确地计算因为自制或外购、接受或拒绝特殊订单以及保留或撤销生产线等决策而导致的资源供给与需求的变化。这种（以作业为基础的资源使用）模式提升了许多传统管理会计决策模式的应用价值。这些内容将在第 4 篇的有关决策制定的章节（第 16 ~ 20 章）中进行深入探讨。

3.2.4 阶梯形成本性态

到目前为止，我们一直都是假定成本函数是连续的。但在现实中，有些成本函数可能是间断的。图表 3-6 显示了该间断函数的一种形式，阶梯形函数。一种**阶梯形成本函数**(step-cost function) 的形状是，在某个产量范围内成本水平保持不变，然后在一些临界点上跳到一个更高的水平。各临界点之间也是一个类似的作业范围。图表 3-6 中，当产量范围在 0 到 200 单位时，成本是 100 美元。如果产量处于 200 到 400 单位之间，那么成本就会跳到 200 美元。

图表 3-6　　**阶梯形成本函数**

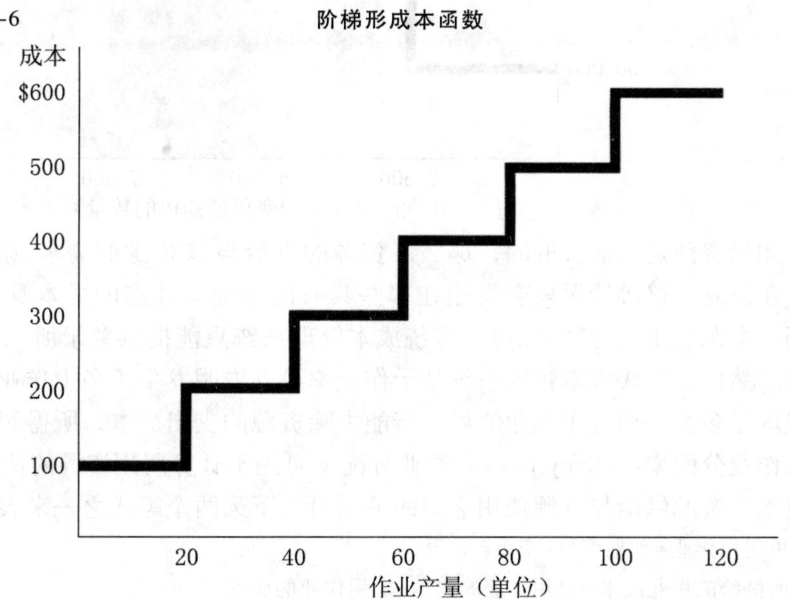

（1）阶梯形变动成本

那些具有阶梯形成本性态的资源必须整块地购买。该阶梯的宽度界定了作业产量的范围，在此范围内必须获取特定数量的资源。图表 3-6 中的阶梯宽度为 20 单位。如果阶梯的宽度较窄，如图表 3-6 所示，那么只要相当小的资源耗用变化就会导致资源成本支出的变化。那种具有较窄宽度的阶梯形性态的成本被定义为**阶梯形变动成本**(step-variable cost)。如果阶梯的宽度很窄，那么阶梯形变动成本就可近似看作为完全变动成本。

（2）阶梯形固定成本

在现实中，许多所谓的固定成本其实最好用阶梯成本函数来描述。许多预定资源——特别是那些涉及隐形契约的预定资源——具有阶梯形函数的性质。比如，假定一家公司雇用了三个技术工程师——负责重新设计现有产品以满足顾客需求的工程师。付给工程师的工资就表示获取该重新设计工程之产能的成本。可由该三个工程师充分完成的工程变更通知单是该产能的一种计量指标。这种资源的性质要求该产能必须整块地购买（一个工程师要被雇用一段时间）。这个例子中的成本函数如图表 3-7 所示。注意，其阶梯的宽度为 2 500 单位，比图表 3-6 中成本函数的阶梯要宽得多。那种具有较宽宽度的阶梯形性态的成本被定义为**阶梯形固定成本**(step-fixed cost)。阶梯形固定成本一般归入固定成本一类，因为大多数阶梯形固定成本在企业的正常经营范围内都是固定的。

图表 3-7 **阶梯形固定成本**

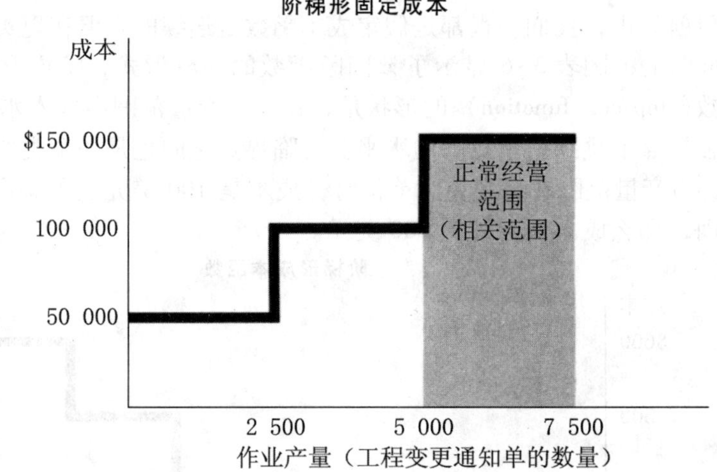

如果资源是提前获取的，那么该资源的供给与该资源的需求（使用）之间就可能存在差异。这种情况只会发生在那些具有固定成本性态的成本身上（资源获取的时间在资源使用的时间之前）。传统成本管理系统只能提供关于所供给资源的成本的信息。然而，现代成本管理系统基于作业率可以说明发生了多少作业，以及这些作业的成本是多少。通过用作业的可用产能去除资源的支出成本，所得到的平均单位成本就是**作业分配率**(activity rate)。作业分配率可用于计算所用资源的成本以及未用作业的成本。资源供给与资源使用之间的关系可用下列两个等式之一来表达：

可利用作业＝作业产量+空余产能

所供给的作业成本＝已用作业的成本+未用作业的成本

基础3.2说明了企业是如何确定已用产能成本和空余产能成本的。

基础3.2：如何以及为何计算可利用作业、已用产能和空余产能

资料：

Davin Company有3个技术工程师，每人每年的收入是50 000美元，且每人可完成2 500个工程变更通知单。去年，3个工程师共完成6 000个工程变更通知单。

为什么：

如果管理者们了解可利用产能的总量以及已用产能的数量，那么他们就可以更好地利用作业产能，并且知道什么时候必须增加产能。

要求：

a. 计算每单位工程变更通知单的作业分配率。

b. 计算以工程变更通知单表示的：1）可利用作业总量；2）空余产能。

c. 计算下列项目的金额：1）可利用作业总量；2）空余产能。

d. 用已用作业产能和空余产能的概念来说明可利用的作业总量。

e. **如果**共完成了7 500个工程变更通知单，**结果会是怎样的？**会有多少空余产能？

解答：

a. 作业分配率=工程师的成本总额÷变更通知单的数量=（3×＄50 000）÷（3×2 500）
=＄20/变更通知单

b. 1）可利用作业总量=3×2 500=7 500（个变更通知单）

2）空余产能=7 500-6 000=1 500（个变更通知单）

c. 1）可利用作业总量=＄20（3×2 500）=＄150 000

2）空余产能的金额=＄20（7 500-6 000）=＄30 000

d. 可利用作业总量=已用作业产能+空余产能

7 500=6 000+1 500

或者

＄150 000=＄120 000+＄30 000

e. 如果实际完成了7 500个工程变更通知单，那么该3个工程师都充分利用了产能，即不存在空余产能。

需请注意的是，基础3.2所示的空余产能成本的产生是因为该资源（重新设计工程）必须按毛账（总量）数量来获取。即使该公司已经预计了工程变更通知单只有6 000个，但要雇用2.4个（6 000÷2 500）工程师也是很困难的。

3.2.5 作业与混合成本性态

如果使用了混合资源，即提前获取的资源与即时获取的资源，来完成作业，那么该作业的成本就具有混合成本的性态。假定一家工厂拥有它自己的电力部门：它通过对房屋与设备的投资（提前获取的资源）获取了可用于供应电力的长期产能。该工厂还要随时购买燃料（即时获取的资源）以生产电力。房屋与设备的成本和电力生产的数量（千瓦时）无关，但燃料的成本则随电力需求的增长而增长。供应电力的作业包含有固定成本成分和变动成本成分，同时使用千瓦时作为产量计量指标。

（1） 会计记录揭示了什么

有时，要分辨混合成本中的变动成本与固定成本是比较容易的，就像基础 3.1 的例子中的销售代理成本那样。然而，在大多数情况下，人们只能拿到关于一项作业的总成本与产量指标的信息（变量 Y 和变量 X)。比如，会计系统通常记录两种信息，一个特定时期内修理作业的总成本以及该期间内所提供的维修业务的工时数。该会计记录不能揭示维修成本总额中的固定成本与变动成本成分。

（2） 成本分解的需要

既然会计记录通常只能显示一个混合成本项目的总成本以及相关联的产量数据，那么就有必要将该总成本分解为固定成本与变动成本。只有通过正规的方法进行分解才可以把那些组成成分归入适当的成本性态类别。接下来的两节内容就是阐述成本分解方法的。

3.3 确定成本性态的方法

在实践中，许多公司会使用很多方法来估计成本。这些方法包括，工艺工程法、账户分析法，以及大量的定量与统计方法。最好的成本估测人员应该是那些能够完整理解生产程序、成本动因，以及动因、作业与成本三者之间变化关系的人。

工艺工程法(industrial engineering method）是一种通过物理观察与分析，来确定完成一项加工工作适合需要何种作业以及多少作业数量的前瞻性的方法。这种方法可能需要与对耗时和动作的研究相结合使用。工艺工程法真的就像是站在生产工人的身后用一个秒表去精确地计算生产每个单位的产品需要多少时间。这种工程分析工作一旦完成，其结果是非常精确的。但是，这种做法操作成本很高，并且一旦执行起来就会故步自封。这种方法主要用于材料与人工投入和产量之间关系较为直接的制造过程。工程法的优点是它能用于对新型的加工与设计进行分析。工艺工程法能够确定每一道工序所需的每种直接材料的数量以及人工工时的数量。然后，会计师们和专门负责采购的人员就可以将其用于恰当地计算单位成本了。尽管这种方法适合于计算那种使用重复工艺生产的产品成本，但是在服务业中，由于需要改变时间用量和服务类型以满足不同顾客与环境的要求，所以它的作用就要逊色不少。

账户分析法(accounting analysis method）可以通过将固定成本、变动成本以及混合成本归入不同的总分类账户来估计成本。在实际操作中，一个账目是归入固定成本还是变动成本通常取决于该账目中成本的主要性质。这种方法因为简单且易于操作而在实践中得到了广泛的应用。那些非常了解不同账户中的成本性态的会计师们，运用这种方法可以确定出可靠的成本功能。作为一种替代方法，有些会计师们还会在那些专门用于区分偏固定成本与偏变动成本的账户下设置次级账户。如果每个账户中的成本的两种性质中有一种性质较为突出，那么这种方法就会带来较为合理的结果。

为了使用账户分析法，会计师们需要运用职业判断及其经验以区分两类账户——固定成本和变动成本。一旦确定了固定成本的类别，那么就可以计算每月的平均成本，这就是固定的数额。而变动成本类别则还需按照会计师决定的与该账户相关的动因，而进一步分解为多个类别。比如，与直接人工有关的变动成本账户就可以被分离开来，计算其平均月度成本，然后再通过用其平均的月度成本总额除以直接人工工时的平均数量以得到每直接人工工时的变动率。同样，由机器工时、采购订单等驱动的账户也可以计算其平均（月度）成本，然后再用该平均的月度成本除以它们动因的平均数量以得到变动率。基础 3.3 演示了账户分析法如何用于区分变动成本与固定成本，如何确定成本功能并将该成本功能用于预算编制。

基础 3.3：如何以及为何使用账户分析法来确定固定成本与变动成本

资料：

Morrisey 公司的会计主管想要确定制造部制造费用的成本性态。基于观察以及与工厂工人的讨论，她认为有 5 个账户是最相关的。其中，两个是固定性的——管理人员的工资与折旧，余下的 3 个是变动性的。间接人工主要用于搬运材料并且随着移动次数的变化而变化。水电耗用中最大的一块是用于生产机器运转的电力，其动因是机器工时。采购活动的动因好像是采购订单的数量。各个账户及其过去 6 个月的余额如下所示：

	间接人工成本	水电耗用	采购费用	管理人员工资	厂房与设备折旧
7 月	\$ 14 250	\$ 12 000	\$ 38 200	\$ 20 000	\$ 6 500
8 月	15 800	10 600	35 400	23 000	6 500
9 月	16 800	12 500	37 600	32 000	6 500
10 月	20 700	12 500	40 200	27 800	6 500
11 月	20 000	12 500	39 900	25 400	6 500
12 月	17 000	12 500	39 700	17 000	6 500
合计	\$ 104 550	\$ 72 600	\$ 231 000	\$ 145 200	\$ 39 000

关于该 6 个月期间的机器工时、移动次数、采购订单数量的信息如下：

	移动次数	机器工时（Mhr）	采购订单（PO）
7 月	340	5 400	250
8 月	380	5 200	300
9 月	400	5 800	450
10 月	500	6 200	380
11 月	480	6 000	340
12 月	420	5 600	200
合计	2 520	34 200	1 920

为什么：

通过区分偏固定成本与偏变动成本的账户，并且使变动成本与其相关动因相联系，可以确定成本性态并将其用于预算、业绩评价和决策制定。

要求：

a. 为什么会计主管会认为管理人员工资与厂房折旧是固定性的。

b. 计算该 5 个账户中的每个账户的平均余额。计算该 3 种动因每种动因平均每月的数量。

c. 计算月度的固定性制造费用总额以及间接人工、水电耗用与采购费用的变动率。使用制造费用成本总额的等式解释上述结果。

d. 预计1月份的移动次数是490次、机器工时是4 375小时、采购订单是220个，那么该制造部1月份的制造费用总额预计是多少？

e. 如果预计1月份的采购订单是300个，结果会是怎样的？它对预计的制造费用成本会有什么影响？

解答：

a. 显然，每月6 500美元的折旧成本是固定的，并且将维持不变除非要购买设备或出售设备。尽管管理人员工资在6个月内确实改变了，但它们无疑仍可归入固定成本一类，因为它们不会随着机器工时、移动次数、采购订单等动因的变化而变化。

b. 平均间接人工成本＝$104 550÷6＝$17 425

平均水电耗用＝$72 600÷6＝$12 100

平均采购费用＝$231 000÷6＝$38 500

平均管理人员工资＝$145 200÷6＝$24 200

平均折旧成本＝$39 000÷6＝$6 500

平均移动次数＝2 520÷6＝420

平均机器工时＝34 200÷6＝5 700

平均采购订单＝1 920÷6＝320

c. 固定性制造费用成本总额＝$24 200+$6 500＝$30 700

间接人工变动率＝$17 425÷420＝$41.49每移动一次（四舍五入）

水电耗用变动率＝$12 100÷5 700＝$2.12每Mhr（四舍五入）

采购费用变动率＝$38 500÷320＝$120.31每PO（四舍五入）

制造费用成本总额＝$30 700+$41.49（移动次数）+$2.12（机器工时）+$120.31（采购订单）

d. 制造费用成本总额＝$30 700+（$41.49×490）+（$2.12×4 375）+（$120.31×220）

＝$86 773（四舍五入）

e. 如果采购订单增加了80次，那么预计1月份的制造费用成本将会增加9 624.80美元（120.31×80）达到96 398美元（四舍五入）。

工艺工程法和账户分析法都是以职业判断为基础的成本性态确定方法。除此之外，还有一些定量分析的方法，它们根据历史资料生成线性模型以描述一项成本中的固定与变动成分。下一节将阐述这些定量分析方法。

3.4 将混合成本分解为固定成本部分与变动成本部分的定量分析法

将混合成本分解为固定成本与变动成本有三种广泛使用的定量分析方法，分别是：高低点法、散点图法和最小二乘法。每一种方法都需要我们做一个简单的假定，即成本是一种线性的状态。因此，在我们进一步分析每一种方法之前，让我们回顾一下基础3.1中的成本的线性表达式：

$$Y=F+VX$$

其中，

Y=总成本（因变量）

F=固定成本部分（截距参数）

V=单位变动成本（斜率参数）

X=产量指标（自变量）

因变量(dependent variable）是其数值依赖于其他变量数值的变量。在前述等式中，总成本是因变量；它就是我们试图要预测的成本。**自变量**(independent variable）是计量产量并解释成本变化的变量。它是一种作业动因。一个良好的自变量应该是因变量的产生原因或者与因变量之间有着密切的关系。**截距参数**(intercept parameter）相当于固定成本。在图中，截距参数是混合成本线与成本（纵）轴相交的交点。**斜率参数**(slope parameter）相当于每单位产量的变动成本。在图中，它表示混合成本线的斜率。

因为会计记录只能揭示 X 和 Y 的情况，所以必须使用这些数值去预测 F 和 V 两个参数的数值。预测了 F 值和 V 值，也就预测了固定成本和变动成本，进而就预测了混合成本与产量变化之间的关系。

下面阐述预测 F 和 V 两个参数数值的三种方法：高低点法、散点图法和最小二乘法。阐述每一种方法时使用相同的数据以便进行比较。在本例中，Anderson 公司的厂部经理想要确定材料搬运成本的固定成分与变动成分。他认为，材料移动次数是反映该作业的较好的动因。基础 3.4 给出了 10 个月的材料搬运成本及其移动次数。

基础 3.4：如何以及为何使用高低点法来确定固定成本与变动成本

资料：

Anderson 公司的 10 个月的材料搬运成本及其移动次数如下所示：

月份	材料搬运成本	移动次数
1 月	$ 2 000	100
2 月	3 090	125
3 月	2 780	175
4 月	1 990	200
5 月	7 500	500
6 月	5 300	300
7 月	4 300	250
8 月	6 300	400
9 月	5 600	475
10 月	6 240	425

为什么：

高低点法可以让管理者们快捷地预测成本性态。这种方法只需要使用两个数据，作业数量最高与最低的点，因此特别适用于历史不长的公司。

要求：

a. 确定最高点与最低点。

b. 基于移动次数计算材料搬运成本的变动率。

c. 计算材料搬运成本的月度固定成本。

d. 根据材料搬运作业写出可显示固定成本和变动率的成本模型。

e. 如果 Anderson 公司预计 11 月份的材料移动次数是 350 次，那么这个月的材料搬运成本预计是多少？

f. **如果**Anderson 公司预计下一年的材料移动次数是 3 940 次，那么其材料搬运成本预计**结果会是怎样的**？预计的材料搬运成本总额是多少？预计的固定性材料搬运成本是多少？为什么该固定成本与 b 问中的数额不相等？

解答：

a. 材料移动次数的最高点是 5 月份，最低点是 1 月份。（提示：你注意到了吗，4 月份的成本是最低的，即 1 990 美元，但因为移动次数不是最低的作业水平，所以不是最低点）

b. 变动率 =（高点成本-低点成本）÷（高点移动次数-低点移动次数）

=（$ 7 500-$ 2 000）÷（500-100）= $ 5 500÷400

= $ 13.75 每移动一次

c. 固定成本 = 总成本-（变动率×移动次数）

让我们选择最高点的数据，7 500 美元的成本和 500 次的移动次数，可计算固定成本如下。

固定成本 = $ 7 500-（$ 13.75×500）= $ 625

（提示：可以选择使用最低点的数据来检查你的计算结果）

d. 如果变动率是 13.75 美元，而月度固定成本是 625 美元，那么月度材料搬运成本的模型就是：材料搬运成本总额 = $ 625+（$ 13.75×移动次数）。

e. 材料搬运成本总额 = $ 625+$ 13.75（350）= $ 5 437.50

f. 年度材料搬运成本总额 = 12（$ 625）+$ 13.75（3 940）

= $ 7 500+$ 54 175 = $ 61 675

年度固定成本是 12 乘以月度固定成本。因此，年度固定成本不是 625 美元，而是 7 500 美元。

3.4.1 高低点法

几何原理告诉我们，两点成一线。F，固定成本部分，是总成本线的截距，而 V，单位变动成本，则是其斜率。只要给定两个点，那么就可以定下斜率与截距。**高低点法**（high-low method）预先判定用于计算 F 和 V 两个参数值的两个点。高点被定义为产量或作业水平最高的点。低点被定义为产量或作业水平最低的点。需请注意的是，高低点的确定是依据自变量而不是因变量（通常是成本）。基础 3.4 演示了如何以及为何将高低点法用于确定固定成本与变动率。

需请注意，基础 3.4 的最后一问要求我们计算年度而不是月度材料搬运成本。因为我们是用月度数据确定该成本方程，所以在计算年度固定成本时我们要用月度固定成本数乘以 12。如果我们想知道季度材料搬运成本的数额，那么就要用月度固定成本数乘以 3（一个季度有 3 个月）。如果我们是用周度数据确定该成本方程，那么在计算年度固定成本时我们要用周度固定成本数乘以 52，即一年中所含的周数。

高低点法有两个优点。第一，它比较客观。换言之，对于特定的数据，任何两个不同的人使用高低点法都会得到相同的结果。第二，它计算简便。高低点法帮助管理者仅仅使用两个数据点就可以快捷地锁定一种成本关系。比如，一个管理者只有两年的数据，那么有时他也可以用高低点法得出大致的成本关系。

使用高低点法（的效果）通常不如其他方法（的效果）的原因有两个。第一，高点或低点可能是所谓的极端值，它们反映了一种特殊的成本—作业关系。倘若如此，那么使用这两个点得出的成本模型就不能反映正常的情况。**散点图法**（scatterplot method）通过选择看似更能反映正常的成本—作业模式的两个点，可以帮助管理者避开这个陷阱。第二，即使没有极端值，也可能有其他的两个点更具代表性。同样，散点图法可以找出更具代表性的点。

关于用高低点法预测固定成本与变动成本，还有一个重要的问题需要指出。那就是，对成本分析师来说，这些预测的结果应该“看上去比较合理”。比如，假设使用高低点法预测出了一个负值的固定成本，那么这个结果就肯定不对。负值的固定成本表示零动因也可以为公司创造收入。这也是散点图法更为有用的另一个理由。如果高点或低点是一个极端值，那么通过它画出的线，就会和抛弃极端值而选择次高（或次低）的点所画出的线之间存在很大的差异。

3.4.2 散点图法

散点图法的第一步是，描出数据点以看出材料搬运成本与作业产量之间的关系。这些点就是**散点图**（scatter graph），如图表 3-8 中的 A 所示。纵轴是总的作业成本（材料搬运成本），横轴是作业动因或产量指标（移动次数）。观察图表 3-8 中的 A，我们可以看出材料搬运成本和移动次数之间有着较为合理的线性关系：材料搬运成本随着移动次数的增加而增加，反之则向相反的方向变化。

现在，让我们再考察一下图表 3-8 中的 B，看看用高低点法画出的线条是否反映了这种总体关系。看上去它也确实比较有代表性。那么，这是否就意味着应该选用高低点法呢？不一定。假设管理者认为变动性的材料搬运成本在不久的将来会有所下降，那么根据高低点法画出的线就会得出相对较高的变动成本（斜率）。这时就应该选用斜率相对较小的散点线。

因此，散点图的一个目的是接近更为正确的假定线性关系。此外，审视散点图还可以揭示那些好像不太符合总体性态模式的几个点。基于仔细的观察，可以发现这些点（极端值）是源自一些非正常事件。这些解释可以为摈弃这些点提供正确的理由，并且有助于更好地预测潜在的成本性能。

一个散点图通过让人直观地找出更为适合散点的线条，而为考虑成本与产量之间的关系提供了一种思路。倘若如此，那么该线条就应该最能拟合那些散点的分布形状。在选择最优拟合线条时，成本分析师可以自主地依赖过去关于这个成本项目性态的经验。这些经验可以给予分析师一种很好的直觉以判断材料搬运成本的性态，而散点图则是证明这种直觉的一种有效工具。

图表 3-8 **Anderson 公司材料搬运成本的散点图**

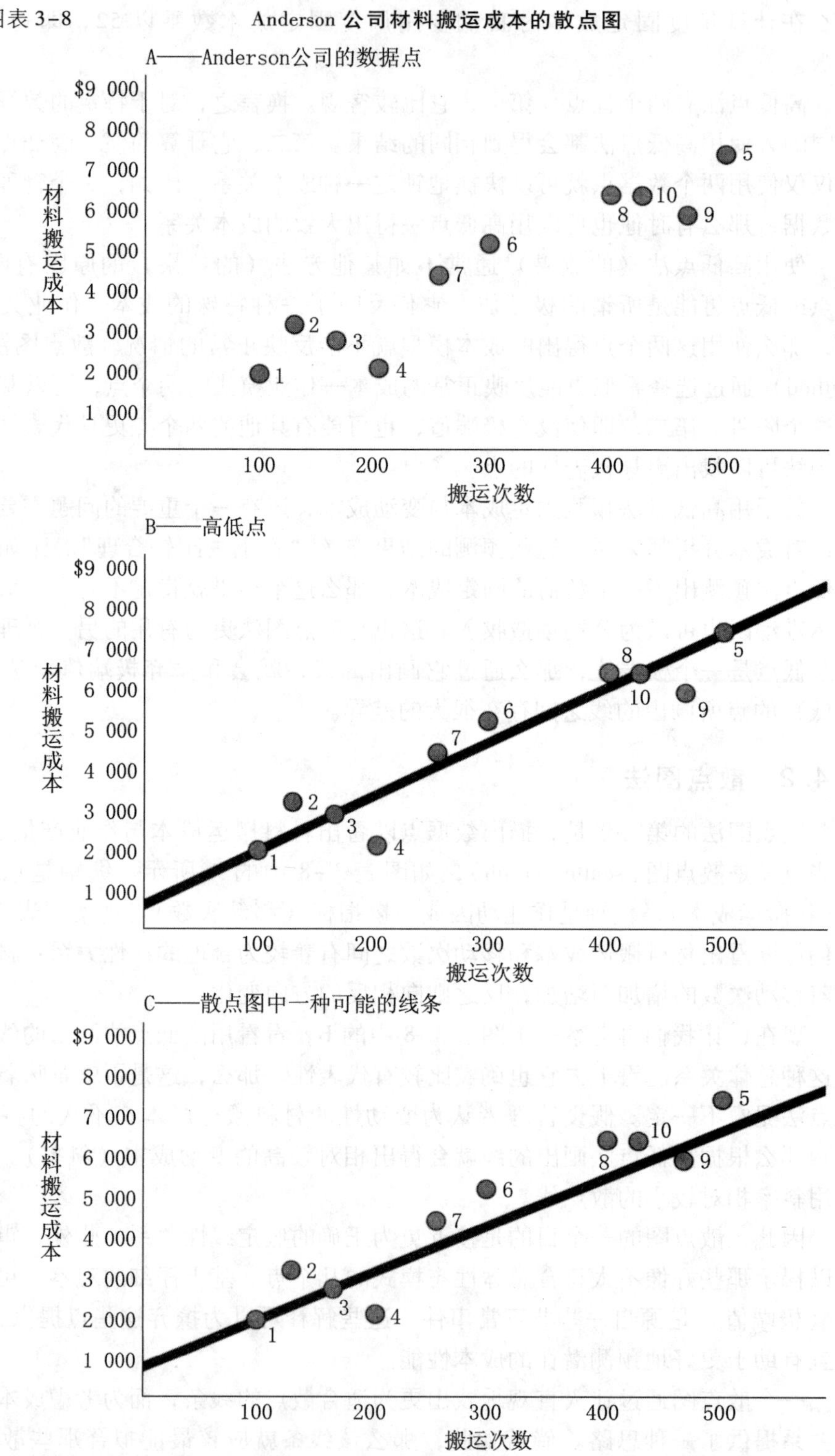

散点图法的主要精神就在于通过直觉来找到最优拟合线。请谨记这一点，散点图以及其他统计辅助方法都是帮助管理者们提升其判断力的工具。使用这些工具并不妨碍管理者使用他或她自己的主观判断以更改通过正规方法得出的任何预测数。

请仔细观察图表 3.8 中的 A。如果仅仅根据图表中包含的信息，你会怎样画出拟合线？当然，事实上存在无数条可能通过这些数据点的线条，那就让我们选择通过一月份数据点（100，＄2 000）以及与 Y 轴交于 800 美元点的那条吧。现在，我们得到图表 3.8 中 C 所示的直线。固定成本就是截距，即 800 美元。变动率则可用高低点法来确定。

我们选到的两个点分别是（100，＄2 000）和（0，＄800）。可用它们来计算斜率：

$$V=(Y_2-Y_1)\div(X_2-X_1)$$
$$=(\$2\,000-\$800)\div(100-0)$$
$$=\$1\,200\div100$$
$$=\$12$$

因此，每移动一次的变动成本是 12 美元。

至此，我们就确定了材料搬运成本中的固定部分与变动部分。基于材料搬运作业的成本模型如下：

$$Y=\$800+\$12X$$

使用这个模型可以预计移动次数在 100 至 500 次之间的材料搬运成本总额，并且可将该成本总额分解为固定成本与变动成本。假定 11 月份的移动次数预计为 350 次，那么使用这个模型预计的成本为 5 000 美元［＄800+（＄12×350）］。其中，800 美元是固定成本，4 200 美元是变动成本。

散点图法的一个显著优点是，它允许成本分析师直观地观察数据。图表 3-9 演示了不适合采用高低点法的成本性态状况。图表 3-9 中的 A 显示，成本与产量之间是非线性关系。这种情况的一个例子是，材料使用率的提高或者“学习”的情况（比如，随着工时的增加，因为工人效率的提高，所以总成本以递减的速度增加）。图表 3-9 中的 B 显示，随着 X_1 的产量增加，成本向上偏移——原因或许是为增加一名监管者或者启用第二条转换带而支付了成本。图表 3-9 中的 C 则显示了不能代表总体成本关系的极端值。

我们选择可以拟合图表 3-8 中的 C 的两个点［（100，＄2 000）和（0，＄800）］的线条生成了材料搬运的成本模型。此中，我们运用了我们自己的判断。然而，既然有人认为最优拟合线是通过这两个点，那么就会有人认为最优拟合线是通过那两个点。

散点图法饱受诟病的地方是，缺乏任何客观的标准以用来选择最优拟合线。成本模型的优劣取决于分析师主观判断的优劣。高低点法摈弃了选择拟合线的主观性，即不管是谁使用这个方法，都会取得相同的结果。

请再次看到图表 3-8 中 A、B 和 C，我们可以比较散点图法与高低点法的结果。其固定成本部分和变动率都有所不同。根据散点图法，预计移动 350 次的材料搬运成本是 5 000 美元，而根据高低点法则是 5 437.50 美元。哪一个是“正确的”呢？因为两个方法生成了显著不同的成本模型，所以很自然地就会出现哪个方法更好的问题。理论上来说，我们需要的最好方法是，既客观可靠又能同时生成最优拟合线的方法。**最小二乘法**（method of least square）界定了最优拟合的概念，并且因为使用了“能使同一组数据达到同一个结果”的方法而显得较为客观。

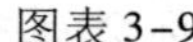

图表 3-9　　不同成本性态模式的散点图

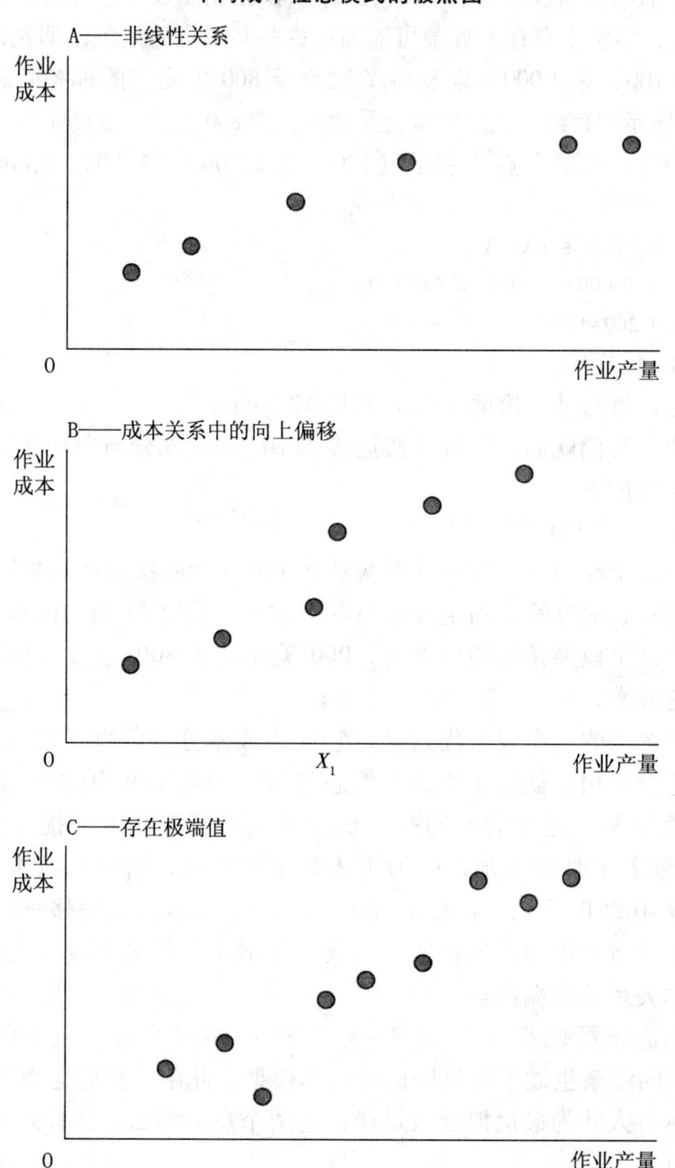

3.4.3　最小二乘法

在阐述本节内容之前，我们已经提到了关于散点图的最优拟合线的概念。那么，最优拟合线是什么意思呢？直观地讲，它就是最靠近数据点的那条线。但是，“最靠近”又是什么意思呢？

以图表3-10为例。图表中，已经有一条画得比较随意的线（$Y=F+VX$）。我们用点与线之间的垂直距离来表示点与线之间的靠近程度。这个垂直距离就是实际成本与根据该线预测的成本之间的差额。对点8来说，其表达式就是 $E_8=Y_8-(F+VX_8)$，其中，Y_8 是实际成本，$F+VX_8$ 是预测成本，而其偏差用 E_8 表示。偏差就是预测成本与实际成本之间的差额，它表示该数据点与该预测线之间的距离。

图表3-10 **数据点与预测线之间的偏差**

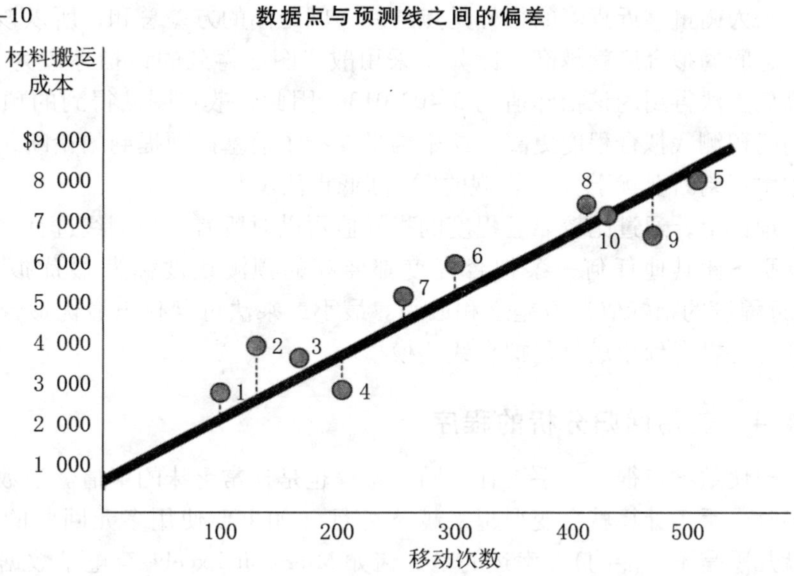

虽然用垂直距离可以衡量单个数据点与预测线之间的靠近程度，但我们真正需要的是一个可以衡量*所有*数据点与预测线之间靠近程度的指标。一种可能的做法就是把所有单个指标加总以得到一个总体指标。但是，由于单个指标可能有正有负，所以这样得到的总体指标就不是很有意义。比如，微小的正值偏差的汇总数就可能大于一个由较大的正值偏差和较大的负值偏差两者组成的汇总数，其原因是后者存在正负抵消的问题。为了纠正这个问题，我们对每个衡量单个数据点靠近程度的指标进行一次乘方，然后把乘方后的偏差数加总以作为衡量总体靠近程度的指标。对这些偏差数进行乘方是为了避免正数与负数之间的抵消问题。

为了说明这个概念，我们可以 Anderson 公司材料搬运成本的散点图线为例，计算实际数据与该预测线之间的靠近程度。

实际成本	预测成本[a]	偏差[b]	方差
$ 2 000	$ 2 000	0	0
3 090	2 300	790	624 100
2 780	2 900	-120	14 400
1 990	3 200	-1 210	1 464 100
7 500	6 800	700	490 000
5 300	4 400	900	810 000
4 300	3 800	500	250 000
6 300	5 600	700	490 000
5 600	6 500	-900	810 000
6 240	5 900	340	115 600
总体靠近程度的指标值			5 068 200

a：预测成本＝＄800+＄12X，其中 X 是与实际作业成本关联的实际作业产量，并且四舍五入取最接近的金额。

b：偏差＝实际成本－预测成本

因为衡量靠近程度的指标是点与线之间距离的方差总和，所以该指标值越小，点与线之间的拟合度就越高。比如，采用散点图法得到的该指标值为 5 068 200，而采用高低点法得到的该指标值为 5 402 013。因此，散点图法得到的预测线比高低点法得到的预测线拟合程度更高。这个结果支持了前基础面提到的论断，即在散点图法中使用主观判断要优于（“客观的”）高低点法。

理论上，通过比较靠近程度的指标值可以对所有的预测线进行排序，从最优到最差。那条比其他任何一条拟合程度都要高的预测线被称为*最优拟合线*。这条线的（靠近程度的指标值）方差之和最小。最小二乘法可以找出最优拟合线。我们依据统计理论可以得到生成最优拟合线的模型。

3.4.4 使用回归分析的程序

即使数据点很少，手工计算回归方程也是非常乏味的事情。当数据点的数量越来越多时，手工计算就会变得越来越不可行（如果要使用多元回归的话，那么手工计算就几乎是不可能的）。幸运的是，诸如 Microsoft Excel① 等电子数据软件包拥有回归程序可以完成这些计算。唯一需要你做的工作只是输入数据。电子数据回归程序能够提供的不仅仅是预测的系数，它还可以提供信息来说明该成本模型的可靠度有多高。这是散点图法和高低点法所不能企及的优点。

使用计算机计算回归系数的第一步就是输入数据。图表 3-11 显示了，当你在电子数据表中输入 Anderson 公司的月度材料搬运成本以及移动次数的数据之后，你可以在电脑显示屏上看到的内容。如图表所示，对你的变量做出标识是一个不错的想法：A 栏标为月份，B 栏标为材料搬运成本，而 C 栏标为移动次数。下一步就是运行回归程序。在 Excel 2003 中，回归程序的地址是在“工具”菜单下（屏幕的左上端）。当你下拉“工具”菜单时，你可以看到许多菜单功能。如果你看到“数据分析”，就直接点击，然后再点击“回归”；如果不能看到“数据分析”，那么就选择“添加工具”，然后选择“分析工具箱（ToolPak）”，这样就可以添加数据分析工具。当数据分析工具添加完成之后，“数据分析”就会出现在“工具”菜单的底部，点击“数据分析”然后再点击“回归”。对 Excel 2007 来说，数据分析工具的地址是在“数据”表下，在其靠右远端的位置。如果“数据分析”不在那儿，那么就按屏幕靠左远端的彩色的 Office 按钮。在其底部有一个链接可以链接到“Excel 选项”。点击它，然后再点击“添加工具”，再按上述在 Excel 2003 中的程序同样操作。

当屏幕上出现了“回归”程序时，你就可以告诉它因变量和自变量在哪里。在“输入 Y 的数值”的数据箱里，先把光标放在方框的开始处，点击，然后（再次使用光标）圈住因变量栏目下的数据，本例中，是从 b2 圈到 b11。然后将光标移到“输入 X 的数值”的数据箱的开始处，点击，然后圈住从 c2 到 c11 的数据。最后，你要告诉计算机在哪里放置计算结果。你可以选择把它放到单独的另一张工作表上，也可以就放在当前的工作表上。让我们假定你准备把计算结果保存在当前的工作表上。根据你的选择点击你的无线按钮，然后使用你的光标，圈住一个范围精确的方框——比

① Excel 是 Microsoft Corporation（微软公司）的注册商标。任何关于 Excel 的进一步说明都参照本脚注。

如，从 a13 到 f20——然后点击“OK”。一眨眼的工夫，放置回归结果的工作就完成了。回归结果如图表 3-12 所示。

图表 3-11　　Anderson 公司材料搬运成本的电子数据单

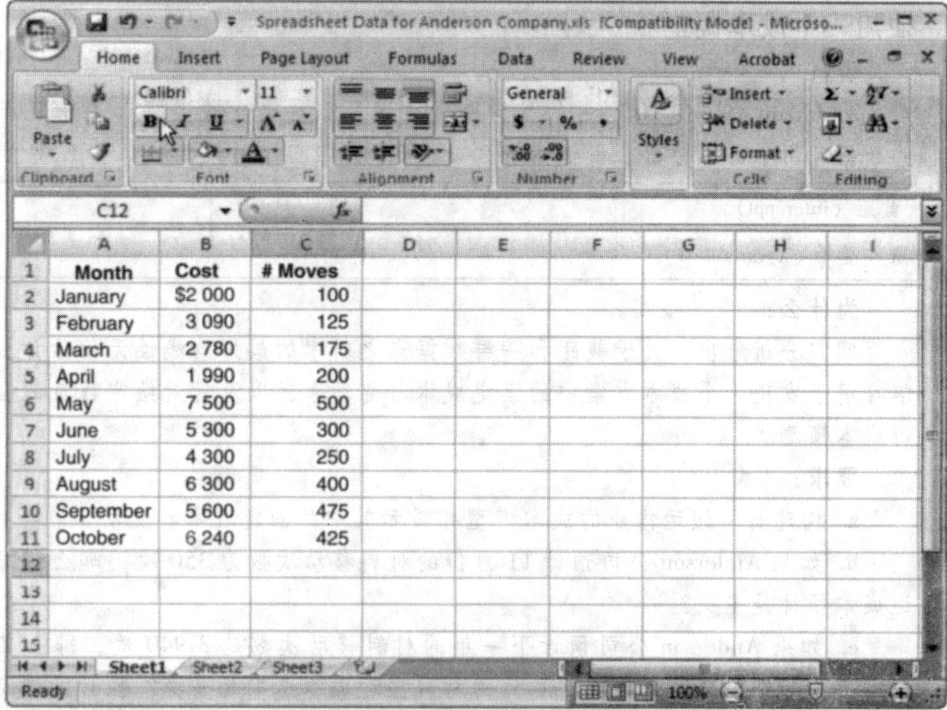

Month	Cost	# Moves
January	$2 000	100
February	3 090	125
March	2 780	175
April	1 990	200
May	7 500	500
June	5 300	300
July	4 300	250
August	6 300	400
September	5 600	475
October	6 240	425

图表 3-12　　Anderson 公司材料搬运成本的回归结果

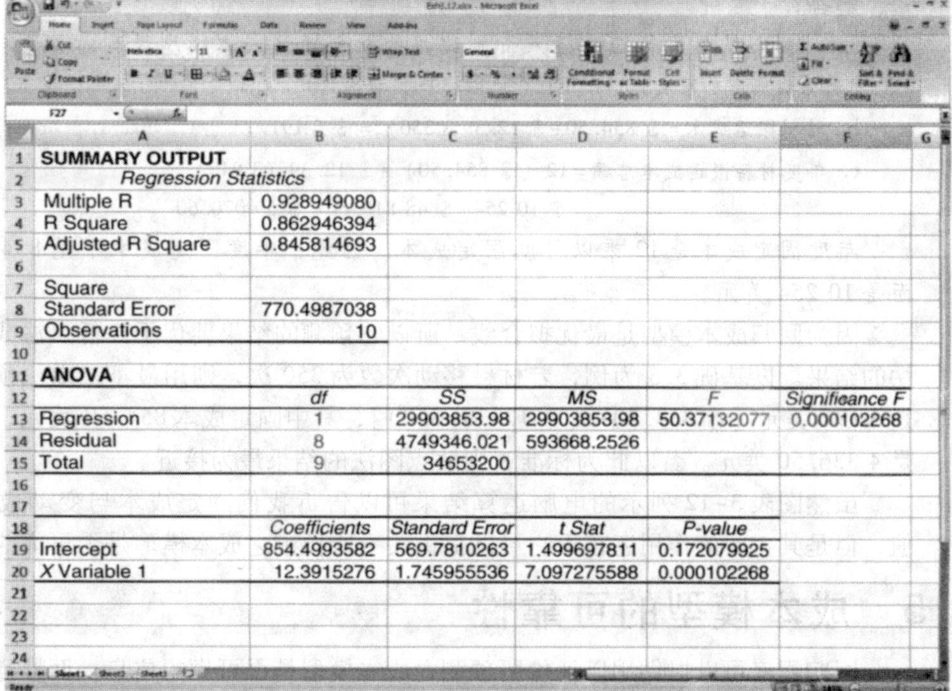

SUMMARY OUTPUT

Regression Statistics	
Multiple R	0.928949080
R Square	0.862946394
Adjusted R Square	0.845814693
Square	
Standard Error	770.4987038
Observations	10

ANOVA

	df	SS	MS	F	Significance F
Regression	1	29903853.98	29903853.98	50.37132077	0.000102268
Residual	8	4749346.021	593668.2526		
Total	9	34653200			

	Coefficients	Standard Error	t Stat	P-value
Intercept	854.4993582	569.7810263	1.499697811	0.172079925
X Variable 1	12.3915276	1.745955536	7.097275588	0.000102268

基础3.5采用了该回归程序的结果，并将其用于构建一个成本模型。该成本模型可用于在给定自变量预测值的情况下，确定成本的预测数。

基础3.5：如何以及为何使用固定成本和变动率的回归结果来构建和使用一个成本模型

资料：

Anderson公司的10个月的材料搬运成本及其移动次数数据如基础3.4所示。这些数据可用于回归分析。根据图表3-12所示回归程序结果可知，各系数值为：

截距 (intercept)	854.4994
X 变量1 (*X* variable 1)	12.39153

为什么：

回归分析给出了关于截距和一群数据点之斜率的最好的线性无偏估计。这些估计值可用于发现一个成本方案中的固定成本与变动率，以及针对给定数量的自变量来进行成本预测。

要求：

a. 构建材料搬运作业的成本模型并显示其中的固定成本和变动率。

b. 如果Anderson公司预计11月份的材料移动次数为350次，那么该月的材料搬运成本预计是多少？

c. 如果Anderson公司预计下一年的材料移动次数是3 940次，那么其材料搬运成本的预计结果会是怎样呢？预计的材料搬运成本总额是多少？预计的固定性材料搬运成本是多少？为什么该固定成本与b问中的数额不相等？

解答：

a. 对回归结果进行四舍五入，则该月的材料搬运成本模型可列示如下：

材料搬运成本总额 = $ 854.50+ ($ 12.39×移动次数)

b. 材料搬运成本 = $ 854.50+ $ 12.39 (350) = $ 5 191

c. 年度材料搬运成本总额 = 12 ($ 854.50) + $ 12.39 (3 940)

= $ 10 254+ $ 48 816.60 = $ 59 070.60

年度固定成本是12乘以月度固定成本。因此，年度固定成本不是854.50美元，而是10 254美元。

因为回归成本模型是最优拟合线，所以它预测的结果要优于高低点法或者散点图法的结果。以基础3.5为例，若材料移动次数为350次，则用最小二乘法预测的结果是5 191美元 [$ 854.50+ ($ 12.39×350)]，其中固定成本854.50美元、变动成本是4 336.50美元。若以此为标准，则散点图法的结果最为接近。

虽然图表3-12列示的电脑运算结果可以告诉我们固定成本与变动成本的系数值，但是其主要的作用还在于它可以提供关于所预测之成本模型是否可靠的信息。

3.5 成本模型的可靠性

回归程序可以提供用以评价所预测之成本模型是否可靠的信息，而散点图法和高低点法都不具备这种特性。图表3-12的资料可用以讨论关于成本模型之可靠性的三个统计指标：*成本参数的假设检验*、*拟合优度*、*置信区间*。**成本参数的假设检验**（hypothesis test of cost parameters）可以测出各参数值是否异于零。在本例中，**拟合优度**（goodness of fit）表示成本与作业产量之间的关联度。这个指标非常重要，因为最小二乘法可以找出最优拟合线，但是它本身并不能揭示拟合的优度到底有多高。最优拟合线（best-fitting line）可能不是一条恰当的拟合线（good-fitting line）。最优拟合线用于预测成本时可能会表现不佳。**置信区间**（confidence interval）可以根据事先设定的置信程度给出实际成本数值可能发生的一个范围。置信区间允许管理者们预测成本数值所处的一个范围而不是仅仅预测单个的成本值。当然，如果该关联范围是准确的，那么置信区间就可以包含那些单个的点，并且实际成本将始终与预测成本相一致。因此，拟合优度和置信区间是相互关联的，二者共同向成本分析师说明所得到的成本模型具有多强的可靠性。

3.5.1　参数的假设检验

再次回顾一下图表3-12。在其最后一张表的标为"*t* Stat"的第四栏，列示了每个参数的 *t* 统计值。这些 *t* 统计值用以检验关于各参数值（是否显著）异于零的假设。标为"*P*-value"的第五栏，是检验之后所得到的显著性水平结果。通常，该显著性水平需达到0.05或者更小（以使人更为相信自变量与因变量之间确实高度相关）。固定成本参数，即截距的显著性水平是0.172。没有达到0.05甚至0.10的水平。因此，是否存在固定性的材料搬运成本令人生疑。而变动成本参数的显著性水平是0.0001，因此移动次数是非常显著的解释变量——即材料搬运成本的主要动因。如果移动次数的显著性水平很低，那么我们就要尝试寻找另一个能够更好地解释材料搬运成本的自变量。第三栏列示了每个参数的标准差。这些数值用以计算第四栏的 *t* 统计值：用第二栏的系数值除以第四栏中对应的标准差。

3.5.2　拟合优度指标

最初，我们认为单个作业动因（作业产量变量）可以解释作业成本的变化（变化率）。我们使用的Anderson公司的例子表明，材料移动的次数能够解释材料搬运成本的变化。图表3-8中的散点图进一步佐证了这个观点，因为它显示，材料搬运成本与产量指标（用材料移动次数来表示）好像是同步变动的。看上去，成本变化率中的很大比例可以由我们的作业产量变量来解释。

因变量变动率中可由一个自变量（本例中为作业产量指标）解释的比例称为**可决系数**（coefficient of determination（R^2））。该比例越高，自变量对因变量的解释力度越强。因为 R^2 是被解释之变动率的百分比，所以其数值总是在0到1.00之间。

图表3-12显示的结果中有两个衡量 R^2 的指标，分别是"R Square"和"Adjusted R Square"。通常，我们使用Adjusted R Square，因为它已经根据该回归模型的自变量的数量进行了调整①。Adjusted R Square的值为0.85（四舍五入），意味

---

① 早期的统计学与经济学研究者发现，增加模型中的自变量的数量就会增加R Square的数值。因此，他们后来认识到，为了保留R Square的意义，就必须根据自变量的数量对其进行调整。

着材料搬运成本变化率中的85%可由材料移动次数来解释。这个结果好不好呢？可决系数的好坏之间并没有一个明确的临界点。不过显然，R^2 越靠近 1.00 就越好。85%足够好吗？73%怎么样？或者即使是46%又如何？这要具体情况具体分析。在其可决系数为75%的成本模型中，其自变量可以解释3/4的成本变动率。但是，还有一些其他因素或者因素组合解释这余下的1/4。鉴于你对误差的容忍度，你可能会尝试改变自变量（比如，采用材料搬运工时而不是移动次数）或者尝试使用多元自变量（或者多元回归，我们将在本章的后续节次中阐述这个问题）。

总之，从图表 3-12 显示的结果可知，固定成本的系数是不显著的，而材料搬运成本的 R^2 是 0.85。（因此，）Anderson 公司可能会考虑其他变量并且可能使用多元回归。

相关系数 衡量拟合优度的另一个指标是**相关系数**（coefficient of correlation (r)），它是在只有一个自变量的情况下的可决系数的平方根。因为平方根可能是负数，所以相关系数的数值范围在-1到1之间。如果相关系数为正，那么两个变量（Anderson 公司的例子中是指材料搬运成本与移动次数）同时同向变化，它们是正相关关系。如果相关系数为负，那么两个变量就将会按照预期的状态变化但方向相反。完全负相关导致的相关系数为-1。接近为零的相关系数表示没有相关关系。换言之，我们获取的关于一个变量变化的信息对于解释另一个变量的变化没有什么意义。图表 3-13 演示了相关性的概念。

图表 3-13 **相关性的图示说明**

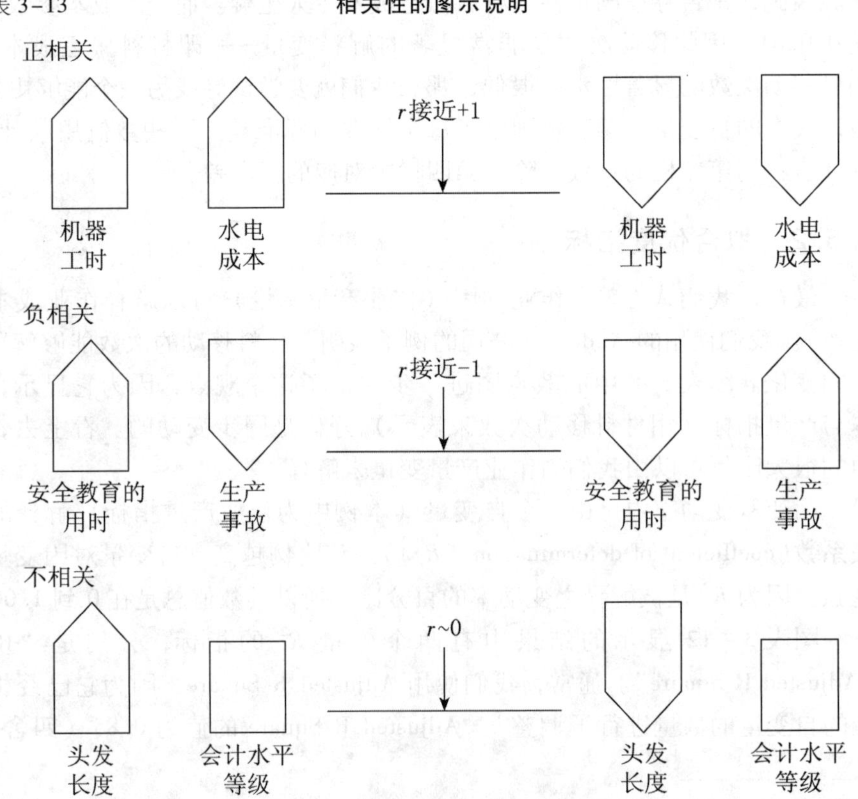

请再来看图表 3-12，Anderson 公司例子中的相关系数（r）在“Multiple R”

中列示，为0.929。请注意，r 是先前计算的 R^2 的正平方根。该平方根为正是因为 X 和 Y 之间正相关。换言之，材料搬运成本随着材料移动次数的增加而增加。正值的变动率 V 反映了这种正相关关系。如果成本随着作业产量的增加而减少，那么该相关系数（以及 V 值）就为负。V 的符号揭示了相关系数的符号。材料搬运成本和材料移动次数之间非常高的相关性，表明选择材料移动次数作为作业动因是非常恰当的。

3.5.3 置信区间

最小二乘法可用于预测不同作业水平下的成本。但是，其预测值通常不等于实际成本。出现差异的原因有两个。第一，在建立成本模型时，只用了一个自变量（动因）。这样的成本模型很可能遗漏了其他一些重要的因素，如影响成本（因变量）的外部作业产量。这些遗漏变量被认为会对成本变量产生随机影响。遗漏变量的后果是，导致对于每一个 X（成本模型中的作业产量指标）的值，其相应的成本值都会有一个分布范围。这种分布被假定为正态分布。第二，该成本模型的建立基础是使用已经观察到的数据样本所预测的数值。存在于预测的斜率 V 和截距 F 中的误差也会导致实际成本与预测成本之间的不一致。

如果我们知道预测值会不同于实际值，那么接下来的问题是，这个差异到底会有多大？我们可以使用标准误差 S_e 来说明。比如，在图表3-12中，标准误差是770.50美元（四舍五入）①。标准误差可以用来帮助围绕着预测成本建立一个置信区间。给定 S_e，可以通过使用期望置信水平下的 t 统计值来建立对于 Y 预测值的一个置信区间：

$$Y_f \pm t\ S_e$$

其中，

Y_f = 给定作业水平下的预测成本

通过对该预测成本加减（根据置信程度确定的）多个标准误差，可以生成一个可能的数值范围。使用 t 统计值则可以明确置信的程度。置信程度可以衡量所预测区间包含的实际成本值的可能性。因此，95%的置信区间意味着，如果重复使用相同的样本并且建立100个置信区间，那么其中就有95个区间可以包含实际成本。图表3-14显示了 t 分布的节选数据表。

图表3-14　**节选数据表：t 分布***

自由度	90%	95%	99%
1	6.314	12.708	63.657
2	2.290	4.303	9.925
3	2.353	3.182	5.841
4	2.132	2.776	4.604

① 在小样本中，标准误差一般会被低估。因此，需要对其进行调整。但是，简化起见，即使样本规模较小，我们仍然直接使用（未被调整的）标准误差值。

续表

自由度	90%	95%	99%
5	2.015	2.571	4.032
6	1.943	2.447	3.707
7	1.895	2.365	3.499
8	1.860	2.306	3.355
9	1.833	2.262	3.250
10	1.812	2.228	3.169
11	1.796	2.201	3.106
12	1.782	2.179	3.055
13	1.771	2.160	3.055
14	1.761	2.145	3.012
15	1.753	2.131	2.947
16	1.746	2.120	2.921
17	1.740	2.110	2.898
18	1.734	2.101	2.878
19	1.729	2.093	2.861
20	1.725	2.086	2.845
30	1.697	2.042	2.750
00**	1.645	1.960	2.576

*所选数值基于以下假设：对于置信区间和回归系数的假设检验而言，双尾都是重要的——就像其本来的性质那样。

**简化起见，自由度超过30的数值，取最后一行的数字。

基础3.6演示了Anderson公司例子中置信区间的建立过程。

基础3.6：如何以及为何使用回归结果建立一个置信期间

资料：

Anderson公司使用10个月的材料搬运成本及其移动次数的数据，做了一次回归分析，得到如下结果（这些信息取自图表3-12）：

截距（intercept）	854.4994
X变量1（X variable 1）	12.39153
标准误差	770.4987038

Anderson公司预计11月份的材料移动次数为350次，并且想知道一个置信区间，以使实际成本能在90%的置信水平上被包含其中。

为什么：

因为根据回归结果预测的数值是一个预测点，其实际发生的概率接近于零。（因此）可以围绕这个预测点建立一个置信区间，以使实际结果能够按照一个特定的概率落入其中。

要求：

a. 根据图表 3-14 来确定适当的 t 统计值，以建立 Anderson 公司的置信区间。

b. Anderson 公司预计 11 月份的材料移动次数为 350 次，请按 90% 的置信水平为材料搬运成本的预测值建立一个置信期间。

c. 如果Anderson 公司希望置信水平是 95%，结果会是怎样的？该置信区间比 b 问中的置信区间会更大还是会更小？请建立置信水平为 95% 的置信区间。

解答：

a. 根据图表 3-14，我们需要知道自由度以及置信度的水平。

自由度＝观察值的数量－变量数＝10－2＝8

我们有 10 个月的数据，因此就有 10 个观察值。模型有两个变量，材料搬运成本（*Y*）和移动次数（*X*）。当然，变量越多，自由度就越小。

b. 由图表 3-14 可知，90% 的置信水平和 8 的自由度所对应的 *t* 值为 1.860。

预测的材料搬运成本＝$ 854.50+（$ 12.39×移动次数）

＝$ 854.50+$ 12.39（350）＝$ 5 191

置信区间＝预测的成本 ±（*t* 值×标准误差）

＝$ 5 191 ±（1.86×$ 770）

＝$ 5 191 ±$ 1 432（四舍五入）

$ 3 759 ≤ 预测值 ≤ $ 6 623

c. 置信水平越高，置信区间就越大（宽），因为特定的数值可能发生在 90% 的置信区间之外，但又落在 95% 的置信区间之内。95% 的置信水平和 8 的自由度所对应的 *t* 值为 2.306。

置信区间＝预测的成本 ±（*t* 值×标准误差）

＝$ 5 191 ±（2.306×$ 770）

＝$ 5 191 ±$ 1 776（四舍五入）

3 415 美元≤ 预测值 ≤ 6 976 美元

如基础 3.6 所示，Anderson 公司可以预计，在 90% 的置信水平下，移动次数为 350 次的实际成本将落在 3 759 美元和 6 623 美元之间。这个结果涉及的可能性范围很大，很快就让人觉得，在成本预测方面这个成本模型不如其可决系数所暗示的那么有效。置信区间的宽度削弱了这个成本模型的吸引力。置信区间的宽度可以通过使用大样本计算成本模型来降低。使用大样本时，标准误差会减少，*t* 统计值也会降低。如果一家公司用以评估作业量的历史资料有限（样本规模一定很小），那么它就不得不更多地依靠某种推测的关联性而不是成本预测（模型）。但是，如果能找到一种作业成本与一种作业动因之间的较强的统计关联性，那么它就能向管理者提供证据说明其动因选择的正确性——这是寻找因果关系因素以向成本对象分配成本的一个重要问题。

3.6 多元回归

在 Anderson 公司的例子中，材料移动次数的变化只能解释 85% 的材料搬运成本变化率。因此，公司可能会想找寻更多的解释变量。比如，所移动材料的重量信息就可能有所帮助——特别是如果需要使用叉车或其他重型机械来搬动部件和产品的位置的时候。

在有两个解释变量的情况下，线性模型需要被扩展以包容更多的变量：

$Y=F+V_1X_1+V_2X_2$

其中，

X_1 = 材料移动次数

X_2 = 所移动材料的重量

因为有三个变量（Y，X_1，X_2），所以至少需要三个数据点用于计算 F、V_1、V_2 等三个参数。描绘这些点需要使用三维空间，因此，要想直观地观察比较困难。（换言之）此时使用散点图法和高低点法是不可行的。

然而，扩展最小二乘法却是简洁明了的。发展一个模型，通过包容 F、V_1、V_2 等变量以获取最优拟合线，是相对比较简单的。只要用于拟合模型的最小二乘法涉及了两个或两个以上的自变量，那么这个方法就被称为多元回归（multiple regression）。多元回归要求的计算量远比简单回归（一个自变量）的计算量要复杂得多。事实上，多元回归的任何实践运用都要求使用计算机。

让我们回到 Anderson 公司的例子。注意 R^2 仅为 85%，而固定成本的系数不显著。因此也许还有其他变量可以解释材料搬运成本。假设 Anderson 公司的会计主管发现，有些月份的材料搬运重量要高于其他月份。材料越重就越需要额外的设备来装载。

会计主管（在成本模型中）增加了“搬运重量”的变量，并收集了该变量的 10 个月的信息。数据列示如下：

月份	材料搬运成本	移动次数	搬运重量（磅）
1 月	$ 2 000	100	6 000
2 月	3 090	125	15 000
3 月	2 780	175	7 800
4 月	1 990	200	600
5 月	7 500	500	29 000
6 月	5 300	300	23 000
7 月	4 300	250	17 000
8 月	6 300	400	25 000
9 月	5 600	475	12 000
10 月	6 240	425	22 400

使用移动次数和搬运重量作为自变量，可以进行一个多元回归。

多元回归运用的 Excel 程序并不比简单回归所运用的 Excel 程序更为困难。回到图表 3-11，将搬运重量的数据加到第四栏。然后，运行前文讲到的回归程序。当标为“输入 X 的数值”的数据箱出现的时候，点击，然后圈住从 c2 到 d11 的数据。对两个自变量都是这样做的。继续按照前文所述的指令操作，结果就会跳出来，如图表 3-15 中的电脑屏幕所示。

图表 3-15　　Anderson 公司材料搬运成本的多元回归结果

	A	B	C	D	E	F
1	SUMMARY OUTPUT					
2	*Regression Statistics*					
3	Multiple R	0.999420				
4	R Square	0.998841				
5	Adjusted R Square	0.998509				
6						
7	Square					
8	Standard Error	75.76272				
9	Observations	10				
10						
11	ANOVA					
12		*df*	*SS*	*MS*	*F*	*Significance F*
13	Regression	2	34613020	17306510	3015.076722	5.30799E-11
14	Residual	7	40179.93	5739.99		
15	Total	9	34653200			
16						
17						
18		*Coefficients*	*Standard Error*	*t Stat*	*P-value*	
19	Intercept	507.3097	57.3225	8.850098	4.7575E-05	
20	*X* Variable 1	7.835162	0.234048	33.47672	5.49745E-09	
21	*X* Variable 2	0.107181	0.003742	28.64286	1.62622E-08	

该电脑屏幕传递了一些有趣且有用的信息。成本模型由最下端表格的前两栏信息来界定。该前两栏信息明确了成本的构成项目。截距是固定性的作业成本，*X* 变量 1（*X* Variable 1）是材料移动次数（因为它是在第三栏的第 1 格中作为自变量输入的数据），*X* 变量 2（*X* Variable 2）是材料搬运重量（因为它是在第四栏的第 2 格中作为自变量输入的数据）。标为“系数值”的一栏显示了预测的固定成本以及每单位作业动因的变动成本。基础 3.7 演示了如何以及为何使用多元回归结果来构建一个成本模型。

基础 3.7：如何以及为何使用多元回归结果来构建一个成本模型

资料：

Anderson 公司有关于材料搬运成本、移动次数以及搬运重量的 10 个月的数据。根据图表 3-15 所示回归程序结果可知，各系数值为：

截距（intercept）	507.3097
X 变量 1（*X* variable 1）	7.835162
X 变量 2（*X* variable 2）	0.107181

为什么：

当一个因变量可由两个或两个以上的自变量来解释时，多元回归方法很管用。这

样可以提升 R^2 并缩小围绕因变量预测值的置信区间。

要求：

a. 构建材料搬运作业的成本模型并显示其中的固定成本和两个自变量的变动率。

b. 如果 Anderson 公司预计 11 月份的材料移动次数为 350 次、材料搬运重量是 17 000 磅，那么该月的材料搬运成本预计是多少？

c. 如果 Anderson 公司预计下一年的材料移动次数是 3 940 次、材料搬运重量是 204 000 磅，那么其材料搬运成本的预计结果会是怎样的？预计的材料搬运成本总额是多少？预计的固定性材料搬运成本是多少？为什么该固定成本与 b 问中的数额不相等？

解答：

a. 对回归结果进行四舍五入，则该月的材料搬运成本模型可列示如下：

材料搬运成本总额 = $ 507.31+（$ 7.84×移动次数）+（$ 0.11×搬运重量）

b. 材料搬运成本 = $ 507.31+（$ 7.84×350）+（$ 0.11×17 000）

= $ 5 121（四舍五入）

c. 年度材料搬运成本总额 = 12（$ 507.31）+（$ 7.84×3 940）+（$ 0.11×204 000）

= $ 6 087.72+ $ 30 889.60+ $ 22 440 = $ 59 417（四舍五入）

年度固定成本是 12 乘以月度固定成本。因此，年度固定成本不是 507.31 美元，而是 6 088 美元（四舍五入）。

让我们再次来看图表 3-15。Adjusted R Square（可决系数）是 99%——可见通过加入搬运重量变量后自变量的解释力得到了显著提高。此外，所有三个系数也都非常显著。在多元回归的结果里，R^2 通常是指多元可决系数。请注意，多元回归也会得出预计的标准误差，S_e。诚如前述，预计的标准误差可以用于建立围绕成本预测值的置信区间，并且其计算过程与基础 3.6 所示的过程一样。不过，此时，自由度降为 7（因为增加了一个自变量）。当置信水平为 90% 而自由度为 7 时，图表 3-14 中的 t 值为 1.895。如果预计材料移动次数为 350 次，而预计材料搬运重量为 17 000 磅，那么在置信水平为 90% 的时候，预测的材料搬运成本的置信区间为：

$\$ 5\,121-1.895\ (\$ 76) \leqslant Y \leqslant \$ 5\,121+1.895\ (\$ 76)$

$\$ 5\,121-\$ 144 \leqslant Y \leqslant \$ 5\,121+\$ 144$

$\$ 4\,977 \leqslant Y \leqslant \$ 5\,265$

再次参照图表 3-15。最下面的表格中的第 4 栏和第 5 栏列示了关于该三个参数的一些统计值。第 4 栏是每个参数的 t 统计值。这些 t 统计值用以检验关于各参数值是否显著异于零的假设。第 5 栏是显著性水平。所有参数都在 0.0001 的水平上显著。因此，我们可以确信，该两个动因对材料搬运成本来说是很好的预测因子，并且，材料搬运成本中含有固定成本成分。这个例子很清晰地说明了多元回归对于识别作业成本的性态来说，是一个有用的工具。

3.7 学习曲线与非线性成本性态

许多成本性态模式都不是线性模式。我们已经看见过以递减速度增长的总成本，比如存在批量折扣的材料采购成本。非线性成本曲线的一种重要类型是学习曲线。学习曲线（learning curve）显示，在产量增加时单位人工工时是如何下降的。学习曲线的理论基础差不多就是人类的本能——当我们一遍又一遍地重复一个动作时，我们就会提高效率，因而每个动作的耗时都会比前一个动作的耗时要少。我们会学习如何完成任务、如何变得更有效率以及如何使得道路更为通顺。在制造型企业里，学习行为发生在生产过程中：工人们学习如何熟练地完成任务，而管理者们学习如何更为高效地安排生产以及组织工作流程。每当累积的数量倍增时，成本就会按照一个预期的固定比例下降。这种效果最早是被航空业记载的。

管理者们发现，学习曲线所隐含的思想可以推广到服务性行业以及制造型企业。营销、分销以及售后服务成本也会随产销量的增加而下降。此时，学习曲线经常被称为经验曲线。**经验曲线**（experience curve）把成本与效率提升联系起来，因此，一项工作完成的次数越多，那么其完成成本就会越低。经验曲线可以应用于（描述）任何工作，包括生产、销售、分销、售后服务等等。

学习曲线模型有两种一般的形式：累积平均耗时学习曲线模型和增量单位耗时学习曲线模型。这两个模型的区别在于关于学习速度的假设不同。

3.7.1 累积平均耗时学习曲线

累积平均耗时学习曲线模型（cumulative averaged-time learning curve model）认为，每当累积的产量倍增时，累积的平均单位（生产）耗时就会按照一个固定的比例或一个学习（提高）的比率下降。**学习率**（learning rate）是一个百分比，是指生产下一个单位产品耗用的时间占其上一个单位产品生产所耗时间的百分比。

学习率是个经验数值，并且必须在50%到100%之间。一个50%的学习率最终会导致生产每单位产品需要零工时——一个荒谬的结论。一个100%的学习率表示不存在学习（提高）的效果（因为递减的数量为零）。人们经常用80%的学习率来说明这个模型，可能是因为人们最初在航空业发现的学习率就是80%。基础3.8演示了在假定学习率为80%以及第一个单位产品生产工时为1 000小时的情况下，如何计算生产后续产品所需的工时。

基础3.8：如何以及为何计算累积平均耗时学习曲线

资料：

Lindstrom公司为医院和医疗中心安装电子化的患者记录系统。Lindstrom发现每一套该普通类型的系统安装耗时符合学习率为80%的学习曲线模型。其安装工作需要一个专业团队来安装并测试。假设第一套系统的安装耗时为1 000小时，该安装团队的报酬为平均每小时50美元。

为什么：

因为进行了学习，所以工作人员会更为熟悉所承担的工作任务因而可以完成得更快。第一套系统的安装耗时最长，在安装第8到第16套系统时，工作人员熟悉了安装的过程，因此耗时就越来越少了。管理者们需要知道，通过学习，工人熟练的程度有多快以及它对人工成本的影响，以进行（恰当的）预算、投标和业绩评价。

要求：

a. 编制一张表格显示下列栏目：累积的产量、累积的平均单位生产工时以及累积的总工时。列示总产量为1、2、4、8、16、32套系统时的各栏项目的结果。

b. 当产量分别为1、4、16套系统时的人工成本总额是多少？其平均成本是多少？

c. 如果Lindstrom正在预算下一年度的安装16套系统的人工成本，结果会是怎样的？请针对一个在先前年度已经安装过16套系统的团队预算其人工成本总额。请针对一个在先前年度没有安装过任何系统的团队预算其人工成本总额。

解答：

a.

累积的系统安装数量 (1)	累积的平均单位安装工时 (2)	累积的总工时 (3) = (1) × (2)
1	1 000	1 000.0
2	800.0 (0.8×1 000)	1 600.0
4	640.0 (0.8×800)	2 560.0
8	512.0 (0.8×640)	4 096.0
16	409.6 (0.8×512)	6 553.6
32	327.7 (0.8×409.6)	10 486.4

注意：每当安装的系统数量倍增时，累积的平均单位工时（第2栏）都是前一数量的80%。

b. 安装1套系统的成本=1 000小时×$ 50=$ 50 000

安装4套系统的成本=2 560小时×$ 50=$ 128 000

安装16套系统的成本=6 553.6小时×$ 50=$ 327 680

安装1套系统的平均成本=$ 50 000÷1=$ 50 000

安装4套系统的平均成本=$ 128 000÷4=$ 32 000

安装16套系统的平均成本=$ 327 680÷16=$ 20 480

c. 有经验的团队的预算人工成本=(10 486.4−6 553.6)×$ 50

=$ 196 640

没有经验的团队的预算人工成本=6 553.6×$ 50=$ 327 680

基础3.8演示了根据倍增公式计算的累积平均工时和累积总工时。但如果不是倍增的情况，我们又将如何得到这些数据呢？只要我们认识到累积平均耗时学习模型采用了对数关系，就可以做到了。

$Y=pX^q$

其中，

Y=累积的平均单位耗时

X=累积的产量

p=生产第一个单位产品所需的工时

q=学习率

因此：

$q=\ln$（（倍增情况下的）学习率）/ln2

当（倍增情况下的）学习率为80%时：

$q=0.2231\div0.6931=0.3219$

因此，当 $X=3$，$p=100$，且 $q=0.3219$ 时，$Y=100\times3^{-0.3219}=70.21$ 工时。

这种情况可以使用Excel来计算。图表3-16显示了基础3.8例子的Excel电子数据结果。其加粗的数字是根据倍增规则计算的累积产量。基础3.8说明了那几行中的第3栏和第4栏的数据计算原理。对于第7行，其对应的产量为3单位，应采取下列步骤计算：

第一步：圈住F5：键入“=LN（0.8）/LN（2）”。等到“0.3219809”的数值出现以后，复制并将其粘贴到F5至F20的数据框内。

第二步：圈住A7：键入“3”。

第三步：圈住B7：键入“=1 000 * POWER（A7，F7）”。键入“1 000”是因为它是第一个单位产品的累积平均单位工时。在不同的例子中你可能要键入不同的数据。换言之，如果第一个单位产品的累积平均单位工时是78小时，那么就应键入“=78 * POWER（A7，F7）”。

第四步：圈住C7：键入“=A7 * B7”。

第五步：圈住D7：键入“=C7-C6”。

然后，就可以把B7复制和粘贴到B8至B20，以及把C7复制和粘贴到C8至C20的数据框内，依此类推。

图表3-16　　**累积平均耗时学习模型的电子数据单**

	A	B	C	D	E	F
1	**Cornerstone 3.8**					
2	**Cumulative Average-Time Learning Model**					
3						
4	Cumulative Number of Units	Cumulative Average Time per Unit	Cumulative Total Time	Time for Last Unit		Value of q OR = ln(.8)/ln(2)
5	1	1000	1000	1000		-0.32192809
6	**2**	**800**	**1600**	**600**		**-0.32192809**
7	3	702.1037028	2106.31111	506.3111		-0.32192809
8	**4**	**640**	**2560**	**453.6889**		**-0.32192809**
9	5	595.6373436	2978.18672	418.1867		-0.32192809
10	6	561.6829622	3370.09777	391.9111		-0.32192809
11	7	534.4895247	3741.42667	371.3289		-0.32192809
12	**8**	**512**	**4096**	**354.5733**		**-0.32192809**
13	9	492.9496095	4436.54649	340.5465		-0.32192809
14	10	476.5098749	4765.09875	328.5523		-0.32192809
15	11	462.1111387	5083.22253	318.1238		-0.32192809
16	12	449.3463698	5392.15644	308.9339		-0.32192809
17	13	437.9155217	5692.90178	300.7453		-0.32192809
18	14	427.5916197	5986.28268	293.3809		-0.32192809
19	15	418.1991845	6272.98777	286.7051		-0.32192809
20	**16**	**409.6**	**6553.6**	**280.6122**		**-0.32192809**
21						
22						
23						

让我们再仔细看一下图表3-16中最后一个单位产品的生产耗时。看看第1个

单位产品的耗时（1 000 小时）是如何递减到第 16 个单位产品耗时（只有 280.6 小时）的。学习的作用是可以让公司体会到效率在随着产量的增加而提高。会计师们可将这些信息用于编制预算和制作标书，因为他们知道完成第一个单位的某种新型工作的耗时不会等于完成最后一个单位工作的耗时。成本是下降的。会计师们还可将这些信息用于建议管理者们，应该努力留住熟练工而不是过度轮换。轮换需要培训更多的新手，而新手们不能像熟练工那样通过快速高效地完成工作而给公司带来利益。

图表 3-17 显示了累积平均单位耗时（下面那条线）和所需累积耗时总量（上面那条线）的图形。我们可以发现，随着产量的增加，平均单位耗时是下降的，但下降的速度是递减的。我们还可以发现，随着产量的增加，总工时是上升的，但上升的速度是递减的。这一点，再次说明，随着经验的累加，平均成本将会下降。

图表 3-17　**所需累积耗时总量图与累积平均单位耗时图**

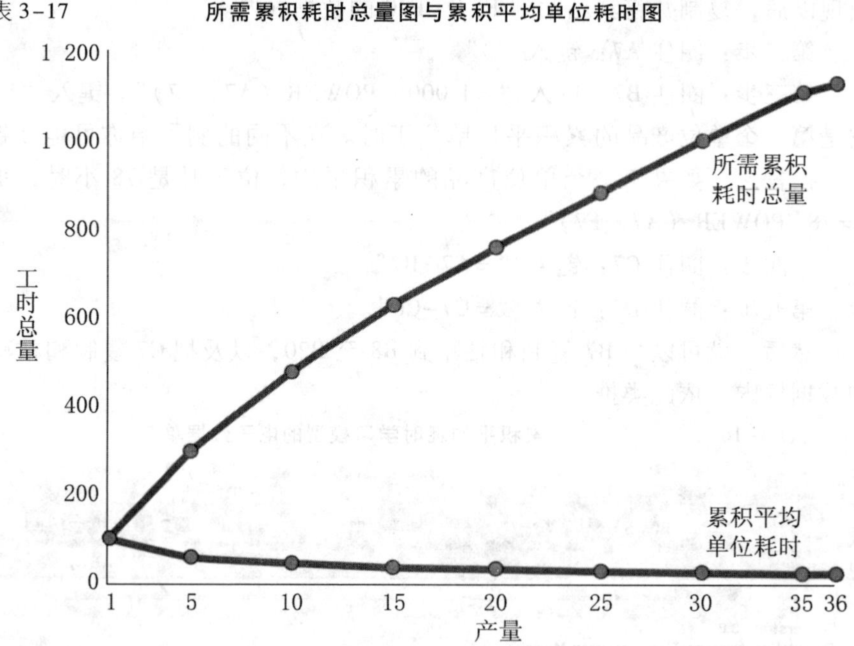

3.7.2　增量单位耗时学习曲线

增量单位耗时学习曲线模型(incremental unit-time learning curve model）认为，每当累积的产量倍增时，其总耗时会按照一个固定的比例下降。这个模型坚持了关于学习曲线的一般假设。但是，学习率是针对最后一个单位产品耗时，而不是针对所有产品的累积平均耗时而言的。对于一个 80% 的学习率来说，在累积平均耗时学习模型中的意思是，假定在某个产量水平下累积的平均单位耗时是在前一个产量水平下积累的平均单位耗时的 80%。因此，如果我们要观察两个单位产品的耗时，那么其平均的单位耗时应是第一个单位产品耗时的 80%。但是，在增量单位耗时学习模型中，我们假定只有最后(增量）一单位产品的耗时会递减，即第二个产品需耗时 80 小时，而第一个产品仍需 100 小时。因此，其总耗时是 180 小时（100+80)。关于增量单位耗时学习模型的深入探讨留待更为高级的课程。

使用学习曲线的概念可使管理者根据学习程度，更为准确地进行预算和业绩评价。尽管学习曲线的概念始于生产过程，但是它也可以应用于服务业。比如，保险公司可用它来制定新的保险政策以及销售保险的新方法。如果员工在开发新的保险政策时发现了原来无法预测的小错误，那么就说明这个过程中存在学习的作用，然后员工就可以学会如何去修正那些小错误以至提高效率。

当然，有必要强调的一点是，每个生产过程中的学习率都是千差万别的。管理者们通常必须基于过去的经验以及与工程及生产人员的讨论来估计这个比率。

3.8 管理层的判断

管理层的判断对于确定成本性态来说至关重要，因此在实践中是应用最广泛的方法。许多管理者会简单地使用他们的经验以及对成本关系的历史观察来确定固定与变动成本。但是，这个方法的应用有很多种形式。有些管理者只是简单地把特定作业成本归入固定成本类别，而把其他成本归入变动成本类别。他们忽略了混合成本存在的可能性。因此，一家化工企业可能会因为所产化工品的重量，而只把材料与水电成本看成是真正符合条件的变动成本，所有其他成本则被视为固定成本。在这种企业里，甚至本书常将其视为产量基础的变动成本的人工成本，也可能被视为固定成本。这种方法的吸引人之处就是它非常简单。在选择划分固定成本与变动成本的方法之前，管理者可能真的希望每项成本是明显偏向固定性或是变动性的，并且其划分结果的误差不会导致严重的决策错误。

现实案例

以 Elgin Sweeper 公司为例可说明如何将管理层的判断用于成本性态的评价。Elgin Sweeper 公司是一家制造街道清扫车的龙头企业。Elgin 使用生产数量作为作业产量的计量指标，并基于此划分了固定成本与变动成本项目以改变其账户系统。Elgin 的会计师们根据他们对公司情况的了解来将各项费用分配归入固定成本或变动成本类别，其对成本归类的原则是：如果在 75% 的时间内是固定性的就归入固定成本；如果在 75% 的时间内是变动性的就归入变动成本。

管理者可能反过来先确定混合成本，然后仅仅通过判断其固定性与变动性的组成部分而将其分解为固定成本与变动成本——换言之，光凭经验来指定一项成本中的固定性部分，而将其余部分作为变动性成本。然后，再使用一个或多个成本数据计算该变动性成本。这种判断方法的运用对于核算混合成本来说较有优势，但是也会如同严格对分固定成本或变动成本那样产生类似的误差。换言之，即管理者可能会在他的主观评价中犯错。

现实案例

最后一点就是，管理者可能会使用经验与判断来改善统计预测结果。也许，有经验的管理者可能会打量那些数据并剔除几个极端异常的数据，或者管理者也可能根据成本结构和技术的预期变化来修正预测结果。比如，Tecnol Medical Products, Inc.，快速更改了其制造医疗口罩的方法。以前，口罩的生产是高度人工密集型的，需要手工缝纫。Tecnol 开发了属于它自己的高度自动化的设备并成为行业内低成本的供应商——胜过了 Johnson & Johnson 和 3M。Tecnol 向新产品线以及欧洲市场的快速扩张，使得其关于成本和收入的历史数据，在很大程度上都不再相关了。Tecnol 的管理层必须向前看，而不是向后看，才能预计这种变化对其利润的影响。统计技术在描述过去时是非常准确的，但不能预测未来，而预测未来才是管理层真正关心的。

运用管理层的判断来分解固定成本与变动成本的优势就是这种方法比较简单。在管理者对其企业及其成本模式有着深刻理解的情况下，这种方法能够达到较好的效果。但是，如果管理者没有很好的判断（基础与能力），那么误差将不可避免。因此，全面考虑管理者的经验、潜在的误差以及这些误差对相关决策的影响，是相当重要的。

练习题

复习题

3.1 资源使用与成本性态

Thompson 制造公司有三个拿薪水的职员，负责处理采购订单。每个职员的工资是 28 000 美元，每年能够处理 5 000 份订单（有效工作时）。除了工资之外，Thompson 每年在表格、邮寄等上面要花费 7 500 美元。Thompson 可负担的产能是处理 15 000 份订单。在这一年实际处理了 12 500 份订单。

要求：

（1）请计算购买订单作业的作业成本分配率，并将作业分为固定成分和变动成分。

（2）请计算可以获得的总的作业，并将它分为作业产出和空余作业产能。

（3）请计算所提供资源的总成本，并将它分为作业产出和空余作业产能。

解答：

（1）作业分配率 = ［（3×＄28 000）+＄7 500］÷15 000

= ＄6.10/份订单

固定作业分配率 = ＄84 000÷15 000

= ＄5.60/份订单

变动作业分配率 = ＄7 500÷15 000

= ＄0.50/份订单

（2）可获得的作业 = 作业产出+空余作业

15 000 份订单 = 12 500 份订单+2 500 份订单

（3）可提供作业成本 = 已用作业成本+空余作业成本

＄84 000+（＄0.5×12 500）=（＄6.10×12 500）+（＄5.60×2 500）

＄90 250 = ＄76 250+＄14 000

3.2 高低点法和最小二乘法

Linda Jones 是 Golding 公司的会计，她要计算出与公司修理作业有关的固定成本部分和变动成本部分各是多少。她已收集了过去 6 个月的数据如下：

修理时间（小时）	总的修理成本
10	\$ 800
20	1 100
15	900
12	900
18	1 050
25	1 250

要求：

（1）请使用高低点法估计修理成本的固定成分和变动成分。利用成本方程预计如果使用 14 个小时修理时间的总成本。

（2）请使用最小二乘法估计固定成分和变动成分。请把您的结果转化为成本方程，并利用成本方程预计使用 14 小时修理时间的总成本。

（3）最小二乘法中的样本决定系数和相关系数是什么？

解答：

（1）Y＝总成本，X＝小时数，使用高低点法对固定成本和变动成本估计如下：

$V = (Y_2 - Y_1) \div (X_2 - X_1)$

$= (\$1\,250 - \$800) \div (25 - 10)$

$= \$450 \div 15$

$= \$30$/小时

$F = Y_2 - VX_2$

$= \$1\,250 - \$30 \times 25$

$= \$500$

$Y = \$500 + \$30X$

$= \$500 + \$30 \times 14$

$= \$920$

（2）使用最小二乘法的计算如下：

$Y = \$509.91 + \$29.41X$

$= \$509.91 + \$29.41 \times 14$

$= \$921.65$

（3）样本决定系数（R^2）是 0.962，相关系数（r）是 0.984（0.969 的平方根）。

问题讨论

3.1　为什么成本性态的知识对管理决策很重要？请举出一个例子来说明您的答案。

3.2　时期范围的宽度如何影响固定成本和变动成本的分类？短期的含义是什么，长期的含义又是什么？

3.3 请解释资源成本和资源使用量之间的区别。

3.4 弹性资源与成本性态的关系是什么？

3.5 预定资源与成本性态的关系是什么？

3.6 请描述变动成本和阶梯变动成本的区别。将阶梯变动成本看做是变动成本在什么时候是合理的？

3.7 为什么如果把混合成本归入固定成本或者变动成本类别会出现问题？

3.8 为什么在把混合成本分解为固定成本和变动成本时，以观察散点图为第一步是恰当的？

3.9 散点图法比高低点法更优越的地方在哪里？高低点法比散点图法更优越的地方在哪里？

3.10 请描述最小二乘法。为什么这种方法比高低点法和散点图法都优越？

3.11 最优拟合线意味着什么？拟合得最好的直线必然是拟合度高的直线吗？请解释。

3.12 什么时候要求用多元回归来解释成本性态？

3.13 请解释学习性曲线的含义。经理如何确定合适的学习曲线比例呢？

3.14 假使您是负责实施新服务的经理。执行服务的时间根据学习曲线来确定。您更喜欢新服务有85%还是80%的学习率？请解释您的观点。

3.15 一些公司不使用任何分解混合成本的方法，而将混合成本归入固定成本或变动成本。解释这种实践做法的合理性所在。

习题

3.1 混合成本与成本公式

Callie 的健身房是一个完美的健身中心，它的所有者 Callie Ducain 雇用了各种健身教练来担任前台工作以及教授健身课程。在前台，健身教练要接电话、接待来咨询的顾客、带他们参观健身房、回答会员关于减肥仪器的问题，并且要做一些简便的清洁工作（擦拭设备，地板吸尘）。健身教练也要根据他们自己的兴趣以及训练水平来教授健身课程（例如：普拉提课程、动感单车、杠铃操等）。每个健身教练的成本是600美元/月，20美元/课时。在上一个月中，教练一共教授了100节课。

要求：

（1）请写出人工成本总额的函数式。

（2）上一个月中总的变动人工成本是多少？

（3）上一个月中总的人工成本是多少？

（4）上个月中每节课的单位人工成本是多少？

（5）如果 Callie 将提供的课程数量提高50%，总的人工成本会是多少？每单位的人工成本是多少？解释为什么单位人工成本会降低。

3.2 可用作业，已用产能，空余产能

Corazon 制造公司拥有一个有五位采购代理供职的采购部门。每个采购代理每年都要被支付28 000美元，并且要处理4 000份采购订单。在上一年度中，五个代理共处理了17 800份采购订单。

要求：

（1）请计算每份采购订单的作业分配率。

（2）请计算以采购订单表示的：

a. 可用作业总量

b. 空余产能

（3）计算下列项目的金额：

a. 可用作业总量

b. 空余产能

（4）请根据已用作业产能以及空余产能来说明可用作业总量。

（5）如果其中一位采购代理同意以 14 000 美元的薪酬工作一半的时间，那么四个采购代理能够处理多少采购订单？在采购订单中的空余产能是多少？

3.3 通过账户分析来确定成本性态

Darnell Poston 是 Poston 生产股份有限公司的拥有者，他希望确定人工成本和制造费用的成本性态。Darnell 支付员工的薪酬。在工作量多的时候，每个人都要工作以获得薪酬。临时工（临时工是通过一家代理公司来雇用的）被雇用来打包和发货。在工作量少的时候，Darnell 要做记账工作或者完成其他行政任务，被支付了薪酬的职工要做预防性维修、清理生产线和房屋等。临时工在工作量少的时候并不被雇用。Darnell 发现职工的薪酬、临时工代理机构的费用、租金、水电费和工厂、设备的折旧是耗费最多的项目。他认为，职工的薪酬以及厂房和设备的折旧是固定的；临时工代理机构的费用是和订单的数量相联系的（因为临时工的工作是打包和发货）；电力的使用与机器小时的数量相联系。当 Poston 公司储存的不同零件的数量超过了材料仓库的空间时，Darnell 就需要租用附近的仓库。他能以月为基础单位来租用他所需要的尽可能多或者尽可能少的空间。因此，他认为仓库的租金会根据购买以及存储的零件量来改变。过去 6 个月（包括第 6 个月）的账户余额如下：

	职工的薪酬	临时工的薪酬	仓库租金	电力费用	厂房和设备的折旧
1 月	$ 7 200	$ 0	$ 150	$ 275	$ 2 200
2 月	7 200	540	350	385	2 200
3 月	7 200	1 100	325	655	2 200
4 月	7 200	1 350	340	605	2 200
5 月	7 200	1 750	335	725	2 200
6 月	7 200	1 500	200	675	2 200
总数	$ 43 200	$ 6 240	$ 1 700	$ 3 410	$ 13 200

关于过去 6 个月的机器小时数量、订单数以及零件数量的信息如下：

	机器小时	订单数	零件数量
1 月	2 000	10	200
2 月	3 100	40	600
3 月	5 800	350	550
4 月	6 200	400	580
5 月	6 500	510	570
6 月	6 000	410	300
总数	29 600	1 720	2 800

要求：

(1) 请计算每个账户每月平均账户余额。请计算这三种动因各自的每月平均金额。

(2) 请计算临时工代理机构费用、仓库租金和电力的每月固定费用和变动率，并用总成本函数式来表达结果

(3) 7 月份，Darnell 预计将会有 420 份订单、要使用 250 个零件和 5 900 个机器小时，那么 7 月份的总人工成本和制造费用分别是多少?

(4) 假如 Darnell 在 7 月份以 24 000 美元 的价格购买了一台新的机器。这台机器预期能使用 10 年，并在期末没有残值，那么成本函数方程的哪一部分将会受到影响? 7 月份新的预期成本将会是多少?

3.4 用高低点法来确定固定成本和变动率

Dohini 制造公司的 12 个月的采购成本和采购订单数量的数据：

月份	采购成本	采购订单的数量
1 月	$ 18 860	370
2 月	18 065	330
3 月	19 250	370
4 月	18 050	410
5 月	19 345	400
6 月	19 500	450
7 月	19 670	460
8 月	20 940	560
9 月	19 430	440
10 月	20 020	500
11 月	18 800	470
12 月	19 340	480

要求：

（1）请确定最高点和最低点。

（2）请基于采购订单的数量来计算采购费用的变动率。

（3）请计算每月固定采购成本。

（4）请根据采购作业写出可显示固定成本和变动率的成本模型。

（5）假如 Dohini 制造公司预计下个月将会有 430 份采购订单，那么下个月的总预计采购成本会是多少？

（6）假如 Dohini 制造公司希望来预测下一年度的采购成本并预期有 5 340 份采购订单，那么总的采购成本预计将会是多少？总的固定采购成本是多少？为什么该固定采购成本与要求 3 中的数额不相等？

3.5　用回归结果来构造一个置信区间

Dohini 制造公司使用 12 个月中的采购成本和采购订单的数量的数据，运用回归方程，得到了以下截取的信息，X 变量 1，标准差（所有的回归结果都四舍五入到分）。

截距	15 021
X 变量 1	9.74
标准差	513.68

Dohini 制造公司预计下一个月将会处理 430 份采购订单，并且想知道一个置信区间，以使实际成本能在 90% 的置信水平上被包含其中（指定值 t 的表格展示在图表 3-14中）。

要求：

（1）请从图表 3-14 中确定合适的 t 统计值，以建立 Dohini 制造公司的置信区间。

（2）Dohini 制造公司预计下个月将会有 430 份采购订单。请按 95% 的置信水平为材料搬运成本的预测值建立一个置信区间。

（3）假使 Dohini 制造公司希望达到 90% 的置信水平，结果会是怎样的？该置信区间比第二问中的置信区间会更大还是会更小？请构造一个 90% 的置信区间。

3.6　使用多元回归结果构建和应用成本公式

Dohini 制造公司的总监意识到仅仅采购订单的数量一个数据并不能解释每月的采购成本。他明白非标准的订单要耗费较多的时间和精力（例如，海外供应商的订单）。他收集了过去 12 个月中的非标准的订单的数据，并将这些信息加入采购成本和采购订单数量的数据中。

月份	采购成本	采购订单的数量	非标准订单数量
1 月	$ 18 860	370	53
2 月	18 065	330	35
3 月	19 250	370	61
4 月	18 050	410	14

续表

月份	采购成本	采购订单的数量	非标准订单数量
5 月	19 345	400	73
6 月	19 500	450	55
7 月	19 670	460	30
8 月	20 940	560	80
9 月	19 430	440	51
10 月	20 020	500	50
11 月	18 800	470	12
12 月	19 340	480	27

多元回归分析是基于上面数据进行的。由回归所示的系数如下：

截距	14 460
X 变量 1	8.92
X 变量 2	20.39

要求：

（1）请构建采购作业的成本模型并显示其中的固定成本和两个自变量的变动率。

（2）如果 Dohini 制造公司预计下个月将会有 430 份采购订单和 45 份非标准订单，那么下个月总的预计采购成本会是多？

（3）假使 Dohini 制造公司想要预计下一年度的采购成本，并预计将会有 5 340 份采购订单和 580 份非标准订单，那么预计的总采购成本将会是多少？预计总的固定采购成本是多少？为什么它和上面要求 2 计算出的固定成本不相等？

3.7 累计平均时间的学习曲线

Phlman 公司是一家制造航空发动机的公司。Pholman 公司注意到，一般来说，每个新发动机的设计符合学习率为 80% 的学习曲线模型。假定生产第一个单位的发动机要耗费 500 个小时，直接人工平均支付 30 美元/小时。

要求：

（1）请编制一张表格显示下列栏目：累计的产量、累计的平均单位产品生产工时以及总工时。列示总产量为 1、2、4、8、16、32 个发动机时各栏目项目的结果。

（2）当 Pohlman 制造公司发动机的产量为 1、4、16 个时，其人工成本总额是多少？其平均成本是多少？如果 Pohlman 正在预算制造 16 个发动机的人工成本。请计算建造这些发动机的预计人工成本（假设制造一个发动机需耗费 500 个小时）。计算 Pohlman 的工人生产一个从来没有生产过的发动机设计预计需要的人工成本（预计第一个发动机将会耗费 500 个小时）。

3.8 阶梯成本、相关范围

Vargas 公司生产大型工业机械。它拥有一个机械部门和一群机械师作为直接人工。每个机械师每年的薪酬为 25 000 美元，他们能处理 500 件机械。Vargas 公司也雇用了监督员来进行机械的专项计划，并监督机械部门的生产。要完成给定的计划和监督工作，每个监督员最多可监管三台机械。Vargas 公司的会计记录和过去的生产经验说明了在生产产量和直接人工与监督员的成本之间有下列关系（以一年为基础计量）：

生产产量	直接人工	监督员薪酬
0 ~ 500	\$ 25 000	\$ 40 000
501 ~ 1 000	50 000	40 000
1 001 ~ 1 500	75 000	40 000
1 501 ~ 2 000	100 000	80 000
2 001 ~ 2 500	125 000	80 000
2 501 ~ 3 000	150 000	80 000
3 001 ~ 3 500	175 000	120 000
3 501 ~ 4 000	200 000	120 000

要求：

（1）请绘制两个表，一个说明直接人工成本和生产产量之间的关系，另一个说明监督成本和生产产量间的关系，以成本作纵轴，以生产产量作为横轴。

（2）您会如何对每种成本进行分类？为什么？

（3）假使作业通常的变动范围是 2 400 单位到 2 450 单位，而现在雇用的工程师的数量足以支持这一作业水平。进一步假使下一年的产量预计会另外增加 400 单位产量。那么，直接人工成本将会增加多少（这一增加将如何实现）？监督员的成本呢？

3.9 账户分析法

Penny Davis 在一个大学校园经营了一家美发美容沙龙。几个月之前，Penny 开始利用一些沙龙中未被使用的地方，并且购买了两个二手日晒机器床。她雇用了一个接待员，并且使沙龙每个星期开放时间延长，因此享受日光的客户能够有效地使用他们的日光包。3 个月之后，Penny 希望得到日晒服务成本的额外信息。她积累了以下四个账户的数据：

	工资	易耗品和维修	设备折旧	电力	日晒时间	美黑的次数
1 月	\$ 1 750	\$ 1 450	\$ 150	\$ 300	4 100	410
2 月	1 670	1 900	150	410	3 890	380
3 月	1 800	4 120	150	680	6 710	560

Penny 确定工资和设备的折旧是固定的，她认为易耗品和维护费用会随着美黑人数的变化而变化，电力费用随着美黑时间的数量而变化。

要求：

（1）请计算每个账户的平均账户余额。分别计算这两个变动动因的平均每月的数量。（将所有的答案四舍五入到最近的美元或者最接近的整数单位）

（2）请计算平均账户每月的固定成本和变动率。（四舍五入到分）请用一个方程式的形式来表达总成本的结果。

（3）在4月份，Penny预计将会进行360次美黑，总的美黑时间是3 700分钟。那么四月份的总成本是多少？

（4）假使4月初Penny决定用6 960美元购买一台新的日晒机器床。这台日晒机器床预计能使用4年，期末没有残值。那么，成本方程式的哪一部分会受到影响？是怎样影响的？4月份的新的预期成本将会是多少？

3.10 最小二乘法、成本方程的评价

Lassiter公司使用最小二乘法建立了一个成本方程式来预计搬运材料的成本。有80个数据点的回归，生成了下列电脑输出数据：

截距	\$ 17 350
斜率	12.00
相关系数	0.92
标准差	\$ 220

使用的作业动因是搬运的次数。

要求：

（1）这个成本方程式是什么？

（2）请使用这个成本方程式，预计发生340次搬动所产生的搬运材料的成本。现在为这次预测准备95%的置信区间。（将您的答案四舍五入至最近的美元。）

（3）搬运成本中的多少比例的变动成本能够用被搬运次数来解释？您是否认为这个方程式能很好地用于预测？为什么会？不会的原因又是什么？

3.11 多元回归

Ginnian和Fitch是一家区域性的会计师事务所，它为许多营利性和非营利性的组织进行年度审计。两年前，Luisa Mellina——Ginnian公司的负责经营的合伙人，开始关心为非营利性组织进行审计业务所需要花费的审计时间。因此，她制定了一系列关于为非营利性组织进行审计的培训课程。现在，她想知道培训课程是否有效果。因此，她在Ginnian公司的22个月的数据的基础上使用了多元回归分析：每月审计业务时间的总成本、非营利性组织审计数量、培训非营利性组织审计所花费的小时数量。得到了下列输出数据：

参数	预计数	H_0 的t统计值 参数=0	Pr>t	参数的标准差
截距	286 700	70.00	0.0001	345.00
非营利性组织审计数量	790	3.60	0.0050	27.45
培训时间	−45.50	−1.96	0.0250	5.13

$R^2=0.79$

$S_e=12\ 030$

观测数：22

要求：

（1）请写出Ginnian公司审计业务时间的成本方程式。

（2）如果 Ginnian 预计下个月将会有 9 项非营利性组织的审计业务，并预计审计专业人员将会在非营利性组织审计业务培训上花费 130 个小时，那么其预期成本是多少？

（3）请为要求 2 中的预测计算 99% 的置信区间。

（4）花费在审计非营利性组织上的时间与审计业务费用呈正相关还是负相关关系？经验丰富的团队成员的百分比与审计业务费用呈正相关还是负相关关系？

（5）在此方程式中 R^2 代表什么？总的来说，您对这个为审计业务成本而建立的成本方程式的评价是什么？

3.12 学习曲线

Bordner 公司为商业大厦制造 HVAC 系统（暖气设备、通风设备、空气调节设备）。对于每个新的设计，Bordner 都面临着一个 90% 的学习率。平均来说，生产一单位新设计产品要耗费 600 个小时，直接人工的薪酬是 $ 25/小时。

要求：

（1）请建立一个列表显示：累计单位数量、每单位累计平均时间（小时）、累计总时间（小时）。请按行显示结果，按照总生产量为 1 单位、2 单位、4 单位、8 单位、16 单位来显示。

（2）当 Bordner 制造的产品数量为 1 单位、4 单位、16 单位时，总的人工成本是多少？当生产的系统数量为 1 单位、4 单位、16 单位时，每个系统的平均成本是多少？

（3）请使用对数函数，建立一个表格包含以下数据：累计单位数量、每单位累计平均时间（小时）、累计总时间（小时）、最后一单位所需要的时间。从 1 单位产品到 8 单位产品，每单位产品按行显示结果。

第 4 章　作业成本法

学习本章之后，您可以：

①描述关于基于厂部与部门分配率分配制造费用的成本计算原理。

②解释为什么基于厂部与部门分配率分配制造费用的成本计算可能是不准确的。

③详细阐述以作业为基础的产品成本核算方法。

④解释如何简化作业成本法（ABC）。

在第 2 章，我们曾经提到，成本管理信息系统可以分为两种类型：以产量为基础的和以作业为基础的。以产量为基础的成本系统使用传统的产品成本概念，并且仅仅使用以产量为基础的作业动因来向产品分配制造费用。本章将首先阐述以产量为基础的成本计算方法如何用于计算传统的产品成本。这样便于我们比较与对照以产量为基础的和以作业为基础的两种成本计算方法。作业成本会计系统可以提高产品成本计算的准确性，但同时也会增加操作成本。评判是否要采用以作业为基础的成本计算方法，必须取决于决策效率提高所带来的利益，而该决策效率的提高源自明显不同的产品成本信息。需要重点理解的一点是，该决策效率的提高关键在于，以作业为基础的成本系统生成的会计数据与以产量为基础的成本系统生成的会计数据之间必须存在显著的差异。那么这一点会在什么时候显得如此重要呢？换言之，有没有什么信号可以让管理者感觉到以产量为基础的成本系统不再有效呢？最后一点是，假设管理者准备采用作业成本会计系统，那么它是怎么运行的？它有哪些基本特征？有哪些详细特征？成功应用作业成本（ABC）系统的关键步骤何在？本章就将探讨这些问题以及其他的相关问题。

4.1　产量层次的产品成本计算

以产量为基础的产品成本计算方法只向产品分配制造性成本。图表 4-1 显示了以产量为基础的产品成本计算方法的一般模式。向产品分配直接材料和直接人工成本并没有太大的难度。这些成本可以使用直接追溯法来分配，并且现有的大多数以产量为基础的产品成本计算系统都能确保这种直接追溯关系成立。但是，在另一方面，制造费用成本（的分配）却提出了一个不一般的问题。存在于直接材料、直接人工与产品之间的可以自然观察到的投入—产出关系，对制造费用而言，是难以获知的。因此，制造费用的分配必须依赖动因追溯以及可能的分配方法。以产量为基础的成本计算首先将制造费用成本分配至一个功能单位（functional unit），创立一个厂部或部门范围的成本池。然后，使用基于产量层次动因的*预定制造费用分配率*分配这些成本池中的成本。

预定制造费用分配率（predetermined overhead rate）一般使用下列公式在年初的时候计算：

制造费用分配率 = 预算的年度制造费用 ÷ 预算的年度动因层次

使用预定分配率是因为通常在一年中，制造费用和产量的发生并不均衡，并且不可能等到年度终了时来计算实际的制造费用成本分配额（管理者在年中的各个时间段都需要单位产品的成本信息）。一个使用预定制造费用分配率以及实际的直接材料

图表 4-1　　　　以产量为基础的产品成本计算模式

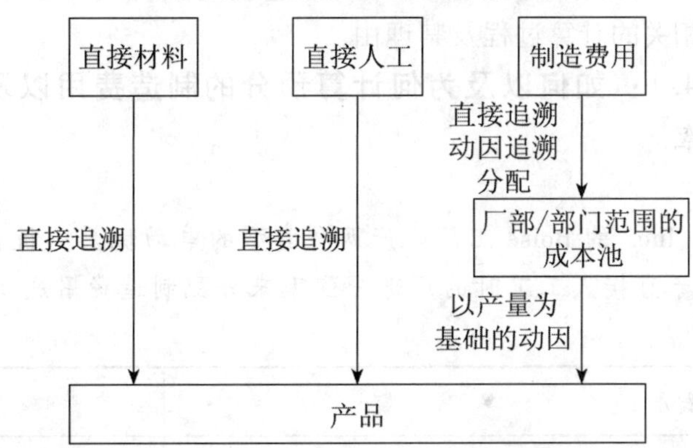

与直接人工成本（分配率）的成本系统被称为**常规的成本系统**(normal cost system)。预算的制造费用就是对来年可能发生之制造费用（水电费、间接人工、折旧等）的简洁且最优的估计金额。这种估计通常是基于上年的数字，然后针对来年的预期变化进行一定的生产准备。这个系统的第二个数据要求是对一项作业动因的数量预计应该是较为明确的。对制造费用成本的分配应该尽最大可能遵循一种因果关系。动因是衡量产品所消耗之制造费用的因果关系非常简洁的驱动因素。在以产量为基础的成本计算方法中，只有产量层次的动因可用于计算制造费用分配率。

产量层次的动因(unit-level drivers）是用来衡量产品所需的产量层次作业的因子。产量层次的作业是用以完成每单位产品以及每单位时间的作业。其五种最主要的形式是：

a. 产品产量
b. 直接人工工时
c. 直接人工工资
d. 机器工时
e. 直接材料金额

产量层次的动因随着产量的增加而增加。因此，仅仅使用产量层次的动因来向产品分配制造费用成本，一般要假定产品所消耗的所有制造费用与产品的产量之间高度相关。基于产量的成本计算方法的准确性取决于上述假设的正确性。

当实际生产作业的信息逐步显露时，我们可以使用预定的厂部或部门制造费用分配率来分配或预分制造费用成本。向任何时间点的实际产量所分配的制造费用总额被称为**预分的制造费用**(applied overhead)。其计算公式如下：

预分的制造费用=制造费用（预定）分配率×实际动因用量

一旦算出了预分的制造费用（总额），我们就可以用产品产量去除该总额来得到其单位成本。

4.1.1 制造费用分配：厂部分配率

对于厂部分配率（的方法）而言，所有的预算制造费用成本都应分配到厂部成本池（第一阶段的成本分配）。然后，使用一个产量层次的动因，通常是直接人工工时，来计算一个厂部分配率。最后，通过用每种产品所耗用的实际直接人工工时去乘以该分配率，就可算出向产品分配的制造费用成本（第二阶段的成本分配）。基础4.1说明了相关的计算过程及其理由。

基础4.1：如何以及为何计算预分的制造费用以及单位制造费用成本：厂部分配率

资料：

Juguette Inc. 的Boise工厂生产两种类型的电动玩具：机器人和跑车。Boise工厂使用一个基于直接人工工时的厂部分配率来分配制造费用成本。下一年的预计及实际数据如下：

预计的制造费用	$ 350 000
预期的作业	50 000
实际的作业（直接人工工时）	
机器人	10 000
跑车	40 000
生产产量	
机器人	50 000
跑车	250 000

为什么：

诸如财务报表编制、定价决策以及留用或放弃决策等事务都需要产品成本信息。使用预定的制造费用分配率，是因为制造费用与产量的发生并不均衡，并且管理者们等不及到年度终了时去获取产品成本信息。其假设是所有的制造费用成本在很大程度上是归因于单个的、产量层次的成本动因，如直接人工工时或机器工时。

要求：

a. 计算预定的厂部制造费用分配率，并且使用直接人工工时向每种产品预分制造费用。

b. 计算每种产品的单位制造费用成本。

c. **如果**机器人的生产工时是5 000工时（产量是50 000单位）而不是10 000工时，**结果会是怎样的？**请计算，在假定该50 000单位可全部售出的情况下，这个结果对机器人产品线的盈利性的影响。然后，请再讨论这些结果的含义。

解答：

a. 厂部分配率 = $ 350 000÷50 000 = $ 7.00/工时

预分的制造费用：

	机器人	跑车
$ 7.00×10 000	$ 70 000	
$ 7.00×40 000		$ 280 000

b. 单位制造费用（机器人）= $ 70 000÷50 000 = $ 1.40

单位制造费用（跑车）= $ 280 000÷250 000 = $ 1.12

c. 这将会导致分配给机器人的制造费用减少 35 000 美元（$ 7.00×5 000），并且因此而提高该产品线相同金额的盈利。制造费用的分配会影响产品成本和盈利性，因此也会影响到许多决策（比如，定价）。这个结论反过来表明，制造费用分配方法的选用是非常重要的。

4.1.2 制造费用差异的计量与处置

从基础 4.1 可知，初步计算的已分配制造费用为 350 000 美元。一个期间已分配的制造费用数额可能与该期间实际发生的制造费用数额不同。由于预定制造费用分配率是基于估计值，因此已分配制造费用很少等于实际发生额。实际制造费用与已分配制造费用之间的差额为**制造费用差异**（overhead variance）。如果实际制造费用大于已分配制造费用，那么这一差异就叫做**少分配的制造费用**（underapplied overhead）。如果已分配的制造费用大于实际制造费用，那么差异就称之为**多分配的制造费用**（overapplied overhead）。

制造费用差异的发生是由于不能完全准确地估计未来制造费用和生产作业的数量，而财务报告中的成本又必须是实际值——而非估计值。因此，在报告期结束时，必须使用一些程序来处置任何性质的制造费用差异。制造费用差异有以下两种处置方法：

a. 如果数额不够大，那么该差异就分配记入产品销售成本。

b. 如果数额足够大，那么该差异就在在产品、产成品和产品销售成本中进行分配。

实践中最常用的方法是，简单地将全部制造费用差异分配到产品销售成本。这种实践根据重要性原则被证明是合理的，重要性原则常常被用来证明铅笔刀的全部成本在购买的当期进行费用化是较为合理的，而不应在铅笔刀使用年限内分配（通过折旧）。因此，如果出现少分配的制造费用差异，就将其加到产品销售成本中；如果出现多分配的制造费用差异，则将其从产品销售成本中扣除。我们用分录记录制造费用差异的添加或减少。假设实际和已分配的制造费用都记录在制造费用控制账户中，那么产品销售成本就随“少分配的”（或多分配的）制造费用而出现在借方（贷方）。

如果制造费用差异数额足够大，那么它就应当分配到该期间的产品上。从理论上来讲，一个期间的制造费用归属于该期间的产品。一个期间的制造费用应当与已生产但未完工的产品（在产品）、生产完工但未销售的产品（产成品）以及已完工而且已销售的产品（产品销售成本）相联系。实现这种分配的建议方法是按期末每一账户的预分的制造费用余额的比例追加分配（prorate）制造费用差异。使用预分的制造费用进行追加分配可以体现用于分配制造费用的原始因果关系。使用诸如完全制造成本之类的其他余额可能会导致对制造费用差异不公平的分配。例如，两种产品除了使用的原材料的成本不同外，其他所有特性都相同，那么这两种产品应当分得相同数量的制造费用差异。但是，如果用完全制造成本来分配制造费用差异，那么使用较贵材料的产品就会分得较多的制造费用差异。如果该差异是少分配的制造费用，那么就应将该数额按比例添加到每个账户；如果该差异是多分配的制造费用，那么就应从各账户中按比例减少。同样，会计分录也使用这一机制。基础4.2说明了制造费用差异的计量和处置。

基础4.2：如何以及为何会产生制造费用差异及其处置

资料：

Juguette 的 Boise 工厂生产两种类型的电动玩具：机器人和跑车。该公司过去一年的数据如下：

实际制造费用	$ 380 000	
预分的制造费用：		追加分配比例
在产品	$ 70 000	20%（$ 70 000÷$ 350 000）
产成品	105 000	30% $（$ 105 000÷$ 350 000）
产品销售成本	175 000	50%（$ 175 000÷$ 350 000）
合计	$ 350 000	100%

为什么：

在期末，实际发生的总制造费用金额都必须反映在产品成本中。财务报表使用实际产品成本，因此，必须使得实际和预分的制造费用达成一致。首先，计算差异：实际制造费用-预分的制造费用（称之为制造费用差异）。其次，差异余额，不管是多分配的还是少分配的制造费用，都必须在期末通过生产准备来清空。如果制造费用差异的数额不够大，那么该账户余额通常转入产品销售成本。如果数额足够大，那么该差异应按比例在在产品、产成品和产品销售成本中追加分配。

要求：

a. 计算本年制造费用差异，并将其转入产品销售成本账户。

b. 假设该差异足够大。采用追加分配法，将差异值分配到适当账户，并提供各账户的最终余额。

c. 如果该差异是多分配的而不是少分配的，结果会是怎样的？请写出合适的生产准备分录（数额大或数额不大）。

解答：

a. 制造费用差异=$ 380 000-$ 350 000=$ 30 000（少分配）

借：产品销售成本	30 000	
贷：制造费用控制		30 000

b. 追加分配：（0.20×$ 30 000；0.30×$ 30 000；0.50×$ 30 000）

借：在产品	6 000	
产成品	9 000	
产品销售成本	15 000	
贷：制造费用控制		30 000

	未生产准备余额	追加分配的少分配的制造费用	生产准备后的余额
在产品	$ 70 000	$ 6 000	$ 76 000
产成品	105 000	9 000	114 000
产品销售成本	175 000	15 000	190 000

c. 借：制造费用控制　　30 000
　　贷：产品销售成本　　30 000
借：制造费用控制　　30 000
　贷：产品销售成本　　15 000
　　在产品　　6 000
　　产成品　　9 000

4.1.3 制造费用分配：部门范围的分配率

对于部门分配率（方法）而言，要将制造费用分配到各个生产部门，以建立部门制造费用成本池。在第一个阶段，生产部门作为成本对象，可以使用直接追溯法、动因追溯法和分摊法来分配预计的制造费用。一旦要将成本分配到生产部门，那么就可以用产量层次的动因来计算各部门的预定分配率，计算所用的动因通常是直接人工工时（劳动密集型部门）或者机器工时（机器密集型部门）。经过这些部门的产品被认为是按部门产量基础动因（所使用的机器工时或直接人工工时）的比例来消耗制造费用资源。因此，在第二阶段，用部门分配率乘以相应部门的动因数值，就可把制造费用分配到产品。分配到产品的全部制造费用就是每个部门制造费用的合计数。使用部门分配率的理由通常是可以提高分配的准确度。

下面再次使用 Juguette 的例子来说明部门分配率。假设 Juguette 的 Boise 工厂有两个生产部门：铸模部门和组装部门。机器工时用于分配铸模部门的制造费用，直接人工工时用于分配组装部门的制造费用。基础 4.3 描述了该计算过程并总结了其原理。

基础 4.3：如何以及为何计算部门分配率

资料：

Boise 两个生产部门数据如下：

	铸模部门	组装部门	总计
预计制造费用	$ 250 000	$ 100 000	$ 350 000
直接人工工时（预计的和实际的）			
机器人	5 000	5 000	10 000
跑车	5 000	35 000	40 000
总计	10 000	40 000	50 000
机器工时			
机器人	17 000	3 000	20 000
跑车	3 000	7 000	10 000
总计	20 000	10 000	30 000

机器工时用于分配铸模部门的制造费用，直接人工工时用于分配组装部门的制造费用。总共生产和销售了50 000个机器人和250 000辆跑车。

为什么：

反映实际消耗资源的产品成本相对而言更为准确，且可以改进决策和控制效果。产品消耗的制造费用强度和方式在各部门之间都有所不同。一般认为，部门分配率将更好地反映每个产品的资源使用，从而将比单一的厂部分配率更为准确。

要求：

a. 计算各部门的制造费用分配率。

b. 将制造费用分配到两种产品，并计算单位制造费用。这与基础4.1中厂部范围分配率的单位成本相比如何？

c. **如果**机器人与跑车的铸模机器工时分别为5 000小时及15 000小时，而组装部门直接人工工时分别为4 000小时和36 000小时，**结果会是怎样的？**计算每种产品的单位制造费用成本，并与基础4.1中厂部范围分配率的单位成本相比较。您可以从这个结果得出什么结论？

解答：

a. 铸模部门：\$ 250 000÷20 000 = \$ 12.50/机器工时

组装部门：\$ 100 000÷40 000 = \$ 2.50/直接人工工时

b. 制造费用分配：

	机器人	跑车
(\$ 12.50×17 000) + (\$ 2.50×5 000)	\$ 225 000	
(\$ 12.50×3 000) + (\$ 2.50×35 000)	—	\$ 125 000
预分的制造费用合计	\$ 225 000	\$ 125 000
产品产量	÷50 000	÷250 000
单位制造费用	\$ 4.50	\$ 0.50

机器人的成本急剧增加（从1.40美元增加到4.50美元）而跑车成本则显著地减少（从1.12美元到0.50美元）。

c. 制造费用分配

	机器人	跑车
(\$ 12.50×5 000) + (\$ 2.50×4 000)	\$ 72 500	
(\$ 12.50×15 000) + (\$ 2.50×36 000)	—	\$ 277 500
预分的制造费用合计	\$ 72 500	\$ 277 500
产品单位	÷50 000	÷250 000
单位制造费用	\$ 1.45	\$ 1.11

与厂部单位制造费用成本相比，机器人制造费用成本增加了0.05美元而跑车减少了0.01美元。这一点说明部门分配率不一定会导致分配结果的显著变化。这取决于每个产品的复杂性以及每个部门的资源需求是如何决定的。然而，部门分配率的应

用可能是基于这样一种观察，即发现（各部门的）资源消耗确实存在显著差异，且表明（使用部门分配率的）选择是更为合理的。

4.2 厂部分配率与部门分配率的局限性

厂部分配率和部门分配率已经使用了几十年，现在仍有许多组织继续使用它们。然而，在某些环境下，它们不能很好地发挥作用，甚至实际上可能导致严重的产品成本扭曲。当然，制造费用必须占总生产成本很大的比重，才可能导致重大的成本扭曲。对于一些制造性企业而言，制造费用只占很小的比重（例如5%或者更少），那么到底采用什么方法对这些费用进行分配，是至关紧要的。在这种情况下，可以使用一种简单的方法，比如采用厂部分配率，就比较合适了。然而，假定制造费用占总生产成本的比重很大，那么至少有两个因素会影响产量基础的厂部和部门分配率准确地分配制造费用的能力：（1）非产量相关的制造费用占总制造费用的比例很大；（2）产品的差异性程度很高。

4.2.1 非产量相关的制造费用

使用厂部分配率或部门分配率时，一般都假定产品对间接费用资源的消耗与生产的产量严格相关。但是，如果存在与产品产量不相关的间接作业怎么办？例如生产准备成本，每当生产一批产品时，就会发生生产准备成本。一批产品可以包含1 000单位产品，也可能包含10 000单位产品，但对于每批生产来说，生产准备成本都是一样的。不过，当需要进行更多的生产准备时，生产准备成本就会增加。导致生产准备成本的动因是生产准备的次数，而不是生产的产品产量。又比如，产品设计成本取决于不同工程工艺订单的数量，而不是任何某一特定产品的产量。这两个例子都说明非产量基础动因的存在。**非产量基础动因**(nonunit-based activity drivers）是一种不同于产品产量的因素，用于计量成本对象对作业的需求。因此，采用产量基础的作业并不能准确地把这些成本分配到产品。事实上，在分配非产量相关的制造费用时，只采用产量基础的作业动因，就可能产生扭曲的产品成本。成本扭曲的严重程度取决于这些非产量基础的费用占总制造费用的比例。对于许多公司来说，这个比例很大——大约达到总量的40%或50%。很明显，只有当这个比例减少时，使用产量基础动因来分配成本的可能性才会增加。

4.2.2 产品差异性

如果产品所消耗的非产量相关作业率与消耗的产量相关作业率相同，那么大量的非产量相关成本就不会导致产品成本扭曲。但另一方面，产品差异性也会导致产品成本扭曲。简单地说，**产品差异性**(product diversity）是指产品按不同的比例消耗间接作业。产品差异性由很多方面的因素引起，例如不同的产品型号、不同的产品复杂性、不同的生产准备时间以及不同的批量大小。产品消耗的每种作业的比例叫做**消耗比例**(consumption ratio)。非产量相关的制造费用和产品差异性是如何导致产品成本发生扭曲（当只使用产量相关动因分配制造费用时）的，仍然可以用Juguette的Boise工厂的具体数据来做阐述。

4.2.3 产量基础制造费用分配率的失败

为了说明产量基础的制造费用分配率如何扭曲产品成本，可以再次看看 Juguette 的 Boise 工厂的例子，它生产电动机器人和跑车。它有两个生产部门：铸模部门和组装部门。铸模部门负责给每个产品的塑料部件塑形，而组装部门负责将内部生产的塑料部件和外购的电子零件组装起来。图表 4-2 给出了预期的产品成本数据。由于跑车的生产数量是机器人生产数量的 5 倍，所以我们把跑车叫做高产量产品，而把机器人称为低产量产品。由于需要不同的模型，因此产品按小批量进行生产。机器人的模型比跑车的更大且更多样化；因此，机器人的批量更小，花费的工序更长。

图表 4-2 **产品成本计算数据**

Ⅰ. 作业耗用量的计量（预计的和实际的）

	机器人	跑车	总计
产量	50 000	250 000	—
主要成本	$ 200 000	$ 750 000	$ 950 000
直接人工工时	10 000	40 000	50 000
机器工时	20 000	10 000	30 000
生产准备次数	25	75	100
检测工时	1 200	2 800	4 000
搬运次数	140	210	350

Ⅱ. 部门数据（预计的和实际的）

	铸模部门	组装部门	总计
直接人工工时：			
机器人	5 000	5 000	10 000
跑车	5 000	35 000	40 000
总计	10 000	40 000	50 000
机器工时：			
机器人	17 000	3 000	20 000
跑车	3 000	7 000	10 000
总计	20 000	10 000	30 000
制造费用：			
机器加工	$ 120 000	$ 30 000	$ 150 000
搬运次数	40 000	30 000	70 000
生产准备设备	70 000	10 000	80 000
检测产品	20 000	30 000	50 000
总计	$ 250 000	$ 100 000	$ 350 000

为简便起见，这里只讨论由四个不同的辅助部门执行的四类间接作业：为每批产品生产准备设备、机器加工、检测以及搬运产品。每批次的产品在每个部门加工完毕后都要进行检测。铸模后，检测部件样本，以确保正确的规格和形状。组装以后，再

次检测样本以确保每个产品如期加工。制造费用的分配采用直接分配法（在第7章阐述），将其分配到两个生产部门。实际上，成本是通过使用直接追溯法和动因追溯法来进行分配。

4.2.4 单位成本计算：厂部和部门制造费用分配率

传统的单位产品成本是单位制造费用加上单位直接成本。直接成本通过直接追溯法分配到每个产品。从图表4-2可以看到，机器人的单位直接成本为4.00美元（$ 200 000÷50 000），而跑车的单位直接成本为3.00美元（$ 750 000÷250 000）。基础4.1和基础4.3提供了基于厂部分配率和部门分配率的单位制造费用的计算。将单位直接成本加上单位制造费用就得到所需的单位产品成本。图表4-3总结并提供了这些计算的具体过程。

图表4-3 **单位产品成本：厂部分配率和部门分配率**

Ⅰ. 使用厂部分配率

	机器人	跑车
主要成本[a]	$ 4.00	$ 3.00
制造费用成本[b]	1.40	1.12
单位成本	$ 5.40	$ 4.12

Ⅱ. 使用部门分配率

	机器人	跑车
主要成本[a]	$ 4.00	$ 3.00
制造费用成本[c]	4.50	0.50
单位成本	$ 8.50	$ 3.50

[a] $ 200 000÷50 000；$ 750 000÷250 000

[b] 来自基础4.1

[c] 来自基础4.3

成本计算的准确性问题 不管是使用厂部制造费用分配率，还是部门制造费用分配率，制造费用分配的准确性都会受到质疑。两种分配程序的主要问题在于它们的假设，即假设机器工时和（或）直接人工工时驱动或产生了所有的制造费用。

根据图表4-2，我们可知高产量产品跑车使用的直接人工工时是低产量产品机器人的4倍（40 000小时：10 000小时）。因此，如果使用厂部分配率，跑车将分得4倍于机器人的制造费用。可是，这是合理的吗？产量基础作业动因能说明所有间接作业的消耗吗？尤其是“每种产品对制造费用的消耗随着使用的直接人工工时的增加而正比例增加”这个假定是合理的吗？让我们看一下四类间接作业，判定产量基础的动因能否准确地反映两种产品对间接资源的需求。

四个作业中，只有机器加工看起来像产量层次的成本，因为每生产一单位产品就会有机器加工。因此，使用直接人工工时分配这些成本看起来似乎是合理的。然而，图表4-2的数据表明很大一部分制造费用不是由产品产量动因（用直接人工工时计量）驱动或导致的。例如，从逻辑相关性看，每种产品对生产准备、材料搬运和检测作业的需求分别与生产批数、搬运次数和检测工时更相关。这些非产量相关的作业占全部制造费用的50%多（$ 200 000÷$ 350 000），比重很大。注意，高产量产品跑车的生产批次是机器人的3倍，检测时间大约是2.33倍，而搬运次数是1.5倍。然而，一种产量基础的作业动因——直接人工工时和厂部分配率的使用，使得分配到跑车的生产准备、检测和材料搬运成本是机器人的4倍。因此，由于产品具有差异性，我们应预料到，采用产量基础动因分配制造费用，会导致产品成本的扭曲，因为产品消耗的产量基础的制造费用与消耗的非产量基础的制造费用不是成正比例变化的。基础4.4介绍了如何计算各种作业的消耗比例。消耗比例就是每种产品消耗的各种作业的比率。用于厂部和制造费用率的假定消耗比例也可以计算。比较消耗比例与厂部分配率的假定消耗模式表明，只使用直接人工来分配成本会导致跑车成本高估而机器人成本低估。比较部门消耗比例与厂部分配率（基础4.4中）和图表4-3中的产品成本可知，部门分配率可以指出一个正确的方向（机器人分配更多的制造费用而跑车更少），但是否恰当，偏差太少或太多，可以通过计算作业成本来评估。

基础4.4：如何以及为何计算消耗比例

资料：

图表4-2中的产品成本计算数据。

为什么：

消耗比例反映每个产品消耗每种作业的比例。它们尤其用于分配共享资源的成本。例如，两个人分享一个披萨饼的成本，逻辑上应该按消耗披萨数额的比例来分配成本。在一个复杂的生产企业，许多资源都是共享的，而按照资源消耗的比例去分配共享资源的成本是很合理的。作业动因是衡量作业产出的一种方法，因此可以作为作业消耗的指标。

要求：

a. 计算每个产品的作业消耗比例。

b. 计算用于厂部（直接人工工时）和部门分配率的预计消耗比例。

c. 如果作业消耗比例近似于与直接人工工时相关的消耗比例，结果会是怎样的？您可以从这个结果得出什么结论？

解答：

a.

消耗比例			
间接作业	机器人	跑车	作业动因
机器加工	0.67[a]	0.33[a]	机器工时
生产准备	0.25[b]	0.75[b]	生产批次
检测产品	0.30[c]	0.70[c]	检测工时
搬运材料	0.40[d]	0.60[d]	搬运次数

[a] 20 000÷30 000（机器人）和10 000÷30 000（跑车）

[b] 25÷100（机器人）和75÷100（跑车）

[c] 1 200÷4 000（机器人）和2 800÷4 000（跑车）

[d] 140÷350（机器人）和210÷350（跑车）

b.

消耗比例			
间接作业	机器人	跑车	作业动因
厂部：			
生产作业	0.20[a]	0.80[a]	直接人工工时
部门：			
铸模作业	0.85[b]	0.15[b]	机器工时
组装作业	0.13[c]	0.87[c]	直接人工工时

[a] 10 000÷50 000（机器人）和 40 000÷50 000（跑车）

[b] 17 000÷20 000（机器人）和 3 000÷20 000（跑车）

[c] 5 000÷40 000（机器人）和 35 000÷40 000（跑车）

c. 如果作业率几乎相同（每个产品都分别为 0.20 和 0.80），这可能表明几乎不存在产品多样性——产品以与直接人工工时消耗比例相同的比例消耗所有的作业。这一结果暗示着厂部分配率能很好地发挥其功能将成本分配到产品上，不再需要部门或作业分配比例。

作业分配率：一个更好的方法 要克服由产量层次的分配率导致的成本扭曲，最直接的方法是增加所使用的分配率的数量，以使分配率更能反映各种产品对制造费用的实际消耗。因此，应将按厂部或部门成本池归集制造费用的方法，改为单独计算每一类间接作业分配率的方法。这些分配率是根据衡量作业消耗的驱动因素（产量和非产量层次作业动因）来计算的。用这些作业分配率乘以每种作业的消耗数量（用作业动因计量），就可把成本分配到每种产品。基础 4.5 说明了该计算过程并总结了采用作业成本法的理由。

基础 4.5：如何以及为何使用作业成本法

资料：

图表 4–2 中的作业使用和成本数据：

	机器人	跑车	总计
产量	50 000	250 000	—
主要成本	$ 200 000	$ 750 000	$ 950 000
机器工时	20 000	10 000	30 000
生产准备次数	25	75	100
搬运次数	140	210	350
检测工时	1 200	2 800	4 000

制造费用成本	
机器加工	$ 150 000
生产准备	80 000
搬运材料	70 000
检测产品	50 000

为什么：

作业分配率是为每个作业而计算的，而作业成本是基于产品消耗的作业量来分配计算的。这种分配方法使用了因果关系。因果关系因素，被称为作业动因，用来衡量产品消耗作业的数量。作业率乘以所消耗的作业数量即可得到分配至某特定产品的作业成本。因为这种分配方法使用了因果关系因素，所以它比单纯使用产量层次动因的分配方法显得相对更为准确。

要求：

a. 计算四种作业的分配率。

b. 使用作业分配率计算单位成本。同时，计算单位制造费用成本（参见图表 4-3 中的单位主要成本）。

c. **如果**用作业消耗比例来取代作业分配率以分配成本，**结果会是怎样的？**请用材料搬运成本的分配来说明。

解答：

a. 机器加工分配率：$ 150 000÷30 000＝$ 5.00/机器工时

生产准备分配率：$ 80 000÷100＝$ 800/次生产准备

搬运材料分配率：$ 70 000÷350＝$ 200/次搬运

检测分配率：$ 50 000÷4 000＝$ 12.50/工时

b.

	机器人	跑车
主要成本	$ 200 000	$ 750 000
制造费用成本：		
机器加工：		
$ 5×20 000	100 000	
$ 5×10 000		50 000
生产准备：		
$ 800×25	20 000	
$ 800×75		60 000
材料搬运：		
$ 200×140	28 000	
$ 200×210		42 000
产品检测：		
$ 12.50×1 200	15 000	
$ 12.50×2 800		35 000
生产成本合计	$ 363 000	$ 937 000
产量	÷50 000	÷250 000
单位成本	$ 7.26	$ 3.75

单位制造费用成本：机器人：$ 7.26－$ 4.00*＝$ 3.26

跑车：$ 3.75－$ 3.00*＝$ 0.75

*单位主要成本：

机器人 = \$ 200 000÷50 000 = \$ 4.00

跑车 = \$ 750 000÷250 000 = \$ 3.00

c. 如果实际作业使用等于预期的使用（假设这些比例没有误差），那么使用消耗比例将产生和作业分配率完全相同的制造费用分配结果。对于材料搬运成本分配而言，机器人的消耗比例为 0.40，而跑车为 0.60。因此，成本分配为 0.40× \$ 70 000 = \$ 28 000（机器人）和 0.60× \$ 70 000 = \$ 42 000（跑车），这和使用作业分配率分配到的成本一样。

不同产品成本核算法的比较　图表 4-4 对使用作业基础的成本法计算的单位成本和单位制造费用与使用厂部或部门分配率基础的成本法计算的单位成本进行了比较。比较结果清楚地表明了只使用产量基础的作业动因分配制造费用所产生的影响。作业基础的成本分配更好地反映了间接成本消耗的因果方式，因此是图表 4-4 所示的三种成本中最准确的。使用厂部间接成本分配率会低估机器人成本而高估跑车成本。实际上，相对于 ABC 成本，厂部分配率的分配至少使机器人总成本低估了 25% [（ \$ 7.26 - \$ 5.40）÷ \$ 7.26]，而使跑车成本大约高估了10% [（ \$ 4.12 - \$ 3.75）÷ \$ 3.75]。当只比较单位制造费用成本时，该影响会更加显著。部门制造费用分配率会过分矫正并产生成本扭曲，虽然，在这个例子中，扭曲程度不高（相对于 ABC 分配法，机器人成本误差为17%，而跑车为 7%）。因此，当出现大量非产量相关的制造费用和重大的产品差异性时，如果制造费用的分配只使用产量基础的作业动因，可能会导致一种产品补贴另一种产品的情况（对于厂部分配率，是跑车成本补贴了机器人成本）。这种补贴行为会产生一组产品利润率很高的假象，同时对另一组产品的定价和竞争产生不利影响。在高度竞争的环境里，成本信息越准确，越有利于计划和决策的进行。

图表 4-4　**单位成本比较**

	总单位成本			单位制造费用		
	机器人	跑车		机器人	跑车	
作业基础的成本	\$ 7.26	\$ 3.75	基础 4.5	\$ 3.26	\$ 0.75	基础 4.5
产量基础的成本：						
厂部分配率	5.40	4.12	图表 4-3	1.40	1.12	基础 4.1
部门分配率	8.50	3.50	图表 4-3	4.50	0.50	基础 4.3

ABC 的使用者　Juguette 公司的例子也帮助我们了解了什么时候 ABC 对公司是有效的。第一个，企业必须生产多种产品。在只有一种产品的情况下，ABC 并不能提升产品成本计算的准确性。第二，产品必须差异化。如果产品消耗非产量基础作业的比例和产量基础作业的比例相同，那么 ABC 分配就和以产量为基础的分配一样。第三，非产量基础的间接成本必须在产品成本中占有足够大的比重。如果比重不大，那么如何分配这些成本就不那么重要了。因此，生产多种产品和存在高度的产品多样性且非产量基础间接成本比重较大的公司适用 ABC 系统。

1998 年发布的一项调查研究了这一概念。在这些被调查的公司中，49% 的公司采用了 ABC 系统。当与没有采用 ABC 系统的公司比较时可以发现，采用 ABC 系统的公司表现出更高的扭曲成本的可能性以及更高比例的制造费用（当其表示为总生产成本的一个比例时）。采用 ABC 系统的公司还表现出在决策时对准确的成本信息存在更大的需求或效用。持续不断的更多近期研究支持了这些结论。一份对全球 348 家制造与服务企业（有近一半为北美企业）的调查发现，ABC 系统在整个价值链中的运用程度大致相同。ABC 系统的总使用率大概为 50%；然而，超过 87% 的组织表示，一个理想的成本核算系统必然涉及某种形式的 ABC 系统，这表明 ABC 系统的采纳有一定的增长趋势。只有 2.8% 的非 ABC 系统使用者曾经采用过 ABC 系统，而现在不再用它。另一项研究发现，产品多样性和 ABC 系统的使用呈正相关关系。

4.3 作业成本系统

Juguette 公司的例子相当清楚地表明：在职能基础或作业基础的成本核算方法下，主要成本都按同样的方式进行分配。这个例子还表明，在两种方法下，都要对全部的制造费用成本进行分配。不过，分配给每种产品的数额可能会因所使用的方法不同而显著不同。作业成本法的理论前提是它根据产品对资源的消耗方式来分配成本。如果这一前提成立，并且如果存在产品差异性，那么采用作业成本法就应该能够得出更准确的产品成本，这仅仅是因为产量层次的动因不能解释产品的整个资源消耗模式。Juguette 公司的例子表明我们只需要在厂部成本池、部门成本池或作业成本池中做出选择。不过，尽管如此，我们事实上只是在讨论成本汇总层次的问题。在现实情况下，如果没有产品的差异性，并且选择使用厂部成本池，我们所需要做的就是根据总分类账账户计算得出间接资源成本，如折旧、工资、水电费、租赁费等，而没有必要知道每一个作业或它们的成本。对于部门成本池也是同样道理，尽管需要的信息更详细（因为成本必须分配到每个生产部门，汇总层次更低），但仍然没有必要识别作业或它们的成本。

如图表 4-5 所示，**作业成本法（ABC 系统）**（activity-based costing system）首先追溯成本到作业，然后追溯到产品和其他成本对象。其内在假定是作业消耗资源，而产品和其他成本对象消耗作业。在设计 ABC 系统时，有六个基本步骤，如图表 4-6 所列示。

图表 4-5　　**作业成本法模型**

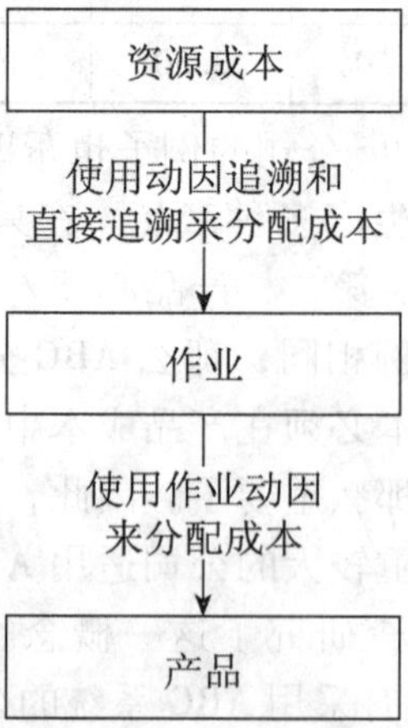

资源成本

↓ 使用动因追溯和直接追溯来分配成本

作业

↓ 使用作业动因来分配成本

产品

图表 4-6　　**设计一个 ABC 系统的步骤**

a. 识别、定义作业以及对作业及其关键属性进行分类
b. 分配资源成本到作业
c. 分配次级作业的成本到一级作业
d. 识别成本对象和确定特定成本对象所消耗的各种作业的数量
e. 计算一级作业分配率
f. 分配作业成本到成本对象

4.3.1　作业识别、定义与分类

从逻辑上讲，识别作业是设计作业成本系统的第一步。作业是指设备或人员为其他人员所采取的行动或从事的工作。识别作业等同于描述所采取的行动，通常用行为动词和接受该行为的对象来描述。对识别出的作业简单地列表叫做**作业目录**(activity inventory)。图表 4-7 列出了一个电子制造公司的作业目录。当然，大多数组织的实际作业目录列出的作业个数将多于 12 个（220 到 300 个不是不正常的)。

图表 4-7　　**作业目录的例子**

a. 开发测试程序
b. 制作探针板
c. 测试产品
d. 生产准备的调度
e. 收集工程数据
f. 处理晶片
g. 插入管芯
h. 供应水电
i. 提供场地
j. 采购材料
k. 验收材料
l. 支付货款

作业定义　一旦有了作业目录，就可以用作业属性定义作业。**作业属性**(activity attributes）是描述个别作业的非财务和财务信息的项目。**作业词典**(activity dictionary）列示了一个组织内的作业及期望的作业属性。属性的选择取决于所要达到的目标。服务于产品成本计算目标的作业属性包括对作业进行描述的任务、作业所消耗的资源类型、工人执行作业所花的时间比例（以百分比计量)、消耗作业的成本对象和作业消耗的计量标准（作业动因)。作业是产品成本计算和成本持续改进的基石。作业词典为作业成本法和作业管理提供了关键信息。它是为建立作业基础数据库提供信息的关键来源。作业基础数据库将在本章后文中略作介绍。

作业分类　属性决定作业，同时，成为作业分类的基础。作业分类便于实现产品或顾客的成本计算、持续改进、全面质量管理以及环境成本管理等关键管理目标。例如，为了达到计算成本的目的，可以将作业分为一级或次级作业。**一级作业**(primary activity）是指由最终的成本对象（如产品或顾客）消耗的作业。**次级作业**(secondary activity）是由中间成本对象（如一级作业、材料或其他次级作业）消耗的作业。认清两种类型作业的区别便于产品成本计算。图表 4-5 表明作业消耗资源。因此，在作业成本法的第一个阶段，资源成本被分配到作业。图表 4-5 还反映出产品消耗作业，不过，现在我们知道产品消耗的作业是一级作业。因此，在把一级作业的成本分配到产品以前，必须先把一级作业消耗的次级作业成本分配到这些一级作业。还有许多其他有用的作业分类。例如，作业可以分为*增值或非增值作业*（在第 12 章将对其进行详细定义和讨论），*质量相关作业或环境作业*（在第 14 章讨论）。在设计作业成本系统时，需要先对期望的作业属性和作业基本分类进行说明，以便为作业词典收集必要的数据。

收集必要数据　访谈、调查表、调查和观察都是为 ABC 系统收集数据的方法。对管理者或其他产量部门中具有专业知识的代表进行访谈也许是收集数据的最普遍的方法。访谈的问题可以用来识别进行成本计算或实现其他管理目的所必需的作业及作业属性。来自访谈的信息是建立作业词典的基础，并且可以提供有助于把资源成本分配到每种作业中的数据。在设计访谈时，访谈问题应反映作业特定的关键属性。在设计访谈问题时，应使得数据收集人员可以根据答案识别和计量希望了解的作业属性。要想解释如何利用访谈为作业词典收集数据，举例说明也许是很好的方法。

举例说明的例子　假定一家医院正在进行 ABC 系统试点研究，以确定不同类型的心脏病病人的护理成本。心脏病病房位于医院的某一层楼上。下面给出了调查人员与病房护理管理人员的访谈记录。问题是根据调查的预期目的和病房护理管理人员的回答提出的。这个访谈并不是一个彻底详尽的分析，而只是一个访谈情形的实例。

问题 1（作业识别）：您能说明一下您的护士为心脏病病人所做的工作吗？（作业是员工为他人做事。）

回答：主要有四种作业：治疗病人（给病人服药和换药），监控病人（检查体征、传达病人信息），提供卫生和身体护理（洗澡、更换床上用品和衣服、陪病人散步等），以及答复病人请求（咨询、提供点心以及回电话）。

问题 2（作业识别）：病人使用什么设备吗？（作业还可能是提供设备为他人做事。）

回答：是的。在心脏病病房，监控器用得很多。监控是一项重要作业。

问题 3（作业识别）：您在心脏病病房的任务是什么？（作业是员工为他人做事。）

回答：我不与病人直接打交道。我负责给病房的护士排班，评价她们的工作，解决她们的问题。

问题 4（资源识别）：在你们的护理工作中使用什么资源（设备、材料、能源）？（作业除消耗人工外还消耗资源。）

回答：有制服（这是由医院付费的）、计算机、剪子和仪器等护理辅助用品（那些可追溯到病人的辅助用品由病人付费），以及在护理现场的监控设备。

问题 5（资源动因识别）：护士在每种作业上花费多少时间？每种作业占用多少设备时间？（这是把人工成本和设备成本分配到作业中所需的信息。）

回答：我们近来完成了一个工作调查。一个护士大约 25% 的时间用在治疗病人上，20%的时间提供卫生护理，40%的时间答复病人的请求，15%的时间监控病人。我的时间100%用于管理。监控设备100%地用于监控作业。计算机40%用于管理工作，60%用于监控。（将数据粘贴到病人记录中被视为监控作业。）

问题6（潜在的作业动因）：每种作业的产出是什么？也就是说，你们如何计量对作业的需求？（这个问题的答案可以帮助识别作业动因。）

回答：治疗病人：治疗的次数；提供卫生护理：护理工时；答复病人请求：请求的次数；监控病人：监控工时。

问题7（识别潜在的成本对象）：谁在使用这些作业产出？（识别成本对象：产品、其他作业、顾客等等。）

回答：噢，就管理而言，是我负责排班，评价护士的业绩，并确保护士有效率地执行她们的作业。护士受益于我所做的事。病人受益于护士的护理作业。我们有三类心脏病病人需要不同程度的护理：特等护理、中等护理和普通护理。这些病人对护理作业有相当不同的需求。例如，在特等护理病人身上几乎不需要花费陪同散步时间，但是要进行大量的治疗作业，需要花更多的监控时间。

作业词典　根据访谈得到的答案，现在就可以编制一个作业词典。图表4-8展示了心脏病病房的作业词典。作业词典给作业命名（典型的是用一个动词和一个接受该行动的对象来命名），说明构成作业的任务，把作业分为一级作业或次级作业，列出使用者（成本对象），并找出一个作业产出指标（作业动因）。例如，管理作业是由下列一级作业消耗的：治疗病人、提供卫生护理、答复病人请求和监控病人。三种产品——特等护理病人、中等护理病人和普通护理病人又依次地消耗这些一级作业。

图表4-8　**作业词典：心脏病病房**

作业名称	作业内容	作业类型	成本对象	作业动因
监管护士	给护士排班、协调和业绩评价	次级	部门内的作业	护士用于各种作业的时间百分比
治疗病人	给病人服药和换药	一级	病人类型	治疗次数
提供卫生护理	洗澡、更换床上用品和衣服、陪病人散步	一级	病人类型	人工工时
答复病人请求	回电话、咨询、提供点心等等	一级	病人类型	请求次数
监控病人	检查体征、传递病人信息	一级	病人类型	监控工时

4.3.2　分配成本到作业

一旦识别出作业并对其进行了描述，下一步的任务就是确定执行每种作业的成本是多少。作业成本指每种作业消耗资源的成本。作业消耗人工、材料、能源和资本等资源。可以在总分类账中找出这些资源的成本，但是总分类账并没有反映每种的作业成本是多少。因此，有必要用直接追溯和动因追溯把资源成本分配到作业。例如，考虑人力资源。耗用在每种作业上的时间就是将人工成本分配到作业的动因。如果耗用100%的时间，那么该人工就专属于这种作业，分配方法可以用直接追溯（护士管理的人工成本就是这种情况）。另一方面，如果护理资源由多个作业共享，那么分配方法可以用动因追溯。这些动因叫做资源动因。**资源动因**(resource drivers）是计量作业消耗资源的因素。对于人工资源，经常使用一个*工作分布矩阵*进行分配。工作分布矩阵非常简单地对每种作业消耗的人工数量进行识别，它是从访谈过程（或一个书面调查）推导出来的。访谈、调查表、问卷和计时系统都属于收集资源动因数据的工具。注意：追溯对不同作业付出的努力程度类似于追踪人工用在不同工作上的时间。不过，二者存在着一个重大的区别。对不同作业付出的努力程度百分比通常相当稳定，可能只需要按期计量（也许是按年）。其他类型的资源动因也存在同样的稳定属性。实际上，人工时间是用来分配资源成本的一个标准。不需要持续地计量实际时间，也可达到期望的成本分配结果。

当然，人工不是作业消耗的唯一资源。作业还消耗材料、资本和能源。例如，访谈反映出心脏病护理作业还包括监控器（固定资产）、一台计算机（固定资产）、制服（流动资产）和辅助用品（流动资产）的使用。这些资源的成本同样也使用直接追溯和动因追溯将其分配到作业。将成本分配到作业完成了作业成本法的第一阶段。在第一阶段，作业分为一级和二级。如果有次级作业，那就存在中间级。在中间级中，次级作业的成本被分配到那些消耗它们产出的作业上（或者其他中间成本对象）。这些计算和概念会在基础4.6中加以说明。

把资源成本分配到作业，要求对总分类账所反映的资源成本进行分解和重新分配。在传统会计系统中，总分类账按部门和支出账户报告成本（根据账户一览表）。例如，340 000美元的护理工资将记为心脏病病房全部工资的一部分。总分类账能反映消耗了什么，但是它不能反映资源是怎么消耗的。当然，资源是由部门内的基本工作（作业）消耗的。在作业成本系统中，必须按作业报告成本。因此，ABC系统必须重新表述总分类账成本，使新系统能反映出资源是如何消耗的。图表4-9说明了心脏病病房护理作业的分类观念。如该图表所示，把资源成本重新分配到单个作业，能促进组织内ABC系统数据库的建立。

图表4-9　**对总分类账成本的分解**

总分类账————————→ABC 数据库			
心脏病病房			
账户视角		**ABC 视角**	
监管	$ 50 000	监管护士	$ 60 000
辅助用品和制服	60 000	治疗病人	98 500
工资	340 000	提供卫生护理	78 800
计算机	10 000	答复病人请求	98 500
监控器	26 000	监控病人	150 200
总计	$ 486 000	总计	$ 486 000

基础 4.6：如何以及为何分配资源成本到作业

资料：

资源		作业	护理工时	
监管	$ 50 000	监管护士	2 000	10.0%
辅助用品和制服	60 000	治疗病人	4 500	22.5
工资	340 000	提供卫生护理	3 600	18.0
计算机	10 000	答复病人请求	4 500	22.5
监控器	26 000	监控病人	5 400	27.0
合计	$ 486 000	合计	20 000	100.0%
		除去监管工作的合计	18 000	

a. 监控器只用于监控作业。

b. 一台电脑用于监管工作的时间为 800 小时（40%）而用于监控的时间为 1 200 小时（60%）。

c. 护理资源（辅助用品、制服和人工）使用护理时间将其分配到作业中。

为什么：

作业消耗资源，而其他成本对象消耗作业。每种作业的成本必须因此而被确定。一般使用直接追溯和动因追溯来将资源成本分配到作业中。资源动因用于分配共享资源。初始分配后，再将次级作业成本分配到一级作业上。

要求：

a. 给五个作业编制一个作业分配矩阵。

b. 计算每个作业的成本。

c. 如果监管作业成本分配到其他四个作业中，结果会是怎样的？为什么会这样？如果这样做，这四个一级作业的最终成本是什么？

解答：

a.

每个作业消耗时间的比例

作业	监管者	护士	计算备注
监管护士	100%	0%	(2 000÷2 000)
治疗病人	0%	25	(4 500÷18 000)
提供卫生护理	0	20	(3 600÷18 000)
答复病人请求	0	25	(4 500÷18 000)
监控病人	0	30	(5 400÷18 000)

b.

作业	监控器[a]	电脑[b]	护理资源[c]	合计
监管护士		$ 4 000	$ 56 000	$ 60 000
治疗病人			98 500	98 500
提供卫生护理			78 800	78 800
答复病人请求			98 500	98 500
监控病人	$ 26 000	6 000	118 200	150 200

[a] 监控病人的作业单独使用（100%×$ 26 000）

[b] 0.40×$ 10 000；0.60×$ 10 000

[c] $ 50 000+（0.10×$ 60 000）；［（0.25×$ 340 000）+（0.225×$ 60 000）］；［（0.2×$ 340 000）+（0.18×$ 60 000）］；［（0.25×$ 340 000）+（0.225×$ 60 000）］；［（0.30×$ 340 000）+（0.27×$ 60 000）］

c. 监管是次级作业，其成本被一级作业消耗（按比例分配到每种作业的人工成本中）。

治疗病人	$ 113 500[a]
提供卫生护理	90 800[b]
答复病人请求	113 500[c]
监控病人	168 200[d]

[a] $ 98 500+（0.25×$ 60 000）

[b] $ 78 800+（0.20×$ 60 000）

[c] $ 98 500+（0.25×$ 60 000）

[d] $ 150 200+（0.30×$ 60 000）

4.3.3 成本对象和作业用量清单

一旦一级作业的成本确定下来，那么就可以按作业动因计量的作业消耗比例把这些成本分配到产品或其他的成本对象上。不过，在进行分配前，必须识别成本对象，并计量它们对作业的需求。可能有许多不同的成本对象：产品、材料、顾客、分销渠道、供应商和地理区域就是其中的一些例子。拿我们的例子来说，成本对象是产品（服务）：特等心脏病人护理、中等心脏病人护理和普通心脏病人护理。如何把成本分配到其他成本对象上将在后面一节进行论述。**作业动因**（activity drivers）计量成本对象对作业的需求。大部分 ABC 系统设计在下面的两类作业动因之中选择其一：业务动因和时间动因。**业务动因**（transaction drivers）计量作业执行的次数，如治疗的次数和请求的次数。**时间动因**（duration drivers）计量执行一项作业所需的时间，如卫生作业的护理时间和监控时间。当执行一项作业所需的时间随业务不同而变化时，就应该使用时间动因。例如，如果对普通护理病人的治疗时间平均为 10 分钟，而对特等护理病人的治疗时间平均为 45 分钟，如果要计量治疗病人对作业的需求，那么治疗时间可能是一个比治疗次数好得多的指标。

动因确定后，就可编制一个作业用量清单。**作业用量清单**（bill of activities）规定产品、预期产品产量、作业和每种产品预期消耗的每种作业数量。图表 4-10 提供了一个关于心脏病护理例子的作业用量清单。

图表 4-10　　**作业用量清单：心脏病病房**

作业	作业动因	普通护理	中等护理	特等护理	合计
生产（产出）	治疗病人天数	10 000	5 000	3 000	
治疗病人	治疗次数	500	1 000	1 500	3 000
提供卫生护理	提供护理工时	1 125	562	1 913	3 600
答复病人请求	请求次数	3 000	4 000	1 000	8 000
监控病人	监控工时	540	1 620	3 240	5 400

4.3.4 作业分配和产品成本计算

用实际作业能力除以预算作业成本，就可计算出一级作业分配率。其中，作业能力是指作业产出量（用作业动因计量），实际能力是指高效率执行作业时能够产生的作业产出。利用基础 4.6 和图表 4-10 的数据，可计算心脏病病房护理例子的作业分配率：

分配率计算：

治疗病人：$ 113 500÷3 000＝$ 37.83 每次治疗

提供卫生护理：$ 90 800÷3 600＝$ 25.22 每护理工时

答复病人请求：$ 113 500÷8 000＝$ 14.19 每次请求

监控病人：$ 168 200÷5 400＝$ 31.15 每监控工时

注意：比例精确到分。

这些分配率提供了使用作业应承担的费用率。使用这些分配率对成本进行的分配如图表 4-11 所示。很明显，该分配过程与前面基础 4.5 所示的 Juguette 公司例子相同。不过，现在我们知道作业分配率和用量指标具体是如何得来的。而且，这个例子的医院背景强调了作业成本法在服务性组织中的有效性。

4.3.5 作业分类

为了帮助识别作业动因和增强作业管理，作业通常被分为以下四类基本作业的一种：（1）产量层次；（2）批次层次；（3）产品层次；（4）设施层次。**产量层次作业**（unit-level activities）是指每生产一单位产品就要执行的那些作业。如打磨、抛光和组装等都是产量层次作业。**批次层次作业**（batch-level activities）是指每生产一批产品就要执行的那些作业。批次层次作业的成本随着批数的变化而变化，但是对于每批生产的产量来说，是固定的（因而独立于产量）。例如，生产准备、检验（如果从每批产品中抽样进行）、采购和材料处理都是批次层次作业。**产品层次作业**（product-level activity）是指使一个公司能够生产各种产品的那些作业。这些作业及它们的成本倾向于随着产品品种数量的增加而增加。例如，（产品）设计变更、开发产品测试程序、引进新产品和加快产品的上市进度都是产品层次作业。**设施层次作业**（facility-level activities）是指那些维持一个厂部的一般生产流程的作业。例如，供水供电、维护厂区和提供厂部保卫都是设施层次作业。

图表 4-11　　　　成本分配：最终成本对象

	普通护理	中等护理	特等护理
治疗病人：			
$ 37.83×500	$ 18 915		
$ 37.83×1 000		$ 37 830	
$ 37.83×1 500			$ 56 745
提供卫生护理：			
$ 25.22×1 125	28 373		
$ 25.22×562		14 174	
$ 25.22×1 913			48 246
答复病人请求：			
$ 14.19×3 000	42 570		
$ 14.19×4 000		56 760	
$ 14.19×1 000			14 190
监控病人：			
$ 31.15×540	16 821		
$ 31.15×1 620		$ 50 463	
$ 31.15×3 240			100 926
总成本	$ 106 679	$ 159 227	$ 220 107
服务量	÷10 000	÷5 000	÷3 000
每病人每天护理成本	$ 10.67	$ 31.85	$ 73.37

因为与不同层次相关的作业成本对应不同类型的作业动因，所以将作业分成这些基本类别，便于产品成本计算（成本性态随着层次的不同而不同）。了解作业层次很重要，因为它可帮助管理人员识别对每种产品消耗的各种作业产出进行计量的作业动因。作业成本系统通过认识到许多所谓的固定间接成本会随着除产量外的变化而成比例变化的特性，提高了产品成本计算的准确性。作业层次分类还可使人们洞察作业的根源，从而帮助管理者努力改进作业业绩。

通过了解什么导致成本增加或减少，可以将它们追溯到每种产品上。这种因果关系可以使管理者提高产品成本计算的准确性，这能显著地改进决策制定。另外，这个庞大的固定间接成本池也不再那么神秘。了解许多这些成本的潜在习性使得管理者能够更好地控制产生成本的作业。价值分析是作业管理的核心，也是持续改进的基础。作业管理和持续改进会在后面的章节加以解释。

4.4　缩小 ABC 系统的规模和复杂性

很显然，理应讨论到这一点，即 ABC 系统创建和实施的费用太高，难以操作，不易于改进或更新。您可能希望回顾一下图表 4-6，图表中列示了创建、执行和操作 ABC

系统的六个步骤。前三个步骤符合ABC第一阶段（阶段1），而后三个步骤符合ABC的第二阶段（阶段2）。阶段1需要耗时采访和调查，目的是识别和将作业分类，然后确定每个作业的成本。阶段2需要（计算）每种作业的作业分配率。一个组织可能有上百种不同的作业，因此，就存在上百个作业分配率。作业分配率要求对作业动因进行识别，这些作业动因可以测量成本对象所消耗的作业。阶段1和阶段2都很复杂而且代价很高。为了简化ABC，人们已经做出了一些努力，包括进行事前或事后的简化。一种突出的事前简化的方法就是*时间驱动作业成本法*，用于简化阶段1。两种简化阶段的简化方法分别是*近似相关度的ABC系统*和*同等精确度的ABC系统*。

4.4.1 事前简化：时间驱动作业成本法

时间驱动作业成本法（time-driven activity-based costing（TDABC））是指通过消除需要详细的面试和测量来确定资源驱动而简化阶段1的一种事前简化方法。作业仍然要识别。然而，TDABC以一种简单直接的方法将资源成本分配到作业上。首先，它计算出一个部门或程序投入资源能力的总运营成本（所有资源成本，例如设备、人力、材料等）。其次，通过总资源成本和资源能力的实际提供量（通过计算部门耗用的资源时间）之比计算出产能成本率：

产能成本率＝投入资源的成本÷资源能力的实际提供量

第三，估计每单位作业所需时间。一单位作业就是一单位的作业动因；因此，用产能成本率乘以实施一单位作业的时间，再乘以总作业产出（通过作业动因计算）就得到作业成本：

作业成本＝产能成本率×实施-单位作业的时间×总作业产出

＝作业分配率×总作业产出

在实践中，资源成本可以直接分配到产品上而不需要正式计算作业成本。由于通过产能成本率乘以实施一单位作业所需时间即可得到作业分配率，那么就可以简单地通过将作业分配率乘以每个产品消耗的作业量，而将资源成本分配到每个产品上。基础4.7说明了TDABC的基本概念。

基础4.7：如何以及为何使用TDABC

资料：

参见图表4-10和以下关于心脏病病房的信息：

资源		作业	时间/作业单位
监管	$ 50 000	治疗病人	1.40 工时
辅助用品和制服	60 000	提供卫生护理	1.00 工时
工资	340 000	答复病人请求	0.60 工时
计算机	10 000	监控病人	1.00 工时
监控器	26 000		
合计	$ 486 000		
总护理工时	18 000	（实际产能）	

为什么：

TDABC 避免了因为要将资源成本分配到作业而评估资源动因所需的访谈、调查以及计时系统等工作。它所需要的仅是一个部门或一个加工程序中的总劳动时间（在实际产能中计量）、总资源成本以及执行一个作业所需的时间。前两个数据项很容易通过客观的估计来获取。实施一单位作业所需时间仅仅是一个持续动因的单位时间。至于事项动因，实施一个事项（如一次生产准备作业）所需的时间数据是通过观察或访谈获取的。产能成本率是总资源成本除以实际产能的总时间的数值。该比率乘以单位作业所需时间就得到作业分配率。再用这个比率乘以总作业产出就得出作业成本。

要求：

a. 计算心脏病病房的产能成本率。

b. 计算每个作业的作业分配率，以及治疗病人和监控病人这个作业的成本。

c. **如果**年中时护士的监管者被重新聘任，而雇用一个新的监管者的工资为63 200美元，并且心脏病病房护士的工资也增长了12%，**结果会是怎样的？**重新计算要求 b 中的作业分配率。

解答：

a. 产能成本率＝＄486 000÷18 000＝＄27/工时

b. 治疗病人：＄27×1.40＝＄37.80/病人

提供卫生护理：＄27×1＝＄27/护理工时

答复病人请求：＄27×0.60＝＄16.20/次请求

监控病人：＄27×1＝＄27/监控工时

治疗病人：＄37.80×3 000＝＄113 400

监控病人：＄27×5 400＝＄145 800

c. 新的产能成本率＝＄540 000÷18 000＝＄30（由于监管者和护士的工资变化，资源成本增加了＄54 000）。新的作业分配率为：

治疗病人：＄30×1.40＝＄42/病人

提供卫生护理：＄30×1＝＄30/护理工时

答复病人请求：＄30×0.60＝＄18/次请求

监控病人：＄30×1＝＄30/监控工时

将资源的更新问题纳入模型　基础4.7 说明了阶段2 中通常出现的具体要求无足轻重。基础4.7 还表明了 TDABC 在涉及资源的更新问题时具有一个重要的优势。如果增加了或识别了新的作业，TDABC 不需要像传统 ABC 一样去进行详细访谈。相反，它需要的仅仅是通过观察来确定每个新作业需要多长时间可以生产一单位产出。经营中的其他变化例如资源成本或时间的变化（如资源价格上涨、购买新设备、程序改进、提高作业效率等）很容易通过调整产能成本率来更新，然后可以得出新的作业分配率。（总之）当发生变化时，（TDABC）能够很容易地更新（其计算结果）。

计量未使用的产能　TDABC 的另一个特征就是它能够计算未使用的资源产能，尽管这个特征没有在基础 4.7 中加以讨论。单位时间乘以作业产出等于一个作业的总耗时。如果实际作业数量和实际产能数量（实际产能只能达到理论产能的 80% 到 90%）并不相等，那么分配给产品的成本就会比总的资源成本要少。这个差额就是未使用产能的成本。

未使用产能的成本＝总资源成本－分配给产品的总资源成本

例如，如果总资源成本为 486 000 美元而分配到产品上的总资源成本为 476 000 美元，那么未使用产能的成本就是 10 000 美元（＄486 000－＄476 000）。

时间等式 有时候，处理一个事项动因的时间，如答复病人请求，可能会因为所治疗病人类别的不同而不同。例如，假设答复一般病人请求所需的时间是 0.4 小时；然而，答复重症病人的请求则需要增加 0.3 小时，而答复急救病人的时间则需要增加 0.8 小时。在传统的 ABC 系统中，这种复杂情况可以通过增加三个不同作业来处理。但 TDABC 则相反，它可以一种简单直接的方法来处理这种复杂情况。TDABC 使用一个时间等式来估计资源需求：

反应时间＝0.4+0.3（如果是重症病人）+0.8（如果是急救病人）

假设产能成本率为 30 美元每小时。每次答复一般病人的成本为＄30×0.4＝＄12。对于重危病人，每次答复的成本为＄30×（0.40+0.30）＝＄21，而对于急救病人，其成本则为＄30×（0.40+0.80）＝＄36。时间等式可以基于病人类型计算出不同的反应时间，由此可以给不同的请求类型分配不同的成本。

现实案例

据报道，关于时间等式的一个有趣应用是鲁汶阿伦伯格图书馆（KU Leuven Arenberg Library）的馆际互借服务。来自于另一个图书馆所请求的图书或文章的初始作业被定义为处理请求。其事项动因为处理请求的次数。因此，TDABC 必须估计处理一次请求的时间。据估计，处理一次请求的所需时间为 6.8 分钟，它是以下任务的时间总和：接受请求，选择藏有该请求的书籍或文章的图书馆，打印该请求的复印件，将数据输入到一个 Excel 文件中，并对所有打印输出进行分类。基于两种额外的复杂情况，处理请求的时间可能会增加或者减少。第一种情况是，如果该图书馆的顾客要求反馈信息，那么就需要额外的 6.3 分钟来通过电子邮件、电话或联系图书馆接待处工作人员来提供反馈信息。第二种情况是，可以外借图书的图书馆可能反应消极，并故意表示这本书或文章根本无法找到。在这种情况下，这个过程需要反复与一个新的可以外借的图书馆联系，这就额外需要 6.6 分钟。初始作业的最终时间等式如下：

处理时间＝6.8+6.3（如果需要反馈）+6.6（如果消极反应）

4.4.2 事后简化

尽管 TDABC 简化了阶段 1，但阶段 2 仍然需要处理上百种不同的作业分配率。虽然信息技术有能力处理这一数量（的任务），但还是存在减少作业分配率之数量的必要性，如果这么做不会降低成本分配之准确性的话。毕竟，增加成本分配的准确性是成本一效益决策的关键所在，同时也是使用 TDABC 的重要理由所在。更少的作业分配率可能产生更多的可读和可管理的产品成本报告，并减少作业成本系统的复杂性，而同时增加管理层接受的可能性。例如，如果作业目录中有大量作业的名字，那么管理者就可能由于其过于复杂而无法阅读、解释和使用。在这种情况下，更复杂的 ABC 或 TDABC 系统可能就不会被接受。另一个众所周知的拒绝使用 ABC 系统或实施后就放弃它的理由，就是该系统的复杂性。更少的作业分配率也可能会减少运营一个 ABC 系统的持续成本。

预定的分配率要求收集实际作业数据，这样才可以分配制造费用。因此，更少的作业分配率可以减少收集所需的持续作业数据（的工作量）。在实践中，一个复杂的 ABC 系统可能无法持续，仅仅是因为有太多的实际动因数据难以有效收集。

以图表 4－12 所示的一家集成电路晶片生产商 Patterson 公司的数据为例。Patterson 生产两种晶片：晶片 A 和晶片 B。晶片是作为集成电路或其他电子元件基础的薄硅片。每个晶片上的模具代表一个特定的配置 —— 设计用于某个特定最终产品的配置。Patterson 成批生产晶片，每一批次都对应某一特定晶片类型（A 或 B）。在晶片插入和分类的工作流程中，要插入模具，并测试晶片以确保模具不存在缺陷。从图表 4－12，我们可以看到晶片 A 和晶片 B 的作业成本分别为 800 000 美元和 1 200 000美元。这些作业成本使用 12 个动因计算。一个关键的问题是，在显著减少该系统的动因数量后，ABC 系统的优势能否仍然发挥出来。我们将考虑两种简化的方法：（a）近似相关度的 ABC 系统；（b）同等精确度的 ABC 系统。

图表 4－12　　**Patterson 公司的数据**

作业	预计作业成本	动因	数量[a]	预计消耗比例	
				晶片 A	晶片 B
插入和分类的工作流程：					
1. 开发测试程序	$ 400 000	工程工时	10 000	0.25	0.75
2. 制作探针卡	58 750	开发工时	4 000	0.10	0.90
3. 测试产品	300 000	测试工时	20 000	0.60	0.40
4. 设置生产批次	40 000	批次数	100	0.55	0.45
5. 工程设计	80 000	改变订单的次数	50	0.15	0.85
6. 处理晶片组	90 000	移动次数	200	0.45	0.55
7. 插入模具	350 000	模具数	2 000 000	0.70	0.30
采购工作的流程：					
8. 采购材料	450 000	采购订单数量	2 500	0.20	0.80
9. 卸载材料	60 000	收到订单数量	3 000	0.35	0.65
10. 检测材料	75 000	检测工时	5 000	0.65	0.35
11. 移动材料	30 000	移动距离	3 000	0.50	0.50
12. 向供应商付款	66 250	发票数量	3 500	0.30	0.70
总作业成本	$ 2 000 000				
产量基础（厂部）的成本分配[b]				$ 1 400 000	$ 600 000
作业成本分配[c]				$ 800 000	$ 1 200 000

[a] 预计两种产品使用的作业量。

[b]以单个产量层次的动因计算模具使用量：

晶片 A＝0.7× $ 2 000 000；晶片 B＝0.3× $ 2 000 000。

[c]计算使用每个作业的成本以及相关消耗比例或者作业分配率。例如，以开发测试程序的相关消耗比例分配晶片 A 的成本是 0.25× $ 400 000＝ $ 100 000。每个作业重复这一计算，加总得到分配到晶片 A 的总成本为 800 000 美元。

近似相关度的 ABC 系统 一个组织可能更适合采用一个近似相关度的 ABC 系统而不是精确而无用的 ABC 系统。获得近似相关度的 ABC 系统的一个建议是分析作业会计系统，并只使用最贵的作业来进行 ABC 分配。所有其他作业都可以添加到这个昂贵作业的成本池中。例如，费用较低的作业的成本可以按比例分配到每个费用较高的作业中。用这种方法，大部分成本都准确地分配到产品上。费用最高的作业的成本仍然使用恰当的因果动因来分配，尽管分配额外的成本有些武断。这种方法的优点是简单，易于理解，并且容易操作。它也和 ABC 成本十分相近。基础 4.8 说明了这种方法。

基础 4.8：如何以及为何使用近似相关度的 ABC 系统

资料：

参见图表 4-12。

为什么：

用于分配成本的动因数量可以通过仅使用与费用最高作业相关的动因来减少。费用更低作业的成本按初始成本比例分配到费用更高的作业上。这提供了一个以因果关系分配大部分成本的成本系统，而且也非常容易被理解和使用。要使此方法具有一定的应用价值，高比例的制造费用必须归于数量相对较少的作业。

要求：

a. 用四个费用最高的作业来计算分配到每个产品上的制造费用。

b. 计算与完整详细的 ABC 生产成本相关的误差并对结果加以评论。

c. **如果**作业 1、作业 5、作业 8 和作业 12 的成本都为 400 000 美元，其他作业的成本为 50 000 美元，**结果会是怎样的？**分别以完整详细的 ABC 系统和以近似相关度的 ABC 系统计算分配到晶片 A 的成本。评价近似相关度 ABC 系统的意义。

解答：

a.

作业	预计作业成本	动因	数量[a]	预计消耗比例	
				晶片 A	晶片 B
插入和排序流程：					
1. 开发测试程序	$ 533 333	工程工时	10 000	0.25	0.75
3. 测试产品	400 000	测试工时	20 000	0.60	0.40
7. 插入模具	466 667	模具数	2 000 000	0.70	0.30
8. 采购材料	600 000	采购订单数量	2 500	0.20	0.80
总作业成本	$ 2 000 000				
近似 ABC 成本[b]				$ 820 000	$ 1 180 000

[a] 初始作业成本加上剩余的“廉价”作业的成本份额（按费用较高作业的初始成本比例分配）（如图表 4-12 所示）：例如，采购材料的成本池为 $ 450 000+ [($ 450 000÷ $ 1 500 000) × $ 500 000] = $ 600 000。

[b] 系统瘦身之后的 ABC 分配（使用消耗比例）：晶片 A [(0.25× $ 533 333) + (0.60×400 000) + (0.70×466 667) + (0.20×600 000)]；晶片 B [(0.75× $ 533 333) + (0.40×400 000) + (0.30×466 667) + (0.80×600 000)]。

b. 相对误差，晶片 A：（＄820 000－＄800 000）÷＄800 000＝0.025（2.5%）

相对误差，晶片 B：（＄1 180 000－＄1 200 000）÷＄1 200 000＝－0.017（－1.7%）

最大误差是高出图表 4－12 中，当使用 12 个动因时的 ABC 成本的 2.5%。这种非常好的近似度表明了这种方法的优势。

c. 使用消耗比例时，晶片 A 的 ABC 成本为＄400 000（0.25＋0.15＋0.20＋0.30）＋＄50 000（0.10＋0.60＋0.55＋0.45＋0.70＋0.35＋0.65＋0.50）＝＄555 000。由于四个费用最高的作业成本都相同，所以四个作业中每个作业被重新分配之后的成本为 500 000 美元（每个都收到相同数额的费用更低的作业成本）。因此，使用消耗比例，近似相关度的（ABC）成本为＄500 000（0.25＋0.15＋0.20＋0.30）＝＄450 000。（完全）的 ABC 成本和近似相关度的（ABC）成本的差额为－105 000 美元（＄450 000－＄555 000），或者相对误差为－19%。这表明即使高费用作业能够占到总制造费用的 80%，还是会发生重大误差。不过，这仍然是对按厂部比率分配的（方法的）巨大改进（即 1 400 000 美元 vs. 555 000 美元）。

基础 4.8 说明了 ABC 成本非常近似于仅采用四个动因的简化系统的 ABC 成本。此外，这个成本似乎比按厂部分配率分配的结果要好，即使该系统相对于（完全）ABC 分配的结果具有显著的误差。如果作业成本大致遵循帕累托原则或 80/20 规则（80% 的间接成本由 20% 的作业引起），那么这种方法就有相当大的希望被用来缩小（ABC）系统的规模。例如，如果一个系统有 100 种作业，那么前 20 名的作业（以成本计量）需要在总成本中占据很大比例。在这些情况下，简化的系统就能够有效运行，因为大部分成本被以因果关系分配。但即使如此，仍然可能有些人会回避使用 15－20 动因的概念。对于那些少量作业并不能占据制造费用大量比例的公司，这种方法也失去了它的意义。

同等精确度的 ABC 系统　（对 ABC 系统进行瘦身的）另一种方法是用预期消耗比例来减少动因的数量。虽然这种方法的理论动机超出本教材范畴，但其方法论却是简单明了的。再次引用图表 4－12 中的 12 个动因。分配到晶片 A 和晶片 B 的产品成本分别为 800 000 美元和 1 200 000 美元。因此，晶片 A 预计消耗所需分配之总成本的 40%（＄800 000÷＄2 000 000），而晶片 B 预计消耗 60%。晶片 A 的*预计总消耗比例*为 0.40，而晶片 B 的*预计总消耗比例*为 0.60。**预计总消耗比例**（expected global consumption ratio）是指既定产品（成本对象）消耗总作业成本的比例。Patterson 公司的预计总消耗比例的模式是（0.40，0.60）。每个作业也都有一个消耗比例模式。

对于一个生产两种产品的公司，作业消耗比例模式总表现为一个包含两个组件的数组（向量）。在 Patterson 公司的例子中，数组的第一个比例为晶片 A 消耗作业的比例，而第二个比例为晶片 B 消耗作业的比例。例如，开发测试程序作业的消耗模式是（0.25，0.75），其中晶片 A 消耗作业成本的 25%，晶片 B 消耗作业成本的 75%。同样地，插入模具作业的消耗模式是（0.70，0.30），其中晶片 A 消耗作业成本的 70%，晶片 B 消耗作业成本的 30%。随着产品种类增加，消耗比例组件的数量也会增加。消耗比例模式数组的维度与产品的种类相对应。如果作业的种类超出了产品种类，那么通常就有可能找到一个可以*复制*更大系统之成本分配方法的简化系统。为了实现这一复制行为，所需动因的种类数量至多等于产品种类的数量（我们例子中的两个动因)。因此，这两个动因可以用于匹配更大的 12 个动因系统的成本分配方法。简化程序最关键的一步是将每个总消耗比例表示为一个每种产品消耗比例的加权组合。例如，使用开发测试程序和插入模具这两个作业，晶片 A 的加权组合为 $0.25w_1+0.70w_2=0.40$。类似的方程可以用于晶片 B：$0.75w_1+0.30w_2=0.60$。解这两个方程得出 w_1 和 w_2 的值。这些值为分配比例，将它们乘以总制造费用成本就可以确定两个成本池（一个用于第一个作业，一个用于第二个作业）。然后用每个作业的消耗比例或动因将适当数额的成本分配给每个产品。基础 4.9 总结了这种方法是如何实现的及其采用动机。

基础 4.9：如何以及为何使用近似相关度的 ABC 系统

资料：

从图表 4-12 提取出以下数据：

作业	动因	数量[a]	预计消耗比例 晶片 A	预计消耗比例 晶片 B
3. 测试产品	测试工时	20 000	0.60	0.40
8. 采购材料	采购订单数量	2 500	0.20	0.80
1. 开发测试程序	工程工时	10 000	0.25	0.75
7. 插入模具	模具数	2 000 000	0.70	0.30
ABC 分配			$ 800 000	$ 1 200 000
总制造费用成本			$ 2 000 000	

为什么：

通常可以找到一个与更大的 ABC 系统的准确性相匹配的简化系统。使用更少的动因可使 ABC 系统更便于被接受和使用。为实现预期的简化需遵循以下步骤：(a) 计算预计总消耗比例（产品的 ABC 成本÷总制造费用成本）；(b) 选择所需作业种类的数量（等于产品种类数量）；(c) 通过用每个产品的消耗比例乘以分配权重，建立关于每个产品的方程，并将结果设置为等于产品的总消耗比例；(d) 解同步方程组；(e) 用所求得的权数来建立成本池，该成本池即可复制更大 ABC 系统的成本分配方法；(f) 使用消耗比例（或动因）将成本池的成本分配到每个产品。

要求：

a. 建立适用于作业 3 和 8 的简化系统成本池。

b. 将简化系统成本池的成本分配到晶片 A 和晶片 B。

c. **如果改为作业 1 和作业 7，结果会是怎样的？**重新计算要求 a 和要求 b。这样做意味着什么？

解答：

a. 晶片 A 的总（消耗）比例为 0.40（$ 800 000÷$ 2 000 000）；晶片 B 的总比例为 0.60（$ 1 200 000÷$ 2 000 000）

方程：

晶片 A：$0.60w_1+0.20w_2=0.40$

晶片 B：$0.40w_1+0.80w_2=0.60$

第一个方程两边乘以 4，用第一个方程减去第二个方程，解之，得到：

解：$w_1=1/2$；$w_2=1/2$

测试产品成本池：0.5×$ 2 000 000=$ 1 000 000

采购成本池：0.5×$ 2 000 000=$ 1 000 000

b. 使用消耗比例，对两个作业采取相同的成本分配方法：

晶片 A：(0.60×$ 1 000 000) + (0.20×$ 1 000 000) = $ 800 000

晶片 B：(0.40×$ 1 000 000) + (0.80×$ 1 000 000) = $ 1 200 000

c. 方程：

晶片 A：$0.25w_1+0.70w_2=0.40$

晶片 B：$0.75w_1+0.30w_2=0.60$

解：$w_1=2/3$；$w_2=1/3$

成本池（测试流程）：(2/3) ×$ 2 000 000=$ 1 333 333

成本池（插入模具）：(1/3) ×$ 2 000 000=$ 666 667

晶片 A：(0.25×$ 1 333 333) + (0.70×$ 666 667) = $ 800 000（约等于）

晶片 B：(0.75×$ 1 333 333) + (0.30×$ 666 667) = $ 1 200 000（约等于）

这意味着任何两个作业都能有效运行——但是如果等式右边的总比例的值不落在两个分配权重系数之间，那么就可能会出现负的分配值。

基础 4.9 表明了可以从更复杂的 ABC 系统中推导出同样准确的简化系统。不用 12 个动因，而只使用 2 个动因也可能获得和更为复杂系统相同的成本分配效果。这个简化系统代表了一种事后简化。该简化系统源自于一个现有的复杂的 ABC 数据组。当然，对于使用帕累托原则来实现简化的近似相关度简化系统而言也同样如此。事后简化的价值是基于两个主要理由。第一，简化系统消除了系统的复杂性。例如，它使得非财务人员，相对于 12 个动因的系统而言更易于阅读、解释和使用 2 个动因的系统。第二，简化的 ABC 系统只需要为用于将成本分配到产品的动因收集实际动因数据。例如，在 Patterson 公司的例子中，此时只需要收集关于检测工时和采购订单数的实际数据，这样就可以将制造费用成本分配（预分）到两个产品上。这比收集 12 个动因的实际数据的成本低很多。最后，需要指出的是，图表 4-12 中的两个动因只是众多可用于在不牺牲更复杂系统之分配准确性基础上简化 ABC 系统的两动因组合中的一个。

练习题

复习题

4.1 产量基础成本法与作业基础成本法

Tyson 灯具公司因其品种齐全的优质灯具而闻名。它的一个车间在威斯康星州的格林湾。这个车间生产两种灯具：古典型和现代型。公司总裁 Jane Martinez 最近决定从产量基础的传统成本系统转变到作业基础的成本系统。在做出全公司范围的变革之前，她想估算一下该变革对格林湾车间产品成本的影响。她之所以选择这个车间，是因为它只生产两种灯具；而大部分其他车间的产品品种都在 12 种以上。

为了估算变革带来的影响，收集了下面的数据（为了简单起见，假定只有一个流程）：

灯具	产量	主要成本	机器小时	材料搬运次数	设备安装次数
古典型	400 000	＄ 800 000	81 250	300 000	100
现代型	100 000	＄ 150 000	43 750	100 000	50
金额	—	＄ 950 000	＄ 500 000*	＄ 900 000	＄ 600 000

* 生产设置运行成本。

在当前系统中，生产设备运行、材料处理和设备安装等成本都按机器小时分配到灯具。灯具按批生产和搬运。

要求：

（1）请使用当前的产量基础成本法，计算每种灯具的单位成本。

（2）请使用作业基础成本法，计算每种灯具的单位成本。

（3）请说明一个使用两个成本池和两个成本动因，即搬运次数及设备安装次数的简化系统如何被用来取得与要求 2 中相同的成本分配结果。

解答：

（1）全部制造费用是 2 000 000 美元。车间分配率是 16 美元/机器小时（＄ 2 000 000÷125 000）。制造费用的分配如下：

古典灯具：＄ 16×81 250＝＄ 1 300 000

现代灯具：＄ 16×43 750＝＄ 700 000

两种产品的单位成本计算如下：

古典灯具：（＄ 800 000+＄ 1 300 000）÷400 000＝＄ 5. 25

现代灯具：（＄ 150 000+＄ 700 000）÷100 000＝＄ 8. 50

（2）在作业基础成本法下，每个成本库的分配率如下：

机器小时加工成本库：＄ 500 000÷125 000＝＄ 4. 00/机器小时

材料搬运成本库：＄ 900 000÷400 000＝＄ 2. 25/次搬运

设备安装次数成本库：＄ 600 000÷150＝＄ 4 000/次设备安装

制造费用分配如下：

古典灯具：

＄ 4×81 250	＄ 325 000
2. 25×300 000	675 000
4 000×100	400 000
合计	＄ 1 400 000

现代灯具：

＄ 4×43 750	＄ 175 000
＄ 2. 25×100 000	225 000
＄ 4 000×50	200 000

合计	$ 600 000

产生如下单位成本：

古典灯具：	
主要成本	$ 800 000
制造费用	1 400 000
成本合计	$ 2 200 000
产量	÷400 000
单位成本	$ 5.50
现代灯具：	
主要成本	$ 150 000
制造费用	600 000
成本合计	$ 750 000
产量	÷100 000
单位成本	$ 7.50

（3）第一步，计算作业消耗比例。

	搬运次数	设备安装次数
古典型	300 000÷400 000＝3/4	100÷150＝2/3
现代型	100 000÷400 000＝1/4	50÷150＝1/3

第二步，计算整体消耗率。

	ABC 分配法	整体比率
分配给古典型的制造费用	$ 1 400 000	$ 1 400 000/ $ 2 000 000＝0.70
分配给现代型的制造费用	600 000	$ 600 000/ $ 2 000 000＝0.30
合计	$ 2 000 000	

第三步，建立并解出消耗率方程。

$(3/4)\ W_1 + (2/3)\ W_2 = 0.70$

$(1/4)\ W_1 + (1/3)\ W_2 = 0.30$

求解，我们得到分配率：$W_1 = 0.40$ 和 $W_2 = 0.60$。因此，这两种作业的成本池为：

搬运次数：0.40× $ 2 000 000＝ $ 800 000

设备安装次数：0.60× $ 2 000 000＝ $ 1 200 000

简化系统的作业率为：

搬运次数： $ 800 000÷400 000＝ $ 2.00/次搬运

设备安装次数： $ 1 200 000÷150＝ $ 8 000/次设备安装

制造费用分配：

古典型灯具	
$ 2.00×300 000	$ 600 000
$ 8 000×100	800 000

合计	$ 1 400 000
现代型灯具：	
$ 2.00×100 000	$ 200 000
$ 8 000×50	400 000
合计	$ 600 000

问题讨论

4.1　什么是预定制造费用分配率？请解释为什么要使用它。

4.2　请描述少分配的制造费用和多分配的制造费用是什么意思。

4.3　请解释使用产量基础成本动因计算的车间制造费用分配率为什么可能扭曲产品成本。请在您的回答中，举出影响车间分配成本的准确性的两个主要因素。

4.4　什么是非产量相关的间接作业？什么是非产量相关的成本动因？请举出一些例子。

4.5　什么是消耗比例？

4.6　制造费用是产品成本扭曲的来源。您同意这个观点吗？请解释原因。

4.7　什么是作业成本法？

4.8　决定作业基础成本系统设计的六个步骤是什么？

4.9　请说明如何给作业分配资源成本。“对总账账户进行分类”指的是什么？

4.10　什么是作业用量清单？

4.11　请举出并定义两种作业动因。

4.12　什么是产量层次作业？什么是批次层次作业？什么是产品层次作业？什么是设施层次作业？

4.13　TDABC 模型如何简化了 ABC 模型？

4.14　请解释为什么升级 TDABC 模型很容易。

4.15　请描述可简化复杂的 ABC 系统的两种途径。在这两种途径中，哪种途径最优？

习题

4.1　预分的制造费用和单位制造成本：车间分配率

Seco 公司生产两种类型的干衣机：豪华型和常规型。Seco 公司基于直接人工小时，使用车间分配率来分摊它的制造费用。公司得到了下一年度的预计及实际数据：

预计直接费用	$ 2 000 000
预期作业量	50 000
实际作业量（直接人工小时）：	
豪华型干衣机	10 000
常规型干衣机	40 000
生产的单位数：	
豪华型干衣机	20 000
常规型干衣机	200 000

要求：

（1）请使用直接人工小时，计算预定车间分配率和每种产品的预分制造费用。

（2）请计算每种产品的单位制造费用。

（3）如果生产豪华型干衣机使用了 20 000 个小时（来生产 20 000 台）而不是使用了 10 000 个小时（总的预计生产时间保持不变），并且这 20 000 台产品全部出售，请计算对这条生产线的盈利能力的影响，并讨论这个结果的影响。

4.2 制造费用差异及其处理

Warner 公司在过去的一年中有以下数据：

实际制造费用	$ 470 000
预分制造费用：	
在产品库存	$ 100 000
产成品库存	200 000
销售成本	200 000
合计	$ 500 000

Warner 公司使用制造费用控制账户来计算实际制造费用和预分制造费用。

要求：

（1）请计算本年制造费用差异，并将其转入产品销售成本账户。

（2）假设该差异足够重大，请采用追加分配法，将差异值分摊到适当账户，并提供各账户的最终余额。

（3）如果这些差异与要求（1）中的计算结果有着相反的方向，请为要求（1）和要求（2）写出适当的会计分录。

4.3 部门制造费用分配率

Lansing 公司提供了以下两个生产部门的数据：

	塑造	抛光	合计
预计制造费用	$ 400 000	$ 80 000	$ 480 000
直接人工小时（预计和实际）：			
模型 A	1 000	5 000	6 000
模型 B	4 000	15 000	19 000
合计	5 000	20 000	25 000
机器小时：			
模型 A	3 500	3 000	6 500
模型 B	1 500	2 000	3 500
合计	5 000	5 000	10 000

机器小时用于分摊塑造部门的制造费用，直接人工小时用于分摊抛光部门的制造费用。模型 A 生产并卖出了 30 000 单位，模型 B 生产并卖出了 50 000 单位。

要求：

（1）请计算各部门的制造费用分配率。

（2）请使用部门分配率，将制造费用分配至两种产品，并计算每单位产品的制造费用。这与使用直接人工小时计算出的车间分配率单位成本相比如何？

（3）如果塑造部门的机器小时中有 1 200 小时用来生产模型 A，3 800 个小时用来生产模型 B，其在抛光部门耗费的人工小时分别为 5 000 小时和 15 000 小时，请使用部门分配率来计算每种产品的单位制造费用，并将其与要求 2 中计算的厂部范围分配率的单位成本相比较，您可以从这个结果中得到什么结论？

4.4 作业消耗比例

Larsen 公司生产两种电子零件，公司提供了以下数据：

	零件 X12	零件 YK7	合计
产量	100 000	600 000	—
直接人工小时	30 000	70 000	100 000
机器小时	50 000	300 000	350 000
设置数量	40	80	120
测试小时	1 000	9 000	10 000
采购订单的数量	500	3 500	4 000

一共有四种作业：机械加工，设置，测试，采购。

要求：

（1）请计算每种产品的作业消耗比例。

（2）请计算用于厂部分配的消耗比例（直接人工小时）。如果将其与作业分配率相比较，那么关于厂部分配率的相对精度，您有什么需要说明？哪种产品少计算了成本？

（3）如果将机器小时用来计算厂部分配率，那么这样是否能够消除厂部分配率的成本失真？

4.5 使用作业分配率计算的产品成本

Roberts 公司生产两种除草器：基础型和高级型。公司有四种作业活动：制造、设计、接收、检测。这些作业的信息以及动因如下：

	基础型	高级型	合计
产量	100 000	300 000	—
主要成本	\$ 8 000 000	\$ 30 000 000	\$ 38 000 000
机器小时	100 000	500 000	600 000
设计小时	400	3 600	4 000
接收的订单	400	1 200	1 600
检测小时	800	1 600	2 400

制造费用：（美元）

制造	\$ 6 000 000
设计	2 000 000

接收	560 000
检测产品	360 000

要求：

(1) 请计算这四种作业的分配率。

(2) 请使用作业分配率计算单位成本，并且计算每单位产品的制造费用。

(3) 如果使用作业消耗比例来替代作业分配率以分配成本，那么请用检测作业成本的分配来说明。

4.6 将资源成本分配至作业，对总分类账成本进行分解

Golding 银行关于它的支票户头流程中的资源和作业提供了以下数据：

资源		活动	办公时间
监督	$ 70 000	处理账务	10 000
电话和物资	90 000	发布报表	5 000
薪酬	275 000	处理交易	7 000
计算机	25 000	回答顾客的询问	3 000
合计	$ 460 000	合计	25 000

* 计算机只用于发布报表（30%）和处理交易（70%）

* 电话和物资中有 60% 用于回答顾客的询问，另外的 40% 在剩下的作业中平均分摊，其中包括监督支票操作。

* 监督者花费了他工作时间的 100% 来进行监督，除了这 25 000 小时的办公时间，监督作业还花费了 2 000 小时。

要求：

1. 请给五个作业编制一个作业分配矩阵。

2. 请计算每种作业的成本。

3. 如果要将监督作业的成本分配至其他四种作业中，结果会是怎样的？为什么要这样做？如果这样做了，这四个一级作业的最终成本是什么？

4.7 简化的 ABC 系统：TDABC

Golding 银行关于它的支票户头流程中的资源和活动提供了以下数据：

资源		作业	小时/单位	作业动因
监督	$ 70 000	账务处理	0.20 小时	账目的数量
电话和物资	90 000	发布报表	0.10 小时	报表的数量
薪酬	275 000	处理交易	0.05 小时	交易的数量
计算机	25 000	回答顾客询问	0.15 小时	询问的数量
合计	$ 460 000			
总的支票处理	25 000			
所需小时	（实际生产能力）			

要求：

(1) 请计算支票户头流程的产能成本率。

（2）请计算这四种作业的作业分配率，如果发布的报表的总数量是 20 000 个，那么请计算发布报表作业的成本。

（3）如果流程的升级减少了顾客询问的次数，从而导致支票使用流程所花费的时间减少了 10%，总的资源成本也减少了 10 000 美元，在此运行条件下，请根据这些变化重新计算所有作业的作业分配率。

4.8 TDABC

Bob Randall 是 Hemple 制造公司的成本经理，他被要求来计算公司制造工程部的作业成本。这个部门有以下作业：创建物料清单、研究制造能力、改进制造工艺、培训员工和设计工具。资源成本（从总账得出）和每种作业生产一个单位产品所需时间如下所示：

资源成本		作业	单位所需时间	动因
薪酬	$ 500 000	创建物料清单	0.5 小时	物料清单数量
设备	100 000	设计工具	5.4 小时	设计工具数量
物资	30 000	改进制造工艺	1.0 小时	工艺改进时间
合计	$ 630 000	培训员工	2.0 小时	培训课程量
总的机器时间和劳动时间（实际生产力）：				
机器时间			2 000	
工程时间			18 000	
总时间			20 000	

设计工具这项作业使用设计的工具数量来作为作业动因。使用传统方法，设计工具的作业成本为 179 000 美元，预计下一年度作业量为 1 000。在这一年度的第一个星期，两项产品（150 号产品和 151 号产品）分别需要 10 种和 20 种新工具。

要求：

（1）请计算制造工程部门的产能成本率。

（2）请使用产能成本率，计算每种作业的作业分配率。

（3）请使用 TDABC 驱动作业率来计算分配至每项产品的设计工具作业成本，然后重新使用传统 ABC 法来计算。有什么理由能够解释这两种方法差异的原因。

（4）现在假使为标准产品创建物料清单花费时间是 0.50 小时，为定制产品创建物料清单则需要另外增加 0.3 小时，请为这增加的复杂性创建时间方程，并且计算为定制产品创建物料清单此项作业的作业分配率。

第5章　产品成本和服务成本计算：分批成本系统

学习本章之后，您可以：

①区分服务业和制造业的成本会计系统，并区分独特化产品和标准化产品的成本会计系统。

②讨论成本归集、成本计量、成本分配之间的相互关系。

③识别分批成本法中使用的原始凭证。

④描述分批成本法的成本流并编制会计分录。

⑤解释作业成本法如何应用于分批成本法中。

⑥解释如何利用分批成本系统来核算废品成本。

我们已经了解了基本的成本术语，以及关于制造费用的分配方法，（因此）现在我们有必要仔细看看企业为核算成本而创建的系统。换句话说，我们需要决定如何归集成本并将其与不同的成本对象相联系。

5.1　生产流程的特点

一般而言，一家公司创建的成本管理系统可以反映其生产流程。依据生产流程建立的成本管理系统可以使管理者更好地监控企业的经济业绩。一个生产流程可以产出一种有形产品或者一项服务。这些产品或服务在性质上可能是相似的，也可能是独特的。生产流程的特点决定了建立一个成本管理系统的最好方法。

5.1.1　制造型企业与服务型企业

制造是指结合直接材料、直接人工和制造费用以生产出一种新的产品。制造出来的商品是有形的，并且能够被储存以及能从工厂转移到顾客那里。服务的特征是其具有无形性。它不能与顾客分离，也不能被储存。传统会计系统重视制造业而实际上忽略了服务业。现在不同于以前，这种方法不再有效。我们的经济发展越来越倾向于服务导向型。管理者必须能够像追踪制造业的商品成本那样正确地追踪其所提供的服务成本。事实上，一个公司的会计主管也许会发现，当管理者采用内部顾客法时，计算商品成本和计算服务成本都是十分必要的。

制造型企业与服务型企业的范围如图表5-1所示的连续区间。纯粹的服务业在左方列示。显示在左边的纯粹的服务业没有材料存货，也不向顾客提供有形的项目。纯粹的服务是很少的，也许蹦极跳才是一个例子。在连续区间的中部，美容院在很大程度上仍属于一种服务业，它使用像头发喷雾、定型发胶这样的材料存货。在连续区间的另一端是制造业产品，如汽车、谷物、化妆品和药品等。然而，即使是这些产品，其中常常仍含有服务的成分。例如，处方药必须经医生开出处方，且由经许可的药剂师配药。汽车商关注为他们的汽车所提供持续的服务。快餐是什么呢？Taco Bell公司提供的是产品，还是服务？它提供的东西两种成分都有。

服务在四个方面区别于产品：无形性、不可分割性、异质性和易逝性。无形性（intangibility）是指服务与产品不同，它没有实物形态。不可分割性（inseparability）是指生产与消费对于服务来说是不可分割的。异质性（heterogeneity）是指各项服务的

图表 5-1　　**服务型与制造型产品的连续区间**

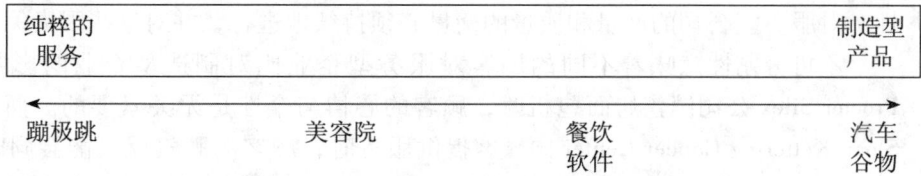

纯粹的服务			制造型产品
蹦极跳	美容院	餐饮 软件	汽车 谷物

效果之间的差异度比制造性产品之间的差异度更大。**易逝性**（perishability）是指服务无法保存，而必须在产出时即被消费。这些区别影响着与服务的生产相关的计划、控制和决策所需信息的类型。图表 5-2 列示的是与服务的生产相关的特点及其对成本管理系统的影响。

图表 5-2　　**服务型企业的特点及其对成本管理系统的影响**

特点	与业务的关系	对成本管理系统的影响
无形性	顾客（消费）被包括在服务过程中	成本按客户类型记账
	服务难以被大批量生产	必须建立鼓励可靠品质的系统
不可分割性	服务不能被储存	没有存货账户
	服务不能用专利权保护	有很强的道德规范
	难以定价	成本必须与整个组织相联系
异质性	服务难以标准化	需要强有力的系统手段
	难以确保服务的质量控制	持续进行生产率测评
		全面质量管理是非常关键的
易逝性	服务的功效消逝得很快	没有存货
	常常为同一顾客重复提供服务	需要标准化系统来应对回头客

服务的无形性导致了服务在会计上与有形产品的主要区别。服务型公司无法储存服务，并因此尽量少地保持物料存货。而制造型公司拥有材料存货、物料、在产品和完工产品等存货。因为制造业中存货的重要性和复杂性，所以，我们将在制造性公司存货成本的计算上花费更多的时间。

在顾客满意率上，服务型企业通常都要低于制造型企业。这其中一个重要的原因就是，服务型企业所提供的劳务具有较大的异质性。服务型企业强烈地意识到人力资源的重要性，因为服务是由人来提供的。微观经济学的一个关键假设就是劳务的同质性。也就是说，直接的劳动者之间被假设是相同的。这个假设是标准成本法中人工标准的基础。服务型企业认识到工人与工人之间是不同的。

现实案例

例如，Walt Disney World 雇用“幕后员工”和“前台员工”。幕后员工也许在做维护、服装缝制和人事（即“角色分配”）工作，但他们不为付款的公众（“顾客”）服务。由于具有独特的技能和良好的人际交往能力而被任用的前台人员则直接为客户服务。

人工异质性的更深层因素则是一个工人每天（的工作能力）都有所不同。工人们会受其所担任的工作、与其一起工作的其他工人、他们的教育程度与经验以及诸如健康和家庭生活等个人因素的影响。这些因素使得企业难以保证其所提供服务的稳定性。对服务型公司的产量和质量的衡量必须持续地进行，并对这些因素保持敏感性。

不可分割性意味着不同的顾客对服务型企业比对制造型企业的影响更大。当Proctor-Silex公司销售烤面包机时，顾客的心情与个性是无关紧要的。而当Memorial Sloan-Kettering Cancer Center向顾客提供服务时，顾客的脾气就可能会同时影响顾客所要求服务的数量和企业所提供服务的质量。不可分割性也意味着顾客对服务的评价与对产品的评价不同。因此，服务型企业可能需要将更多的资金投入到某些资源上，而将较少的资金投入到另外一些对于制造工厂来说是必要的资源上。例如，顾客也许会主要用价格和物质设施来衡量服务质量。因此，服务型企业就倾向于比制造型企业花费更高的成本用于有吸引力的经营场所上。您对制造型企业的第一印象也许就是它是多么的庞大、喧闹而且肮脏。地板是水泥地，而天花板通常是没装修过的。简而言之，不是令人赏心悦目的。但是，只要它生产了高质量的产品，消费者便不会在意这些。这与消费者对服务环境的态度不同。银行、诊所和饭馆是令人愉快的地方，有雅致的装修，绿化率很高。这符合成本效益原则，因为顾客们可以被吸引到这种环境中来享受服务。另外，这种环境可以使服务型企业制定更高的价格——以显示其有更高的质量。

服务的易逝性与无形性非常相似。例如，服务没有在产品或产成品存货。但是，无形性与易逝性之间还是存在一定的细微差别。如果一项服务的效果持续时间很短的话，那么它就是易逝的，但并不是所有的服务都是这样。整形外科手术不是易逝的，但理发是。它对成本管理的影响是：具有易逝性的服务要求系统可以轻松地接待回头客。服务的重复性还会导致我们采用标准化的流程和标准成本法。例如金融服务（如银行提供的支票清算）、卫生管理服务和美容美发商店。

道德（ethics） 顾客也许会感觉购买服务比购买产品要冒更大的风险。在这里道德是非常重要的。负责收集服务质量数据的内部会计人员对好消息和坏消息都必须准确地进行报告。那些曾经被具有误导性的广告所欺骗或没有得到承诺服务的顾客会厌恶再次尝试。制造商能够提供担保或更换产品。但服务型企业必须考虑顾客所浪费的时间。因此，服务型企业必须特别注意避免提供超过其能力范围的服务。

现实案例

看一下雷克萨斯汽车公司（Lexus）的例子，雷克萨斯汽车公司在将其生产的400辆汽车投入美国市场后不久，就发现其汽车有一个缺陷。雷克萨斯汽车公司与每一个买主联系，并在修理这些有缺陷的汽车时，为顾客出租代用汽车。对于那些居住地离工厂很远的买主，雷克萨斯汽车公司则替他们花钱聘请修理工。后来，雷克萨斯汽车公司发现了一个更大的汽车运转问题，于是就很快将受影响的汽车置换为新车。与此相反，许多通用汽车（GM）的买主却要为修理一个汽车缺陷而要通过几层汽车公司人员（的检验）。显然，在安排这种服务时，雷克萨斯汽车公司明白顾客时间的价值。

服务型企业尤其对那些可以应用于它们这种特殊类型企业的计划、控制技术感兴趣。生产率测评和质量控制是非常重要的。定价应当包括对服务型企业多方面情况的考虑。

重要的一点是，服务型公司与制造型公司也许会对会计数据和技术有不同的要求。对会计人员来说，为了提供相应的支持而了解相关的差异之处，以及接受交叉职能的培训，都是非常重要的。

现实案例

以麦当劳（McDonald）为例，它既是制造型公司又是服务型公司。在厨房，麦当劳是一条生产线。产品严格一致，每一个汉堡包都含有相同分量的肉、芥末、番茄酱和泡菜，小甜圆面包也是相同的。汉堡包被按照规定的时间并以正确的温度来烹制。它们按同一方式包装，并与其他汉堡包一起放在保温箱里。在这一阶段，标准成本法的会计作用发挥得很好，而且麦当劳正是使用这种方法。然而，在柜台，这个公司就成了一个服务性公司，顾客希望可以点餐并且迅速而正确地上餐。另外，他们希望得到令人愉快的服务，也许在点餐时需要一些帮助。干净的卫生间是必不可少的。麦当劳在服务领域对业绩的评价重点在于非财务指标：在柜台上，顾客将在60秒内得到服务；而“免下车”（drive-through）的顾客应在90秒内得到服务；卫生间则是至少每一小时检查和清洁一次。

5.1.2　独特化的与标准化的产品和服务

区别产品与服务的另一种方法是依据它们独特性的程度。如果一个企业分成小批量生产独特化的产品，并且各批产品发生不同的成本，那么这个企业就必须跟踪每一件或每一批产品的成本。这就是本章的重点——分批成本计算系统。另一个极端是，企业可能制造大量的同类产品。既然这些产品相同，那么单位产品的成本也就相同。相同产品的成本核算相对容易，这就是所谓的分步成本计算系统，这个内容将在第6章中考察。

需要指出的一点是：成本核算目的中的产品独特性就是指成本的独特性。以一家大型建筑公司为例，它正在建筑房屋。如果这些房屋是按照几种标准的模型来建造的，那么买主就能够通过选择不同种类的砖、瓦片、地毯等来预订房子。如果一套房子被漆成白色，而它的邻居被漆成绿色，那么它们的成本是一样的。但是，如果不同的选择会产生不同的成本，那么就应当分别对这些成本进行核算。因此，如果一个买房者选择一个漩涡式浴盆而另一个买房者选择的是标准浴盆，那么这两种浴盆不同的成本就应当被记在各自的房子成本中。正如一个建筑商所言，“我们所能做的就是提供选择并准确地记录我们的成本”。因此，生产相似产品的生产流程可能发生不同的单个产品成本。在这种情况下，企业应当用分批成本计算系统来跟踪成本。

服务型企业和制造型企业都可使用分批成本法。按顾客要求建造小屋的建筑商和住宅建筑商生产独特化的产品，它们必须用分批成本法进行核算。牙科和内科的服务也适用分批成本法。一个简单的牙齿填充的成本明显与做根管治疗的成本不同。绘画、汽车修理和设备修理也是使用分批成本法的服务。

使用分步法的加工企业大量生产类似或者相同的产品。每一件产品与其同类产品都没有本质的区别。例如食品、水泥、石油和化学企业都是分步加工的企业。这里重要的一点是，一件产品的成本与另一件产品的成本是相同的。因此，服务型企业也能应用分步成本法。例如，贴现经纪人在执行顾客对一只股票和对另一只股票的命令时所发生的成本非常相似：银行的支票清算部兑现支票所发生的成本都是一样的，而不管支票的价值是多少或是开给谁的。

成本系统的第三个类型是工序成本法。**工序成本法**(operation costing) 是分批成本法和分步成本法的混合物。同一批次里的各个产品是相同的，并且能够使用分步成本法计算。然而，每个批次却是不同的，并且各批产品的成本用分批成本法分开计算。一些服装和电力公司使用工序成本法。

有意思的是，有些公司因为产品种类增多以及面对日益增加的对小订单和原型产品（prototype）的需求，而逐渐倾向于采用分批成本法。

现实案例

一个很好的例子就是 Austin，位于得克萨斯州的服装公司 Sew Sister Fabrics。该公司专门为设计者和小型的女式贴身内衣专业公司提供小订单（每个设计有 16 个部分）服务。该公司能在不到三到四周的时间里完成一个订单，能很轻易打败那些利用外部资源生产的海外公司。公司创始人说："这些顾客普遍对于在送货港口的漫长等待、大额订单以及实物远远差于样品等问题感到厌倦。"因此，顾客对个性化产品的要求、弹性生产和改进的信息技术等几个因素结合起来，使得具有世界水平的制造商逐渐具有了分批性质的制造条件。

5.2 建立成本会计系统

一旦了解了企业生产流程的特点，会计人员就可以建立能生成恰当成本信息的系统了。一个好的成本会计信息系统是灵活的并且是可靠的。它可提供实现各种目的所需的信息，该信息也能用来解决各种问题。一般来说，这个系统可用来满足成本归集、成本计量和成本分配的需要。**成本归集**(cost accumulation) 是指成本的确认与记录。**成本计量**(cost measurement) 包括确定用于生产的直接材料、直接人工和制造费用的金额。**成本分配**(cost assignment) 是指将生产成本与所生产的产品联系在一起。图表 5-3 列示了成本归集、成本计量和成本分配的关系。

图表 5-3　**成本归集、成本计量与成本分配的关系**

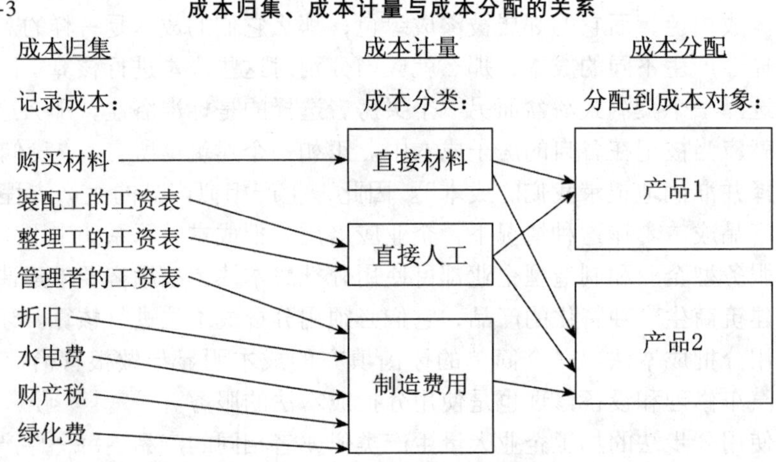

5.2.1 成本归集

成本归集是指成本的确认与记录。成本会计人员需要设计原始凭证，以追踪所发生的成本。**原始凭证**(source document) 可以描述交易。原始凭证中的数据可以被记入数据库。数据库中数据的记录使得会计人员与管理人员在分析有助于管理决策的数据子集时具有灵活性。成本会计人员也能利用这个数据库了解相关成本是否在总分类账中得以记录，并被过入适当的账户，以用于对外财务报告。

设计合理的原始凭证能够以一种灵活的方式提供信息。换句话说，就是信息能被用于多种目的。例如，当顾客购买了商品时，员工就要将日期、购买的项目、数量、价格、已付销售税和已收到的全部金额等（信息）填写或输入到销售收据上。仅仅这一张原始凭证就可以被用来确认本月的销售收入、每种产品的销售额、应付给州政府的税款和收到的现金或应收账款等（工作)。同样，雇员常常填写劳动时间表，列示他们做了什么工作、什么日期、工作多久（等信息)。劳动时间表的数据能被用来确认用于生产的直接人工成本、支付给雇员的金额、在这段期间所实现的生产率改进的程度以及下一批工作的直接人工成本预算。

5.2.2 成本计量

一旦成本被归集（记录）了，它们就可以按一种有意义的方式进行分类或组织，然后与产量相联系。成本计量是指对成本进行分类。例如，在生产产品时，它包括确认用于生产的直接材料、直接人工和制造费用的金额。这个金额可以是花费在制造性投入上的实际金额，也可以是估计的金额。制造费用的账单常常在单位成本必须被计算之后才能到达；因此，为确保及时提供成本信息和控制成本，常常需要使用估计的金额。

计量与生产相联系的成本有两种常用的做法：实际成本法和常规成本法。实际成本法要求企业用生产所耗费的所有资源的实际成本来确定单位成本。尽管这种方法直观看起来很合理，但是这种方法有它的缺陷，这在后面我们会看到。第二种方法，也就是常规成本法，要求企业将直接材料和直接人工的实际成本分配到所生产的产品中去。但是，制造费用是按事先确定好的估计数来分摊的。第4章中的常规成本法在实践中应用较为广泛，我们将在本章作进一步讨论。

实际成本法与常规成本法　实际成本法(actual cost system) 是用直接材料、直接人工和制造费用的实际成本计算单位成本。在实践中，严格的实际成本系统很少被应用，因为它不能适时地提供精确的单位成本信息。有意思的是，直接材料和直接人工成本的单位成本计算并不是问题的根源。直接材料和直接人工能够被追踪到单位产品中。使用实际成本法计算单位产品成本的主要问题与制造费用有关。之所以出现这个问题有以下两个原因。

首先，许多制造费用不会均匀地在年度内发生，一个月份的制造费用与下一个月份的制造费用之间的差别很大。例如，位于（美国）东北部的工厂因为需要供暖，所以冬天会招致更高的水电成本。即使工厂每月都生产 10 000 件产品，12 月份单位产品的制造费用仍然会多于6 月份单位产品的制造费用。因此，某个月的单位产品成本可能会高于另一个月的单位产品成本，尽管产量是相同的，并且生产过程也是相同的。每个产品的制造费用之间不同是由于实际制造费用没有在每个月中均匀发生。

其次，单位制造费用的剧烈波动是因为产量水平不均衡。假设一家工厂是按季节来生产产品的：在 3 月份生产 10 000 件产品，而在 9 月份生产 30 000 件产品，这样做是因为要为圣诞节购物做好准备。然后，如果所有其他成本相同，那么 3 月份产品的单位制造费用将会是 9 月份的三倍。同样，产量和生产过程都还是相同的。

如果企业在年末分配制造费用，那么就不会产生单位产品制造费用的波动问题。遗憾的是，等到年底再计算制造费用分配率是让人无法接受的。企业整年都需要单位成本信息。不管是编制内部财务报表，还是帮助管理人员做出诸如定价之类的决策，这种信息都要求适时地提供。大多数需要单位成本信息的决策不能等到年底才做出。为了保持稳健的竞争地位，管理人员必须对市场上的日常状况做出反应。

常规成本法可以解决与实际成本法相关的问题。在预定的基础上对制造费用进行计量并且使用直接材料和直接人工的实际成本的成本系统被称为**常规成本系统**（normal costing system）。正如第 4 章所讲解的那样，在年初计算制造费用分配率或作业分配率，然后在全年按照该分配率将制造费用分配到产品中。实际制造费用和预分的制造费用之间的差额被视为制造费用差异。

事实上，所有的企业都是以事先预定为基础将制造费用分配给产品。这个事实似乎表明，大多数公司都能成功地获得接近年底实际制造费用分配率的预定分配率。因此，利用估计的制造费用就可以解决实际成本法所产生的计量问题。运用直接材料和直接人工的实际成本、估计的制造费用的分批成本系统被称为**常规的分批成本系统**（normal job-order costing system）。

5.2.3 成本分配

一旦成本被归集和计量，它们就可以被分配记入所制造的产品或所提供的服务。单位成本对于很多管理目的来说都是非常重要的。例如，在居民住宅和工业建筑市场上，投标是常见的要求。事实上，不知道与产量相关的成本，就不可能提出有意义的报价。产品成本信息在其他许多领域也是很重要的。关于产品设计和新产品引进的决定会受预期单位成本的影响。制造或购买一件产品，接受或拒绝一项特殊的订货、保持或放弃一条产品线等决策都需要单位成本信息。

用最简单的形式计算单位产品或服务的成本很容易。单位成本是由与所生产的全部产品相关的总生产成本除以生产的产量而得来的。例如，如果一家玩具企业生产了 100 000 辆三轮车，为生产这些三轮车所耗费的直接材料、直接人工和制造费用的总成本为 1 500 000 美元，则每一辆三轮车的成本是 15 美元（$ 1 500 000÷100 000）。虽然概念很简单，但当产品各不相同或者企业需要在知道与产量相关的所有实际成本之前就知道产品成本时，实际的成本计算会更复杂并可能没有意义。

（1）单位成本对制造型企业的重要性

对于制造商来说，单位成本是关键的信息。单位成本对于存货估价、收益确定和一系列重要决策来说是必不可少的。

披露存货成本和确定收益是企业在每个期末都要面临的财务报告的要求。为了报告存货的成本，企业必须了解现有存货的数量和单位成本。销售成本通常被用来确定收益，这也要求了解销售数量以及它们的单位成本。

单位成本信息是否应当包括所有的制造成本，取决于使用这些信息的目的。财务报告要求的是完全单位成本信息或吸收的单位成本信息。但如果企业的生产低于其生产能力，那么变动成本信息也许在决定接受还是拒绝一项特殊的订货时更有用。因此，外部报告所需的单位成本信息可能不会满足许多内部决策之需，尤其是那些短期性质的决策。不同的成本满足不同的（管理）目的。

完全成本信息对许多重要的内部决策和财务报告来说都是有用的。长期来看，所有可生产产品的价格必须包含其全部成本。引进一项新产品、继续生产现有的一种产品和分析长期价格的决策都是依赖完全单位成本信息的重要内部决策的例子。

(2) 单位成本对非制造型企业的重要性

服务型企业和非营利性企业也需要单位成本信息。从概念上来看，无论是否是制造型企业，归集和分配成本的方法都是相同的。服务型企业必须首先确认其所提供的服务“数量”。在汽车修理店，服务的数量就是为每位顾客的汽车所做的工作。因为每辆汽车所需的服务项目（如加油到传动装置的修理）不同，所以成本必须单独地分配到每一项任务中。医院可以按患者、患者就医天数和治疗类型（如X射线、白细胞检验）归集成本。政府机构也必须确认其所提供的服务。例如，市政府可能提供家庭垃圾回收服务，并按卡车行程或每家的回收量来计算成本。

服务型企业使用成本数据的方式非常类似于制造型企业。它们利用这些成本来确认产生收益的可能性、引进新服务的可行性等等。但因为服务型企业不生产具有实物形态的产品，所以它们无需对在产品和完工产品存货进行估价。当然，它们可能有辅助材料，但这些辅助材料存货可用历史成本很容易地估价。

非营利性企业必须跟踪成本以保证它们以最经济的方式提供服务。政府机构对纳税人有合理使用资金的信托责任。这就要求对成本进行准确的核算。

(3) 单位成本信息的生成

单位成本信息的生成，需要成本计量和成本分配。我们已经考虑过两种成本计量系统：实际成本法和常规成本法。我们已经看到常规成本法更受欢迎，因为它能更适时地提供信息。简而言之，我们将采用分批成本法中的成本分配方法。让我们回顾一下单位制造费用是如何确定的。

直接材料和直接人工成本追溯到产品数量。所用材料与人工的金额和产量水平之间存在清晰的关系。其实际成本能够被使用是因为材料和人工的实际成本在任何时间点都能很好地被获知。

根据预算制造费用和预算动因量而决定的预定分配率来分配制造费用。这需要考虑两个问题：一个是作业基础或动因的选择；另一个是作业水平。第4章讨论了全厂范围的作业基础或动因的选择。现在，我们考虑作为制造费用率分配率分母的作业水平的选择。

5.2.4 选择作业水平

一旦选定了衡量作业的指标，我们仍需预测下年的作业用量水平。虽然可以选择任何一种合理的作业水平，但是一般优先考虑的两个候选项是预期实际作业量和常规作业量。简单地说，**预期作业水平**(expected activity level) 就是企业预期下年达到的产量水平。**常规作业水平**(normal activity level) 是指企业在一段很长的期间内实际的平均作业用量（常规水平是用一年以上的数值来计算的）。

例如，假设 Paulos Munufacturing 预期下年生产 18 000 单位的产品，预算制造费用为 216 000 美元。在过去的 4 年中，Paulos Munufacturing 产品的产量如下所示：

第一年	22 000
第二年	17 000
第三年	21 000
第四年	20 000

如果该公司使用预期实际产量，那么其将使用 12 美元（＄216 000/18 000）的预定制造费用分配率来分配制造费用。但是，如果使用的是常规产量，那么预定制造费用分配率公式的分母为过去 4 年产量的平均值，即 20 000［（22 000＋17 000＋21 000+20 000）÷4］。由此，下年的预定制造费用分配率为 10.80 美元（＄216 000÷20 000）。

哪种选择更好呢？在这两者之间，常规作业水平的优点是，逐年使用的作业水平很相似。因此，在分配制造费用时，所用的单位制造费用在年与年之间波动较少。当然，如果作业相当稳定，那么常规产量水平就会大致等于预期实际产量水平。

还有一些其他的与理论和实际水平相一致的作业水平，可用于计算**预定的制造费用分配率**（predetermined overhead rates）。**理论作业水平**（theoretical activity level）是指一个制造型企业绝对的最大产量，它是指当所有的环节都完美地运转时可以实现的产出。**实际作业水平**（practical activity level）是指当所有环节都富有效率地运转时可以实现的最大产出。富有效率的运转允许存在一些缺陷，如正常的设备废品、短缺和工人在不是最好的状态下操作。常规作业和预期实际作业倾向于反映顾客的需求，而理论作业和实际作业倾向于反映企业的生产能力。图表 5－4 列示了这四种作业水平指标。

图表 5－4　　**作业水平指标**

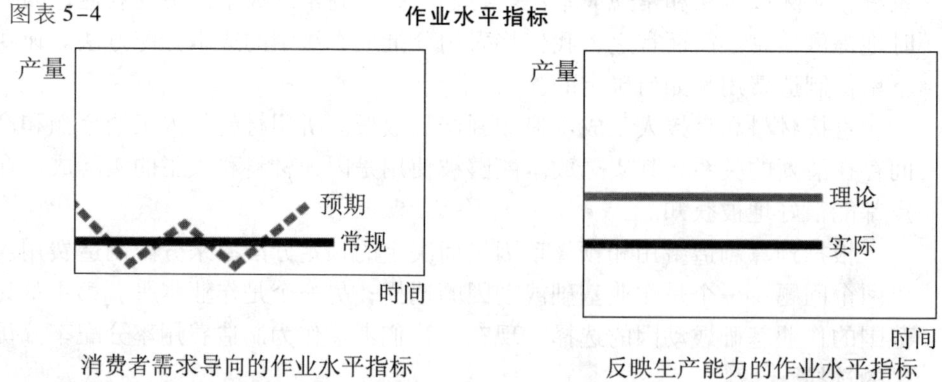

5.3　分批成本系统：概述

正如我们已看到的，制造型企业和服务型企业根据其产品的独特性可被分为两种主要的行业类型。产品或服务的异质性的程度影响着我们追踪成本的方法。因此，我们发展了三种不同的成本分配系统：分批成本法、工序成本法和分步成本法。我们将在本章中说明分批成本法。

5.3.1 分批成本系统概览

从事分批生产的企业生产的很多种类的产品或批次通常彼此都不相同。生产顾客化产品或根据订单制造产品的企业适合采用这种方法，同样，对不同顾客提供不同服务的企业也适合采用这种方法。分批生产流程的例子包括印刷、建筑、家具制作、汽车修理和美容服务。在制造业，一个批次可能是一个单位，如一座楼房；也可能是一组产品，如 8 个桌子。分批系统可被用在生产经常在大众市场上出售的商品。但是，一批这种商品的生产常常是与一项特别的顾客订单相联系的。分批成本法的关键特征是每批次产品之间的成本是不同的，必须分开进行管理。

在分批生产系统下，成本是按*批次*（job）归集的。这种分配成本的方法被称为**分批成本系统**（job-order costing system）。在分批生产的企业中，按批次归集成本为管理提供了重要的信息。一旦完成一个批次的生产，则用全部制造成本除以产量就可以得到单位成本。例如，如果印刷 100 张结婚喜帖的全部生产成本为 350 美元，则该批次的单位成本就是 3.5 美元。印刷企业的管理者可以将单位成本信息与市场通行价格进行比较，以确定是否存在一个合理的销售毛利率。如果不能，这就给管理者一个信号，说明本企业的成本与其他企业的成本可能不一致，应当采取行动降低成本，或者是企业可以将重点放在能为企业获得合理的销售毛利率的其他类型的生产批次上。事实上，可以计算企业所提供的不同印刷批次的创利额，然后利用这一信息选择一个获利最高的印刷服务组合。

为了阐述分批成本法，我们将采用常规成本计量方法。将直接材料和直接人工的实际成本分配到各批次，而将制造费用按预定制造费用分配率进行分配。但是，如何将制造费用分配到各批次是一个核心问题。为了分配这些成本，我们必须确认每一个批次和与之相关的直接材料与直接人工。另外，还必须设计一些机制将制造费用分配到每一个批次。

确认每一个批次并归集其制造成本的凭证是**分批成本计算表**（job-order cost sheet）。图表 5-5 列示了一个例子。成本会计部门在收到生产指令时，就会编制这样一张成本计算表。生产指令根据一个具体的顾客订单签发，或者是为了贯彻执行根据销售预测所制订的生产计划。每一张分批成本计算表都有一个确认该新批别的批次编号。在小企业中，批次相对较少，因此常用顾客名字来识别批次。例如，一个房屋承建商也许会将批次确认为“Oltman 的房子”或“Rhea 的房子”。而生产批次较多的企业一般会创建一个系统，该系统中前四个数字为年份，后面的数字用来识别这一年的批次。例如，批次可以标签为“2013-001”或者“2013-089”。关键点在于，每一批次是独立的并且成本与其他批次的成本分开计算。生产过程中任何时点的每一批次都应该有与该批次所有成本相联系的分批成本计算表。

在手工会计系统中，分批成本计算表是一种凭证。但在今天的社会中，大部分会计系统都已经电算化了。分批成本计算表通常相当于在产品存货总文档中的一个记录。所有分批成本表的集合构成了**在产品存货文档**（work-in-process inventory file）。在手工会计系统下，文档是放在文档柜中的；但在电算化会计系统下，文档是以电子的形式储存的。在这两个系统中，分批成本计算表文档都作为一种在产品明细账。

图表 5-5　　**分批成本计算表**

批号16								
生产单位Benson 公司				订单日期2013-04-02				
项目说明阀门				完工日期2013-04-24				
完工数量100				装运日期2013-04-25				
2013 直接材料		**直接人工**				**制造费用**		
领料单编号	**金额**	**工时卡编号**	**小时数**	**工资率**	**金额**	**小时数**	**分配率**	**金额**
12	$ 300	68	8	$ 6	$ 48	8	$ 10	$ 80
18	450	72	10	7	70	10	10	100
	$ 750				$ 118			$ 180

成本汇总

直接材料 $ 750

直接人工118

制造费用180

总成本 $ 1 048

单位成本 $ 10.48

不管是手工会计系统，还是电算化会计系统都需要同种类型的数据，以归集成本和追踪批次的进展。分批成本系统必须能够确认每个批次所耗费的直接材料、直接人工和制造费用的数额。我们需要用凭证和处理程序将一个批次所耗用的生产性投入与该批次本身联系起来。这种要求可以通过利用直接材料的领料单、直接人工的工时卡和制造费用的预定分配率而得以实现。

5.3.2　领料单

直接材料成本可以通过一种被称为**领料单**（materials requisition form）的原始凭证而被分配到一个批次，如图表 5-6 所示。注意，领料单要求填写发出材料的种类、数量和单位成本，其中最重要的是批号。利用这张单子，成本会计部门就能将全部直接材料成本直接记入某批次的成本计算表。如果是电算化会计系统，则可以在计算机终端利用领料单作为原始凭证直接输入数据。然后处理程序可以将直接材料的成本记入每一个批次的成本中。

除了提供必要的信息以将直接材料成本分配到各批次之外，领料单还能提供诸如领料号、日期和签章之类的其他数据。这些数据项目对于适当控制企业的直接材料存货很有用。例如，通常一个生产监督者的签名，就可以将对材料的责任从存储领域转移到接收材料的人。

其他诸如辅助材料、润滑油等之类的材料成本一般不会被追溯到一个特定的批次。这些间接材料是制造费用的一部分，并且按预定制造费用分配率分配到各批次。

图表 5-6 **领料单**

领料单 678 号

领料日期2013-04-08

领料部门研磨部

批号62

摘要	数量	单位成本	总成本
铸造	100	$ 3	$ 300

被授权人签名Jim Lawson

5.3.3 批次工时卡

直接人工必须分配到每一特定批次。这是通过使用一种叫做**工时卡**(time ticket)(见图表 5-7)的原始凭证来完成的。当一名雇员在为一项特定的批次工作时，她应当填写工时卡，在上面标出她的姓名、工资率、工时和批号。这些工时卡每天被收集起来，并被送到成本会计部门。在那里，利用工时卡上的信息可将直接人工成本分配到个别的批次。同样，在电算化系统下，登账工作就包括将该数据输入计算机。

5.3.4 制造费用分配

将制造费用分配到各批次的工作一般采用预定制造费用分配率。通常，计算制造费用的指标是直接人工工时。例如，假设企业预测下年的制造费用为 900 000 美元，预期作业量为 90 000 直接人工工时，则预定制造费用分配率为 $ 900 000÷90 000 直接人工工时 = $ 10/直接人工工时。

因为一个批次所耗费的直接人工工时数可以从工时卡得到，所以一旦计算出预定制造费用分配率，将制造费用分配到批次的工作就非常简单了。例如，图表 5-7 揭示了 Ann Wilson 为第 16 批次一共工作 8 小时。从工时卡来看，总共有 80 美元 ($ 10×8 小时) 的制造费用将被分配到第 16 批次。

图表 5-7 **工时卡**

工时卡 68 号

雇员编号45

姓名Ann Wilson

日期2013-04-12

开始时间	结束时间	时间总额	每小时工资率	金额	批号
8：00	10：00	2	$ 6	$ 12	16
10：00	11：00	1	6	6	17
11：00	12：00	1	6	6	16
1：00	6：00	5	6	30	16

证明人Jim Lawson

部门管理者

如果依据除直接人工工时外的其他分配标准来将制造费用分配到各批次，那么该怎么办呢？这时必须记录其他的动因，即必须收集关于其他动因（如机器工时）的实际用量的数据，并登记记入某分批成本计算表。雇员必须填制用来追溯每个批次所耗费的机器工时的原始凭证。机时卡能够很容易地满足这种要求。

5.3.5 单位成本计算

一旦一个批次完工了，便应立即计算其全部制造成本。这个计算是先对直接材料、直接人工和制造费用的成本各自加总，然后再将它们的加总值分别加总。最后的总额除以产量就可以得到单位成本。基础 5.1 解释了如何以及为何填制一个简化的分批成本计算表。注意，基础 5.1 中的简化分批成本计算表略去了图表 5-5 中介绍的详细的分批成本计算表。该简化计算表对于布置家庭作业和考试命题是很有用的。

基础 5.1：如何以及为何填制一张简化的分批成本计算表

资料：

All-Round Fence 公司为自有住房者和小商业公司安装栅栏。3 月份，All-Round 做了三个批次的工作。该三个批次工作的相关数据如下：

	Job 62	Job 63	Job 64
期初余额	$ 620	$ 0	$ 0
材料领用	4 900	4 600	3 000
直接人工成本	2 500	1 740	1 600

制造费用按照直接人工成本的 60% 的分配率来分配。3 月份，Job 62 完成并且以成本的 125% 销售。Job 63 和 Job 64 月末未完工。

为什么：

因为在材料和人工成本项目中每个批次是独立的，所以成本必须按照批次分开来追溯。

要求：

a. Job 62 的期初余额是什么意思？为什么 Job 63 和 Job 64 没有期初余额？

b. 为 Job 62、Job 63、Job 64 填制简单的分批成本计算表。

c. 计算 Job 62 的价格和毛利。

d. 如果制造费用分配率为直接人工成本的 80%，结果会是怎样的？增加的成本将对三个批次产生什么影响？

解答：

a. Job 62 在 3 月 1 日有期初余额，因此它一定在更早期就已经开工了（比如说，在 2 月份）并且已经发生了一些成本。很明显，该批次没有完成以至于 3 月份增加了更多的成本。

b.

	Job 62	Job 63	Job 64
期初余额	$ 620	$ 0	$ 0
领用材料	4 900	4 600	3 000
直接人工成本	2 500	1 740	1 600
预分的制造费用*	1 500	1 044	960
总成本	$ 9 520	$ 7 384	$ 5 560

*预分的制造费用=0.6×直接人工成本

c. Job 62 的价格 = $ 9 520+（0.25×$ 9 520）= $ 11 900

Job 62 的毛利 = $ 11 900－$ 9 520 = $ 2 380

d. 如果制造费用分配率为直接人工成本的 80%，而不是 60%，那么每个批次分配的制造费用将会增加并且总成本也会增加。因为成本被视作定价基础，所以标价也将提高。

企业所有的已完工批次的成本计算表可以作为产成品存货的明细账。在手工会计系统中，已完工批次的成本计算表要从在产品文档转移到产成品存货文档。在电算化会计系统中，进行一次数据更新就能删除在产品总文档中的这些完工批次，并在产成品总文档中加上这些记录。在这两种情况下，在任何时点对完工批次的成本计算表中的金额进行加总就能计算出产成品存货的成本。在更加复杂的相关数据库中，相关文档将包含所有的批次。这些文档中的一个栏目或者属性就会显示该批次的状态——在加工、已完工或者已销售。

当产成品售出并装运时，成本记录将会从产成品存货文档中撤离（或被删除）。因此，这些记录就形成了计算一个期间之内的销售成本的基础。

5.4 分批成本法：具体的成本流说明

我们知道，成本流是成本从发生到在利润表中被确认为一项费用的流动过程。分批成本法最初主要是关注制造成本流的。相应地，我们以对制造成本的三个要素（直接材料、直接人工和制造费用）进行的详细描述作为阐述的开始。

在这段阐述中，我们以一个简单的分批工作车间环境作为基本框架。最近，Bob Fredericks 创建了 All Signs 公司，生产各种订制的招牌。Bob 租了一栋小型建筑，并购买了必备的生产设备。在其经营的第一个月（1 月份），Bob 完成了两个批次的产品制作：一批是为新建的住宅区制作 20 个街边招牌，还有一批是为高尔夫球场制作的 10 个激光刻制的木招牌。这两个批次的产品都必须在 1 月 31 日之前交货，并按制造成本加成 50% 的价格销售。Bob 期望在经营的第一年，平均每月有两批工作可以做。

Bob 创建了两张分批成本计算表，并为每批工作分配一个编号。Job 101 是街边招牌，Job 102 是高尔夫球场的招牌。

5.4.1 直接材料的核算

因为该公司刚开始营业，所以没有期初存货。为了在 1 月生产 30 个招牌并且在 2 月初手边保持一定的材料供应，Bob 赊账购买了 2 500 美元的材料存货。采购分录如下：

a. 借：材料存货　　2 500

　　贷：应付账款　　2 500

“材料存货”账户是一个存货账户，也是所有材料存货的总账账户。当购买材料时，这些材料的成本就“流入”材料存货账户。

从 1 月 2 日到 1 月 19 日，生产工厂使用三张领料单从仓库领出 1 000 美元的直接材料。从 1 月 20 日到 1 月 31 日，用另外两张领料单领出 500 美元的直接材料。前三张领料单列示的直接材料是被 Job 101 使用的，而后两张领料单是被 Job 102 使用的。因此在 1 月份，Job 101 的成本计算表中共计有 1 000 美元的直接材料，而 Job 102 的成本计算表中共计有 500 美元的直接材料。另外，接下来的分录应为：

b. 借：在产品存货　　1 500

　　贷：材料存货　　1 500

第二笔分录符合材料存货从仓库流转到在产品的概念。所有这样的流转在“在产品存货”账户中汇总，并各自记入相应的批次。“在产品存货”账户是总账账户，分批成本计算表是明细分类账户。图表 5-8 汇总了材料存货成本流。注意驱动材料成本流转的原始凭证是领料单。

图表 5-8　**直接材料成本流的简要说明**

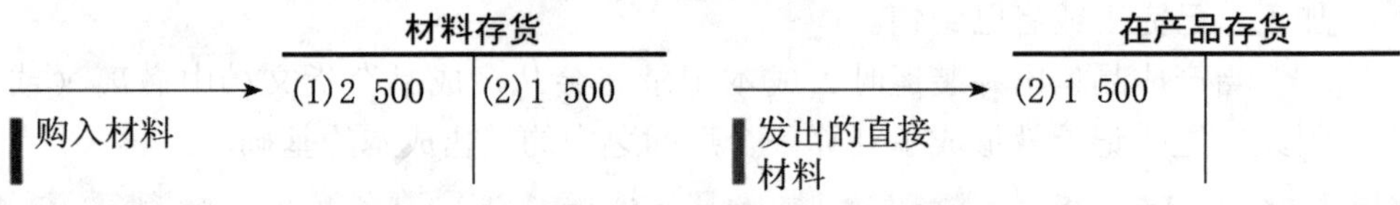

明细账（成本计算单）

Job 101
直接材料

凭证号	金额
1	$300
2	200
3	500
	$1 000

Job 102
直接材料

凭证号	金额
4	$250
5	250
	$500

文件来源：原始凭证——领料单。

5.4.2 直接人工成本核算

因为 1 月份加工了两个批次，所以由直接劳动者填写的工时卡必须按各批次分类。完成分类后，则按每个雇员的工时和工资率将直接人工成本分配到每一个批次。Job 101 工时卡反映工时为 60 小时，工资率为 10 美元/小时，直接人工成本总额为 600 美元。Job 102 工时为 25 小时，工资率为 10 美元/小时，直接人工成本总额为 250 美元。除将这些数据记入到每个批次的成本计算表之外，还要做如下汇总分录：

c. 借：在产品存货　　850

　　贷：应付工资　　850

直接人工成本流转的简要说明如图表 5-9 所示。注意，分配到这两个批次的直接人工成本一定正好等于分配到“在产品存货”账户上的全部金额。另外，还要注意由单个工人填写的工时卡是对人工成本流转记账的信息来源。请记住：人工成本流转只反映直接人工成本。间接人工是作为制造费用的一部分进行分配的。

图表 5-9　**直接人工成本流的简要说明**

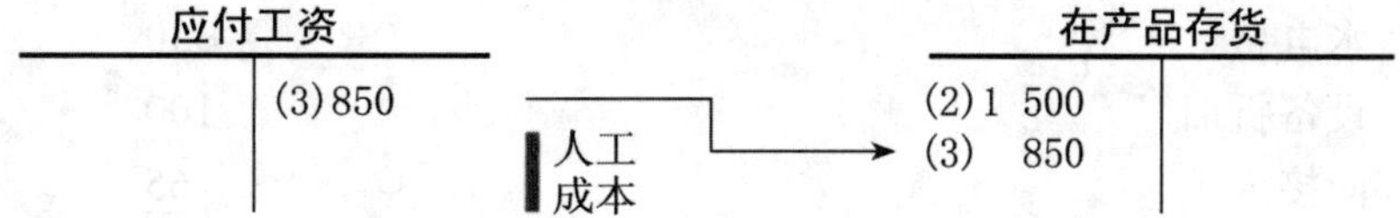

在产品存货的明细账（成本计算单）

Job 101
人工

票据	小时数	分配率	金额
1	15	$10	$150
2	20	10	200
3	25	10	250
	60		$600

Job 102
人工

票据	小时数	分配率	金额
4	15	$10	$150
5	10	10	100
	25		$250

文件来源：原始凭证——领料单。

5.4.3 制造费用的核算

在常规成本法下，我们一般从不将实际制造费用分配到批次中，而是根据预定制造费用分配率来确定产品的应分配制造费用。但即使是在这种方法下，企业也应当对所发生的实际制造费用进行账务处理。因此，我们将首先描述一下对根据预定制造费用分配率来分配制造费用是如何记账的，然后讨论一下实际制造费用的账务处理。

（1）制造费用分配的核算

假设 Bob 估计本年的制造费用为 9 600 美元。另外，因为他期望经过一年的经营，业务开始增长，所以他估计直接人工工时总额为 2 400 小时。于是，预定制造费用分配率的计算如下所示：

制造费用分配率 = ＄ 9 600÷2 400 = ＄ 4/小时

制造费用通过预定制造费用分配率流入“在产品存货”账户。

因为是用直接人工工时将制造费用分配到产品，所以工时卡就作为原始凭证，将制造费用分配到每个批次和总账性的“在产品存货”账户。

Job 101 的全部工时为 60 小时，则记账的制造费用金额为 240 美元（＄ 4×60）。Job 102 的制造费用为 100 美元（＄ 4×25）。一个汇总分录反映了已分配的制造费用总额为 340 美元（1 月份的各批次所确认的全部制造费用）。

d. 借：在产品存货 340

贷：制造费用总账 340

制造费用总账账户的贷方余额等于在给定时点的全部预分的制造费用。在常规成本法下，只有预分的制造费用记入在产品存货账户中。

（2）实际制造费用的核算

为了说明如何记录实际制造费用，假设 1 月份生产所有招牌所发生的制造费用如下：

支付的租赁费	$ 200
水电费	50
设备折旧	100
间接人工	65
制造费用总计	$ 415

如前所述，实际制造费用从不记入在产品存货账户。通常的步骤是将实际制造费用记在“制造费用总账”的借方。例如，记录实际制造费用的分录如下：

e. 借：制造费用总账 415

贷：应付租赁费 200

水电费 50

累计折旧——设备 100

应付工资 65

因此，“制造费用总账”的借方余额可以在任何给定时点上给出全部实际制造费用的信息。因为该账户的借方是实际制造费用，预分的制造费用记在贷方，所以在给定时点上该账户的余额就是制造费用差异。1 月底，All Signs 公司的实际制造费用为 415 美元，预分的制造费用为 340 美元，产生的少分配的制造费用为 75 美元（$ 415-$ 340）。

制造费用流在图表 5-10 中作了简要说明。为了确认在产品存货的制造费用，公司需要工时卡上的信息和以直接人工工时为基础的预定制造费用分配率。

5.4.4 产成品存货的核算

我们已经看到了一个批次完工后会发生什么情况。先将直接材料、直接人工和预分的制造费用的专栏金额加总。然后将这些总额转到成本计算表的另一部分，在这里它们再被加总以便计算出该批次的制造成本。这张分批成本计算表被转移到产成品存货文档中。同时，将完工批次的成本从在产品存货账户转到产成品存货账户中。

例如，假设 Job 101 在 1 月份完工，完工分批成本计算表如图表 5-11 所示。因为 Job 101 已完工，所以全部 1 840 美元的制造成本必须从在产品存货账户转入产成品存货账户。这项价值转移的账务处理如下所示：

f. 借：产成品存货 1 840

贷：在产品存货 1 840

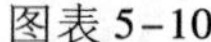
图表 5-10 **制造费用成本流的简要说明**

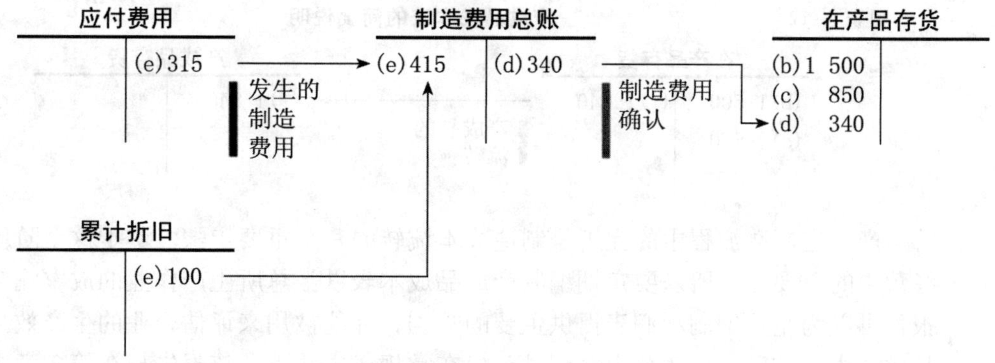

在产品存货的明细账（成本计算单）

Job 101
预分的制造费用

小时数	分配率	金额
60	4	240

Job 102
预分的制造费用

小时数	分配率	金额
25	4	100

注意：信息来自工时卡；使用预定分配率

图表 5-11 **完工批次的成本计算表**

批号 101

为：房屋开发　　　　预定日期 2013-01-01

项目：街边招牌　　　开工日期 2013-01-02

完工数量：20　　　　完工日期 2013-01-15

材料		直接人工				制造费用		
领料单编号	金额	工时卡编号	小时数	分配率	金额	小时数	分配率	金额
1	$ 300	1	15	$ 10	$ 150	15	4	$ 60
2	200	2	20	10	200	20	4	80
3	500	3	25	10	250	25	4	100
	$ 1 000				$ 600			$ 240

成本汇总

直接材料 $ 1 000

直接人工 600

制造费用 240

总成本 $ 1 840

单位成本 $ 92

一个批次完工时发生的成本流简要说明如图表 5-12 所示。

图表 5-12　**产成品成本流的简要说明**

在产品存货			产成品存货	
(b) 1 500	(f) 1 840	→ 产成品的流转	(f) 1 840	
(c) 850				
(d) 340				

产品在制造流程中的完工是制造成本流转的一个重要步骤。鉴于这个阶段在生产经营中的重要性，所以要定期编制产成品成本表以汇总所生产作业的成本流转。这个报告可以为企业编制利润表提供主要的数据，并能被用来评估企业的生产效果。产成品成本表最初已在第 2 章中介绍过。但在常规成本法下，该报告与在第 2 章中所介绍的实际成本报告有所不同。

图表 5-13 列示的产成品成本表汇总了 All Signs 公司 1 月份的生产作业。这个报告与第 2 章中出现的报告的主要区别就是用预分的制造费用来计算产成品的成本，产成品存货用常规成本而不是实际成本来表示。

图表 5-13　**产成品成本表**

All Signs 公司产成品成本表 2013 年 1 月 31 日		
2013 直接材料：		
期初直接材料存货	$ 0	
加：本月购入直接材料	2 500	
可使用直接材料总额	$ 2 500	
减：期末直接材料	1 000	
本月耗用直接材料		$ 1 500
直接人工		850
制造费用：		
租赁费	$ 200	
水电费	50	
折旧费	100	
间接人工	65	
	$ 415	
减：少分配的制造费用	75	
预分的制造费用		340
本期生产成本		$ 2 690
加：期初在产品存货		0
减：期末在产品存货		(850)
产成品成本		$ 1 840

注意，在产品存货的期末金额为850美元。我们是从哪儿得到这个数字的呢？在这两个批次中，Job 101完工后被转入“产成品存货”账户，成本为1 840美元。以该金额贷记“在产品存货”账户，期末结余850美元。或者，我们应将这个金额借记在所有的未完工批次的“在产品存货”账户中。Job 102是唯一未完工的批次。因此，其已分配的制造成本为500美元的材料存货、250美元的直接人工、100美元的预分的制造费用。这些成本的总额就计入期末在产品成本中。

5.4.5 产品销售成本的核算

在分批生产的企业中，产品是为特定顾客生产的，或是根据市场可担保条件所作的销售预期而生产的。当一批产品被运送给顾客时，已完工批次的成本就变成了销售成本。当Job 101被装运时，应做如下分录（因为加价了50%，所以销售价格是制造成本的150%）：

g.（1）借：产品销售成本	1 840	
贷：产成品存货		1 840
（2）借：应收账款	2 760	
贷：销售收入		2 760

除了这些分录以外，在每个报告期末（如月末、季末），通常还要编制产品销售成本明细表。图表5-14列示了All Signs公司1月份的产品销售成本明细表。通常，制造费用差异不是很大，因此可结转入产品销售成本账户。调整制造费用差异之前的产品销售成本被称为**常规销售成本**（normal cost of goods sold）。本期的制造费用差异调整后产生的结果被称为**调整后的产品销售成本**（adjusted cost of goods sold）。后者的数额在利润表上作为费用列示。基础5.2说明了如何以及为何在决定在产品、产成品、产品销售成本的期末余额时使用分批成本计算表。

图表5-14 **产品销售成本表**

All Signs公司产品销售成本表

2013年1月31日

期初产成品存货	$ 0
产成品成本	1 840
可供销售的产品	$ 1 840
减：期末产成品存货	0
常规销售成本	$ 1 840
加：少分配的制造费用	75
已调整的销售成本	$ 1 915

基础5.2：如何以及为何使用分批成本单确定在产品、产成品、产品销售成本的余额

资料：

（我们使用与基础5.1同样的数据。）All-Round Fence公司为自有住房者和小商

业公司安装栅栏。3 月份，All-Round 做了三个批次的工作。3 月份完工批次的成本计算单（摘自基础 5.1）如下：

	Job 62	Job 63	Job 64
期初余额	$ 620	$ 0	$ 0
材料领用	4 900	4 600	3 000
直接人工成本	2 500	1 740	1 600
预分的制造费用	1 500	1 044	960
总成本	$ 9 520	$ 7 384	$ 5 560

3 月份，Job 62 完工并且以成本的 125% 的价格销售。Job 63 和 Job 64 月末未完工。

为什么：

因为所有的成本都是以批次来跟踪的，所以通过汇总所有未完工的批次来计算在产品的余额。产成品中增加的数额是完工但没有销售的批次（的成本）。产品销售成本一定是该月中的所有已售分批成本的总和。

要求：

a. 3 月份在产品的月末余额是多少？

b. 假设 3 月 1 日产成品的余额为零，则其期末余额是多少？

c. 3 月份的产品销售成本是多少？

d. 如果 3 月 1 日产成品的余额为 4 560 美元（包含 Job 61），**结果会是怎样的？**其月末余额是多少？

解答：

a. 由于 Job 63 和 Job 64 在 3 月 31 日未完工，所以它们的总成本一定是在产品的余额。

3 月 31 日的在产品 = $ 7 384+ $ 5 560 = $ 12 944

b. 因为既没有批次完工也没有批次被销售，所以 3 月份不用增加产成品成本。又由于期初产成品的余额为零，因此，期末产成品的余额也为零。

c. 产品销售成本 = Job 62 = 9 520 美元

d. 若产成品的期初余额为 4 560 美元，而 3 月末新完工的批次全被销售，并且 3 月份没有销售 Job 61，则产成品期末余额仍保持 4 560 美元。

制造费用差异要在年末才能一次性转入产品销售成本。每月预测制造费用的差异，是因为全年生产水平的不均衡以及全年实际制造费用发生的不均衡。在这一年内，随着时间的推移，每月的差异从总体上看都相互抵消了，因此年末差异就小。但是，为了说明如何对年末制造费用差异进行处理，我们将结平 All Signs 公司 1 月份所产生的制造费用差异。结转少分配的制造费用至产品销售成本，应做如下分录：

h. 借：产品销售成本	75	
贷：制造费用总账		75

注意借记“产品销售成本”就等于将少分配的制造费用全部加到常规销售成本的金额上。如果是多分配的制造费用，则作相反的分录，贷记“产品销售成本”。

如果 Job 101 不是按顾客订单生产，而是根据预期可将招牌卖给各种其他开发商而生产的，那么有可能在完工时所有的 20 件产品不会一下子全部卖出去。假设 1 月 31 日，卖出了 15 个招牌。那么，产品销售成本就等于单位成本乘以销售数量（$ 92 ×15，即 $ 1 380）。单位成本的数据可在图表 5–11 的成本计算表上找到。

结平了产品销售成本的制造费用差异，（意味着）对生产成本流转的描述就结束了。为了便于对这些重要的概念进行回顾，图表 5–15 列示了 All Signs 公司制造成本流的完整概况。注意这些分录汇总了前述分批成本计算表中的信息。虽然图表中的描述是具体针对上述例子的，但是在任何使用常规分批成本法的企业都可以看到这种成本流转模式。

但制造成本流并非是企业唯一的成本流，（企业）也会发生非制造成本。在图表 5–15 之后，我们将介绍如何对这些成本进行账务处理。

图表 5–15　**All Signs 公司制造成本流的简要说明**

材料存货		应付工资		制造费用总账	
(a) 2 500	(b) 1 500		(c) 850	(e) 415	(d) 340
					(h) 75

在产品存货		产成品存货		产品销售成本	
(b) 1 500	(f) 1 840	(f) 1 840	(g) 1 840	(g) 1 840	
(c) 850				(h) 75	
(d) 340					

(a) 购入直接材料	$ 2 500
(b) 发出直接材料	1 500
(c) 发生直接人工成本	850
(d) 分配制造费用	340
(e) 发生实际制造费用	415
(f) Job101 转入产成品	1 840
(g) Job101 的销售成本	1 840
(h) 结平少分配的制造费用	75

5.4.6　非制造成本的核算

与销售作业和一般行政管理型作业相联系的成本被归为非制造成本。这些成本就是期间费用，而且在传统成本系统中永远不会被分配到产品上。它们不是制造成本流中的一部分。它们不属于制造费用一类，被归为完全独立的一类。

为了说明这些成本是如何核算的，假设 All Signs 公司在 1 月份发生如下业务事项：

广告宣传品	$ 75
销售佣金	125
办公人员工资	500
办公设备折旧	50

如下复式分录可以用来记录上述成本：

借：销售费用总账	200	
管理费用总账	550	
贷：应付账款		75
应付工资		625
累计折旧——办公设备		50

总账账户归集一段期间内所有的销售费用和管理费用。在期末，这些成本就列示在该期间的利润表上。图表 5-16 列示的是 All Signs 公司的一张利润表。

解释完销售费用与管理费用的会计程序之后，常规分批成本法的基本要点也都介绍完了。这一段描述的假设是使用单一的全厂范围的制造费用分配率。

图表 5-16 **利润表**

All Signs 公司的利润表

2013 年 1 月 31 日

销售收入		$ 2 760
减：产品销售成本		1 915
毛利		$ 845
减：销售费用和管理费用		
销售费用	$ 200	
管理费用	550	750
经营利润		$ 95

5.5 结合作业成本法的分批成本法

正如第 4 章所述，使用依据直接人工这样的分配率分配制造费用也许会导致所分配的制造费用不准确，要么会多分，要么会少分。部门制造费用分配率和作业成本法被用来解决此类问题。在分批成本法中，部门制造费用分配率和作业成本法仅仅影响制造费用的分配。因此，在分批成本计算表中要为制造费用的分配增加几行数据，并且原始凭证必须包括用来分配制造费用的所有动因。基础 5.3 说明了如何以及为何为使用作业成本法的企业创建一张分批成本计算表。

基础 5.3：如何以及为何在分批成本法中使用作业成本法

资料：

Glover 公司是使用分批成本法的企业，它使用作业成本法来给各批次作业分配制造费用。Glover 确定了三个制造费用作业和相关的动因。本年的预算信息如下：

作业	成本	动因	动因数量
工程设计	$ 120 000	工程小时数	3 000
采购	80 000	零件数量	10 000
其他制造费用	250 000	直接人工小时数	40 000

Glover 7 月份生产了四个批次。数据如下：

	Job 60	Job 61	Job 62	Job 63
余额，7/1	$ 32 450	$ 40 770	$ 29 090	$ 0
直接材料	$ 26 000	$ 37 900	$ 25 350	$ 11 000
直接人工	$ 40 000	$ 38 500	$ 43 000	$ 20 900

	Job 60	Job 61	Job 62	Job 63
工程小时数	20	10	15	100
零件数量	150	180	200	500
直接人工小时数	2 500	2 400	2 600	1 200

7 月 31 日，Job 60 和 Job 62 完工并销售了，其他批次则继续在加工。

为什么：

ABC 法要求按照每个作业和动因来收集数据。因此只向唯一使用该作业动因的批次分配作业成本。

要求：

a. 计算该三个间接作业的分配率。

b. 为每个批次的作业创建分批成本计算表，以显示 7 月份所有的成本。

c. 计算 7 月 31 日在产品的余额。

d. 计算 7 月份的产品销售成本。

e. 如果Job 61 不需要工程小时，**结果会是怎样的？** Job 61 的新成本是多少？其他批次的作业将会受到什么影响？

解答：

a. 设计工程的分配率 = $ 120 000÷3 000 = $ 40/小时

采购的分配率 = $ 80 000÷10 000 = $ 8/个

其他制造费用 = $ 250 000÷40 000 = $ 6.25/小时

b.

	Job 60	Job 61	Job 62	Job 63
余额，7/1	$ 32 450	$ 40 770	$ 29 090	$ 0
直接材料	26 000	37 900	25 350	11 000
直接人工	40 000	38 500	43 000	20 900
工程设计	800	400	600	4 000
采购	1 200	1 440	1 600	4 000
其他制造费用	15 625	15 000	16 250	7 500
总成本	$ 116 075	$ 134 010	$ 115 890	$ 47 400

c. 在产品 = Job 61 + Job 63 = $ 134 010 + $ 47 400 = $ 181 410

d. 产品销售成本 = Job 60 + Job 62 = $ 116 075 + $ 115 890 = $ 231 965

e. 如果 Job 61 不需要工程设计时间，那么，分配给 Job 61 的工程量为零，其成本将减少 400 美元。Job 61 的新成本将为 133 610 美元，其他批次的成本不受影响。

5.6 传统的分批成本系统中的废品核算

在这一章中，我们一直假设所有的产品都是合格品。在这种情况下，所有的制造成本都记入了合格品，并且转到了产品销售成本中。然而，偶然地，差错也会发生；企业会生产出有缺陷的产品，这些有缺陷的产品要么被直接扔掉，要么经修复后再去销售。那么我们该如何核算这些成本呢？

传统的分批成本法区分了正常废品和非正常废品。**正常废品**(normal spoilage) 可以根据正常生产过程的性质来预计。这些废品可能要求额外的工作以使其达到可销售状态，或者可能被直接丢弃。例如，在牛仔裤工厂的维修工人要不时地给缝纫机加油。加油后接下来要缝制的牛仔裤就可能沾上几滴机油。这样的牛仔裤就被污染了，然后会被扔掉。这就是正常废品。其成本应包含在制造费用中，然后分配给所有的合格品。**非正常废品**(abnormal spoilage) 的出现一般归因于一个特定批次的严格要求。这种类型的废品应被计入生产它的那个批次的成本中。基础 5.4 讲解了如何处理废品并且为何要区分正常废品和非正常废品。

分批生产环境下的废品处理是（首先）决定它为正常废品还是非正常废品，（然后）若为非正常废品则应计入（导致废品的）那个批次的成本中。正常废品被认为是一项工序成本。它被归入制造费用分配率，并且通过预分的制造费用分给所有批次的产品。

基础 5.4：如何以及为何在分批生产环境下核算正常废品和非正常废品

资料：

Petris 公司根据订单分批生产橱柜。Job 98-12 生产 100 个产品，需耗费直接材料 2 000美元，直接人工 1 000 美元 (10 美元/小时乘以 100 小时)。制造费用以直接人工费用的 150%进行分配。当该批次生产结束时，共生产了 100 个产品，但是由于架子安装不合适要求返工 3 个橱柜。返工需要额外的 6 小时直接人工，并且需要额外增加 50 美元的材料。

为什么：

正常废品要求任何返工的成本记入“制造费用总账”。任何返工成本都不应分配到（导致废品的）那个批次中。如果这些废品是非正常废品，则任何额外的成本都应被分配到需要返工的那个批次（的产品）中。

要求：

a. 假设该废品是由于未经培训的新员工造成的，因此属于正常废品。

(1) 计算 Job 98-12 的成本。

(2) 做出任何与制造费用总账相关的会计分录。

b. 假设该废品是非正常的，并且是由于该批次的严格规范所导致的。

(1) 计算 Job 98-12 的成本。

(2) 做出任何与制造费用总账相关的会计分录。

c. **如果**Job 98-12 中的那 3 个橱柜（废品）不完全是由于严格规范，而是由于染色不均匀所导致的，**结果会是怎样的？**染色问题不能返工，但是顾客愿意接受每个橱柜降价 20 美元。那么，该批次的总成本是多少呢？“制造费用总账”会增加额外分录吗？

解答：

a.（1）

Job 98-12		制造费用总账	
直接材料	$ 2 000	直接材料	$ 50
直接人工	1 000	直接人工（6×$ 10）	60
制造费用（$ 1 000×150%）	1 500	制造费用（$ 60×150%）	90
批次总成本	$ 4 500	总成本	$ 200
÷产量	÷100		
单位成本	$ 45		

（2）由于是正常废品，因此该批次中不记录返工成本，而是必须记入“制造费用总账”的借方。

借：制造费用总账　110
　贷：材料　50
　　　工资　60

b.（1）

直接材料（$ 2 000+$ 50）	$ 2 050
直接人工［$ 1 000+（6×$ 10）］	1 060
制造费用（$ 1 060×150%）	1 590
批次总成本	$ 4 700
÷产量	÷100
单位成本	$ 47

（2）因为该批次的所有成本都加入到了分批成本计算表中，并且再流转到了在产品（成本）中，所以“制造费用总账”不需要做额外的分录。

c. 若没有返工，则分批成本计算表就像要求 a 中的分批成本计算表一样。总成本为 4 500 美元，“制造费用总账”也不需要做额外的分录。价格折扣将会影响定价；然而，价格会比它原有的价格要低。

练习题

复习题

5.1　分批成本，预分制造费用，单位成本

Bostian 公司使用常规分批成本法，其人部分批次都是在两个部门内进行的。下面是一些去年的预算数据和实际数据。本年内完工的一批订单的有关数据如下：

	A 部门	B 部门
预计制造费用	$ 100 000	$ 500 000
实际制造费用	$ 110 000	$ 520 000
预计作业量（直接人工工时）	50 000	10 000
预计机器小时	10 000	50 000

	10 号产品
直接材料	$ 20 000
直接人工成本：	
A 部门（5 000 小时，@ $ 6/小时）	$ 30 000
B 部门（1 000 小时，@ $ 6/小时）	$ 6 000
使用的机器小时：	
A 部门	100
B 部门	1 200
产量	10 000

Bostian 公司使用预定的厂部制造费用分配率来将制造费用（OH）分配到批次，使用直接人工工时（DLH）来计算预定制造费用分配率。Bostian 公司将其产品定价为成本加上 30%。

要求：

（1）请计算预定制造费用分配率。

（2）请使用预定制造费用分配率计算 10 号产品的单位制造成本。

（3）假使 10 号产品将在 5 月完工并在 9 月销售，请编制 10 号产品完工和销售的分录。

（4）请使用部门制造费用分配率再计算一下 10 号产品的单位制造成本。当 A 部门使用直接人工工时，B 部门使用机器工时。这种方法能提供更准确的单位成本吗？请解释一下。

（5）假设 10 号产品将在 5 月完工并在 9 月销售，使用要求 4 中的计算，请编制 10 号产品完工和销售的分录。

解答：

（1）预定制造费用分配率 = $ 600 000÷60 000 = $ 10/直接人工工时。两个部门的预算制造费用相加，再除以预期直接人工工时总额（DLH = 50 000+10 000）。

（2）	
直接材料	$ 20 000
直接人工	36 000
制造费用（ $ 10×6 000 DLH）	60 000
制造成本总额	$ 116 000
单位成本（ $ 116 000÷10 000）	$ 11.60

（3）		
完工产品	116 000	
在产品		116 000
产品销售成本	116 000	

完工产品		116 000
应收账款	150 800	
销售收入*		150 800

*销售收入 = $ 116 000+0.3× $ 116 000 = $ 150 800

（4）A 部门的预定制造费用分配率：$ 100 000÷50 000 = $ 2/直接人工工时

B 部门的预定制造费用分配率：$ 500 000÷50 000 = $ 10/直接人工工时

直接材料	$ 20 000
直接人工	36 000
制造费用：	
A 部门：$ 2×5 000	10 000
B 部门：$ 10×1 200	12 000
制造费用总成本	$ 78 000
单位成本（$ 78 000÷10 000）	$ 7.80

使用部门制造费用分配率分配制造费用更精确，因为分配的制造费用和耗费的制造费用之间关联度更高。请注意 10 号订单的大部分时间都耗费在 A 部门，A 部门在两个部门中是制造费用密集度较低的一个。部门制造费用分配率比工厂制造费用分配率能更好地反映这种不同的时间和耗费。

（5）完工产品	78 000	
在产品		78 000
产品销售成本	78 000	
完工产品		78 000
应收账款	101 400	
销售收入*		101 400

*销售收入 = $ 78 000+0.3× $ 78 000 = $ 101 400

问题讨论

5.1 什么是成本计量？成本归集？两者的区别是什么？

5.2 请解释为什么产品成本法中很少使用实际制造费用分配率。

5.3 请解释分批成本法和分步成本法的区别。

5.4 手工分批成本计算系统和电算化分批成本计算系统之间的区别是什么？

5.5 领料单在分批成本法中的作用是什么？工时卡呢？预定制造费用分配率呢？

5.6 在作业成本计算系统中，企业如何收集关于分批作业动因的相关信息。

5.7 请解释作业动因在将制造费用分配到产品中的作用。

5.8 请定义下列术语：预期实际作业、常规作业、实际作业和理论作业。

5.9 为什么有些人在计算预定制造费用分配率时更喜欢用常规作业而不是预期实际作业？

5.10 当使用传统成本法时，制造费用如何分配至批次产品？

5.11 Wilson 公司的预定制造费用分配率为 5 美元/直接人工工时。145 号产品批次成本计算表指明 1 000 直接人工工时耗费的成本为 10 000 美元，领料单上总计为

7 500 美元。145 号产品共有 500 单位的产品完工，并已转入产成品。那么，145 号产品的单位成本是多少？

5.12　为什么分批成本法中会计的要求比分步成本法更严格呢？

5.13　请解释常规销售成本和调整后销售成本之间的区别。

5.14　Amber 公司生产定制框架，在生产一个产品时，实习生被分配来切割衬边，使得衬边的规格与电脑里的规格不相同。这个衬边无法使用，不得不丢弃；另外一个衬边则被切割成了正确的规格。被损坏的衬边的成本如何处理？

5.15　Amber 公司生产定制框架，在生产一个产品时，图片上的规格无法使用电脑控制的衬边切割装置。Amber 告诉顾客这是非常困难的工作，它的标准价格会增加。Amber 公司是用手工切割这些衬边，但是切割不如他预计得那么直。因此，他废弃了第一块衬边，重新切割另外一块。这块废弃的衬边的成本该如何处理？

习题

5.1　使用厂部制造费用分配率计算分批成本

Naranjo 公司为外部公司设计工业样板。本年预计制造费用为 260 000 美元，预计直接人工工时为 20 000，直接人工的平均薪酬率预计为 25 美元/小时。在 6 月份，Naranjo 公司生产四种产品，与这四种产品相关的数据如下：

	39 号产品	40 号产品	41 号产品	42 号产品
期初余额	\$ 23 700	\$ 34 600	\$ 17 000	\$ 0
领用的材料	18 900	21 400	8 350	12 000
直接人工成本	10 000	18 500	3 000	2 900

制造费用按直接人工成本的百分比来进行分配。在 6 月份，39 号产品和 40 号产品完工，39 号产品以成本的 130% 的价格销售。Naranjo 最初是根据顾客的一份订单来生产 40 号产品的，但是，这个顾客接近破产，支付 Naranjo 的几率越来越小。Naranjo 决定将 40 号产品作为存货保留，直到顾客解决其财务困难。40 号产品是产成品库存里面唯一的产品，41 号产品和 42 号产品在月末仍未完工。

要求：

（1）请根据直接人工成本计算制造费用分配率。

（2）请为 6 月份所有的在产品建立一个简化的分批成本计算表。

（3）如果在年初预计直接人工率是 20 美元/小时，而不是 25 美元/小时，那么制造费用率会是多少？产品的成本会受到什么影响？

5.2　使用作业成本法计算分批成本

Heitger 公司是一家分批成本核算公司，其使用作业成本法来将制造费用分配至各产品。Heitger 认定出了三种制造费用和相关动因。年度预计信息如下所示：

作业	成本	动因	动因数量
材料管理	\$ 72 000	搬动次数	3 000
管理	165 000	更改订单次数	10 000
其他制造费用	280 000	直接人工工时	50 000

Heitger 在 7 月份生产了 4 种产品，有关数据如下：

	13-43 号	13-44 号	13-45 号	13-46 号
期初余额	\$ 20 300	\$ 19 800	\$ 2 300	\$ 0
直接材料	\$ 6 500	\$ 8 900	\$ 12 700	\$ 9 800
直接人工成本	\$ 18 000	\$ 20 000	\$ 32 000	\$ 2 400

	13-43 号	13-44 号	13-45 号	13-46 号
搬动次数	44	52	29	5
更改订单次数	30	40	20	20
直接人工工时	900	1 000	1 600	120

在 7 月 31 日时，13-43 号产品和 13-44 号产品完工并售出。13-45 号产品和 13-46 号产品仍在生产过程中。

要求：

（1）请计算这三种制造费用作业的作业分配率。

（2）请为每项产品编制分批成本计算表，来显示其到 7 月 31 日时所有的成本。

（3）请计算 7 月 31 日时在产品的余额。

（4）如果 13-46 号产品不需要更改订单，那么 13-46 号产品的新成本是多少？其他产品的成本将会受到怎样的影响？

5.3 常规废品的成本

Frieling 公司的业务是在顾客家中安装花岗岩面板。首先，顾客选择各自的花岗岩面板，然后 Frieling 公司计算顾客家中工作台面的面积，将花岗石板切割成需要的形状，并将其安装完成。Tramel 家中的订单需要 1 900 美元的直接材料费用和 500 美元的直接人工。制造费用按直接人工费用 140% 来计算。不幸的是，一块小的花岗岩在安装的时候被损坏了，Freiling 必须切割另外一块并将其适当地安装好。额外的返工需要耗费 400 美元的直接材料费用和 100 美元的直接人工成本。假设这个废品是由于 Frieling 工人的粗心导致的，这被认为是常规废品。

要求：

（1）请计算 Tramel 家的订单的成本。

（2）请为制造费用总账编制所需分录。

（3）假如额外的返工需要 200 美元的直接人工费用，那么这对 Tramel 家的订单的成本有什么影响。

5.4 非常规废品的成本

参考 5.3 中的数据。现在假设这个废品是由于 Tramel 挑选出的那块花岗岩的内在问题导致的。Frieling 已经提醒了他们在挑选花岗岩的时候需要更小心。因此 Frieling 认为这是非常规废品。

要求：

（1）请计算 Tramel 家的订单的成本。

（2）请为制造费用总账编制所需分录。

（3）假如额外的返工需要 200 美元的直接人工费用，这对 Tramel 家的订单的成本有什么影响。

5.5 生产过程的特性，成本核算

EcoScape 公司的 Vince Melders 的工作是为顾客家里设计并安装定制草坪和园林浇灌。这家公司的业务遍及全国。每项工作都是不同的，它们需要不同的材料和人工来安装系统。EcoScape 预计年度数据如下：

直接人工工时数量	6 720
直接人工成本	$ 67 200
制造费用	$ 50 400

在本年度中，实际发生的数量如下：

直接人工工时数量	6 045
直接人工成本	$ 66 495
发生的制造费用	$ 50 500

要求：

（1）EcoScape 应该使用分步成本计算法还是分批成本计算法？请解释您的理由。

（2）如果 EcoScape 使用了常规成本核算系统，并且制造费用基于直接人工工时来分配，那么平均实际工资率是多少？一项耗费 3 500 美元直接材料和 20 个直接人工工时的安装活动的成本是多少？

（3）请解释为什么说 EcoScape 在使用常规成本核算系统时会遇到困难。

5.6 作业成本法，单位成本，期末在产品存货，分类账

Feldspar 公司使用 ABC 系统来分摊制造费用。下面列示了三种作业的作业率：

安装	$ 20/安装
加工	$ 5.10/机器工时
其他制造费用	直接人工成本的 80%

在 9 月份，Feldspar 制造了 3 种产品。这些产品的相关数据如下所示：

	13-280 号	13-281 号	13-282 号
每份订单的数量	200	500	100
销售出的数量	200	–	100
需要的材料	$ 4 730	$ 3 800	$ 5 600
直接人工成本（美元）	$ 2 000	$ 4 600	$ 800
机器小时	80	100	40
安装的数量	20	15	25

在 9 月份，13-280 号产品和 13-282 号产品已经完工，并已经转至产成品库存中。13-280 号产品在月末被销售。13-281 号产品是月末唯一仍未完工的产品。

要求：

（1）请计算 13-280 号产品和 13-282 号产品的单位成本。

（2）请计算在产品存货账户的期末余额。

（3）请在账户中编制分录来反映 13-280 号产品和 13-282 号产品的完工和 13-280 号产品的销售。售价为成本的 150%。

第6章　分步成本法

学习本章之后，您可以：

①描述分步成本法的基本特征，包括成本流、会计分录和生产成本报告。

②描述没有在产品存货情况下的分步成本法。

③描述有期末在产品存货情况下的分步成本法。

④编制使用先进先出法的部门生产报告。

⑤编制使用加权平均法的部门生产报告。

⑥编制有转入产品和产出指标变化的部门生产报告。

⑦描述工序成本法的基本特征。

⑧解释分步成本法下废品的会计处理。

6.1　基本的经营与成本概念

要理解分步成本系统，就必须理解基本的经营系统。一个经营性的分步生产系统的特征是，大量同类产品通过一系列*步骤*（流程），每一个步骤都负责一项或多项加工程序，每一项加工程序都会使一件产品更进一步接近完工状态。因此，一个步骤（process）就是一系列作业（工序），这些联结在一起来完工一个特定的目标。Bienestar 公司，一家生产各式各样的非处方药和维生素的公司，它所有的工厂都采用了分步成本法。比如说，它旗下的 Wichita 工厂生产一种抗组胺药，主要有三个步骤：搅和、制囊、装瓶。搅和这一步骤又主要包含四个相关作业：筛选、过滤、计量和搅混。一线工人们筛选适当的化学品（活性成分与惰性成分），过滤掉原材料中的异物，接下来把过滤好的原材料在混合器中进行*测量*和*混合*，使其完全地按规定的使用比例搅和。

在每一个步骤中都有可能需要投入材料、人工和制造费用（通常单位产品所需的分量是相同的）。在一个特定步骤完工后，半成品就被转入另一个步骤。例如，在搅和部完工混合后，产生的混合物就被送到制囊部。制囊这一步骤又包括四个相关的作业：装载、填充、密封和烘干。首先，染色物和凝胶块被装载到一台机器中，由此形成两条凝胶薄带，机器的两边各一条。然后，将搅和好的混合物灌进一个正排量泵，它在两条凝胶薄带之间注入精确的剂量。随后，再用热量和压力将两条凝胶带密封在一起。最后，制作好的胶囊被放置在滚筒式干燥机里，输送到干燥室。一旦充分干燥后，它们就被送去装瓶。最后的步骤是装瓶，这个步骤也有四个相关的作业：装载、计数、加帽和包装。胶囊转入到这个部门之后，被装入一个漏斗，它可以自动计数以将这些胶囊装入瓶子。装满了的瓶子用机械来加盖，然后由一线工人手工将准确数量的瓶子装入盒子，送入仓库。图表 6-1 简略地描述了这一抗组胺药的生产步骤。

图表 6-1　　**一个经营性的分步生产系统：抗组胺药的制造**

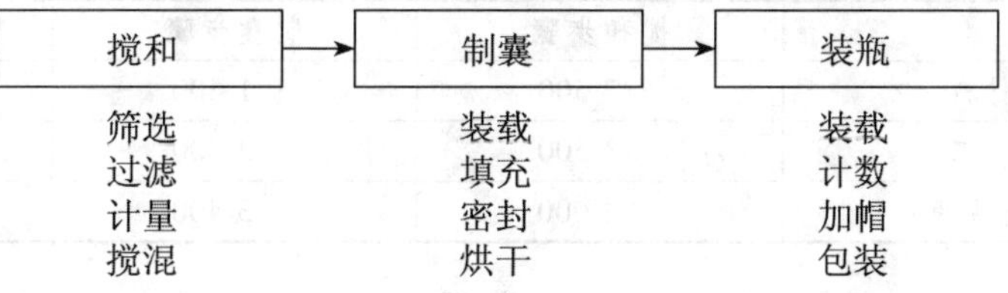

6.1.1 成本流

分步成本法的成本流与分批成本法的成本流基本相似。但是有两个关键的区别。第一，分批成本法按批次来归集生产成本，而分步成本法是按步骤来归集生产成本的。第二，在制造型企业，分批成本法只使用一个在产品（WIP）账户，而分步成本法是每一个步骤都有一个在产品账户。图表 6-2 说明了第一个关键区别：不同的成本归集方法。注意分批成本法是将制造成本分配到各个批次（它们作为在产品账户的明细账户），某个批次完工后可直接将这些成本转入完工产品账户。而当在产品在一个步骤完工后，其制造成本就从这个部门的账户上转到下一部门的账户上。成本从前一个步骤转入下一个步骤的过程被称为**转入成本**（transferred-in cost）。最后一个步骤才将成本转入"完工产品"账户。基础 6.1 回顾了分步成本流的基本原理，介绍了如何计算成本流（没有在产品存货），并展示了如何填制会计分录。

图表 6-2　**成本归集方法的比较**

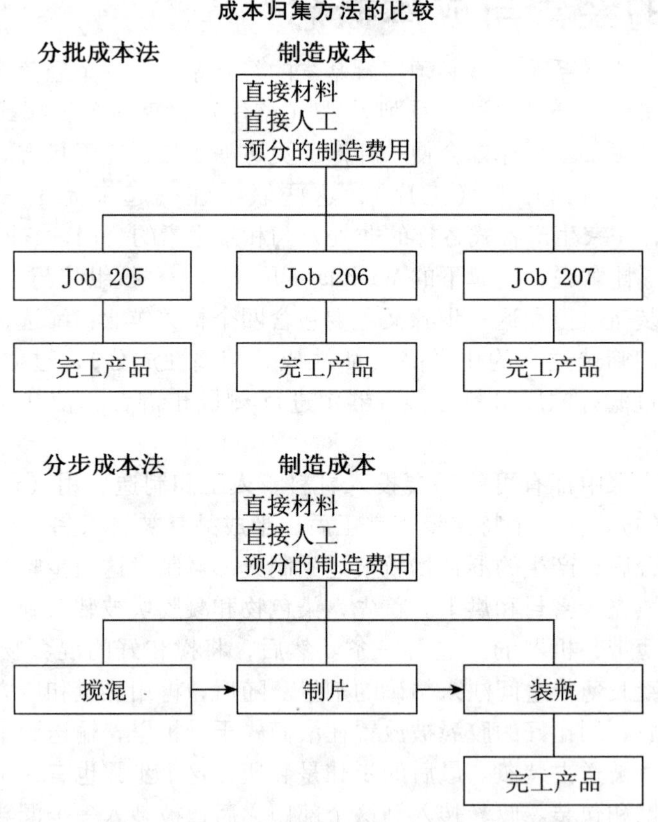

基础 6.1：如何以及为何发生成本流：分步成本法

资料：

Bienestar 公司的 Wichita 工厂生产 10 000 瓶的抗组胺药，其成本如下所示：

	搅和步骤	制囊步骤	装瓶步骤
直接材料	\$ 7 500	\$ 1 400	\$ 3 000
直接人工	3 500	2 700	2 000
预分的制造费用	4 000	3 400	2 500

为什么：

分步成本法中，每个部门（步骤）将其成本归集到一个在产品账户。当一个步骤中的工作完工，其部分完工的部件和相关成本转入下一个步骤。成本转移的处理是，借记接收该部件的步骤的在产品账户，并贷记转出部门的在产品账户。

要求：

a. 计算每个部门转出的成本。假设没有在产品存货。

b. 编制与这些成本转移相关的分录。同时，为制囊部编制分录，以反映添加到从搅和部接收的转入产品身上的成本。

c. **如果**搅和部在产品账户的期末余额为 5 000 美元，**结果会是怎样的？**计算转出成本，并提供反映这一成本转移的分录。这对要求 a 中计算的完工产品有什么影响，假设其他两个部门的在产品账户都没有期末余额？

解答：

a.

	搅和步骤	制囊步骤	装瓶步骤
直接材料	\$ 7 500	\$ 1 400	\$ 3 000
直接人工	3 500	2 700	2 000
预分的制造费用	4 000	3 400	2 500
增加的成本	\$ 15 000	\$ 7 500	\$ 7 500
转入成本	0	15 000	22 500
转出成本	\$ 15 000	\$ 22 500	\$ 30 000

b. 成本转移的分录：

借：在产品——制囊　　15 000

　贷：在产品——搅和　　15 000

借：在产品——装瓶　　22 500

　贷：在产品——制囊　　22 500

借：产成品　　30 000

　贷：在产品——装瓶　　30 000

增加成本的分录（只针对制囊的步骤）：

借：在产品——制囊　　7 500

　贷：材料　　1 400

　　工资　　2 700

　　制造费用总账　　3 400

c. 转出成本为 10 000 美元（\$ 15 000-\$ 5 000）。分录如下：

借：在产品——制囊　　10 000

　贷：在产品——搅和　　10 000

产成品减少 5 000 美元。

基础 6.1 说明了当产品完工一个加工步骤后，其成本与产品一同转入下一个加工步骤。图表 6-3 用 T 型账户解释了这一成本转移过程。例如，搅和部将 15 000 美元的成本转移到制囊部，而制囊部（经过进一步加工）又将 22 500 美元的成本转移到装瓶部。这些转入成本（从接收它们的步骤的角度来看）是一种原材料成本。这是正确的，因为下一个步骤接收的是半成品，还需要接受进一步的加工，包括投入更多的直接人工、更多的制造费用，在一些情况下，还有额外的原材料。例如，制囊部的第二笔分录揭示了接收搅和部的半成品后又增加了 7 500 美元的制造成本。因此，搅和部将活性和惰性粉末作为直接材料、直接人工和制造费用的结合体，而制囊部只能将该粉末作为成本为 15 000 美元的直接材料。

图表 6-3　**使用 T 型账户解释分步成本流：无期末在产品**

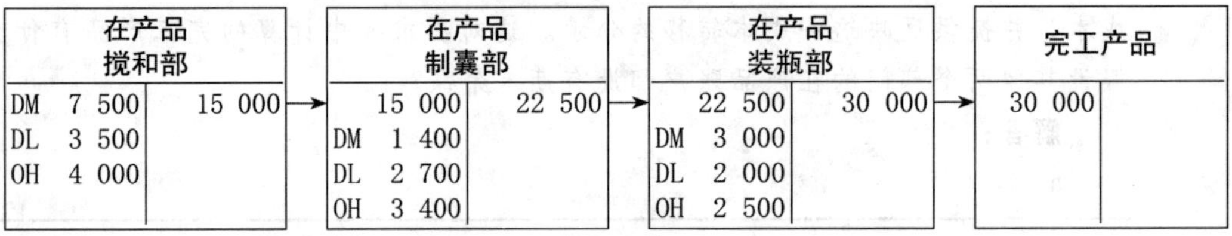

在产品 搅和部		在产品 制囊部		在产品 装瓶部		完工产品	
DM 7 500	15 000 →	15 000	22 500 →	22 500	30 000 →	30 000	
DL 3 500		DM 1 400		DM 3 000			
OH 4 000		DL 2 700		DL 2 000			
		OH 3 400		OH 2 500			

注意：DM = 直接材料；DL = 直接人工；OH = 制造费用

尽管分步成本系统的在产品账户比分批成本系统多，但其工序更简单且工序成本更低。分步成本系统中，没有单个批次的产品，也没有批次成本计算表，不需要将材料追踪到每个批次的产品。材料被追踪到步骤中，但步骤的数量远少于批次的数量。而且，它不需要用工时卡来将人工成本分配到步骤中。由于员工通常在一个特定的步骤中完工他们所有的工作，因而不需要详细追踪人工成本。事实上，在许多企业，人工成本在总步骤成本中比例如此之小，以至于它们只与制造费用相结合，建立一个成本项目的类型——加工成本。

6.1.2　生产报告

分步成本系统中，在一个期间内，成本由部门归集。**生产报告**（production report）是总结特定期间内发生在一个步骤部门的制造作业的文件。生产报告也可以作为将成本从前一个部门的在产品账户转移到下一个部门的在产品账户的原始凭证。对于负责最后阶段步骤的部门，它就作为将成本从在产品账户转入产成品账户的原始凭证。

生产报告提供了关于一个部门生产的实物产量以及与它们相关的制造成本的信息。一个生产报告分为产量信息部分和成本信息部分。产量信息部分有两个主要分支：(a) 投产的产量（units to account for）；(b) 产出的产量（units accounted for）。同样地，成本信息部分也有两个主要分支：(a) 投入的成本（costs to account for）；(b) 产出的成本（costs accounted for）。总之，生产报告追踪一个部门的实物流，识别计入该部门的成本，显示单位成本的计算，并揭示报告期内部门成本的处置。

6.1.3　单位成本

生产报告成本的一个关键数据是单位成本。原则上，计算分步成本系统中的单位成本很容易。首先，计算步骤部门一定期间内的制造成本。其次，计算同期间内该步骤部门的产出。最后，步骤的单位成本就等于该期间内的成本除以该期间内的产出。

除了最终的步骤之外，所计算的单位成本只是针对一个部分完工的产品。最终步骤的单位成本是完工产品的成本。图表 6-4 总结了分步成本系统的基本特征。

图表 6-4　　**分步成本法的基本特征**

a. 同质的产品经历一系列类似的加工步骤
b. 每个步骤的每个产品获得采用类似方法计算的制造成本
c. 在一定期间内通过步骤来归集制造成本
d. 每个步骤都有一个在产品账户
e. 制造成本流和相关会计分录与分批成本法大体相似
f. 部门生产报告是追踪制造作业和成本的关键凭证
g. 单位成本等于某期间内部门的成本除以该期间内的产出

尽管上述基本特征看起来相对简单，但是分步成本系统的实际细节要稍微更复杂一些。一个主要的难点在于，在计算每个步骤的单位成本时，需要解决如何界定该期间内的成本和产出的问题。大量在产品存货的存在使得单位成本计算所需的对成本和产出的界定更为复杂。例如，部分完工的期初在产品存货负担了前一期间相关的工作与成本。但是，这些产量必须在现一期间内完工，因此它们同样要承担当期与之相关的成本与工作。一个基本的问题便是如何处理前期的成本与工作。另一个重要而相关的复杂因素是对生产成本的分配不一致（比如，产品完工了一半，但其投产却没有投到一半）。我们关于分步成本法的许多讨论将涉及能够处理这些复杂因素而采取的一些方法。

也许以讨论没有在产品存货条件下的分步成本法是最好的本期投产。看看没有在产品存货的分步成本法是如何运作的，就可以更容易地理解用来处理有在产品存货的情况的程序。（此外）学习没有在产品存货条件下的分步成本法也是很有必要的，因为许多企业就是在这种条件下运作的。

6.2　没有在产品存货的分步成本法

也许以讨论没有在产品存货条件下的分步成本法是最好的本期投产。看看没有在产品存货的分步成本法是如何运作的，就可以更容易地理解用来处理有在产品存货的情况的程序。（此外）学习没有在产品存货条件下的分步成本法也是很有必要的，因为许多服务型组织和适时制（JIT）制造型企业就是在这种条件下运作的。

6.2.1　服务型组织

所有基本上同质的、可重复提供的服务（成本核算）都能用上分步成本法。例如处理税收返还、根据邮政编码分拣邮件、银行对账步骤、牙医清洁牙齿、从达拉斯到纽约的飞行、检查行李和对衬衣的洗熨等都是可重复提供的同类服务。虽然许多服务只需一个步骤，但也有例子是需要一系列步骤的。例如从达拉斯到纽约的飞行包括如下的服务：订票、检票、行李检查、座位确定、飞行、行李托运和收取。虽然服务无法储存，但是对从事提供服务的企业来说有可能存在在产品存货。例如，一组税收返还业务可能在期末只是部分地完工。许多服务是以没有在产品存货的方式提供的。牙齿清洁、葬礼、外科手术、超声波扫描和地毯清洁都是一些实际上不存在在产品存货的例子。基础

6.2 使用没有期末在产品存货的分步成本法来解释服务成本（的核算）。

基础6.2的计算中演示了分布成本法的原则，即可用于更为复杂之环境的概念。

基础6.2：如何以及为何使用分步成本法：没有在产品存货的服务

资料：

Warin Wecare 专门提供3D孕妇超声波扫描服务。Warin 4月份的成本和产出信息如下：

直接材料	$ 4 000
直接人工	$ 8 000
制造费用	$ 16 000
扫描次数	400

为什么：

理论上讲，当期的单位成本只能用属于该期间的产出数量与成本来计算。这揭示了**分步成本法的原则**（process costing principle）：要用该期间的成本除以该期间的产出数量计算出该期间的单位成本。

要求：

a. 计算4月份每次扫描的成本。

b. 计算4月份所售出服务的成本。

c. **如果**Warin发现了一种可以减少50%材料成本的方法，**结果会是怎样的？**这对每次扫描的利润有什么影响？

解答：

a. 单位成本＝该期间的成本÷该期间的产出

＝$ 28 000÷400＝$ 70/次

b. 所售服务的成本＝单位成本×产出＝$ 70×400＝$ 28 000

c. 单位成本减少（利润变化）＝该期间的节省额÷该期间的产出

＝$ 2 000÷400＝$ 5/扫描一次的利润增加

6.2.2 适时制（JIT）的制造型企业

许多企业已经采用了适时制生产系统方法。适时制生产的全面推进可以帮助（企业）在所需之时按所需数量提供所需的产品。适时制生产强调持续不断的对浪费的改进与消除。适时制企业把持有不必要的存货视为浪费，因此努力减少存货。适时制政策的成功实施倾向于将在产品存货减少到极少。而且在适时制企业中执行的适时制生产通常是有组织的，因此可以用分步成本法来确定产品成本。实质上，（分步成本法意味着）建立起了一系列能从头到尾地生产一种产品或组件的（传动的）工作车间。

（在分步成本法下，）需要按车间归集一个期间的成本，并需收集相同期间的该车间产出数据。单位成本是用该期间的成本除以该期间产出（根据分步成本法的原则）计算而来。这个计算过程与基础6.2中针对服务型组织所举的例子是相同的。为什么呢？因为关于什么成本属于该期间以及如何计量产出都是非常清楚的。适时制造的目标之一就是简化。当你学习有在产品存货的制造型企业的分步成本法时，要牢记这一点。这两种环境的差异令人印象深刻，并且说明了适时制生产系统的巨大优势。

6.2.3 作业成本法的作用

如果（企业）生产多种产品，那么作业成本法（ABC）就将在分步生产的环境下发挥重要作用。对于拥有集群或者独立步骤的制造工业而言，ABC 的作用是将各步骤或车间共享的制造费用分配到单个步骤和车间。如果每个步骤（车间）都致力于一种产品的生产，那么一个车间里的制造费用就完全归属于该产品。然而，作业可能由多个步骤（车间）共享，例如移动材料、检测产品、购买材料等。作业分配率用于将制造费用分配到每个步骤，并使用一般方法将该制造费用分配到该步骤的产品中。

6.3 有期末在产品的分步成本法

如果有在产品存货存在，那么分步成本法的计算就会变得更加复杂。由于存在在产品存货，所以需要更仔细地定义一段期间内的投产是指什么。根据定义，期末在产品是没有完工的。因此，一个已经完工并在本期间内转出的产品与期末在产品是不一样的（或者是不能等同的），并且归属于这两类产品的成本也不应当相同。在计算单位成本时，必须对该期间的产出进行定义，并同时考虑已完工的产品与部分完工的产品。例如，一家服务于大都市以及其周边地区的医学实验室（服务型组织），理查森实验中心（Richardson Testing Center）。这个实验室有几个部门，其中之一专门从事完全血细胞计数检测（CBC）。该地区的医生将血液样本送到实验室。CBC 部进行检测并将结果数据输入计算机，以便进行统计分析和编制报告。1 月份，它总共运行并分析了 30 000 份血液样本，输出结果被送到了指定的内科医生手中。这些完成了的检测（“产品”）已完工并通过将检测结果寄给内科医生而转出了。由于假期，CBC 部 1 月初很少有在产品。但是在 1 月底，有一些产品（血液样本）未完工仍要继续检测，这就产生了 6 000 份的期末在产品存货，占期末在产品总产品成本的 25%。（那么）1 月份的产出是多少？30 000 份？36 000 份？如果说是 30 000 份产品，那么我们就忽略了花费在期末在产品身上的工作。另外，1 月份的生产成本同时属于已完工的产品和部分完工的在产品。另一方面，如果说是 36 000 份产品，那么我们就忽略了另一个事实，即 6 000 份期末在产品只完工了一部分。无论如何，必须认真测量，以便分别反映出付诸于已完工产品和部分完工产品的努力。

6.3.1 实物流与约当产量

解决上述问题的方法就是计算约当产量。**约当产量**（equivalent units of output）是在被考察的期间内，以现有的生产性投入所能生产出的完工产品数量。确定转出产品的约当产量较为容易：一个没有完工的产品，是不能转出的。因此，每一个被转出的产品就是一个约当产品。但留在在产品存货中的产品是没有完工的，所以在生产过程中，必须有人“关注”期末在产品，估计其完工程度。

现实案例

在实际工序中，没有很好的方法可以记录下完工率是如何计算的。在一项针对巴西的大型企业的调查中，只有大约26%的企业表示它们使用了完工率和完工程度的概念。有趣的是，会计部门是最初被指定为负责确定完工程度的单位，其次是生产和制造部门。调查并没有提出任何用于计算完工程度的客观有效的方法。

知晓期初和期末在产品的实物数量、完工程度、完工并转出的产品数量为计算当期的约当产量提供了必要的信息。因此，在分步成本法中建立一个生产报告的前两个步骤是：（1）编制产品的**物流表**（physical flow schedule），用以分析实物流动的数量；（2）计算当期约当产量。这两个步骤组成了报告的产量信息。基础6.3解释了这两个步骤。

基础6.3：如何以及为何使用实物流分析和约当产量：只有期末在产品存货（的情形）

资料：

理查森检测中心1月份的CBC生产数据如下（产出以检测次数计量）：

期初在产品	—
本期投产的产品	36 000
已完工的产品	30 000
期末在产品	6 000

为什么：

物流表表明了投产的数量及其结果。约当产量表衡量了当期产出。一个完工产品就是一个单位产出。期末在产品的数量要以其完工程度来折算。已完工产品数量加上期末在产品的约当产量（完工程度×期末在产品的数量）就得到当期约当产量的总额。

要求：

a. 编制物流表。

b. 编制约当产量表，解释为什么要以约当产量来计量产出。

c. 如果期末在产品的完工程度是75%，那么结果会是怎样的？这一变化对物流表会有什么影响？约当产量表呢？

解答：

a. 本期投产并完工的产品数量＝已完工的产品数量－期初在产品数量

＝30 000－0＝30 000

本期投产的产品数量＝期末在产品数量＋本期投产并完工的产品数量

＝6 000＋30 000＝36 000

物流表：	
投产的产品数量：	
期初在产品的数量	0
本期投产的产品数量	36 000
投产的产品总量	36 000

续图表

产出的产品数量：		
已完工的产品数量：		
来自期初在产品	0	
本期投产并完工的	30 000	30 000
期末在产品的数量		6 000
产出的总产品数量		36 000

b.

约当产量表：	
已完工的产品数量	30 000
期初在产品的数量×完工程度：6 000×0.25	1 500
约当产量	31 500

当期产出必须把完工产品的工作和部分完工产品的工作都考虑在内。因此，相关产出的计量指标应为约当产量。

c. 改变完工程度并不影响物流表。物流表反映产品流动，而不考虑它们的完工程度。然而，约当产量表会受影响。期末在产品的约当产量会变成 4 500（6 000×0.75），当期的总产出增加到 34 500。

6.3.2 计算单位成本、将成本分配到存货并进行核对

物流表和约当产量表是计算单位成本的前提。单位成本信息和来自于约当产量表的信息都是对转出产品和期末在产品进行估价所必需的。期初在产品的成本加上当期发生的成本应等于分配到转出产品和期末在产品中的所有成本［**成本核对**（cost reconciliation）］。因此，完工产品报告的最后三步是：（3）单位成本计算；（4）存货估价；（5）成本核对。最后三步组成了生产报告的成本信息。基础 6.4 介绍了这三个步骤。

基础 6.4：如何以及为何计算单位成本、存货估价和成本核对：只有期末在产品存货（的情形）

资料：

1 月份，理查森检测中心进行 CBC 检测所发生的总生产成本为 787 500 美元，且约当产量表如下：

已完工的产品数量	30 000
期初在产品的数量×完工程度：6 000×0.25	1 500
约当产量	31 500

为什么：

单位成本等于当期成本除以当期产出。转出的产品（服务）成本等于单位成本乘以完工数量。期末在产品的成本为单位成本乘以期末在产品的约当产量。成本核对是为了确保分配到已完工产品或服务及期末在产品的成本等于投入的成本。

要求：

a. 计算 1 月份准备一个 CBC 检测的成本。

b. 将成本分配到已完工的产品和期末在产品，然后进行成本核对。

c. **如果**分配到已完工产品和期末在产品的成本总额为 800 000 美元，那么**结果会是怎样的？**已分配成本和投入的成本之间出现差异的原因可能是什么？

解答：

a. 单位成本 = $ 787 500÷31 500 = $ 25/次检测

b. 已分配的成本：

已完工的产品（$ 25×30 000）	$ 750 000
期初在产品（$ 25×1 500）	37 500
已分配成本的总额	$ 787 500

核对：已分配的成本等于投入的成本，即 787 500 美元。

c. 由于 800 000 美元与投入的成本之间存在差异，所以某些地方一定出现了误差。原因可能是产出的计算错误、使用了错误成本来计算单位成本、利用错误数值计算转出的产品数量或给期末在产品进行估价，以及简单的计算错误。

6.3.3 生产报告的五个步骤

回顾一下生产报告，它有数量信息和成本信息两个部分。数量信息部分与计量产出有关，成本信息部分与计算单位成本和成本分配、成本核对有关。

正如理查森检测中心的实例所示，在编制生产成本报告时，必须遵循如下 5 个步骤：

a. 分析物流

b. 计算当期产量（约当产量）

c. 计算单位成本

d. 对存货估值（转出产品与期末在产品）

e. 核对成本

编制生产报告的方法和模式在基础 6.5 中进行介绍。

基础 6.5：如何以及为何使用生产报告

资料：

基础 6.3 和 6.4 中理查森检测中心的示例。

为什么：

生产报告总结了一个期间内分步生产和作业成本计算的情况。它和分批成本计算表相类似，并且都是在产品账户的支持性凭证。数量信息部分提供物流和约当产量表。成本信息部分展示单位成本的计算和分配到已完工产品和期末在产品的成本，并进行成本核对。

要求：

a. 编制生产报告的目的是什么？

b. 为理查森公司编制生产报告。

c. **如果**期末在产品的完工程度为75%，那么**结果会是怎样的**？解释这会对生产报告产生什么影响？

解答：

a. 由于生产报告总结了一个期间内分步生产和作业成本计算的情况，所以它为制定决策和实施控制提供了有效信息。例如，连续的生产报告可以用来衡量单位成本的变化趋势。

b.

理查森检测中心

1月份的生产报告

数量信息

	实物流	约当产量
投产的产品数量：		
期初在产品的数量	0	
本期投产的产品数量	36 000	
投产的产品总量	36 000	
产出的产品数量：		
已完工的产品数量	30 000	30 000
期末在产品的数量（25%）	6 000	1 500
产出的总产品数量	36 000	
已完工的数量		31 500

成本信息

投入的成本：	
期初在产品的成本	$ 0
本期发生的成本	787 500
投入的总成本	$ 787 500
除以约当产量	÷31 500
单位约当产量成本	$ 25
产出的成本：	
转出产品成本（$ 25×30 000）	$ 750 000
期末在产品的成本（$ 25×1 500）	37 500
产出的总成本	$ 787 500

c. 如果完工程度为75%，那么期末在产品的约当产量为4 500，总约当产量变为34 500。这使得单位成本从25美元变为22.83美元（约等于）。然后用新的单位成本计算新的转出产品成本和期末在产品的成本。

6.3.4 生产性投入的非均匀分配

如前所述，我们已经假设，完工程度为25%的在产品意味着完成本步骤所需直接材料、直接人工和制造费用的25%已被使用，还需另外的75%才能最终完成这些产品。换句话说，我们已经假设，在制造步骤开展过程中生产性投入的分配是均匀的。

一方面，假设加工成本（直接人工和制造费用）的均匀分配并不是不合理的。通常，每个加工步骤都需要直接人工的投入，而制造费用一般又是以直接人工工时为基础进行分配的。但另一方面，直接材料则是不可能均匀投入的。在许多例子中，直接材料一般是在各步骤的投产之初或结束之时投入的。

例如，再回到前述的理查森检测中心的例子。它在各步骤的投产之初投入材料（如特殊的化学品）的可能性要比在整个步骤中均匀投料的可能性更大。如果这样，则期末在产品就加工投入而言其完工程度为25 %，而就材料投入而言其完工程度为100%。

生产性投入在同一完工阶段，但其完工百分比不同，这为约当产量的计算带来了麻烦。幸好这个计算相对简单。只需按每一类的投入要素计算其约当产量即可。因此，要按**每一类**的直接材料和加工成本分别计算约当产量。单位成本也是按每一类来计算，总的单位成本为各类单位成本之和。基础6.6总结了该基本原理，并展示了多种投入要素是如何计算的。

基础6.6：如何以及为何计算非均匀投入下的约当产量和单位成本

资料：

对于CBC血液检测，理查森中心在各步骤之初投入了材料，加工成本则均匀投入。1月份，期末在产品的加工成本的完工程度为75%。1月份的相关数据如下：

物流表：

投产的产品数量：		
期初在产品的数量		0
本期投产的产品数量		36 000
投产的产品总量		36 000
产出的产品数量：		
已完工的产品数量：		
来自期初在产品	0	
本期投产并完工的	30 000	30 000
期末在产品的数量		6 000
产出的总产品数量		36 000

	投入的成本	
	直接材料	加工成本
成本	$ 72 000	$ 715 500

为什么：

如果在各步骤投产之初或结束之时投入材料，那么材料和加工成本就会出现不同的完工率。一般而言，加工成本是均匀投入的，而材料会在生产步骤的某个具体节点投入。假设一定期间内的加工度小于100%，那么所投入材料的期初的完工程度就是100%，而其期末的完工程度为0。因此，要按每一类投入要素计算约当产量及其单位成本。计算每一类投入要素的单位成本也需要每一类投入要素的投入成本（信息）。单位成本是每一类投入要素的单位成本之和。

要求：

a. 计算每一类投入要素的约当产量。

b. 分别计算每一类投入要素的单位成本和总的单位成本。

c. **如果**材料也会在步骤结束之时投入，成本为30 000美元，那么**结果会是怎样的？**假设在期初投入的材料为类型1的材料，在期末投的为类型2的材料。请计算新的单位成本。

解答：

a.

	直接材料	加工成本
已完工的产品数量	30 000	30 000
期末在产品的数量×完工程度：		
6 000×100%	6 000	
6 000×25%	—	1 500
约当产量	36 000	31 500

b. 单位直接材料成本＝$ 72 000÷36 000＝$ 2.00

单位加工成本＝$ 715 500÷31 500＝$ 22.71

总单位成本＝单位直接材料成本+单位加工成本＝$ 2.00+$ 22.71＝$ 24.71

c. 现在有另一类材料和第三列的约当产量：

	直接材料（类型2）
已完工的产品数量	30 000
期末在产品的数量×完工程度：	
6 000×0%	0
约当产量	30 000

单位直接材料成本（类型2）＝$ 30 000÷30 000＝$ 1.00

总单位成本现在变为23.71美元。

6.3.5 期初在产品存货

上述理查森公司的例子只说明了期末在产品存货对计量产出的影响。期初在产品存货的存在也会使得产出的计量复杂化。许多企业在期初都有部分完工的在产品，因此显然需要讨论这个问题。生产这些半完工产品的工作是上一期的工作，已分配到这些产品的成本是上一期的成本。在计算一个部门的当期单位成本时，有两种方法可以用上一期的产出和上一期的成本来计算期初在产品成本：先进先出的成本计算法（FIFO）和加权平均法（WAM）。这两种方法都要遵循编制生产报告的5个步骤。但两种方法只会在步骤1产生相同的结果。这两种方法最好用例子来说明。先讨论先进先出法，然后再讨论加权平均法。

6.4 先进先出的成本计算法

分步成本法的原则要求一段期间的成本除以相同期间的产出。因此，理论上讲，只有当期成本和当期产出应被用来计算当期单位成本。先进先出法试图追随这种理论的指导。在**先进先出的成本计算法**（FIFO costing method）下，期初在产品的约当产量和制造成本被从当期单位成本计算中*排除*出去。因此，先进先出法认为，从上一期带过来的工作和成本属于上一期是合理的。

既然先进先出法排除了上一期的工作和成本，那么我们就需要去设置两类完工产品。先进先出法假设期初在产品要比所有本期新投产的产品更早完工。因此，一类完工产品是在本期完工的期初在产品；另一类完工产品是当期投产*并且*完工的产品。

先进先出法中需要区分这两类完工产品，这样能准确地计算每一类产品的成本。对于当期投产并完工的产品，单位成本可以用当期制造成本总额除以当期约当产量。但对于本期完工的期初在产品来说，其制造成本总额是上一期成本的金额加上当期为完成这些产品而产生的费用。因此，其单位成本是其成本总额除以期初在产品的数量。

为了说明先进先出法，再以Bienestar公司的Wichita工厂为例，该公司大量生产一种用途广泛的抗组胺药（见前文）。回顾一下该公司的三个生产步骤：搅和、制囊、装瓶。根据该工厂搅和步骤10月份的数据，就能说明先进先出法的五个步骤。前两个步骤涉及数量的基础信息，在基础6.7中进行展示。步骤3到5涉及成本信息，在基础6.8中进行介绍。

基础6.7：如何以及为何进行物流分析和计算约当产量：先进先出法

资料：

Bienestar抗组胺药的生产是从搅和部门开始的。所有材料在搅和步骤开始之初投入。产出以盎司计量。5月份的生产数据如下：

生产：	
在产品，5月1日，完工程度70%*	15 000
已完工并转出的产品	90 000
在产品，5月31日，完工程度40%*	30 000

*对加工成本而言。

为什么：

物流表追踪所有在产品而不论其完工程度，并提供约当产量表所需的信息。FIFO只使用当期产出来计算当期单位成本。因此，FIFO将期初在产品的工作（约当产量）归于上一期，并且只将当期所进行的工作（每种投入成本的约当产量）作为当期产出的一部分。

要求：

a. 编制一个5月份的物流表（步骤1）。

b. 用先进先出法编制一个5月份的约当产量表（步骤2）。

c. **如果**80%的材料在本步骤开始时投入，而20%在步骤结束时投入（假设为同类型的材料），那么**结果会是怎样的？**材料的约当产量又会是多少？

解答：

a. 第一，需要进行两个计算：

本期投产并完工的产品数量=当期完工的生产数量-期初在产品数量
=90 000-15 000=75 000

本期投产的产品数量=本期投产并完工的产品数量+期末在产品数量
=75 000+30 000=105 000

步骤1：物流表：搅和部

投产的产品数量：		
期初在产品的数量（完工程度70%）		15 000
5月份的产品数量		105 000
投产的产品总量		120 000
产出的产品数量：		
完工并转出的产品数量：		
本期投产并完工	75 000	
期初在产品本期完工	15 000	90 000
期末在产品的数量（完工程度40%）		30 000
产出的总产品数量		120 000

b.

步骤2：约当产量：搅和部

	直接材料	**加工成本**
本期投产并完工的数量	75 000	75 000
加：期初在产品数量×完工程度		
15 000×0% 直接材料	—	
15 000×30% 加工成本		4 500
加：期末在产品数量×完工程度		
30 000×100% 直接材料	30 000	—
30 000×40% 加工成本	—	12 000
约当产量	105 000	91 500

c. 材料的约当产量=75 000+（0.20×15 000）+（0.80×30 000）= 102 000

基础6.8使用了基础6.7中步骤2提供的信息，并结合5月份发生的成本计算了5月份的单位成本。然后，该单位成本用于对期末在产品进行估值，并计算转出到制囊部的产品成本。

基础6.8：如何以及为何计算单位成本和进行成本分配：先进先出法

资料：

基础6.7中步骤2中的约当产量和5月份Wichita工厂搅和部的成本信息如下：

成本：	
在产品，5月1日：	
直接材料	\$ 1 500
加工成本	525
总的在产品	\$ 2 025
本期成本：	
直接材料	\$ 18 900
加工成本	4 575
本期总成本	\$ 23 475

为什么：

先进先出法中，来自上一期的期初在产品的成本从单位成本中排除了。单位成本等于本期成本除以本期产出。转出的产品成本是三个不同项目之和：(a) 期初在产品中发生在上一期的成本；(b) 本期发生的为完成期初在产品的成本；(c) 本期投产并完工的产品成本。最后，还必须确定期末在产品的成本。

要求：

a. 使用先进先出法（步骤3）计算5月份的单位成本。

b. 计算转出产品的成本和期末在产品的成本（步骤4）。同时，核对已分配的成本与投入的成本（步骤5）。

c. **如果**您被问到4月份的单位成本，那么该**怎么办呢**？请计算4月份的单位成本，并解释为什么管理者会对其感兴趣。

解答：

a. **步骤3：**

单位成本＝单位材料成本+单位加工成本

＝\$ 18 900÷105 000+ \$ 4 575÷91 500

＝\$ 0.18+ \$ 0.05＝\$ 0.23/盎司

b. **步骤4：存货的估值**

使用单位成本信息和约当产量信息（基础6.7的步骤2）：

转出产品成本：	
来自期初在产品	\$ 2 025
完工的期初在产品（\$ 0.05×4 500）	225
本期投产并完工的产品（\$ 0.23×75 000）	17 250
总成本	\$ 19 500
期末在产品：	
（\$ 0.18×30 000）+（\$ 0.05×12 000）	\$ 6 000
已分配的成本总额（产出的）	\$ 25 500

步骤 5：成本核对(产出的成本和投入的成本)

投入的成本：	
期初在产品	$ 2 025
本期（5 月份）	23 475
总额	$ 25 500

c. 由于材料在期初投入，所以材料的约当产量为 15 000（完工率 100%）；加工成本的约当产量为 10 500（0.70×15 000）。因此，4 月份的单位成本 = $ 1 500÷15 000+ $ 525÷10 500 = $ 0.10+ $ 0.05 = $ 0.15。知晓上个月的单位成本使得管理者能够估计成本走势，因此可以更好地实现成本控制。如果成本增加了，则说明有问题需要解决；如果成本减少了，则表明持续改进的努力是有效的。

6.4.1 回顾先进先出法的步骤 4

先进先出法的单位成本用于估计与当期相关的产出的价值。当期的产出有三类：期末在产品的约当产量、本期投产并完工的产品和为使期初在产品完工而耗费的工作的约当产量。

既然所有期末在产品的约当产量都是当期产量，那么期末在产品的成本就等于每一类投入要素的单位成本乘以每一类投入要素的约当产量：直接材料（ $ 0.18×30 000）和加工成本（ $ 0.05×12 000）。

如果要对转出的产品进行估价，那么就有两类完工产品必须被考虑：当期投产并完工的产品和当期完工的期初在产品。在 90 000 个完工产品中，有 75 000 个是当期投产并完工的产品，有 15 000 个是当期完工的期初在产品。当期投产并完工的75 000个产品是当期产出，要以每单位 0.23 美元来对其估价（得到 17 250 美元的成本）。对于这些产品来说，使用当期的单位成本是完全合理的。但对转出的 15 000 个期初在产品来说则是另一回事。这些产品含有 2 025 美元已发生的制造成本（从基础 6.8 中得到的成本），这其中包括已投入的 10 000 个约当产量的直接材料，和已完工的 10 500个约当产量的加工作业。对于这些期初在产品，还需要加入另外的成本以使这些产品完工。正如我们在基础 6.7 中所见，完成这些产品还需要额外的 4 500 个约当产量的加工作业。这 4 500 个约当产量的加工作业是在本期以每一约当单位 0.05 美元的成本生产出来的。因此，完成这些期初在产品的全部成本为 225 美元（ $ 0.05×4 500）。将这 225 美元加入到来自上一期的 2 025 美元的成本就得到这些产品的制造成本总额为 2 250 美元。将期初在产品的这些成本加入到本期投产并完工的产品中就可得到转出产品的总成本。

6.4.2 生产报告和会计分录

基础 6.7 和 6.8 在先进先出法的基础上提供了 5 月份生产报告的相关信息。图表 6-5 展示了该报告。下面展示了与 5 月份搅和部门（Wichita 工厂）例子相关的分录。

	借方	贷方
a. 借：在产品——搅和部	18 900	
贷：材料		18 900

记录 5 月份的发出材料。

b. 借：在产品——搅和部　　4 575

　贷：加工成本——总账　　4 575

记录制造费用的分配和直接人工的发生。

c. 借：在产品——制囊部　　19 500

　贷：在产品——搅和部　　19 500

记录从搅和部转到制囊部的完工产品的成本。

图表 6-5　**生产报告：搅和部**

Bienestar 公司，Wichita 工厂

搅和部

5 月份的生产报告

（先进先出法）

数量信息

投产的产品：		产出的产品：	
期初在产品	15 000	完工产品	90 000
本期投产的产品	105 000	期末在产品	30 000
投产的产品总量	120 000	产出的产品总量	120 000
		约当产量	
		直接材料	加工成本
本期投产并完工的产品		75 000	75 000
期初在产品		—	4 500
期末在产品		30 000	12 000
约当产量		105 000	91 500

成本信息

投入的成本：			
	直接材料	加工成本	总计
期初在产品	$ 1 500	$ 525	$ 2 025
本期发生	18 900	4 575	23 475
投入的成本总额	$ 20 400	$ 5 100	$ 25 500
每一约当单位成本现时成本	$ 18 900	$ 4 575	
除以约当产量	÷105 000	÷91 500	
每一约当单位的成本	$ 0.18	$ 0.05	$ 0.23
产出的成本：			
转出产品：			
期初在产品：			

续图表

从上一期转入	$ 2 025	
本期发生（$ 0.05×4 500）	225	
本期投产并完工的产品（$ 0.23×75 000）	17 250	$ 19 500
期末在产品：		
直接材料（$ 0.18×30 000）	$ 5 400	
加工成本（$ 0.05×12 000）	600	6 000
产出的成本总额		$ 25 500

6.5 加权平均的成本计算法

不考虑上一期的工作和成本，在特定环境条件下，可以避免复杂的簿记和计算工作。尤其是如果各期生产成本都非常稳定，那么就可以考虑使用加权平均法。这种方法无需将上一期的产出和成本与当期的产出和成本分开计量。**加权平均的成本计算法**（weighted average costing method）将期初存货成本及相应的约当产量看作是当期发生的。期初在产品中的来自上一期的约当产量和制造成本与当期的产出和制造成本相融合。

将期初存货的数量与当期的产出相合并是通过约当产量的计算实现的。在加权平均法下，约当产量的计算是用完工产品数量加上期末在产品的约当产量。期初在产品的约当产量包括在这个计算中。因此，这些产品被视为当期约当产量的一部分。

加权平均法将上一期的成本同当期成本相合并是通过将期初在产品的制造成本与当期发生的制造成本简单相加得到的。这个成本总额被看作是当期的全部制造成本。

对加权平均法的举例说明也是以用于说明先进先出法的 Bienestar 公司的数据为基础的。使用相同的数据可以使得两种方法的区别更明显。计算生产成本的五个步骤如下：基础 6.9 说明加权平均法的前两个步骤，基础 6.10 解释步骤 3 到 5。

基础 6.9：如何以及为何进行物流分析和计算约当产量：加权平均法

资料：

Bienestar 抗组胺药产品的生产是从搅和部门开始的。所有材料是在搅和步骤开始之初投入的。产出以盎司计量。5 月份的生产数据如下：

生产：	
在产品，5 月 1 日，完工程度 70%*	15 000
已完工并转出的产品	90 000
在产品，5 月 31 日，完工程度 40%*	30 000

* 对加工成本而言。

为什么：

物流表追踪所有在产品而不论其完工程度，并提供约当产量表所需的信息。为计算约当产量，加权平均法将期初在产品的上一期产出看作本期所有。因此，所有完工产品都被视为本期产出。不需要计算为使期初在产品完工而所需的作业。一旦计算出加权平均的约当产量，FIFO 约当产量就只需要在此基础上减去期初在产品中来自上一期的产出。

要求：

a. 编制一个 5 月份的物流表（步骤 1）。

b. 用加权平均法编制一个 5 月份的约当产量表（步骤 2）。

c. 如果需要了解 FIFO 的约当产量，那么结果会是怎样的？请在使用加权平均法计算出的约当产量的基础上计算先进先出法的约当产量。

解答：

a. 第一，需要进行两个计算：

本期投产并完工的产品数量＝当期完工的生产数量－期初在产品数量
＝90 000－15 000＝75 000

本期投产的产品数量＝本期投产并完工的产品数量＋期末在产品数量
＝75 000＋30 000＝105 000

步骤 1：物流表：搅和部

投产的产品数量：		
期初在产品的数量（完工程度 70%）		15 000
5 月份的产品数量		105 000
投产的产品总量		120 000
产出的产品数量：		
完工并转出的产品数量：		
本期投产并完工	75 000	
期初在产品本期完工	15 000	90 000
期末在产品的数量（完工程度 40%）		30 000
产出的总产品数量		120 000

b.

步骤 2：约当产量：搅和部

	直接材料	加工成本
已完工的数量	90 000	90 000
加：期末在产品数量×完工程度		
30 000×100% 直接材料	30 000	—
30 000×40% 加工成本	—	12 000
约当产量	120 000	102 000

c.

	直接材料	加工成本
加权平均的约当产量	120 000	102 000
减去期初在产品的约当产量	15 000	10 500
FIFO 的约当产量	105 000	91 500

基础 6.10：如何以及为何计算单位成本和进行成本分配：加权平均法

资料：

基础 6.9 中步骤 2 中的约当产量和 5 月份 Wichita 工厂搅和部的成本信息如下：

成本：	
在产品，5月1日：	
直接材料	$ 1 500
加工成本	525
在产品的成本总额	$ 2 025
本期成本：	
直接材料	$ 18 900
加工成本	4 575
本期总成本	$ 23 475

为什么：

加权平均法将期初在产品中的上一期作业和成本归属于当期，因此，单位成本等于期初在产品总成本和当期成本之和除以加权平均的约当产量。由此产生的单位成本融合了上期单位成本和当期实际单位成本。转出产成品的成本值简化为总单位成本乘以已完工数量。

要求：

a. 使用加权平均法（步骤 3）计算 5 月份的单位成本。

b. 计算转出产品的成本和期末在产品的成本（步骤 4）。同时，核对已分配的成本和投入的成本（步骤 5）。

c. 如果你被要求计算 4 月份和 5 月份的单位材料成本的加权平均单位成本，那么该怎么办呢？从基础 6.8，我们可知 4 月份的单位材料成本为 0.01 美元，而 5 月份的单位材料成本为 0.18 美元。期初在产品的约当产量为 15 000，而 FIFO 的约当产量为 105 000。以在完工产品总量中的比例为权数，来计算加权平均的单位材料成本。

解答：

a. **步骤 3：**

单位成本＝单位材料成本+单位加工成本

＝（$ 1 500+$ 18 900）÷120 000+（$ 525+$ 4 575）÷102 000

＝$ 0.17+$ 0.05＝$ 0.22/盎司

b. **步骤4：存货的估值**

使用单位成本信息和约当产量信息（基础6.9的步骤2）：

转出产品成本：	
已完工产品（$ 0.22×90 000）	$ 19 800
期末在产品：	
（$ 0.17×30 000）+（$ 0.05×12 000）	5 700
已分配的成本总额（产出的）	$ 25 500

步骤5：成本核对（产出的成本和投入的成本）

投入的成本：	
期初在产品	$ 2 025
本期（5月份）	23 475
总额	$ 25 500

c. 单位材料成本＝（15 000÷120 000）×$ 0.10+（105 000 ÷120 000）×$ 0.18
＝$ 0.17

6.5.1 生产报告

基础6.9和6.10中的步骤1到步骤5提供了编制5月份搅和部生产报告的所有信息。这个报告见图表6-6。加权平均法的会计分录与先进先出法的形式相同。因此，在这里就不再重复了。

6.5.2 先进先出法与加权平均法的比较

先进先出法与加权平均法有两个关键区别：（a）如何计算产出；（b）计算期间单位成本时用什么成本。搅和部的单位成本计算如下：

	先进先出法		加权平均法	
	直接材料	加工成本	直接材料	加工成本
成本	$ 18 900	$ 4 575	$ 20 400	$ 5 100
产出	÷105 000	÷91 500	÷120 000	÷102 000
单位成本	$ 0.18	$ 0.05	$ 0.17	$ 0.05

这两种方法使用的成本总额和产出指标都不同。先进先出法更具有理论上的吸引力，因为它是用当期的成本除以当期的产出。而加权平均法则是将期初在产品的成本与当期成本合并，将期初在产品中的产出与当期的产出合并。这样可能会导致错误——特别是在各期之间投入成本的变化非常大的情况下使用加权平均法。

在搅和部的这个例子中，先进先出法的单位加工成本与加权平均法的单位加工成本是一样的。可以看出，投入成本在被考虑的两个期间内保持不变。但单位直接材料成本在先进先出法下是0.18美元，而在加权平均法下是0.17美元。显然，直接材料成本上升了，较低的上一期直接材料成本同当期发生的直接材料成本合并后得到的加权平均直接材料成本低估了“本期”直接材料成本。两种方法下的完全完工产品成本之差仅为0.01美元（$0.23-$0.22），从表面上看，不会产生什么误导。

图表6-6 **生产报告：搅和部**

Bienestar公司，Wichita工厂

搅和部

5月份生产报告

（加权平均法）

数量信息

投产的产品：		产出的产品：	
期初在产品	15 000	完工产品	90 000
本期投产的产品	105 000	期末在产品	30 000
投产的产品总量	120 000	产出的产品总量	120 000
		约当产量	
		直接材料	**加工成本**
完工产品		90 000	90 000
期末在产品		30 000	12 000
约当产量		120 000	102 000

成本信息

投入的成本：			
	直接材料	**加工成本**	**总计**
期初在产品的成本	$ 1 500	$ 525	$ 2 025
本期发生的成本	18 900	4 575	23 475
投入的成本总额	$ 20 400	$ 5 100	$ 25 500
除以约当产量	÷120 000	÷102 000	
每一约当单位的成本	$ 0.17	$ 0.05	$ 0.22
产出的成本：			
转出产品（$ 0.22×90 000）			$ 19 800
期末在产品：			
直接材料（$ 0.17×30 000）		$ 5 100	
加工成本（$ 0.05×12 000）		600	5 700
产出的成本总额			$ 25 500

两种方法下得出的转出产品和期末在产品存货成本之差只有 300 美元（见图表 6-5和图表 6-6）。转出产品的成本差异不到 2%，而期末在产品的差异大约只有 5%。单位成本 0.01 美元的差额显得并不重要。但是，如果考虑到最终产品，这 0.01 美元的差异也许就会变得非常重要。回顾一下 Bienestar 公司将粉末从搅和部转到制囊部的情景，在这里粉末被制成了胶囊。然后，这些胶囊被送到装瓶部，在这里 8 粒胶囊被装入一个小金属盒中。搅和部的产出是用盎司计量的。假设 4 盎司粉末被制成 8 粒胶囊，那么最终产品的成本差额就是被低估了 0.04 美元——不是 0.01 美元。因此，使用单位成本的信息可能会导致诸如定价过低或定价过高等错误的决策。而且如果其他两个部门也使用加权平均法，那么在这些部门里的产品成本也会被低估。累计下来的影响会造成最终产品成本的重大扭曲，并放大了这种影响。

（此外），加权平均法的第二个缺点也应当提一下。（那就是），加权平均法还会将当期的业绩同上一期的业绩合并。人们通常愿意通过将当期实际成本同当期的预算成本或标准成本进行比较来实施控制。加权平均法使得这种比较令人怀疑，因为当期的业绩并不独立于上一个期间。

加权平均法的主要优点是简单。如果将期初在产品视为当期的产品，那么在计算单位成本时，所有约当产量都属于同一期间。因此，计算单位成本的要求就被大大简化了。但正如我们讨论的那样，对于精确性计量和业绩评价而言，这种方法则是很不可靠的。先进先出法克服了这些缺点。但应当提及的是，这两种方法的应用都非常广泛。也许我们可以这样下结论，即在许多环境下，由加权平均法造成的扭曲没有严重到足以引起人们重视的地步。

6.6 转入产品的处理

在分步制造的情况下，一些部门不可避免地要从前一个部门接收已部分完工的产品。举个例子说，在先进先出法下，从搅和部转出的产品的价值为 19 500 美元。这些转入的产品对于下一个步骤来说就是一种原材料——在该步骤之初投入的原材料。计算约当产量时，通常的做法是将转入的产品作为一个单独的材料类别（基础 6.6 中的假设问题说明了存在多种材料类别的可能性）。因此，现在我们有三种制造性投入：转入的材料、投入的材料和加工成本。仍以 Bienestar 公司为例，制囊部接收了从搅和部转入的材料，这是一种粉末状的混合物；然后，将其加入到胶囊中（一种额外材料），密封胶囊并烘干。这个步骤使用人工和制造费用将粉末制成胶囊。

在处理转入的产品时，应当记住三个要点。第一，这种材料的成本等于前一个部门计算的转出产品的成本。第二，如果假设两个部门的产出指标是一对一的关系，那么下一个部门本期投产的产品是同前一个部门转出的产品相对应的。第三，转出部门产品的计量单位可能与接收部门的计量单位不同。如果是这种情况，那么转入的产品必须转换成用第二个部门的产量计量单位来计量。

为了说明接收转入产品的部门如何应用分步成本法，我们将以 Bienestar 公司的 Wichita 工厂的制囊部为例。制囊部收到从搅和部转来的粉末后，将粉末填入胶囊。搅和部是用盎司来计量产品的，而制囊部使用的单位为粒数。为了将盎司转化成粒数，我们需要知道盎司和粒数之间的关系。转入的每一盎司混合物可以制成4.4粒胶囊。因此，为了将这种转入材料转换成新的产品指标，我们必须用转入产品数量乘以4.4。

现在让我们考虑一下Wichita工厂的5月份的生产情况，并将注意力放在制囊部门。我们假设Wichita工厂使用的是加权平均法。5月份的成本和生产数据如图表6-7所示。注意5月份的转入成本为搅和部的转出成本（图表6-6列示了搅和部转出了90 000盎司粉末，成本为19 800美元）。还要注意制囊部是用粒数来计量产出的。根据图表6-7的数据，就能说明制囊部分步成本法的5个步骤。

图表6-7　**生产和成本数据：制囊部**

Bienestar公司，Wichita工厂

制囊部

5月份的生产和成本数据

数量：（粒）	
在产品，5月1日，完工程度80%[a]	24 000
完工并转出的产品	375 000
在产品，5月31日，完工程度30%[a]	45 000
成本：	
在产品，5月1日：	
转入成本	$ 1 200
直接材料（胶囊）[b]	450
加工成本	270
在产品的成本总额	$ 1 920
当期成本：	
转入成本	$ 19 800
直接材料（胶囊）	3 750
加工成本	7 500
在产品的成本总额	$ 31 050

[a] 就加工成本而言，材料的完工程度为100%是因为它们是在该步骤开始之初一次性投入的。

[b] 胶囊外衣材料的成本不是很多，因此将其并入加工成本。

步骤1：物流表　在编制制囊部的物流表时，必须考虑其对搅和部的依赖性：

投产的产品数量：

期初在产品数量	24 000
5月份转入的产品数量	396 000*

投产的产品总量		420 000
产出的产品数量：		
完工并转出的产品数量：		
本期投产并完工	351 000	
期初在产品本期完工	24 000	375 000
期末在产品数量		45 000
产出的产品总量		420 000

* 90 000×4.4（将转入产品的单位从盎司转换成粒数）。

步骤 2：计算约当产量 使用加权平均法计算的约当产量如图表 6-8 所示。注意从搅和部转入的产品被看作是本步骤开始之初投入的材料。转入材料的完工程度永远是 100%，因为它们总是在本步骤开始之初一次性投入的。

图表 6-8　**约当产量：加权平均法**

	转入材料	追加的直接材料	加工成本
完工产品	375 000	375 000	375 000
加：期末在产品数量×完工程度：			
45 000×100%	45 000	—	—
45 000×100%	—	45 000	—
45 000×30%	—	—	13 500
约当产量	420 000	420 000	388 500

步骤 3：计算单位成本 计算单位成本就是要计算每一类投入要素的单位成本：

单位转入成本 =（＄1 200+＄19 800）÷420 000 = ＄0.05

单位直接材料成本 =（＄450+＄3 750）÷420 000 = ＄0.01

单位加工成本 =（＄270+＄7 500）÷388 500 = ＄0.02

单位总成本 = ＄0.05+＄0.01+＄0.02 = ＄0.08

步骤 4：存货的估值 转出产品的成本可以简单地用单位成本乘以完工产品数量来计算：

转出产品的成本 = ＄0.08×375 000 = ＄30 000

计算期末在产品中每一类投入要素的成本，然后将其相加得到的总额就是期末在产品的成本：

转入材料：＄0.05×45 000	＄2 250
追加的直接材料：＄0.01×45 000	450
加工成本：＄0.02×13 500	270
合计	＄2 970

5 月份制囊部的生产报告如图表 6-9 所示，包括步骤 5（略）。

在对下一个部门进行这些分析时，唯一增加的新问题就是作为材料存在的转入产品。如前述，对这一类成本的处理与对其他成本的处理非常相似。但是，要记住这类特殊的材料的当期成本是从前一个步骤转入的产品成本，而且转入的产品是投产的产品（对产出的计量指标上的任何区别都要做出调整）。

图表 6-9　　**生产报告：制囊部**

Bienestar 公司，Wichita 工厂

制囊部

5 月份的生产报告

（加权平均法）

数量信息

投产的产品：		产出的产品：	
期初在产品	24 000	完工产品	375 000
本期投产的产品	396 000	期末在产品	45 000
投产的产品总量	420 000	产出的产品总量	420 000

	约当产量		
	转入材料	直接材料	加工成本
完工产品	375 000	375 000	375 000
期末在产品	45 000	45 000	13 500
约当产量	420 000	420 000	388 500

成本信息

投入的成本：				
	转入材料	直接材料	加工成本	总计
期初在产品	$ 1 200	$ 450	$ 270	$ 1 920
本期发生	19 800	3 750	7 500	31 050
投入的成本总额	$ 21 000	$ 4 200	$ 7 770	$ 32 970
除以约当产量	÷420 000	÷420 000	÷388 500	
每一约当单位的成本	$ 0.05	$ 0.01	$ 0.02	$ 0.08

产出的成本：		
转出产品（$ 0.08×375 000）		$ 30 000
期末在产品：		
转入材料（$ 0.05×45 000）	$ 2 250	
直接材料（$ 0.01×45 000）	450	
加工成本（$ 0.02×13 500）	270	2 970
产出的成本总额		$ 32 970

6.7 工序成本法

并非所有的制造型企业都是纯粹的分批生产或纯粹的分步生产。一些制造型企业既有分批生产的特征，也有分步生产的特征。这种混合环境的企业常常使用分批生产步骤。**分批生产步骤**(batch production processes) 按批生产各种产品，这些产品在有些方面相同而在有些方面不同。特别是，许多企业生产的产品，往往需要实质相同的加工成本，而需要不同的直接材料。因此，其加工作业是相似的或是相同的，但使用的直接材料则有显著的区别。举例来说，生产馅饼罐头的加工作业对于装苹果馅饼还是樱桃馅饼，本质上是相同的，但其直接材料的成本却有显著的区别。同样，制作女裙的加工作业可能是相同的，但材料成本的差别却是显著的，它取决于所用布料的种类（例如是毛料的还是化纤的)。衣服、织物、鞋和食品业都可能采用分批生产的方式，而且这些企业常常采用一种叫做工序成本法的成本计算系统。

6.7.1 工序成本法的基本原理

工序成本法(operation costing) 是指分批生产同类产品时，混合使用分批成本计算程序和分步成本计算程序。这种成本计算系统在分配直接材料成本时，使用分批程序，而在分配加工成本时，采用分步程序。使用混合的成本计算法是因为每一批产品使用的直接材料分量都是不同的，但对于每一个步骤（通常称为工序）的加工资源的需求却都是相同的。虽然不同的批别可能要经过不同的工序，但是，经过同一个工序的各批产品对加工作业的需求却是相同的。

工作订单(work orders) 被用来归集每一批产品的生产成本。工作订单还可以用来开启生产程序。用工作订单来开启和追踪每一批产品的成本是分批成本法的特征。但是，既然不同批别的单个产品经过相同的工序时会耗费相同的加工资源，那么每一单位的产品（不管其所属的批别）都可被看作是一个同质产品。这个特点是分步成本法的特征，而且还可利用这个特征来简化加工成本的分配。

可以用领料单来确认直接材料、数量、价格和工作订单号。用领料单作为原始凭证，可将直接材料成本列入工作订单表。加工成本是按步骤来归集的，然后用预定加工成本分配率(概念上与预定制造费用分配率相同）将其分配到产品。每个部门都要编制加工成本的预算，并且用以产量为基础的资源动因如直接人工工时或机器工时来计算单个的加工成本分配率。举例来说，假设缝纫部的预算加工成本为 100 000 美元（包括直接人工、折旧、辅助材料和动力等)，实际的产能为 10 000 个机器工时。那么，加工成本分配率计算如下：

加工成本分配率 = $ 100 000÷10 000 机器工时
　　　　　　　= $ 10/机器小时

现在考虑一下通过缝纫工序的两批鞋：其中的一批包括 50 双男式皮靴，另一批包括 50 双女式皮凉鞋。首先，显然这两个批次有不同的直接材料要求，所以直接材料成本应当被分别追踪（分批成本法的特点)。其次，很明显的是，每批产品的缝纫作业都是相同的，在这个意义上无论该产品是靴子还是凉鞋，一小时的缝纫时间应当耗费相同的资源（分步成本法的特点）。如果那批靴子用了 25 个机器工时，那么该批靴子就会分得 250 美元（ \$ 10×25）的加工成本。如果那批凉鞋用了 12 个机器工时，那么该批凉鞋就会分得 120 美元（ \$ 10×12）的加工成本。此外，即使每个产品可能耗费相同的每一机器工时的资源，但各个批次在这一工序中所耗费的资源总量仍有可能不同。因此，用工作订单来归集各批次的成本是很有必要的。

图表 6-10 说明了工序成本法的实物流和成本流的特征。该示例是针对两批、三个步骤产品而言的。面板 A 列示实物流，面板 B 列示成本流。字母 a 到 f 代表了这两批产品的直接材料成本分配。这个例子假设所有的直接材料是在生产开始之初投入的。因此，直接材料成本在每批产品的第一个生产步骤就被分配到了在产品账户中。这个例子还说明了各批产品不必经过每个步骤。批次 A 要经过步骤 2 和步骤 3，批次 B 要经过步骤 1 和步骤 2。步骤后紧跟着的字母代表着对各批产品的加工成本的分配。

图表 6-10　　　　工序成本法的基本特征

面板A：实物流

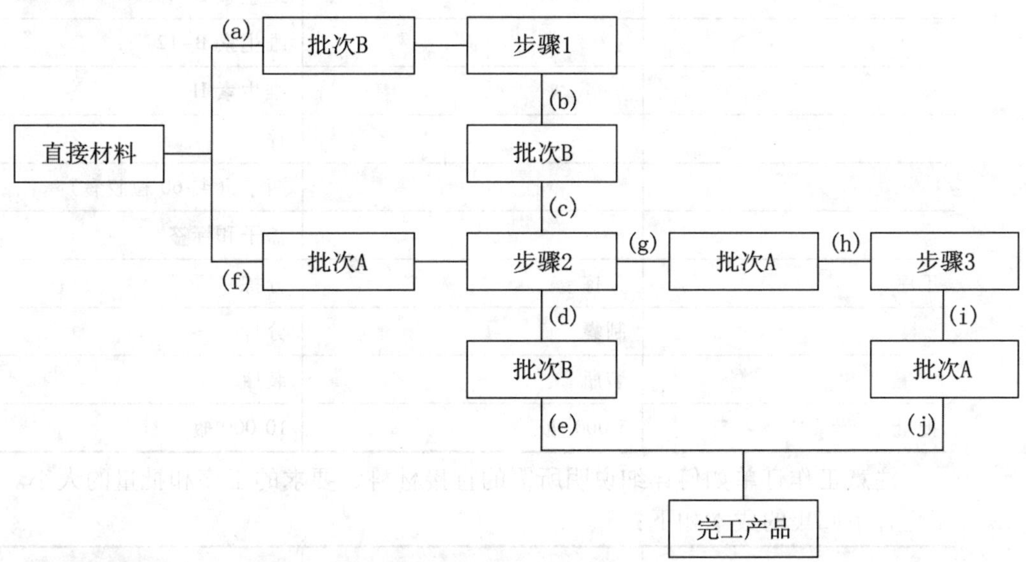

面板B：成本流（以下以面板A中的字母和美元来表示）

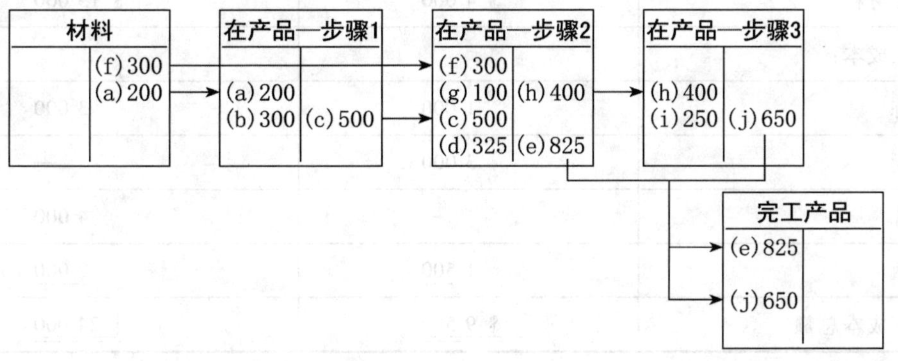

6.7.2　工序成本法的案例

为了举例说明工序成本法，我们以 Bienestar 公司的 Des Moines 工厂为例。Des

Moines 工厂生产多种维生素和矿物质产品。该公司不仅生产复合维生素和矿物质产品，而且还生产单种维生素和矿物质产品，例如，瓶装维生素 C、维生素 E、钙片等。假设该公司也生产不同剂量的维生素（例如每次剂量为 200 毫克和 1 000 毫克的维生素 C）。该公司还使用大小不同的瓶子（如装 60 粒胶囊的瓶子和装 120 粒胶囊的瓶子）分装产品。它有 4 个工序：分拣、制囊、分片和装瓶。考虑如下两个工作订单：

	Work Order 100	Work Order 101
直接材料	抗坏血栓维生素 C	维生素 E
	胶囊	维生素 C
	瓶子（装 100 粒胶囊）	维生素 B-1
	盖子和标签	维生素 B-2
		维生素 B-4
		维生素 B-12
		维生素 H
		锌
		瓶子（装 60 粒胶囊）
		盖子和标签
工序	分拣	分拣
	制囊	分片
	装瓶	装瓶
批量	5 000 瓶	10 000 瓶

注意工作订单如何详细说明所需的直接材料、要求的工序和批量的大小。假设用工作订单归集的成本如下：

	Work Order 100	Work Order 101
直接材料	$ 4 000	$ 15 000
加工成本：		
分拣	1 000	3 000
制囊	3 000	—
分片	—	4 000
装瓶	1 500	2 000
生产成本总额	$ 9 500	$ 24 000

与 Work Order 100 相关的会计分录如下所示。第一笔分录假设该批次产品所需的直接材料在本期投产时就被全部领取。另一个可能性是在该批次产品进入每一个步骤时领取所需的材料。

a. 借：在产品——分拣	4 000	
贷：材料		4 000
b. 借：在产品——分拣	1 000	
贷：预分的加工成本		1 000
c. 借：在产品——制囊	5 000	
贷：在产品——分拣		5 000
d. 借：在产品——制囊	3 000	
贷：预分的加工成本		3 000
e. 借：在产品——装瓶	8 000	
贷：在产品——制囊		8 000
f. 借：在产品——装瓶	1 500	
贷：预分配的加工成本		1 500
g. 借：完工产品	9 500	
贷：在产品——装瓶		9 500

另一个工作订单的分录在这里就不再列示了，它与上面的分录类似。

6.8 附录：废品

如果在分步成本法的情况下出现了废品，那么它就会在生产报告的成本信息中产生连锁反应。让我们以 Payson 公司为例来说明。Payson 公司通过两个部门生产一种产品：搅和部与熬煮部。在搅和部，所有的直接材料都在该步骤开始之初被投入。所有其他的加工性投入都在加工过程中均匀地追加。以下是关于搅和部 2 月份的信息：

a. 期初在产品，2 月 1 日：100 000 磅，加工成本的完工程度为 40%。已分配的成本如下：

直接材料	$ 20 000
直接人工	10 000
制造费用	30 000

b. 期末在产品，2 月 28 日：50 000 磅，加工成本的完工程度为 60%。

c. 完工并转出的产品数量：360 000 磅。本月投入的成本如下：

直接材料	$ 211 000
直接人工	100 000
制造费用	270 000

d. 所有的产品都要在其加工至 80% 的时候接受检测，并且任何被识别出的废品都要被废弃。在 2 月份，有 10 000 磅的废品。

我们可以看看生产报告中关于成本的五个步骤的信息。首先，我们必须创建一张物流表。

投产的产品数量：

期初在产品数量	100 000
本期投产	320 000

投产的总产品数量	420 000
产出的产品数量：	
转出的产品数量	360 000
废品数量	10 000
期末在产品数量	50 000
产出的总产品数量	420 000

第二步是创建一张约当产量表，如下：

	直接材料	加工成本
完工的产品	360 000	360 000
废品数量×完工程度		
直接材料（10 000×100%）	10 000	
加工成本（10 000×80%）		8 000
期末在产品数量×完工程度		
直接材料（50 000×100%）	50 000	—
加工成本（50 000×60%）	—	30 000
产出的约当产量	420 000	398 000

每约当产量的单位成本如下：

直接材料单位成本（$ 20 000+ $ 211 000）÷420 000	$ 0.55
加工成本单位成本（$ 40 000+ $ 371 000）÷398 000	$ 1.03*
每约当产量的总单位成本	$ 1.58

* 四舍五入

现在，我们必须计算转出产品与期末在产品的成本。如果该废品是正常的（预期的），那么就应将废品的成本加入到合格品的成本中。本例中，产品检测发生在产品完工程度为80%的时候。因此，期末在产品不承担废品的成本（因为期末在产品只完工了60%，还没有被检测）。这样，所有的废品成本就全部分给了转出的合格品。

转出产品的成本：	
合格品（$ 1.58×360 000）	$ 568 800
废品（$ 0.55×10 000）+（$ 1.03×8 000）	13 740
	$ 582 540

期末在产品的成本 =（$ 0.55×50 000）+（$ 1.03×30 000）= $ 58 400

成本核对的情况如下：

投入的成本：	
期初在产品	$ 60 000
本期追加成本	581 000
投入的总成本	$ 641 000
产出的成本：	
转出的产品	$ 582 540

期末在产品	58 400
产出的总成本	$ 640 940*

* $ 60 的差额是由于四舍五入的原因。

还请注意，对正常废品的处理与对非正常废品的处理有所不同。如果废品被认为是正常的，那么就没有必要分开追踪，而是包含在合格品的总成本之中。因此，没有人知道总制造成本中加进了多少废品成本，也不知道是否要采取措施以减少废品。而对非正常废品的处理，则把更多的关注放在对浪费持零容忍态度的全面质量管理方面。至少，（对非正常废品的处理）它把废品的成本追踪到了一个独立的账户中。当然，采取全面质量管理的工厂会一直把废品归类为非正常废品。同时它还会去努力识别与这些废品相关联的作业，以发现导致产品质量低劣的根本原因。

练习题

复习题

6.1 加权平均法，独立部门，约当产量，先进先出法

Payson 公司生产的产品要经过两个部门：搅和部和熬煮部。这两个部门都使用加权平均法。在搅和部门，所有的直接材料都在该步骤开始之初被投入。所有其他的加工性投入都在加工过程中均匀地追加。下面是混合部 2 月份的信息：

a. 期初在产品（BWIP），2 月 1 日：100 000 磅，有关材料的完工程度为 100%，有关加工成本的完工程度为 40%。分配到这项工作的成本如下：

直接材料	$ 20 000
直接人工	10 000
制造费用	30 000

b. 期末在产品（EWIP），2 月 28 日：50 000 磅，关于直接材料的完工程度为 100%，关于加工成本的完工程度为 60%。

c. 完工并转出产品：370 000 磅。下列成本在本月投入：

直接材料	$ 211 000
直接人工	100 000
制造费用	270 000

要求：

（1）请编制物流表。

（2）请编制约当产量表。

（3）请计算每一约当单位的成本。

（4）请计算转出产品成本和期末在产品成本。

（5）请编制成本核对表。

（6）请使用先进先出法，重复计算要求 2-4。

解答：

（1）物流表：

投产的产品数量：		
产品数量，期初在产品		100 000
投入生产的产品数量		320 000
投产的总产品数量		420 000
产出的产品数量：		
完工并转出的产品数量：		
本期投入生产并完工	270 000	
期初在产品本期完工	100 000	370 000
期末在产品数量		50 000
产出的总产品数量		420 000

（2）约当产量表：

	直接材料	加工成本
完工产品数量	370 000	370 000
加：期末在产品数量×完工百分比：		
直接材料（50 000×100%）	50 000	—
加工成本（50 000×60%）	—	30 000
约当产量	420 000	400 000

（3）每一约当产量的成本：

单位材料成本（20 000+211 000）÷420 000	\$ 0.550
单位加工成本（40 000+370 000）÷400 000	1.025
每一约当产量的总成本	\$ 1.575

（4）转出产品成本和期初在产品成本：

转出产品成本 = \$ 1.575×370 000 = \$ 582 750

期末在产品成本 =（\$ 0.55×50 000）+（\$ 1.025×30 000）= \$ 58 250

（5）成本核对：

投产的成本：	
期初在产品	\$ 60 000
本期追加成本	581 000
投产的总成本	\$ 641 000
产出的成本：	
转出产品	\$ 582 750
期末在产品	58 250
产出的总成本	\$ 641 000

（6）先进先出法结果：

约当产量表：

	直接材料	加工成本
完工产品数量	270 000	270 000

期初在产品数量×完工百分比	—	60 000
期末在产品数量×完工百分比：		
直接材料（50 000×100%）	50 000	—
加工成本（50 000×60%）	—	30 000
约当产量	320 000	360 000

每一约当产量的成本：

单位材料成本（$ 211 000/320 000）	0.659
单位加工成本（$ 370 000/360 000）	1.028
每一约当产量的总成本	1.687

转出产品成本和期末在产品成本：

转出产品成本 =（$ 1.687×270 000）+（$ 1.028×60 000）+ $ 60 000 = $ 577 170

期末在产品成本 =（$ 0.659×50 000）+（$ 1.028×30 000）= $ 63 790

问题讨论

6.1　步骤是什么？请举个例子说明这个定义。

6.2　请描述分步成本法和作业成本法的区别。

6.3　当产品从一个部门转到另一个部门时，应做什么分录？当产品从最后一个部门转入仓库时呢？

6.4　什么是转入成本？

6.5　解释为什么转入成本对于接收部门来说是一种特殊的原材料？

6.6　什么是生产报告？这个报告起什么作用？

6.7　分步成本法是否能用于服务型组织？请说出您的理由。请描述分步成本法如何用于 JIT 生产企业。

6.8　什么是约当产量？为什么分步成本法中需要约当产量？

6.9　如果材料是在流程开始时或者结束时一次性投入而不是均匀投入，那么约当产量的计算会受到什么影响？

6.10　请描述对一个流程部门的制造成本进行处理的五个步骤，并指出它们之间的相互关系。

6.11　在加权平均法下，如何处理来自上一期的成本和产出？在先进先出法下呢？

6.12　在什么情况下，加权平均法和先进先出法实质上会得出相同的结果？

6.13　在将成本分配到转出产品方面，加权平均法和先进先出法有何不同？

6.14　在计算约当产量时，如何处理转入成本？

6.15　什么是工序成本法？什么时候可以使用这种方法呢？

习题

6.1　成本流转

Lamont 公司为采油机生产了 80 000 单位的机器零件。任何部门都没有期初或者期末在产品存货。Lamont 5 月份发生了以下成本：

	铸造部门	研磨部门	精加工部门
直接材料	$ 13 000	$ 5 200	$ 8 000
直接人工	10 000	8 800	12 000
预分制造费用	17 000	14 000	11 000

要求:

(1) 请计算各部门转出的成本。

(2) 请编制与这些成本转移相关的分录。同时,为研磨部编制分录,以反映添加到从塑造部接收的转入产品身上的成本。

(3) 如果研磨部门在产品账户的期末余额为 12 000 美元,请计算转出成本,并编制反映此转移的分录。这对要求 1 中完工产品的计算有什么影响?假设另外两个部门的在产品无期末余额。

6.2 单位成本,无在产品存货

Lising 理疗公司有一位理疗师来为病人进行电子机械治疗。在 4 月份,有以下成本和产出信息:

直接材料	$ 750
理疗师薪酬	$ 4 250
制造费用	$ 5 000
治疗数量	100

要求:

(1) 请计算 4 月份每次治疗的成本。

(2) 请计算 4 月份售出的服务的成本。

(3) 如果 Lising 发现了一种能将制造费用减少 20% 方法,结果会是怎样的?这对每次治疗的利润将会有什么影响?

6.3 物流,有期末在产品的约当产量

Fleming, Fleming 和 Johnson 是一家当地的注册会计师事务所,下面数据是关于 3 月份的数据(产量是以回报的数量来衡量的):

期初在产品数量	—
期初数量	6 000
完成单位数	5 000
期末在产品单位数(完工程度 50%)	1 000
总生产成本	$ 5 500

要求:

(1) 请编制物流表。

(2) 请编制约当产量表,并说明为什么要使用约当产量来计量产出。

(3) 如果期末在产品的完工程度为 80%,那么这个改变将会如何影响物流表和约当产量表?

6.4 期初在产品的单位信息,先进先出法

Jackson 制造公司使用三个部门来生产沙茶酱:烹饪部门、混合部门和灌装部门。

所有的材料都在流程开始时加入。产出用盎司来计量。7 月份的生产信息如下：

生产：

7 月 1 日在产品数量，完工程度为 60% *	10 000
完成并转出的产量	80 000
7 月 31 日在产品数量，完工程度为 80% *	15 000

* 相对于转换成本。

要求：

（1）请编制 7 月份的物流表。

（2）请使用先进先出法编制 7 月份的约当产量表。

（3）如果流程开始时加入的材料为 60%，剩下的 40% 是在流程结束时加入（所有使用的材料都有相同的形状或者材料种类）。那么，会有多少约当产量的材料？

6.5 成本信息，先进先出法

Gunnison 公司有如下关于其缝纫部门 12 月份的约当产量表和成本信息：

	直接材料	加工成本
本期投入生产并完工的产品数量	40 000	40 000
加上：期初在产品数量×完工程度		
5 000×0% 直接材料	—	
5 000×50% 加工成本		2 500
加上：期末在产品数量×完工程度		
10 000×100% 直接材料	10 000	—
10 000×35% 加工成本	—	3 500
约当产量	50 000	46 000
成本：		
在产品，12 月 1 日：		
直接材料		$ 35 000
加工成本		10 000
总在产品		$ 45 000
现行成本：		
直接材料		$ 400 000
加工成本		184 000
本期总成本		$ 584 000

要求：

(1) 请使用先进先出法，计算 12 月份产出的单位成本。

(2) 请计算转出产品的成本和期末在产品的成本，并核对已分配的成本与投产的成本。

(3) 如果您被询问 11 月份的单位成本，请计算 11 月份的单位成本，并解释管理层为什么对这数据有兴趣。

6.6 期初在产品的单位信息，加权平均法

Jackson 制造公司使用三个部门来生产沙茶酱：烹饪部门、混合部门和灌装部门，所有的材料都在流程开始时加入。产出是用盎司来计量。7 月份的生产信息如下：

生产：

7 月 1 日在产品数量，完工程度为 60% *	10 000
完成并转出的产量	80 000
7 月 31 日在产品数量，完工程度为 80% *	15 000

* 相对于转换成本。

要求：

(1) 请编制 7 月份的物流表。

(2) 请使用加权平均法编制 7 月份的约当产量表。

(3) 如果您被要求以加权约当单位量为起点计算先进先出产量，请通过减去在期初在产品中发现的前期产出来计算加权平均约当数。

6.7 物流，约当产量，单位成本，无期初在产品存货，作业成本法

Lacy 公司是一家生产用于生产液压缸部件的公司。部件的生产要经过三个部门：板材切割部门、钻杆磨削部门、焊接部门。制造费用通过以下作业动因和分配率来分配：

作业动因	比率	实际用量（板材切割部门）
直接人工成本	直接人工的 150%	$ 732 000
检查时间	$ 40/小时	7 450 小时
采购订单	$ 1 000/订单	800 份订单

板材切割部门的其他数据如下所示：

期初在产品	—
本期投入生产的产品	750 000
直接材料成本（美元）	$ 6 000 000
期末在产品单位数（100% 材料，64% 转换）	50 000

要求：

(1) 请编制物流表。

(2) 请计算产品的约当产量来得出下列数据：

a. 直接材料

b. 加工成本

（3）计算单位成本来得出下列数据：

a. 直接材料

b. 加工成本

c. 总产量

（4）请提供下列信息：

a. 转出单位的总成本

b. 从钻杆磨削部门转入焊接部门的转移成本的分录

c. 分配至期末存货的单位成本

6.8 约当产量：加权平均法

下面是五个独立计算流程成本的部门的数据，投入是连续的。

	A	B	C	D
期初存货	5 000	4 000	—	45 000
完工程度	30%	75%	—	60%
本期投入生产的产品	24 000	20 000	49 000	35 000
期末存货	4 000	—	9 000	10 000
完工程度	20%	—	30%	20%

要求：

使用加权平均法计算前面几个部门的约当产量。

6.9 加权平均法，约当产量，单位成本，多部门

Fordman 公司生产一种需要经过两个流程的产品：研磨部门和抛光部门。在 12 月份，有 20 000 单位的产品从研磨部门转入抛光部门。转入第二个部门的产品成本为 40 000 美元。材料在第二个流程中是均匀地投入的。这两个部门计量产品的方法是一样的。

第二个部门（抛光部门）12 月份的物流表如下：

投产的产量：

期初在产品	4 000（40%完工程度）
投入生产的产品数量	?
投产的产品总量	?

产出的产量：

期末在产品	8 000（50%完工程度）
完工产品	?
产出数量	?

抛光部门期初在产品的成本中包括材料成本 5 000 美元、加工成本 6 000 美元、转入成本 8 000 美元。本月投入的成本：材料成本为 32 000 美元、加工成本为 50 000 美元、转入成本为 40 000 美元。

要求：

（1）假使使用加权平均法，请编制约当产量表。

（2）请计算本月的单位成本。

6.10 工序成本法：面包生产

Tasty 面包公司生产并为整个堪萨斯州供应面包。它共生产 3 种面包：长方形面包、筒形面包和小甜圈面包。其生产包括 7 个操作流程。

a. 混合：把面粉、牛奶、酵母、盐、黄油等放在一个大缸中混合。

b. 成型：用传送带将生面团送入一个机器，在这个机器中生面团被称重，并按照所要生产的类型将它们制造成长方形面包、筒形面包或者小甜圈面包。

c. 发酵：将单个的面团放好，使其发酵。

d. 烘焙：将面团移入一个 100 英尺长的烤箱中。（这些面团是放在架子上进入烤箱的，在烤箱中慢慢移动 20 分钟）

e. 冷却：面包被移出烤箱，并使其冷却。

f. 切片：将长方形面包和筒形面包（汉堡包和热狗）切片。

g. 包装：将面包包装起来。

Tasty 公司的产品分批生产，批量的大小要取决于必须满足的个别订单的要求（订单来自于该州内的零售店）。通常，一批产品完成混合操作后，立即开始第二批产品的混合操作。

要求：

（1）请确认在这种环境采用工序成本法必须具备的条件。如果这些条件不能得到满足，那么请解释如何应用工序成本法。如果使用分步成本法，那么您建议使用加权平均法还是先进先出法呢？请解释理由。

（2）假使工序成本法对于面包制造商来说是最好的方法，请具体说明您将如何使用工序成本法。请拿一批晚宴用筒形面包（包括 1 000 包 12 个装的筒形面包）和全麦长方形面包（包括 5 000 包 24 个装的切片长方形面包）作例子。

6.11 附录：在分步成本法中的正常废品和非正常废品

Novel Toys 有限公司生产塑料水枪。每一个水枪的左右框架是由制作部生产的。然后，将左框架和右框架转入组装部，在这里插入扳机，然后将两半部分黏在一起。（在制作部，左右两半框架一起被定义为产出的一个单位）在 6 月份，制作部报告了如下信息：

a. 在制作部，所有的材料都是在该流程期初投入的。

b. 期初在产品包括 3 000 单位的产品，关于人工和制造费用的完工程度为 20%。期初存货的成本包括直接材料 450 美元、加工成本 138 美元。

c. 本月投入生产的成本中直接材料为 950 美元，加工成本为 2 174.50 美元。

d. 该步骤末期进行检查。变形产品被丢弃，所有的废品都被认为是非正常的。

e. 在本月期间，共有 7 000 单位产品投入生产，有 8 000 单位合格产品被转入精加工部。所有其他完工产品都是变形的，被丢弃了。期末在产品为 1 000 单位，完工程度为 25%。

要求：

（1）请编制物流表。

（2）请使用加权平均法计算约当产量。

（3）请计算单位成本。

（4）所转出产品的成本是多少？期末在产品的成本是多少？废品造成的损失是多少？

（5）请编制制造部门处理废品的分录。

第 7 章　辅助部门和联合产品的成本分配

学习本章之后，您可以：

①描述出辅助部门和生产部门的不同之处。

②计算费用分配率，并区分单一费用分配率和多重费用分配率。

③运用直接分配法、顺序法和交互法将辅助中心成本分配到生产部门。

④计算部门间接费用分配率。

⑤识别联合生产过程的特征，将联合成本分配到产品。

产生于相同的资源、用于输出两个或两个以上的服务或产品的互利成本，被称为共同成本(common costs)。这些共同成本可能会涉及时间、个体责任、销售地区和客户分类。联合产品的成本是共同成本的一种特例。本章节将首先关注部门间和产品间的共同成本，其次是联合生产过程中产生的共同成本。

7.1　成本分摊概述

现代企业的复杂性导致了会计人员要将辅助部门的成本分摊到生产部门和个别产品线中。简单地说，分摊就是划分成本池，并将这些成本分配到各个次级单位。成本分摊不会对成本总额产生影响，认识到这一点是很重要的。成本总额既不会因分摊而减少，也不会因分摊而增加。但是分配到次级单位的成本金额可能会受到所采用的分配程序的影响。因为成本分摊会影响报价、个别产品的盈利性和管理人员的行为，所以成本分摊是一个重要的问题。

7.1.1　部门类型

成本分摊的第一步是确定成本对象。通常情况下，成本对象是部门。部门有两类：生产部门和辅助部门。生产部门(producing department) 直接负责生产产品或提供服务以销售给顾客。在一个大型会计师事务所，生产部门包括审计部、税务部、管理咨询服务部（计算机系统服务）。在诸如大众汽车公司（Volkswagen）的制造环境中，生产部门是那些工作直接针对所生产产品的部门（如组装部门、喷漆部门）。辅助部门（support department）为生产部门提供基本服务。这些部门与一个组织的服务或产品没有直接联系。在大众汽车公司中，这些部门可能包括设计部门、维修部门、人事部门以及不动产管理部门。

现实案例

比如在过去的 10 ~ 15 年中，像惠普（Hewlett-Packard)、IBM 和陶氏化学公司(Dow Chemical) 等公司已经设立了一定的辅助部门，并形成了共享服务中心(SSCs)。SSC 为公司各种分部和部门提供服务。工资支出、接受订单、客户账单和应收账款处理等都是 SSCs 的工作。公司获得了来自规模经济和标准化流程设计的好处。业绩评价工具也被纳入 SSC 设计中。SSC 面临三个重要的会计问题：

(a) 是什么导致了经营过程中成本的产生？

(b) 应该向客户和生产部门收取多少费用？

(c) 在提供相同服务的情况下，运用该中心的成本与聘请外包公司的成本相比如何？

一般决定分配率的动因不会是以产量为基础的动因（基于生产）。相反地，它们可能包括处理业务的数量和为客户提供信息的错误率。由于作业成本法（activity-based costing）能够帮助我们更好的理解成本及其相关动因，因而，它为管理 SSC 成本提供了比传统成本会计系统更好的框架。

一旦识别了生产部门和辅助部门，就可以确定可追溯至各部门的间接费用。比如，一个企业的自助餐厅会产生食品成本、厨师和服务员工资、洗碗机和炉灶的折旧以及辅助材料（如：纸巾和塑料刀叉等）。与生产部门直接相关的间接费用，如在家具制造工厂的组装部中，可能包含公用设施费、管理人员薪水和部门设备的折旧。不能被简单分配到生产和辅助部门的间接费用应分配到一个综合部门例如总厂。总厂（成本）可能包括工厂建筑的折旧、工厂圣诞晚会圣诞老人套装的租金、刷新停车场标志的成本、厂部经理的工资和电话服务费。通过这种方式，所有成本被分配到一个部门。

图表 7-1 展示了制造公司和服务公司是如何设立生产和辅助部门的。生产家具的制造厂可以将部门分为两个生产部门（组装和修整）和四个辅助部门（材料仓库、自助餐厅、维护和总厂）。像银行这样的服务公司可能将部门分为三个生产部门（汽车贷款、商业贷款和个人银行）和三个辅助部门（结算部、数据处理、银行管理）。间接费用要可追溯至到每个部门。值得注意的是，每个工厂或者服务公司的间接费用必须分配到一个部门且只能是一个部门。

图表 7-1　**制造公司和服务公司的部门划分示例**

制造公司：家具制造商

生产部门	辅助部门
组装：	**材料仓库：**
主管工资	员工工资
小型工具	铲车折旧
间接材料	**自助餐厅：**
机械折旧	食物
修整：	厨师工资
砂纸	炉灶折旧
磨砂机和缓冲机折旧	**维护：**
	门卫工资
	清洁用品
	机油和润滑油
	总厂：
	建筑折旧
	安保
	公共设施

续图表

服务公司：银行	
生产部门	**辅助部门**
汽车贷款：	**结算部：**
贷款业务员工资	结算员工资
表格和日用品	设备折旧
商业贷款：	**数据处理：**
信贷人员工资	职员工资
办公设备折旧	软件
破产预测软件	硬件折旧
个人银行：	**银行管理：**
日用品和对账单邮资	执行总裁工资
	接待员工资
	电话费
	办公场所和金库折旧

一旦公司划分好部门，且所有制造费用已经分配到了单个部门，那么就可以将辅助部门成本分配到生产部门了，并可进一步计算出用于分配产品成本的制造费用分配率。尽管辅助部门并不直接作用于销售的产品或服务，但提供这些辅助服务的成本也归属于产品成本的一部分，必须分配到产品上。这一成本分配包含两阶段的分摊：（a）将辅助部门成本分摊到生产部门；（b）将这些分配到的成本分摊到各种产品上。第二阶段的成本分摊，通过各部门使用制造费用分配率而实现，这是非常必要的，因为每个生产部门都会生产多种产品。如果一个生产部门仅生产一种产品，那么，所有分摊到这个部门的辅助成本都归属于该产品。以前，预定的制造费用分配率是通过用一个部门的总预计制造费用除以一个预计的恰当基数计算得到的。而现在我们可以看到，一个生产部门的制造费用包括两部分：与生产部门直接相关的间接费用和辅助部门分配给生产部门的间接费用。辅助部门没有用于将制造费用分摊到生产单位的制造费用分配率，因为辅助部门不生产产品。辅助部门的主旨是服务生产部门，而不是生产部门生产的产品。例如，维修人员修理和维护的是组装部门的设备，而不是在该部门组装完成的家具。图表 7-2 总结了上述步骤。

图表 7-2　　**将辅助部门成本分摊到生产部门的步骤**

（a）划分公司部门；
（b）将每个部门分类为辅助部门或生产部门；
（c）将公司的所有制造费用追溯到各辅助部门或生产部门；
（d）将辅助部门成本分摊到生产部门；
（e）计算生产部门的预定制造费用分配率；
（f）根据预定制造费用分配率将制造费用分摊到各部门的每一种产品上。

7.1.2 分配基础的类型

事实上，是生产部门引发了辅助作业。**因果关系因素**（casual factors）是指生产部门内产生辅助成本的变量或作业。在选择辅助部门成本分配基础时，应当确定合适的因果关系因素（作业动因）。使用因果关系因素能得到精确的产品成本。此外，如果因果关系因素已知，那么管理者还能更好地控制服务的耗费。

为了说明可使用的成本动因类型，可以考虑以下三个辅助部门：动力部门、人事部门和材料管理部门。对于动力成本而言，符合逻辑的分配基础是千瓦小时，这可以通过各部门的单独的计量仪表来测量。如果没有单独的计量仪表，或许各部门机器工时会是一个很好的替代指标或计量一个近似的动力使用量。对于人力成本来说，生产部门员工数和人员流动数（新员工人数）都可能是作业动因。对于材料管理成本来说，材料移动数量、材料处理工时和搬运的材料数量都可能是作业动因。图表 7-3 列出了一些分配辅助成本可能的作业动因。当存在相互冲突的作业动因时，管理者需要评估哪一种动因能提供最令人信服的关系。

图表 7-3　　**辅助部门可能使用的作业动因示例**

会计：
业务的数量

自助餐厅：
职工人数

数据处理：
输入的行数
工时

设计：
变更订单的次数
工时

维护：
机器工时
维修工时

材料仓库：
材料移动的次数
移动材料的重量
不同零件的数量

工资：
职工人数

人事：
职工数量
辞工人数
新雇或临时解雇的人数
直接人工成本

动力：
千瓦小时
机械工时

采购：
订单数量
订单成本

运输：
订单数量

虽然使用因果关系因素来分配共同成本是一个最好的解决方案，但有时还是难以找到易于测量的因果关系因素。在这种情况下，会计人员会寻找一个恰当的替代变量。例如，车间折旧这种共同成本就可以基于占地面积而将其分摊到生产部门。尽管建筑面积不引起折旧，但部门所占的平方英尺数可以被看作是适合用于计量厂房所提供服务的替代因果关系因素。选择一个可恰当地用于分摊成本的替代因果关系因素取决于公司的成本分摊目标。

7.1.3 分摊目标

关于将辅助部门成本分摊到生产部门以及最终到具体产品的问题有许多重要的目标。以下是 IMA（Institute of Management Accountants）已经确定的一些主要目标：

a. 获得一个相互认可的价格

b. 计算生产线的盈利产能

c. 预测（企业经营）计划与控制的经济效益

d. 对存货进行估价

e. 激励管理者

要想（企业产品的）定价具有竞争性，就需要充分理解其成本。如果成本不能得以准确分摊，那么某些成本就可能被高估，进而导致定价或报价过高以致失去一些潜在的业务。反之，如果成本被低估，那么报价就可能过低，这将导致产品亏损。

合理计量各产品的成本也可以帮助管理者评估各产品与服务的盈利性。生产多种产品的厂商需要确保所有产品都是有利可图的，而且，公司的总体盈利产能也不会掩盖个别产品的较差的盈利表现。这一点与 IMA 确定的盈利性目标非常吻合。

通过评估各种辅助服务的盈利产能，管理者可以评价公司所提供的一组辅助服务（的绩效）。根据该评估结果，企业总裁们可以决定是否撤销一些辅助部门、对部门资源进行重新配置、对某些辅助活动进行重新规划，或者在某些领域执行更严格的成本控制。这些步骤也都符合 IMA 提出的计划与控制目标。

对于像律师事务所这一类的服务型机构，IMA 提出的关于存货估价的目标是与它们不相关的。然而，在制造企业中，就必须要特别关注这一目标。财务报告规则或者美国公认会计原则（GAAP）要求将所有直接和间接的制造成本分配到所生产的产品上。由于辅助部门成本是间接制造成本，因此它们也必须被分摊到产品中。这一般通过辅助部门的成本分摊来完成。存货和所售商品的成本包括直接材料、直接人工和包含辅助部门成本在内的所有制造费用。

成本分摊可以用于激励管理者。如果不将辅助部门成本分摊到生产部门，那么（生产部门的）管理者就可能倾向于过度使用这些服务。（这样）辅助服务的消耗就会持续到服务的边际收益等于零时。当然，一项服务的边际成本一定是大于零的。通过分摊成本和约束生产部门负责其经济业绩的管理者，公司可以确保管理者持续利用辅助服务直到该服务的边际效益等于其边际成本。因此，对辅助部门成本进行分摊有利于各生产部门选择恰当的辅助服务使用量。

此外，（该成本分摊行为）还有其他方面的作用。将辅助部门成本分摊到生产部门可以鼓励这些部门管理者监控辅助部门的活动。因为辅助部门成本影响部门自身的经济表现，所以这些管理者有动力去通过其他方式来控制其成本，而不是简单地关注其辅助服务的耗用情况。比如，管理人员可以将辅助服务的内部成本与其外部获取成本进行比较。如果辅助部门不能比外部获取更具有成本效益性，那么或许公司不应该继续从内部提供这些服务。

现实案例

例如，许多大学的图书馆越来越喜欢雇用外部承包商来提供复印服务。他们发现雇用这些承包商更符合成本效益性，并且其为图书馆用户提供的服务相比以前雇用专门图书管理员所提供的服务水平更高，如找零、为复印机换纸以及固定纸张等。

生产部门经理的监控还会使辅助部门经理对生产部门的需求更加敏感。

显然，我们有充分的理由去分摊辅助部门成本。然而，这些理由的有效性取决于该成本分配的准确性和公平性。尽管不可能通过使用一个单一的方法来同时满足所有这些目标，但一些原则可以帮助我们确定最佳的分摊方法。这些原则是：因果关系、受益程度、公平性以及可承受能力。另一个与其余原则结合使用的原则是成本效益原则。也就是说，所使用的方法必须获得足够的收益去弥补所需的所有成本。

因果关系要求首先要确定用来指导成本分摊的因果关系因素。例如，公司法务部也许要追踪花费在该公司各部门的法律事务（如：处理专利申请、诉讼案件等）方面的小时数。律师及其助理的工时与法务部总成本之间具有明显的因果关系，可以用于将这些成本分摊到公司各部门。

受益原则是将成本和可预见的收益结合在一起。比如，研发费用可以以每一个分部的销售额为基础进行分摊。虽然一些研发的努力可能失败，或者成功的努力可能在一年内只有一个部门受益，但是所有部门都与公司研发工作的利害相关，并且可能会在某个时点因为研发而获得销售的增长。

公平或者公正是一个在政府合约中经常被提及的原则。在成本分摊方法中，公平通常是指政府合约应该采用和非政府合约类似的方法进行成本计算。例如，飞机发动机制造商如果通常将公司法务部的成本分配到私人合约的话，那么它也可以将该成本的一部分分配到政府合约中。

可承受能力是最不理想的原则。它倾向于“惩罚”盈利性最好的部门，因为在这种原则下，辅助部门成本中的最大一块分摊给了盈利性最好的部门，而不管这个部门从该辅助部门获得了多少服务。其结果是，该成本分摊的激励作用无法实现。

在确定如何分摊辅助部门成本的过程中，必须考虑成本—效益原则。换句话说，就是实施特殊分摊方案的成本必须同预期由此获得的收益相比较。因此，公司会尽量选择使用容易计量和容易理解的分摊基础。

7.2 将一个部门的成本向其他部门进行分摊

通常，一个辅助部门的成本是通过使用费用分配率而将其分摊至另一个部门的。例如，一个公司的数据处理部门可以为其他各种部门提供服务，那么这个数据处理部门的经营成本应被分配到得到其服务的其他部门。这看起来简单而又直接，但在确定适当的费用分配率时应当考虑一些问题。主要的两个因素如下：(a) 选择单一费用分配率还是多重费用分配率；(b) 使用预算的辅助部门成本还是实际的辅助部门成本。

7.2.1 单一费用分配率

一些公司更愿意使用单一费用分配率。它在概念上类似于一个厂部的制造费用分配率，它以辅助部门成本的总和作为分子，用一些使用量的指标作为分母。这样就只有一个比率，应用起来相对简单。例如，假设 Parminder & Lopez 事务所是一家大型的地区级会计师事务所，设立了一家对内的影印部为其三个生产部门（审计、税务和管理咨询系统或 MAS）提供服务。公司想要对使用复印服务的部门收费。基础 7.1 说明了若使用预算成本金额时，如何计算和使用单一费用分配率。

基础 7.1：如何以及为何计算和使用单一费用分配率

资料：

Parminder & Lopez 影印部门下一年度的预期（预算）成本包括：

固定成本（机器租金和工资）	$ 26 190/年
变动成本（纸和油墨）	$ 0.023/页

预期（预算）使用量：

审计部	94 500
税务部	67 500
管理咨询部	108 000
合计	270 000

实际使用量：

审计部	92 000
税务部	65 000
管理咨询部	115 000
合计	272 000

为什么：

许多公司要将辅助部门成本计入到使用其服务的部门中。这使得使用部门要对它们的使用情况负责，这有助于防止过度使用资源。

要求：

a. 计算影印部门的单一费用分配率。

b. 使用这一比率根据实际使用量将影印部门成本分配到使用部门。计算这一年影印的总收入金额。

c. **如果**审计和税务部门分别使用了 92 000 页和 65 000 页，而管理咨询部只使用了 111 000 页，那么**结果会是怎样的？**这三个部门分别要付多少费用？

解答：

a. 影印部门预计总成本：

固定成本	$ 26 190
变动成本（270 000×$ 0.023）	6 210
合计	$ 32 400

单一费用分配率＝$ 32 400÷27 000＝$ 0.12/页

b. 实际收费额＝单一费用分配率×实际页数

审计部收费额＝$ 0.12×92 000＝$ 11 040

税务部收费额＝＄0.12×65 000＝＄7 800

管理咨询部收费额＝＄0.12×115 000＝＄13 800

收费总额＝＄11 040+＄7 800+＄13 800＝＄32 640

c. 审计部收费额＝＄0.12×92 000＝＄11 040

税务部收费额＝＄0.12×65 000＝＄7 800

管理咨询部收费额＝＄0.12×115 000＝＄13 800

收费总额＝＄11 040+＄7 800+＄13 320＝＄32 160

在单一费用分配率下，生产部门的花费仅仅取决于复印纸张的数量。基础 7.1 显示实际使用量，即复印 272 000 页所需要分配给三个使用部门的成本是 32 640 美元。单一分配率是将固定成本看做是变动的。影印部门需要 32 640 美元去复印 272 000 页吗？不，它只需要 32 446 美元（＄26 190+272 000×＄0.023）。多余的收费金额是由于将固定成本当作变动成本来处理造成的。类似的，如果总页数少于预算数量，单一分配率会有低估影印部门成本的作用。如基础 7.1 所示，如果实际页数是 268 000 页，就会有 32 160 美元的费用。但是，影印部门需要 32 345 美元［＄26 190+（268 000×＄0.023）］（的成本）。同样，也是由于将固定成本当做变动成本来处理而导致的。

7.2.2 多重费用分配率

有时，单一费用分配率掩盖了导致辅助部门成本的多种动因。Parminder & Lopez 的影印部门就是一个很好的例子。我们看到基于复印页数的单一分配率使复印的每一页看起来都是 0.12 美元。但是，事实并非如此。影印部门很大比例的成本是固定的，这些成本并不受复印页数的影响。值得注意的是，每年有 26 190 美元用在工资和复印机租金上。这些成本为何会产生？通过一次和复印公司代表的交谈可得出以下信息：需要租赁的机器大小不是由每年复印的页数决定的，而是由月高峰使用量决定的。在 Parminder & Lopez 建立影印部门时，咨询了审计部、税务部和管理咨询部各自的最高月使用量。审计部和管理咨询部全年的复印需求量比较平均，但税务部门预期四月的需求量是全年估计量的三分之一。基于这些信息，可能需要两个分配率：一个用于分配基于复印页数的变动成本；一个用于分配基于预期最高使用量的固定成本。

算出一个变动费用分配率 影印部门的变动成本是纸张和油墨成本，等于0.023 美元/页。这就是（后面）要用的变动费用分配率。

算出一个固定费用分配率 固定服务成本的发生是为了交付生产部门所需要的服务而提供的必要产能。当建立辅助部门时，它可提供的产能需根据生产部门的长期需求来确定。由于辅助服务产能的提供是由固有的辅助服务需求引起的，因而看起来对固定成本以需求为基础进行分摊是合理的。

生产部门的正常作业产能或最大作业产能都可以作为一个计量固有的辅助服务需求的合理指标。正常产能是指超过一个会计年度的可达到的平均产能。如果该期间内的服务需求是均匀的，那么正常产能就是一个恰当的作业指标。最大产能考虑到对辅助服务需求的波动，在设计为各部门提供的服务产能的大小时，应使其能满足最大的需求。在我们的例子中，税务部也许在该年度的前四个月需要很多的影印服务，那么其使用量可以建立在这个需求的基础上。选择正常生产产能还是最大生产产能来分摊预算的固定服务成本要取决于特定企业的具体需求。(一旦确定了这个基础)预算的固定成本就用这种方式进行分配，不管其目的是产品成本计算还是业绩评价。

固定成本的分摊要遵循以下三个程序：

a. 预算固定辅助服务成本的确定。固定辅助服务成本应当是一段期间内确定的需求所导致的。

b. 分摊比率的计算。用每个生产部门的实际或正常产能，计算一个分摊比率是必要的。该分摊比率只是一个生产部门占所有生产部门的全部产能的份额或百分比。

分摊比率=生产部门产能÷产能总额

c. 分摊。固定辅助服务成本根据每个生产部门对辅助服务的原始需求按比例分摊。

分摊额=分摊比率×预算固定辅助服务成本

基础 7.2 说明了如何以及为何计算两个费用分配率——一个是为分配辅助部门的变动成本，另一个是为分配固定成本。

基础 7.2：如何以及为何计算和使用多重费用分配率

资料：

Parminder & Lopez 影印部门下一年度的预期（预算）成本包括：

固定成本（机器租金和工资）	$ 26 190/年
变动成本（纸和油墨）	$ 0.023/页

审计部和管理咨询部预计在一年内平均使用复印服务。税务部预计 4 月份会使用年需求量的 1/3。

预期（预算）使用量：

	年复印页数	月最高复印页数
审计部	94 500	7 875
税务部	67 500	22 500
管理咨询部	108 000	9 000
合计	270 000	39 375

年实际使用量：

	年复印页数
审计部	92 000
税务部	65 000
管理咨询部	115 000
合计	272 000

为什么：

需计算两个费用分配率：变动分配率基于复印页数，固定分配率基于最高使用量。这些分配率更准确地将辅助部门成本分配到使用部门。

要求:

a. 计算影印部门变动分配率。根据其预算每月的高峰使用页数计算每个使用部门需要分摊的固定成本。

b. 利用两个分配率在实际使用量的基础上将影印部门的成本分配到使用部门。

c. **如果**审计和税务部门分别使用 92 000 页和 65 000 页,而管理咨询部使用111 000页,**结果会是怎样的?**这三个部门分别要付多少费用?

解答:

a. 变动分配率=0.023 美元/页

为各部门基于预计月高峰使用量计算固定的分摊额。审计部和管理咨询部的月高峰使用量是年使用量的1/12。税务部的月高峰使用量是年使用量的1/3 (4 月的使用量)。分摊过程如下表所示:

部门	复印高峰值	比率*	预计固定成本	分配到的固定成本
审计部	7 875	20%	$ 26 190	$ 5 238
税务部	22 500	57	26 190	14 928
管理咨询部	9 000	23	26 190	6 024
合计	39 375	100%		$ 26 190

* 审计部比例 = $ 7 875÷$ 39 375=0.20 或 20%

税务部比例 = $ 22 500÷$ 39 375=0.57 或 57% (四舍五入)

管理咨询部比例 = $ 9 000÷$ 39 375=0.20 或 20% (四舍五入)

b.

部门	实际复印页数	变动分配率	变动成本金额	固定成本金额	费用总额
审计部	92 000	$ 0.023	$ 2 116	$ 5 238	$ 7 354
税务部	65 000	0.023	1 495	14 928	16 423
管理咨询部	115 000	0.023	2 645	6 024	8 669
合计	272 000		$ 6 256	$ 26 190	$ 32 446

c.

部门	实际复印页数	变动分配率	变动成本金额	固定成本金额	费用总额
审计部	92 000	$ 0.023	$ 2 116	$ 5 238	$ 7 354
税务部	65 000	0.023	1 495	14 928	16 423
管理咨询部	111 000	0.023	2 553	6 024	8 577
合计	268 000		$ 6 164	$ 26 190	$ 32 354

总体分摊结果 在多重费用分配率中，用固定影印成本分配率根据生产部门的原始产能需求对固定影印成本进行分配。尤其在固定成本在总成本中占较高比例的情况下，因使用多重分配率而付出额外的工作量是值得的。

比较基础7.1和基础7.2的结果，我们可以看到，使用两个分配率时影印部门的成本分摊结果明显不同。在这个例子中，税务部门吸收了更大比例的成本，因为它的规模大小决定了其使用量为最高值。同样值得注意的是，32 446美元的费用总额接近运行该部门的实际成本。因为这两个分配率都是基于强大的因果关系因素，所以向使用部门分摊的成本接近它们所导致的辅助部门的实际成本。多重分配率（作为定价的基础）在有些企业中尤其重要，例如公用设施类企业。

多重分配率法可以提供关于辅助部门增加服务量的正确信号。假设税务部想要为职员复印几篇关于税法变更的研究文章。这应当由影印部门在机构内部做呢，还是送到每张收费为0.06美元的私人影印企业去做呢？在单一分配率法下，机构内部花费的成本太高了，因为它错误地假设固定成本会随着复印页数的增加而提高。但是在多重分配率法下，多复印一页只需多付0.023美元，并将其纳入该项工作的额外成本。

可以有两个以上的费用分配率吗？肯定可以。然而，如果公司将辅助部门资源和因果关系因素分解得更细，那么它就可能接近于作业成本法。这些分配率所带来的额外精确度必须与计算和应用这些比率的成本相均衡。总之，公司必须考虑（任何成本分配方法的）成本与效益。

7.2.3 预算用量和实际用量

在基础7.1和基础7.2中，确定费用分配率的分摊基础是预算数，而非实际数。这样做的原因有两个。首先，预算数的使用使得生产部门可以在计算产品或服务成本的制造费用分配率时应用辅助部门的成本分摊（方法及其结果）。要知道，间接费用分配率是在期初计算的，那时还不知道实际成本呢。因此，必须用到预算成本。其次，分摊辅助部门成本的第二个用途是进行业绩评价。在这种情况下，也要将预算辅助部门的成本分配到各生产部门。

辅助部门和生产部门的管理者通常要对其部门的业绩负责。他们控制成本的能力是影响其业绩评价的一个重要因素。这种能力常常要通过实际成本与计划成本或预算成本的比较来衡量。如果实际成本超过预算成本，那么这个部门的经营也许是没有效率的，此时这两个成本的差额就被用来作为对这种无效率行为的计量指标。类似地，如果实际成本小于预算成本，那么也许这个部门的经营是较有效率的。

业绩评价的一般原则是，管理者不应当对其无法控制的成本或作业负责。既然生产部门的管理者对决定辅助服务的耗费水平有重大影响，那么他们就应当对其应分担的辅助服务成本负责。但是这个结论的成立有一个重要条件：对一个部门的评价不应受另一个部门效率水平的影响。

这个条件说明，对辅助部门成本进行分摊具有重要意义。不应当将辅助部门的实际成本分摊到生产部门，因为这些成本中包括了辅助部门实现的效率业绩或无效率业绩。生产部门的管理者无法控制辅助部门管理者的效率水平。分配预算成本而不是实际成本，就不会使一个部门的有效率的或无效率的业绩从一个部门转移到另一个部门。

使用预算用量还是实际用量（作为分配基础），取决于分摊行为的目的。对于产品成本计算而言，分摊是在年初基于预算用量来进行的，这样可以计算出预定的间接费用分配率。但是，如果目的是业绩评价，那么就应在年末以实际用量为基础进行分摊。关于业绩评价的信息使用将在第9章中阐述得更详细。

让我们再回到我们的影印案例。记得每年的预算固定成本为26 190美元，每页的预算变动成本为0.023美元。三个生产部门——审计、税务和管理咨询部，它们的预算用量分别为94 500页、67 500页、108 000页。根据这些数据，年初分配到每个部门的成本如图表7-4所示。

图表7-4　**使用预算数据计算产品成本：单一分配率法和多重分配率法的比较**

单一分配率法

	复印页数	×	总分配率	=	已分配成本
审计部	94 500		$ 0.12		$ 11 340
税务部	67 500		0.12		8 100
管理咨询部	108 000		0.12		12 960
合计	270 000				$ 32 400

多重分配率法

	复印页数	×	变动分配率	+	固定分摊额	=	已分摊成本
审计部	94 500		$ 0.023		$ 5 238		$ 7 412*
税务部	67 500		0.023		14 928		16 481*
管理咨询部	108 000		0.023		6 024		8 508
合计	270 000						$ 32 401*

*四舍五入

如果分摊是为了对生产部门的成本进行预算，那么当然使用辅助部门的预算成本。分摊到每个部门的影印成本要加到其生产部门的成本上——包括那些可直接追溯到每一个部门上的成本和从其他辅助部门分摊来的成本——计算出每一个部门的预期耗费。在制造型企业中，将辅助部门的预算成本分摊到生产部门的工作先于预定制造费用分配率的计算。

在该年中，每一个生产部门也要根据实际复印页数对发生的实际费用负责。回到先前所假设的实际用量，为了对每个部门的实际业绩与预算业绩进行比较，可以采取另一种分摊方法。图表7-5列示了出于业绩评价目的而将实际影印成本分摊到每一个部门的结果。

7.2.4　固定基础与变动基础：应注意的问题

使用正常产能或实际产能来分摊固定辅助服务成本就是采用*固定基础*。只要生产部门的生产产能保持最初的期望水平，就没有理由改变其分配率。因此，预算固定影印成本中，每年归入税务部的是25％、归入管理咨询部的为40%、归入审计部的是35%，

图表 7-5　**使用实际数据进行业绩评价：单一分配率法和多重分配率法的比较**

单一分配率法						
	复印页数	×	总分配率	=	已分摊成本
审计部	92 000		$ 0.12		$ 11 040
税务部	65 000		0.12		7 800
管理咨询部	115 000		0.12		13 800
合计	272 000				$ 32 640

多重分配率法								
	复印页数	×	变动分配率	+	固定分摊额	=	已分摊成本
审计部	92 000		$ 0.023		$ 5 238		$ 7 354
税务部	65 000		0.023		14 928		16 423
管理咨询部	115 000		0.023		6 024		8 669
合计	272 000						$ 32 446

而不管它们的实际用量是多少。如果这些部门的产能发生变化，那么该比率就应重新计算。

在实践中，一些公司选择按实际用量或预期实际用量的比例分摊固定成本。既然各年之间的用量可能会变化，那么固定成本的分摊就应使用一个变动的基础。但变动基础有一个很大的缺点，即变动基础会使得一个部门的行动影响到成本所分摊到的另一个部门的成本金额。

为了证明这一点，让我们再回到 Parminder & Lopez 事务所影印部门的例子，并假设固定成本是在第二年预期用量的基础上进行分摊的。审计部门和税务部门预算复印页数同以前一样。但管理咨询部由于整个地区的经济萧条，预期作业要少得多。这次萧条将使得新职员的数量减少，以至于该部门的预期复印页数降低到68 000页。根据新的预算使用量调整后的固定成本分配率和所分配的固定成本如下：

	复印页数	百分比（10%）	分配固定成本
审计部	94 500	41.1%	$ 10 764
税务部	67 500	29.3	7 674
管理咨询部	68 000	29.6	7 752
合计	230 000	100.0%	$ 26 190

注意，即使影印部门的固定成本保持不变，但审计部和税务部分得的固定成本也

都增加了。这个增加是由于管理咨询部影印使用量的减少而造成的。实质上，审计部和税务部由于管理咨询部决定削减管理咨询部复印页数而处于不利的地位。想象一下，当前两个部门的经理发现他们部门的复印费用升高是由于所分摊的固定成本增加时，他们会有什么感觉！出现这个问题是由于使用变动基础来分摊固定辅助服务成本而导致的，这个问题可以通过使用固定基础来解决。

7.3 辅助部门成本分配方法的选择

迄今为止，我们已考虑过成本从一个辅助部门分摊到几个生产部门的过程。我们使用的是直接法对辅助部门成本进行分摊。在直接法下，辅助部门的成本只分摊到生产部门。这适合于前面的那个例子，因为不存在其他的辅助成本。这也适合于辅助部门之间没有相互提供服务的情况。许多公司确实有多个辅助部门，而且它们之间还相互提供服务。例如，在一家工厂里，人事部和自助餐厅相互提供服务，并为其他辅助部门和生产部门提供服务。

不考虑这些相互提供服务的情况而直接将辅助成本分摊到生产部门可能会产生不公平而且不准确的成本分配结果。例如，动力部虽然也是一个辅助部门，但它可能使用了维修部30%的服务。由动力部引起的维修成本属于动力部。如不将这些成本分配到动力部，那就会低估动力部的成本。事实上，一些由动力部引发的成本“隐藏”在维修部，因为如果动力部不存在，那么维修成本就会更低一些。因此，一个耗用动力较多、而耗用维修服务的水平处于平均或平均偏下的生产部门在直接法下可能会分得过低的成本。

在决定使用哪种辅助部门成本分摊方法时，公司必须确定辅助部门相互提供服务的范围。另外，必须权衡与下一部分中描述并说明的三种方法相关的成本与效益。这三种方式即直接分配法、顺序法和交互法。图表7-6列举了一个工厂两个辅助部门——动力和维护，及两个生产部门——研磨和组装的数据。辅助部门的作业动因是千瓦小时（动力）和维修工时（维护）。首先应列出每个部门的直接制造费用。对于辅助部门，直接制造费用包括运行该部门的所有成本。对于生产部门，直接制造费用是指可直接追溯到该部门的其他制造费用，如监管人员的工资和设备折旧。然后应该关注动力部门消耗的千瓦数和维护部门所耗的维修工时。动力部门不用电吗？当然用，但是动力部门耗电量并不影响分摊电力部门的成本这一目的。同样地，对于成本分摊的目的，维护部门耗用本部门多少维修工时并不重要。

图表7-6　**辅助部门和生产部门的数据**

	辅助部门		生产部门	
	动力	维护	研磨	组装
直接成本	$ 250 000	$ 160 000	$ 100 000	$ 60 000
一般作业：				
千瓦时	—	200 000	600 000	200 000
维修工时	1 000	—	4 500	4 500

7.3.1 直接分配法

当公司只将辅助部门成本分摊到生产部门时，他们使用的是成本分配的**直接法**（direct method）。直接法是分摊辅助部门成本最简单、最直接的方法。所有的辅助部门成本直接按照每一个生产部门对该服务的使用量比例分摊到这些生产部门。这一方法不将任何辅助部门成本分摊到其他辅助部门，即使其他辅助部门使用了该辅助部门的服务。一个辅助部门使用另一辅助部门的服务称为辅助部门间交互分配。图表 7-7 说明了在使用直接法时，辅助部门之间没有交互分配。在图表 7-7 中，我们可以看到，使用直接法，辅助部门成本只分摊到生产部门。

基础 7.3 阐述了如何以及为何使用直接法将辅助部门成本分摊到生产部门。

图表 7-7　**使用直接法将辅助部门成本分配到生产部门**

假设有两个辅助部门，动力部和维修部，还有两个生产部门，研磨部和组装部，每一个部门都有一个可直接追溯制造费用的“桶”。

目标：使用直接法将所有的动力成本和维修成本都分配到研磨部和组装部。

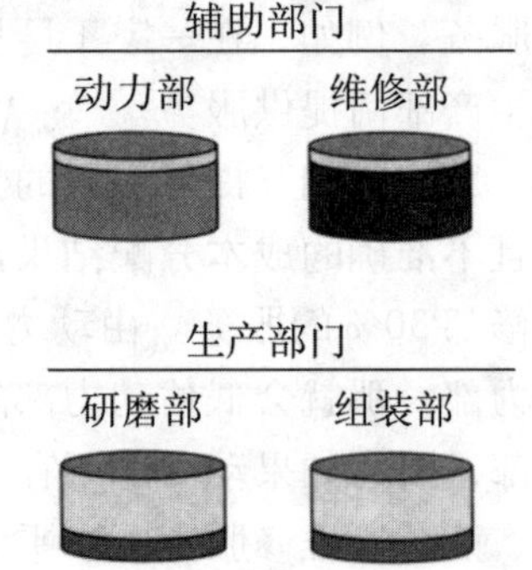

直接法——只将动力成本和维修成本分摊到研磨部和组装部。

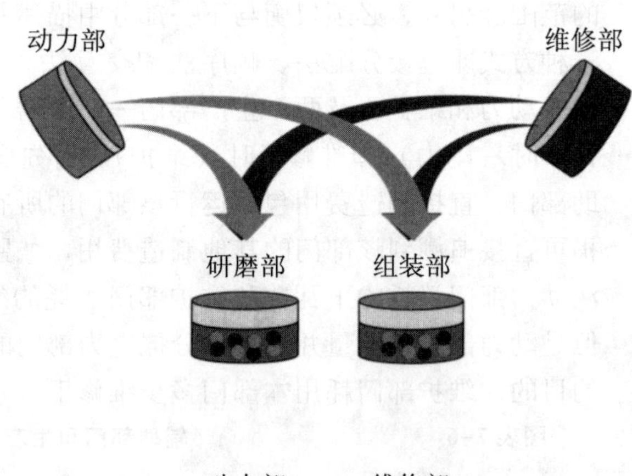

分摊后——动力部和维修部中没有成本，所有的制造费用都在研磨部和组装部。

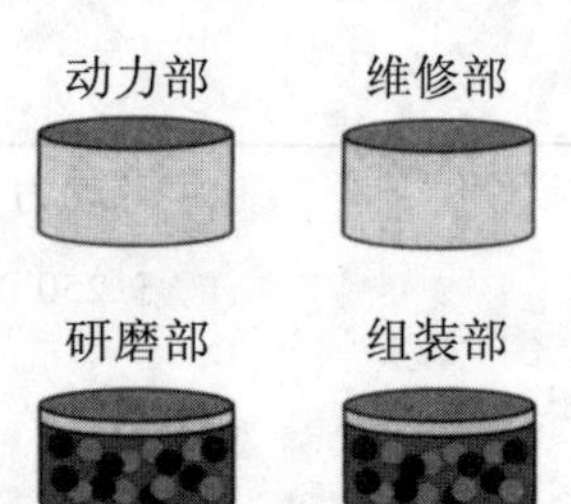

基础7.3：如何以及为何使用直接法将辅助部门成本分摊到生产部门

资料：

参考图表7–6关于两个辅助部门和生产部门的数据。动力部门成本基于千瓦小时分摊，而维护部门成本基于维修工时分摊。该工厂使用直接法分摊辅助部门成本。

为什么：

必须将辅助部门成本分摊到生产部门，这样生产部门才能计算其制造费用分配率。直接法简单而易于使用。如果辅助部门间交互分配相对较少，那么直接法就是个相当不错的方法。

要求：

a. 使用直接法计算四个部门的分配率。

b. 利用直接法将动力部门和维护部门的成本分摊到研磨部门和组装部门。

c. 如果维护部门只使用了100 000千瓦小时，那么结果会是怎样的？动力部门分摊到研磨部门和组装部门的成本将会受到什么影响？

解答：

a. 分配率

	作业使用比例			
	动力	维护	研磨	组装
动力	—	—	0.75[1]	0.25[2]
维护	—	—	0.5[3]	0.5[4]

[1] 研磨部门使用千瓦小时的比例=600 000÷（600 000+200 000）=0.75

[2] 组装部门使用千瓦小时的比例=200 000÷（600 000+200 000）=0.25

[3] 研磨部门使用维护工时的比例=4 500÷（4 500+4 500）=0.5

[4] 组装部门使用维护工时的比例=4 500÷（4 500+4 500）=0.5

b.

	辅助部门		生产部门	
	动力	维护	研磨	组装
直接成本	\$ 250 000	\$ 160 000	\$ 100 000	\$ 60 000
一般作业：				
千瓦时[1]	(250 000)	—	187 500	62 500
维修工时[2]	—	(160 000)	80 000	80 000
分摊后合计	\$ 0	\$ 0	\$ 367 500	\$ 202 500

[1] 研磨部门=0.75×\$ 250 000=\$ 187 500；组装部门=0.25×\$ 250 000=\$ 62 500

[2] 研磨部门=0.5×\$ 160 000=\$ 80 000；组装部门=0.5×\$ 160 000=\$ 80 000

c. 由于动力成本不分摊到维护部门，所以维护部门使用多少千瓦小时都无关紧要。

请仔细观察基础 7.3。注意，要求 a 显示了如何计算分配率。由于辅助部门成本不分摊到其他辅助部门，因此图表中没有动力部门或维护部门承担的百分比。就好像任何辅助部门都不使用其他辅助部门提供的服务一样。所有辅助部门提供的服务只分配到生产部门。在要求 b 中，动力部门和维护部门的成本分摊到生产部门。我们可以看到每个辅助部门的所有成本在生产部门间分配。一旦这些成本被分摊了，辅助部门成本数就为零。

核对分摊前和分摊后的总额是一个很好的主意。分摊前，工厂总的间接费用是570 000美元（$ 250 000+ $ 160 000+ $ 100 000+ $ 60 000）。分摊完成后，总的工厂间接费用仍然是 570 000 美元（$ 367 500+ $ 202 500）。这些合计成本始终是一样的(除了约数误差)。分摊行为并不会增加或减少总的间接费用，只是将其重新分配到了生产部门。

7.3.2 顺序分配法

分配成本的**顺序法或阶梯法**[sequential (or step) method] 确认辅助部门之间相互提供的服务。但是，顺序法并不完全确认辅助部门之间相互提供的服务。成本分配以递减的方式进行，遵循预定的程序。这种排序有多种方式。一种可能的方式是按照提供给其他辅助部门服务的比例来给辅助部门排序，另一种方式可能是按照总成本的高低来给辅助部门排序，从成本最高的部门到成本最低的部门。

图表 7-8 说明了顺序法。在此例中，首先进行排序，动力部门排第一，然后是维修部。其次，将动力成本分配到维修部和两个生产部门。最后，把维修部的成本分配到生产部门。

一旦对辅助部门排好了序，排在最前面的部门成本将被分摊到所有排在其后面的辅助部门和生产部门。然后该部门结束成本分摊（剩下的总成本为 0），其他辅助部门不能再将成本分回到该部门。再然后，按次序下一个辅助部门的成本也如此分摊，依次类推。在顺序法下，一旦一个辅助部门成本分摊完毕，这个部门就不会再从其他辅助部门分得成本。换句话说，辅助部门的成本永远不会分给在顺序上*排在它前面*的部门。同时还要注意，从一个辅助部门分得的成本是该辅助部门的直接成本*加上*它从其他辅助部门分得的成本。一个部门的直接成本就是那些可直接追溯到该部门的成本。

基础 7.4 说明了如何以及为何使用顺序法（阶梯法）将辅助部门成本分配到生产部门。考虑一下图表 7-6 中提供的数据。给辅助部门排序，提供较多服务的辅助部门是动力部门。另外，动力部门成本也比维护部门高。因此，无论使用哪一个排列方法，都是动力部门的成本先分配，然后是维护部门的成本。

如前所述，核对分摊前和分摊后的成本总额是一个很好的主意。分摊前，工厂总的间接费用是 570 000 美元（$ 250 000+ $ 160 000+ $ 100 000+ $ 60 000）。分摊完成后，总的工厂间接费用仍然是 570 001 美元（$ 360 563+ $ 209 438），金额差别是由于四舍五入产生的误差。成本分摊并不会增加或减少总间接费用，只是将其重新分配到了生产部门。

图表 7-8　**使用顺序法将辅助部门成本分配到生产部门**

假设有两个辅助部门，动力部和维修部，还有两个生产部门，研磨部和组装部，每一个部门都有一个可直接追溯制造费用的"桶"。

目标：使用顺序法将所有的动力成本和维修成本都分配到研磨部和组装部。

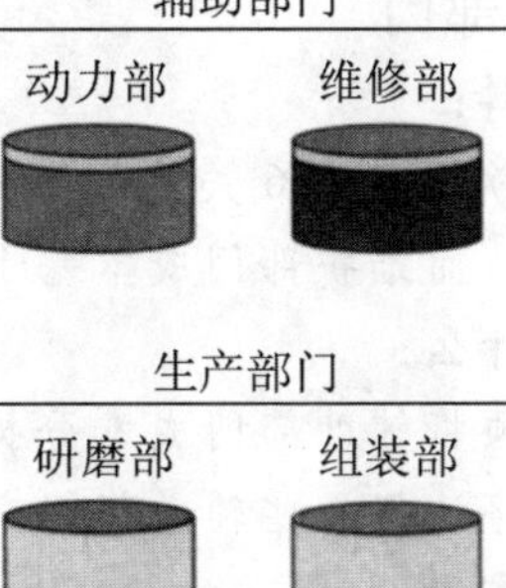

步骤1：将辅助部门排序——1号：动力部；2号：维修部。

步骤2：将动力成本分配到维修部、研磨部和组织部。

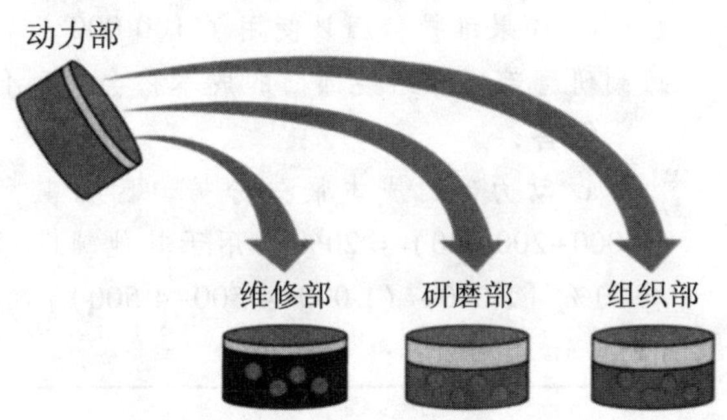

然后，将维修部的成本分配到研磨部和组装部。

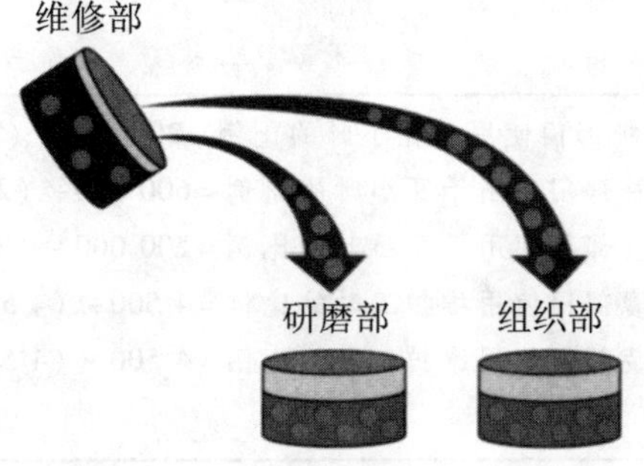

分摊以后——动力部和维修部没有成本，所有的间接费用都在研磨部和组装部。

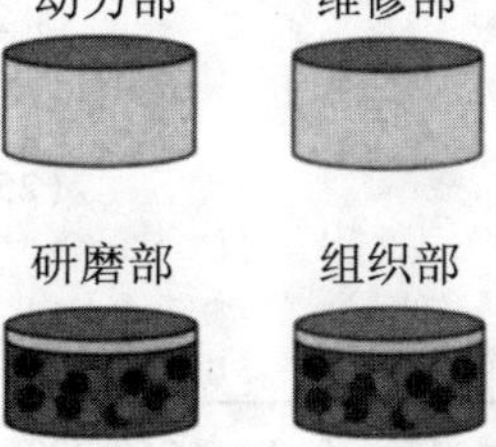

基础7.4：如何以及为何使用顺序法（阶梯法）将辅助部门成本分配到生产部门

资料：

参考图表7-6关于两个辅助部门和生产部门的数据。动力部门成本基于千瓦小时分摊，而维护部门成本基于维修工时分摊。该工厂使用顺序法分摊辅助部门成本。

为什么：

必须将辅助部门成本分摊到生产部门，这样生产部门才能计算其制造费用分配率。顺序法将一些辅助部门交互分配考虑在内，因此，比直接法稍微好一些。

要求：

a. 使用顺序法计算四个部门的分配率。

b. 利用顺序法将动力部门和维护部门的成本分摊到研磨部门和组装部门。

c. **如果**维护部门只使用了100 000千瓦小时，那么**结果会是怎样的？**动力部门分摊到研磨部门和组装部门的成本将会受到什么影响？

解答：

a. 动力部门成本最先分摊，因为其所提供服务的20%［200 000÷（200 000+60 000+200 000）＝20%］用于其他辅助部门（该示例中为维护部门）。维护部门只有10%［1 000÷（1 000+4 500+4 500）］的服务提供给其他辅助部门（例如，动力部门）。计算分配率：

	作业使用比例			
	动力	维护	研磨	组装
动力	—	0.20[1]	0.60[2]	0.20[3]
维护	—	—	0.50[4]	0.50[5]

[1] 维护部门使用千瓦小时的比例＝200 000÷（200 000+60 000+200 000）＝0.20

[2] 研磨部门使用千瓦小时的比例＝600 000÷（200 000+60 000+200 000）＝0.60

[3] 组装部门使用千瓦小时的比例＝200 000÷（200 000+60 000+200 000）＝0.20

[4] 研磨部门使用维护工时的比例＝4 500÷（4 500+4 500）＝0.50

[5] 组装部门使用维护工时的比例＝4 500÷（4 500+4 500）＝0.50

b.

	辅助部门		生产部门	
	动力	维护	研磨	组装
直接成本	$ 250 000	$ 160 000	$ 100 000	$ 60 000
分摊：				
动力[1]	(250 000)	50 000	150 000	50 000
维护[2]	—	(210 000)	105 000	105 000
分摊后合计	$ 0	$ 0	$ 355 000	$ 215 000

[1] 维护部门＝0.2×＄250 000＝＄50 000；研磨部门＝0.6×250 000＝＄150 000；组装部门＝0.2×250 000＝＄50 000

[2] 研磨部门＝0.5×（＄160 000+＄50 000）＝＄105 000；组装部门＝0.5×（＄160 000+＄50 000）＝＄105 000

c. 如果维护部门只用 100 000 千瓦小时，那么它所占用的服务比例就会降到 11.11% [100 000÷（100 000+600 000+200 000）]，动力部门的成本仍然最先分摊。但是，动力部门的分摊比例会发生变化，维护部门 11.11%、研磨部门 66.67%、组装部门 22.22%（四舍五入）。因此，维护部门会分到相对更少的费用，而分摊到研磨部门和组装部门的相对更多。新的分摊结果如下所示：

	辅助部门		生产部门	
	动力	维护	研磨	组装
直接成本	$ 250 000	$ 160 000	$ 100 000	$ 60 000
分摊：				
动力[1]	(250 000)	27 775	166 675	55 550
维护[2]	—	(187 775)	93 888	93 888
分配后合计	$ 0	$ 0	$ 360 563	$ 209 438

[1] 维护部门=0.1111×$ 250 000=$ 27 775；研磨部门=0.6667×250 000=$ 166 675；组装部门=0.2222×250 000=$ 55 550

[2] 研磨部门=0.5×（$ 160 000+$ 27 775）=$ 93 888；组装部门=0.5×（$ 160 000+$ 27 775）=$ 93 888

注意：由于四舍五入产生的误差，分摊后的成本总额并不完全等于分摊前的成本总额。

顺序法可能比直接法更准确，因为它确认了一部分辅助部门间的交互分配。但是，这种方法并没有确认所有的交互分配。维护部门成本不分配到动力部门，即使它使用了维护部门 10% 的服务。交互法可以纠正这个缺陷。

7.3.3 交互分配法

成本分配的**交互法**（reciprocal method）确认辅助部门之间所有的相互提供的服务。在交互法下，首先，将一个辅助部门使用另一个辅助部门的服务量记入该部门的成本总额中，在这里，成本总额包括辅助部门之间相互提供的服务。然后，再将辅助部门新的成本总额分摊到生产部门。这种方法完全确认了辅助部门之间相互提供的服务。

7.3.4 辅助部门的总成本

为了确定一个辅助部门的总成本，使其总成本能够反映同其他辅助部门相互提供的服务，必须对一个联立线性方程组求解。每一个方程式都是一个辅助部门的成本方程式，是该部门的直接成本加上从其他每一个辅助部门分到的相应份额的服务成本。

总成本=直接成本+所分摊的成本

可用与说明直接法和顺序法相同的数据来说明交互法，见图表 7-6。基础 7.5 说明了如何以及为何使用交互法将辅助部门成本分配到生产部门。

基础 7.5：如何以及为何使用交互法将辅助部门成本分配到生产部门

资料：

参考图表 7-6 关于两个辅助部门和生产部门的数据。动力部门成本基于千瓦小时分摊，而维护部门成本基于维修工时分摊。该工厂使用交互法分配辅助部门成本。

为什么：

必须将辅助部门成本分摊到生产部门，这样生产部门才能计算其制造费用分配率。交互法将辅助部门间所有的交互分配都考虑在内，因此，在理论上它是最好的方法。

要求：

a. 为准备使用交互法而计算四个部门的分配率。

b. 建立一个辅助部门总成本的联立线性方程组。

c. 利用交互法将动力部门和维护部门的成本分摊到研磨部门和组装部门。

d. **如果**维护部门只使用了 100 000 千瓦小时，那么**结果会是怎样的？**动力部门分摊到研磨部门和组装部门的成本将会受到什么影响？

解答：

a. 分配率：

	作业使用比例			
	动力	维护	研磨	组装
动力	—	0.20[1]	0.60[2]	0.20[3]
维护	0.10[4]	—	0.45[5]	0.45[6]

[1] 维护部门使用千瓦小时的比例 = 200 000 ÷（200 000 + 600 000 + 200 000）= 0.20

[2] 研磨部门使用千瓦小时的比例 = 600 000 ÷（200 000 + 600 000 + 200 000）= 0.60

[3] 组装部门使用千瓦小时的比例 = 200 000 ÷（200 000 + 600 000 + 200 000）= 0.20

[4] 动力部门使用维护工时的比例 = 1 000 ÷（1 000 + 4 500 + 4 500）= 0.10

[5] 研磨部门使用维护工时的比例 = 4 500 ÷（1 000 + 4 500 + 4 500）= 0.45

[6] 组装部门使用维护工时的比例 = 4 500 ÷（1 000 + 4 500 + 4 500）= 0.45

b. 设 P = 完全交互分配后的动力部门的总成本

M = 完全交互分配后的维护部门的总成本

$P = \$250\,000 + 0.1M$

$M = \$160\,000 + 0.2P$

用（$\$160\,000 + 0.2P$）替代 M 解出 P

$P = \$250\,000 + 0.1(\$160\,000 + 0.2P)$

$P - 0.02P = \$250\,000 + \$16\,000$

$0.98P = \$266\,000$

$P = \$271\,429$（四舍五入）

解出 M：

$M = \$160\,000 + 0.2 \times (\$271\,429) = \$214\,286$（四舍五入）

c.

	辅助部门		生产部门	
	动力	维护	研磨	组装
直接成本	$ 250 000	$ 160 000	$ 100 000	$ 60 000
分摊：				
动力[1]	(271 429)	54 286	162 857	54 286
维护[2]	21 429	(214 286)	96 429	96 429
分摊后合计	$ 0	$ 0	$ 359 286	$ 210 715

[1] 维护部门 = 0.2× $ 271 429 = $ 54 286；研磨部门 = 0.6×271 429 = $ 162 857；组装部门 = 0.2×271 429 = $ 54 286

[2] 动力部门 = 0.10× $ 214 286 = $ 21 429；研磨部门 = 0.45× $ 214 286 = $ 96 429；组装部门 = 0.45× $ 214 286 = $ 96 429

注意：由于四舍五入产生的误差，分摊后的成本总额并不完全等于分摊前的成本总额。

d. 如果维护部门只用 100 000 千瓦小时，那么它所占用的服务比例就会降到 11.11% [100 000÷（100 000+600 000+200 000）]。动力部门的成本仍然最先分摊。但是，动力部门的分摊比例会发生变化，维护部门 11.11%、研磨部门 66.67%、组装部门 22.22%（四舍五入）。这会影响到联立线性方程及之后的分摊。

$P = \$\ 250\,000 + 0.1M$

$M = \$\ 160\,000 + 0.1111P$

用（$ 160 000+0.1111P）替代 M 解出 P

$P = \$\ 250\,000 + 0.1 \times (\$\ 160\,000 + 0.1111P)$

$P - 0.01111P = \$\ 250\,000 + \$\ 16\,000$

$0.98889P = \$\ 266\,000$

$P = \$\ 268\,988$（四舍五入）

解出 M：

$M = \$\ 160\,000 + 0.1111 \times (\$\ 268\,988) = \$\ 189\,885$（四舍五入）

	辅助部门		生产部门	
	动力	维护	研磨	组装
直接成本	$ 250 000	$ 160 000	$ 100 000	$ 60 000
分摊：				
动力[1]	(268 988)	29 885	179 334	59 769
维护[2]	18 989	(189 885)	85 448	85 448
分配后合计	$ (1)	$ 0	$ 364 782	$ 205 217

[1] 维护部门 = 0.1111× $ 268 988 = $ 29 885；研磨部门 = 0.6667× $ 268 988 = $ 179 334；组装部门 = 0.2222× $ 268 988 = $ 59 769

[2] 动力部门 = 0.10× $ 189 885 = $ 18 989；研磨部门 = 0.45×189 885 = $ 85 448；组装部门 = 0.45×189 885 = $ 85 448

注意：由于四舍五入产生的误差，分摊后的成本总额并不完全等于分摊前的成本总额。

如基础 7.5 所示，交互法的步骤有：

a. 计算所有辅助部门和生产部门的分配率。

b. 为每个辅助部门设立联立方程组。每一个方程表示为辅助部门间交互分配后的总成本等于该辅助部门原有成本加上其他辅助部门所分来的任何成本。

c. 解出联立方程组的每个未知数，从而得到每个辅助部门总的交互成本。

d. 根据步骤 a 所得的分配率将辅助部门交互分配之后的总成本分摊到其他辅助部门和生产部门。

解出方程之后，就可以得知每个辅助部门的总成本。不像在直接法或顺序法中，这些总成本反映了辅助部门之间所有的交互作用。因此，考虑到辅助部门之间的交互作用，交互法是最好的方法。

7.3.5 三种方法的比较

图表 7-9 列出了分别使用三种辅助部门成本的分配方法将成本从动力部门和维护部门分摊到研磨部门和组装部门的成本分配结果。其结果有何不同？选择使用哪一种方法是很重要的事情吗？根据辅助部门之间相互提供服务的程度，这三种方法能产生截然不同的结果。在这个特例中，直接法（相对于顺序法）分摊到研磨部门的成本多了 12 500 美元（分配到组装部门的成本少了 12 500 美元）。当然，组装部门的经理更愿意选直接法而研磨部门的经理更愿选顺序法。因为分配方法确实影响了经理的成本责任，所以对于会计人员来说，理解不同方法的结果并对最终的选择做出恰当的解释非常重要。

图表 7-9 **使用直接法、顺序法和交互法进行辅助部门成本分摊的比较**

	直接法		顺序法		交互法	
	研磨部门	组装部门	研磨部门	组装部门	研磨部门	组装部门
直接成本	\$ 100 000	\$ 60 000	\$ 100 000	\$ 60 000	\$ 100 000	\$ 60 000
从动力部分得	187 500	62 500	150 000	50 000	162 857	54 285
从维护部分得	80 000	80 000	105 000	105 000	96 429	96 429
总成本	\$ 367 500	\$ 202 500	\$ 355 000	\$ 215 000	\$ 359 286	\$ 210 714

在选择分摊方法时，坚持成本-效益原则的观点很重要。会计人员必须权衡更准确的分摊所带来的效益以及因采取理论上更可取的方法如交互法而增加的成本。例如，大约 30 年前，IBM 的 Poughkeepsie 工厂的总会计师认为采用交互法的成本分摊能更好地分摊辅助部门成本。他确认了 700 多个辅助部门并用计算机解出方程组。在计算方法上，他没有问题。但是，生产部门的经理们不理解交互法。他们确信有额外的成本被分摊到了自己的部门，即使他们不知道是如何分摊的。与生产线的经理会谈几个月后，该总会计师放弃了交互法，又恢复使用顺序法——这种方法是每个人都理解的。

分摊辅助部门成本时还应考虑的一个因素是技术的快速更新问题。当时，许多企业发现它们的辅助部门成本分摊对它们是非常有用的。但是，作业成本法和适时生产的发展实际上削弱了对辅助部门成本分摊的需要。在适时制工厂设置生产单元的情况下，许多服务（如维修、材料处理和设备调整）是由生产单元的工人来完成的，不必再进行分摊。

7.4 部门的制造费用分配率和产品成本计算

在将所有的辅助服务成本都分摊到生产部门之后，就可以计算每一个（生产）部门的制造费用分配率了。这个分配率用所分得的服务成本与直接追溯到该生产部门的制造费用之和除以某种作业指标，如直接人工工时或机器工时，而计算得到。基础7.6说明了如何以及为何使用所分到的辅助部门成本计算部门制造费用分配率。

基础7.6：如何以及为何使用所分到的辅助部门成本计算部门制造费用分配率

资料：

假设前文中的工厂使用顺序法分摊辅助部门成本。成本分摊如基础7.4所示。研磨部门的制造费用分配率基于71 000机器工时的正常作业水平（来计算）。组装部门的制造费用分配率基于107 500直接人工工时的正常作业水平（来计算）。

Job 189需要研磨部门的20机器工时和组装部门的5直接人工工时的工作。总的直接材料成本为465美元，而总的直接人工成本为370美元。

为什么：

辅助部门成本分摊的一个原因是为了生产部门计算制造费用分配率。然后制造费用分配率又要用于计算产品成本。

要求：

a. 基于机器工时计算研磨部门制造费用分配率；基于直接人工工时计算组装部门制造费用分配率。

b. 使用要求a中的制造费用分配率计算Job 189的成本。

c. 如果Job 189需要研磨部门5机器工时和组装部门20直接人工工时，那么结果会是怎样的？直接人工和直接材料保持不变。请重新计算Job 189的成本。

解答：

a. 研磨部门制造费用分配率＝＄355 000÷71 000＝＄5/机器工时

组装部门制造费用分配率＝＄215 000÷107 500＝＄2/直接人工工时

b. Job 189的成本

直接材料	＄465
直接人工成本	370
制造费用分配率：	
研磨部门（20×＄5）	100
组装部门（5×＄2）	10
总成本	＄945

c. Job189 的新成本

直接材料	$ 465
直接人工成本	370
制造费用分配率：	
研磨部门（5×$ 5）	25
组装部门（20×$ 2）	40
总成本	$ 900

但值得怀疑的是，基础 7.6 所计算的该批次的成本准确程度如何？这个金额真的是该产品所耗费的成本吗？既然材料和人工都是直接追溯到产品的，那么产品成本的精确度在很大程度上要取决于制造费用分配的准确程度。接下来，制造费用分配的准确程度又取决于用来将辅助服务成本分摊到（生产）部门所用的因果关系因素和用来将部门的制造费用分摊到产品所用的因果关系因素之间的相关程度。例如，如果动力成本与千瓦小时密切相关，机器工时与产品耗费的研磨部门的间接费用也密切相关，那么我们能在一定程度上确信 5 美元的制造费用分配率能将成本准确地分配到单个产品吗？但是如果分摊到研磨部门的辅助服务成本是错误的结果，或者使用机器工时（计算其制造费用分配率）是错误的，或者两者都是错误的，那么产品成本将被扭曲。同样的推论适用于组装部。为了确保得到准确的产品成本，应当重点关注在制造费用分配的两个阶段中所确认与使用的因果关系因素。

7.4.1 辅助部门成本分摊的好处

鉴于辅助部门成本分摊所涉及的工作量，人们可能会问，其效益是否大于成本。许多公司的答案是“是的”。下面一段话会给出一个示例。

现实案例

“您收到了我的订单吗？发货了吗？如果没有，那您什么时候发货？”这三个大问题是 Mott's North America 的客户想要问的问题——并且他们希望得到及时的回答。Mott′s，是向一家食物代理商销售果汁和水果加工产品（包括苹果酱，Clamato，Mr. and Mrs. T 搅拌机，荷兰屋）的公司，使用 SAP R/3 集成应用系统为客户提供服务和支持。尽管许多公司将顾客服务指派给一个辅助部门，但 Mott's 认为顾客服务是其经营中最重要的环节。公司希望提供更及时的关于订单状态、产品实用性，以及生产计划和产品交付等方面的信息。这需要能将接受订单、开票、应收账款、生产和运输等业务集成处理的系统。

“订单通过电子数据交换（EDI）、电话或者传真来接收，”信息技术部高级副总裁 Jeff Morgan 说道：“客服接收订单，并检查其可行性以确认交货日期。如果没有足够的库存商品，客服代表要核对生产计划。这个工作可以帮助我们自动计算出交货期，从而确定整个订单或分批装运的货物数量并平衡交货日期。订单接收后，财务会在其所在系统随之更新，并制出发票。任何数据一进入到这个系统，就可以立刻为整个系统内的其他使用者所用。”

通过消除重复的数据输入和协调原本“封闭”的辅助部门间事务的需求可以获

得进一步的收益。其最终结果是降低了成本，提高了客户服务质量并且更好地理解了生产成本和辅助成本之间的关系。

辅助部门的有效管理及其成本分摊方法的应用可以提供行为效益以形成公司的竞争优势。选择哪一种分摊方法取决于环境因素以及对其成本效益的评估。

7.5 联合生产过程的会计

联合产品(joint products) 是指在同一生产过程中分离点之前同时生产出来的两种或两种以上的产品。**分离点**(split-off point) 是指 (加工环节上的一个点)，在该点处联合产品相互分离并可区分。例如，石油和天然气就是联合产品。当一个公司钻探石油时，也可获得天然气。因此，勘探、购矿产权利、钻井等成本发生在初始分离点。要将原油和天然气挖出地面，这些成本是必要的，并且是这两种产品的共同成本。当然，一些联合产品需要在分离点之后进一步处理。例如，原油可以进一步加工成航空燃料、汽油、煤油、石脑油以及其他石化产品。然而，其关键点在于，发生在初始分离点的直接材料、直接人工和间接费用属于联合成本，它们只能用一些武断的方式分摊到最终的产品上。联合产品之间的关系是如此之密切，以至于一旦做出生产决策，那么管理决策就几乎不能影响 (联合产品的) 产出，至少在最初的分离点前是这样。图表 7-10 描述了联合生产过程。图表 7-11 描述了用共同材料生产出来两种独立产品的一般生产过程。例如，生产金牛和野马汽车需要钢材，但是**福特汽车公司**(Ford Motor Company) 不需要依据其中任何一款汽车的 (特定) 生产模式来购买钢材。

图表 7-10　　**联合生产流程**

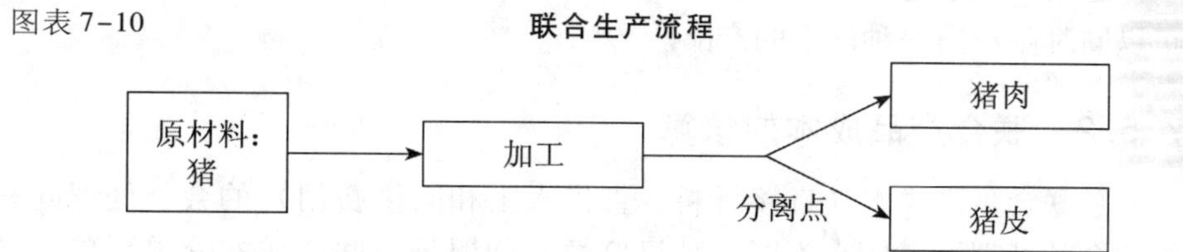

联合产品是相互关联的。增加一种产品的产出就会增加另一种产品的产出，虽然它们不一定以相同的比例增加。在分离点处，如果没有得到更多的其他产品，您就不能更多地获得其中的一个产品。无论是考虑如图表 7-10 所示的发生在最初分离点前的直接材料成本和加工成本，还是考虑如图表 7-11 所示的那种多产品生产中发生的热加工成本、燃料成本和折旧费，(都可以发现) 有一个特点非常突出。(那就是) 从在各种产品之间进行成本分配的必要性这个意义上来说，它们都是间接成本，即这样的成本不能被直接追溯到受益的最终产品上。

图表 7-11　　**用共同的原材料生产多种独立的产品**

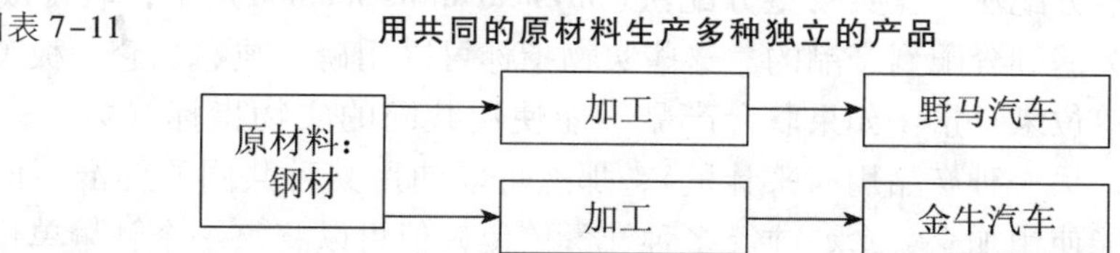

7.5.1 成本的可分性与分配的必要性

成本或者可以分离，或者不可分离。**可分离成本**(separable costs) 容易被追溯到单个产品，且不会有特殊的问题。如果是不可分离成本，那么它们就必须以各种理由被分摊到各种产品上。成本分摊是任意的，即没有可被广泛接受的理论方法来确定哪一种产品发生了哪一部分的联合成本。事实上，所有的联合产品都从总的联合成本中受益。我们关于联合成本分摊的目标是确定最适当的方法，以分摊不是真正可以分离的成本。分摊联合成本的主要原因是财务报告（GAAP）和联邦所得税法对此有一定的要求。此外，这些产品在计算包括政府的成本型合同在内的特殊批次或特殊订单的成本时，以及在为立法管制和行政管制来证明价格的合理性时，也相当有用。（但）意识到联合成本分摊并不适用于某些类型的管理决策非常重要。联合成本对决策制定的影响将在第17章阐述。

在联合生产的情况下，分离点之前发生的成本和单独生产产品时发生的间接成本有两个主要的区别。第一，当两种或更多种产品单独生产时，诸如直接材料与直接人工之类的特定成本可直接追溯到产品，而当这些成本用于在分离点前生产联合产品时就变成了间接的、不能分配的成本。例如，如果矿石中含有铁和锌，那么该直接材料本身就是一种联合产品。既然无论是铁还是锌都不能在分离点之前单独生产出来，那么采矿、磨碎矿石和分解矿石的相关加工成本也是联合成本。第二，制造性间接成本在联合产品的状态下甚至更为间接。以菠萝的购买为例。菠萝从本质上和自然上讲不是一种联合产品。但当菠萝被买来制作罐头时，对这种水果最初的加工和修剪就会产生各种产品（如用来饲养动物的外皮、要进一步切割成片或块的经过修剪的内果肉以及果汁）。分离点生产的所有产品都受益于分离点之前的加工成本和原始的菠萝成本。这两种现象的出现，要么是因为原材料本身就是联合产品，要么是因为加工之后可以同时生产出一种以上的产品。

7.5.2 联合产品成本的核算

总联合生产成本（直接材料、直接人工和间接费用）的会计处理同一般产品成本的会计处理没有什么不同。稍显麻烦的问题是将联合成本分摊到单个产品中。然而，为了财务报告的目的又必须进行分摊——对资产负债表中的存货进行估价，并确定收入。因此，必须找到一种方法，使之尽可能在合理的基础上分摊成本，即便其存在一定的主观判断。因为涉及主观判断，所以即使是同等水平的会计人员对同样的产品也可能得出不同的成本。分摊联合成本的方法有很多。这些方法包括实物量分配法、加权平均法、分离点销售价值分配法、可变现净值法以及固定毛利法。下文分述之。

实物量分配法　在**实物量分配法**（physical units method）下，联合成本是以一些实物指标为基础分配到产品的。这些实物指标可以用磅、吨、加仑、板英尺、原子量或热量等单位来计量。如果联合产品不能使用共同的实物指标（如，一种产品用加仑来计量，另一种产品用磅来计量），那么可以使用某种共同的标准。例如，酿酒厂核算中可能使用加仑、盒、吨等多种计量单位，但可以将每一个计量单位都折合为能量的英热单位（British thermal units，BTU）。

在具体计算方面，采用实物量分配法分摊到每种联合产品上的联合成本比例与数量的比例相同。所以，如果一个联合生产过程中生产出300磅的产品A和700磅的产品 B，那么产品 A 将分到 30% 的联合成本，产品 B 分到 70%。一种替代的计算方法是将全部联合成本除以全部产出得出平均单位成本。然后用平均单位成本乘以每一种产品的数量。基础 7.7 说明了如何以及为何使用实物量分配法分摊联合成本。

基础 7.7：如何以及为何使用实物量分配法分摊联合成本

资料：

一家锯木场将木头加工成 4 个等级的木材，合计 3 000 000 板英尺，如下所示：

等级	板英尺
一级和二级	450 000
普通 1 号	1 200 000
普通 2 号	600 000
普通 3 号	750 000
合计	3 000 000

总联合成本为 186 000 美元。

为什么：

联合成本必须被分摊到各个等级的木材以计算产品成本和评估存货的价值。当一种产品的价值（这里的产品价值是指产品的等级）接近于另一种产品的价值时，实物量分配法是较为适用的，它用数量单位的比例来分摊成本。

要求：

a. 使用实物量分配法将联合成本分摊到 4 个等级的木材上。

b. 通过计算每板英尺的平均单位联合成本并将它乘以每一等级的板英尺数，以将联合成本分摊到 4 个等级的木材上。

c. **如果**一级和二级以及普通 1 号分别都是 825 000 板英尺，那么**结果会是怎样的？**这两个等级的成本分摊会受到什么影响？这对普通 2 号和普通 3 号又会产生什么影响？

解答：

a.

等级	板英尺	数量的百分比*	联合成本分摊
	(2)	(3)	(3) ×$ 186 000
一级和二级	450 000	15%	$ 27 900
普通 1 号	1 200 000	40	74 400
普通 2 号	600 000	20	37 200
普通 3 号	750 000	25	46 500
合计	3 000 000	100%	$ 186 000

* 一级和二级的比例 = 450 000÷3 000 000 = 0.15，或者 15%

普通 1 号的比例 = 1 200 000÷3 000 000 = 0.40 或者 40%

普通 2 号的比例 = 600 000÷3 000 000 = 0.20 或者 20%

普通 3 号的比例 = 750 000÷3 000 000 = 0.25 或者 25%

b.

平均联合成本 = $ 186 000÷3 000 000 板英尺 = $ 0.062

分摊到一级和二级的联合成本 = $ 0.062×450 000 = $ 27 900

分摊到普通 1 号的联合成本 = $ 0.062×1 200 000 = $ 74 400

分摊到普通 2 号的联合成本 = $ 0.062×600 000 = $ 37 200

分摊到普通 3 号的联合成本 = $ 0.062×750 000 = $ 46 500

c. 如果一级和二级以及普通 1 号分别都是 825 000 板英尺，那么每种产品均分到 27.5% 的联合成本（825 000 ÷3 000 000），或者 51 150 美元（27.5% × $ 186 000）。这对分摊到普通 2 号和普通 3 号的成本没有影响，因为它们占总板英尺的比例没有变。

虽然这种方法不能完全令人满意，但是这种方法符合逻辑。既然所有的产品是在同一流程中生产出来的，那么不可能说一种产品的单位成本比另一种产品的单位成本高。例如，木材产品制造商可以将进入工厂之前的木头的平均成本加上平均加工成本而得到一个平均完工产品成本。这个成本适用于所有的完工产品，不论它们的种类、等级或市价（是否存在差别）。这种方法服务于产品成本计算的目的。

实物量分配法可以用于任何加工不同等级联合产品的产业（如面粉厂、烟草和木材）。但实物量分配法的一个缺点是，高等级产品的售价会反映出高利润，低等级产品的售价则会反映出低利润或损失（实物量分配法会导致不同等级的产品会有相同的定价，因为单位成本一样）。如果没有适当地说明这些数据，那么就可能会导致错误的管理决策。

实物量分配法假定每一单位最终产品消耗的原材料与生产任何一单位其他（联合）产品所使用的原材料成本正好相同。这在主要原料能被直接追溯到产品的情况下尤为正确。许多人感到这种方法通常不能令人满意，是因为它忽略了这样一个事实，即并不是所有的成本都与实物单位直接相关。而且，如果产品在分离点之前就已经实现了与主产品的物理分离，那么该产品可能根本就没有被加工过。

加权平均法 为了克服实物量分配法下遇到的困难，在成本分摊时，常常使用权重因子。这些权重因子可能包括诸如耗用材料的数量、生产的难度、耗费的时间、耗用人工类型的差别和数量大小等各种因素。这些因素和它们的相对权重通常组合成一个值，我们可称之为**权重因子**（weight factor）。

在罐头制品行业可以找到一个使用权重因子的例子。用一种权重因子将不同大小的盒子转换成相同大小的盒子，这是为了将联合成本按这种大小相同的盒子来平均分摊。因此，如果将一个包括 24 听型号为 2 ½的桃子罐头的盒子作为标准盒，那么这一盒的权重因子指定为 1.0。那么，一个装有 24 听型号为 303（一听大致等于型号为 2½那样一听的一半）的罐头分得的权重因子为 0.50，依此类推。所有类型的盒子都根据权重因子转换成标准盒之后，就可根据实物单位法分摊联合成本了。桃子罐头也可根据等级（如特等、上等、标准和次等）来分配权重因子。如果标准等级的权重为 1.00，那么更好等级的权重就会加大，而次等的权重就会减小。基础 7.8 说明如何以及为何使用加权平均法将联合成本分摊到不同产品。

基础 7.8：如何以及为何使用加权平均法将联合成本分摊到不同产品

资料：

一家桃子罐头工厂购买了 5 000 美元的桃子，将其按品质分为特等、上等、标准和次等四个级别，然后将各等级的桃子制成罐头。关于等级、盒数和适用的权重因子等数据如下。

	盒数	权重因子
特等	100	1.30
上等	120	1.10
标准	303	1.00
次等	70	0.50
合计	593	

为什么：

联合成本必须被分摊到各个等级的桃子上以计算产品成本和评估存货价值。加权平均法让公司相对更为重视这些产品类型或等级产品中的某些类型或等级。

要求：

a. 使用加权平均法将联合成本分摊到 4 个等级的桃子上。

b. 如果工厂发现顾客对次等桃子的评价更高并决定将次等桃子的权重因子增加到 1.00，那么结果会是怎样的？次等桃子的成本分摊会受到什么影响？这对其他等级的桃子又会产生什么影响？

解答：

a.

等级	盒数	权重因子	加权之后的盒数	百分比	分摊的联合成本
特等	100	1.30	130	0.21667	$ 1 083
上等	120	1.10	132	0.22000	1 100
标准	303	1.00	303	0.50500	2 525
次等	70	0.50	35	0.05833	292
合计			600		$ 5 000

b. 如果次等桃子的权重增加到 1.00，那么其加权之后的盒数会翻倍并且次等桃子会分得相对更多的联合成本。这样，分摊到其他等级的成本就会减少，因为增加的次等桃子的权重会影响所有的分摊比例。下表将会说明这种变化是怎样发生的：

等级	盒数	权重因子	加权之后的盒数	百分比	分摊的联合成本
特等	100	1.30	130	0.2047	$ 1 024
上等	120	1.10	132	0.2079	1 040
标准	303	1.00	303	0.4772	2 386
次等	70	1.00	70	0.1102	551
合计			635		$ 5 001

注意：由于四舍五入的关系，分摊之后的联合成本总额并不完全等于 50 000 美元。

正如基础 7.8 所示，一旦运用了加权平均法，实物量分配法就可用于计算每一等级产品的加权盒数的百分比。将这些百分比乘以联合成本就可得出（每种产品应）分摊的联合成本。其结果是分摊到特等和上等的联合成本相对较多了，因为它们选用了质量更好的桃子。而次等产品是用受损的桃子中的完好部分制成的，质量相对较差，因此分得的权重也较低。

权重因子常常是预先确定的，作为预计成本或标准成本系统中的一部分。使用预先确定的权重因子能使成本会计人员更多地关注一些可能的影响，并因此而得到更合理的分摊结果。当然，真正的危险在于，所采用的这些权重，可能在一开始时就是不太恰当的，或者随着时间的推移逐渐变得太恰当了。显然，如果使用主观判定的分配比例，那么得出的单个产品的成本也就带有主观随意性。

7.5.3 根据相对的市场价值进行分摊

许多会计人员认为，应当根据产品吸收联合成本的能力来将联合成本分摊到单个产品中。这种方法的优点是，联合成本的分摊不会使得某些项目一直盈利或者一直亏损。运用承受能力（作为分配基础）的理由在于，它假设：如果联合生产的产品加起来不能得到足够的收入来弥补所有的成本并获得合理的回报，那么这个成本就不会发生。另一方面，（联合产品中的）任何一个或多个最终产品的市价的波动可自动地改变联合成本的分配比例，而实际上成本并不比先前更多或者更少。

如果符合下面两个条件，那么相对市价法就比实物量法更适合用来分摊联合成本：(1) 通过增加（或减少）总的联合成本，就能改变产出的实物组合结构；(2) 这种改变导致市价总额的增加（或减少）。在实践中，有几种相对市价法的变换形式。

7.5.4 分离点销售价值分配法

分离点销售价值分配法（sales-value-at-split-off method）是指根据分离点每一种产品的市场或销售价值的份额比例分摊联合成本。在这种方法下，某产品的市场价值越高，分配到该产品上的联合成本份额就越大。只要分离点的价格稳定或各种产品的价格变动同步（不必在金额上相同，但在变化的比率上要相同），它们各自的分配成本份额就保持不变。基础 7.9 说明了如何以及为何使用分离点销售价值法分配联合成本。

基础 7.9：如何以及为何使用分离点销售价值法分配联合成本

资料：

一家锯木场将木头加工成 4 个等级的木材，合计 3 000 000 板英尺，如下所示：

等级	板英尺	分离点价格
一级和二级	450 000	$ 0.300
普通 1 号	1 200 000	0.200
普通 2 号	600 000	0.121
普通 3	750 000	0.070
合计	3 000 000	

总联合成本为 186 000 美元。

为什么：

联合成本必须被分摊到各个等级的木材上以计算产品成本和评估存货价值。分离点销售价值法按分离点的销售价值的比例来分摊联合成本。

要求：

a. 使用分离点销售价值法将联合成本分摊到 4 个等级的木材上。

b. **如果**一级和二级以及普通 1 号分别都是 825 000 板英尺，那么**结果会是怎样的？**这两个等级的成本分摊会受到什么影响？这对普通 2 号和普通 3 号又会产生什么影响？

解答：

a.

等级	生产的板英尺	分离点的价格	分离点售价	占市价总额的百分比	分摊的联合成本
一级和二级	450 000	$ 0.300	$ 135 000	0.2699	$ 50 201
普通 1 号	1 200 000	0.200	240 000	0.4799	89 261
普通 2 号	600 000	0.121	72 600	0.1452	27 007
普通 3 号	750 000	0.070	52 500	0.1050	19 530
合计	3 000 000		$ 500 100		$ 185 999

一级和二级在分离点的售价 = 450 000×0.300 = $ 135 000

普通 1 号在分离点的售价 = 1 200 000×0.200 = $ 240 000

普通 2 号在分离点的售价 = 600 000×0.121 = $ 72 600

普通 3 号在分离点的售价 = 750 000×0.070 = $ 52 500

一级和二级的比例 = $ 135 000÷ $ 500 100 = 0.2699 或者 26.99%

普通 1 号的比例 = $ 240 000÷ $ 500 100 = 0.4799 或者 47.99%

普通 2 号的比例 = $ 72 600÷ $ 500 100 = 0.1452 或者 14.52%

普通 3 号的比例 = $ 52 500÷$ 500 100 = 0.1050 或者 10.50%

分摊到一级和二级的联合成本 = 0.2699×$ 186 000 = $ 50 201

分摊到普通 1 号的联合成本 = 0.4799×$ 186 000 = $ 89 261

分摊到普通 2 号的联合成本 = 0.1452×$ 186 000 = $ 27 007

分摊到普通 3 号的联合成本 = 0.1050×$ 186 000 = $ 19 530

注意：由于四舍五入的关系，分摊之后的联合成本总额并不完全等于 186 000 美元。

b. 如果一级和二级以及普通 1 号都分别为 825 000 板英尺，那么一级和二级在分离点的售价会更高。普通 1 号在分离点的售价会更低，并且分摊到的联合成本更少。尽管普通 2 号和普通 3 号在分离点的售价不会受影响，但它们的销售价值占总额的百分比将会下降，因为一级和二级的销售价值上升了。变动结果如下所示：

等级	生产的板英尺	分离点的价格	分离点售价	占市价总额的百分比	分摊的联合成本
一级和二级	825 000	$ 0.300	$ 247 500	0.4604	$ 85 634
普通 1 号	825 000	0.200	165 000	0.3069	57 083
普通 2 号	600 000	0.121	72 600	0.1350	25 110
普通 3 号	750 000	0.070	52 500	0.0977	18 172
合计	3 000 000		$ 537 600		$ 185 999

注意：由于四舍五入的关系，分摊之后的联合成本总额并不完全等于 186 000 美元。

分离点销售价值法近似于使用基于价格的权重因子。其优点是以价格为基础的权重不会随着市价的变化而变化。可以在制胶行业中发现使用这种方法的例子。原材料在熬煮部门投入生产。从熬煮部门产生的产品是几层“胶质物”。第一层的等级最高，具有最高的市场价值，而花费的成本最少。后续的几层产品要求更高的温度，更多的成本，生产出的产品等级更低。制胶工厂不会试图去确定每一层产品的实际成本，因为最终的结果必定是：第一等级的产品的成本最低，最低等级的产品的成本最高。相反，工厂只需确定所生产的原胶的总成本，然后根据各个等级的检验纯度将总成本分配给各个等级的产品。相对纯度是表明相对质量高低的一个指标，从而也是表明每一层次产品或每一个等级产品的相对市场价值的指标。因此，将每一层次产品的数量乘以它的相对纯度就相当于用数量乘以市场价值。根据纯度得到的权数可用来将联合成本分摊到每一层次产品上。当然，只要被追加层次的产品增加的收入等于或大于因之增加的成本，那么就可以进一步加工该边际层次的产品。

基于分离点市场价值的权重因子在概念上与实物量分配法下的权重因子相同。但在分离点市场价值法下，权重因子是根据销售价值得出的，而在实物量分配法下的权重因子可以基于加工难度、大小等其他各种因素得出。其他这些因素可能与市场价值有关，也可能与市场价值无关。

可变现净值法　当用市场价值来分摊联合成本时，我们谈论的是分离点的市场价值。但是，有时某单个产品并没有现成的分离点的市场价格。在这种情况下，可以用可变现净值法。首先，我们通过用最终市场价值减去所有可区分（或进一步）的加工成本，获得每一种联合产品的**理论销售价值**(hypothetical sales value)。这近似等于分离点的销售价格。然后，就可以用**可变现净值法**(net realizable value method）根据每一种产品的理论销售价值份额按比例分配联合成本。基础 7.10 说明了如何以及为何使用可变现净值法分摊联合成本。

当一个或多个产品不能在分离点销售而需要进一步加工时，可变现净值法尤为有效。

基础 7.10：如何以及为何使用可变现净值法分摊联合成本

资料：

假设一家公司在一个联合生产过程中生产两种产品，α 产品和 β 产品。一个生产流程耗费 5 750 美元的成本，生产出 1 000 加仑的 α 产品和 3 000 加仑的 β 产品。两种产品在分离点都不能销售，而必须进一步加工，这样产生的可区分成本是，每一加仑 α 产品为 1 美元，每一加仑的 β 产品为 2 美元。α 产品的最终市场价格为 5 美元，β 产品的最终市场价格为 4 美元。

为什么：

当一个或多个产品不能在分离点销售时可使用可变现净值法。这个案例中，建立理论销售价值以使联合成本分摊尽量接近按分离点（销售价值分配法的分摊）。

要求：

a. 使用可变现净值法将联合成本分摊到 α 产品和 β 产品上。

b. **如果**在分离后加工每加仑 α 产品的成本为 2 美元，那么**结果会是怎样的**？这对分摊到两种产品的联合成本会产生什么影响？

解答：

a.

产品	市场价格		进一步加工的成本		理论市场价格		数量		理论市场价值	比例*	分摊的**联合成本
	(1)	−	(2)	=	(3)	×	(4)	=	(5)		
α 产品	$ 5.00		$ 1.00		$ 4.00		1 000		$ 4 000	0.40	$ 2 300
β 产品	4.00		2.00		2.00		3 000		6 000	0.60	3 450
合计									$ 10 000		$ 5 750

* α 产品的比例 = $ 4 000÷10 000 = 0.40 或者 40%

β 产品的比例 = $ 6 000÷10 000 = 0.60 或者 60%

** 分摊到 α 产品的联合成本 = 0.40× $ 5 750 = $ 2 300

分摊到 β 产品的联合成本 = 0.60× $ 5 750 = $ 3 450

b. **如果**加工每加仑 α 产品的成本为 2 美元，那么其理论市场价格会更低，并且分摊到 α 产品的联合成本会更少。分摊结果如下图所示：

产品	市场价格		进一步加工的成本		理论市场价格		数量		理论市场价值	比例*	分摊的**联合成本
	(1)	-	(2)	=	(3)	×	(4)	=	(5)		
α 产品	$ 5.00		$ 2.00		$ 3.00		1 000		$ 3 000	0.3333	$ 1 916
β 产品	4.00		2.00		2.00		3 000		6 000	0.6667	3 834
合计									$ 9 000		$ 5 750

* α 产品的比例 = $ 3 000÷ $ 9 000 = 0.3333 或者 33.33%（四舍五入）

β 产品的比例 = $ 6 000÷ $ 9 000 = 0.6667 或者 66.67%（四舍五入）

** 分摊到 α 产品的联合成本 = 0.3333× $ 5 750 = $ 1 916（四舍五入）

分摊到 β 产品的联合成本 = 0.6667× $ 5 750 = $ 3 834（四舍五入）

固定毛利率法 可变现净值法易于应用，但它将所有的利润都归于理论市场价值。换句话说，就是进一步加工的成本都被假设没有利润，即使这些加工成本是销售这些产品的关键。**固定毛利率法**（constant gross margin percentage method）修正了可变现净值法的缺陷，认为分离点后发生的成本是为实现预期利润所发生的全部成本的（必要的）一部分。用这种方法分摊联合成本，可使得每种产品的毛利率相同。基础 7.11 说明了如何以及为何使用固定毛利法分配联合成本。

基础 7.11：如何以及为何使用固定毛利法分配联合成本

资料：

假设一家公司在一个联合生产过程中生产两种产品，α 产品和 β 产品。一个生产流程耗费 5 750 美元的成本，生产出 1 000 加仑的 α 产品和 3 000 加仑的 β 产品。两种产品在分离点都不能销售，而必须进一步加工，这样产生的可区分成本是，每一加仑 α 产品为 1 美元，每一加仑的 β 产品为 2 美元。α 产品的最终市场价格为 5 美元，β 产品的最终市场价格为 4 美元。

为什么：

使用固定毛利率法可以避免假设所有利润都发生在分离点。该方法分摊联合成本确保了相同的毛利润并适用于所有的产品。

要求：

a. 计算公司出售 α 产品和 β 产品所赚取的总收益、总成本和总毛利。

b. 使用固定毛利率法将联合成本分摊到 α 产品和 β 产品中。

c. **如果**在分离后加工每加仑 α 产品的成本为 2 美元，那么**结果会是怎样的？**这对分摊到两种产品的联合成本会产生什么影响？

解答：

a.

总收入 [（$ 5×1 000）+（$ 4×3 000）]		$ 17 000
进一步加工成本 [（$ 1×1 000）+（$ 2×3 000）]	$ 7 000	
联合加工成本	5 750	12 750
总毛利		$ 4 250

b. 毛利率 = 毛利÷总收入

= $ 4 250÷ $ 17 000 = 0.25 或者 25%

	α 产品	β 产品
最终市场价值	$ 5 000	$ 12 000
减：市场价值 25% 的毛利	1 250	3 000
销售成本	$ 3 750	$ 9 000
减：可区分成本		
α 产品	1 000	
β 产品		6 000
应分摊的联合成本	$ 2 750	$ 3 000

c. α 产品进一步加工成本的增加会降低毛利率，并减少分摊到 α 产品的联合成本。

总收入［（$ 5×1 000）+（$ 4×3 000）］		$ 17 000
进一步加工成本［（$ 2×1 000）+（$ 2×3 000）］	$ 8 000	
联合加工成本	5 750	13 750
总毛利		$ 3 250

毛利率 = 毛利 ÷ 总收入

= $ 3 250 ÷ $ 17 000 = 0. 1912 或者 19. 12%（四舍五入）

	α 产品	β 产品
最终市场价值	$ 5 000	$ 12 000
减：市场价值 25% 的毛利	956	2 294
销售成本	$ 4 044	$ 9 706
减：可区分成本		
α 产品	2 000	
β 产品		6 000
应分摊的联合成本	$ 2 044	$ 3 706

注意：固定毛利率法与可变现净值法相比，它将更多的联合成本分摊到了 α 产品。这归因于成本和成本创造的价值之间关系的假设。即可变现净值法假设进一步加工不会产生毛利，而固定毛利率法假设进一步的加工不仅产生利润，而且产生了与最终产品相同的利润率。这个假设正确吗？其中有两个重要的问题：首先，成本与价值之间是否有“直接关系”；其次，是否要求这种关系对分离点前后联合生产的所有产品必须相同。实践中，产品线定价应与其竞争状态相匹配，因此（人们）趋向于认为这种假设无效。虽然存在例外，但许多公司并没有试图维持大致相等的边际利润，即各产品之间保持大致相等的价格与其完全成本之差。

7. 5. 5　副产品核算

联产品和**副产品**（by-product）之间的区别仅在于销售价值的相对重要性。副产品是在制造主要产品的过程中回收的次要产品。该类产品的总销售价值比主要产品的销售价值要小很多。这不是一种对比悬殊的区别，而是一种程度上的区分。我们要做的第一个区分工作是，某生产过程是否具有联合生产的特点。然后，再将其中的所有副产品从主产品或联产品中区分出来。副产品的特征，可以通过它们与主产品之间的下列关系来判别：

(a) 产生于本质上不属于联产品类型的主要产品的废料、切边等的副产品（例如，衣服碎片的布料饰边）。

(b) 废料以及产生于属于联产品类型生产过程的其他残渣（例如，切割牛肉剩余的脂肪）。

(c) 处于次要联合产品地位的副产品（水果皮和用作动物饲料的辅料）。

联产品和副产品的关系会有一定的变化，正如在每个这些分类中的产品类别会出现变化一样。如果某个产品的相对重要性改变了，那么它就需要被重新分类并改变其成本核算程序。实际上，许多副产品开始被看成是废弃物，但具有一定的经济重要性(因此成为副产品)，然后随着重要性的增长最终成为完全合格的联产品。例如，锯末、木屑在锯木厂业务中最初是废料，但经过若干年后，它们已经获得了作为刨花板的主要原料的价值。对副产品的各种会计处理方法表明了这一发展过程。一般地，最初副产品的会计核算是按照废弃物的会计处理来设计的。销售副产品的收入被记录为额外的收入，如果该部分收入太小以至于基本不对总成本或总销售收入产生影响的话。随着副产品的价值变得越来越重要，所以主要产品的成本可以通过其给予的补偿而减少。最后，副产品达到接近于主要产品的状态，(此时就应被）分摊一部分分离点之前发生的联合成本给副产品。

猪肉生产提供了很多不同类型副产品的例子。当然，联合（主要）产品包括猪排、熏肉、排骨、香肠等。许多不同的副产品也产生于肉类加工过程。

现实案例

例如，Seaboard Foods，要在每一天结束时彻底冲洗生产设备。废水，其中包含血液和杂碎物，冲入地板下排水管。这些废水通过管道流入盖有安全盖的池塘，在这里面通过厌氧细菌进行蛋白质分解并产生甲烷。然后，Seaboard 公司重新将甲烷用于工厂的实用生产。公司不需要对甲烷的使用进行会计核算。它只在工厂内部使用，并不再出售给外部使用者。

另一个猪肉副产品是用于移植的心脏瓣。这些瓣膜卖给心脏瓣膜制造商，他们需要四个星期来处理牛或猪的瓣膜以作医用瓣膜之用。由于在包装的厂房中不需要再做进一步的加工，所以这一（心脏瓣的价值）利用行为可以解释为销售副产品，或者冲抵主要产品成本的收入。

将副产品作为其他收入的处理 如果副产品可以出售，那么公司可以选择将该销售收入记入“其他收入”科目，或者设置“副产品销售”科目。然后，销售副产品的收入可以记入这些科目中。这一方法下，不需要将成本分配到副产品中。所有的联合成本被分摊到主要产品。假设 Edwards 公司在一个联合生产线上生产几种主产品和一种副产品。一条生产线的运作会产生如下成本：

直接材料	\$ 15 000
直接人工	6 500
间接费用	4 550

总联合成本	$ 26 050

Edwards 公司可以从每个生产流程获得 1 600 磅的 A 产品，400 磅的 B 产品和 20 磅的副产品。副产品可按每磅 5 美元销售。如果销售 30 磅副产品，则可以作以下分录：

借：应收账款	150	
贷：B 产品销售		150

值得注意的是，在这一方法下，成本不需要分配到副产品，并且不计入存货。所有的联合成本（26 050 美元每批）都分摊到主产品。

将副产品收入从主要产品成本中扣除的处理 另一种方法是将副产品的收入列为主产品联合成本的减项。以 Edwards 公司为例，由于销售副产品，其联合成本26 050 美元会减少 150 美元。然后，把剩余的 25 900 美元作为联合成本分摊到主要产品上，即 A 产品和 B 产品。如果 Edwards 公司使用实物量分配法分摊联合成本，那么其分摊情况如下：

	单位	百分比	联合成本分摊
A 产品	1 600	80%	$ 20 720
B 产品	400	20	5 180
合计	2 000		$ 25 900

总而言之，核算副产品有许多方法。将副产品收入作为其他收入或者作为主产品成本的减项是运用得最普遍的会计核算方法。根据定义可知，副产品并不重要。因此，会计处理应该主要关注那些相对快速而简单的方法。

7.5.6 成本分摊的道德问题内涵

道德问题

这一章介绍了成本分摊的相关主题，即将成本从一个部门或一种产品移到另一个部门或另一种产品。重新分摊成本是非常必要的，并且存在许多广为接受和可使用的方法来实现这一目标。然而，在不同的成本对象中分摊成本的任务给了管理层大量的自由裁量权以决定这种分摊应该是怎样做的。我们可以看到，有些分摊方法与另一些分摊方法相比，会给特定辅助部门或联合产品分摊相对更多的成本。这样，问题就出现了，这一成本分摊方法是否公平合理呢？通常，我们应先回到商务的基本原理。商务只有在公平对待各方并且不试图误导或谎报结果的情况下，才是符合社会道德的。

练习题

复习题

7.1 辅助部门成本分配：直接分配法、顺序分配法、交互分配法

Antioch 制造公司以分批为基础生产机器部件。大部分业务是通过投标获得的。

与 Antioch 公司竞争的大部分企业是以全部成本加20%的利润报价。最近，Antioch 公司期望获得更多的销售，因而将其加成利润率从25%降到20%。该公司有两个辅助部门和两个生产部门。每一个部门的预计成本和正常作业水平如下：

	辅助部门		生产部门	
	A	B	C	D
间接费用	\$ 100 000	\$ 200 000	\$ 100 000	\$ 50 000
雇员数量	8	7	30	30
维修公司	2 000	200	6 400	1 600
机器工时	—	—	10 000	1 000
人工工时	—	—	1 000	10 000

A 部门的直接成本以雇员数量为基础进行分配；B 部门的成本以维修工时为基础进行分配。用部门间接费用率将成本分配到产品。部门 C 使用机器工时，部门 D 使用人工工时。

公司准备为一批产品（产品 K）进行报价，该批产品每单位产品需要部门 C 的 3 个机器工时服务，不需要部门 D 的服务。每单位预期主要成本为 67 美元。

要求：

（1）请使用直接分配法将服务成本分配到生产部门。

（2）如果使用直接分配法，K 产品的报价是多少？

（3）请使用顺序分配法将服务成本分配到生产部门。

（4）如果采用的是顺序分配法，K 产品的报价是多少？

（5）请使用交互分配法将服务成本分配到生产部门。

（6）如果采用的是交互分配法，K 产品的报价是多少？

解答：

（1）

	辅助部门		生产部门	
	A	B	C	D
直接成本	\$ 100 000	\$ 200 000	\$ 100 000	\$ 50 000
部门 A[a]	(100 000)	—	50 000	50 000
部门 B[b]	—	(200 000)	160 000	40 000
总计	\$ 0	\$ 0	\$ 310 000	\$ 140 000

[a] 部门 A 的成本以生产部门的职工数量为基础来分配成本至部门 C 和部门 D。部门 A 的成本分配至部门 C 的分配率 = 30÷（30+30）= 0.50。部门 A 分配至部门 C 的成本 = 0.50× \$ 100 000 = \$ 50 000。部门 A 成本分配至部门 D 的分配率 = 30÷（30+30）= 0.50。部门 A 分配至部门 D 的成本 = 0.50× \$ 100 000 = \$ 50 000。

[b] 部门 B 的成本是以生产部门的维修工时为基础来分配成本至部门 C 和部门 D。部门 B 成本分配至部门 C 的分配率 = 6 400 ÷（6 400 + 1 600）= 0.80。部门 B 分配至部门 C 的成本 = 0.80 × \$ 200 000 = \$ 160 000。部门 B 成本分配至部门 D 的分配率 = 1 600÷（6 400+1 600）= 0.20。部门 B 分配至部门 D 的成本 = 0.20× \$ 200 000 = \$ 40 000。

（2）部门 C：间接费用分配率＝＄310 000÷10 000＝＄31/机器工时。生产成本和报价：

主要成本	＄67
制造费用（3×31）	93
单位总成本	160
报价（160×1.2）	192

（3）

	辅助部门		生产部门	
	A	B	C	D
直接成本	＄100 000	＄200 000	＄100 000	＄50 000
部门 B[a]	40 000	(200 000)	128 000	32 000
部门 A[b]	(140 000)	—	70 000	70 000
总计	＄0	＄0	＄298 000	＄152 000

[a] 部门 B 排第一是因为它的直接成本高于部门 A。部门 B 成本分配至部门 A 的分配率＝2 000÷（2 000+6 400+1 600）＝0.20。部门 B 分配至部门 A 的成本＝0.20×＄200 000＝＄40 000。部门 B 成本分配至部门 C 的分配率＝6 400÷（2 000+6 400+1 600）＝0.64。部门 B 分配至部门 C 的成本＝0.64×＄200 000＝＄128 000。部门 B 成本分配至部门 D 的分配率＝1 600÷（2 000+6 400+1 600）＝0.16。部门 B 分配至部门 D 的成本＝0.16×＄200 000＝＄32 000。

[b] 部门 A 的成本是以生产部门的职工数量为基础来分配至部门 C 和部门 D。部门 A 的成本分配至部门 C 的分配率＝30÷（30+30）＝0.50。部门 A 分配至部门 C 的成本＝0.50×＄140 000＝＄70 000。部门 A 的成本分配至部门 D 的分配率＝30÷（30+30）＝0.50。部门 A 分配至部门 D 的成本＝0.50×＄140 000＝＄70 000。（请注意：部门 A 的成本不再是 100 000 美元。由于从部门 B 中分配了 40 000 美元，部门 A 的成本变成了 140 000 美元）。

（4）部门 C：制造费用分配率＝＄298 000÷10 000＝＄29.8/机器工时。生产成本和报价：

主要成本	＄67.00
制造费用（3×＄29.80）	89.40
单位总成本	＄156.40
报价（＄156.40×1.2）	＄187.68

（5）分配比率：

	产出被耗用比例			
	A	B	C	D
A	—	0.1045	0.44775	0.44775
B	0.2000	—	0.6400	0.1600

A＝＄100 000+0.2000B

B＝＄200 000+0.1045A

A＝＄100 000+0.2（200 000+0.1045A）

A＝＄100 000+＄40 000+0.0209A

0.9791A = $ 140 000

A = $ 142 988

B = $ 200 000+（0.1045×142 988）

B = $ 214 942

	辅助部门		生产部门	
	A	B	C	D
直接成本	$ 100 000	$ 200 000	$ 100 000	$ 50 000
部门 B	42 988	(214 942)	137 563	34 391
部门 A	(142 988)	14 942	64 023	64 023
总计	$ 0	$ 0	$ 301 586	$ 148 414

（6）部门 C：制造费用分配率 = $ 301 586÷10 000 = $ 30.16/机器工时。生产成本和报价：

主要成本	$ 67.00
制造费用（3× $ 30.16）	90.48
单位总成本	$ 157.48
报价（ $ 157.48×1.2）	$ 188.98

7.2 联合成本分配，进一步加工

Sanders 制药公司购买了一种原材料，用于生产三种化学用品：甲产品、乙产品和丙产品。在 6 月份，Sanders 公司以 250 000 美元的价格购买了 10 000 加仑这种原材料，该公司发生的联合加工成本为 70 000 美元，6 月份的销售和生产信息如下：

	生产的加仑数	分离点价格	每加仑进一步加工成本	最终销售价格
甲产品	2 000	$ 55	—	—
乙产品	3 000	40	—	—
丙产品	5 000	30	$ 5	$ 60

甲产品和乙产品在分离点卖给其他的制药公司。丙产品可能在分离点销售或进一步加工并包装后作为哮喘药销售。

要求：

（1）请分别使用实物数量分配法、分离点销售价值分配法、变现净值法和固定毛利法将联合成本分配到 3 种产品。

（2）假设 6 月份乙产品产量的一半经提纯后与全部的甲产品混合生产出一种兽医用的麻醉剂。所有的进一步加工成本总计为 35 000 美元。这种兽医用的麻醉剂的销售价格为 112 美元/加仑。Sanders 公司应当将甲产品进一步加工成麻醉剂吗？

解答：

（1）应分配联合成本总额 = $ 250 000+ $ 70 000 = $ 320 000

实物量分配法：

	生产的加仑数	百分比	×	联合成本	=	分配联合成本
甲产品	2 000	（2 000÷10 000）＝0.20		$ 320 000		$ 64 000
乙产品	3 000	（3 000÷10 000）＝0.30		320 000		96 000
丙产品	5 000	（5 000÷10 000）＝0.50		320 000		160 000
	10 000					$ 320 000

分离点销售价值分配法：

	生产的加仑数	×	分离点价格	=	分离点收入	收入百分比	×	联合成本	=	分配联合成本
甲产品	2 000		$ 55		$ 110 000	0.28947		$ 320 000		$ 92 630
乙产品	3 000		40		120 000	0.31579		320 000		101 053
丙产品	5 000		30		150 000	0.39474		320 000		126 317
					$ 380 000					$ 320 000

变现净值法：

步骤1：确定假设销售收入。

	最终价格	−	进一步加工成本/加仑	=	假设销售价格	×	加仑	=	假设收入
甲产品	$ 55		—		$ 55		2 000		$ 110 000
乙产品	40		—		40		3 000		120 000
丙产品	60		$ 5		55		5 000		275 000
总计									$ 505 000

步骤2：按假设销售收入的比例分配联合成本。

	假设销售收入	×	百分比	×	联合成本	=联合成本分配额
甲产品	$ 110 000		0.21782		$ 320 000	$ 69 702
乙产品	120 000		0.23762		320 000	76 039*
丙产品	275 000		0.54456*		320 000	174 259
	$ 505 000					$ 320 000

*四舍五入的结果。

固定毛利率法：

	价格	百分比
收入［（$ 55×2 000）+（$ 40×3 000）+（$ 60×5 000）］	$ 530 000	100.00%
成本［$ 320 000+（$ 5×5 000）］	(345 000)	(65.09%)
毛利率	$ 185 000	34.91%

	甲产品	乙产品	丙产品
最终市场价值	$ 110 000	$ 120 000	$ 300 000
减去：34.91%的毛利率	38 401	41 892	104 730
销售产品的成本	$ 71 599	$ 78 108	$ 195 270
减去：可分成本	—	—	(25 000)
联合成本分配	$ 71 599	$ 78 108	$ 170 270

注意：$ 71 599+ $ 78 108+ $ 170 270 = $ 319 977，这里约有23美元。

（2）联合成本与该决策无关。必须考虑进一步加工成本和将乙产品投入甲产品混合物的生产所损失的边际贡献的机会成本。

增加的收入（ $ 112- $ 55）×2 000	$ 114 000
减去：甲产品混合物的进一步加工成本	(35 000)
乙产品的边际贡献损失（1 500×40）	(60 000)
增加的净收入	$ 19 000

问题讨论

7.1 请描述在传统制造环境中将辅助服务成本分配到产品的两阶段分配程序。

7.2 在进行存货估值时，为什么必须将辅助服务成本分配到产品？

7.3 请解释辅助服务成本的分配如何有助于价格的制定与决策控制。

7.4 假设一家公司决定不将任何辅助服务成本分配到生产部门。请描述生产部门经理可能的行为，这是好还是坏呢？请解释为什么分配会修正这种类型的行为。

7.5 请解释分配辅助服务成本会如何鼓励辅助部门经营得更有效率。

7.6 为什么说确定和使用分配辅助成本的动因很重要？

7.7 请解释为什么分配预算辅助服务的成本比实际辅助服务的成本更好。

7.8 为什么将变动成本和固定成本分开分配是可取的？

7.9 请解释为什么应当用生产部门（或者使用者）的正常产能或者最高产能来分配辅助部门的固定成本。

7.10 请解释为什么不应当用变动基础来分配固定成本。

7.11 为什么多重费用率法比单一费用率法好？在什么情况下，使用多重费用率或是单一费用率都可以？

7.12 解释直接分配法和顺序分配法之间的区别。

7.13 交互分配法比直接分配法和顺序分配法更精确。您同意吗？请解释理由。

7.14 什么是联合成本？它是如何与副产品相关联的。

7.15 联合成本与其他的共同成本有何不同？

习题

7.1 计算并使用单一费用分配率

Stazler公司的维修部门下一年度的预期成本包括：

固定成本（薪酬，工具）：$ 64 900/年

变动成本（物资）：＄1.35/维修小时

预计耗用：

装配部门	4 500
制造部门	6 700
包装部门	10 800
总维修小时	22 000

实际耗用：

装配部门	3 960
制造部门	6 800
包装部门	10 000
总维修小时	20 760

要求：

（1）请计算维修部门的单一费用分配率。

（2）请使用这一比率根据实际使用量将维修部门的成本分配到使用部门。请计算这一年维修部门的总收入金额。

（3）如果装配部门在本年度使用了4 000个维修工时，结果会是怎样的？这三个部门分别要付多少钱？

7.2　如何以及为何使用直接法将辅助部门成本分摊到生产部门

Valron公司有两个辅助部门，包括人事部和总厂；两个生产部门，包括制造部门和装配部门。

	辅助部门		生产部门	
	人事部	总厂	制造部门	装配部门
直接成本	＄160 000	＄340 000	＄114 600	＄93 000
常规活动：				
雇员人数	—	60	80	170
场地面积	1 000	—	5 700	13 300

人事部门的成本以雇员人数为基础来分配，总厂的成本以场地面积来分配。Valron公司使用直接分配法来分配辅助部门成本。

要求：

（1）请使用直接分配法来计算这四个部门的分配率。

（2）请使用直接分配法将人事部门和总厂的成本分配至制造部门和装配部门。

（3）如果总厂有40个雇员，这将如何影响分配到制造部门和装备部门的人事部门的成本。

7.3　使用所分到的辅助部门成本计算部门制造费用分配率

涉及练习7.2，使用直接法将辅助部门的成本分配至制造部门和装配部门。制造部门的制造费用分配率是基于正常生产中的82 000个机器工时。装配部门的制造费用率是基于正常生产的160 000个直接人工工时。

产品316需要在制造部门耗费6个机器工时，在装配部门耗费4个直接人工工时。总直接材料成本为 120 美元，总直接人工成本为 80 美元。

要求：

（1）请基于机器工时计算制造部门的制造费用分配率。请基于直接人工工时计算装配部门的制造费用分配率。（将制造费用分配率四舍五入）

（2）请使用要求（1）中计算出的制造费用分配率，计算产品 316 的成本。

（3）假使产品 316 需要在制造部门耗费 1 个机器工时，在装备部门耗费 4 个直接人工工时，结果会是怎样的？直接人工和直接材料成本保持不变，请重新计算产品 316 的成本。

7.4　使用加权平均法将联合成本分摊到不同产品

假设 Orchard Fresh 公司使用加权平均法分配联合成本，将以下成本分配到四个等级的苹果上：

等级	磅	加权因素
等级 A	1 600	4.0
等级 B	5 000	2.0
苹果薄片	8 000	1.0
苹果酱	5 400	0.5
总计	20 000	

总联合成本是 18 000 美元。

要求：

（1）请使用加权平均法将联合成本分配到四个等级的苹果上。（计算出的百分比保留 4 位有效数字，所有分配的成本都四舍五入至元）

（2）假使工厂发现顾客对次等苹果的评价更高，并且决定将苹果 A 的权重因子降低至 3.0。这将对分配到等级 A 苹果上的成本有什么影响？这将对将成本分配到其他等级的苹果有什么影响？

第 8 章　为计划和控制而进行预算

学习本章之后，您可以：

①对预算进行定义，并讨论它在计划、控制及决策过程中发挥的作用。

②编制经营预算，识别它的几个重要组成部分，并能解释各组成部分之间的关系。

③了解财务预算的组成部分，并编制现金预算。

④对弹性预算进行定义，并讨论它在计划、控制及决策过程中发挥的作用

⑤界定作业预算的概念，并讨论它在计划、控制及决策过程中发挥的作用。

⑥了解并讨论为激励管理者采取与企业目标一致的行为，一个预算系统应该具有的特征。

细致的计划，无论是正式还是非正式的，对任何组织来说都是非常重要的。作业经理必须清楚他们的资源能力，并制订计划表明这些资源将被如何运用。本章将讨论预算的基本概念，以及传统的全面预算的发展过程。（本章还）阐述了弹性预算、作业预算，并深入讨论了行为学在预算及预算控制中的作用。

8.1　预算在计划、控制中的作用

预算对于计划与控制而言都十分重要。预算（budgets）是对未来的量化计划，该计划使用实物指标或财务指标或者两者的结合指标来表述。当用于计划时，预算是将公司目标和战略转换为经营条例的一种方法。预算也可同样用于控制。控制（control）是指为实际经营业绩设置标准，取得反馈，并在实际业绩与计划值相差甚远时采取适当纠正行为的过程。因此，预算可以用来比较实际结果与计划结果，并在必要时，使公司的经营回到正常轨道。

图表 8-1 列示了预算与计划、经营和控制之间的关系。预算由企业的长期目标发展而来，它们构成了企业运营的基础。通过控制，将实际结果与预算结果进行比较。这个比较能够为经营活动与未来预算提供反馈资料。

图表 8-1　　全面预算及其要素的相互关系

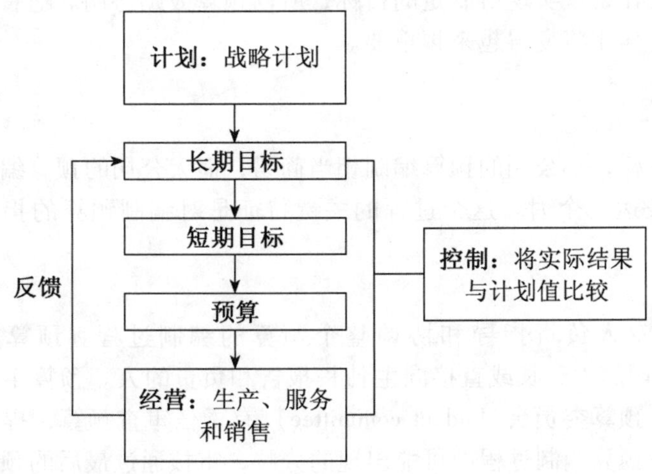

8.1.1 预算的目的

预算通常是为各种作业（如销售、生产、研发等）或组织内部的某个范围（如部门、工厂、分部等）而编制的。这种预算系统将组织视为一个总体，为它提供全面的财务计划，它能为组织带来以下好处：

a. 促使经理层去制订计划；

b. 提供有利于决策的资源资料；

c. 通过建议一个之后用于业绩评价的基准来帮助企业充分利用它的人力和其他各种资源；

d. 有利于沟通和协调。

预算要求管理层必须为未来编制计划——指明组织的总体发展方向，预测可能发生的问题，制定未来发展策略。当管理层开始花时间制订计划的时候，他们就能够逐渐了解了企业的能力，知道企业的资源应该用在什么地方。所有的营利和非营利组织都应该实施预算。所有的大型企业都实施预算。事实上，一个像康菲石油公司（ConocoPhillips）或 IBM 公司那样的公司的预算活动，要花费大量的时间和大量不同级别的管理人员的参与。一些小公司不实施预算，结果它们中的很多人迅速就破产了。

预算能够使管理者更好地决策。比如，通过现金预算可以看出货币资金潜在的不足之处。如果一家公司能预测到未来现金短缺，那么它就会采取措施收回应收款项，推迟购买新的资产。

预算建立了一系列标准，以控制公司的资源使用，并控制和激励雇员。一个拥有成功预算体系的企业，通常要确保公司正在采取一系列步骤来实现在组织总体计划中规划的目标。

预算还可以方便地向公司的每个雇员传达组织的计划，并协调他们的工作。相应地，所有的雇员也能够认识到他们在实现这些目标的过程中所发挥的作用。这就是为什么明确地将组织的预算与长期计划联系起来是如此的重要。预算并不是一系列模糊的、色彩斑斓的假想，而是为实现目标而制订的一整套具体的计划。因为组织的各个领域和各种活动必须协调工作，以实现所制定的目标，所以预算鼓励协调。随着组织规模的扩大，沟通和协调的作用将变得越来越重要。

8.1.2 预算的编制过程

预算的编制过程各式各样，小公司的预算编制相当简易，而大公司的预算编制则非常复杂，整个过程可能长达几个月。这个过程的关键特征是对编制预算的指导和协调。

(1) 指导和协调

每一个公司都必须有专人负责指导和协调整个预算的编制过程。**预算主管**（budget director）通常是公司的主计长或直接向主计长报告和负责的人。预算主管在预算委员会的指导下工作。**预算委员会**（budget committee）有责任审查预算，提供政策指导和预算目标，解决在预算编制过程中可能出现的分歧，审核通过最后的预算方案，并在年度中间监控组织的预算实际执行情况。预算委员会还有责任确保预算和公司的战略计划保持一致。公司的董事长任命预算委员会的成员，他们通常是董事长、副董事长和主计长。

(2) 预算类型

当我们提及公司的年度预算时，通常指的是全面预算。**全面预算**(master budget)是一个由各个部门预算和作业预算组成的综合性的财务计划。全面预算可分成经营预算和财务预算。**经营预算**(operating budgets) 主要反映公司能产生收益的作业，如销售、生产和库存完工产品。经营预算的最终结果实际上是一个预计 (pro forma) 或预算 (budgeted) 利润表。需请注意，"预计"这里是"预算"和"估计"的意思。实际上，所谓"预计利润表"就是"遵循(实际)的形式"编制的，只不过使用的是估计数据而不是历史数据。**财务预算**(financial budgets) 是关于现金流入、流出和企业财务状况的预算。预计的现金收支被详细地反映在现金预算中，预期的预算期末企业财务状况也反映在预算或预计的资产负债表中。图表 8-2 向我们展示了全面预算的各个组成部分。

图表 8-2　**全面预算的组成部分**

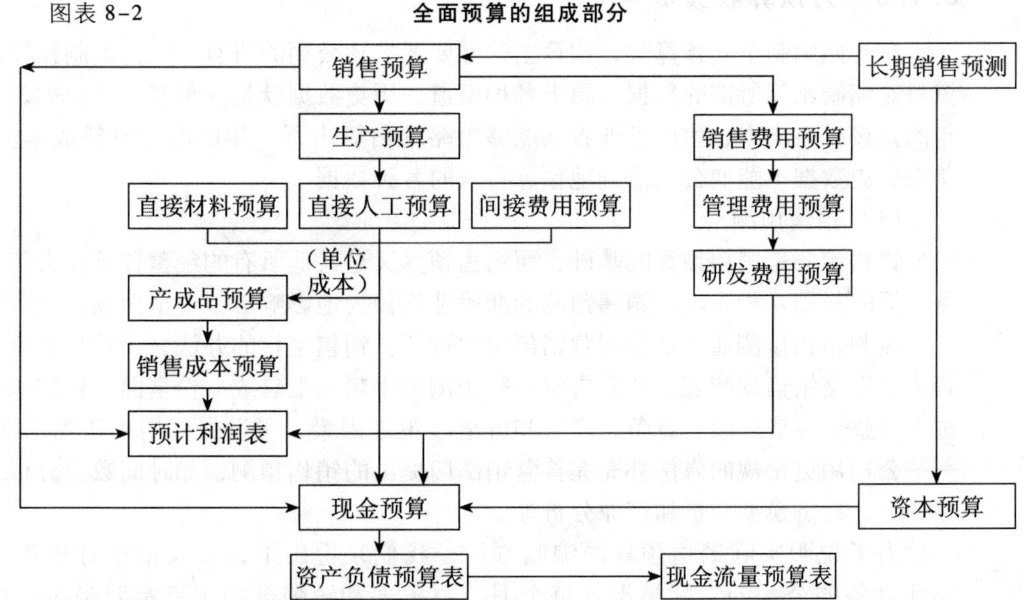

全面预算通常是一年期的，等于公司的一个会计年度。年度预算又可分为季度预算和月度预算。较短期间的预算更有利于管理者在年度中间将实际数据和预算数据做比较，从而及时地做出修订。在月度预算中，由于可以更经常地审查公司是否取得进展，因而造成公司存在的问题变得过于复杂的可能性较小。

大部分组织在本年度的最后 4 ~ 5 个月开始编制下年度的预算。然而，有些组织却已经形成了连续预算的理念。**连续(或滚动)预算**(continuous (or rolling) budget) 就是一个连续滚动的 12 个月的预算。当滚动预算中的第一个月已经结束时，未来的一个月又被加了进来，这样就使得公司总有一份始终保持 12 个月份的预算计划。连续预算的支持者认为这样可以迫使公司的管理者持续地提前编制计划。大多数 CFO 认为，滚动预测是十分有价值的。大多数采用滚动预算的公司会滚动 5 ~6 个季度的预测，而不是4个季度的。

和连续预算非常相似的是一种连续更新预算（continuously updated budget）。这种预算的目标不是总在维持12个月的预算资料，而是每个月在得到新的资料后都要更新全面预算。Chandler Engineer为它的母公司编制的连续更新预算就是这类预算的一个例子。每年秋天，该公司都开始编制下年的预算。在这一年的每个月末，通过揭示本年度至目前为止最新的预算执行结果，并预测本年以后月份的经营和财务状况，预算就转化成了一个滚动预测。实质上，这种预算全年都在不断地更新。

现实案例

技术的进步使得公司能够更加紧密地追踪全年的销售和生产情况。Revlon公司引进了一种新的电脑系统来管理每个商店每种商品的数据。它甚至能追踪到某种特定颜色的指甲油的销售数据。这一快速的、有效的资料，使得Revlon公司能够持续地调整预算。因此，通过减少滞销化妆品的生产和装运并提高热卖品的存货量，公司能够有效管理它的运营。

8.1.3 为预算收集资料

在开始编制全面预算时，预算主管都要要求该公司的所有部门为编制预算而收集资料。编制预算所需的数据来源于各种渠道。历史数据就是一种来源。比如，根据去年的直接材料成本，生产管理者就能够粗略地估算出下一年的潜在材料成本。可是，单靠历史数据不能使公司准确地预算将来的各种数据。

（1）销售预测

销售预测是销售预算的基础，而销售预算又是其他所有的经营预算和大部分的财务预算的基础。相应地，销售预测的准确性将极大地影响着整个全面预算的合理性。

编制销售预测通常是公司营销部门的责任。销售主管的办法之一就是责令各个销售人员提交销售预测表，然后再将这些预测集中起来汇总成一份全面的销售预测。通过考虑整个经济环境、竞争、广告和价格政策等因素，可以提高销售预测的准确性。一些公司用更正规的方法补充完善营销部门提供的销售预测，如时间数列分析、相关性分析、经济模型分析和产业分析等。

为了说明实际销售预算的编制方法，我们来看一下，一家根据订单生产油田作业设备的公司的实际情况。每个月，财务部和销售部的主管都要碰头，根据预订单编制销售预算。预订单是现场销售人员提供的一个大概的销售订单。它对工程部门和生产部门来说意味着一项潜在的工作。过去的经验表明预订后30～45天内就要销售或装运出货。图表8-3是公司的一个短期订单预测。注意每一个预订单的金额乘以该预订实际发生的概率，就可得到一个加权的金额。各个预订单的加权金额合计就是下个月的销售预测数。概率是由销售人员和主计长共同确定的。每一个概率最初时都定在50%。然后，根据所获得的其他资料进行上下调整。概率实际上是对一个综合事件的预测，也是对能否得到真正的订单和实际销售将会发生在哪个月份的预测。销售部倾向于对得到订单和早日实现销售有过分的自信。结果是，主计长采取比较消极的观点对其预测进行修改。最终的结果如图表8-3所示。

图表 8-3　油田设备公司的短期预订预测

预订单号	地区/国家	客户	产品	金额	概率	本月加权总额
2013 年 3 月						
1194-17	西班牙	巴伦西亚	修理 3224	$ 37 500	100%	$ 37 500
1294-03	保加利亚	泸西姆	1256，7188	74 145	80	59 316
0195-55	美国	埃克森	4498	25 000	95	23 750
0295-19	美国	BP/TX	6766，1267	150 442	100	150 442
0295-23	中国	中国资源	7541，8875	55 900	75	41 925
0295-45	中国	中国资源	8879，0944	34 500	80	27 600
0395-36	阿布扎比	ADES	7400，6751，5669 和备用	30 000	50	15 000
3 月份合计						$ 355 533
2013 年 4 月						
1294-14	中国	江汉	6524，5523，0412，4578，3340	$ 234 000	80%	$ 187 200
0295-43	俄罗斯	地理服务公司	3356	76 800	60	46 080
0295-10	委内瑞拉	石油产品公司	4450，6713，7122	112 500	90	101 250
0395-37	印度尼西亚	美国卡费隆石油公司	8890，0933	98 000	65	63 700
0395-71	意大利	CV 国际	7815	16 000	70	11 200
4 月份合计						$ 409 430
2013 年 5 月						
0295-21	墨西哥	墨西哥卡利学院	8900 和备用	$ 34 000	40%	$ 13 600
0395-29	委内瑞拉	石油产品公司	8416，8832	165 000	50	82 500
0495-11	美国	Branchwater 公司	9043，8891	335 000	60	201 000
0495-68	沙特阿拉伯	阿拉伯-美国石油公司	0453	3 500	50	1 750
5 月份合计						$ 298 850

（2）其他变量的预测

与销售一样，成本、现金以及与现金相关的项目也是非常重要的。在销售预测中考虑的许多因素同样也适用于成本预测。在这儿，历史的数据也会很有价值。经理们根据他们对未来的预期调整过去的数据，作为编制现行预算的基础。比如，一个三年的劳工合同会大大地减少工资预测的不确定性。（当然，如果合同到期，又会有不确定性。）警觉的采购人员将发现原材料价格的变动。实际上，像雀巢（Nestle）和可口可乐（Coca-Cola）这样的大公司有一个部门专门对商品价格和供给进行预测。为了消除价格波动，它们投资于商品期货。这个措施使预算编制更加容易。制造费用也可被分成好几个成本项目，这些都可以根据过去的数据和相关通货膨胀率来计算得出。

现金预算是全面预算中非常重要的一部分，它的一些组成部分，尤其是应收账款的收回，也是需要预测的。我们将在现金预算的一节中详细讨论这个问题。

8.2 编制经营预算

全面预算的第一部分就是经营预算。它包含经营活动的所有阶段的一系列计划表，最后形成一个预计利润表。下面是经营预算的几个组成部分：

a. 销售预算
b. 生产预算
c. 直接材料采购预算
d. 直接人工预算
e. 制造费用预算
f. 期末产成品存货预算
g. 产品产品销售成本预算
h. 销售费用预算
i. 研究与开发费用预算
j. 管理费用预算
k. 预计利润表

回顾一下图表 8-2，您就会明白经营预算各个组成部分是如何配合全面预算的。

我们用 ABT Inc. 来说明经营预算的各个组成部分，它是一家专为建筑业生产水泥板和水泥管的公司。简便起见，我们将只为 ABT 的水泥板生产线编制预算（水泥管生产线的预算也可以同样的方法编制，最后并入公司的整个预算中）。

8.2.1 销售预算

销售预算（sales budget）需经过预算委员会的审批，它描述每种产品的预计销售量和销售额。我们必须在编制其他预算之前先编制销售预算。

基础 8.1 列示了如何以及为何编制销售预算。ABT 的销售预算反映出该公司的销售量呈季节性波动。大部分（约 75%）的销售发生在春季和夏季。我们还可以看到 ABT 预计夏季的产品价格将从 0.70 美元上升到 0.80 美元。因为价格在一年中不断地发生变化，所以在描述全年销售作业的那一栏，必须使用平均价格（$ 0.75 = $ 12 000÷16 000 000）。如果 ABT 生产两种水泥板，那么就应该分别为它们编制销售预算，正如基础 8.1 要求 b 中列示的那样。

基础 8.1：如何以及为何编制销售预算

资料：

ABT 为住宅和商业建筑生产并销售水泥板。ABT 预计它 2013 年的销售情况如下：

	第一季度	第二季度	第三季度	第四季度
数量	2 000 000	6 000 000	6 000 000	2 000 000
单位售价	$ 0.70	$ 0.70	$ 0.80	$ 0.80

为什么：

销售预算是全面预算的基础；所有其他的预算都需要基于销售预算给出的销量及销售收入数据（来编制）。

要求：

a. 为 ABT 的水泥板生产线编制来年的销售预算，列示每个季度的销售额和全年的销售总额。

b. 如果ABT 生产两种水泥板（型号 1 和型号 2），并且每季度销售 60% 的型号 1 水泥板，**结果会是怎样的？** 进一步假设，型号 1 第一季度的售价为每件 0.60 美元，其余时间为每件 0.70 美元；型号 2 第一季度和第二季度的售价为每件 0.80 美元，其余时间为每件 0.90 美元。请为这两种水泥板编制销售预算，列示每个季度的销售额和全年的销售总额。

解答：

a.

销售预算

2013 年 1 月 1 日至 2013 年 12 月 31 日

	第一季度	第二季度	第三季度	第四季度	合计
数量	2 000 000	6 000 000	6 000 000	2 000 000	16 000 000
单位售价	×$ 0.70	×$ 0.70	×$ 0.80	×$ 0.80	×$ 0.75
销售额	$ 1 400 000	$ 4 200 000	$ 4 800 000	$ 1 600 000	$ 12 000 000

b.

销售预算

2013 年 1 月 1 日至 2013 年 12 月 31 日

	第一季度	第二季度	第三季度	第四季度	合计
型号 1 水泥板：[1]					
数量	1 200 000	3 600 000	3 600 000	1 200 000	9 600 000
单位售价	×$ 0.60	×$ 0.70	×$ 0.70	×$ 0.70	×$ 0.6875[2]
销售额	$ 720 000	$ 2 520 000	$ 2 520 000	$ 840 000	$ 6 600 000
型号 2 水泥板：[3]					
数量	800 000	2 400 000	2 400 000	800 000	6 400 000
单位售价	×$ 0.80	×$ 0.80	×$ 0.90	×$ 0.90	×$ 0.85[4]
销售额	$ 640 000	$ 1 920 000	$ 2 160 000	$ 720 000	$ 5 440 000
销售总额	$ 1 360 000	$ 4 440 000	$ 4 680 000	$ 1 560 000	$ 12 040 000

[1] 型号 1 水泥板的销售量为要求 a 中列示的每季度销售量的 60%。

[2] 年度平均单位价格 = $ 6 600 000÷9 600 000 = $ 0.6875

[3] 型号 2 水泥板的销售量为要求 a 中列示的每季度销售量的 40%。

[4] 年度平均单位价格 = $ 5 440 000÷6 400 000 = $ 0.85

8.2.2 生产预算

生产预算(production budget) 描述了为了满足销售和期末库存完工产品的需要，公司应该生产多少数量的产品。生产预算依赖于销售预算列示的销售量数据。

公司需要为所生产的每种产品（或提供的每种服务）编制单独的生产预算。为了计算出需要生产的产品数量，我们还要知道销售量和预期产成品存货的数量。生产预算的基本公式表示如下：

预计产量=销售量+预计期末存货-期初存货

当然，如果没有存货，那么生产量就应该等于销售量。对于服务型企业来说，需要生产的服务量就是销售的服务量，因为服务是不能储存的。同样的，对于实行适时制生产系统（JIT）的公司来说，由于顾客订单驱动生产，所以其销售量就等于预计生产量。但是，在通常情况下，编制生产预算必须考虑期初和期末存货。注意，生产预算的单位是件，我们并不知道成本。基础 8.2 列示了如何以及为何编制生产预算。

基础 8.2：如何以及为何编制生产预算

资料：

下表是 ABT 预计它 2013 年的销售量和期末存货情况：

季度	销售量	期末存货量
1	2 000 000	500 000
2	6 000 000	500 000
3	6 000 000	100 000
4	2 000 000	100 000

2013 年 1 月 1 日和 2014 年 1 月 1 日的存货量预计为 100 000 块水泥板。

为什么：

生产预算告诉我们公司来年应该生产多少数量的产品。预计生产数量将用于决定直接材料、直接人工和制造费用的预算数。

要求：

a. 请为 ABT 的水泥板生产线编制来年的生产预算，列示每个季度的产量和全年的产量总额。

b. **如果**ABT 没有提供期末存货数量，而是告诉您一个存货规则——期末水泥板存量是下一期销量的 **5%**，**结果会是怎样的？**并且，假设 2014 年第一季度的预计销量为 2 500 000 块，2013 年第一季度的期初存货量也满足这一存货规则。请为 ABT 的水泥板生产线编制来年的生产预算，列示每个季度的产量和全年的产量总额。

解答：

a. **生产预算**

2013 年 1 月 1 日至 2013 年 12 月 31 日

	第一季度	第二季度	第三季度	第四季度	合计
销量	2 000 000	6 000 000	6 000 000	2 000 000	16 000 000
预计期末存货量	500 000	500 000	100 000	100 000	100 000
需要总量	2 500 000	6 500 000	6 100 000	2 100 000	16 100 000
减：期初存货量*	100 000	500 000	500 000	100 000	100 000
预计生产量	2 400 000	6 000 000	5 600 000	2 000 000	16 000 000

*题目给出了第一季度的期初存货量。以后每季度的期初存货量等于上一季度的期末存货量，比如，第二季度的期初存货量等于第一季度的预计期末存货量。

注意，年度预计期末存货量等于第四季度的预计期末存货量。年度期初存货量等于第一季度的期初存货量。

b. 如果期末水泥板存量是下一期销量的5%，那么各季度的预计期末存货量为：

第一季度期末存货量＝0.05×6 000 000＝300 000

第二季度期末存货量＝0.05×6 000 000＝300 000

第三季度期末存货量＝0.05×2 000 000＝100 000

第四季度期末存货量＝0.05×2 500 000＝125 000

生产预算

2013 年 1 月 1 日至 2013 年 12 月 31 日

	第一季度	第二季度	第三季度	第四季度	合计
销量	2 000 000	6 000 000	6 000 000	2 000 000	16 000 000
预计期末存货量	300 000	300 000	100 000	125 000	125 000
需要总量	2 300 000	6 300 000	6 100 000	2 125 000	16 125 000
减：期初存货量*	100 000	300 000	300 000	100 000	100 000
预计生产量	2 200 000	6 000 000	5 800 000	2 025 000	16 025 000

*第一季度的期初存货量＝2012 年第 4 季度的期末存货量

2012 年第 4 季度的期末存货量＝0.05×2 000 000＝100 000

注意，年度预计期末存货量等于第四季度的预计期末存货量。年度期初存货量等于第一季度的期初存货量。

8.2.3 直接材料采购预算

在编完生产预算后，我们就可以开始编制直接材料、直接人工和制造费用预算了。**直接材料采购预算**(direct materials purchases budget) 在表格形式上和生产预算相似，它以生产所需的直接材料和库存的直接材料为编制的基础。

预计直接材料使用量是由投入和产出的关系（直接材料和产出量之间的技术关系）所决定的。而这种关系通常是由工程部门或产业设计者所决定的。比如，一块轻质水泥板大约需要 26 磅的原材料（水泥、沙土、沙砾、泥板岩、轻石和水）。对于某一种具体的水泥板来说，这些原料的组合是固定的。因此，根据生产预算，将每单位产出所需要的每种原材料的数量乘以产量，可以相当容易地得出每种原材料的预期使用量。

一旦计算出预期使用量，采购数量就可以计算如下：

采购数量=预计使用量+直接材料预计期末存量-直接材料期初存量

直接材料库存量是由该公司的存货政策决定的。基础 8.3 列示了如何以及为何编制直接材料采购预算。为了简单起见，所有材料被看作是同质的（就好像只有一种材料投入生产）。现实中，我们需要为各种不同的材料分别编制直接材料采购预算。

基础 8.3：如何以及为何编制直接材料采购预算

资料：

ABT 生产水泥板。每块水泥板需要 26 磅的原材料（水泥、沙土、沙砾、泥板岩、轻石和水的混合物）。ABT 的存货政策是第三和第四季度预计期末库存原材料数量为 500 万磅，第一和第二季度预计期末库存为 800 万磅。因此 2013 年 1 月 1 日和 2014 年 1 月 1 日的预计库存原材料数量均为 500 万镑。每磅原材料的成本为 0.01 美元。

回顾基础 8.2，我们知道，ABT 四个季度的预计生产量依次为 2 400 000 块、6 000 000块、5 600 000 块和 2 000 000 块。

为什么：

我们需要为生产中用到的各种不同的材料分别编制直接材料采购预算。它能告诉管理者为了支持来年的生产预算所需的采购成本是多少。在稍后的现金预算中会用到采购金额（的数据）。

要求：

a. 请为 ABT 的水泥板生产线编制来年的直接材料采购预算，列示每个季度的金额和全年的总额。

b. **如果**ABT 没有提供期末库存原材料数量，而是告诉您一个存货规则——预计期末库存原材料数量是下一期预计生产需要量的 2%，**结果会是怎样的？**并且 2014 年第一季度的预计生产量为 2 200 000 块，2013 年第一季的期初库存原材料数量也满足这一存货规则。请为 ABT 的水泥板生产线编制来年的直接材料采购预算，列示每个季度的采购量和全年的采购总额。

解答：

a.

直接材料采购预算

2013 年 1 月 1 日至 2013 年 12 月 31 日

	第一季度	第二季度	第三季度	第四季度	合计
预计生产量	2 400 000	6 000 000	5 600 000	2 000 000	16 000 000
每单位产量					
所需直接材料量	×26	×26	×26	×26	×26
生产需求（磅）	62 400 000	156 000 000	145 600 000	52 000 000	416 000 000
预计期末					
库存量（磅）	8 000 000	8 000 000	5 000 000	5 000 000	5 000 000
总需求	70 400 000	164 000 000	150 600 000	57 000 000	421 000 000
减：期初库存量*	5 000 000	8 000 000	8 000 000	5 000 000	5 000 000
预计直接材料					
采购量	65 400 000	156 000 000	142 600 000	52 000 000	416 000 000
每磅材料成本	×$ 0.01	×$ 0.01	×$ 0.01	×$ 0.01	×$ 0.01
采购总成本	$ 654 000	$ 1 560 000	$ 1 426 000	$ 520 000	$ 4 160 000

*题目给出了第一季度的期初库存原材料量。以后每季度的期初库存原材料量等于上一季度的预计期末库存原材料量，比如，第二季度的期初库存原材料量等于第一季度的预计期末库存原材料量。

注意，年度预计期末库存原材料量等于第四季度的预计期末库存原材料量。年度期初库存原材料量等于第一季度的期初库存原材料量。

b. 如果预计期末库存原材料数量是下一期预计生产量的2%，那么各季度的预计期末库存原材料数量为：

第一季度期末库存原材料数量=0.02×（26×6 000 000）=3 120 000

第二季度期末库存原材料数量=0.02×（26×5 600 000）=2 912 000

第三季度期末库存原材料数量=0.02×（26×2 000 000）=1 040 000

第四季度期末库存原材料数量=0.02×（26×2 200 000）=1 144 000

直接材料采购预算

2013 年 1 月 1 日至 2013 年 12 月 31 日

	第一季度	第二季度	第三季度	第四季度	合计
预计生产量	2 400 000	6 000 000	5 600 000	2 000 000	16 000 000
每单位产量所需直接材料量	×26	×26	×26	×26	×26
生产需求（磅）	62 400 000	156 000 000	145 600 000	52 000 000	416 000 000
预计期末库存量（磅）	3 120 000	2 912 000	1 040 000	1 144 000	1 144 000
总需求	65 520 000	158 912 000	146 640 000	53 144 000	417 144 000
减：期初库存量*	1 248 000	3 120 000	2 912 000	1 040 000	1 248 000
预计直接材料采购量	64 272 000	155 792 000	143 728 000	52 104 000	415 896 000
每磅材料成本	×$ 0.01	×$ 0.01	×$ 0.01	×$ 0.01	×$ 0.01
采购总成本	$ 642 720	$ 1 557 920	$ 1 437 280	$ 521 040	$ 4 158 960

*第一季度的期初库存原材料数量=0.02×（26×2 400 000）=1 248 000；下一季度的期初库存原材料数量=上一季度的预计期末库存原材料数量，比如，第二季度的期初库存原材料数量=第一季度的预计期末库存原材料数量。

注意，年度预计期末库存原材料量等于第四季度的预计期末库存原材料量。年度期初库存原材料量等于第一季度的期初库存原材料量。

8.2.4 直接人工预算

直接人工预算（direct labor budget）反映生产预算中的产品产量所需的人工总工时数以及与此相关的人工成本。就像直接材料一样，直接人工的工时数也是由工时和产出量之间的技术关系所决定的。比如，如果一批 100 块水泥板需要 1.5 个人工工时，那么一块水泥板就需要 0.015 小时（1.5÷100）。假设直接人工得到充分使用，则这个工时比率在现有技术水平下是固定不变的。只有当引入了新的生产手段，该技术比率才会发生变化。基础 8.4 展示了如何以及为何编制直接人工预算。

基础 8.4：如何以及为何编制直接人工预算

资料：

ABT 生产水泥板。每块水泥板需要 0.015 小时的直接人工工时，每个直接人工工时成本为 14 美元。

回顾基础 8.2，我们知道，ABT 四个季度的预计生产量依次分别为 2 400 000 件、6 000 000 件、5 600 000 件和 2 000 000 件。

为什么：

需要为生产中用到的各种不同的人工分别编制直接人工预算。它能告诉管理者为了支持来年的生产预算所需的人工成本是多少。在稍后的现金预算中会用到直接人工成本（的数据）。

要求：

a. 请为 ABT 的水泥板生产线编制来年的直接人工预算，列示每个季度的金额和全年的总额。

b. 如果ABT 生产需要两种人工——搅拌工和塑形工，每块水泥板需要 0.005 小时的搅拌时间和 0.01 小时的塑形时间，搅拌工每小时成本为 10 美元，塑形工每小时成本为 16 美元。请为 ABT 的水泥板生产线编制来年的直接人工预算，列示每个季度的直接人工额和全年的直接人工总额。

解答：

a.

直接人工预算

2013 年 1 月 1 日至 2013 年 12 月 31 日

	第一季度	第二季度	第三季度	第四季度	合计
预计生产量	2 400 000	6 000 000	5 600 000	2 000 000	16 000 000
每单位产量					
所需直接人工工时	×0.015	×0.015	×0.015	×0.015	×0.015
直接人工工时需求量	36 000	90 000	84 000	30 000	240 000
单位人工工时成本	×$ 14	×$ 14	×$ 14	×$ 14	×$ 14
直接人工总成本	$ 504 000	$ 1 260 000	$ 1 176 000	$ 420 000	$ 3 360 000

b.

直接人工预算

2013 年 1 月 1 日至 2013 年 12 月 31 日

	第一季度	第二季度	第三季度	第四季度	合计
第一类人工					
预计生产量	2 400 000	6 000 000	5 600 000	2 000 000	16 000 000
每单位产量					
所需搅拌工时	×0.005	×0.005	×0.005	×0.005	×0.005
搅拌工时需求量	12 000	30 000	28 000	10 000	80 000
单位搅拌工时成本	×$ 10	×$ 10	×$ 10	×$ 10	×$ 10
搅拌工总成本	$ 120 000	$ 300 000	$ 280 000	$ 100 000	$ 800 000
第二类人工					
预计生产量	2 400 000	6 000 000	5 600 000	2 000 000	16 000 000
每单位产量					
所需塑形工时	×0.01	×0.01	×0.01	×0.01	×0.01
塑形工时需求量	24 000	60 000	56 000	20 000	160 000
单位塑形工时成本	×$ 16	×$ 16	×$ 16	×$ 16	×$ 16
塑形工总成本	$ 384 000	$ 960 000	$ 896 000	$ 320 000	$ 2 560 000
直接人工总成本	$ 504 000	$ 1 260 000	$ 1 176 000	$ 420 000	$ 3 360 000

在直接人工预算中，使用的工资率是与生产有关的直接人工的平均工资率。由于它是个平均数，所以不排除个别工人的工资率与此不同的情况存在。如果公司存在不同的工种，工人的技能和工资率都不一样，那么，公司就需要为不同的工种编制直接人工预算。

8.2.5 制造费用预算

制造费用预算(overhead budget) 反映的是所有的间接生产项目的预期成本。不像直接材料和直接人工那样，制造费用项目中投入与产出之间的关系很难辨认。请记住，制造费用包括两种类型的成本：变动性的和固定性的。根据过去的经验，我们可以判断制造费用是怎样随作业水平变化而变化的。随作业水平变化而变化的项目是可以辨别出来的（例如辅助用品和用于生产机器的水电费），但是每单位作业所需的成本数需要估计。对不同的成本分配率加权汇总，可得到一个总的变动性制造费用分配率。基础 8.5 展示了如何以及为何编制制造费用预算。

基础 8.5：如何以及为何编制制造费用预算

资料：

ABT 生产水泥板。每块水泥板需要 0.015 小时的直接人工工时，变动性制造费用分配率为每小时 8 美元，固定性制造费用预算为每季度 320 000 美元。根据基础 8.4 我们知道，ABT 第一季度的预计直接人工工时为 36 000 小时，第二季度为 90 000 小时，第三季度为 84 000 小时，第四季度为 30 000 小时。

为什么：

制造费用预算是根据生产中的变动性和固定性制造费用编制的。它能告诉管理者，为了支持来年的生产需要耗费多少制造费用。在稍后的现金预算中会用到制造费用的金额（的数据）。

要求：

a. 请为 ABT 的水泥板生产线编制来年的制造费用预算，列示每个季度的金额和全年的总额。

b. **如果**ABT 固定性制造费用的预算为每季度 350 000 美元，那么**结果会是怎样的？**这对变动性制造费用有怎样的影响？对固定性制造费用和总的制造费用呢？

解答：

a.

制造费用预算

2013 年 1 月 1 日至 2013 年 12 月 31 日

	第一季度	第二季度	第三季度	第四季度	合计
预计直接人工工时	36 000	90 000	84 000	30 000	240 000
变动性制造费用分配率	×$ 8	×$ 8	×$ 8	×$ 8	×$ 8
预计变动性制造费用	$ 288 000	$ 720 000	$ 672 000	$ 240 000	$ 1 920 000
预计固定性制造费用	320 000	320 000	320 000	320 000	1 280 000
制造费用合计	$ 608 000	$ 1 040 000	$ 992 000	$ 560 000	$ 3 200 000

b. 如果固定性制造费用上升至每季度350 000美元，那么它对变动性制造费用不会有影响。但是固定性制造费用从每季度320 000美元变为350 000美元，制造费用总额每季度增加30 000美元。年度制造费用总额将增加120 000美元（4×＄30 000）。

8.2.6 期末库存产成品预算

期末库存产成品预算（ending finished goods inventory budget）提供了资产负债表所需的信息，并且是编制产品销售成本预算的一个重要信息来源。为了编制这个预算，水泥板的单位成本必须用到基础8.2至基础8.5所提供的信息。基础8.6展示了如何以及为何编制期末库存产成品预算。

基础8.6：如何以及为何编制期末库存产成品预算

资料：

ABT生产水泥板。从基础8.3中可知，每块水泥板需要26磅的原材料，每磅原材料成本为0.01美元。因此每块水泥板的直接材料成本为0.26美元。从基础8.4中可知每块水泥板需要的直接人工工时（0.015小时）和它的成本（14美元每小时）。从基础8.5得知单位产品的预计变动性制造费用（＄8/小时×0.015小时）和全年的固定性制造费用（1 280 000美元）。从基础8.2中可知全年预计生产量为16 000 000件，并且预计年末库存产成品数量为100 000件。

为什么：

期末库存产成品预算是编制产品销售成本预算的一个重要信息来源。它的编制依赖于从生产预算、直接材料采购预算、直接人工预算和制造费用预算中取得的信息。

要求：

a. 请为ABT编制全年的期末库存产成品预算。

b. 如果ABT预计年末库存产成品数量为120 000件，那么**结果会是怎样的？**这对期末库存产成品预算有怎样的影响？

解答：

a. 单位产品成本：

直接材料	＄0.26
直接人工（0.015×＄14）	0.21
制造费用：	
预计变动性制造费用	0.12
预计固定性制造费用*	0.08
单位产品总成本：	＄0.67

*单位产品预计固定性制造费用＝＄1 280 000÷16 000 000＝＄0.08

期末库存产成品总成本＝期末库存产成品数量×单位产品成本

＝100 000×＄0.67＝＄67 000

b. 如果期末库存产成品数量上升了，期末库存产成品成本也会上升。如果期末库存产成品数量变为120 000件，那么期末库存产成品成本将变为80 400美元（120 000×＄0.67）。

8.2.7 产品销售成本预算

编制完期末库存产成品预算之后，就可以开始编制**产品销售成本预算**(cost of goods sold budget)了。产品销售成本预算是编制预计利润表的基础。基础8.7展示了如何以及为何编制产品销售成本预算。

基础8.7：如何以及为何编制产品销售成本预算

资料：

ABT生产水泥板。从基础8.3中可知预算直接材料总成本（4 160 000美元）。从基础8.4中可知直接人工工时总成本（3 360 000美元）。从基础8.5中可知全年预计制造费用（3 200 000美元）。从基础8.6中可知期末库存产成品成本为67 000美元。ABT还认为其期初库存产成品成本为55 000美元。

为什么：

产品销售成本预算告诉管理者预计销售出去的生产成本是多少。产品销售成本预算信息是编制预计利润表的一个重要（信息）输入。

要求：

a. 请为ABT的水泥板生产线编制来年的产品销售成本预算。

b. **如果**期初产成品存货的成本是60 000美元，那么**结果会是怎样的**？这对产品销售成本预算会有怎样的影响？

解答：

a.

直接材料	$ 4 160 000
直接人工	3 360 000
制造费用	3 200 000
生产成本合计	$ 10 720 000
加：期初库存产成品成本	55 000
减：期末库存产成品成本	67 000
产品销售成本	$ 10 708 000

b. 如果期初库存产成品成本增加了，那么产品销售成本也会增加。如果期初库存产成品成本变为60 000美元，那么产品销售成本将上升为10 713 000美元。

8.2.8 销售费用预算

下一个要编制的就是**销售费用预算**(marketing expense budget)，它列示了销售和分销作业的预计支出。就像制造费用一样，销售费用也可以分为固定性的和变动性的两大类。像销售佣金、运费、辅助材料费用等费用项目随销售作业量的变化而变化。销售人员的工资、办公设备用品的折旧和广告费用是固定费用。基础8.8列示了如何以及为何编制销售费用预算。

基础8.8：如何以及为何编制销售费用预算

资料：

ABT唯一的变动性销售费用是销售佣金，每销售一块水泥板支付佣金0.05美元。每季度固定性销售费用包括以下内容：

工资	$ 20 000
折旧	5 000
差旅	3 000

第一、三、四季度的广告费用为 10 000 美元。但是在夏季热销季到来时，公司会增加广告投入，因此，第二季度的广告费用为 15 000 美元。

为什么：

销售费用预算告诉销售经理来年的销售和分销作业的预计成本是多少。在稍后编制预计利润表中会用到销售费用预算金额（的数据）。

要求：

a. 请为 ABT 的水泥板生产线编制来年的销售预算，列示每个季度的金额和全年的总额。

b. 如果ABT 单位变动性的销售费用上升为 0.06 美元，那么**结果会是怎样的？**这对变动性销售费用（预算）会有怎样的影响？固定性销售费用（预算）呢？总销售费用（预算）呢？

解答：

a. **销售费用预算**

2013 年 1 月 1 日至 2013 年 12 月 31 日

	第一季度	第二季度	第三季度	第四季度	合计
预计销售量	2 000 000	6 000 000	6 000 000	2 000 000	16 000 000
变动性销售费用分配率	×$ 0.05	×$ 0.05	×$ 0.05	×$ 0.05	×$ 0.05
变动性销售费用	$ 100 000	$ 300 000	$ 300 000	$ 100 000	$ 800 000
固定性销售费用：					
工资	$ 20 000	$ 20 000	$ 20 000	$ 20 000	$ 80 000
折旧	5 000	5 000	5 000	5 000	20 000
差旅	3 000	3 000	3 000	3 000	12 000
广告	10 000	15 000	10 000	10 000	45 000
固定性销售费用小计	$ 38 000	$ 43 000	$ 38 000	$ 38 000	$ 157 000
销售费用合计	$ 138 000	$ 343 000	$ 338 000	$ 138 000	$ 957 000

b. 如果销售佣金上升至 0.06 美元，那么全年变动性销售费用将上升至 96 000 美元（$ 0.06×16 000 000）。固定性销售费用没有变化，销售费用总额将上升至 1 117 000美元。

8.2.9 管理费用预算

需要为经营活动编制的最后一个预算就是管理费用预算。同研发费用预算和销售费用预算一样，**管理费用预算**(administrative expense budget) 包含总体组织和运营该公司而预计所需的支出。大部分的管理费用相对于销量来说是固定的，它们主要包括管理人员的工资、公司总部的房屋和设备折旧费、法律咨询费和审计费等。基础 8.9

列示了如何以及为何编制管理费用预算。

基础 8.9：如何以及为何编制管理费用预算

资料：

ABT 没有变动性的管理费用。每季度固定性管理费用包括以下内容：

工资	$ 35 000
保险	4 000
折旧	12 000
差旅	2 000

为什么：

管理费用预算告诉经理们来年预计的运营成本是多少。在稍后编制的预计利润表中会用到销售费用预算金额（的数据）。

要求：

a. 请为 ABT 的水泥板生产线编制来年的管理费用预算，列示每个季度的金额和全年的总额。

b. 如果ABT 在第三季度初卖掉了一台设备（并没有重新购置以替代这台设备），它每季度折旧额为 1 000 美元，那么**结果会是怎样的？**这对每季度的管理费用会有怎样的影响？对全年的管理费用呢？

解答：

a.

管理费用预算

2013 年 1 月 1 日至 2013 年 12 月 31 日

	第一季度	第二季度	第三季度	第四季度	合计
工资	$ 35 000	$ 35 000	$ 35 000	$ 35 000	$ 140 000
保险	4 000	4 000	4 000	4 000	16 000
折旧	12 000	12 000	12 000	12 000	48 000
差旅	2 000	2 000	2 000	2 000	2 000
管理费用合计	$ 53 000	$ 53 000	$ 53 000	$ 53 000	$ 212 000

b. 在第三季度初卖掉设备将使第三季度和第四季度的折旧减少 1 000 美元。因此，这两个季度的管理费用将减少 1 000 美元，全年的管理费用将减少 2 000 美元。

8.2.10 其他经营预算

公司可能存在其他重要的部门需要编制预算，这些预算也是全面预算的一部分。一个例子就是**研发费用预算**（research and development expense budget），它包含了一个独立的部门为新产品研发所预计投入的费用。如果公司存在这样的部门，那么就要为它编制预算。其预算的格式与基础 8.9 列示的管理费用预算类似。不过，可能不会有变动成本这一项，因为研发费用不大可能会随销量或产量的变化而变化。因此，研发费用是固定的，仅随管理决策的变动而变化。当然，如果公司没有研发部，那就不用编制研发费用预算。我们举例用的 ABT 就没有研发部，也就不用编制此预算。

8.2.11 预计利润表

随着管理费用预算编制的完成，公司已经完成了所有用以编制预计利润表所需的经营预算。基础 8.10 列示了如何以及为何编制预计利润表。

营业利润并不等同于净利润。为了得到净利润，应该从营业利润中减去利息费用和所得税。支付的利息费用从现金预算中取得（见基础 8.12），所得税取决于现行的税法。

基础 8.10：如何以及为何编制预计利润表

资料：

从基础 8.1 中可知 ABT 的年销售额为 12 000 000 美元。基础 8.7 计算出了年产品销售成本为 10 708 000 美元。基础 8.8 计算出了销售费用总额为 957 000 美元。基础 8.9 计算出了管理费用总额为 212 000 美元。公司适用的所得税税率为 30%。

为什么：

预计利润表整合了所有经营预算的结果，可以帮助管理者了解来年的公司业绩。如果预计净利润不符合管理者的预期，那么他们必须回头去找到增加销售收入和（或）减少费用的办法。

要求：

a. 请为 ABT 编制来年的预计利润表。

b. 如果ABT 适用的所得税税率为 40%，那么结果会是怎样的？这对营业利润会有怎样的影响？对税前利润呢？对净利润呢？

解答：

a.

ABT Inc.

预计利润表

2013 年 1 月 1 日至 2013 年 12 月 31 日

销售收入		$ 12 000 000
减：产品销售成本		10 708 000
毛利		$ 1 292 000
减：		
销售费用	$ 957 000	
管理费用	212 000	1 169 000
营业利润		$ 123 000
减：利息费用（见基础 8.12）		54 000
税前利润		$ 69 000
减：所得税（0.30×69 000）		20 700
净利润		$ 48 300

b. 如果公司适用的所得税税率上升至 40%，营业利润和税前利润均不会受到影响，但是，所得税将上升至 27 600 美元，净利润下降至 41 400 美元。

8.2.12 商业和服务型企业的经营预算

之前列举的全面预算表在制造型企业中运用较为广泛，但是商业和服务型企业对全面预算的特殊需求也值得一提。

在商业企业中，生产预算被商品采购预算所取代。这个预算列示出为再销售而必须购买的每类商品的数量、该商品项目的单位成本和总采购成本。这种预算和生产制造型企业的直接材料采购预算的形式是相同的。制造企业和商业企业的经营预算唯一的不同之处就在于商业企业的预算中没有直接材料和直接人工预算。

在一个营利性的服务型企业，销售预算就是生产预算。销售预算列示出每一种服务项目和所提供的服务数量。由于不存在产成品存货，所以“生产出的”服务就等于“已卖出的”服务。

现实案例

比如，科罗拉多州洛矶山垒球队（Colorado Rockies）的预算中包括预计出售的座位票数以及每张票的价格。其他收入（如：电视转播权和特许权的销售所取得的收入等）也需进行预算。

在非营利性服务企业，销售预算则被另一种预算所代替，它列示出下一年度将要提供的各种服务的水平以及与此相关的分配到该服务的资金。这些资金可能来源于税收、捐赠收入、有偿服务的收费或以上项目的两项或多项（组合）。比如，一个当地的 United Way 组织的董事会为下一年的竞选活动作预算（捐赠的资金数额），然后根据可能获得的捐赠资金的三个水平——不乐观的水平、中等的水平和乐观的水平，将这些资金在具有资格的三个代理机构之间进行分配。

无论是营利性还是非营利性的服务组织，都不存在产成品存货预算。（除此之外）生产型组织的所有其他经营预算都可以在服务型组织中找到它相对应的部分。非营利性服务组织的利润表被一张资金的来源和运用情况表所代替。

完成了经营预算的编制后，公司可以开始编制财务预算了。

8.3 编制财务预算

在全面预算中，除了前面讲过的经营预算，剩下的预算就是现金预算。典型的财务预算包括资本支出预算、现金预算、预计资产负债表和预计现金流量表。

全面预算一般是一年期的，而**资本支出预算**（capital expenditures budget）是一个对长期资产的获得进行预期的财务计划，一般涵盖了许多年。关于资本支出项目的长期决策问题将在第 19 章进行讨论。关于预计现金流量表的编制问题将在另一课程中详细讲解。因此，这里只讲解现金预算和预计资产负债表的编制。

8.3.1 现金预算

了解现金流量的情况对于管理一家企业而言是至关重要的。我们经常可以看到，一些公司在生产和销售方面运转得很好，但是却由于现金流入和流出的时间协调不好而导致最终破产。通过了解现金短缺和现金盈余最可能发生的时间，一个好的管理者就能够制订计划，在需要现金的时候借入现金，而在现金有盈余的时候归还贷款。银行负责信贷的人员使用公司的预计现金流量表来证明该公司确实需要借款，并且该公司具备偿还借款的能力。由于现金是一个企业生存所必需的血液，所以现金预算是全面预算中最重要的预算之一。

现金预算（cash budget）是关于现金来源和运用的一个详细的计划书。正如图表8-4所列示的，现金预算主要有以下5个组成部分：

a. 可用现金总额

b. 现金支出

c. 现金短缺或盈余

d. 筹资

e. 现金余额

图表 8-4

现金预算

期初现金余额
+ 现金收入
可用的现金总额
– 现金支出
– 最低现金持有量
现金盈余或短缺
– 还款
+ 借款
+ 最低现金持有量
期末现金余额

可用的现金总额包括期初现金余额和预计现金收入。预计现金收入包括预算期内所有的现金来源。现金收入的最主要的来源是销售收入。因为很大一部分销售采取赊销的形式，所以公司的一项主要任务就是决定它收回应收账款的方式。

如果一家公司已经经营了一段时间，那么它就可以用过去的经验来编制一张应收账款的回收期计划表。也就是说，这家公司可以近似地判断它的应收账款有多大比例可以在它销售后的几个月内收回来。基础 8.11 阐释了如何以及为何编制现金收入预算和应收账款账龄表。

基础 8.11：如何以及为何编制现金收入预算和应收账款账龄表

资料：

从基础 8.1 可知，ABT 第一季度的预计销售收入为 1 400 000 美元，第二季度为 4 200 000美元，第三季度为 4 800 000 美元，第四季度为 1 600 000 美元。从 ABT 以往的经验来看，50% 的销售为现金销售。在赊销作业中，70% 的销售收入在销售发生的当季收回，剩下的 30% 在下个季度收回。2012 年第四季度的销售收入为 2 000 000 美元。

为什么：

现金收入预算显示了某个期间的现金来源。有些销售为现金销售，但是有些销售款要在以后才收回。嵌入式的应收账款账龄表能够帮助管理者了解某一期间内赊销款项到底能收回多少。现金收入是现金预算中至关重要的部分。

要求：

a. 请计算 2013 年每季度的现金销售额。

b. 为 ABT 来年的每个季度编制现金收入预算和应收账款账龄表。

c. **如果**ABT 认为，只有剩余的 25% 的赊销款项能在下个季度收回，另外 5% 不能收回，那么**结果会是怎样的？**这对公司每季度的现金收入有什么影响？

解答：

a. 2013 年第一季度现金销售收入＝0. 50×＄ 1 400 000＝＄ 700 000

2013 年第二季度现金销售收入＝0. 50×＄ 4 200 000＝＄ 2 100 000

2013 年第三季度现金销售收入＝0. 50×＄ 4 800 000＝＄ 2 400 000

2013 年第四季度现金销售收入＝0. 50×＄ 1 600 000＝＄ 800 000

b.

	第一季度	第二季度	第三季度	第四季度
现金销售收入	＄ 700 000	＄ 2 100 000	＄ 2 400 000	＄ 800 000
在以下时期收回的赊销款项：				
2012 年第四季度[1]	300 000			
2013 年第一季度[2]	490 000	210 000		
2013 年第二季度[3]		1 470 000	630 000	
2013 年第三季度[4]			1 680 000	720 000
2013 年第四季度[5]				560 000
现金收入合计	＄ 1 490 000	＄ 3 780 000	＄ 4 710 000	＄ 2 080 000

[1] ＄ 1 000 000×0. 30＝＄ 300 000

[2] ＄ 700 000×0. 70＝＄ 490 000； ＄ 700 000×0. 30＝＄ 210 000

[3] ＄ 2 100 000×0. 70＝＄ 1 470 000； ＄ 2 100 000×0. 30＝＄ 630 000

[4] ＄ 2 400 000×0. 70＝＄ 1 680 000； ＄ 2 400 000×0. 30＝＄ 720 000

[5] ＄ 800 000×0. 70＝＄ 560 000

c. 那收不回来的 5% 的赊销款项成为坏账损失。这些款项不会出现在现金预算表里，因为它们永远不可能以现金的方式出现。销售发生当季的下一季度的现金收入将会减少，这将导致总的现金收入减少。以下是新假设下的现金收入预算和应收账款账龄表：

	第一季度	第二季度	第三季度	第四季度
现金销售收入	＄ 700 000	＄ 2 100 000	＄ 2 400 000	＄ 800 000
在以下时期收回的赊销款项：				
2012 年第四季度	250 000			
2013 年第一季度	490 000	175 000		
2013 年第二季度		1 470 000	525 000	
2013 年第三季度			1 680 000	600 000
2013 年第四季度				560 000
现金收入合计	＄ 1 440 000	＄ 3 745 000	＄ 4 605 000	＄ 1 960 000

现金支出部分列示了除了为支付短期借款利息而预计必须支付的利息（这些支出列示在筹资部分）之外的所有现金支出。所有不导致现金流出的费用不在此列示(比如，折旧就绝对不会在现金支出部分列示)。

现金短缺或盈余部分将可用现金量同现金需要量进行比较。现金需要量等于现金总支出加上公司现金管理政策要求的最低现金持有量。简单地说，最低现金持有量就是公司保持运转可以接受的最少的现金持有量。看看您自己的银行存款账户(就知道了)。您一般都会在自己的户头上保留一定数目的少量存款，这样做也许是因为要避免低于最低存款余额而产生的服务收费，或者是因为它可以使您能够应付意外的购买支出。类似地，公司也需要一个最低的现金持有量。不同公司的最低现金持有量是不一样的，这取决于该公司对现金的需求和政策。一方面，如果全部可用现金量比现金需要量要少，那么就会出现现金短缺。在这种情况下，公司就需要进行短期借款。另一方面，如果出现现金盈余的情况（可用的现金量比公司的现金需要量要多），那么公司就有能力偿还借款，或者还有可能进行临时性的投资。

现金预算的筹资部分包括借款和还款两部分。如果发生现金短缺，那么筹资部分就会列示公司需借款的数额。当现金盈余出现时，筹资部分则列示计划还款数，包括利息。

现金预算的最后一个部分是预计期末现金余额。请记住：计算现金短缺或现金盈余时，最低现金持有量是要被减掉的。然而，最低现金持有量并不是现金支出，所以在计算期末现金余额时，它必须被加回来。

理解了现金预算的各个组成部分的含义之后，可以开始着手编制一个现金预算了。基础 8.12 展示了如何以及为何编制现金预算。

基础 8.12：如何以及为何编制现金预算

资料：

为了编制现金预算，我们需要从基础 8.1 至基础 8.11 中获取下列信息。

a. ABT 要求每季度末最低现金持有量是 100 000 美元。在 2012 年 12 月 31 日，该公司现金余额是 120 000 美元。

b. 假设借款和还款的数额都是 100 000 美元的整数倍。利息率为年利率 12%。每次只对正要偿还的本金支付利息。所有的借款都在季度初发生，而所有的还款都在季度末。

c. 原材料的购买是赊购。80% 的购货款在购货的当季支付，剩下的 20% 在下一季度支付。2012 年第四季度的购货款为 500 000 美元。

d. 预计每季度的折旧费为 217 000 美元，其中 200 000 美元属于制造费用、5 000 美元属于销售费用、12 000 美元属于管理费用。（谨记折旧不是现金支出，在编制现金预算时应当从成本中予以剔除）

e. 2013 年的资本预算反映了添置设备的计划。购买设备的现金需要量是 600 000 美元，将在第一季度支付。该公司准备用经营现金去购买设备，如不够，则用短期借款来补足。

f. 公司所得税约为 20 700 美元，将在第四季度末支付。

为什么：

现金预算对于管理者的规划而言至关重要。它能显示每个期间内可用的现金是多少。尽管公司的净利润为正，但是如果没有足够现金的话，公司也可能会日渐衰落。

要求：

a. 请计算2013年每季度为购买原材料发生的现金支付。(提示：参看基础8.3)

b. 请为ABT编制来年每个季度的现金预算。

c. **如果**ABT不能借到短期贷款，那么**结果会是怎样的？**这对现金预算有影响吗？ABT能否继续经营下去呢？

解答：

a. 当季现金支付额=0.8×（当季赊购）+0.2×（上季赊购）

第一季度现金支付额=0.8×（\$ 654 000）+0.2×（\$ 500 000）= \$ 623 200

第二季度现金支付额=0.8×（\$ 1 560 000）+0.2×（\$ 654 000）= \$ 1 378 800

第三季度现金支付额=0.8×（\$ 1 426 000）+0.2×（\$ 1 560 000）= \$ 1 452 800

第四季度现金支付额=0.8×（\$ 520 000）+0.2×（\$ 1 426 000）= \$ 701 200

b.

	第一季度	第二季度	第三季度	第四季度	全年
期初余额(a)*	\$ 120 000	\$ 100 800	\$ 123 000	\$ 190 200	\$ 120 000
收入(C8.11)：					
现金销售	700 000	2 100 000	2 400 000	800 000	6 000 000
应收账款收回：					
当季赊销	490 000	1 470 000	1 680 000	560 000	4 200 000
上季赊销	300 000	210 000	630 000	720 000	1 860 000
可用现金总额	\$ 1 610 000	\$ 3 880 800	\$ 4 833 000	\$ 2 270 200	\$ 12 180 000
支出：					
购货付款：					
当季赊购	\$ 523 200	\$ 1 248 000	\$ 1 140 800	\$ 416 000	\$ 3 328 000
上季赊购	100 000	130 800	312 000	285 200	828 000
直接人工(C8.4)	504 000	1 260 000	1 176 000	420 000	3 360 000
制造费用(C8.5,d)	408 000	840 000	792 000	360 000	2 400 000
销售费用(C8.8,d)	133 000	338 000	333 000	133 000	937 000
管理费用(C8.9,d)	41 000	41 000	41 000	41 000	164 000
所得税(f)				20 700	20 700
购买设备(e)	600 000	—	—	—	600 000

续表

	第一季度	第二季度	第三季度	第四季度	全年
支出合计	$ 2 309 200	$ 3 857 800	$ 3 794 800	$ 1 675 900	$ 11 637 700
最低现金持有量(a)	100 000	100 000	100 000	100 000	100 000
所需现金总额	$ 2 409 200	$ 3 957 800	$ 3 894 800	$ 1 775 900	$ 11 737 700
现金盈余(或短缺)	$ (799 200)	$ (77 000)	$ 938 200	$ 494 300	$ 442 300
融资(b):					
借款	$ 800 000	$ 100 000			$ 900 000
还款			$ (800 000)	$ (100 000)	$ (900 000)
利息	—	—	(48 000)	(6 000)	(54 000)
融资总额:	$ 800 000	$ 100 000	$ (848 000)	$ (106 000)	$ (54 000)
加:最低现金持有量	100 000	100 000	100 000	100 000	100 000
期末现金余额	$ 100 800	$ 123 000	$ 190 200	$ 488 300	$ 488 300

*括号内列示的是参考资料，可以参考题目中提到的资料，或者是以前列示的基础，如 C8.11 表示的是基础 8.11。

c. 如果不能进行短期融资，那么公司在第一季度末会出现很严重的现金流短缺问题。第一季度末，ABT 将出现 800 000 美元的现金短缺。这可能导致该公司无法支付计划支付的现金，并很有可能迫使公司停止经营。ABT 销售的季节性使得公司迫切希望在年初借款，而在晚些时候还款。

基础 8.12 中的现金预算强调了将年度预算分割成更短时期的预算的重要性。年度现金预算似乎暗示了，可以得到足够的经营现金来购买新设备。但是，季度预算则表明，由于购买新设备和现金流时间性的问题而必须借入短期资金。把年度预算转化成季度预算可以传达更多的信息。即使是比季度更短时间的预算也被证明是有用的。大部分的公司都编制月度现金预算，有一些公司甚至编制周预算和日预算。

从 ABT 的现金预算中，还可以看出另一种重要的信息。到第四季度末，ABT 手头上已经持有相当多的现金（488 300 美元）。这时，ABT 就要考虑将这些现金存在有息户头或者投资于短期有价证券，而不是让它们待在银行里。ABT 的管理层也可以考虑用其进行长期投资。一旦现金盈余的使用计划获得通过，现金预算就要进行修改以反映这些现金使用计划。预算是一个动态的过程。随着预算的不断完善，企业可以获取更多有用的资料，从而制订出更好的计划。

8.3.2 预计资产负债表

预计资产负债表是以现在的资产负债表和全面预算中的其他预算信息为基础编制的。它是企业在来年所有财务活动的集合，并向管理者展示了公司来年预期到达的财务状况水平。年初资产负债表已在图表 8-5 中给出。为了编制预计资产负债表，年初资产负债表是必不可少的。预计资产负债表在图表 8-6 中列示。

由于我们已经详细讲解了组成全面预算的各个单项预算，所以这些预算的各个部分之间的相互依赖性就非常明显了。您可以返回到图表 8-2，回顾一下它们之间的关系。

图表 8-5　**ABT 公司的资产负债表**

2012 年 12 月 31 日

资产		
流动资产：		
现金	$ 120 000	
应收账款	300 000	
原材料存货	50 000	
产成品存货	55 000	
流动资产合计：		$ 525 000
不动产、厂房和设备：(PP&E)		
土地	$ 2 500 000	
建筑物和设备	9 000 000	
累计折旧	(4 500 000)	
PP&E 合计：		7 000 000
资产合计：		$ 7 525 000
负债和所有者权益		
流动负债：		
应付账款		$ 100 000
所有者权益：		
普通股，无面值	$ 600 000	
留存收益	6 825 000	
所有者权益合计：		7 425 000
负债和所有者权益合计：		$ 7 525 000

图表 8-6 **ABT 公司的预计资产负债表**

2013 年 12 月 31 日

资产		
流动资产：		
现金[1]	$ 488 300	
应收账款[2]	240 000	
原材料存货[3]	50 000	
产成品存货[4]	67 000	
流动资产合计：		$ 845 300
不动产、厂房和设备：（PP&E）		
土地[5]	$ 2 500 000	
建筑物和设备[6]	9 600 000	
累计折旧[7]	(5 368 000)	
PP&E 合计：		6 732 000
资产合计：		$ 7 577 300
负债和所有者权益		
流动负债：		
应付账款[8]		$ 104 000
所有者权益：		
普通股，无面值[9]	$ 600 000	
留存收益[10]	6 873 300	
所有者权益合计：		7 473 300
负债和所有者权益合计：		$ 7 577 300

[1] 基础 8.12 的期末余额。

[2] 第四季度赊销额的 30%（在销售发生的下一季度收回账款的百分比），见基础 8.1 和基础 8.11。

[3] 第四季度预计期末库存量为 5 000 000 磅，乘以成本 0.01 美元每磅，见基础 8.3。

[4] 见基础 8.6。

[5] 见图表 8-5，2012 年 12 月 31 日资产负债表的土地账面价值。

[6] 见图表 8-5，2012 年 12 月 31 日资产负债表的建筑物和设备账面价值，再加上新购入的价值 600 000 美元的设备。

[7] 见图表 8-5，2012 年 12 月 31 日资产负债表的累计折旧，再加上基础 8.12 中的折旧额（4 500 000+800 000+20 000+48 000）。

[8] 等于第四季度赊购款的 20%，见基础 8.3 和基础 8.12。

[9] 见图表 8-5，2012 年 12 月 31 日资产负债表的普通股账面价值。

[10] 见图表 8-5，2012 年 12 月 31 日资产负债表的留存收益账面价值，再加上基础 8.10 中的净利润。

8.3.3 传统全面预算流程的缺点

传统全面预算的缺点可以归结为以下几点：

a. 传统全面预算是部门导向的（各自为政的），而不认同部门之间存在的相互依赖性。

b. 传统全面预算是静态的，而不是动态的。

c. 传统全面预算是结果导向的，而不是过程导向的。

让我们来分别探讨这些缺点。

(1) 部门导向

在传统的预算中，各部门只编制自己的预算。这些编制好的预算加总起来，便得到了整个公司的预算。对部门计划的专注导致了计划的进程是从资源再到产出。也就是说，一个部门可能首先开始考虑它目前持有的资源有哪些（比如人工、辅助材料等），然后调整潜在的产出水平。另一个方法是，部门先考虑预计的产出水平是多少，再回过头去看看需要多少资源支撑这一产出水平。您可能要问，这有什么区别吗？不管是顺着还是倒着，都能达到同样的效果不是吗？但根据人类行为学理论，答案是否定的。先专注于去年的成本再定产出，部门就会拘泥于过去的行事方法。

因此，传统的预算方法会使得管理者感觉到必须严阵以待。大家的共同认识是"每个部门都是各自为政的"。管理者被鼓励去充分利用每一个预算资源，而不管这些资源是否为己所需。如果不充分利用的话，部门来年的业绩可能不会提升，甚至不能维持原有水平。

(2) 静态预算而不是动态预算

静态预算(static budget) 是针对某一个特定的作业水平的预算。回想一下，全面预算的基础是销售预算。一旦销量确定了，那么产量、销售费用、管理费用等预算也就可以落实了。一个具有预算静态本质的方法就是基于去年的预算来编制今年的预算。通常，当前的预算是通过对去年预算调整并考虑膨胀因素得来的。这种编制预算的方法叫做**增量预算**(incremental approach)。增量预算可能会将去年预算中的无效性包含在今年的预算中。在增量预算的方法下，预算单位的主管经常会尽力用完全年的所有资源，以便到年末时没有结余存在（这在政府部门尤为普遍）。采取这种行为是为了保持现有的预算水平，使得各预算中心的主管可以要求更多的资源。

现实案例

比如，一个空军基地（air force）的轰炸机部门有着该财政年度末出现结余的可能性。然而，这个基地的指挥官找到了将多余的钱在年底以前花光的办法。导弹人员按正常是要飞往导弹指挥中心的，现在却飞到了直升飞机基地；好几大包用于草坪的肥料分给了在基地有家的所有人员；单身军官宿舍添置了新的家具。

在实施增量预算的组织中，本例中描述的浪费和无效行为经常被长期延续下去，并且得到了鼓励。

零基预算（zero-base budgeting）是预算编制的另一种方法[①]。跟增量预算不同，它不考虑前一年度的预算水平。零基预算只对现有的经营活动加以分析，并且它认为，一个组织的作业或经营活动的持续性必须建立在该组织所需或对该组织有用的基础之上。每个管理人员都有责任提供证据，以解释每一项支出的根本理由。我们需要对零基预算法进行全面的、深层次的分析。虽然这种编制方法已在行业和政府部门应用（例如，德州仪器公司（Texas Instruments）和佐治亚州政府）中取得了成功，但是，它非常费时且成本较高。增量预算的拥护者则认为增量预算也可以进行全面的、深层次的审查，但由于不符合成本一效益原则，所以审查无法经常地进行。一个合理的折中办法就是每3～5年使用一次零基预算以消除浪费和无效。尤其是在一个激烈竞争和工程再造的时期，零基预算可以迫使管理人员打破固有状态，以一种不同的、崭新的视角去审视他们的经营活动。

现实案例

阿拉巴马州的普拉特维尔市（Prattville）最近采用了一种结合了零基预算和作业预算的混合方法来编制其城市预算。市政府的各个部门为“作业包”编制预算，这一作业包与提供服务的各种不同水平和为提供服务所需的资源有关。之后，市长和市政委员会可以据此编制预算，以在一定的可用资源的条件下满足市民的服务需求。有趣的是，编制的预算表是预算管理行为的唯一成果。市政府同样设立了一套很好的控制系统，监督各部门管理者是否达到了预算所要求他们达到的水平。

(3) 结果导向

与预算的静态性质紧密相关的特性是结果导向。过度关注于结果而忽视过程，使得管理者不能将产出和过程联系在一起。当预算是资源驱动而不是产出驱动时，管理者更关心资源，看不到资源和产出之间的关系。如果需要减少成本，那么他们就会采取一刀切的政策，同比例地减少所有部门的成本预算。这种做法表面上是公平的——所有部门都在“分担痛苦”。但不幸的是，有些部门冗余较多，而有些部门却没有减少的必要。一刀切并没有切到存在真正的浪费和无效率的地方。

如果说传统的预算方法有这么多缺陷，那么为什么还一直沿用了这么久呢？明白这一点非常重要，那就是全面预算并没有先天性的缺陷。事实上，在过去的几十年里，全面预算是非常有帮助的。许多经理们也都十分赞同“预算是不可或缺的，公司的管理离不开预算”这一说法。但是，在过去的30多年里，世界发生了翻天覆地的变化。在变化的环境里，经理们可能会发现，过去适用的方法如今已经不再管用了。全面预算就面临着这样的处境。例如，考虑到全面预算的静态特征，如果每年的销售情况大同小异、生产流程没有变化、公司产品组合十分简单并且相对稳定，那么一个根据去年的数字编制的静态预算就可能还有些作用。但是，在如今的商业环境中，这些假设条件可能不能被满足。弹性预算能够使管理者感受到固定成本和变动成本带来的影响。作业预算则更进一步，不仅能够找到变动成本的多种动因，而且还能从产出出发，倒回去解决资源的问题。

---

① 零基预算是由德州仪器公司（Texas Instruments）的 Peter Pyhrr 提出的。更多详细的资料，见 Peter Pyhrr 的文章《零基预算》（“zero-base budgeting”）（New York：Wiley，1973）。

8.4 使用弹性预算进行计划和控制

预算是有用的控制手段。但是，为了用于业绩评价，有两个问题必须解决。第一个就是确定应如何将预算数与实际结果比较。第二个需要解决的问题涉及预算对人们的行为造成的影响。

8.4.1 静态预算与弹性预算

全面预算数字对于制订计划而言非常重要，但对于控制而言的作用就稍微小一些。这是因为，作业的预期水平很少会等于其实际水平。因此，将预期作业水平下的收入和成本与实际作业水平下的收入和成本进行比较可能会产生误导。

(1) 静态预算

静态预算(static budget) 就是针对某一个特定的作业水平的预算。全面预算是静态预算的一个例子，因为全面预算是根据一种作业水平——来年的预计销售情况来编制的。由于静态预算中的收入和成本是依据一个几乎不可能等于实际作业水平的预期作业水平来编制的，所以，当编制业绩报告时，它们并不是很有用。

为了说明这一点，我们来回顾一下全面预算中提到的 ABT 的例子。现假定 ABT 要编制季度业绩报告。我们知道，ABT 第一季度的预计销售量为 200 万块水泥板，预计生产 240 万块以支持销售（基础 8.2）。再假定其第一季度的实际销售量比预期销售量要多。卖出 260 万块水泥板，而不是最初预算的 200 万块。由于销售量增长，生产量也比计划水平提高了，由 240 万块变成了 300 万块。业绩报告将第一季度的实际生产成本和最初的计划生产成本进行了比较，比较情况如图表 8-7 所示。

图表 8-7 ABT 第一季度业绩报告：实际数额与静态（全面）预算数额的比较

	实际值	预算值	差异	
生产的数量	3 000 000	2 400 000	600 000	F[1]
直接材料成本	\$ 927 300	\$ 624 000[2]	\$ 303 300	U[3]
直接人工成本	630 000	504 000[4]	126 000	U
制造费用[5]：				
变动性的：				
辅助材料	80 000	72 000	8 000	U
间接人工	220 000	168 000	52 000	U
动力	40 000	48 000	(8 000)	F
固定性的：				
监督	90 000	100 000	(10 000)	F
折旧	200 000	200 000	0	
租金	30 000	20 000	10 000	U
合计	\$ 2 217 300	\$ 1 736 000	\$ 481 300	U

[1]F 指的是有利差异。

[2]2 400 000 块×\$ 0.26（基础 8.6 给出了直接材料和直接人工的单位成本）。

[3]U 指的是不利差异。

[4]2 400 000 块×\$ 0.21（基础 8.6 给出了直接材料和直接人工的单位成本）。

[5]变动性制造费用=2 400 000 块×（辅助材料 \$ 0.03/块+间接人工 \$ 0.07/块+动力 \$ 0.02/块）。基础 8.5 给出了预计固定性制造费用。

根据业绩报告，直接材料、直接人工、辅助材料、间接人工和租赁费用等项目都发生了不利差异变动。然而，这个报告却存在本质上的错误。生产300万块水泥板的实际成本却和生产240万块水泥板的计划成本一起比较。因为直接材料、直接人工和变动性制造费用是变动成本，所以它们会随着产量的增加而增加。因此，即使对生产300万块水泥板的成本控制是非常到位的，但是就所有的变动成本而言，则一定会发生不利差异。

为了编制一张有意义的业绩报告，实际成本和预期成本必须在同等的作业水平上进行比较。由于实际的产出量经常和计划的产出量不同，因此我们必须采取某种方法来计算在实际产出量水平下应达到的成本水平。

(2) 弹性预算

弹性预算有两种类型。一种**弹性预算**(flexible budget) 是指①提供不同作业水平下的预计成本；另一种是指②提供真实作业水平下的预计成本。通过列示不同作业水平下的预计成本，弹性预算可用于制订计划。当使用这种方法时，经理层可以通过考察多种情形下的预期财务结果来应对不确定因素。电子数据表对于编制这类弹性预算尤其有用。

弹性预算可以通过计算实际作业水平下的应有成本来进行事后控制。一旦知晓了实际作业水平下的预算成本，就可以将这些预算成本和实际成本进行比较，从而编制业绩报告。如果被用作控制手段，那么弹性预算可以帮助管理人员在评价业绩时进行“公平的比较”(apples to apples)。基础8.13展示了如何以及为何编制不同作业水平下的弹性预算。

基础8.13：如何以及为何编制不同作业水平下的弹性预算

资料：

ABT生产的单位产品的预计变动成本包括以下内容：

直接材料	$ 0.26
直接人工	0.21
变动性制造费用：	
辅助材料	0.03
间接人工	0.07
动力	0.02

每季度预计固定性制造费用包括监督费100 000美元，折旧费200 000美元和租金20 000美元。

为什么：

弹性预算使得管理者能够看清作业水平变动对总成本的影响。当预算包含固定成本时，作业水平的上升会导致总成本的上升，但比同比例的上升要慢一些。

要求：

a. 请为以下生产水平编制生产成本的弹性预算：2 400 000块，3 000 000块和3 600 000块。

b. 要求a中，各生产水平下的单位产品生产成本是多少？

c. 如果ABT发现间接人工是固定成本，每季度为 210 000 美元，那么结果会是怎样的？这对要求 b 计算出的单位产品生产成本会有怎样的影响？

解答：

a.

	单位产品变动成本	生产水平范围 2 400 000	3 000 000	3 600 000
生产成本：				
变动性的：				
直接材料	\$ 0.26	\$ 624 000	\$ 780 000	\$ 936 000
直接人工	0.21	504 000	630 000	756 000
变动性制造费用：				
辅助材料	0.03	72 000	90 000	108 000
间接人工	0.07	168 000	210 000	252 000
动力	0.02	48 000	60 000	72 000
变动成本小计	\$ 0.59	\$ 1 416 000	\$ 1 770 000	\$ 2 124 000
固定性制造费用：				
监督		\$ 100 000	\$ 100 000	\$ 100 000
折旧		200 000	200 000	200 000
租金		20 000	20 000	20 000
固定成本小计		\$ 320 000	\$ 320 000	\$ 320 000
生产成本合计		\$ 1 736 000	\$ 2 090 000	\$ 2 444 000

b. 2 400 000 块生产水平下的单位产品生产成本 = \$ 1 736 000÷2 400 000
= \$ 0.72（四舍五入）

3 000 000 块生产水平下的单位产品生产成本 = \$ 2 090 000÷3 000 000
= \$ 0.70（四舍五入）

3 600 000 块生产水平下的单位产品生产成本 = \$ 2 444 000÷3 600 000
= \$ 0.68（四舍五入）

c. 如果间接人工是每季度为 210 000 美元的固定成本，那么 3 000 000 块生产水平下的单位成本和总成本就都不会受到影响。但是，对于 2 400 000 块的生产水平，这个成本比现有成本高，导致单位成本和总成本都会增加。而对于 3 600 000 块的生产水平，这个成本比现有成本低，导致单位成本和总成本都会下降。

注意，在基础 8.13 中，随着作业水平的增长，预算总生产成本也在增长。预算成本的变化是由于变动成本的存在。因为这一点，弹性预算有时也被叫做**变动预算**（variable budget）。基础 8.13 告诉了我们在实际的作业水平（300 万块水泥板）下的成本。基础 8.14 给出了一个经过调整的业绩报告，将实际成本和实际作业量水平下的预算成本进行比较。

基础 8.14：如何以及为何在实际作业水平下编制弹性预算

资料：

ABT 实际生产了 3 000 000 块的水泥板，第一季度实际发生的成本列示如下：

直接材料	$ 927 300
直接人工	630 000
辅助材料	80 000
间接人工	220 000
动力	40 000
监督	90 000
折旧	200 000
租金	30 000

参照基础 8.13 可知 3 000 000 块生产水平下的每季度的预计固定性制造费用。

为什么：

弹性预算使得管理者能够看清作业水平变动对总成本的影响。当弹性预算被用于控制时，可将实际作业水平下的预算成本与实际发生的成本进行比较，以看出成本的发生是否符合预期。

要求：

a. 请为第一季度实际发生的成本编制业绩报告，将它与基础 8.13 中实际生产水平下的弹性预算值进行比较。

b. 实际的单位产品生产成本是多少？弹性预算中实际生产水平下的单位产品生产成本是多少？

c. **如果**ABT 第一季度实际发生的成本没有变，但是仅生产了 2 900 000 块水泥板，那么**结果会是怎样的？**要求 a 计算出的不利差异将会更大还是更小？

解答：

a.

	实际值	预算值	差异	
生产的数量	3 000 000	3 000 000	0	
直接材料成本	$ 927 300	$ 780 000	$ 147 300	U
直接人工成本	630 000	630 000	0	
制造费用：				
变动性的：				
辅助材料	80 000	90 000	(10 000)	F
间接人工	220 000	210 000	10 000	U
动力	40 000	60 000	(20 000)	F
固定性的：				
监督	90 000	100 000	(10 000)	F
折旧	200 000	200 000	0	
租金	30 000	20 000	10 000	U
合计	$ 2 217 300	$ 2 090 000	$ 127 300	U

b. 实际的单位产品生产成本 = $ 2 217 300÷3 000 000 = $ 0.7391

预算的单位产品生产成本 = $ 2 090 000÷3 000 000 = $ 0.6967

c. 如果 ABT 仅生产了 2 900 000 块产品，那么弹性预算中的变动性制造费用额将会变小，每项变动性制造费用的不利差异将会变大（或者有利差异变小）。总的不利差异会变得更大。

基础 8.14 中的经过调整的业绩报告和图表 8-7 中的业绩报告有较大的不同之处。通过比较实际作业量水平下的预算成本和相同作业量水平下的实际成本，就会产生**弹性预算差异**(flexible budget variance)。通过分析这些差异，经理层可以找到可能存在问题的领域。根据 ABT 弹性预算差异，我们可以看出直接材料成本消耗得太多了(另一个不利差异看起来相对小一些)。根据这种信息，管理层可以探索发生成本超支的原因，并力图避免在将来发生同样的问题。

预算能为管理者的效率和效益提供一种评估的方法。当作业流程采用了尽可能最好的实施方法，并且产生较少的或零浪费时，那么管理者的工作就是有**效率**(efficiency) 的。因此，弹性预算能评价管理者的效率，因为它能将某一特定产出水平下的实际成本与预算成本进行比较。如果一个管理者能够达到或超过静态预算中的这些目标，那么他的工作就是有**效益**(effectiveness) 的。因此，效率检验的是管理者工作的进行是否流畅，而效益检验的是工作是否达到了好的效果。弹性预算和静态预算之间的任何差异都可归结为产量上的差异，它们被叫做产量差异。可以使用一个含有五列的业绩报告，既反映弹性预算差异，又反映产量差异。图表 8-8 就为我们提供了使用 ABT 的数据编制的这样一个报告。

图表 8-8　**管理业绩报告：季度生产（以千为单位）**

	实际结果	弹性预算	弹性预算差异		静态预算	产量差异	
	(1)	(2)	(3) = (1) - (2)		(4)	(5) = (2) - (4)	
产量	3 000 000	3 000 000	0		2 400 000	600 000	F
直接材料成本	$ 927 300	$ 780 000	$ 147 300	U	$ 624 000	$ 156 000	U
直接人工成本	630 000	630 000	0		504 000	126 000	U
制造费用：							
变动性的：							
辅助材料	80 000	90 000	(10 000)	F	72 000	18 000	U
间接人工	220 000	210 000	10 000	U	168 000	42 000	U
动力	40 000	60 000	(20 000)	F	48 000	12 000	U
固定性的：							
监督	90 000	100 000	(10 000)	F	100 000	0	
折旧	200 000	200 000	0		200 000	0	
租金	30 000	20 000	10 000	U	20 000	0	
总额	$ 2 217 300	$ 2 090 000	$ 127 300	U	$ 1 736 000	$ 354 000	U

根据图表 8-8 所列示的报告，实际产量比最初的计划产量多了 600 000 块。一方面，产量差异被认为是有利差异，因为它超过了最初的生产目标。(产量增长的原因是对产品的需求大于预期，因此，实际产量超过预期产量是真正的有利差异)。但是，另一方面，由于产量增长，弹性预算中的变动成本也比静态预算中的要高。因为成本超过预期，所以这种差异被认为是不利差异。(但是) 又由于成本的增加是源自产量的增加，所以这种成本的增加也是合理的。(因此) 在这个典型的例子里，管理者的效率是没有问题的。而其主要的问题是，通过弹性预算差异所提供的资料，如何确定管理者对成本控制得怎么样。

弹性预算的编制也可采用作业成本法 (ABC) 的数据。在这种情况下，我们将用到多种成本动因，而不仅仅是前面提到的单一的产品产量动因 (unit-based driver)。我们可以把采用 ABC 数据的弹性预算看作是一种简单的作业预算。采用 ABC 数据的弹性预算是用于计划的一种较为准确的工具，它能告诉管理者哪些作业是高成本的，哪些作业是低成本的。因此，采用 ABC 数据的弹性预算能够支撑持续改进和流程管理。

弹性预算是计划和控制过程中一项十分有力的工具。得出不同产出水平下的预计成本可以帮助管理者克服全面预算静态本质所带来的缺陷。作业预算则是一种更为有力的方法。

8.5 作业预算

我们已经知道了，弹性预算能够解决利用静态预算进行业绩评价带来的一些问题。弹性预算使得企业能基于各种产出水平编制预算。静态全面预算适用于那些销售和产出水平相对平稳的企业，弹性预算也有它所适用的环境条件。ABT 可以说是为弹性预算量身定做的例子，它的产品较为单一，生产流程也十分简单。变动成本采用产品数量为动因是可行的。但是，随着产品的多元化，很多企业会发现，需要运用多种动因来描述它们的成本结构。对于这些企业，作业预算是十分有用的。

作业预算从产出开始，然后确定为了达到这一产出需要哪些资源。理想情况下，企业为了创造更多价值，会把它们的想法转换成一项带有多种可定义目标的战略。创造价值的方法有很多种，比如扩大市场份额、提高销售率、减少成本、提高利润率、提高生产力和减少资本成本等。通过后文的学习，我们可以看到作业预算 (ABB) 是如何与业绩评价相关联的，特别是与经济增加值的关系 (在第 10 章讨论)。

对于一个部门的预算，我们有三种视角：传统预算、弹性预算和作业预算。传统预算采用单一的独立成本项目，比如工资、辅助材料、设备折旧等。弹性预算将这些分项成本分为变动性的和固定性的两类。作业预算则是反向思维，从作业及其动因再到成本。

我们可以用一个全新的例子来比较传统预算、弹性预算和作业预算的不同。安全护理部门 (Secure-Care Department) 是一家大型的地区性的会计师事务所的一个部门。我们先来了解一下安全护理部门的历史。两年前，这家公司一位年轻的合伙人 Brad Covington 说服了其他合伙人投资建立了一个老龄护理项目。老龄护理是一项多元化的项目，包括个人理财和保险服务。公司的典型客户是待在家中的年长的父母，其孩子成人之后居住在别的城市。这些家长需要有人帮忙支付各种账单、平衡支票账户、寻找提供家庭健康及个人护理的服务机构并支付款项等。Brad 认为大都市中老龄护理的市场较大，而且公司十分适合从事这项作业。因为会计师事务所的工作本质就是金融服务，而且会计师在大众心目中的良好的可信度可使得人们相信公司能利用专业技能找到合适的护理员。在 Brad 看来，最大的问题就是“老龄护理”（eldercare）这个词。经过讨论之后，他们决定用安全护理作为部门名称，安全护理部门就这样在两年前成立了。

两年中，Brad 积累了 60 个客户。部门为客户提供多种服务。部门将全部客户的所有商用邮箱重新设定为部门的邮箱；对客户的支票账户、储蓄账户和货币市场存款账户进行每日更新并且每月对账；用合适的账户支付客户的账单。不仅如此，家庭健康和个人护理服务被外包出去了，部门会打出招聘广告，会对为客户提供这些服务的聘用人员进行面试和背景调查。最后，部门每月会为每个客户编制个人财务和个人状况报告，还会将报告抄送给他们的成年子女。

安全护理部门的人员构成为：一个接待员、两个行政助理和 Brad——管理合伙人。由于会计师事务所的办公大楼里没有足够的房间，因此，Brad 在街对面租了一间办公室。所有的调查服务（背景调查）外包给了一家当地的私人调查员，他在这方面十分有经验。

图表 8-9 列示了为安全护理部门编制的传统预算。注意，所有的成本项目之后都列示了对应的成本金额。部门是如何利用功能预算得到这些数字的呢？我们可以比较肯定地说，这些数字很大程度上是依赖于以前年度的发生额估计出来的。也许有些数字会做改动（比如，工资，按照预期，预算数值比去年增加了 3%）。

图表 8-9　**安全护理部门的传统预算**

费用类别		**预算金额**
工资及福利：		
Brad	$ 110 000	
行政助理	70 000	
接待员	30 000	$ 210 000
租金		36 000
辅助材料		10 000
个人电脑和网络		4 000
差旅		3 000
调查服务		6 000
电话		4 800
合计		$ 273 800

假设 Brad 认为，部门成本会随着客户数量的变动而变动。成本性态的概念可以用来将上述成本分为可变的和不可变的。假设，辅助材料是完全可变的，每个客户的辅助材料成本为 166.67 美元。电话费是一种混合成本，1 200 美元是固定的，每个客

户的变动电话费为60美元。其他成本基本上都是固定的。那么为60个客户编制的弹性预算如图表8-10所示。注意，成本总额仍然是273 800美元。这里列示的弹性预算与传统预算比较，好像并没有很大的进步。它的用处仅在于展示了不同产出水平下的成本变动情况。比如，我们可以将该预算扩展到拥有50个客户和70个客户时的预算。其中很重要的一条要求是，为每个客户提供的服务是大致相同的。在安全护理部门这个例子中，意味着每个客户的需求是相似的。

图表8-10　**安全护理部门的弹性预算**

成本类别		预算金额（60个客户）
变动费用：		
辅助材料	$ 10 000	
电话	3 600	
变动费用小计		$ 13 600
固定费用：		
工资及福利	$ 210 000	
租金	36 000	
个人电脑和网络	4 000	
差旅	3 000	
调查服务	6 000	
电话	1 200	
固定费用小计		260 200
费用合计		$ 273 800

Brad对弹性预算的结果并不满意。他知道很多成本是变动的，但这些成本的变动并不是随着客户数量的变化而变化。比如，每月支付账单是一项很耗时的工作，但每个客户所需支付的账单数量差别很大。同样的，有些客户只有一两个支票和储蓄账户，而有些客户有5、6个支票、储蓄和货币市场存款账户。每个账户在月末都要进行管理和对账。总而言之，客户之间存在差异性。因此，Brad决定采用作业预算。

为安全护理部门编制作业预算需要以下四个步骤：①决定部门的产出水平；②找到创造产出所需的作业及其作业动因；③估计每项作业的消耗量；④确定完成每项作业所需的资源成本。我们要认识到作业预算（ABB）的基础是预计产出水平，这一点非常重要。传统预算用以往年度的经验来推算来年的数值，而作业预算反过来用来年的预计产量推算资源成本。这两种预算方法的差异不仅仅是语义上说得这么简单。您可能会认为两种方法会造成同样的预算结果，但其实不然。此外，ABB利用资源和作业去创造产出，能够提供给管理者更多有用的资料，以及消除非增值作业的能力。

以下是安全护理部门的相关信息：

- 所有客户享受到的部门的服务水平是不一样的。
- 第一项作业是“处理邮件”。Brad认为客户数量是这项作业的一个合理的动因。所有的客户都有邮箱，邮件的数量每周都不相同。接待员打开所有的邮件，并将这些邮件按客户分类。这项工作大概每天耗费两小时的时间。

• 第二项作业是“支付账单”。部门每月大概要处理 1 000 笔账单，一年大概 12 000笔。每个客户所需处理的账单数量不同。行政助理负责这些工作，运用电脑软件登入系统并支付账单。根据耗费的时间、辅助材料成本、软件成本和邮票费，处理每个账单的成本大约为 1.75 美元。

• 第三项作业是“对账”。同样是行政助理负责这项工作，每月每个账户大概要耗费 30 分钟的时间，一共有 350 个账户。这项工作需要一个行政助理利用全职工作时间来完成。相关的辅助材料、电脑和软件等使得这项作业的总成本增加 4 900 美元。

• 部门为需要提供家庭健康和个人护理服务的人进行广告招聘和背景调查。这一作业的动因是招聘员工的数量。每年的成本包括报纸广告成本和行政助理的工时成本，总额是 7 200 美元。平均每年新进员工 60 人。

• 私人调查员会对可能成为部门员工的应聘者进行背景调查，每次背景调查的成本为 25 美元。每个职位大概有 4 个可能获聘的候选人。

• 每月，行政助理会去探望每位客户。客户数量是这项作业的动因。每年每个客户的总成本为 650 美元。

• 每月，Brad 和一个行政助理负责编制个人报告。报告包括客户详细的金融活动数据和拜访时记录的内容，并提出潜在的问题和困难。这些报告会发给客户和他们的成年子女。平均每年每个客户耗费的时间、辅助材料、邮票等成本为 175 美元。

• 最后一项作业是管理部门并寻找新的客户。这项作业由 Brad 全权负责。该作业没有作业动因，部门剩余的支出就是这项作业的成本。

安全护理部门的作业预算如图表 8-11 所示。注意，部门找到了八项作业和四个成本动因。这一预算的详细程度比图表 8-10 列示的弹性预算要多得多。弹性预算只有一个成本动因，那就是客户数量。通过作业预算，我们可以感觉到客户之间的差异性。有些客户有更多的账户，有些客户需要处理更多的账单。也就是说，每个“客户”是不一样的。这么大的产品多样性，在传统预算和弹性预算中是表现不出来的。

图表 8-11 **安全护理部门的作业预算**

作业描述	作业动因	单位动因的成本	动因数量	作业成本
处理邮件	客户数量	$ 125.00	60	$ 7 500
支付账单	账单数量	1.75	12 000	21 000
对账	账户数量	114.00	350	39 900
广告/面试	新进员工数量	120.00	60	7 200
调查	新进员工数量	100.00	60	6 000
拜访客户	客户数量	650.00	60	39 000
编制报告	客户数量	175.00	60	10 500
管理	部门			142 700
合计				$ 273 800

安全护理部门的传统预算、弹性预算和作业预算的总成本均为 273 800 美元。但是，要注意到作业预算资料的丰富性。在作业预算中，我们可以看到产出与使用资源之间的关系。管理者会把注意力集中在成本较高的作业上：支付账单、对账和拜访客户。Brad 可以利用这些信息对安全护理服务的各个部分进行定价。

早些时候，我们看到，在某些特定的环境下，传统预算和弹性预算方法是十分适用的。当然重要的一点在于公司环境是相对稳定的。当这一条件得到满足时，当年的情况也许就是下年的情况。技术保持不变，产品多样性也比较低。（这时）单独的以产品数量为基础的动因符合成本的变化原因。但是，现在许多公司面临着不断变化的环境，采用在环境稳定时适用的预算方法不能满足公司的需要。公司环境发生变化的原因有很多，比如技术变革、竞争环境变化、客户群变化等。这些公司需要更灵活的技术用于计划和控制。作业预算可以扩展到包括特征成本法的信息，为计划和控制提供了更为有力的工具。

特征成本法(feature costing) 根据产品或服务的特征将成本分配到作业和产品或服务中去。在安全护理部门的例子中，我们可以看到，客户与客户的情况是不一样的。换句话说，不同的客户有不用的特征，部门需要用不同的作业去处理这些客户的要求。一个只有一个支票账户和少数账单的客户，部门只需很少的时间就能完成各项作业。而其他客户有很多账户和账单等着去处理。有些客户不好相处，导致为他们提供服务的聘用员工需要不停地更换，进一步增加了部门面试和调查的成本。如果安全护理部门想要扩展 ABB，那么它可以考虑引入特征成本法。也就是说，如果我们将相同作业需求水平的客户归为一类，那么部门就可以找到导致客户归属于不同的类的那些特征。我们很容易想到，部门会进一步钻研到底哪些因素导致了不同的客户特征（根本原因分析，root cause analysis），以及为了改变成本高的特征，我们可以做哪些事情。比如，部门在适当安全的情况下，可能会通过因特网寄送报告。这样的话，报告可以很容易地进行更新，并且邮票费和打印成本都会减少。

8.6 预算管理中的行为因素

预算经常被用来判断管理者实际的业绩。发奖金、涨工资和提升职位等，都要受到一个管理人员达到或直击预算目标的能力的影响。由于管理人员的经济利益和职业生涯都可能受到预算的影响，所以预算很可能受到明显的行为因素的影响。至于这种影响是积极的还是消极的，则在很大程度上依赖于如何利用预算。

当管理者个人和公司的目标协调时，就会导致积极的行为，管理者就会有动力去实现这些目标。管理者和公司的目标一致通常被称为**目标协同**(goal congruence)。然而，即使目标不协同，管理者也应该努力去实现公司的目标。

如果预算管理不当，那么下级管理人员的反应可能就是消极的。消极的行为可以在许多方面表现出来，但它最终导致的结果就是没有完成公司的目标。**逆向选择行为**(dysfunctional behavior) 就是个体的行为与公司的目标存在根本冲突而导致的个体行为。

道德问题

预算编制的行为因素的一个内在的主题就是道德。预算在业绩评估、加薪、升职等方面的重要性导致了不道德行为产生的可能性。管理者可能会采取的所有关于预算的逆向选择行为都会有不道德的一面。比如，为了使预算目标更容易实现，管理人员故意低估收入而高估成本，这就是一种不道德行为。创造一种预算激励机制，阻止不道德行为，是公司的责任。而避免采取这样的不道德行为，是管理者的责任。

8.6.1 良好预算系统的特征

一个理想的预算体系是这样的：它具有完全的目标协同性，同时又驱动管理者以道德的方式努力实现公司的目标。尽管理想的预算体系很可能不存在，但研究和实践已经发现了关于预算体系在一定程度上促使管理者采取积极行为的一些关键特征。这些关键特征包括：经常的业绩反馈、货币性和非货币性的激励、员工参与、现实的标准、成本的可控性和多重业绩指标。

(1) 经常的业绩反馈

管理者必须知道他们将如何随着时间的推移而推进工作。如果给他们提供经常的、及时的业绩报告，那么管理者就能知道他们的努力是否成功，同时也可使他们有时间采取正确的措施，并在必要时修改计划。经常的业绩报告能够引发积极的行为，并给予管理者时间和机会来根据改变了的情况做出调整。

弹性预算的使用能够使管理者知道实际的成本和收入与预算数字是否一致。对重大差异有选择地进行调查，能够使管理者把重点放在需要注意的地方。这个过程就叫做*例外管理*(*management by exception*)。

(2) 货币性和非货币性激励

一个合理的预算系统鼓励目标协同的行为。**激励**(incentives)是一种鼓励经理人员努力工作以实现公司目标的方式。激励可能是消极的也可能是积极的。消极的激励通过利用人们害怕惩罚的心理来进行激励；积极的激励则使用奖励。那么在公司的预算体系中应该使用什么样的激励呢？

最成功的公司会将它们的员工看作是它们最重要的资产。它们的预算通过包括招募新员工和多次进行职业后续培训等大额费用支出，来反映公司内在的经营理念。即使是在经济不景气的时期，也要尽最大可能保护公司的员工。

现实案例

比如，在2008—2009年间，联邦快递（FedEx）努力控制成本并帮助（员工）保留工作。所有员工工资下调5%，CEO的工资下调20%。通用电气公司（General Electric Company）也采用了类似的做法。2008年，它的CEO杰夫·伊梅尔特(Jeffrey R. Immelt)提出将自己的工资下调28%并且不要奖金。

当然，公司也可能使用消极的激励。最严重的消极激励就是解雇的威胁。其他的消极激励包括减少奖金、失去升职和加薪的机会等。

(3) 参与性预算管理

参与性预算管理(participative budgeting)允许下级管理人员对预算的编制提出各种意见和建议，而不是把预算强加给下级。比较典型的是，公司的总体目标传达给管理人员，管理人员帮助编制预算，以实现这些目标。在参与性预算管理中，重点在于集体目标的实现，而不是个别的预算项目。

前文提到的ABT的预算过程就使用了参与性预算管理的方法。这个公司为它的利润中心提供销售预测，并要求利润中心编制一个预算，该预算可以反映在该具体销售水平下的预期利润和预期支出。利润中心的管理者对这些预算的编制负有完全的责任，即以后需要将根据这些预算对他们进行业绩评估。虽然这些预算必须经过公司总裁的批准，但不批准的情况是比较少见的。这些预算通常与销售预测，以及根据收入和成本的预期变化对去年经营结果进行调整后的预期经营结果保持一致。

参与性预算管理可向下级管理人员传达一种责任感，并培养他们的创新能力。由于下级管理人员亲自编制这些预算，所以，预算的目标更有可能变成管理人员个人的目标，这有利于更大程度上的目标协同性。参与性预算管理的拥护者认为，该预算管理过程内在的、增加的责任感和挑战性为实现更好的业绩提供了（某种）非货币性激励。他们还认为，在预算管理过程中建立他们自己的标准的个人将会以更努力的工作来实现这些目标。除了以上优点外，参与性预算管理还可以使了解实际情况的人员参与进来，这有助于改进整个预算过程。

参与性预算管理有三个值得注意的潜在的问题：

a. 所建立的标准或者太高或者太低

b. 预算有松弛的成分（经常被叫做*防护性预算*(padding the budget)）

c. 虚假参与

一些管理者可能倾向于建立一个很松或很紧的预算。当管理者被允许参与预算管理时，预算的目标倾向于变成管理者个人的目标，如果在编制的过程中出现这种错误，那么很可能会降低业绩水平。如果目标很容易被达到，那么管理人员就可能失去兴趣，业绩也会下降。挑战性对于具有进取心、富有创造性的个体来说是很重要的。同样的，建立过紧的预算目标，一定会导致不能实现目标，这就使管理人员产生挫折感。这种挫折感也会导致很差的业绩水平。解决这个问题的方法就是使管理人员处在一个积极参与的环境中，建立较高且又能达到的一系列目标。

参与性预算管理的第二个问题就是使管理人员有机会建立松弛的预算。当一个管理者故意地低估收入或高估成本时，就产生了**预算松弛**(budgetary slack)。低估收入或高估成本这两种手段中的任何一种都提高了这个管理者完成预算的可能性，并因此降低了他所面临的风险。预算松弛还会不必要地占用本来可以用在产出率更高的其他地方的资源。

如果高层管理者命令要较低费用的预算，那么预算的松弛性实际上可以被消除。然而，参与性预算管理所带来的效益要远远大于预算松弛所导致的成本。但即使这样，高层管理者也应该仔细地检查下级管理人员提出的预算，如有必要，应做适当的补充，以降低预算松弛所带来的负面影响。

如果高层管理者试图掌握预算管理过程的总体控制权，只给予下级管理人员表面上的参与权，那么就会出现参与性预算管理的第三个问题。这被称作**虚假参与**(pseudo participation)。高层管理者只得到了下级管理人员对预算的形式上的参与，而实际上他们并没有寻求真正的参与。相应地，这样就不会实现任何参与性预算管理行为带来的效益。

(4) 现实标准

预算目标常被用来评估业绩。因此，它们应该以现实条件和（适当）预期为基础。预算应该反映作业量水平、季节性变动、效率和总体经济走势等一系列生产经营的现实情况。比如说，弹性预算可用来确保预算成本所提供的标准与现实作业量水平相一致。另一个需要考虑的因素是季节性波动。一些公司在全年范围内比较均匀地实现其收入并发生成本耗费。因此，按季节平均地分摊其年度收入和成本对于短期业绩报告来说是合理的。然而，对于一些季节性很强的公司，这样做就会扭曲业绩报告。

像经营效率和总体经济情况等这些因素也很重要。有时，公司的高层领导者也会因为他们认为成本削减有助于减少他们臆断存在的无效性或浮夸之处，而武断地对上一年的预算做出削减。但实际情况是，一些（下级）单位的经营可能是有效的，而另一些可能是无效的。一个没有经过任何正式评估的“一刀切”行为将会削弱一些单位完成任务的能力。总体经济情况也同样需要被考虑，当经济萧条将要来临之际，编制一个预计销售大幅度增长的预算不仅仅是愚蠢的，而且还是非常有害的。

现实案例

比如说，当整个产业的销售增长率为4%时，柯达（Kodak）公司却自信地预言他们的胶卷销售会以年8%的速度增长。该预计的增长率并没有实现。这种没有基础的盲目乐观对提高销售一点好处都没有，只会破坏股票分析师对公司的整体印象。

(5) 成本的可控性

我们习惯上认为管理人员应该仅仅对他们可以控制的成本负责。**可控成本**（controllable costs）是一种管理人员可以影响其水平高低的成本。根据这种观点，管理人员对其不可控的成本则可不负责任。比如，部门经理无权批准公司层面的一些共同成本，如研究开发成本和高层管理人员的薪金等。因此，他们不应对这些成本的发生负责。

然而，许多公司确实将一些不可控成本归入了下级管理人员的预算中。这样做的根本原因是，要使各级管理人员意识到所有的成本都应得到补偿。如果一个预算中包含了不可控成本，那么就应该将它们与可控成本分开，并注明是不可控成本（*noncontrollable*）。

现实案例

比如，JEA，一个位于佛罗里达州杰克逊维尔市（Jacksonville）的公用系统公司，最近修复了它的ABC系统。原先，ABC提供的报告更关注流程所有者而不是内部消费者，但现在，新的报告可以告诉内部消费者，他们的行为是如何影响成本的。每份ABC分析报告分为三种颜色：绿色（“可以通过直属部门层面的决策而直接减少的变动或混合”成本）、黄色（“可以通过副总裁层面的决策而减少的选择性固定”成本）和红色（“只能通过更高管理层来减少的固有性固定”成本）。首席信息官（CIO）发现，内部消费者很乐意通过双面打印来减少纸张成本。它是一项绿色成本，这种减少成本的方法很容易被实施。

(6) 多重业绩评估指标

将预算作为进行管理业绩评估的唯一标准，是公司经常犯的一种错误。过于强调这一指标将会导致诸如拔苗助长或目光短浅（*milking the firm or myopia*）等逆向选择行为。**短视行为**(myopic behavior) 是指一个管理人员采取短期内有助于提高预算业绩，但却对公司的长远发展有危害的行为。

短视行为的例子有许多。为了达到预算成本目标或预计利润，经理们可以降低预防性维护费、广告费用和新产品发展费用等支出。经理们还可以不奖励表现好的雇员，以保持较低的工资水平（人工成本），也可以选择使用低质量的原材料，以降低原材料的成本。短期来看，这些措施可以使预算业绩提高，但是从长远来看，生产率将会降低，市场份额将会下降，有能力的雇员将会离开公司去寻找更有发展潜力的机会。

采取这种短视行为的经理们通常任期较短。在这种情况下，经理们一般待 3 ~ 5 年，然后，他们被提升或调任到新的岗位。而他们的继任者们将为这些经理们的短视行为付出代价。预防短视行为的最好方法就是根据多个因素对管理人员的经营业绩进行评估，包括一些长期性的指标。生产率、质量、个人的发展等都应是进行业绩评价的一些领域。财务业绩指标很重要，但完全偏重于此反而有可能达不到预期目标。

练习题

复习题

8.1 销售预算、生产预算、直接材料预算和直接人工预算

Young 制造公司是一家生产大衣挂架的公司。下一年度第一季度的销售情况和期初、期末存货数据情况如下：

销售额	100 000 单位
单价	$ 30
期初存货	8 000 单位
预期期末存货	12 000 单位

大衣挂架被浇铸成型然后上漆。每一个挂架需要 4 磅金属材料，每一磅价格为 1.7 美元。原材料期初存货为 4 000 磅。Young 制造公司希望在该季度末有 6 000 磅的金属材料存货量。制造每一个挂衣架需要耗费直接人工工时 30 分钟，每小时人工工资为 16 美元。

要求：

（1）请编制第一季度的销售预算。

（2）请编制第一季度的生产预算。

（3）请编制第一季度的直接材料预算。

（4）请编制第一季度的直接人工预算。

解答：

(1) Young 制造公司第一季度销售预算

数量	100 000
销售单价	×＄30
销售额	＄3 000 000

(2) Young 制造公司第一季度生产预算

销售量	100 000
预计期末存货量	12 000
总需求量	112 000
减去：期初存货	8 000
预计生产量	104 000

(3) Young 制造公司第一季度直接材料采购预算

预计生产量	104 000
每单位直接材料使用量（磅）	×4
生产需要的直接材料总量（磅）	416 000
预计期末存货（磅）	6 000
直接材料总需求量（磅）	422 000
减去：期初存货（磅）	4 000
需采购的材料量（磅）	418 000
单位材料成本	×＄1.70
总采购成本	＄710 600

(4) Young 制造公司第一季度直接人工预算

预计生产量	104 000
每单位产品耗费的人工工时	×0.5
人工公司总需求量	52 000
单位工时成本	×＄16
直接人工总成本	＄832 000

8.2 弹性预算

Archer 公司生产背包、邮差包和带滚轮行李袋。Archer 的会计为制造费用预计了以下成本方程：

制造人工成本＝＄90 000+＄0.50／直接人工小时

维修费用＝＄45 000+＄0.40／机器小时

电力费用＝＄0.15／机器小时

折旧费用 = $ 150 000

其他成本 = $ 63 000+ $ 1.30/直接人工成本

在下一年度，Archer 考虑了三种预算方案：保守型（假设增加来自其他公司的竞争影响）、正常预期（不考虑外部环境）、积极型（假设经济环境非常好）来预计三种产品的销售数量如下所示：

产品	保守型	正常预期	积极型
背包	50 000	100 000	150 000
邮差包	20 000	40 000	80 000
滚动行李袋	15 000	25 000	50 000

每生产一单位产品所需的标准数据如下所示：

	背包	邮差包	带滚轮行李袋
直接材料	$ 5.00	$ 4.00	$ 8.00
直接人工小时	1.2 小时	1.0 小时	2.5 小时
机器小时	1.0 小时	0.75 小时	2.0 小时

要求：

(1) 为三种预算方案做制造费用预算。

(2) 现在，假设当年实际产量为 120 000 个背包、45 000 个邮差包和 40 000 个带滚轮行李袋。实际制造费用如下：

制造人工	$ 230 400
维修费用	145 500
电力费用	38 000
折旧费用	150 000
其他	435 350

请为这些制造费用做业绩报告。

解答：

直接人工工时	保守型	正常预期	积极型
背包（@1.2DLH）	60 000	120 000	180 000
邮差包（@1.0DLH）	20 000	40 000	80 000
带滚轮行李袋（@2.5DLH）	37 500	62 500	125 000
总直接人工工时	117 500	222 500	385 000

机器工时	保守型	正常预期	积极型
背包（@1.0MHr）	50 000	100 000	150 000
邮差包（@0.75MHr）	15 000	30 000	60 000
带滚轮行李袋（@2.0MHr）	30 000	50 000	100 000
总机器工时	95 000	180 000	310 000

弹性制造费用预算	保守型	正常预期	积极型
变动性制造费用			
直接人工（$ 0.50 * DLH）	$ 58 750	$ 111 250	$ 192 500
维修费用（$ 0.40 * MHr）	38 000	72 000	124 000
电力费用（$ 0.15 * MHr）	14 250	27 000	46 500
其他（$ 1.30 * DLH）	152 750	289 250	500 500
总变动性制造费用	$ 263 750	$ 499 500	$ 863 500
弹性制造费用			
直接人工	$ 90 000	$ 90 000	$ 90 000
维修费用	45 000	45 000	45 000
折旧费用	150 000	150 000	150 000
其他	63 000	63 000	63 000
总弹性制造费用	$ 348 000	$ 348 000	$ 348 000
总制造费用	$ 611 750	$ 847 500	$ 1 211 500

问题讨论

8.1 请定义“预算”。在计划中如何使用预算？

8.2 请定义“控制”。预算是怎么用于控制的？

8.3 请讨论编制预算的原因。

8.4 什么是全面预算？什么是经营预算？什么是财务预算？

8.5 请解释销售预测在预算中的作用。销售预测和销售预算的区别在哪里？

8.6 所有的预算都以销售预算为基础来编制，是这样吗？请解释一下。

8.7 什么是应收账款账龄分析表？为什么它很重要？

8.8 假设销售的副总经理是一个非常悲观的人，如果您负责编制总预算，您将会如何被这个信息所影响？

8.9 假设您公司最大工厂的总管是一个非常乐观的人，如果您负责编制总预算，您将会如何被这个信息所影响。

8.10 学习性曲线会对预算有什么影响？哪些具体的预算会被影响？

8.11 许多小企业没有一个完整的全面预算放在一起，但是几乎每个企业都编制了现金的预算表。您认为为什么会是这样？

8.12 请讨论传统全面预算的缺点。在什么情况下全面预算会表现得很好？

8.13 请定义静态预算。请举一个例子来说明依赖于静态预算会如何误导管理。

8.14 弹性预算的两层含义是什么？第一类弹性预算是怎样运用的？第二类又是怎么运用的？

8.15 建立一个作业基础的预算的步骤有哪些？这些步骤如何使得作业基础的预算不同于全面预算？

习题

8.1 销售预算

FlashKick 公司制造并销售足球给小学和中学的儿童足球队。FlashKick 公司的热销产品线是练习球（训练和练习的耐用足球）和比赛用球（用于比赛的高性能足球）。在下一年度的前四个月，FlashKick 公司预计销售量如下所示：

	练习用球		比赛用球	
	销售单位	销售价格	销售单位	销售价格
1 月份	50 000	$ 8.75	7 000	$ 16.00
2 月份	58 000	$ 8.75	7 500	$ 16.00
3 月份	80 000	$ 8.75	13 000	$ 16.00
4 月份	100 000	$ 8.75	18 000	$ 16.00

要求：

（1）请为 FlashKick 公司下一年度的前三个月编制销售预算。要求列出每条产品线的每月的总销售额以及第一个季度的总销售额。

（2）假使 FlashKick 公司增加了第三条生产线——足球比赛品质用球，这类足球预计会取代40%比赛用球的销售量，其在1 月份和2 月份的销售价格预计为45 美元，在 3 月份的销售价格为48 美元。请为 FlashKick 公司下一年度的前三个月编制销售预算。要求列出每条产品线的总销售额以及第一个季度的总体销售额。

8.2 生产预算

参照习题8.1，要求（1）。FlashKick 公司要求期末库存商品数量等于下一个月的销售量的20%。1 月份练习用球和比赛用球的期初库存商品数量分别为3 100 个和400 个。

要求：

（1）请分别为 FlashKick 公司的两条产品线编制下一年度前三个月的生产预算。

（2）假使 FlashKick 公司希望得到这两条产品线在4 月份的生产预算，您在编制这份预算时需要哪些额外的信息？

8.3 直接材料采购预算

参照习题8.2 中练习用球和比赛用球的生产预算。每一个练习用球需要 0.7 平方码的聚氯乙烯板、一个带阀门的可充气囊袋（来充满空气）和 3 盎司的胶水。FlashKick 公司的政策是，直接材料的期末存货数量是下一个月生产所需直接材料的20%。一月份直接材料的期初存货的数量符合这个要求。

要求：

（1）请为下一年度的 1 月份和 2 月份中练习用球线生产所需的每种直接材料编制一份直接材料采购预算。

（2）假使 FlashKick 公司将直接材料期末存货的数量降低至下一个月生产所需数量的15%，这将对要求（1）中编制的直接材料采购预算产生什么影响？

8.4　直接人工预算

州立大学的会计学院正在准备会计校友的年度筹款活动。在今年的活动中，会计学院计划了一个电话讨论，并让 Beta Alpha Psi 成员来自愿拨打电话给 5 000 名校友。Dean 办公室的人同意让 Beta Alpha Psi 的成员在每个工作日从下午 6 点到 9 点使用他们的办公室，这样他们就能够使用电话。办公室将为每个志愿者都提供一台电话和一个记载了活动介绍和建议的稿本。Carol Johnson 是 Beta Alpha Psi 的指导老师，他预计了以下数据：

（1）在这 5 000 个电话号码中，大约有 10% 的号码是错误的（由于校友住址的变化和州立大学没有更新电话号码）。在这种情况下，学生向应答方表示歉意后，挂断电话，继续拨打下一个电话号码。每个电话需要耗费大概 3 分钟的时间。

（2）另外的 15% 的电话号码是正确的，但是没有人在家或者是答录机应答。在这种情况下，学生直接挂断电话，继续拨打下一个电话号码。每个电话需要耗费大概 2 分钟的时间。

（3）如果校友接听了电话，学生要向校友做自我介绍并朗读活动脚本介绍。每个学生都被鼓励让校友参与关于州立大学的对话和回忆，使校友回忆起在会计学院发生过的美好的事。一些通话会长点，一些会短点，但是平均通话时间为 10 分钟。

要求：

（1）请以小时为单位，为筹款的电话讨论活动编制一份直接人工预算。如果有 15 名学生志愿者，那么这个电话讨论活动需要花费多少个晚上？（将答案四舍五入至两位有效数字）

（2）假使使电话讨论被转移至州立大学的基金电话储库，基金电话储库的设备中有自动呼叫系统，它会自动拨打号码并将有答复的电话转至学生。因此，不需要花时间在拨号和接听答录机上。自动呼叫系统自动拨号和转接所节省的时间意味着错误电话平均时间降低至 1 分钟，与校友的通话降至 8 分钟。请以小时为单位为州立大学的筹资电话讨论活动编制一份直接人工预算。如果有 15 名学生志愿者，那么这个电话讨论活动需要花费多少个晚上？（将答案四舍五入至两位有效数字）

8.5　制造费用预算

Johnston 公司以订单为基础为金属物品进行清理并使用粉末喷涂油漆。下一年度，Johnston 在各种制造费用项目上有以下预算：

物料	$ 216 000
汽油	50 000
间接人工	176 000
监督	73 500
设备的折旧	47 000
厂房的折旧	40 000
特殊设备的租金	11 000
电力（照明、暖气、空调）	28 900
电话	4 300
绿化服务	1 200
其他制造费用	50 000

在下一年度，Johnston 预计为 120 000 单位产品进行粉末喷涂，每一单位产品需要耗费 1.3 直接人工小时。Johnston 发现物料和汽油（用来运行干燥箱——所有的产品在喷涂粉末后后都要经过干燥箱）随着加工产品的数量而改变。其他所有的制造费用的项目都被认为是固定的。(将所有的制造费用率四舍五入)

要求：

(1) 请计算下一年度 Johnston 必须为直接人工工时数量做的预算。计算变动制造分配率。计算下一年度的总固定性制造费用。

(2) 请为 Johnston 编制下一年度制造费用预算。列示出总变动性制造费用，总固定性制造费用和总制造费用。计算固定性制造费用率和总制造费用率。(四舍五入)

(3) 假使 Johnston 预计下一年度生产的产品量为 118 000 单位，并假定每单位的变动性制造费用和固定性制造费用量没有变化。请计算新的预算直接人工工时，并编制新的制造费用预算。计算固定性制造费用率和总制造费用率。(四舍五入)

8.6 期末产成品库存预算

Play-Disc 公司制造飞盘型的塑料盘。每个 12 英寸的塑料盘有如下生产成本：

直接材料	$ 1.67
直接人工	0.56
变动性制造费用	0.72
固定性制造费用	1.80
总单位成本	$ 4.75

在下一年度，Play-Disc 公司预计生产 300 000 个塑料盘，并销售 285 000 个塑料盘。预计期初存货数量为 16 000 个，其单位成本为 4.75 美元。(没有期初或者期末在产品存货)

要求：

(1) 请为 Play-Disc 公司编制下一年度的期末产成品库存预算。

(2) 假使公司销售量增加至 290 000 单位，这将怎样影响期末产成品库存预算？请计算期末产成品预计库存的价值。

8.7 产品销售成本预算

参照习题 8.6。

要求：

(1) 请计算 Play-Disc 公司下一年度总生产产品的成本预算。列示直接材料成本、直接人工成本和制造费用。

(2) 请为 Play-Disc 公司编制销售产品成本预算。

(3) 假使期初产成品库存为 75 200 美元（16 000 单位产品），这将会对产品销售成本预算有什么影响？(假设 Play-Disc 公司使用先进先出法)

8.8 销售费用预算

Timothy Donaghy 公司为头发生长发明了一个特殊的配方。它的专有洗剂要连续使用 45 天，然后在秃发处将会有头发长出（头发的生长情况有所不同）。Timothy 称呼它的洗剂为 Hair-Again，并通过电话和网络进行销售。它主要的营销形式是通过 15

分钟的商业信息广告和网络广告。Timothy 以 15 美元每瓶的价格销售 Hari-Again，并且支付销售额的3% 作为佣金给通话员，通话员要向潜在顾客拨打 1 ~ 800 个电话。下一年度每个季度的固定营销费用包括：

网络横幅广告费用	$ 7 600
通话员时间费用	4 000
出差费用	3 000

另外，下一年度的初始，Timothy 准备拍摄和播放电视广告。他预计在第一季度和第二季度的成本会是10 000 美元，在第三季度和第四季度中成本将会增加至25 000 美元。Timothy 预计 Hair-Again 的销售数量如下：

第一季度	5 000
第二季度	15 000
第三季度	40 000
第四季度	35 000

要求：

（1）请编制下一年度 Hair-Again 销售费用预算，列示每季度的金额和年度总金额。

（2）假使从第二季度到第四季度网络广告的成本增加至 15 000 美元，这将对变动性销售费用产生什么影响？对固定性销售费用有什么影响？对总销售费用有什么影响？

8.9　管理费用预算

Green Earth 景观美化公司为三城区的住户提供每月或者每周的景观美化和维修服务。Green Earth 公司并没有变动管理费用，其 6 月份、7 月份、8 月份的固定管理费用包括：

薪酬	$ 9 600
保险费用	2 500
折旧	3 700
会计服务	500

要求：

（1）请为 Green Earth 景观美化公司编制这三个月编制管理费用预算，列示每个月的金额和三个月的总金额。

（2）假使 Green Earth 景观美化公司的保险费用率在 7 月初增加至 2 600 美元，这将对每月管理费用有什么影响？

8.10　利润表预算

Coral Seas 珠宝公司制造并销售服装珠宝。在下一年度，Coral Seas 公司预计销售额为 15 900 000 美元，产品成本为 8 750 000 美元。广告是公司战略的一个重要部分，年度总营销费用为 2 800 000 美元，总管理费用预计为 675 000 美元。Coral Seas 公司没有利息支出，所得税按营业收入的40%来进行支付。

要求：

(1) 请为 Coral Seas 珠宝公司编制下一年度利润表预算。

(2) 假使 Coral Seas 公司在这一年度要支付500 000美元的利息费用，这将对营业收入有什么影响？对税前收入有什么影响？对净收益有什么影响？

8.11 现金收入预算和应收账款账龄分析表

Shalimar 公司制造并销售工业产品。Shalimar 公司预计2013年销售额如下所示：

第一季度	$ 4 600 000
第二季度	5 100 000
第三季度	5 000 000
第四季度	7 600 000

从 Shalimar 公司的经验看来，销售额的10%将会以现金的形式收回。在剩下的赊账中，65%的款项会在销售期这个季度内收回，25%的款项在销售期下一个季度收回，7%的款项会在销售期后第二个季度收回，剩下3%的赊款将收不回。本年度(2012)第三个季度的总销售额为4 900 000美元，第四季度的销售额为6 850 000美元。

要求：

(1) 请计算2012年后两个季度和2013年各季度的预计现金销售和赊销。

(2) 请为 Shalimar 公司编制下一年度每季度的现金收入预算，列示现金销售和赊销的现金回收。

(3) 假使经济不景气导致 Shalimar 公司的高层管理人员在下一年度中，赊销收入的10%将不能回收，预计在销售本季度和下一季度的付款百分比不变。这将如何影响每个季度的现金回收额？请在新假设下编制新的现金预算。

8.12 现金预算

Khloe 公司从海外进口礼品，并将它们销售至遍及美国的礼品店和百货公司。

Khloe 公司提供了以下信息：

a. 10月31日的现金余额是53 817美元。

b. 所有的销售都是赊销。9月份的销售额为950 000美元，10月份的销售额为1 240 000美元。

c. 11月份的销售额预计为2 145 000美元。

d. 从 Khloe 公司的经验来看，销售额的70%将会在销售当月被收回，销售额的28%将会在销售的下一个月收回，剩下的赊销款项将不能收回。

e. Khloe 公司以赊购的形式购买所有的商品。9月份的购买额为750 000美元，10月份的购买额为980 000美元。由于 Khloe 公司在为圣诞节购物季做准备，预计11月份的购买额为2 000 000美元。赊购额的15%将会在购买当月支付，剩下的赊购款将会在购买日的下一个月支付。

f. Khloe 公司有9个职工，一共要支付这些员工48 000美元/月。由于时间问题，总薪酬的90%会在当月支付，剩下的10%将会在下个月支付。

g. 办公室和仓库的租金为 12 300 美元，租金将在每月以现金的形式支付。

h. 办公用品每月平均耗费 6 100 美元，并以现金支付。

i. 在 11 月份，Khloe 公司预计要支付雇佣税 6 625 美元。

j. 自从 Khloe 公司从海外进口产品，关税和将货品航运至市中心位置的费用等同于当月采购款的 30%，并且这款项都必须在购买当月支付。

k. 11 月份其他现金费用预计将是 41 500 美元。

要求：

（1）请为 Khloe 公司编制现金预算。

（2）假使 Khloe 公司要支付的关税和航运费用增加至采购额的 35%，这将如何影响 11 月份的现金预算？

8.13 不同程度活动的弹性预算

Nashler 公司预计每单位变动成本如下所示：

直接材料	$ 7.20
直接人工	1.54
变动性制造费用：	
物资	0.23
维护	0.19
电力	0.18

预计每月固定性制造费用包括监督费用 98 000 美元，折旧费用 76 000 美元，其他制造费用 245 000 美元。

要求：

（1）请为以下生产水平编制生产成本的弹性预算：160 000 单位、170 000 单位、175 000 单位。

（2）请计算要求（1）中每个生产水平中的单位总生产成本。（件各单位成本四舍五入至最近的分）

（3）假使 Nashler 公司的维护成本增加至 0.22 美元/单位，这将对要求 2 中的单位生产成本又产生什么影响？

8.14 作业基础的预算

假设 Gene 公司决定下一年度销售部门活动包括以下内容：

调查——调查本产业目前和将来的状况

航运——安排床垫的运输，在零售店处理采购代理商的电话以追踪航线和更改错误

批发商——协调销售床垫的独立批发商的工作

基本广告——安排 Sleepeze 和 Plushette 产品线的打印广告和电视广告

Ultima 广告——选择并与 Ultima 项目广告代理商一起工作

事务管理——运营销售部办公室

销售办公室中每个职员在每项作业中花费的时间比例如下所示：

	Gene	研究助理	管理助理
研究	—	75%	—
航运	30%	—	20%
批发商	15	10	20
基本广告	—	15	40
Ultima 广告	30	—	5
事务管理	25	—	15

补充的信息如下：

a. 办公室设备的折旧归属于事务管理作业。

b. 在办公室物资和其他费用的 21 000 美元中，5 000 美元可以分配至电话成本，这部分成本可以在航运作业和批发商作业上平均分配。另外的 2 400 美元 /年的费用用来支付互联网连接，这部分费用的大部分（80%）分配给研究作业，剩下的费用是事务管理的成本。所有的其他办公室物资和成本分配给事务管理作业。

要求：

(1) 请根据作业编制下一年度的作业基础预算，使用预计销售水平。

(2) 请在要求 1 的预算基础上，给出 Gene 可以用来降低费用的活动的建议。

8.15 预算管理中的行为因素

一个有效的预算可以把组织的目的和目标转换成数据。预算作为蓝图服务于管理层的计划。预算也是控制的基础，对管理层表现的评价可以通过将实际结果和预期相比较来得到。

因此，编制预算是企业成功运作的关键部分。寻找资源来完成预算——从起始点至最终目标——需要大量应用人力资源。管理层如何认识他们在预算过程中的角色，对成功地运用预算作为一个有效的工具来计划、交流和控制是非常重要的。

要求：

(1) 请讨论当公司的管理层在执行（a）一个强制性预算方法和（b）一个参与性预算方法时，对计划和控制行为的影响。

(2) 交流在决定预算流程中使用了参与性预算还是强制性预算的过程中扮演了一个很重要的角色。

a. 请讨论这两个预算方法中交流流程的不同之处。

b. 请讨论与这两个预算方法中交流流程相关的行为影响。

第9章 标准成本法：一种基于职能的控制方法

学习本章之后，您可以：

① 描述单位投入要素的标准是如何建立的，并解释标准成本系统为什么被人们所认可。

② 说明编制标准成本计算表的目的。

③ 计算并记录直接材料和直接人工差异，并解释如何在控制中运用这些差异。

④ 以三种不同方法计算制造费用差异，并解释制造费用的核算。

⑤ 计算直接材料和直接人工的组合差异和产出差异。

预算有助于管理者制订计划并设立用于控制和评估管理业绩的一系列标准。在第8章，我们知道预算可被分为静态预算和弹性预算。静态预算对于评估效率而言不是特别有用，其主要的应用价值在于评估作业活动是否达到目标水平，因而可以在评价管理效率方面提供一些数据支持。弹性预算通过将相同作业水平下的实际收入和成本与相应的预算数进行比较，从而评价管理效率。弹性预算差异给管理者提供了重要的信息反馈，但未能揭示资源差异是否由投入要素价格或投入要素产量或两者共同所引起。

9.1 建立单位投入要素的标准

尽管弹性预算差异能为控制提供重要的信息，但是制定投入要素的价格标准和数量标准更能详细说明差异产生的原因。价格标准(price standards）是指所需投入要素量的应付金额。数量标准(quantity standards）是指单位产出所需的投入要素量。单位标准成本(unit standard cost）可以通过这两个标准相乘得到：价格标准×数量标准(SP×SQ)

例如，Heldo Company 是一家生产冰淇淋和酸奶的公司，它确定每夸脱的酸奶需要使用25盎司酸奶（数量标准），酸奶的价格为每盎司0.04美元（价格标准），则每夸脱酸奶的标准成本为1美元（＄0.04×25）。酸奶的这一标准成本可以用来预计随着作业产量的变化，酸奶的总成本应为多少，这也成为一个弹性预算的方程式。如果生产20 000夸脱酸奶，那么酸奶的预计总成本为20 000美元（＄1×20 000）；如果生产30 000夸脱酸奶，酸奶的总成本则为30 000美元（＄1×30 000）。

9.1.1 标准的建立

建立标准需要各种资源的重要数据。历史经验、工程分析以及来自实际经营人员的信息是数量标准的三个潜在来源。但需要谨慎使用历史经验，因为采用过去的投入—产出关系，可能会使低效的经营持续下去。工程师们与操作人员可以针对所投入要素数量的效率水平提供有价值的信息。制定投入要素的价格标准也与此类似。价格标准的制定是经营部门、采购部门、人力资源部门和会计部门的共同责任。经营部门确定所需投入要素的质量，采购部门、人力资源部门负责以最低价格购进所需的符合质量要求的投入要素。市场因素、行业商会和其他外部因素的作用将可选择的价格标准限定在一定的范围内。在制定价格标准的过程中，采购部门必须考虑到折扣、运费和质量等因素；而人力资源部门则要考虑工资税、额外福利和聘用人员的资格等因素；会计部门则负责记录价格标准并编制报告，并对实际业绩和标准业绩进行比较。

标准一般被分为理想标准和现实可达到标准两种类型。**理想标准**（ideal standard）要求效率最大化，并且只有在一切操作都尽善尽美的情况下才能实现，不允许出现机械故障、松懈或是技术不熟练（即使只是暂时的技术生疏）等情况。**目前达到标准**（currently attainable standard）可以在高效操作的情况下实现。它为正常的故障、中断和有待提高的技术等情况预留了空间。这类标准虽然要求较高，但是可以实现。对于制定标准，人们必须更加谨慎。如果因标准过于严格而不能实现，那么工人们就会感到沮丧，从而导致业绩水平的下降。但是，富有挑战又可以实现的标准则可以激发人们实现更高的业绩水平——尤其是当受标准约束的人员参与了该标准的制定的时候，情况更是如此。

9.1.2 改进的标准

另一种标准——改进的标准也是有可能的。**改进的标准**（kaizen standards）是持续改进的标准。它们反映了计划的可变性，也是一种现实可达到标准。改进的标准致力于降低成本，并且因为其强调可持续性的改变，因而也在不断地变化。第12章将详细讨论改进的标准。本章着重讲解标准成本系统。

（1）标准与作业成本法（standards and activity-based costing）

在作业系统中，标准也发挥着重要作用。一项作业的成本由每项作业所消耗的资源决定。标准的消耗模式根据历史经验来确定。上例中使用标准的目的就是为了简化成本的分配，在第4章讲解了使用标准的这种目的。作业系统也是用标准来控制，此时人们特地将控制定义为降低成本。作业被分类为增值作业和非增值作业两大类，第12章将阐述作业控制。

9.1.3 标准成本系统的使用

标准成本系统被广泛使用。例如，根据一份研究报告，74%的问卷回答者都使用标准成本系统，主要强调其用于计划和控制的作用。采用标准成本系统主要是因为成本管理、提升计划和控制、帮助制定决策以及产品成本计算。

（1）成本管理

标准成本允许管理者通过建立反映高效操作情况的标准来管控成本。它有助于管理者知道为提高现在和将来的业绩需要做些什么。而且，对于公司所关心的持续改善，改进的标准也有助于显著地减少成本。

（2）计划与控制

标准成本系统可以提高计划与控制的水平，并且可以改善业绩的评价。单位标准是弹性预算的一个基本要求，而弹性预算又是有意义的计划与控制系统的关键特征。预算控制系统通过计算差异，即实际作业水平下的实际成本和计划成本之间的差异，来比较实际成本与预算成本。通过制定单位价格标准和数量标准，总体差异可以被分解为价格差异和用量或效率差异。通过这种分解，经理人员可以得到更多的信息。例如，经理人员可以判断差异的产生是源于计划价格与实际价格的不一致，还是计划用量与实际用量的不一致，或是两者兼而有之。使用效率差异可以提高控制的水平。此外，该系统还排除了经理人员难以施加控制的价格差异，从而提供了一个计算管理效率的改进指标。

(3) 制定决策和产品成本计算

标准成本系统对制定决策和产品成本计算都是有用的。标准成本系统提供了可用于定价决策的现成的单位成本信息。这一点对于那些参与广泛投标的企业以及基于成本加成而定价的企业来说是尤其有用的。标准产品成本由直接材料、直接人工、制造费用的数量标准和价格标准所决定。与常规成本系统不同，该系统预先确定制造费用以计算产品成本，而且使用实际成本将直接材料和直接人工分配到产品中。实际成本系统则是将三种生产投入要素按实际成本分配到产品中。图表 9-1 总结了这三种成本分配方法。

图表 9-1 **成本分配方法**

	制造成本		
	直接材料	**直接人工**	**制造费用**
实际成本计算系统	实际	实际	实际
正常成本计算系统	实际	实际	预计
标准成本计算系统	标准	标准	标准

标准成本还可以简化分步加工行业的产品成本计算。比如，如果在分步成本系统中使用标准成本来分配生产成本，那么就没有必要为每一类成本项目计算一个单位成本。单位标准成本可以根据直接材料、转入直接材料和加工成本等各个项目[①]而制定。通常，标准分步计算系统会使用先进先出法来计算约当产量，也就是计算当期的约当产量。通过计算当期的约当产量，可将当期的实际生产成本与标准成本（当期产量的成本）进行比较，以便于控制。

9.2 标准成本计算表

标准成本可以同时用于制造型和服务型组织。产品和服务都要投入直接材料、直接人工、制造费用等要素。标准成本法仅为所投入的要素建立价格和数量标准，而不管这些投入要素是否与有形或无形的产品相联系。以医院为例，说明标准成本法在服务型组织中的使用。医院成本系统经常使用被称为相对值单位（RVU）的同质工作单位，一个相对值单位计算完成某一过程所耗的相关时间。例如，三个 RVU 的测试将花费一个相对值单位测试的三倍的时间。部门通过用医院各部门的变动直接人工成本除以该部门的 RVU 数量，就可以得出一些历史标准。将每 RVU 的标准直接人工成本与某个程序的 RVU 相乘就得到该程序的标准直接人工成本。

可以分别为生产产品或提供服务所需的直接材料、直接人工和制造费用等项目建立标准成本。产品的**单位标准成本**(standard cost per unit) 就是上述这些标准成本之

① 如果您没有读过分步成本法（第 6 章），那么您就不能理解标准成本法的优点。但是，这个观点仍然是有一定道理的。标准成本法可以减少计算的工作量。

和。**标准成本计算表**(standard cost sheet) 详细说明了标准单位成本的计算。为了解释清楚，让我们为 Heldo Company 生产的一夸脱高级草莓冷冻酸奶编制标准成本计算表。冷冻酸奶的生产需要制造两种不同的混合物。第一种混合物包括牛奶和凝胶，将这两部分混合搅拌，加热后冷却。第二种是酸奶、生奶油和碾碎的草莓的混合物。这两种混合物被混合在一起，充分中和，最终的混合物被倒入一个一夸脱容器中冷却。整个过程都是自动化处理。只用工人来操作机器，并在一旁检查产品的浓度和鉴定其口味。标准成本计算表如图表 9-2 所示。

图表 9-2 **高级冷冻酸奶的标准成本计算表**

项目	标准价格		标准数量		标准成本	小计
直接材料:						
酸奶	$ 0.04	×	25 盎司	=	$ 1.00	
草莓	0.02	×	10 盎司	=	0.20	
牛奶	0.03	×	8 盎司	=	0.24	
奶油	0.05	×	4 盎司	=	0.20	
凝胶	0.02	×	1 盎司	=	0.02	
容器	0.06	×	1	=	0.06	
直接材料合计						$ 1.72
直接人工:						
机器操作工	16.00	×	0.01 小时	=	$ 0.16	
直接人工合计						0.16
制造费用:						
变动性制造费用	12.00	×	0.01 小时	=	$ 0.12	
固定性制造费用	40.00	×	0.01 小时	=	0.40	
制造费用合计						0.52
标准单位成本合计						$ 2.40

生产草莓冷冻酸奶需要五种原料：酸奶、草毒、牛奶、奶油和凝胶。放置酸奶的容器也被归类为直接材料。直接人工主要指操作工。变动性制造费用根据直接人工工时来分配，由三部分组成：燃气（用于熬煮)、电（用来开动机器）和水（用来清洗)。固定性制造费用也根据直接人工工时来分配，包括工资、折旧、税金和保险。注意：生产 1 夸脱的冷冻酸奶需要 37 盎司的液体混合物（酸奶、牛奶和奶油)。原料投入的数量较多，其中有两个原因：一是一些液体被蒸发掉了；二是 Heldo Company 希望每个容器中的酸奶稍多于 32 盎司以确保消费者满意，同时也使重量与指标达到各州的官方要求。

图表 9-2 同时也揭示了一些其他重要信息。变动性与固定性制造费用的标准消耗数量与直接人工标准相挂钩。变动性制造费用的分配率是每小时 12 美元。由于一夸脱的冷冻酸奶需要 0.01 小时，那么分配到 1 夸脱产品上的变动性制造费用就是

0.12 美元（$12.00×0.01）。对于固定性制造费用，分配率是每小时 40 美元，这使得每夸脱产品的固定性制造费用成本是 0.4 美元（$40×0.01）。使用直接人工工时作为分配制造费用的唯一动因揭示了 Heldo Company 所使用的控制系统是传统的基于产量的成本会计系统。

标准成本计算表揭示了每单位产出所需的每项投入要素量。单位数量标准可用来计算实际产出的标准投入要素量。这是计算效率差异的必要组成部分。经理人员应该能够计算出实际产量下的**所需标准直接材料数量**（standard quantity of materials allowed，SQ）和**所需标准工时**（standard hours allowed，SH）。对每一种直接材料和直接人工都要进行这样的计算。基础 9.1 说明了实际产量下的标准数量是如何计算出来的。

基础 9.1：如何以及为何计算所需标准数量（SQ 和 SH）

资料：

4 月份的第一周，Heldo 公司生产了 20 000 夸脱的冷冻草莓酸奶。图表 9-2 说明了每夸脱产品的单位数量标准是 25 盎司酸奶，单位直接人工小时是 0.01 小时。

为什么：

单位标准必须转换为实际产量所需的投入要素标准，以便确定对各种资源的需要量。经理人员可以在计划（为了估计计划产量的需要量）和控制（为了与实际数量相比较）中使用所需的标准数量（数据）。

要求：

a. 请计算生产 20 000 夸脱的冷冻草莓酸奶需要使用多少盎司酸奶。

b. 请计算生产 20 000 夸脱的产品需要多少直接人工小时。

c. **如果**4 月份的第一周生产了 22 000 夸脱的产品，那么**结果会是怎样的？**酸奶和直接人工小时的标准数量比要求 a、b 中所计算的数据是高还是低呢？新的标准数量是什么？

解答：

a. 应使用的酸奶：

SQ = 单位数量标准×实际产量
= 25×20 000
= 500 000 盎司

b. 应使用的直接人工小时

SH = 单位直接人工标准×实际产量
= 0.01×20 000
= 200 直接人工小时

c. 如果要生产 22 000 夸脱而不是 20 000 夸脱的产品，那么使用的标准数量应增加，因为生产更多的冷冻酸奶将会使用更多的酸奶和直接人工工时。SQ 为 550 000 盎司（25×22 000），SH 为 220 小时（0.01×22 000）。

9.3 差异分析和会计处理：直接材料和直接人工

弹性预算可用来列示在实际作业水平下应发生的成本。这个数字等于实际产出所需的投入要素量乘以该投入要素的标准单价。用 *SP* 代表投入要素的标准单价，*SQ* 代表实际产出所需的标准数量，那么计划或预算的投入要素成本就是 *SP×SQ*。实际投入要素成本是 *AP×AQ*，这里 *AP* 代表单位投入要素的实际价格，*AQ* 是实际投入要素量。**总预算差异**(total budget variance) 是投入要素的实际成本与计划成本的差额。

总差异 = (AP×AQ) - (SP×SQ)

总预算差异计算直接人工和直接材料的实际成本与实际作业下的预算成本之间的差额。尽管能够发现标准成本是否与计划成本相符就已经实现了一定的管理目的，但详细的标准成本卡片能使经理人员明确总成本与计划成本在哪些方面存在差异。下一节将讨论总成本如何被分解为直接材料的价格和数量差异以及直接人工的价格和效率差异。

9.3.1 直接材料的价格差异和数量差异

总差异可以被分解为价格差异和数量差异。**价格（工资率）差异**(price (rate) variance) 是投入要素的实际单价与标准单价的差乘以所耗用的投入要素量。**数量（效率）差异**(usage (efficiency) variance) 是投入要素的实际数量与标准数量的差乘以投入要素的标准单价。当实际价格或数量高于标准价格或数量时，就产生了**不利差异**(unfavorable variance)。反之，就产生**有利差异**(favorable variance)。每一个非零差异都必须标为有利差异或不利差异。这使得经理人员明白偏离标准的方向。

价格和数量差异能够使用公式或三叉图法计算出来。选择哪种方法根据个人的喜好，一些人觉得公式很有意义，其他人则喜欢图示方式。这些方法将在本章的后半部分说明。首先，我们来为直接材料的价格和数量差异建立公式。

令：

AP = 单位实际价格

SP = 单位标准价格

AQ = 直接材料的实际生产用量

SQ = 基于实际产量的标准数量

MPV = 直接材料价格差异

MUV = 直接材料数量差异

直接材料价格差异(direct materials price variance, MPV) 是指直接材料的实际支付额与按实际购买量乘以标准（购买）单价得到的应付额之间的差异。直接材料价格差异的计算如下：

MPV = (AP×AQ) - (SP×AQ)

或提取同类项，得到：

MPV = (AP-SP) ×AQ

用实际单价与标准单价之间的差异乘以实际数量就可得到 *MPV*。如果实际价格大于标准价格，则 *MPV* 为不利差异 (U)；相反则为有利差异 (F)。

直接材料数量差异(direct materials usage variance, MUV) 是指直接材料在标准单价下的实际所用数额与按标准用量乘以标准单价得到的应用数额之间的差异。直接材料数量差异的计算如下：

MUV＝（SP×AQ）－（SP×SQ）

或提取同类项，得到：

MUV＝（AQ－SQ）×SP

用直接材料实际数量与标准数量之间的差异乘以标准单价就可得到*MUV*。如果实际数量大于标准数量，则*MUV*为不利差异（U）；反之则为有利差异（F）。基础9.2演示了如何以及为何计算直接材料的价格和数量差异。

基础9.2：如何以及为何计算直接材料价格差异（MPV）与数量差异（MUV）

资料：

Heldo公司提供关于公司4月份生产的高级草莓冷冻酸奶的如下信息：

实际产量：30 000夸脱

实际酸奶用量：745 000盎司（没有期初和期末存货）

每盎司酸奶的实际价格：0.05美元

回顾图表9-2可知，单位数量标准为每夸脱使用25盎司的酸奶，酸奶的标准价格为每盎司0.04美元，标准直接人工工时为每夸脱0.01小时。

为什么：

总直接材料差异是由于直接材料的实际价格与计划价格的不同，或者实际用量与预算用量的不同，或者两者兼而有之而引起的。计算直接材料价格差异与数量差异可使经理人员明白差异到底是由价格，还是数量，还是两者共同造成的。任何差异都能被深入调查以发现是否存在问题。

要求：

a. 请计算用于4月份实际产量的冷冻酸奶的标准量（*SQ*）。

b. 请用公式法计算4月份直接材料的价格差异（*MPV*）和数量差异（*MUV*）。

c. 请用图示法计算4月份直接材料的价格差异（*MPV*）和数量差异（*MUV*）。

d. 请计算4月份酸奶的总直接材料差异。

e. **如果**每盎司酸奶的实际价格为0.04美元，那么**结果会是怎样的**？将会对直接材料价格差异产生什么影响？对直接材料数量差异又如何？

解答：

a. 所需酸奶：

SQ＝单位数量标准×实际产量

＝25×30 000

＝750 000盎司

b. 公式（被用作推导直接材料差异的方法，因为直接材料购买量不同于直接材料使用量）：

直接材料价格差异（*MPV*）＝（AP－SP）×AQ＝（＄0.05－＄0.04）×745 000

＝＄0.01×745 000＝＄7 450U

直接材料数量差异（*MUV*）＝（AQ－SQ）×SP＝（745 000－750 000）×＄0.04

＝（5 000×＄0.04）＝＄200F

c.

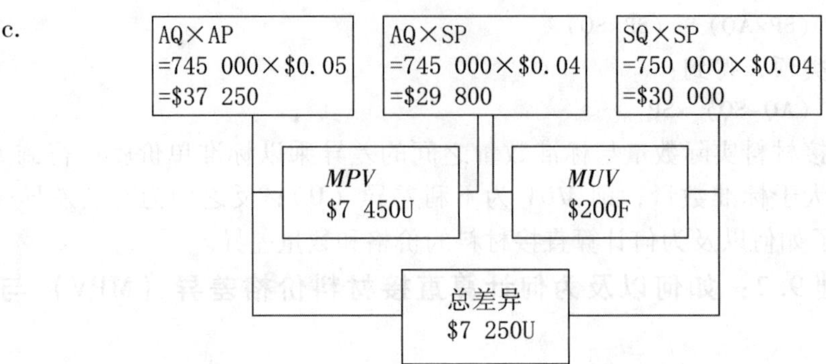

d. 总直接材料差异＝（AP×AQ）－（SP×SQ）＝MPV+MUV

＝（＄0.05×745 000）－（＄0.04×750 000）

＝＄37 250－＄30 000＝＄7 250U

请注意＄7 250U 等于 MPV 与 MUV 之和。

（MPV+MUV）＝＄7 450U+＄200F＝＄7 250U

e. 如果实际价格为每盎司 0.04 美元，它完全等于标准价格，那么直接材料价格差异为零。这对数量差异没有影响，因为实际价格没有用于数量差异的计算。

简化起见，基础 9.2 仅仅计算一种投入要素，酸奶的价格差异与数量差异。Heldo 公司将要计算每种直接材料的这两个差异。

（1）价格差异计算的时间点

直接材料价格差异可在下列两个时间点计算：①生产领用直接材料的时候；②采购直接材料的时侯。在购买直接材料时计算其价格差异比较好。对差异信息越早知道越好。知道信息越及时就越有可能采取合适的管理手段。过时的信息通常是没用的信息。直接材料在生产耗用前可能要留存几个星期或几个月。等到（生产领用时）计算出直接材料价格差异并揭示出问题时，再采取改进措施可能为时已晚。或者，即使改进措施仍然可行，但这种耽搁也会给公司造成数千美元的损失。

如果在购买时计算直接材料价格差异，那么 *AQ* 就变成了所购直接材料的实际数量，而不是实际使用的直接材料数量。因为购买数量可能会和使用数量不同，所以预算直接材料总差异可能就会不等于直接材料价格差异和直接材料数量差异的总和。如果本期购买的直接材料在计算差异的当期全部投入生产，那么这两个差异之和就会等于总差异。如果不是这样，那么唯一的办法就是使用公式法来计算每一种直接材料的差异。三叉图法将失去作用。

现实案例

直接材料价格差异能给管理层一个较早的关于价格上涨的预警，因为价格上涨将会对产量和销量造成影响。例如，密切关注啤酒花（它会导致独特的苦啤味和酒香味）的价格可以帮助啤酒生产商预计其价格涨势对销量的影响。一些酿酒商使用此信息来寻找其他品种的啤酒花作为替代。其他酿酒商则通过签订长期合同来锁定一个稳定的价格。然而，仍有其他厂商开始制定最终产品的逐步上涨的价格。

（2）直接材料数量差异计算的时间点

当直接材料被领用投入生产时，就应该计算直接材料数量差异。为了便于计算，许多公司使用三种表格：材料的标准清单、彩色标记的超额用量单、彩色标记的退料单。**材料的标准清单**(standard bill of materials) 上列明了按预定生产量生产所需的直接材料标准数量。图表 9-3 给出了 Hadelo 公司的一个材料的标准清单。

材料的标准清单相当于一个领料单。生产部门管理者将这张清单交给材料的管理者，然后就可以按预计生产量所需的材料的标准数量领用材料。当生产部门管理者不得不要求领用更多原直接材料时，就需使用超额用量单。这种单据的颜色不同于材料的标准清单，它可以用来向生产部门管理者立即反馈信息，让他知道现在所用的直接材料已经超支了。如果实际使用的原直接材料少于标准使用数量，生产部门管理者可以填制一张退料单，将余料连同退料单一同退还给直接材料部门。这张表也提供了及时的反馈信息。

图表 9-3 **材料的标准清单**

产品名称：	**冷冻草莓酸奶**	**产出 3 000 夸脱**
直接材料	**单位标准**	**总需求量**
酸奶	25 盎司	750 000 盎司
草莓	10 盎司	300 000 盎司
牛奶	8 盎司	240 000 盎司
奶油	4 盎司	120 000 盎司
凝胶	1 盎司	30 000 盎司
容器	1 个容器	30 000 个容器

9.3.2 直接材料价格与数量差异的会计处理

作为一种惯例，在标准成本系统下，所有的存货都以标准成本计价。存货账户从来不使用实际成本。遵循这种惯例意味着，要在购买直接材料时就计算其价格差异。在记录差异时，不利差异总是记在借方而有利差异总是记在贷方。在标准成本系统下采购直接材料账务处理的一般形式如下所示。这笔分录假定存在一个不利的 *MPV*，其中 *AQ* 是指所购数量。

借：直接材料	SP×AQ	
直接材料价格差异	(AP-SP) ×AQ	
贷：应付账款		AP×AQ

以 Heldo 公司为例，购买酸奶的账务处理如下：

借：直接材料	29 800	
直接材料价格差异	7 450	
贷：应付账款		37 250

当领用直接材料时，需要确认直接材料数量差异。发出直接材料的标准成本记到在产品账户中。假设存在一个不利的 MUV，记录直接材料发出和使用的分录的一般形式如下：

借：在产品	SQ×SP
直接材料数量差异	(AQ-SQ) ×SP

贷：直接材料 AQ×SP

Heldo 公司的 5 月份第一周的酸奶使用的分录如下：

借：在产品 30 000

贷：直接材料数量差异 200

直接材料 29 800

9.3.3 直接人工差异的计算与会计处理

(1) 直接人工差异的计算

直接人工的工资率（价格）差异和效率（数量）差异可以用三叉图法或公式法来计算。首先，我们阐述公式法计算差异的原理。然后，基础 9.3 将揭示如何以及为何使用公式和图示来计算这些差异。

基础 9.3：如何以及为何计算直接人工的工资率差异（*LRV*）和效率差异（*LEV*）

资料：

Heldo 公司提供的 4 月份高级草莓冷冻酸奶的生产信息如下：

a. 实际产量：30 000 夸脱

b. 实际直接人工小时：325 小时

c. 实际的每小时工资率：15.90 美元

图表 9-2 揭示了单位数量标准为每夸脱 0.01 小时，标准工资率为 16 美元每小时。

为什么：

总直接人工差异是由于直接人工的实际与计划工资率之间存在差异，或者实际产量下的实际工时与标准工时之间存在差异造成的，或者两者兼而有之。计算直接人工工资率差异（*LRV*）和效率差异（*LEV*）能让经理人员知道差异到底是由工资率，还是工作小时，还是两者共同造成的。任何差异都能被深入调查以发现是否存在问题。

要求：

a. 请计算 4 月份冷冻酸奶实际产量应耗费的标准直接人工小时。

b. 请使用公式法计算 4 月份直接人工工资率差异（*LRV*）和效率差异（*LEV*）。

c. 请使用图示法计算 4 月份直接人工工资率差异（*LRV*）和效率差异（*LEV*）。

d. 请计算 4 月份酸奶的总直接人工差异。

e. **如果**4 月份实际工作小时仅仅为 295 个小时，那么**结果会是怎样的？**对直接人工工资率差异会产生什么影响？对效率差异呢？

解答：

a. 实际产量下的标准直接人工小时：

SH＝单位产量标准×实际产量

＝0.01×30 000

＝300 小时

b. 公式：

人工工资率差异（LRV）=（AR−SR）×AH=（$ 15.90−$ 16.00）×325

= $ 0.10×325 = $ 32.50F

人工效率差异（LEV）=（AH−SH）×SR=（325−300）×$ 16.00

=25×$ 16.00 = $ 400U

c.

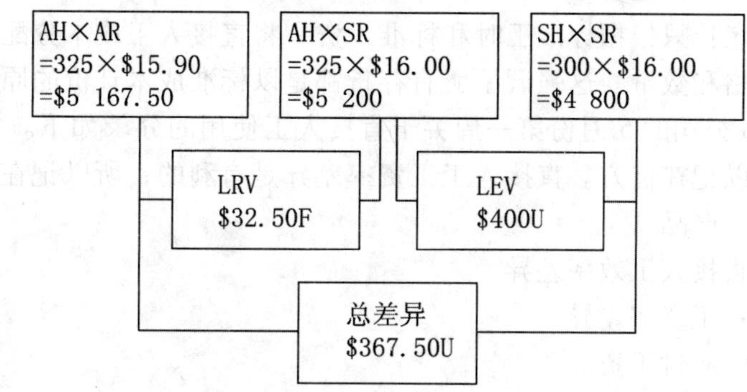

d. 总直接人工差异 =（AR×AH）−（SR×SH）= LRV+LEV

=（$ 15.90×325）−（$ 16.00×300）

= $ 5 167.50−$ 4 800

= $ 367.50U

e. 如果 4 月份工作了 295 个小时，则工资率差异将会减少到 29.50 美元（295×$ 0.10）。效率差异将是有利的，因为 295 小时低于实际产量下的标准工时。在本例中，LEV 将为 80 美元 F［（295−300）×$ 16.00］。

（2）工资率与效率差异：公式法

直接人工工资率差异（direct labor rate variance，*LRV*）计算直接人工的实付工资和应付（标准）工资之间的差异：

LRV=（AR x AH）−（SR x AH）

或者，提取同类项，可以得到：

LRV=（AR−SR）×AH

式中，AR=实际的每小时工资率；

SR=标准的每小时工资率；

AH=实际直接人工工时。

直接人工效率差异（direct labor rate efficiency variance，*LEV*）计算实际使用的直接人工工时和本应使用的直接人工工时之间的差额：

LEV=（AH×SR）−（SH×SR）

或者，提取同类项，可以得到：

LEV=（AH−SH）×SR

式中，AH=实际直接人工工时；

SH=标准直接人工工时；

SR=标准的每工时工资率。

（3）工资率差异和直接人工效率差异的会计处理

当工资率差异和直接人工效率差异发生时，应同时编制分录以记录。会计分录的

一般形式如下所示。(假定出现了有利工资率差异和不利直接人工效率差异)

借：在产品	SH×SR	
直接人工效率差异	(AH-SH) ×SR	
贷：工资率差异		(AR-SR) ×AH
应付工资		AH×AR

请注意：只根据标准工时和标准工资率将直接人工成本分配到在产品中。不使用实际的价格和数量。这强调了所有存货都是以标准成本计价的原则。

Heldo公司的5月份第一周关于直接人工使用的分录如下。由于效率差异是不利差异，所以记在借方。直接人工工资率差异是有利的，所以记在贷方。

借：在产品	4 800. 00	
直接人工效率差异	400. 00	
贷：工资率差异		32. 5
应付工资		5 167. 5

9. 3. 4　对直接材料和直接人工差异的调查

实际业绩很少能达到事先所建立的标准，而且管理者也不会期望如此。围绕着标准的任意偏差都有可能发生。正因为如此，管理者应该在心中有一个可接受的业绩变动范围。当差异在这个范围内时，它们被认为是由随机因素引起的。当差异超出这个范围时，差异可能是由非随机因素——可能是管理者可控的因素，也可能是不可控因素——引起的。在不可控的情况下，管理者需要修改标准。对于可控的情况，只有在调查行动及纠错行为的预期收益大于预计成本时，才能采取调查行动。在做这种成本效益评估时，管理者必须考虑该差异是否还会再次发生。如果是这样，那么这个过程就可能是永久性的失控，这就意味着如果采取纠正措施，只会有周期性（短期性）的成本节约。例如，以Heldo的不利的直接材料价格差异为例。假设调查表明不利价格差异是由于所购的草莓质量高于所需的质量而引起的。在该例中，新的采购部门错误地买到了大个的、外形美观、适合装饰的草莓，而不是适合压碎和混合成冰冻酸奶混合物的草莓。该部门只是培训了如何区分不同等级的草莓，但没有培训去注意更深层次的问题。

因为很难逐个地评估对各个项目进行差异分析的成本和收益，所以许多公司都采取只有在差异超出可接受范围时才进行调查的总体原则。可接受的变动范围就是标准量加上或减去一个可接受的偏差。可接受的变动范围的上下限叫做**控制极限**(control limits)。控制上限是标准加上可接受的偏差，控制下限是标准减去可接受的偏差。现行的做法是主观地设置控制界限：管理层根据过去的经验、直觉和判断，决定可接受的偏离标准的差异。

控制极限通常用标准百分比和一个绝对金额值来同时表示。比如，可接受的偏差可以表示为小于标准数的10%或10 000美元。换句话说，管理层不会接受一个超过10 000美元的偏差，即使这个偏差不到标准数的10%。反之，即使偏差的绝对数不到10 000美元，但如果超过了标准数的10%，人们也要对其进行调查。正规的统计程序也可以被用来建立控制极限。这种方式会减少主观性，并且经理人员还能估计随机因素引起差异的概率。但这类正式程序没有被普遍接受。基础 9.4 演示了如何以及为何运用控制极限来指导差异调查的决策。

基础 9.4：如何以及为何运用控制极限来指导调查差异的决策

资料：

标准成本：100 000 美元；可接受的偏差为±10 000 美元。过去 6 个月的实际成本如下所示：

6 月份	$ 97 500	9 月份	$ 102 500
7 月份	105 000	10 月份	107 500
8 月份	95 000	11 月份	112 500

为什么：

由于实际成本很少完全等于标准成本，所以差异会频繁发生。调查差异是有一定代价的。因此，对经理们来说，制定一个规则是有意义的，即应告诉他们什么时候应该调查，以及什么时候可能后果不太严重（不必调查）。

要求：

a. 请计算每个月份的差异，哪个月份应该被调查？

b. 如果公司使用"双条件规则"（即同时满足两个条件）来调查差异，那么结果会是怎样的？可接受偏差至少为标准数的 5% 或 10 000 美元。现在，哪个月应该被调查呢？

解答：

a. 6 月份的差异＝$ 100 000－$ 97 500＝$ 2 500F

7 月份的差异＝$ 100 000－$ 105 000＝$ 5 000U

8 月份的差异＝$ 100 000－$ 95 000＝$ 5 000F

9 月份的差异＝$ 100 000－$ 102 500＝$ 2 500U

10 月份的差异＝$ 100 000－$ 107 500＝$ 7 500U

11 月份的差异＝$ 100 000－$ 112 500＝$ 12 500U

仅应该调查 11 月份，因为其差异超过标准 10 000 美元。

b. 标准成本的 5%＝0.05×$ 100 000＝$ 5 000

正如前述，仅调查 11 月份是因为其差异大于 10 000 美元。然而，现在 6 月份、8 月份、10 月份也该被调查，因为它们的差异超过标准数的 5%。

现实案例

来自制药行业的一个例子也许能非常清楚地说明调查差异的重要性。药物必须包含一定量的活性成分，这会增加或减少一小部分药品的重量（例如，阿司匹林要求每片有 5 克的活性成分，这会导致其重量在专业剂量的 90%～110% 之间）。美国食品和药物管理局（FDA）对国内外食品安全和药物管制的效率负责。一封匿名信警告 FDA 说，一家加拿大公司，Novoharm Ltd 公司生产的抗生素存在问题。简单说来，该药品的药性太强，并且可能随着有害细菌的扩散而破坏有用细菌。通过调查，FDA 发现（药品加工的）掺和步骤"没有得到较好的控制"。处理的结果就是，责令公司停止运送问题药品直至该生产步骤被完全纠正。另一个被 FDA 重点调查的是一家中国企业，海门制药厂。FDA发现该厂生产的抗白血病药物样本的药力很差。同样，这也是（实际产品）与标准产品之间存在的非常大的差异触发了这次调查。有趣的是，关于公司和药品需要做些什么的问题还不是十分明确。在本例中，FDA还没有撤销它的许可，因为该药物的供应量还不是很大。

（1）直接材料差异的控制责任

直接材料价格差异通常是由采购人员负责控制。毋庸置疑，直接材料价格中的很大一部分因素超出了采购人员的控制范围。但是，直接材料差异又常被诸如质量、数量折扣、采购地点和距离等因素所影响。这些因素通常是采购人员能够控制的。生产部门管理者通常对直接材料数量差异负责。使边角废料、废品和返工降到最小程度等都是管理者确保达到标准的方法。然而，差异经常是由于生产领域以外的原因引起的。比如，如果购买直接材料的质量较低，那么就很有可能生产出不合标准的产品。在这种情况下，责任就应该归到购买部门而不是生产部门。

使用价格差异来评估采购业绩有一些局限性，一味地强调达到或超过标准会导致一些不良的后果。比如，如果采购人员对产生有利差异的目标感觉到有压力，那么他或她就会购买一些便宜但低质的直接材料或为了获得数量折扣而购进过多的直接材料。就像价格差异一样，利用数量差异来评估（生产）业绩也可能会导致不良的行为后果。比如，对产生有利差异的目标感觉到有压力的生产部门管理者就很有可能允许将次品转给产成品库。尽管这样做可以避免直接材料浪费的问题，但是一旦因为产品质量不好而给顾客带来不便，就会影响到与客户之间的良好关系。

（2）直接人工差异的控制责任

工资率在很大程度上是由一些像劳动力市场和工会协议等外部因素所决定的。出现工资率差异的原因，通常是因为用平均工资率取代了标准工资率，或者让熟练的高薪工人从事了技术性要求较低的工作。不同的工人从事特定作业的工资率通常是不同的，这主要是因为工人们的资历级别不同。我们通常选择平均工资率，而不是反映不同级别的不同标准工资率。当不同级别的工人组合结构发生变化时，平均工资率也会随之变动，这时就会出现工资率差异。这说明需要一个新的标准来反映新的级别组合。导致工资率差异的这个原因是不能被控制的。

然而，直接人工的使用对于生产部门管理者来说却是可控的。让熟练工人去从事技术性要求较低的工作（或相反），是由生产部门管理者自己决定的。由于此原因，造成的工资率差异的责任可以归于那些能够决定如何使用人工的个人（管理者）。效率差异也同样如此。然而，和其他所有差异一样，一旦查明原因，也有可能发现是其他部门或人员的责任。比如，机器经常出现故障，可能会引起生产的中断、劳动力的使用效率不高。但是，引起机器故障的原因可能是机器的维护不当。如果是这样，那么维修部门管理者就应该对这个不利的直接人工效率差异负责。

如果过于注重直接人工差异，那么就很可能会导致生产部门管理者出现逆向选择行为。比如，为了避免由于可能发生的返工而浪费时间，生产部门管理者就很可能故意将次品转到产成品库。

9.3.5 直接材料和直接人工差异的处置

许多公司在年末处置差异，可将它们结转到产品销售成本中，也可在在产品、产品销售成本、产成品之间进行分摊（prorating）。如果差异不是很大，那么最省事的办法就是将它们分配到产品销售成本中。在这种情况下，差异账户的借方余额（反映整体的不利差异）将要求用相同的金额贷记该账户（以使最终余额为零）并相应地借记产品销售成本。借记产品销售成本将会增加总成本，这是有道理的，因为原始产品销售成本是以标准成本计算的，但是不利差异意味着实际成本高于标准成本。因此，年末必须增加产品销售成本来反映更高的实际成本。当然，有利差异将贷记产品销售成本以使实际成本低于标准成本。

如果差异被认为是重大的，那么通常使用分摊方法。促进使用这种分摊方法的原因是 GAAP 要求存货和产品销售成本必须以实际成本予以披露。但是，如果差异反映的是无效率的结果，那么将无效率的成本确认为资产的做法，就很难会被看作是合理的。如果把无效率成本作为期间费用来注销，那么就似乎比较符合逻辑了。如果使用分摊的方法，那么直接材料和直接人工差异就可以根据这三个存货账户的主要成本的总额按比例进行分配。基础 9.5 揭示了如何以及为何在年末结平差异账户。

其他的分摊方法也是可能的。比如，可以根据三个存货账户的直接材料成本比例来分配直接材料差异，以及可以根据总直接人工成本比例来分配直接人工差异。一些人甚至认为应该还有更好的差异分配方法。比如，直接材料价格差异可以分配到 MUV、材料存货账户、在产品、产成品和产品销售成本等账户之中（其他几种差异则仅仅在三个存货账户之间进行分配）。

基础 9.5：如何以及为何在年末结平差异账户

资料：

Heldo 公司年末直接材料和直接人工差异账户中有如下余额：

	借方	贷方
直接材料价格差异	$ 45 600	
直接材料数量差异	5 800	
直接人工工资率差异	4 350	
直接人工效率差异		$ 61 250

未调整的产品销售成本 = 982 140 美元；未调整的在产品 = 205 700 美元；未调整的产成品 = 143 000 美元。

为什么：

公司也许全年都采用标准成本计价，但是必须在年末将成本和存货调整为实际成本。因此，差异账户必须结转，余额结转至产品销售成本中（差异不是很大时），或者在产品销售成本、在产品、产成品中进行分摊。

要求：

a. 假设差异账户余额不是很大，请将其归结到产品销售成本中。那么，结平差异后产品销售成本的余额是多少呢?

b. **如果**差异账户的余额很大，那么**结果会是怎样的?**产品销售成本的主要成本=767 520美元；在产品的主要成本=161 200美元；产成品的主要成本=111 280美元。请在此三个账户中进行分摊并编制用以结平的会计分录。在结平后，该三个账户调整后的余额是多少?

解答:

a.

借：效率差异	61 250	
贷：产品销售成本		61 250
借：产品销售成本	55 750	
贷：直接材料价格差异		45 600
直接材料数量差异		5 800
工资率差异		4 350

调整后的产品销售成本 = \$ 982 140+ \$ 45 600+ \$ 5 800+ \$ 4 350- \$ 61 250
= \$ 976 640

b.

	主要成本	百分比
在产品	\$ 161 200	15.5%
产成品	111 280	10.7
产品销售成本	767 520	73.8
合计	\$ 1 040 000	100.0%

总差异 = \$ 45 600+ \$ 5 800+ \$ 4 350- \$ 61 250= \$ 5 500F

借：效率差异	61 250.00	
贷：在产品（0.155× \$ 61 250）		9 493.75
产成品（0.107× \$ 61 250）		6 553.75
产品销售成本（0.738× \$ 61 250）		45 202.50
借：在产品（0.155× \$ 55 750）	8 641.25	
产成品（0.107× \$ 55 750）	5 965.25	
产品销售成本（0.738× \$ 55 750）	41 143.50	
贷：直接材料价格差异		45 600.00
直接材料数量差异		5 800.00
工资率差异		4 350.00

调整后的在产品 = \$ 205 700-0.155× \$ 5 500= \$ 205 700- \$ 852.50
= \$ 204 847.50

调整后的产成品 = \$ 143 000-0.107× \$ 5 500= \$ 143 000- \$ 588.50
= \$ 142 411.50

调整后的产品销售成本 = \$ 982 140-0.738× \$ 5 500= \$ 982 140- \$ 4 059
= \$ 978 081

9.4 差异分析：制造费用

对直接材料和直接人工来说，其总差异可被分解成价格差异和效率差异。总制造费用差异——预分配的制造费用和实际制造费用之间的差额也可以分成几个子差异。但到底要分解成几个子差异则取决于使用的差异分析方法。一般的差异分析法分别是二差异法、三差异法以及四差异法。四差异法提供了最为详细的信息资料，其子差异也可以合并起来，变成在稍后阐述的二差异法和三差异法中的子差异。

在进行制造费用差异分析时，假定仍采用一种传统的方法。标准制造费用采用分配率并用在第 4 章中讲述的方法计算得出。传统制造费用分配率的计算要使用产量动因，如直接人工工时和机器工时。本章中的制造费用分析假定直接人工工时是唯一的动因，因此，当我们说到变动性或固定性制造费用时，我们假定它是相对于一个产量动因——直接人工工时的变动或固定费用而言的。在第 12 章，差异分析将被扩展到一个更普遍的环境中，其中产量动因和非产量动因都被考虑到了。

9.4.1 计算制造费用差异的四差异分析法

四差异法计算两个变动性制造费用差异，两个固定性制造费用差异。我们首先将制造费用分成两类：变动性制造费用和固定性制造费用。接下来，我们看一看每一类制造费用的差异构成。变动性制造费用总差异被分成两部分：变动性制造费用开支差异和变动性制造费用效率差异。类似地，固定性制造费用总差异也可分为两部分：固定性制造费用开支差异和固定性制造费用产量差异。

基础 9.6 演示了如何以及为何计算变动性制造费用总差异。为了解释变动性制造费用差异，我们继续以 Heldo 公司为例。差异也许是在 5 月份发生的。

基础 9.6：如何以及为何计算变动性制造费用总差异

资料：

Heldo 公司提供了关于 5 月份的信息资料如下：

变动性制造费用分配率（标准）	\$ 12.00/直接人工工时[a]
实际变动性制造费用	\$ 16 120
实际工时	1 300
已生产的高级草莓冷冻酸奶	120 000
实际产量应使用的标准工时	1 200[b]
已分配的变动性制造费用	\$ 14 400[c]

[a] 参照图表 9-2 的标准成本卡。

[b] 标准直接人工工时 0.01×实际产量 120 000 夸脱（见图表 9-2，单位标准和价格）。

[c] \$ 12.00×1 200（制造费用根据实际产量应使用的标准工时进行分配）。

为什么：

变动性制造费用总差异是实际制造费用与基于实际产量水平预分配的制造费用之间的差额。经理人员能够发现是否存在差异并初步明白其原因。

要求：

a. 请计算变动性制造费用总差异。

b. **如果**实际产量为 110 000 夸脱，那么**结果会是怎样的**？这对变动性制造费用总差异会产生什么影响？

解答：

a. 变动性制造费用总差异＝实际变动性制造费用－（变动性制造费用分配率×标准工时）
＝＄16 120－（＄12×1 200）
＝＄16 120－＄14 400
＝＄1 720U

b. 如果仅生产了 110 000 夸脱的酸奶，那么应将使用更少的标准工时，所以变动性制造费用的弹性预算也将会减少。这样，变动性制造费用总差异将会是一个更大的不利差异。

正如我们在基础 9.6 中所看到的，Heldo 公司有 1 720 美元不利的变动性制造费用总差异。换言之，变动性制造费用实际开支超过了基于实际产量的应使用的变动性制造费用标准成本，差额为 1 720 美元。为什么会发生这种情况？我们通过将变动性制造费用总差异分解为变动性制造费用开支差异和变动性制造费用效率差异来深入探讨此问题。

9.4.2 计算变动性制造费用开支差异和变动性制造费用效率差异

变动性制造费用开支差异（variable overhead spending variance）衡量实际变动性制造费用分配率（*AVOR*）和标准变动性制造费用分配率（*SVOR*）之间差异的总的影响结果。实际变动性制造费用分配率是实际变动性制造费用除以实际工时。例如，实际变动性制造费用为 3 640 美元，实际工时为 1 400，则分配率为 2.60 美元（＄3 640÷1 400工时）。计算变动性制造费用开支差异的公式如下：

变动性制造费用开支差异＝（AVOR×AH）－（SVOR×AH）
＝（AVOR－SVOR）×AH

变动性制造费用被认为是随着产量变动而变动的。因此，变动性制造费用的变动与所耗用的直接人工工时的变动成正比。因此，**变动性制造费用效率差异（variable overhead efficiency variance）**是由于直接人工的有效（或无效）使用而引起变动性制造费用消耗量变动的数额。效率差异的计算公式如下：

变动性制造费用效率差异＝（SVOR×AH）－（SVOR×SH）
＝（AH－SH）×SVOR

基础 9.7 演示了如何以及为何计算变动性制造费用开支差异和变动性制造费用效率差异。使用公式法和三叉图法两种方法来解释。

基础 9.7：如何以及为何计算变动性制造费用开支差异和效率差异

资料：

Heldo 公司提供了关于 5 月份的信息资料如下：

变动性制造费用分配率（标准）	\$ 12.00/直接人工工时[a]
实际变动性制造费用	\$ 16 120
实际工时	1 300
已生产的高级草莓冷冻酸奶	120 000
实际产量应使用的标准工时	1 200[b]
已分配的变动性制造费用	\$ 14 400[c]

[a] 参照图表 9-2 的标准成本卡。

[b] 标准直接人工工时 0.01×实际产量 120 000 夸脱（见图表 9-2，单位标准和价格）。

[c] \$ 12.00×1 200（制造费用根据实际产量应使用的标准工时进行分配）。

为什么：

变动性制造费用总差异被分解为变动性制造费用开支差异和效率差异。开支差异揭示了实际变动性制造费用分配率与标准制造费用分配率的区别。效率差异表明了实际工时与标准工时之间的差异的影响。这些差异告诉经理人员应该去哪里调查制造费用差异（的产生原因）。

要求：

a. 请用公式法计算变动性制造费用开支差异。

b. 请用公式法计算变动性制造费用效率差异。

c. 请用三叉图法计算变动性制造费用开支差异和变动性制造费用效率差异

d. **如果**5 月份的实际直接人工工时为 1 190，那么**结果会是怎样的**？对变动性制造费用开支差异会产生什么影响？对变动制造费用效率差异的影响呢？

解答：

a. 变动性制造费用开支差异 =（AVOR－SVOR）×AH
= [（\$ 16 120÷1 300）－\$ 12.00] ×1 300
=（\$ 12.4－\$ 12.00）×1 300
= \$ 520U

b. 变动性制造费用效率差异 =（AH－SH）×SVOR
=（1 300－1 200）×\$ 12
= \$ 1 200U

c.

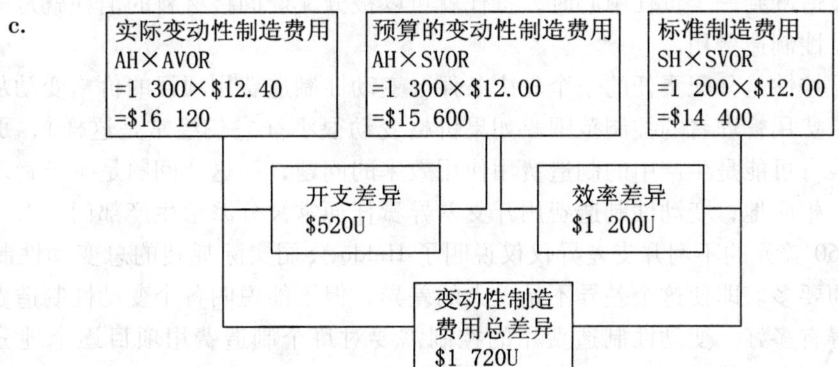

d. 如果5月份的实际直接人工工时为1 190，则变动性制造费用开支差异将会变大（更加不利）。然而，变动制造费用效率差异将是有利的，因为1 190小时小于实际产量应使用的标准工时。

9.4.3 对变动性制造费用差异的解释

变动性制造费用开支差异和效率差异可在经理人员进行成本控制时提供信息。

（1）对变动性制造费用开支差异的解释

变动性制造费用开支差异与直接材料和直接人工的价格差异相类似，但是它们之间有概念上的区别。变动性制造费用并不是由同类投入要素组成的——而是由大量的个别项目组成的，比如间接材料、间接人工、电力费、维护费等。标准制造费用分配率表示每一工时所发生的所有变动性制造费用项目的加权成本。这种每小时的标准成本和每小时实际成本之间的差额是一种价格差异。

个别的变动性制造费用项目价格的增加或减少，会导致变动性制造费用的开支差异。现在，假设个别制造费用价格的变动是开支差异产生的唯一原因。如果这个开支差异是不利差异，那么个别制造费用的价格上升是其原因。如果开支差异是有利差异，那么就是因为个别费用的价格下降。

如果价格变动是变动性制造费用开支差异的唯一原因，那么这个差异就与直接材料和直接人工的价格差异是完全类似的。然而，开支差异常常受制造费用是否得到有效的耗用的影响，在变动性制造费用的耗用中出现的浪费和无效率会使实际变动性制造费用增加。相应地，增加的费用反过来又从增加的实际变动性制造费用分配率中反映出来。因此，即使个别制造费用项目的价格等于预算或标准价格，仍然有可能会发生变动性制造费用的不利开支差异。类似地，效率的提高会降低实际变动性制造费用及其分配率。变动性制造费用项目的有效耗用可能会形成一个有利的开支差异。如果浪费影响占统治地位，那么就会出现不利的结果；如果高效率占统治地位，那么就会出现有利的结果。因此，变动性制造费用开支差异是价格和效率共同作用的结果。

许多变动性制造费用的项目同时受到好几个责任中心的影响。比如水电费（公用设施费）就是一个共同成本。要想把这种成本分配到一个特定的责任领域，需要将成本追溯到这个领域，而不是主观的分配。如果在一定程度上变动性制造费用的耗费可被追溯到一个责任中心时，责任就可以被分配。间接材料的消耗就是一种可追溯的变动性制造费用。

可控性是分配责任的一个先决条件。变动性制造费用项目的价格变动从实质上讲超出了费用管理者的控制范围。如果价格变动很小（它们经常是这样），那么开支差异就很有可能是生产中的制造费用使用效率的问题，而这个问题是生产管理者可以控制的。相应地，变动性制造费用开支差异责任通常被分派给生产部门。

560美元的不利开支差异仅仅说明了Heldo公司实际耗费的总变动性制造费用比预期的要多。即使这个差异不是重大的差异，但不能说明各个变动性制造费用的项目控制得有多好。变动性制造费用的控制需要对每个制造费用项目逐个地分析。图表9-4展示了一个要实现对变动性制造费用的良好控制所必需的分项目信息。假设Heldo公司只调查相对预算结果偏离10%的费用项目，（因此）电力、天然气成为需要调查的成本项目。调查结果显示：公用事业公司增加了电力和水的分配率。预计增加的价格将持续下去。在这种情况下，引起不利差异的原因已经超出了公司的控制范围。正确的反应是修改预算，使之反映电力和水所增加的成本。

图表9-4　**分项目的变动性制造费用开支差异**

Heldo公司的业绩报告

2013年5月31日

	成本分配率[a]	实际成本	预算数[b]	开支差异
天然气	$ 7.60	$ 9 640	$ 9 880	$ 240F
电力	4.00	5 850	5 200	650U
水	0.40	630	520	110U
总计	$ 12.00	$ 16 120	$ 15 600	$ 520U

[a] 每直接人工工时。

[b] 开支预算根据成本公式和1 300的实际直接人工工时计算而来。

（2）对变动性制造费用效率差异的解释

变动性制造费用的效率差异与直接人工效率或数量差异直接关联。如果变动性制造费用是由直接人工工时的消耗引起的，那么它就会像直接人工数量差异一样，变动性制造费用效率差异也是由无效或有效地使用直接人工而引起的。如果实际工时比标准工时要多（或少），那么总变动性制造费用就会增加（或减少）。这种指标的有效性取决于变动性制造费用和直接人工工时之间联系的有效性。换句话说，变动性制造费用的变动和直接人工工时的变动是否成比例？如果是这样，那么变动性制造费用差异的责任就应该追究到那些对如何使用直接人工负有责任的个人身上：生产部门的管理者。

变动性制造费用效率的不利差异产生的原因通常和直接人工数量的不利差异所产生的原因是相同的。比如，差异的部分原因是由于在第一周里为了重新制作一批需返工的酸奶而导致加班。其他的无效率的原因则可能是由于公司新雇用了一些工人，这些工人因为缺少经验而在生产时耗费了太多的时间。

在对变动性制造费用项目进行逐个分析时，可以得到更多的关于直接人工用量对制造费用的影响方面的信息。通过比较每个项目实际工时下的预算制造费用和标准工时下的预算制造费用，就可完成这个分析。图表9-5列示了一个将变动性制造费用的所有成本项目进行比较的业绩报告。从图表9-5中，我们可以看出天然气的成本主要受到无效使用直接人工的影响。比如，没有经验的工人可能对凝胶和牛奶的混合物加热的时间比其实际需要的时间要长，这就会耗用过量的天然气。

名称为“*标准工时的预算数*”（budget for standard hours）的一栏列示了在实际产量下的标准变动性制造费用的数额。这一栏内所有项目的合计数都是在标准成本系统下已分配到产品中的制造费用数额。请注意：在标准成本系统下，变动性制造费用根据实际产量的标准工时（SH）来分配；而在常规成本系统下，变动性制造费用根据实际工时来分配。虽然图表9-5中没有说明，但实际成本和这一栏内的总成本的差额就是变动费用总差异（少分配的 $ 340）。因此，这个少分配的变动性制造费用差异就是开支差异和效率差异之和。

图表 9-5　**分项目的变动性制造费用开支差异和效率差异**

Heldo 公司的业绩报告

2013 年 5 月 31 日

	成本分配率[a]	实际成本	预算[b]	开支差异	标准工时下的预算[c]	效率差异
天然气	\$ 7.60	\$ 9 640	\$ 9 880	\$ 240F	\$ 9 120	\$ 760U
电力	4.00	5 850	5 200	650U	4 800	400U
水	0.40	630	520	110U	480	40U
总计	\$ 12.00	\$ 16 120	\$ 15 600	\$ 520U	\$ 14 400	\$ 1 200U

[a] 每直接人工工时。

[b] 预算根据成本公式和 1 300 的实际直接人工工时计算而来。

[c] 实际产量的标准工时为 1 200（标准工时 0.01×实际产量 120 000 夸脱）。

9.4.4　四差异分析：固定性制造费用的两种差异

固定性制造费用总差异是实际固定性制造费用和预分（已分配）固定性制造费用之间的差额。为了帮助管理者弄明白为什么（实际）固定性制造费用会与预分的固定性制造费用存在不同，可将总差异分解为两个差异：固定性制造费用开支差异和固定性制造费用产量差异。

9.4.5　固定性制造费用开支差异和固定性制造费用产量差异的计算

固定性制造费用开支差异（fixed overhead spending variance）被认为是实际固定性制造费用和预算固定性制造费用之间的差额。如果实际的固定性制造费用比预算的要少，则开支差异是有利的，反之则不利。固定性制造费用（开支）差异的计算公式如下（AFOH＝实际固定性制造费用，BFOH＝预算固定性制造费用）：

固定性制造费用开支差异＝AFOH－BFOH

实际固定性制造费用与预算固定性制造费用之间的任何差额都是由于固定性制造费用数额的变化——一些项目超出预期地增加或减少。这个差额被称为开支差异。

固定性制造费用产量差异（fixed overhead volume variance）是预算固定性制造费用和预分固定性制造费用的差额。

产量差异＝预算固定性制造费用－预分固定性制造费用

请记住：预算固定性制造费用要提前一年决定，然后据此计算用于向（实际）产量预分配固定性制造费用的固定性制造费用分配率。因此，固定性制造费用分配率是在假设实际产量等于预算产量（*assuming that the actual production equals the budgeted production*）的情况下，用来向（实际）产量预分配固定性制造费用的分配率。例如，如果预算产量为 2 000 单位，每单位花费 3 个直接人工工时，则预算（产量）为6 000个直接人工工时。若预算的固定性制造费用为 24 000 美元，则固定性制造费用分配率为 4 美元。若实际产量为 2 000 单位，则预分配到产品中的（固定性制造费用）为 24 000 美元（\$ 4×2 000×3）。（此时）没有产量差异。（但）假设实际产量为2 100单位，则预分配到产品中的（固定性制造费用）为 25 200 美元（\$ 4×2 100×3），比预算的固定性制造费用多了 1 200 美元。这个差额仅仅是因为产量增加导致的。我们将此差异视为“有利的（差异）”，而将实际产量小于预算产量时的差异称为“不利的（差异）”。这是一条规则：若实际产量小于预算产量，则产量差异为不利差异；反之，则为有利差异。

基础9.8列示了如何以及为何计算固定性制造费用开支差异和产量差异。

基础9.8：如何以及为何计算固定性制造费用开支差异和产量差异

资料：

Heldo公司提供了关于5月份的信息资料如下：

5月份的预算/计划项目：	
预算的固定性制造费用	$ 40 000
预计用夸脱计量的冷冻酸奶的产量	100 000
预计直接人工工时	1 000直接人工工时
(0.01×100 000)	
标准的固定性制造费用分配率	$ 40/直接人工工时
5月份的实际结果：	
用夸脱计量的酸奶实际产量	120 000
实际固定性制造费用成本	$ 40 500
实际产量所需的标准工时	1 200直接人工工时
(0.01×120 000)	

为什么：

固定性制造费用总差异被分解为固定性制造费用开支差异和产量差异。开支差异是实际固定性制造费用和预算固定性制造费用之间的差额。产量差异是实际单位产量和预算产量之间差异的影响数。这些差异告诉经理人员应该从哪里着手调查制造费用差异。

要求：

a. 请用公式法计算固定性制造费用开支差异。

b. 请用公式法计算固定性制造费用产量差异。

c. 请用三叉图法计算固定性制造费用开支差异和固定性制造费用产量差异。

d. 如果5月份冷冻酸奶的实际产量为95 000夸脱，那么结果会是怎样的？对固定性制造费用开支差异会有什么影响？对产量差异呢？

解答：

a. 固定性制造费用开支差异＝实际固定性制造费用－预算固定性制造费用

＝$ 40 500－$ 40 000

＝$ 500U

b. 产量差异＝预算固定性制造费用－预分的固定性制造费用

＝预算固定性制造费用－（固定性制造费用分配率×SH）

＝$ 40 000－（$ 40×1 200）

＝$ 8 000F

c.

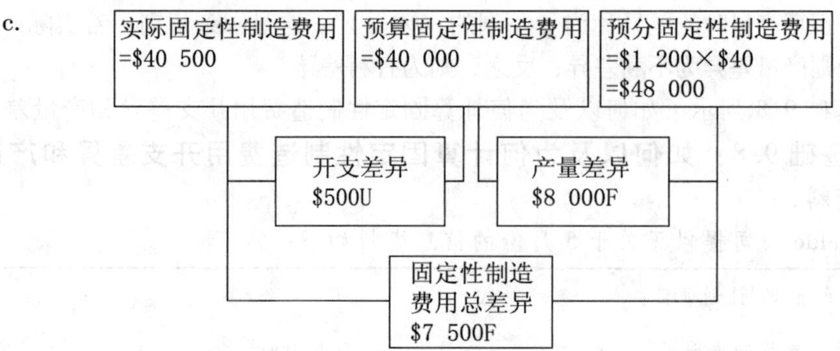

d. 如果5月份生产了95 000夸脱，则其对固定性制造费用开支差异不会产生影响（假设实际固定性制造费用保持不变）。但将会产生不利的产量差异。该差异为2 000美元U［$40 000-（$40×950）］。

9.4.6 对固定性制造费用差异的解释

如同变动性制造费用差异，经理人员能从固定性制造费用差异中获得有用的信息。由于涉及固定成本的性质，经理人员觉得花时间逐个查询固定性制造费用是值得的。

（1）对固定性制造费用开支差异的解释

固定性制造费用是由许多像工资、折旧、税费和保险这样的个别项目所组成的。许多固定性制造费用项目——比如长期投资，在短期内一般不会改变。因此，通常管理层不能在短期内对固定性制造费用实施控制。由于许多固定性制造费用主要受长期决策的影响，而不是受产量水平的影响，因此，预算差异通常很少。比如，折旧、工资、保险等项目的（实际）成本就很可能和计划数相差不大。

由于固定性制造费用由许多个别的项目所组成，逐个项目地对其预算成本和实际成本进行比较，就可以提供较多的有关开支差异产生原因方面的信息。图表9-6就提供了这样一个报告，它显示了固定性制造费用开支差异基本上与预期的相差不大。固定性制造费用开支差异，无论是分项目的差异还是总的差异，都相对较小（全都不到预算成本的10%）。

（2）对固定性制造费用产量差异的解释

产量差异是由于实际产出与预算产出或产量之间存在不同而产生的。如果管理层在月初预计的是120 000夸脱的产品将耗用的标准工时为1 200小时，那么就将不会产生产量差异。这样看来，产量差异可被看成是预测偏差——它表明管理层没能选择可以匹配该固定性制造费用的合理产量。

然而，如果预算产量是经理相信能够生产并销售的产量，那么该产量差异就可以为我们传达更多的重要信息。如果实际产量高于预算产量，这时的产量差异就会告诉经理层产生了一种利得（相对于预期而言）。不过，这种利得并不等于产量差异的金额。这种利得应等于生产并销售了的超额产出所实现的边际贡献的增加额。但是，产量差异是和这种利得正相关的。比如，假设每标准直接人工工时的边际贡献是100美元。由于生产了120 000夸脱而不是100 000夸脱的冷冻酸奶，这个公司多赚了20 000夸脱的销售收入。这就相当于200小时（0.01 ×20 000）的成本。根据每小时

100 美元的边际贡献，可知其收益是 20 000 美元（$ 100×200）。4 000 美元的有利产量差异表示存在这种收益，但是，该收益的值要（比产量差异的值）小一些。从这个意义上说，产量差异是一个衡量本年产能计划的利用情况的指标。

另一方面，如果实际产能（*pratical capacity*）被用来作为预算产量，那么产量差异就是衡量产能利用率的一个直接指标。实际产能是指在高效运转的情况下能生产的最大产出（因此它代表着公司拥有的有效产能）。生产工时和实用工时之间的差异是衡量未用产能的一个指标，并且当把它和标准固定性制造费用分配率相乘时，产量差异就变成了一个反映未用产能的成本的指标。这和第 3 章中讲述的作业能力利用在概念上有些相似。其主要区别就在于，用来衡量未用产能成本的固定性制造费用分配率包含的不仅仅是获得该有效产能的成本。固定性制造费用是由许多与有效产能的获得不相关的成本组成的（如，公司管理者、门卫和工程师的工资）。

假定产量差异是用来衡量产能利用程度的指标，那么就意味着这个差异的控制责任通常要由生产部门来承担。然而，有时，从对重大的产量差异产生原因所做的调查分析可以看出，这个差异很有可能是由生产部门控制不了的因素引起的。在这种情况下，应由其他部门承担具体的责任。比如，如果采购部门购买了一种质量比通常情况更低的直接材料，那么就很有可能导致返工时间的延长，导致产量降低和不利的产量差异。在这种情况下，这个差异的责任应该由采购部门而非生产部门来承担。

图表 9-6　**分项目的固定性制造费用开支差异**

Helado 公司的业绩报告

2013 年 5 月 31 日

	实际成本	预算成本	开支差异
折旧	$ 10 000	$ 10 000	$ 0
工资	26 300	25 800	500U
税费	2 200	1 200	1 000U
保险	2 000	3 000	1 000F
总计	$ 40 500	$ 40 000	$ 500U

9.4.7 制造费用差异的会计处理

制造费用通过借记在产品，贷记变动性和固定性制造费用被分配到产品成本中。预分配的金额等于各自的制造费用分配率与实际产量应使用的标准工时的乘积。实际制造费用在制造费用总账账户的借方进行归集。定期地（比如每月）编制制造费用差异报告表。在年末，预分配的变动性和固定性制造费用和实际的制造费用应结平，这时差异就被分离出来。然后，再对这个差异进行处置，如果不是重大的差异，那么就结转入产品销售成本；如果是重大的差异，那么就在在产品、产成品和产品销售成本之间进行分摊。下面我们将使用 Heldo 公司 5 月份的账户处理来说明年末发生的这一过程。为了便于说明，我们假设 5 月份的业务反映了全年的业务。

为了将制造费用分配到产品，我们做如下分录：

借：在产品　　62 400

贷：变动性制造费用总账		14 400
固定性制造费用总账		48 000

确认实际制造费用的发生：

借：变动性制造费用总账	16 120	
固定性制造费用总账	40 500	
贷：各种相应账户		56 620

为了确认差异，需做如下分录：

借：固定性制造费用总账	7 500	
变动性制造费用开支差异	520	
变动性制造费用效率差异	1 200	
固定性制造费用开支差异	500	
贷：变动性制造费用总账		1 720
固定性制造费用产量差异		8 000

最后，为了将这些差异结转到产品销售成本，我们将做如下分录。（假设差异不是重大差异）

借：固定性制造费用产量差异	8 000	
贷：产品销售成本		8 000
借：产品销售成本	2 220	
贷：变动性制造费用开支差异		520
变动性制造费用效率差异		1 200
固定性制造费用开支差异		500

9.4.8 两差异分析法和三差异分析法

四差异分析方法的一个缺点就是要求企业区分实际的变动和固定成本以及预算分配率和成本。许多公司都希望避免追踪实际的变动和固定成本，如此则可使用两差异和三差异分析法。

两差异和三差异分析法不需要知道实际的变动性和固定性制造费用。这两种方法提供较少的细节，因此，信息含量也较少。我们将仅仅说明这两种分析方法的形式。四差异分析法比这两种方法更可取。我们将使用 Heldo 公司 5 月份的数据来说明这两种方法，假设只知道总的实际制造费用是 56 620 美元。

（1）两差异分析法

图表 9-7 向我们展示了两差异分析法（*SVOR* 是指标准的变动性制造费用分配率）。相对于基础 9.7 和基础 9.8，我们要做出几点说明。第一，总差异是固定性制造费用总差异和变动性制造费用总差异之和。第二，产量差异和四差异分析法中的产量差异是相同的。注意：在计算产量差异时，“预分配变动性制造费用”这个术语，*SVOR*×*SH*，是图表中间和右边分支所共有的。因此，当左边的数字减去右边的数字时，我们得到了预算固定性制造费用减去预分配固定性制造费用之后的数额，这就是固定性制造费用产量差异。第三，该预算差异是四差异分析法中的开支差异和效率差异之和（＄520U+＄500U+＄1 200U=＄2 220U）。正如我们前面提到的，两差异分

析法削减了很多信息。

图表 9-7 **两差异分析法：Heldo 公司**

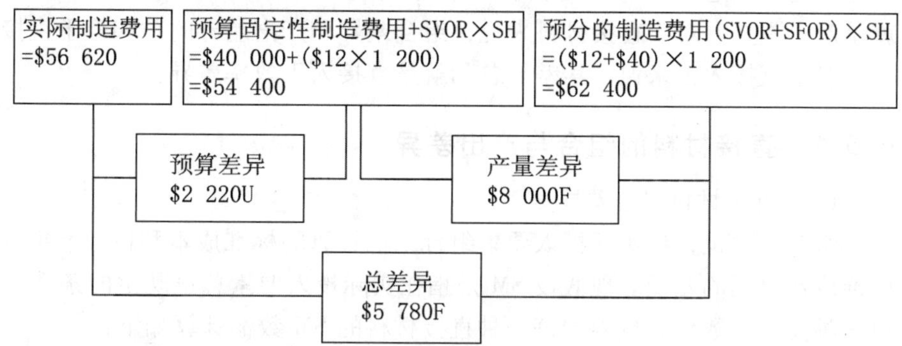

（2）三差异分析法

图表 9-8 说明了三差异分析法。我们将再次把它与四差异分析法进行一番比较。首先，总差异还是变动性制造费用的总差异和固定性制造费用的总差异之和。其次，开支差异是变动性制造费用开支差异和固定性制造费用开支差异之和。变动性制造费用效率差异和固定性制造费用产量差异（与两差异分析法中的差异值）是相同的。三差异分析法还表明，可将两差异分析法中的预算差异分解成开支差异和效率差异。

图表 9-8 **三差异分析法：Heldo 公司**

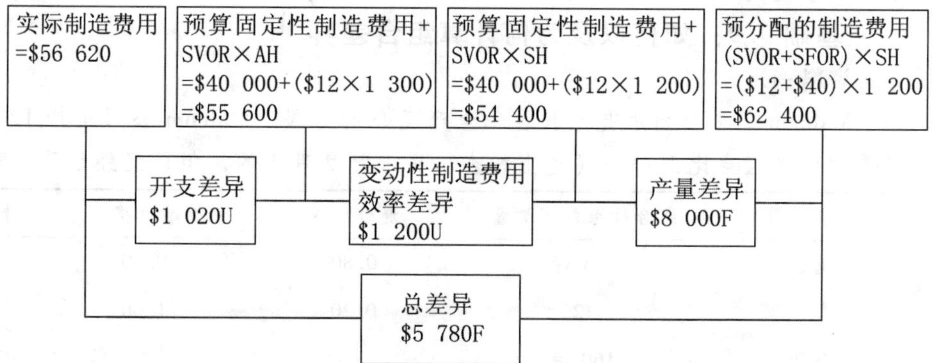

9.5 组合差异和产出差异：直接材料和直接人工

对于一些生产过程来说，用一种直接材料代替另一种直接材料或用一种类型的直接人工代替另一种类型的直接人工来进行生产都是有可能的。通常，生产产品所需投入要素的标准组合规格规定了生产该种产品所用的每种直接材料和直接人工的比例。比如，生产一种橘子—菠萝口味的水果饮料，标准直接材料组合可能需要 30% 的菠萝和 70% 的橘子，标准直接人工组合可能需要 33% 的配置水果的人工，67% 的加工水果的人工。很明显，在合理的限度内，也可以对投入要素进行一些替换。但是，进行直接材料或直接人工的替换，可能会产生*组合与产出*（*mix and yield*）差异。当实际投入要素组合比例不同于标准组合比例时，就会产生**组合差异**（mix variance）。只要实际产出（产量）和标准产出不同，就会产生**产出差异**（yield variance）。例如，一个巧克力薯条饼干的配方要求制成 36 个 2 英寸的饼干。但是，已经烤制过这些饼干的大多数人都知道不可能获得36个2英寸饼干，因为有些制饼干用的生面团会在你把它放进烤箱之前就“消失了”。应该获得的饼干数量和实际获得的数量之间的差额就是产出差异。对于直接材料来说，组合差异和产出差异的总和等于直接材料数量差异；对于直接人工来说，其差异总和就是直接人工效率差异。

9.5.1 直接材料的组合与产出差异

（1）直接材料组合差异

组合差异是，按实际投入要素组合比例计算的标准成本和按标准组合比例计算的标准成本之间的差额。现假设SM是指在实际投入要素总量既定的条件下应该投入的每一种要素的数量。投入的每一种直接材料的SM数额计算如下：

SM＝标准组合比例×实际投入要素总量

标准组合数量针对每一项投入要素来计算①。实际投入要素的总量等于各种用于生产的投入要素量的总额。

根据SM，组合差异计算如下：

$$组合差异 = \sum (AQi - SMi) \times SPi \tag{9.1}$$

总而言之，组合差异就是实际投入要素量与标准组合量的差额乘以标准价格。如果投入了更多更加昂贵的要素，那么组合差异将会是不利差异，反之则为有利差异。基础9.9说明了如何以及为何计算组合差异。

基础9.9：如何以及为何计算组合差异

资料：

Malcom坚果公司用花生和杏仁生产混合的坚果。Malcom公司生产120磅的混合坚果的标准组合比例如下（花生和杏仁买来时是带壳的，但已经经过了处理）。

直接材料	组合标准规定数量	混合比例	标准价格	标准成本
花生	128 磅	0.80	$ 0.50	$ 64
杏仁	32	0.20	1.00	32
合计	160 磅			$ 96

Malcom公司将一组1 600磅的坚果投入加工过程，其中有1 120磅的花生和480磅的杏仁。实际产出为1 300磅。

为什么：

直接材料数量差异告诉管理人员总直接材料的实际量与标准量是否相符。组合差异提供了关于直接材料用量更深层次的信息，因为不同的材料有不同的标准价格。

要求：

a. 请计算花生和杏仁的标准组合量（*SM*）。

b. 请计算组合差异。

---

① 标准组合数量不是实际产量所需的标准数量。所需的标准数量是用实际产出除以标准产出率得来的。然后，所需的投入要素的标准总量乘以标准组合比率，就可以得出为了获得实际产出而应投入的每种直接材料的数量。另一种计算方法是，单位直接材料的标准数可以通过用投入要素的标准组合量除以标准产出而得出。单位标准乘以实际产出也可以得到每种投入要素的SQ值。

c. 请计算花生和杏仁的实际比例。用这些结果解释为什么组合差异是不利的。

d. **如果**投入了 1 600 磅的坚果，其中有 1 360 磅的花生和 240 磅的杏仁，那么**结果会是怎样的？**对组合差异会有什么影响？

解答：

a. SM＝标准组合比例×实际投入要素量

SM 花生＝0.8×1 600＝1 280 磅

SM 杏仁＝0.2×1 600＝320 磅

b. 可以使用下面的方法简单地运用这些公式

直接材料	AQ	SM	AQ－SM	SP	（AQ－SM）×SP
花生	1 120	1 280	（160）	$ 0.50	$ （80）
杏仁	480	320	160	1.00	160
组合差异					$ 80U

c. 花生的实际组合比例＝1 120÷1 600＝0.70 或者 70%

杏仁的实际组合比例＝480÷1 600＝0.30 或者 30%

组合差异是不利的，因为使用了更多的杏仁，而其成本比花生要高。

d. 现在花生占总量的 85%，杏仁只占 15%。组合是有利的，因为使用了更多的成本更低的花生。

注意，基础 9.9 中的组合差异是不利的。这是由于所使用的杏仁超出了标准组合数，而杏仁成本比花生成本要高。如果组合差异是很大，那么需要调查产生差异的原因，进而采取纠正的措施。

基础 9.9 也能用来计算直接材料之外的其他投入要素的组合差异。例如，有些产品也许需要不同类型的直接人工来生产。那么，就有可能用相对更为昂贵或者更为低廉的直接人工类型去进行相互替换，从而产生直接人工组合差异。

（2）直接材料产出差异

直接材料产出差异主要用来说明投入要素量对预计产出量的影响程度。根据组合比例和实际产出，产出差异计算如下：

产出差异＝（标准产出－实际产出）×SPy

式中，

标准产出＝产出率×实际投入要素总量

产出率＝总产量÷投入要素总量

SPy＝产出的标准成本（等于一组产品的总标准成本除以产量）

基础 9.10 说明了如何以及为何计算产出差异。

基础 9.10：如何以及为何计算产出差异

资料：

Malcom 坚果公司用花生和杏仁生产混合的坚果。Malcom 公司生产 120 磅的混合坚果的标准组合比例如下（花生和杏仁买来时是带壳的，但已经经过了处理）。

Malcom 公司将一组 1 600 磅的坚果投入加工过程，其中有 1 120 磅的花生和 480 磅的杏仁。实际产出为 1 300 磅。

直接材料	组合标准规定数量	混合比例	标准价格	标准成本
花生	128 磅	0.80	$ 0.50	$ 64
杏仁	32	0.20	1.00	32
合计	160 磅			$ 96

为什么：

产出差异告诉管理人员，投入要素总量是否会产生预计产出。

要求：

a. 请依据给出的标准数量计算产出率。

b. 请计算每磅产出的标准成本。

c. 请计算实际投入要素量为 1 600 磅的坚果的标准产出。

d. 请计算产出差异。

e. **如果**将总量为 1 600 磅的坚果投入了加工过程，而产出为 1 190 磅，那么**结果会是怎样的**？这会对产出差异产生什么影响？

解答：

a. 120 磅混合坚果的使用标准组合：

产出率 = 120÷160 = 0.75

b. 产出的标准成本（SPy）= $ 96÷120 = $ 0.8/磅

c. 标准产出 = 产出率×实际投入要素量 = 0.75×1 600 = 1 200 磅

d. 产出 =（标准产出－实际产出）×SPy

= （1 200－1 300）×$ 0.80 = $ 80F

e. 如果 1 600 磅坚果的投入要素仅产出了 1 190 磅混合坚果，那么产出差异将是不利的。因为 1 190 磅的实际产出少于 1 200 磅的标准产出。

基础 9.10 中的产出差异是有利的，因为实际产出大于标准产出。应该调查直接材料产出差异以发现其根本原因。应采取正确的行动来调整加工过程以使其达到标准，或者如果组合差异和产出差异的总数是有利的，那么就应该改变（组合的）标准。

9.5.2 直接人工的组合和产出差异

直接人工的组合差异和产出差异的计算与直接材料的组合差异和产出差异的计算相同。具体说来，就是将公式 9.1 中的符号换成相应的代表直接人工的符号，该等式也同样适用于直接人工（的差异计算）。比如，公式 9.1 中的 AQ，也可以被解释为 AH，即使用的实际工时，而 SP 也可以认为是人工的标准价格。根据这个理解，我们可以使用 Malcom 坚果公司的实例来说明组合差异和产出差异的计算。假设 Malcom 公司有两个直接人工工种：去壳工和搅拌工（当然，产出是用磅来计量的，批量大小按直接材料的标准计量）。

标准组合信息：直接人工

工种	组合工时	组合比例	*SP*	标准成本
去壳工	3 小时	0.60	$ 8.00	$ 24
搅拌工	2	0.40	15.00	30
直接人工合计	5 小时			$ 54
产出	120 磅			

产出率：24 =（120÷5）或者 2 400%

产出的标准成本（*SPy*）：$ 0.45/磅（$ 54÷120 磅产出）

假设 Malcom 公司用 1 600 磅坚果进行加工生产，其实际结果如下：

工种	实际工时	组合百分比*
去壳工	20 小时	40.0%
搅拌工	30	60.0
直接人工总计	50 小时	100.0%
产出	1 300 磅	2 600.0%

*以 50 小时为基础。

（1）直接人工组合差异

去壳工这个工种的标准组合比例是 0.60，因此，如果实际投入要素量是 50 小时，那么根据标准组合比例，去壳工这个工种所需的工时数如下：

SM（去壳工）= 0.60×50

= 30 小时

相同的计算可得，SM（搅拌工）= 20 小时（0.40×50）。

根据 SM，直接人工组合差异计算如下（使用公式 9.1）：

工种	*AH*	*SM*	*AH-SM*	*SP*	（*AH-SM*）*SP*
去壳工	20	30	(10)	$ 8.00	$ (80)
搅拌工	30	20	10	15.00	150
直接人工组合差异					$ (70) U

请注意，直接人工组合差异是不利差异。发生这个差异，是因为搅拌工的实际所用工时比标准工时要多，而这个工种的成本又比去壳工的成本要高。

（2）直接人工产出差异

根据标准组合信息和实际结果，直接人工的产出差异计算如下：

直接人工产出差异 =（标准产出 - 实际产出）×*SPy*

= ［（24×50）-1 300］× $ 0.45

=（1 200-1 300）× $ 0.45

= $ 45F

因为实际产出比标准产出要高，所以产出差异是有利差异。

练习题

复习题

Bertgon 制造公司一种产品的标准成本计算表如下：

直接材料（6 英尺×$ 5）	$ 30
直接人工（1.5 小时×$ 10）	15
变动性制造费用（1.5 小时×$ 4）	6
固定性制造费用（1.5 小时×$ 2*）	3
标准单位成本	$ 54

* 基于预期作业量 17 000 小时的基础计算。

在最近一年，实际业绩如下：

产量	12 000 单位
固定性制造费用	$ 33 000
变动性制造费用	$ 69 000
直接材料（购买 71 750 英尺）	$ 361 620
直接人工（17 900 小时）	$ 182 580

要求：

请计算下列差异：

（1）直接材料价格和用量差异。

（2）直接人工工资率和效率差异。

（3）变动性制造费用开支和效率差异。

（4）固定性制造费用开支和产量差异。

解答：

（1）直接材料差异

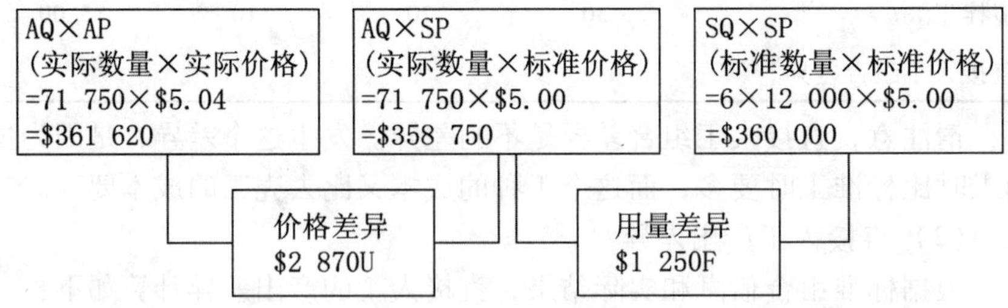

或者使用公式：

MPV =（AP−SP）AQ

=（$ 5.04−$ 5.00）×71 750

= $ 2 870U

MUP =（AQ−SQ）SP

=（71 750−72 000）×$ 5.00

= $ 1 250F

（2）直接人工差异

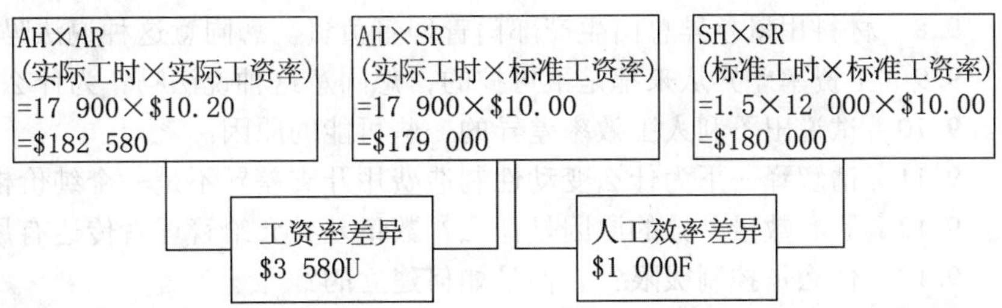

AH×AR
(实际工时×实际工资率)
=17 900×$10.20
=$182 580
AH×SR
(实际工时×标准工资率)
=17 900×$10.00
=$179 000
SH×SR
(标准工时×标准工资率)
=1.5×12 000×$10.00
=$180 000
工资率差异
$3 580U
人工效率差异
$1 000F

或者使用公式：

LRV =（AR-SR）AH

=（$ 10.20-$ 10.00）×17 900

=$ 3 580U

LEV =（AH-SH）SR

=（17 900-18 000）×$ 10.00

=$ 1 000F

（3）变动性制造费用差异

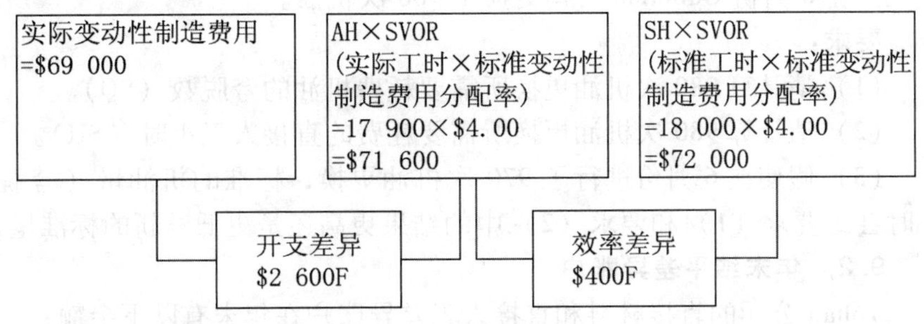

（4）固定性制造费用差异

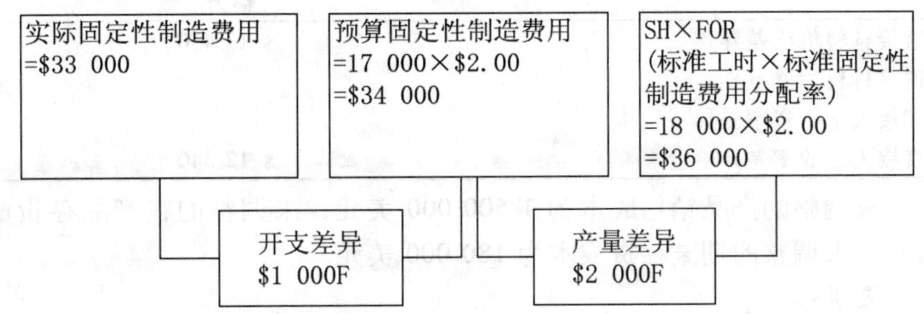

问题讨论

9.1 请讨论预算成本和标准成本间的区别。

9.2 什么是数量差异？什么是价格差异？

9.3 为什么说历史经验基本不能作为建立标准的基础。

9.4 什么是理想标准？什么是现行可达到标准？在这两个标准中，通常哪一个会被接受？为什么？

9.5 标准成本如何改进控制职能？

9.6 变动生产成本的预算差异被分解成数量和价格差异。请解释一下为什么对于进行控制来说，数量差异比价格差异更有用处。

9.7　请解释为什么经常在购买时而非领用时计算材料价格差异。

9.8　材料用量差异总由生产部门管理者负责。您同意这种说法吗？为什么？

9.9　工资率差异从来都是不可控的，您同意这种说法吗？为什么？

9.10　试说出不利人工效率差异的一些可能的原因。

9.11　请解释一下为什么变动性制造费用开支差异不是一个纯价格差异？

9.12　不利数量差异的原因是什么？数量差异会给管理者传达有用的信息吗？

9.13　什么是控制极限？它们是如何建立的？

9.14　请解释二差异、三差异、四差异制造费用分析法是如何相互联系的。

9.15　请解释一下什么是组合差异和产出差异。

习题

9.1　计算实际产量的标准数量

Guilermo 公司是一家服务公司。公司为汽车和轻型卡车提供更换机油和上润滑油的服务。平均来看，Guilermo 发现一般更换机油需要耗费 24 分钟和使用 6.2 夸脱的机油。在 6 月份 Guilermo 公司更换了 980 次机油。

要求：

（1）请计算 980 次机油更换所需要耗费机油的夸脱数（SQ）。

（2）请计算 980 次机油更换所需要耗费的直接人工小时（SH）。

（3）假使在 6 月份进行了 970 次机油更换，标准的机油量（夸脱）和直接人工小时会比要求（1）和要求（2）中的结果更高还是更低？新的标准量是多少？

9.2　年末结平差异账户

Yohan 公司的直接材料和直接人工差异账户在年末有以下余额：

	借方	贷方
直接材料价格差异	$ 13 450	
直接材料用量差异		$ 1 100
直接人工工资率差异		870
直接人工效率差异	$ 12 340	

未调整的产品销售成本为 1 500 000 美元，未调整的在产品存货成本为 236 000 美元，未调整的期末存货成本为 180 000 美元。

要求：

（1）假设差异账户余额不是很大，请将其归结到产品销售成本中。那么，结平差异后产品销售成本的余额是多少呢？

（2）假使差异账户的期末余额超过 10 000 美元就被认为很多了。结转非重要的差异账户至产品销售成本，而根据账户中的主要成本按比例在产品销售成本、在产品、产成品中分配重要差异。销售产品成本的主要成本为 1 050 000 美元，在产品的主要成本为 165 200 美元，产成品的主要成本为 126 000 美元。结转出所有的差异后，调整后的在产品、产成品、产品销售成本的账户余额分别是多少？（百分比保留四位有效数字，将分录数字四舍五入）

9.3　计算总制造费用差异

Standish 公司生产消费性产品，并提供了以下 2 月份的信息：

生产的产品量	131 000
每单位产品的标准直接人工小时	0.20
标准变动性制造费用率（每直接人工小时）	\$ 3.40
实际变动性制造费用成本	\$ 88 670
实际生产的小时	26 350

要求：

（1）请计算变动性制造费用总差异。

（2）假使实际生产量为 129 600 单位，这对变动性制造费用总差异会产生什么影响？

9.4 计算直接材料组合差异

Mangia 披萨公司制造冷冻披萨，并将它们通过食品杂货店销售。为生产 16 寸的大尺寸香肠披萨 Mangia 建立了以下标准配合。

直接材料	混合（磅）	混合比	SP	标准成本
番茄酱	13	0.325	\$ 1.40	\$ 18.20
奶酪	15	0.375	2.80	42.00
香肠	12	0.300	2.10	25.20
合计	40			\$ 85.40

Mangia 将一批 2 000 磅的直接材料投入生产（足以生产 800 个冷冻香肠披萨）。在整个材料中，包括 700 磅番茄酱、840 磅奶酪，剩下的 460 磅是香肠。实际产量是 780 个披萨。

要求：

（1）请计算番茄酱、奶酪、香肠的标准组合量（SM）（磅）。

（2）请计算组合差异。

（3）请计算番茄酱、奶酪、香肠的实际比例。使用这个结果解释组合差异的方向（有利还是不利）。

（4）假使总共 2 000 磅的材料投入生产，其中 700 磅是番茄酱、700 磅是奶酪，600 磅是香肠，这将对组合差异有什么影响？

9.5 计算产出差异

参见习题 9.4。

要求：

（1）请基于给出的标准量，计算组合比例。

（2）请计算生产的每磅产品的标准成本（四舍五入）。

（3）当实际投入 2 000 磅直接材料时，请计算标准产出。

（4）请计算产出差异。

（5）假使投入生产的 2 000 磅直接材料，实际产量为 825 个披萨，这将对产出差异有什么影响？

9.6 计算允许的投入量、直接材料和直接人工

在这一年中，Dorner 公司为工业金属加工机械生产了 280 000 单位的车床零件。Dorner 公司每单位的直接材料和直接人工如下所示：

直接材料（8.45 磅×\$ 6.00）	\$ 50.70
直接人工（1.80 小时×\$ 15.00）	27.00

要求：

（1）请计算生产 280 000 单位产品时，使用的标准直接材料量。

（2）请计算生产 280 000 单位产品时，使用的标准直接人工小时。

第10章 分权：责任会计、业绩评价和转移定价

学习本章之后，您可以：

①定义什么是责任会计，并描述责任中心的四种类型。

②解释企业为什么选择分权。

③计算和解释投资回报率（ROI）、剩余收益（RI）和经济附加值（EVA）。

④讨论管理者业绩评价和奖励的几种方法。

⑤解释在一个实行分权管理的企业中转移定价的作用。

⑥讨论制定转移价格的几种方法。

随着公司日益发展壮大，会出现职责的分割，以致建立责任区域而最终形成责任中心。与责任主体紧密相联的就是制定决策。大部分的公司倾向于分散决策制定的权力。与分权相关的问题包括：业绩评价、管理层激励和转移定价。

10.1 责任会计

一般地，公司是根据一系列的责任分工而被组织起来的。传统的企业组织结构图是金字塔形的，它描绘了责任从 CEO 到副总裁，再到中层和较低层的管理人员的路线。随着公司规模变得越来越大，路线也变得越来越长、越来越多。公司的组织结构和它的责任会计系统之间有很强的联系。理想的情况是，公司的责任会计系统反映和支持一家公司的组织结构。

10.1.1 责任中心的类型

随着公司的成长，高层管理者通常会在公司内部建立责任区域，即人们所称的责任中心，并且为这些责任区域指定分管人员。责任中心(responsibility center) 是公司的一个组成部分，它的管理者对一系列专门的作业负责。责任会计(responsibility accounting) 是一个系统，它对各个责任中心的业绩进行计量，并将它们与预算或预期业绩相比较。责任中心主要有四种类型：

a. 成本中心(cost center)：管理者只对成本负责的责任中心。

b. 收入中心(revenue center)：管理者只对销售收入负责的责任中心。

c. 利润中心(profit center)：管理者既对收入负责也对成本负责的责任中心。

d. 投资中心(investment center)：管理者不光对收入、成本负责，还对投资负责的责任中心。

工厂中的某一个生产分部，比如组装部或精加工部，就是成本中心的实例。生产分部的主管虽然不制定价格或做出营销决策，但可以控制生产成本。因此，对生产分部主管的评价主要基于成本控制的好坏。

营销分部的管理者确定价格，并对销售做出预期。因此，营销分部可按一个收入中心来进行业绩评价。营销分部的直接成本和总体销售收入都由销售经理负责。

在一些公司，工厂主管经常被授权定价并销售他们生产的产品。这些工厂主管既要控制成本，又要控制收入，实际上形成了一个利润中心。对于利润中心的经理来说，营业利润将会是评价利润中心管理者业绩的一项重要指标。

最后，分部经常被认为是投资中心。除了控制成本和进行定价决策外，分部经理还有权进行投资决策，比如开设或关闭一家工厂，保持或终止某一条生产线。因此，营业利润和某种类型的投资回报率都将成为评价投资中心经理的重要指标。

虽然责任中心的经理只对本中心的作业负责，但他做出的决策可能会影响其他责任中心，知道这一点是很重要的。比如，生产地板清洁产品的公司的销售部按惯例在月末为顾客提供现金折扣，因此销售量上升得很快，但同时公司也不得不让工人加班来满足需求以致发生了额外的成本。

10.1.2 资料和问责的作用

资料是使管理人员对其产出负责的关键。比如，生产分部的管理者对生产成本负责，而对销售不负责。这是因为生产分部管理者不仅能控制成本，而且还能得到有关生产成本的最详细的资料。实际成本和预期成本之间的任何差异，他们都可以在（其自身责任的）层面恰当地进行解释。销售是由营销分部经理负责的，原因还是营销分部经理了解关于价格和销售数量等情况并能对其做出解释。

伴随着责任会计在全球商务环境中的发展，管理会计的作用也在不断延伸。企业指望依靠会计师的金融和商务专业知识来解决问题。会计工作不是孤立的、僵化的。在协助管理者做决策时，需要才识、创造力和灵活性。对会计师来说，良好的培训和教育以及掌握其领域持续更新知识是非常重要的。然而，由于全球商业的日新月异与捉摸不定，会计工作也变得越来越富有挑战性。由于会计师的许多工作是向管理层提供相关的资料，所以要保持资料的持续更新，会计师就应阅读大量涉及商业领域的文献，包括资料系统、市场、管理、政治和经济等。此外，会计师还必须熟悉公司运营所涉及的国家的财务会计规则。

举个现代会计师的例子，Nick，他是笔者的一个学生，20 世纪 90 年代初毕业于俄克拉荷马州立大学（Oklahoma State University）。Nick 在塔尔萨的一个（当时的）“六大公司”供职 3 年。一个偶然的机会，他投身于国际市场并且加入了位于海参崴（Vladivostok）的普华永道会计师事务所（PricewaterhouseCoopers' Office）。Nick 在俄罗斯的工作重点是开展商务和提供咨询。从本质上说，他是一家公共会计公司的管理会计师。Nick 必须克服的主要障碍有：语言差异（他必须尽快掌握俄语）、法律差异（在去客户公司的途中常常要有荷枪实弹的保镖保护他）、税收差异（俄罗斯经常变化的就是溯及既往的税收法规，这已经使多家外国公司撤回投资），还有文化差异等。

责任也必然伴随着问责。问责意味着要对管理人员进行业绩评价，这也就意味着实际产出必须和预期或预算产出相比较，以评价管理者的业绩。这种关于责任、义务和业绩评价的系统通常叫做责任会计，这是因为会计的评价和报表工作在这个过程中起了重要作用。

10.2 分权

拥有多个责任中心的公司通常选择下列两种方法中的一种来管理它们的各种复杂的作业，即选择采取集权决策或是分权决策。在**集权决策**（centralized decision making）中，公司的最高层进行决策，而下面各级管理人员只是负责执行这些决策。但**分权决策**（decentralized decision making）则允许较低层次的管理人员在属于他们的责任区域里做出并执行关键决策。**分权**（decentralization）是指分配或分散决策权到较低层的管理人员。

企业的权力分散程度处于高度集权和高度分权之间。虽然一些公司可能会处在这两个极端中的某一端，但大部分公司都选择两个极端中间的某个位置，其中大部分公司正在朝着分权管理转化。分权公司的一个特殊例子是跨国公司（multinational corporation，MNC）。跨国公司是指“在一个以上的国家中开展业务并且其财富的积累和壮大都取决于多个国家经营的企业”。

10.2.1 分权的原因

公司选择分权管理有如下七大原因：可以更好地了解当地的情况；认识方面的局限性；更及时的反应；高层管理者可以聚焦（重大问题）；训练和评价分部经理；对分部经理进行激励；提高竞争力。下面进行详细的说明。

（1）可以更好地了解当地的情况

所取得资料的质量决定着决策的质量。置身于前沿经营环境（比如当地竞争的强弱、当地劳动力情况等等）的较低层管理人员可以更好地了解到当地的一些实际资料。因此，当地的经理通常可以更好地进行决策。分权的优势尤其适用于那些跨国企业。它们在许多国家都设有广泛的分支机构，受到不同法律体系和风俗的影响。

现实案例

例如，汉高公司（Henkel Corporation）是一家生产粘结剂和洗涤用品的厂商，当然它也从事其他业务。汉高公司雇用了一个当地人经营自己的分部。特别是营销和定价都进行当地管理。因为控制者是当地人，所以语言不是问题。同样地，当地的经理更熟悉那里的法律和风俗。

（2）认识方面的局限性

即使高层管理者能够掌握大量的当地资料，但这些高层管理者还会面临另一个问题。对于一个在不同地区销售几百种甚至几千种不同产品的大公司而言，没有任何人拥有处理和使用这些资料所需的全部专门技术和实践经验。认识方面的局限性意味着公司仍然需要拥有具有专门知识和技术的人才。与其让各个专门领域的专业人才留在总部里，不如让这些人对某个领域负有直接的责任。通过这种方式，公司可以避免因为要为总部收集与传递当地资料而发生的一系列成本和所带来的诸多麻烦。美国企业的组织结构现在正处于调整变革中。中层管理者不能再仅仅拥有“人际关系技巧”和组织技能了。除了有管理能力外，他们还须拥有某一领域内的专门技术。比如，银行的一位中层管理者就应该是一位财务专家，即使她只管理着20个人。在今天企业日益精简的环境中，增加专业技术的能力是至关重要的。

（3）更及时的反应

在集权管理模式下，需要时间来将各地的资料上传到公司总部，并将公司的决策下达到各地的基层单位。但这两个传达会延误时间，增加传达错误信息的潜在可能性，并降低了反应速度。在分权的公司中，各地的经理既做出决策又实际执行决策，这种问题就不会发生了。

MNC 的当地经理们可以对顾客的折扣需求、当地政府的需求以及政治气候的变化做出快速反应。MNC 中各个分部经理由于母语差异而导致无法交流的问题变得非常严重。MNC 采取两种办法来对付这个问题。第一，分权以使决策权下放到当地管理层，这样就不需要解释来自上层的指令。第二，MNC 正在学习使用一种技术，以消除语言障碍并使跨界的数据转换变得更为便捷。这种技术对于抹平母子公司之间以及子公司与子公司之间的交流困难来说非常有帮助。

现实案例

汉高乐泰（Henkel's Loctite）在爱尔兰的工厂为其出口至不列颠和以色列的粘结剂贴上计算机化标签。条形码技术能够识别该标签，这消除了翻译成外语的麻烦。

（4）高层管理者可以聚焦（重大问题）

越是高层的管理者被赋予的责任和权力也越多。通过分散经营决策权，高层管理者就可以将时间和精力集中在战略性的计划和决策上。高层管理者关注企业长期的生存发展更甚于日常的经营管理。

（5）训练和评价分部经理

由于公司的较高层次的管理者可能会退休或另谋高就，所以公司总需要雇用一些经过良好训练的管理人员。通过分权，较低层次的管理者可以获得制定决策并实际执行的机会。现在就给予未来一代高层管理者制定重要决策的机会以训练他们的能力，还有什么方法比这更好呢？这一点还可以让高层管理者对当地经理们的能力进行评估，这样，那些做出了最好决策的经理可被提拔为高层管理人员。

分权的另一个优势在于，在与国外分部管理人员协作的过程中，母公司的经理人员可以获取更广泛的经验。在实行分权管理的 MNC 中，互相学习的机会是很多的。在过去的 50 年中，到国外分公司实习是管理者晋升的必由之路。现在，国外分公司的经理人员也想到总部工作一段时间。

现实案例

例如，通用电气公司（General Electric）将高级业务主管送到海外市场锻炼四个月左右，回来之后一般都能升职为总经理级别。其他的主管则派往亚洲和印度分部任职。国外的业务经理也要接受 GE 总部的管理培训。

（6）对分部经理进行激励

通过给予各地的管理人员制定决策的权力，可以满足他们的一些较高层次的需求（比如自我尊重和自我价值的实现）。给予更多的责任和权力不仅可以产生更大的工作满足感，还可以激励当地的经理们更加努力地工作。他们的主动性和创造性也会被激发出来。当然，激励作用的发挥在很大程度上取决于如何对管理者的业绩进行评价和奖励。

（7）提高竞争力

在一个高度集权的公司，大额的总体利润可能掩盖各个下属公司的无效率。分权管理则可使公司能够确定每个分部对公司利润所做的贡献，并使每个分部直接面对市场。

10.2.2 分权单位

分权通常是通过将公司划分为一个个分部（divisions）来完成的。区分这些分部的一个办法是根据生产的产品或提供服务的类型来判定。

现实案例

比如，阿姆斯特朗世界产业有限公司（Armstrong World Industries，Inc.）有四个产品分部：铺地材料（弹力砖片和瓦片）分部；建筑材料（回音效果好的天花板和镶嵌墙板）分部；工业用品（取暖设备、制冷设备、管道设备和冷藏设备用的绝缘材料）分部；瓷砖分部。百事可乐（PepsiCo）的分部包括：百事美洲饮料（PepsiCo Americas Beverages）（包括索贝（SoBe）、纯果乐（Tropicana）、立顿（Lipton）、优鲜沛（Ocean Spray）、Aquafina 纯净水（Aquafina Water）和其他软饮料的旗舰分部）、百事美洲食品（包括菲多利（Frito-Lay）、桂格（Quaker Foods & Snacks）、萨布里达斯（Sabritas）、艾维斯和拉丁美国食品（Gamesa and Latin America Foods）和百事国际（PepsiCo International））。一些分部从属于另一些分部。例如，百事与百盛餐饮（Yum Brands）旗下的肯德基（KFC）、塔可钟（Taco Bell）、必胜客合作（Pizza Hut），您在这些店里购买的可乐类饮料就只会是百事可乐，而不是可口可乐。

在分权管理下，各分部之间通常存在一些相互依赖性，否则的话，公司将仅仅是一些独立实体的集合体。相互依赖性的存在产生了转移定价的必要性，这个问题我们将在本章后文中进行讨论。

与以上原理类似，公司也可以根据它的顾客的类型来建立其各个分部。

现实案例

沃尔玛公司（Wal-Mart）有五个销售分部。沃尔玛公司的商店分部的目标顾客是愿意购买打折商品的顾客。购物广场分部的目标顾客是在沃尔玛购物广场消费的顾客。购物广场主要销售食品、药品和家用商品。萨姆俱乐部（Sam's Club）的目标顾客是小企业采购者。沃尔玛邻家市场（Wal-Mart Neighborhood Markets）提供小型便捷超市。最后的一个是国际发展分部，负责运营哥斯达黎加品牌帕丽（Pali）、巴西品牌 Todo Dia 和英国品牌 Asda。

把这些分部作为责任中心进行组织，不仅使它们在分权程度上有所区别，而且还可以通过责任会计来创造控制分部的机会。对成本中心的控制是通过对分部经理的效率和效益进行评价来实现。**效率**（efficiency）是指作业执行程度的高低。效率可以根据每小时生产的产品数量或这些产品的成本来衡量。**效益**（effectiveness）可被描述为管理者是否已经执行了正确的作业。效益的衡量指标主要是增值作业与非增值作业。

利润中心的业绩应基于利润表所反映的其所取得的利润贡献来评价。由于我们之前已经探讨了业绩报表和贡献利润表，所以这一章我们重点关注投资中心经理的业绩评价。

10.3 投资中心业绩的评价指标

公司可以通过为每个责任中心建立业绩评价指标以及根据责任中心管理者管理责任中心的业绩好坏进行奖励等措施，来控制每一个责任中心。

业绩指标的建立是为了给分权单位的管理者一定的指导，并正确地评价他们的业绩。业绩指标的建立和激励机制的规范是一个实行分权的公司面临的主要问题。因为业绩指标会影响管理者的行为，所以选中的指标应该有利于形成高度的目标协同。**目标协同**(goal congruence) 是指管理者的目标与企业目标高度一致。投资中心的三个业绩指标分别为：投资回报率、剩余收益和经济附加值。

10.3.1 投资回报率

我们可以根据净收益来给每个分部进行业绩排序，然而，利润表可能会提供误导性的分部业绩资料。比如，假设两个分部报表上的利润分别为100 000美元和200 000美元。我们可以因此说第二个分部的业绩比第一个好吗？如果第一个分部投资额是500 000美元，收益是100 000美元；而第二个分部投资额是2 000 000美元，却只创造了200 000美元的利润呢？很明显，将报表上的营业利润与产生这些利润所用的资产联系起来，可以得到一个更有意义的业绩指标。

将经营利润与投资相联系的一种方法就是计算每单位投资的利润为多少。比如，第一个分部每投资1美元盈利0.20美元（$ 100 000÷$ 500 000)，而第二个责任中心每投资1美元只赚0.10美元（$ 200 000÷$ 2 000 000)。用百分比来表示，第一个责任中心报酬率为20%，而第二个则为10%，这种计算投资相对报酬的方法就被称为投资回报率。

投资回报率(retun on investment，ROI) 是评价投资中心业绩的一个最常用的指标。无论是从内部还是从外部来看，这个指标都是很有意义的。从外部来说，ROI是股东用来衡量公司是否健康运转的指示器。从内部来看，ROI可以用来评价各分部的相对业绩。

ROI可用以下三种方式表示：

ROI＝营业利润÷平均经营资产

＝（营业利润÷销售收入）×（销售收入÷平均经营资产）

＝营业利润率×经营资产周转率

营业利润(operating income) 指的是税息前利润。营业利润常被各个分部使用，而整个公司在计算ROI时一般使用净收益。**经营资产**(operating assets) 是所有用来产生营业利润的资产，通常包括现金、应收账款、存货、土地、建筑物和设备。平均经营资产的计算如下：

平均经营资产＝（期初账面净值+期末账面净值）÷2

现在，对于长期资产（厂房和设备）应该如何估值（比如，是使用账面价值还是账面净值，或是使用历史成本还是现行成本）的争议很大。大部分的公司使用历史成本基础上的账面净值。基础10.1演示了如何以及为何计算平均经营资产、营业利润率、资产周转率和投资回报率。

基础10.1：如何以及为何计算平均经营资产、营业利润率、资产周转率和投资回报率（ROI)

资料：

以下是Multidiv公司两个分部去年的一些相关数据：

	快餐食品分部	器械分部
销售额	$ 30 000 000	$ 117 000 000
营业利润	1 800 000	3 510 000
经营资产，1 月 1 日	9 600 000	17 500 000
经营资产，12 月 31 日	10 400 000	21 500 000

为什么：

ROI 是业绩评价的一个很重要的指标。它将所赚得的利润与为了赚得该利润所需要的投资联系起来，是对公司和投资中心恰当的评价方法。

要求：

a. 请为快餐食品分部计算如下指标：

a）平均经营资产

b）利润率

c）周转率

d）投资回报率（ROI）

b. 请为器械分部计算如下指标：

a）平均经营资产

b）利润率

c）周转率

d）投资回报率（ROI）

c. 如果快餐食品分部的期末资产变为 14 400 000 美元，那么结果会是怎样的？它对平均经营资产有什么影响？对利润率、周转率和投资回报率呢？

解答：

a. a）平均经营资产 =（期初账面净值+期末账面净值）÷2

=（$ 9 600 000+ $ 10 400 000）÷2

= $ 10 000 000

b）利润率 = 营业利润÷销售收入

= $ 1 800 000÷ $ 30 000 000

=0. 06 或 6%

c）周转率 = 销售收入÷平均经营资产

= $ 30 000 000÷ $ 10 000 000

=3. 0

d）ROI = 利润率×周转率

=0. 03×6. 0

=0. 18 或 18%

或者

ROI = 营业利润÷平均经营资产

= $ 1 800 000÷ $ 10 000 000

=0. 18 或 18%

b. a）平均经营资产 =（期初账面净值+期末账面净值）÷2

= ($ 17 500 000+ $ 21 500 000) ÷2

= $ 19 500 000

b）利润率 = 营业利润÷销售收入

= $ 3 510 000÷ $ 117 000 000

=0.03 或 3%

c）周转率 = 销售收入÷平均经营资产

= $ 117 000 000÷ $ 19 500 000

=6.0

d）ROI = 利润率×周转率

=0.03×6.0

=0.18 或 18%

或者

ROI = 营业利润÷平均经营资产

= $ 3 510 000÷ $ 19 500 000

=0.18 或 18%

c. 如果快餐食品分部的期末资产变为 14 400 000 美元，那么平均经营资产将会升高。较高的平均经营资产会导致更低的周转率和 ROI。利润率不会受到影响。各指标更新的结果为：

平均经营资产 = ($ 9 600 000+ $ 14 400 000) ÷2 = $ 12 000 000

周转率 = $ 30 000 000÷ $ 12 000 000 = 2.5

ROI = 0.06×2.5 = 0.15 或 15%

（1）利润率和周转率

ROI 公式可被分解成两部分：*利润率和周转率*。**利润率**（margin）是营业利润与销售收入的比率。它表示销售收入中可用来支付利息、税款和形成最后净利的部分。**周转率**（turnover）是销售收入与平均经营资产之比，表示资产产生销售收入的能力。

两个指标都可以影响 ROI。我们来回顾一下基础 10.1，看看利润率、周转率和 ROI 之间有着怎样密切的关系。基础 10.1 中，两个分部具有相同的投资回报率，都为 18%。但是，快餐食品分部的利润率为 6%，而器械分部的为 3%。这个指标告诉我们，快餐食品分部每发生 1 美元销售所赚的钱是器械分部的两倍。但另一方面，器械分部拥有较高的周转率，说明其经营资产利用情况要好于快餐食品分部，也就是说，器械分部可以用更少的资产支持同样的收入。

下面我们来看看两个分部第二年的经营情况：

	快餐食品分部	器械分部
	第二年	第二年
销售额	$ 40 000 000	$ 117 000 000
营业收入	$ 2 000 000	$ 2 925 000
平均经营资产	$ 10 000 000	$ 19 500 000
利润率	5%	2.5%
周转率	4.0	6.0
ROI	20%	15%

快餐食品分部ROI从第一年的18%上升到了第二年的20%，而器械分部的ROI则从18%下降到了15%。注意，两个分部第二年较之第一年的利润率都有所下降，这可能是成本上升或者竞争压力（导致售价降低）引起的，也有可能是两个因素共同造成的结果。

尽管利润率有所下降，但快餐食品分部还是提高了它的回报率。这是因为周转率的提升弥补了利润率的下降。有意减少存货的政策可能是周转率改善的原因（尽管销售收入增加了10 000 000美元，但是快餐食品分部的平均经营资产并没有改变）。

相反，器械分部的回报率没有变化，因此ROI最终下降了。尽管我们还需要知道更多的信息才可以下最终的结论，但是，两个分部在面对同样困难的环境下表现出来的不同结果，可在一定程度上反映出两个分部经理的不同的管理能力。

（2）ROI指标的优点

当ROI被用来评价分部的业绩时，分部经理自然会努力提高这个指标。这可以通过增加销售、降低成本和减少投资来达到。使用ROI有三个优点：

a. 它激励经理们去仔细研究销售收入、费用和投资之间的相互关系。

b. 它有助于提高成本效率。

c. 它可以防止对经营资产的过度投资。

我们将依次讨论这三个优点。

第一个优点就是ROl会激励经理们去仔细研究收入和投资之间的相互关系。现假设一个分部的营销副总裁向分部经理建议增加100 000美元的预算广告费用。营销副总裁认为，广告费的增加将会推动销售额增加200 000美元，并增加110 000美元的边际贡献。如果对该分部的评价是根据营业利润，那么以上的资料足够证明它的业绩很好了。可是，如果要根据ROI进行评价的话，那么分部经理就会想知道：要支持产量和销售额的增加，还需要再进行额外投资的额度。假设现在需要进行一项50 000美元的经营资产投资。目前该分部的销售额为2 000 000美元，净营业利润为150 000美元，经营资产总计为1 000 000美元，ROI为15%（$ 150 000÷$ 1 000 000）。

如果广告费增加了100 000美元，边际贡献增加了110 000美元，那么营业利润将会增加10 000美元（$ 110 000－$ 100 000）。在经营资产上的投资将会增加50 000美元。增加广告费后，ROI是15.24%（$ 160 000÷$ 1 050 000）。由于该方案会增加ROI，所以分部经理应该增加广告费用。

第二个优点就是ROI鼓励节约成本，提高效率。投资中心的经理有对其成本进行控制的责任。因此，通过合理的成本降低方法来提高效率是提高ROI的常用方法。比如，在不减少生产、销售和质量的前提条件下，减少成本最好的方法是减少非增值作业（在第12章会详细阐述）。但是，有很多短期内减少成本的方法会给企业带来不利影响。我们将在ROI的缺点部分讨论这些方法。

ROI的第三个优点是鼓励进行有效率的投资。已经将成本降到一定程度的分部必须将注意力放在减少投资上。比如，可以通过减少原材料或在产品存货来减少经营资产，减少原材料或在产品存货又可通过建立适时制采购和生产系统来达到。可以安装新的、效率更高的机器设备，关闭低效率的工厂等诸如此类的方法。各个公司都在密切地关注着它们的投资水平，并采取措施削减投资。这是以ROI为基础进行评价的一个积极的结果。

(3) ROI 指标的缺点

使用 ROI 去评价业绩也是有缺点的。ROI 的两个缺点是:

a. 它不鼓励经理们投资于一些虽然会降低分部的 ROI,但是却会提高整个公司利润率的项目。(通常来说,项目投资的 ROI 如果小于分部的 ROI,这个项目就会被否决)

b. 它会导致短视行为的发生,也就是分部经理常常以牺牲长远发展为代价来获取短期收益。

第一个缺点可以通过一个例子来展示,假设快餐食品分部有机会在明年投资两个项目。每个投资所需的支出、投资报酬和 ROI 如下:

	项目Ⅰ	项目Ⅱ
投资额	$ 10 000 000	$ 4 000 000
营业利润	$ 1 500 000	$ 760 000
ROI	15%	19%

该分部目前的 ROI 为 18%,其经营资产为 10 000 000 美元,所产生的营业利润为 1 800 000 美元。公司总部会为投资项目批准 15 000 000 美元可用资本,并要求所有投资的回报率至少为 12%。分部任何未使用的资本都会被公司总部用来投资,这样使得它的回报率正好为 12%。

分部经理有四种选择方案:(a) 投资项目Ⅰ,(b) 投资项目Ⅱ,(c) 投资项目Ⅰ和项目Ⅱ,(d) 保持现状(两个项目都不投资)。各种方案下该分部的 ROI 计算如下:

	投资项目Ⅰ	投资项目Ⅱ	投资两个项目	保持现状
营业利润	$ 3 300 000	$ 2 560 000	$ 4 060 000	$ 1 800 000
经营资产	$ 20 000 000	$ 14 000 000	$ 24 000 000	$ 10 000 000
ROI	16.50%	18.29%	16.92%	18.00%

分部经理选择了只投资项目Ⅱ,因为它将对该分部的 ROI 产生有利影响(18.29% 大于 18.00%)。

假设责任中心没有使用的资本以 12% 的回报率投资,那么经理的决策就使整个公司获得的利润比它本来应该实现的要少。如果选择了项目Ⅰ,公司将会赚1 500 000美元的收益。由于没有选择项目Ⅰ,10 000 000 美元的资本被以 12% 的收益率投资,只可赚1 200 000美元的收益(0.12× $ 10 000 000)。分部经理为了使自己分部的 ROI 最大化,使总公司损失了 300 000 美元($ 1 500 000- $ 1 200 000)的利润。

使用 ROI 进行业绩评价的第二个缺点是它会导致短视行为的发生。虽然有时削减成本可以在短期内提高效率,但从长远来看,效率可能会更低。以牺牲长远利益为代价而追求短期收益,这就叫做**短视行为**(myopic behavior)。短视行为的例子有:解雇较高工资的雇员,削减广告预算费用,故意延迟雇员的升值和员工的培训,减少预防性维护,使用较便宜的低质原材料等。

以上每一种措施都可以在短期降低成本，增加收益，从而提高 ROI，但是它们却有长远的不利影响。解雇工资较高的销售人员可能会损害分部的长远销售。比如，据估计，使用一名销售经验不到 1 年的人来代替一名有着 5 ~ 8 年销售经验的销售人员，每个月将损失 36 000 美元的销售额。较低的雇员流动率与顾客满意度紧密相关。削减广告费，使用便宜但低质的原材料将会不利于长期的销售。延迟雇员的提升将可能挫伤雇员的积极性，这反过来又有可能降低生产率和将来的销量。最后一个方面，减少预防性维护成本可能会因增加停工期、缩短生产设备的寿命而使分部的生产能力下降。这些措施在提高当前的 ROI 的同时，也会导致未来 ROI 的下降。

10.3.2 剩余收益

为了克服使用 ROI 会导致分部放弃那些对公司整体有好处但可能降低该分部的 ROI 的投资项目的倾向，一些公司现正采用另一种业绩指标，即剩余收益。**剩余收益**（residual income）是一个公司经营资产的营业利润与它的必要报酬之间的差额：

剩余收益＝营业利润–（必要投资回报率×经营资产）

基础 10.2 展示了如何以及为何计算剩余收益。

基础 10.2：如何以及为何计算剩余收益

资料：

以下是 Multidiv 公司两个分部去年的一些相关数据：

	快餐食品分部	器械分部
销售额	$ 30 000 000	$ 117 000 000
营业利润	1 800 000	3 510 000
平均经营资产	10 000 000	19 500 000

Multidiv 公司要求的必要投资回报率为 12%。

为什么：

剩余收益衡量的是金额，而不是百分比。它将所赚的收益与投资的必要回报联系起来，克服了分部经理放弃那些可能降低该分部的 ROI 的盈利性投资项目的倾向。

要求：

a. 请计算快餐食品分部的剩余收益。

b. 请计算器械分部的剩余收益。

c. 如果必要投资回报率为 16%，那么**结果会是怎样的？**将对两个分部的剩余收益有怎样的影响？

解答：

a. 剩余收益＝营业利润–（必要投资回报率×经营资产）

＝$ 1 800 000–（0.12×$ 10 000 000）

＝$ 600 000

b. 剩余收益＝营业利润–（必要投资回报率×经营资产）

＝$ 3 510 000–（0.12×$ 19 500 000）

＝$ 1 170 000

c. 如果必要投资回报率为 16%，那么两个分部的剩余收益都会下降。

快餐食品分部的剩余收益 = $ 1 800 000 -（0.16× $ 10 000 000）= $ 200 000

器械分部的剩余收益 = $ 3 510 000 -（0.16× $ 19 500 000）= $ 390 000

基础 10.2 表明，尽管两个分部的 ROI 相同，但是剩余收益不同。显然，Multidiv 公司能从较大的器械分部获得比快餐食品分部更大的收益。

（1）剩余收益的优点

剩余收益是业绩评价的一种金额指标。尽管回报率为经理们所熟悉，并且能够剔除规模的影响，但是，到最后，收益金额还是能起一定作用的。如果经理过分关注回报率，那么可能会拒绝那些能带来高于投资成本的盈利项目。剩余收益将经理的注意力拉回到利润金额上来了。

为了说明剩余收益的优点，让我们再次使用快餐食品分部的例子。请记住，该分部的经理放弃了项目Ⅰ，因为它将降低本中心的 ROI，即使这样将会使整个公司利润减少 300 000 美元。而将剩余收益作为其业绩指标将会使公司避免这种损失。每个项目的剩余收益计算如下：

项目Ⅰ：

剩余收益 = 营业利润 -（必要投资回报率×经营资产）

= $ 1 500 000 -（0.12× $ 10 000 000）

= $ 300 000

项目Ⅱ：

剩余收益 = 营业利润 -（必要投资回报率×经营资产）

= $ 760 000 -（0.12× $ 4 000 000）

= $ 280 000

请注意：两个项目都会增加本中心的剩余收益。实际上，项目Ⅰ增加的剩余收益要比项目Ⅱ多，因此，两个都可以被分部经理所选取。为了进行比较，我们将前面提过的四种方案的剩余收益列示如下：

	投资项目Ⅰ	投资项目Ⅱ	投资两个项目	保持现状
经营资产	$ 20 000 000	$ 14 000 000	$ 24 000 000	$ 10 000 000
营业利润	$ 3 300 000	$ 2 560 000	$ 4 060 000	$ 1 800 00
必要回报*	2 400 000	1 680 000	2 880 000	1 200 000
剩余收益	$ 900 000	$ 880 000	$ 1 180 000	$ 600 000

* 必要回报 = 0.12×经营资产

当剩余收益被用作评价指标时，这两个项目都是盈利的，都应该投资。经理被鼓励应暂时不去关注投资回报率而是考虑获得的额外收益的绝对金额。

（2）剩余收益的缺点

剩余收益的两个缺点分别是：收益的衡量指标是个绝对量和容易导致短视行为。收益绝对量的衡量指标使得很难直接比较各个分部的业绩。比如，以 A 分部和 B 分部剩余收益的计算为例，此例中必要投资回报率为 8%。

	A分部	B分部
平均经营资产	$ 15 000 000	$ 2 500 000
营业利润	$ 1 500 000	$ 300 000
必要回报[a]	1 200 000	200 000
剩余收益	$ 300 000	$ 100 000
剩余收益报酬率[b]	2%	4%

[a]0.08×经营资产

[b]剩余收益除以平均经营资产

乍一看，好像A分部的经营业绩要比B分部好，因为它的剩余收益是B分部的3倍。然而，请注意，A分部使用了高于B分部6倍的资产才产生了这些差异。平心而论，B分部更有效率。

纠正这个缺点的一个可能的方法就是用分部的剩余收益除以平均经营资产来计算其剩余收益报酬率。该指标表明，B分部的剩余收益报酬率是4%，而A分部仅为2%。可以使用的另一个方法是既计算投资报酬率，又计算剩余收益，同时使用这两个指标对分部业绩进行评价。这样，ROI可用于各分部之间的比较①。

剩余收益的第二个缺点是导致短视行为的发生。正像在采用ROI进行评价时一样，采用剩余收益指标也会导致经理们选择采取削减维护费、培训费、销售人员费用等措施。使用这个指标进行业绩评价，并没有解决短视行为的问题。要解决剩余收益指标的短视行为问题，一个比较好的方法就是使用经济附加值指标，我们随后将讨论这一指标。

10.3.3 经济附加值

投资中心业绩评估还可以使用一个指标，就是*经济附加值*②。**经济附加值**（economic value added，EVA）是税后经营利润减去全年资本成本的差额。如果EVA是正的，则该公司盈利。如果它是负的，则该公司的财富正在减少。从长期来看，只有能不断地创造资本或财富的公司才能生存。现在许多公司都非常重视EVA的作用。当EVA用于确定管理者的报酬时，它会鼓励管理者使用现存的和新增的资本去获得最大的利润。可口可乐、通用电器、英特尔和默克是少数的在过去15年间EVA不断增加的公司。目前，西门子、百思买、Herman Miller和Whole Foods都在运用EVA（进行业绩评价等）。

EVA是一个金额数字，而不是投资回报的百分比。然而，它确实和ROI之类的投资报酬率有几分相似之处，因为它把净收益（回报）和所使用的资本联系起来。EVA指标的重要特征就在于它强调税后经营利润和资本的实际成本。而别的指标可能会使用账面数值进行计算，账面数值可能反映也可能不反映资本的真实成本。比如，剩余收益通常使用预期的必要投资报酬率。投资者们之所以喜欢EVA，是因为

① 在Reese和Cool的研究中，他们发现，仅有2%的被调查公司只用剩余收益作为衡量指标，而28%的公司同时采用剩余收益和投资回报率。参考文献，见原文P517。

② EVA是Stern Stewart & Co. 的注册商标。

它把利润和实现这些利润所需要的资源数量联系起来了。

（1）EVA 的计算

EVA 等于税后经营利润减去所用资本的成本。EVA 计算公式如下：

EVA＝税后营业利润－（加权平均资本成本×资本总额）

大部分公司所面临的困难都是如何计算资本成本的问题。这需要下列两个步骤：①确定**加权平均资本成本**（weighted average cost of capital）（一个百分数）；②确定**资本总额**。

为了计算加权平均资本成本，公司必须明确各种投资资本的来源。典型的资本来源是借款和股东权益（发行股票所得）。任何借入的资本通常都有一个利率，这个利率可以根据它的税收抵扣率进行调整。比如，公司发行了 10 年期年利率为 8% 的债券，所得税税率是 40%，那么这个债券的税后成本就是 4.8% ［0.08－（0.4×0.08）］。对股东权益的处理不同。股权融资的成本就是投资者的机会成本。长期以来，股东们的平均收益率都要比长期政府债券的利率高 6 个百分点。如果这些债券的利率是 4%，那么股权的平均成本就是 10%（4%＋6%）。风险较高的股票要求较高的收益率，比较稳定且风险较小的股票只能提供一个相对较低的收益率。最后，每种融资方式在总融资中的比例与它的成本率相乘，再加总，就得到加权平均资本成本。

假设一个公司有两种融资来源：2 000 000 美元的长期债券，其利率为 9%；6 000 000美元的普通股，该股票风险水平适中。如果该公司的所得税税率为 35%，长期政府债券的利率是 3%，那么这个公司的加权平均资本成本计算如下：

	金额	百分比	×	税后成本	=	加权平均成本
债券	$ 2 000 000	0.25		0.09×（1−0.35）＝0.0585		0.0146
股权	6 000 000	0.75		0.06+0.03＝0.09		0.0675
合计	$ 8 000 000					0.0821

因此，公司的加权平均资本成本为 8.21%。

计算资本使用成本所需的第二个数据是资本使用总额。显然，购买建筑物、土地和机器的资本数额必须被包括进来。另外，一些预期可能会有长期回报的其他支出，如研究开发费用、雇员的培训费用等等，也应该被包括进来。尽管后者被 GAAP 归为费用类，但 EVA 是一个内部管理核算指标，因此，应将它们归为投资，其实它们本身也就是投资。基础 10.3 演示了如何以及为何计算加权平均资本成本、占用的资本总额及 EVA。

基础 10.3：如何以及为何计算加权平均资本成本与 EVA

资料：

Furman 公司去年的税后经营利润是 1 583 000 美元。该公司有三个融资来源：利率为 8% 的抵押债券 2 000 000 美元；利率为 10% 的无担保债券 3 000 000 美元；10 000 000美元的普通股，该股票的风险水平适中。美国长期国库债券的收益率为 6%。Furman 公司的边际税率为 40%。（普通股资本的平均收益率高于长期政府债券 6 个百分点）

为什么：

EVA 将收入调整为占用资本成本所创造的收入，因此，能很好地计量企业财富的增加值或减损值。

要求：

a. 请为各个融资渠道计算税后成本。

b. 请计算 Furman 公司的加权平均资本成本及占用的资本（成本）总额。

c. 计算 Furman 公司去年的 EVA。公司财富是增加了还是减少了？

d. 如果Furman 公司只有普通股 15 000 000 美元，并且没有抵押债券或无担保债券，那么结果会是怎样的？这会对加权平均资本成本及 EVA 有怎样的影响？

解答：

a. 抵押债券的税后成本＝利率－（税率×利率）＝0. 08－0. 4×0. 08＝0. 048

无担保债券的税后成本＝利率－（税率×利率）＝0. 10－0. 4×0. 10＝0. 06

普通股的税后成本＝长期国库债券的收益率＋平均溢价＝0. 06＋0. 06＝0. 12

b.

	金额	百分比	×	税后成本	=	加权成本
抵押债券	＄2 000 000	0. 1333		0. 048		0. 0064
无担保债券	3 000 000	0. 2000		0. 060		0. 0120
普通股	10 000 000	0. 6667		0. 120		0. 0800
合计	＄15 000 000					0. 0984

资本加权平均成本＝0. 0984 或 9. 84%

占用的资本（成本）总额＝0. 0984×＄15 000 000＝＄1 476 000

c.

税后营业利润	＄1 583 000
减：占用的资本（成本）总额	1 476 000
EVA	＄107 000

EVA 为正（税后营业利润高于税后占用的资本成本总额），所以 Furman Inc. 的资本增加了。

d. 如果 15 000 000 美元都是普通股，那么加权平均资本成本将变成 12%，资本总额为 1 800 000 美元（0. 12×＄15 000 000）。EVA 将变成负数，Furman Inc. 的财富减损了而不是增加了。

EVA＝＄1 583 000－＄1 800 000＝＄（217 000）

（2）EVA 的行为因素

许多公司都已经发现使用 EVA 有助于鼓励它们的分部以一种正确的方式经营，即不能只强调营业利润。深层次的原因就是 EVA 的大小取决于真正的资本成本。在许多公司，投资决策的责任往往是由公司管理层来承担的。其结果是资本成本被认为是一个公司的费用。如果一个分部购置存货和投资，那么该项投资的融资成本一般都会计入总公司的利润表中。它并没有表现为分部经营利润的减少，投资对于分部来说好像是免费的，因此，它们希望投资越多越好。为此，必须计量公司分部资产的 EVA。

假设 Supertech 公司有两个分部，硬件分部和软件分部。各分部的营业利润表如下：

	硬件分部	软件分部
销售收入	$ 5 000 000	$ 2 000 000
产品销售成本	2 000 000	1 100 000
毛利	$ 3 000 000	$ 900 000
分部的销售和管理费用	2 000 000	400 000
营业利润	$ 1 000 000	$ 500 000

这两个分部的业绩看起来似乎都不错。现在让我们来考察一下每个分部的资本使用情况。假设 Supertech 公司的平均资本成本率是 11%。由于硬件分部要库存大量的零部件和产成品，并且要经常地占用许多仓库，等等诸如此类的活动，所以它使用的资本总额达到了 10 000 000 美元，因此它的资本成本是 1 100 000 美元（0. 11× $ 10 000 000）。虽然软件分部不需要库存大量的原材料，但它却需要大量投资于研究开发工作和员工的各项必要培训。它的资本占用量是 2 000 000 美元，资本成本是 220 000 美元（0. 11× $ 2 000 000）。则每个分部的 EVA 可计算如下：

	硬件分部	软件分部
营业利润	$ 1 000 000	$ 500 000
减：资本成本	1 100 000	220 000
EVA	$ (100 000)	$ 280 000

现在，可以很清楚地看出：一方面，硬件分部由于占用了过多的资本而并没有产生相应的收益，所以它实际上是在浪费资本；另一方面，软件分部却已经为 Supertech 公司创造了财富。由于使用了 EVA，硬件分部的经理就将不再认为存货和仓库是“免费”物品了。相反，该经理会努力降低资本占用量，提高 EVA。比如，将资本占用量降到 8 000 000 美元，将会使 EVA 增到 120 000 美元［1 000 000 -(0. 11×8 000 000)］。

现实案例

Quaker Oats 面临着同样的情况。1991 年以前，Quaker Oats 根据季度利润来评价它的各业务分部的经营业绩。为了使每个季度的盈利水平保持上升的势头，于是在每个季度末，各分部经理对其产品的价格大肆打折。这就导致了来自零售商的大量订货单，所以 Quaker Oats 在每季度的第三个月月末时产量就会激增。这种现象叫做商业积压，因为它的产品“堆满商店”（零售商店）。但是其成本是高昂的，因为商业积压需要占用大量的资本（比如营运资本、存货和用来存储这些季度性超量产品的仓库所占用的资本）。Quaker Oats 在伊利诺伊州的丹维尔工厂（Danville，Illinois）生产快餐食品和谷类早餐食品。在使用 EVA 指标之前，丹维尔工厂在每季度的前期都在其生产能力非饱和的状态下进行经营。然而，采购分部购进大量的盒子、塑料包装袋、格兰诺拉麦片和巧克力条，以应付每季度最后6个星期的预期的巨大产量。当生产结束后，Quaker Oats 的完工产品就装满了 15 个仓库。因为，与这些材料相关的所有成本都计入公司总部的成本中。所以它们对于分部经理来说好像是免费的，即使这些经理们生产出了史无前例的超量存货。EVA 指标的使用和商业积压的取消，使得整个年度的产量都很均匀，产量总额（和销售总额）上升了，而存货水平下降了。Quaker Oats 的丹维尔工厂将存货从 15 000 000 美元降至了 9 000 000 美元。Quaker Oats 已经关闭了它的 15 家仓库中的 1/3，每年在工资和资本成本方面节约了 6 000 000美元。

(3) 业绩评价的多重指标

ROI、剩余收益和 EVA 都是管理业绩的重要指标。然而，它们都是财务指标。同样地，在管理者之间，存在着只关注金额数字的倾向。这种关注可能使管理者不能掌握公司的整体情况。此外，较低一级的管理人员和雇员会感到他们很难影响净收益或投资。为了解决这些问题，非财务指标得以开发。比如，高层管理者可以注意市场份额、顾客投诉、员工流动率、个人发展等诸如此类的因素。通过让较低层的管理人员认识到关注长期因素的重要性，就可减轻只强调财务指标的倾向。

现代的管理者尤其喜欢使用多重的业绩指标，财务指标与非财务指标并重。

现实案例

例如，家得宝公司（Home Depot）对顾客进行调查以获取关于顾客支持方面的信息，并且跟踪它每年提供给员工的培训时间（2004 年为 2 300 万小时的培训）。

平衡计分卡（将在第 13 章讲述）的建立是为了在公司的多个业绩领域进行计量。

10.4 对管理者的业绩评价和奖励

尽管有些公司认为其分部的业绩及其管理者的业绩是等同的，但是，仍然很有必要将这两者区分开来。分部业绩经常受制于一些超出管理者控制范围的因素。因此，采用责任会计方法以及根据管理者可控的因素对他们的业绩进行评价尤为重要。一个重要的问题就是建立与分部业绩密切相关的补偿计划。

10.4.1 对管理者的激励性奖金——促进目标的协同

假设预先知道管理者的能力，并且所有的管理人员都能同样地在工作中充分发挥他们的能力，那么管理者业绩评价和激励性奖金这些主题就几乎没有什么意义了。对于一个小型公司来说，所有者和管理者是同一个人，这时就不存在什么评价和奖励的问题。所有者（也是管理者）会投入他（她）愿意投入的精力来工作，并将公司获得的全部收益作为他（她）自己工作的回报。然而，在大多数公司里，都是所有者雇用管理人员来管理公司日常的经营活动，并授予他们制定决策的权力。比如，公司的股东通过董事会任命 CEO，而 CEO 任命各分部的经理，要求他们代表股东来经营他们的分部。这时，所有者必须确保其雇用的管理人员在努力地为他们服务。

为什么管理人员有时并没有很好地为股东服务？这里有三个原因：（1）他们没有足够的能力来承担这份工作；（2）他们不喜欢努力工作；（3）他们希望花费公司

的资源，以享受特殊待遇。针对第一个原因，要求所有者在雇用管理人员之前要详细地了解他或她的有关情况。回顾一下分权的原因，可知其中一条就是为未来的经理们提供训练的机会。这个训练的过程可以显示各分部经理的管理能力（是强还是弱）。针对第二个和第三个原因，要求所有者能够监督管理人员，或者建立一个可使管理者的目标和所有者的目标趋同的激励制度。一些管理人员可能并不想努力工作或从事例行工作。此外，还有一些管理者可能是风险回避者，他们不会采取行动，将个人及公司置于风险的环境中。因此，有必要对他们的承担风险和努力工作进行奖励。一些管理人员不希望承担责任，与此紧密联系的就是管理人员滥用特殊待遇的趋势。**特殊待遇**(perquisites) 是一种在工资和奖金之外的边缘收益，如一个很舒适豪华的办公室，私人使用公司的汽车和喷气式飞机，报销私人的一些费用，公司支付的乡村俱乐部会员费等。尽管一些特殊待遇是对公司资源的合法使用，但是它们可能被滥用。一个设计良好的激励制度能够有助于保持管理人员和所有者之间的目标协同。

10.4.2 管理性奖励

管理性奖励经常将激励与管理人员的业绩联系起来。它的目标就是鼓励目标协同，使管理人员为了公司的最大利益而努力工作。为了使管理人员的行为符合公司的整体目标，给予其管理性补偿，是非常重要的。管理性奖励包括加薪、基于报表利润的奖金、股票期权和非现金补偿。

(1) 现金补偿

现金补偿包括工资和奖金。公司奖励有着优秀经营业绩的管理人员，一个办法就是定期地涨工资。然而，一旦工资涨上去了，通常就要持续下去。奖金给了公司更多的弹性。许多公司将奖金和工资结合起来，使工资保持在一个相当的水平，而奖金则随报表收益（的多寡）而上下波动。管理人员可能会发现他们的奖金和自己分部的净收益或净收益的增长目标之间有密切的关系。比如，一个分部经理年度工资为75 000美元，而以当年年度报表净收益增长额的5%作为奖金。如果净收益没有增长，则该经理的奖金就是零。这种激励支付计划会使公司的净收益增长——这是所有者的一个目标，同样对管理人员也非常重要。

基于收益的补偿可能会导致逆向选择行为的发生。经理可能会从事不道德的行为，比如，推迟必要的维护费用的发生。如果奖金有一个上限（比如奖金等于净收益的1%，但不能超过50 000 美元），且如果当年可以获得的奖金已经达到最高水平，那么管理人员就可能将当年年底的收入推到下一年确认。那些设计奖励制度的人既要了解制度的积极激励作用，又要了解其导致消极行为的可能性。

利润共享制使得雇员们在部分意义上成了股东，因为他们也参与了分享利润。但从决策制定和负面风险的共担意义上讲，他们又并不是真正的股东。这是一种风险分担的形式，专指正面风险的共担。通常是，以统一的比例付给雇员工资，然后，分给他们除工资外的共享利润。这样做的目的是为雇员提供一种激励，使得他们努力而出色地工作。

(2) 股票基础的补偿

股票是公司价值的份额。从理论上讲，当公司经营得好时，它的价值应该上升；

反之，当公司经营不善时，它的价值则应该下降。因此，将股票分给管理人员，会使他们成为公司的所有者，会激励他们与公司保持目标协同。许多公司都鼓励雇员购买本公司的股票，或者将股票作为奖金奖给其雇员。将股票作为补偿奖励的一个缺点就是股票价格可能会由于管理人员控制不了的原因而下降。

公司会经常地奖给管理人员股票期权。**股票期权**（stock option）就是以一个特定的价格在规定的一段时期以后购买公司特定数额的股票的权利。奖励股票期权的目标就是为了鼓励管理人员注重长期目标。期权股票的定价通常近似等于发行该股票当期的市场价格。那么，如果将来股票价格上升，那么经理们就会行使期权，以低于市场的价格购买股票，立即获得收益。

比如，Palgate 化妆品分部的经理 Lois Canfield 被总公司给予了期权奖励，即以当前的市场价格每股 20 美元可购买 Palgate 的股票 100 000 股。该期权在 2010 年 8 月授予，2 年后可以行使权力。如果 2012 年 8 月 Palgate 的股票已经升到了每股 23 美元，那么 Lois 就可以 2 000 000 美元（100 000×20 的行权价格）去购买 100 000 股，然后立即将它们卖出，可得 2 300 000 美元（100 000×23），她就会赚 300 000 美元的利润。当然，如果 Palgate 的股价掉到了 20 美元以下，那么 Lois 就不会行权。然而，一般来说，股票价格会随着市场价格上涨，只要 Palgate 经营情况不比市场总体情况糟，Lois 就肯定可以获得未来的收益。

现在各大公司开始逐渐意识到股票市场对期权的影响。如果股票市场趋势大好，那么以低成本的期权价格购买股票后再将其在市场上抛售会发一笔横财，这笔横财和股票市场上的价格全面上扬之间有密切联系，而和高层管理者的突出业绩似乎关系不大。另外，持有期权的高管可能更专注于短期内提高公司股价，而不是提高公司的长期业绩。也就是说，他们会为了短期利益放弃长期利益。

通常，对行权是有限制的。比如，以期权方式购买的股票在一段期间内是不能卖出的。股票期权的一个缺点就是股票价格建立在许多因素的基础上，它并非完全在管理者可控制的范围之内。

(3) 构建基于收益的补偿制度应考虑的问题

公司使用基于收益的补偿制度的根本目的就是要使所有者和管理人员的目标协同。为了达到公司的所有者希望的净收益增长、股票价格上升的目的，就必须以这些增量为基础建立起管理者补偿制度，这有助于鼓励管理人员朝着这个方向努力。然而，作为建立奖金基础的单一业绩指标经常受博弈行为的支配，即经理可能会以牺牲长远指标为代价来追求短期指标。比如，一个经理可能为了维持较高的净收益，而不惜放弃投资更先进、效率更高的生产设备。这样做的结果是，折旧费用较低，但生产率和质量同样也会保持较低的水平。显然，经理们对于业绩评价的会计数字的计算方法和过程怀有动机。比如，从 FIFO 到 LIFO 的会计变更，或折旧方法的会计变更都会对净收益造成影响，即使此时的销售和成本并没有改变。我们常常可以看到，一个陷入困境的企业新任命的 CEO 会立即报备巨大的亏损（比如，计提存货减值）。这被叫做“洗大澡”（big bath），通常会导致当年净收益较低或出现负数。采取这个措施后，就可使账面净收益在以后较容易产生大幅度的增长，相应地，管理人员就会在下一年得到一大笔奖金。

现金奖金和股票期权都可能导致短期行为。为了鼓励管理者注重长期收益，一些公司要求高层管理者在聘用期间必须购买和持有一定数量的公司股票。

在构建管理者补偿制度时要考虑的另一个问题就是风险对所有者和管理者的影响经常是不同的。当管理人员将自己大量的资本——包括货币资本和人力资本——投资于公司时，他们就会倾向于较少地冒风险；而对所有者来说，因为他们有较高的分散风险的能力，所以比较倾向于冒险。因此，为了鼓励管理人员做出有利于企业的决策，就必须采取一些措施在一定程度上使管理人员免于灾难性的负面风险。

(4) 非现金补偿

非现金补偿是管理者奖励制度中一个重要的组成部分。允许雇员自主地决定日常的业务，就是非现金补偿的一种重要的类型。在惠普公司（Hewlett-Packard），跨职能的团队具有自己的业务，有权迅速地根据市场的变化将获得的利润进行再投资。

特殊待遇也是很重要的。我们经常可以看到一些管理人员宁愿不要增加工资，也要提高自己的职位、改善办公场所和装饰或是报销费用等等。如果能恰当地使用特殊待遇，也可以提高管理人员的效率。比如，一位工作很忙的经理可以在雇用几名助手后高效地工作；他或她可能发现使用公司的喷气式飞机将会使得他或她效率更高地去视察距离较远的几个分部。然而特殊待遇也同样可以被滥用。比如，Tyco 的前总裁 Dennis Kozlowski 为其太太举办的价值 2 000 000 美元的派对，Tyco 负担了该费用的一半份额，Dennis Kozlowski 还购买了价值 6 000 美元的浴帘。人们不禁好奇，Tyco 的股东如何能从这些行为中得到好处。

10.4.3 跨国公司的业绩评价

对跨国公司而言，将对分部经理的评价与对分部的评价区分开来是非常重要的。评价经理时，不应该包括币值变动和所得税等经理人员无法控制的因素。比较身处不同国家的分部（或子公司）经理的业绩是一件很困难的事。即使是看起来很相似的分部也可能面临着非常不同的经济、社会和政治环境。相反，对经理们的业绩评价应建立在收入与所发生的成本的基础之上。一旦开始对经理人员的评估，就需要将分公司的财务报表转换为用母国的货币来陈述的形式，并分摊不可控成本。

国际化环境和国内环境有着很大的不同，并且更为复杂。分部经理所遇到的各种环境变量包括经济、法律、政治、社会以及教育等。

一些重要的经济变量包括：通货膨胀、汇率、所得税和转移价格。比如，MNCs 在发展中国家进行了巨额投资。因此，那些发展中国家具备了一定的生产能力，现在正积极地在世界范围内展开竞争，导致了全球性的（商品）价格降低和通货紧缩。结果，那些已经习惯了应付 20 世纪 70 年代和 80 年代通货膨胀的 MNCs 将不得不转而应对通货紧缩。在这个例子中，成本控制是至关重要的。

法律和政治因素十分重要。比如，某个国家可能不允许资本外流，同时禁止进口某种产品。美国农业法就不允许有根植物进入美国。这条法令给圣诞节期间卖圣诞红的花店制造了麻烦。这些花店需要许多圣诞红，但在年末，它们没有足够的温室来培育这么多的圣诞红。墨西哥为这种植物的生长提供了一个理想的环境，但是盆装的植物是不能进入美国的。植物学家解决了进口的问题。他们把这些圣诞红切割成枝，然后速冻、打包，用干冰包裹着拿船运进美国。他们就用这种方法结了关，在 72 小时内将货物运达目的地。最终结果是，墨西哥的圣诞红生产迅速发展起来，各种各样色彩缤纷的圣诞红展现在美国消费者面前。

教育、基础设施和文化因素影响着分公司所在国对跨国公司采取的态度。许多美国的成衣经销商依靠发展中国家的工厂为其生产成衣。但是，首先，这些公司必须将那个地区发展起来，包括修路、建设通讯设施以及培训工人。

（1）分部投资回报率的比较

环境因素之间的差异，使得分部之间投资回报率的比较很容易造成误导。比如，缺乏内部报表的一致性，使得分部之间的比较很难进行。某个国家的最低工资标准会束缚经理人员降低人工成本的能力。而另一些国家可能会禁止现金外流。甚至还有些国家尽管拥有教育背景良好的劳动力资源，但是基础设施却很差（如交通和通讯设施等）。因此公司在评价管理者的业绩时，应考虑所有这些不同的环境因素。

MNC 中的管理会计师必须对商业和金融以外的知识有所了解。政治和法律制度对公司而言意义重大。有时候政治制度变化很快，会使公司一下子陷入危机之中。但有时，整个局势的进展又显得太慢。

有时候，政治体制的不同可能意味着按美国标准制定的控制方法在其他国家可能不再“有效”。例如，在前苏联（USSR）体制下（即计划经济体制），制造商都要接受预算，实际结果要与预算比较并计算差异。需要注意的是，这个差异的意义与美国的不同。如果一个公司出现了差异数，它们就会派出工厂的高级行政人员，带上一箱香槟或柯纳克（一种白兰地）到国家计划中心（Central Planning Headquarters）去，希望能够改变预算以使之与实际的结果相匹配，从而消除差异。企业的目标不是效率也不是效益，而是和计划中心保持一致。如果这种计划中心消失了，那么这种为了适应实际结果而修改计划的现象也将不复存在。

（2）多重业绩指标

评价 MNC 国外分部业绩的硬性指标忽视了立足于世界市场的这一首要战略的重要性。全球公司的关联性削弱了任何一个分部的独立性或单一存在性。因此，在衡量 MNC 分部的管理者业绩时，剩余收益和 ROI 显得不再那么重要，因为其业绩与公司的长远利益更为相关。除了 ROI 和剩余收益以外，高层管理当局还要考虑市场潜力和市场份额等因素。

此外，与实行分权管理并仅在一个国家中经营的公司相比，MNC 在采用 ROI 和剩余收益对管理者业绩进行评价时，将面临更多的问题。因此，MNC 更需要采用责任会计制，并以经理们可控的因素为基础来评价他们的业绩。比如，莫斯科 McDonald's 的经理不能轻而易举地购买到食物：在本地买不到，而从丹麦和芬兰进口又太过昂贵，因此不得不在当地进行种植。其他在东欧国家的公司也面临着同样的困难。以当地的经营条件为基础制定的多重业绩指标可以反映出经理们对不同的且是困难的经营条件的应对情况。

10.5 转移定价

一个分部的产出经常可以作为另一个分部的投入。比如，一个分部生产出来的集成电路可以被另一个分部用来生产视频录像机。转移价格（transfer price）就是一个分部生产出的产品被转移到另一个分部时所定的价格。转移价格既会影响转出分部的收入又会影响转入分部的成本。因此，两个分部的盈利能力、投资报酬率和管理者业绩评价都要受到它的影响。

10.5.1 转移定价对收入的影响

图表 10-1 展示了转移价格对 ABC 公司两个分部的影响。A 分部生产零部件，并将其卖给公司内的另一个分部 C。30 美元的转移价格是 A 分部的收入并能增加该分部的收益。很明显 A 分部希望价格尽可能地高。反过来，这 30 美元的转移价格是 C 分部的成本，会减少该分部的收益。就像其他原材料的成本一样，C 分部当然希望成本价格低一些。对于公司总体来说，A 分部的收入减 C 分部的成本之后等于零。

虽然转移价格对公司整体来说并不存在盈利，但如果它能影响到各个责任中心的行为，那么它就可能影响公司整体的盈利水平。各个分部可能会制定使其利润达到最大的转移价格，但这可能会降低整个公司的利润。比如，在图表 10-1 中，假设 A 分部一个零部件的转移价格是 30 美元，成本是 24 美元。如果 C 分部可能从外部供应商以每件 28 美元的价格购得这批零部件，那么它就会拒绝从 A 分部购买。C 分部每购买一个零部件就可以节约 2 美元（ $ 30 的内部转移价格 - $ 28 的外部价格）。然而，假设 A 分部的内销产品不能外销，那么公司每个零部件就会损失 4 美元（ $ 28 的外部成本 - $ 24 的内部成本），这个结果将会增加公司的总成本。因此，如何制定转移价格对公司的总体利润来说是至关重要的。

图表 10-1　　　　**转移价格对各分部及公司总体的影响**

ABC 公司	
A 分部	**C 分部**
生产零部件并将其以每个 $ 30 的转移价格卖给 C 分部	以每个 $ 30 的转移价格从 A 分部购得零部件并用以生产最终产品
转移价格为每个 $ 30	转移价格为每个 $ 30
A 分部的收入	C 分部的成本
增加净收益	减少净收益
增加 ROI	降低 ROI
转移价格收入 = 转移价格成本 对 ABC 公司总体利润无影响	

10.6 制定转移价格

一个良好的转移定价系统应该满足三个目标：准确的业绩评价、目标的协同、保持各个分部的自主权。准确的业绩评价意味着没有任何一个分部经理可以以牺牲其他分部的利益为代价而获利（也就是一个分部情况变好而另一个分部却因此变得更坏）。目标协同意味着各个分部经理都选择能使公司总体利润最大的行为。自主权意味着高层管理者不应干预各个分部经理的决策自由。**转移定价问题**（transfer pricing problem）就是要找到一种系统，使它能同时满足这三个目标。

通过考虑转移产品的机会成本，我们能估计出转移价格满足转移定价系统中的三个目标的程度。

机会成本法可以广泛地应用于转移价格的制定。在某些情况下，它与准确的业绩评价、目标协同和自主权是一致的。

机会成本法(opportunity cost approach) 就是找出销售分部愿意接受的最低价格和购买分部愿意支付的最高价格的方法。最高价格和最低价格就相当于内部转移的机会成本并且可以界定一个议价的范围。每个分部的机会成本被定义如下：

a. **最低转移价格**(minimum transfer price) 或底价，就是销售分部按此价格将产品卖给内部其他分部后自身业绩不会变得更差的转移价格。请注意，销售分部当然希望价格越高越好，但最低转移价格是它所能接受的绝对最低价。

b. **最高转移价格**(maximum transfer price) 或顶价，就是购买分部按此价格从内部其他分部买入产品后自身业绩不会因此变得更差的转移价格。请注意，购买分部当然希望价格越低越好，但最高转移价格是它所能接受的绝对最高价。

机会成本规则可表明只要销售分部的机会成本（最低价格）比购买分部的机会成本（最高价格）低，就应该在内部转移产品。根据这个定义，这种方法确保了内部转移不会使销售和购买分部的经理（的业绩）因此变得更差。这就意味着分部利润的总和不会因内部转移而降低。

高层管理者很少制定具体的转移价格。相反，大部分公司都制定一些各个分部都必须遵守的一般政策。经常使用的三个转移价格制定政策分别是以市场价格为基础的转移定价、协商的转移定价和以成本为基础的转移定价。可根据机会成本法对这些方法逐个进行评价。

10.6.1　市场价格

如果内部转移的产品存在外部市场且外部市场是完全竞争的，那么正确的转移价格就是**市场价格**[①]。在这种情况下，分部经理的行为会同时使分部利润和整个企业的利润最大化。而且，没有任何一个分部可以以另一个分部的损失为代价而获利。在这种定价过程中，公司的高层管理者将尽力不予以干涉。

机会成本法也表明正确的转移价格就是市场价格。由于销售分部可以以市场价格售出它生产的所有产品，所以（如果）以更低的价格进行内部转移，将会对该分部不利。与此相似，由于购买分部能够以市场价格获得中间产品，所以它不愿为内部转移产品付出更高的价格。由于销售中心的最低转移价格是市场价格，而且购买中心的最高转移价格也是市场价格，所以唯一可能的转移价格就是市场价格。

实际上，与市场价格偏离将会使整个公司的利润下降。这个规则可用来解决各分部间可能产生的冲突，如下例所示。

Yarrow 公司是一个分权管理性的制造商，它主要生产小型器具。零件分部以其全部生产能力生产发动机分部所需的部件。这种零件还可以以单价 8 美元的市场价格

---

① 中间产品的完全竞争市场必须满足以下四个条件：（1）相对总体市场而言，分部生产的中间产品的数量较少，不会造成产品价格的变化；（2）中间产品与其他销售商的同类产品无差别；（3）企业能轻易地进入或退出市场；（4）顾客、生产商和资源所有者完全了解市场。

卖给其他生产商和批发商。简化起见，假设零件市场是完全竞争的。

假设发动机分部（已使用了70%的生产能力）接到了一份单价为30美元，数量为100 000件的订单。发动机的完全生产成本是31美元，分解如下：

直接材料	$ 10
内部转移购进的零件	8
直接人工	2
变动性制造费用	1
固定性制造费用	10
成本合计	$ 31

请注意：发动机的成本包括零件分部内部转移过来的零件成本，它的转移价格为市场价格8美元。零件分部应该降低转移价格来使发动机分部接受上面所提到的那个订单价格吗？我们可以用机会成本法来回答这个问题。

因为零件生产分部可以销售出所有它生产的产品，所以其最低转移价格就是市场价格8美元。任何更低的价格都将会对零件生产分部造成不利。而对于发动机分部来说，确定一个不会对它造成不利的最低转移价格是件有点困难的事情。

由于发动机分部没有充分利用其生产能力，所以发动机成本中的固定性制造费用部分是不相关成本。所谓相关成本就是指那些接受了订单就会发生的成本。这些相关成本，暂时排除掉内部转移的零件的成本，就等于13美元（$ 10+ $ 2+ $ 1）。因此，在考虑到内部转移的零件成本之前，其利润贡献为17美元（$ 30- $ 13）。发动机分部最多可付17美元的零件成本，这样它接受特殊订单之后仍可使盈亏平衡。然而，由于零件总是可以以8美元的单价从外购买，那么发动机分部应该付的最高内部价格也应是8美元。因此，市场价格就是最好的转移价格。

10.6.2 协商的转移价格

完全竞争市场较为罕见。在大多数情况下，生产者能够影响价格（比如，企业通过降低产品的价格或者销售相关的但差异化的产品就可大大地影响需求）。当中间产品的销售市场是不完全竞争市场时，市场价格就不再是恰当的（转移价格）了。在这种情况下，协商的转移价格就是较为实用的（转移价格）形式。机会成本法也可用来确定协商价格的界限。

（1）例1：可避免的分销成本

假设一个分部生产一种电路板。目前，该分部每天卖1 000个产品，每个产品的变动性制造费用是12美元。这个分部生产的所有产品可以以22美元的单价卖出，然而，外销会产生每个产品2美元的分销成本。如不外销，这个电路板可卖给公司内部新购入的电子游戏分部。如果电路板内销，那么其分销成本就可以避免。

电子游戏分部利用了它的全部生产能力，每天生产和销售350个电子游戏产品。这些游戏产品的单价为45美元，每个游戏产品的变动性制造费用是32美元。另外每个游戏产品还要发生3美元的变动销售费用。每个分部的销售和生产数据归纳列示在图表10-2中。

图表 10-2　**销售和生产数据汇总**

	电路板分部	电子游戏分部
销售量：		
每天	1 000	350
每年*	260 000	91 000
单位数据：		
销售价格	$ 22	$ 45
可变成本：		
制造成本	$ 12	$ 32
销售费用	$ 2	$ 3
年固定成本	$ 1 480 000	$ 610 000

* 每年有 260 个销售日

电路板分部和电子游戏分部该如何确定转移价格呢？如果电子游戏分部目前为每个电路板支付的成本为 22 美元，那么它就不会接受高于 22 美元的价格，因此最高转移定价为 22 美元。最低转移价格由电路板分部决定。尽管电路板分部对其产品的定价为 22 美元，但是如果内销的话，它能避免 2 美元的分销成本。因此，最低转移价格为 20 美元（ $ 22- $ 2）。协商转移价格的范围在 20 美元到 22 美元之间。

假设电子游戏分部提出愿意为每个电路板支付 20 美元，那么该分部将为每个电路板少支付 2 美元的成本，因为原来电路板的购入价格为 22 美元。这样一来，电子游戏分部每天的利润将提高 700 美元（ $ 2×350 个电路板每天）。但是电路板分部的情况不会比以前更好也不会比以前更差，因为没有额外的利润。尽管 20 美元的转移价格是有可能的，但是电路板分部可能不大会接受。

现在，假设电路板分部提出每件 21. 10 美元的转移价格。这一价格能使得电路板分部的利润每天提高 385 美元 [（ $ 21. 10- $ 20） ×350]。电子游戏分部的利润也能每天提高 315 美元 [（ $ 22- $ 21. 10） ×350]。

我们不能给出电路板分部和电子游戏分部协商的转移价格的具体数字，但我们知道，它一定落在协商价格的范围内（最低转移价格 20 美元和最高转移价格 22 美元界定了协商价格的上下限）。图表 10-3 提供了每个分部协商前和协商后的比较利润表。注意：公司的总利润如前所说的那样，增加了 182 000 美元；并且还要注意，利润的增加额如何在两个分部分配的。

图表 10-3　**比较利润表**

协商前：全部外销			
	电路板分部	电子游戏分部	合计
销售收入	$ 5 720 000	$ 4 095 000	$ 9 815 000
减：变动性费用：			
产品销售成本	(3 120 000)	(2 912 000)	(6 032 000)
变动性销售费用	(520 000)	(273 000)	(793 000)
边际贡献	$ 2 080 000	$ 910 000	$ 2 990 000
减：固定性费用	1 480 000	610 000	2 090 000
营业利润	$ 600 000	$ 300 000	$ 900 000

续表

协商后：转移价格为 $ 21.10			
	电路板分部	电子游戏分部	合计
销售收入	$ 5 638 100	$ 4 095 000	$ 9 733 100
减：变动性费用：			
产品销售成本	(3 120 000)	(2 830 100)	(5 950 100)
变动性销售费用	(338 000)	(273 000)	(611 000)
边际贡献	$ 2 180 100	$ 991 900	$ 3 172 000
减：固定性费用	1 480 000	610 000	2 090 000
营业利润	$ 700 100	$ 381 900	$ 1 082 000
营业利润变动额	$ 100 100	$ 81 900	$ 182 000

(2) 例 2：剩余生产能力

在完全竞争市场条件下，销售部分可以以现行市场价格卖出它希望卖出的所有产品。但在非理想的情况下，销售分部就有可能卖不出它生产的所有产品。相应地，销售分部可以降低它的产出量，这时它就会出现剩余生产能力①。

为了说明这种情况下转移定价和协商的作用，我们来看一下塑制品分部经理 Sharena Casper 和制药分部经理 Manny Rogers 之间的对话。

MANNY：Sharena，我们的分部过去 3 年来一直在亏损。当我今年年初接管这个分部时，我和公司总部订立了一个目标，一定要打破亏损局面。现在，预测表明将有 5 000 美元的亏损——但我认为，如果我能得到您的合作，我就一定有办法达到我的目标。

SHARENA：如果我能帮忙的话，我一定尽力而为，您现在有什么想法?

MANNY：我需要特订一批你们分部生产的款式 3 那样的塑料瓶。一个大型的 West Coast 零售连锁店想买 250 000 瓶（的药品）。但是，我不得不给它们一个很低的价格。它们的报价为单价 0.85 美元。我们的单位变动成本为 0.60 美元，这不包括塑料瓶的成本。正常来说，我应该以每个 0.40 美元的价格购买您的塑料瓶，但是如果我那样做，将会使我损失 37 500 美元。我负担不起这个损失。我知道你们有剩余生产能力。如果您能产出 250 000 个瓶子，并且每个瓶子的变动成本不超过 0.25 美元，我将按变动成本支付您瓶子的价格。您对此有兴趣吗？您能应付这个规模的订单吗？

SHARENA：我有足够的剩余生产能力可以轻易地应付这个订单。每个瓶子的变动成本是 0.15 美元。可是，我需要分得一些利润。我让您以 0.20 美元的单价购买塑料瓶，这样的话我们每个瓶子都赚了 0.05 美元，那么总利润就是 12 500 美元。这样将会使您的分部起死回生，还能帮助我靠近我的预算利润目标。

MANNY：很好！非常感谢。如果这个 West Coast 零售连锁店能在将来为我提供更多的订单——如我所期望的那样——并提供更高的价格，我将保证您能得到我们的业务。

请注意机会成本在协商中所扮演的角色。在这个案例中，最低转移价格是塑制品

① 提高产量可以通过降低售价来实现。当然，以降低售价来提高销售量的做法不一定会导致利润的上升——实际上，利润容易下滑。在本例中，我们假设分部经理已经选择了最有利的售价但仍然面临着剩余生产能力的问题。

分部的变动成本（0.15 美元）。它表示如果接受了订单将会增加的费用。由于这个分部有剩余生产能力，所以只有变动成本与决策有关。在弥补了变动成本后，这个订单不会影响该分部的总利润。对于购买分部，最高转移价格是能够使该分部可以弥补由于该特殊订单所引起的新增成本的购买价格（0.25 美元）。将 0.25 美元和其他生产成本（0.60 美元）相加，发生的总的新增成本就是每瓶 0.85 美元，由于销售价格也是每瓶 0.85 美元，所以该分部的经营情况至少不会比以前更差。然而，如果在最低价格 0.15 美元和最高价格 0.25 美元之间制定一个转移价格，那么这两个分部的经营情况都会变得更好。

图表 10-4 中列示了，根据四种不同的转移价格，每个分部所取得的边际贡献和公司整体所取得的边际贡献的比较报表。这个报表显示了在四种转移价格下，公司总体所赚的利润是相同的，可是，不同的价格会影响不同分部的利润水平。因为每个分部都有自主权，所以无法保证公司会获得最大利润。比如，如果 Sharena 坚持价格必须是 0.40 美元，那么就可能不会有任何转移交易了，增加 25 000 美元总利润的想法也会成为泡影。

图表 10-4　**比较报表**

	制药分部	塑制品分部	合计
$ 0.40 的转移价格			
销售收入	$ 212 500	$ 100 000	$ 312 500
减：变动性费用	250 000	37 500	287 500
边际贡献	$ （37 500）	$ 62 500	$ 25 000
$ 0.25 的转移价格			
销售收入	$ 212 500	$ 62 500	$ 275 000
减：变动性费用	212 500	37 500	250 000
边际贡献	$ 0	$ 25 000	$ 25 000
$ 0.20 的转移价格			
销售收入	$ 212 500	$ 50 000	$ 262 500
减：变动性费用	200 000	37 500	237 500
边际贡献	$ 12 500	$ 12 500	$ 25 000
$ 0.15 的转移价格			
销售收入	$ 212 500	$ 375 000	$ 250 000
减：变动性费用	187 500	375 000	225 000
边际贡献	$ 25 000	$ 0	$ 25 000

（3）协商的转移价格的缺点

协商的转移价格有三个经常被提到的缺点：

a. 一个拥有秘密信息的分部经理可能会利用其他分部经理来获利。

b. 业绩指标可能会由于分部经理的谈判技巧而扭曲。

c. 协商会花费相当多的时间和资源。

道德问题

有意思的是，制药分部的经理 Manny 并不知道生产塑料瓶的变动成本。可是，这个成本却是谈判的关键所在。很明显，他在谈判之前没有做足功课。对这一信息缺少了解，正好给了另一个分部的经理，Sharena，利用这个好时机的机会。比如，她可以说变动成本是 0.27 美元，作为让利，可以以每个 0.25 美元的价格卖给 Manny，并且还可以宣称为了将来得到业务，她愿意承受 5 000 美元的损失。本例中，她可以利用这个转移交易获利 25 000 美元。或者，她还可以故意错报这个数字来拒绝这个请求，由此可以阻止 Manny 实现其预算目标。毕竟，她可能正在和 Manny 一起竞争提职、奖金和加薪等等。

幸运的是，Sharena 表现得很诚实，并做出了合理的判断①。要使协商发挥作用，就要求分部经理必须愿意彼此分享相关信息。这个要求如何满足呢？解决办法就在于公司具有良好的内部控制程序。或许最好的办法就是雇用正直诚实的管理人员——承诺履行道德行为的管理人员。此外，高层管理者可以采取措施来防止利用秘密信息来掠夺其他分部利益的行为。比如，公司高层管理者可以将部分管理奖励制度建立在公司整体利润的基础上，这就可以鼓励管理人员采取以企业整体利益最大化为目标的措施。

协商的转移价格的第二个缺点是协商有可能会扭曲管理业绩。因此，分部利润率可能会大大地受到分部经理的谈判技巧的影响，这就掩盖了每个管理人员对委托给他的资源的实际管理情况。虽然这个观点可能有其合理之处，但它忽视了这样一个事实，即谈判是一种必备的（管理）技能。或许各分部利润率的高低本来就应该反映出分部经理谈判技巧的差别。

这种定价的第三个缺点就是协商是费时费力的。分部经理花在协商上的时间可以用来进行其他管理活动。而这些管理活动又有可能提高分部的经营业绩。有时协商可能会陷入僵局，这就不得不迫使高层管理者亲自出面来调解②。虽然协商很费时间，但是通过协商所达成的令双方都满意的结果可以增加各分部以及公司的利润。而且，对于同样的一笔转移交易，谈判达成一致后，就再无需重复协商了。

（4）协商的转移价格的优点

虽然协商的转移定价很浪费时间，但是也为更好地遵守目标协同、自主性和开展正确的业绩评价提供了某些希望。但是，与之同样重要的是，这个过程必须确保各个

---

① 由于存在剩余产能，Sharena 答应与 Manny 合作对两个分部都是有好处的。注意，如果 Sharena 的分部没有剩余产能，那么，从她的分部和公司总体角度出发，Sharena 应该向外部顾客销售商品，拒绝为 Manny 的分部生产这批特殊订单。

② 但是，高层管理者的介入有时是很敷衍草率的。以一家大型的石油公司为例，其所有的转移价格都是通过协商来制定的。两个分部的经理经过几个星期的协商之后仍然不能达成共识，因而将情况上报给了高层管理者。高层管理者的回答是："要么 24 小时之内达成协议，要么你们俩都被炒鱿鱼。"不用说，协议肯定能在规定的时间内达成。

分部协调配合以实现公司的总体目标。如果协商能有助于确保目标协同，那么就不再需要高层管理者进行干涉了。同时，如果不同分部经理的谈判技巧是可以比较的，或者公司认为此技能是一个重要的管理技能，那么就不必关心其动机和准确的业绩指标了。基础 10.4 展示了如何以及为何计算以市场价格为基础的转移价格和协商的转移价格。

基础 10.4：如何以及为何计算以市场价格为基础的转移价格和协商的转移价格

资料：

Omni 公司拥有几个分部，包括生产电路板的 Alpha 分部，以及生产供热和空调系统的 Delta 分部。

Alpha 分部生产的型号为 cb-117 的电路板可用于 Delta 分部制作供热和空调系统所需要的恒温器中。cb-117 电路板的市场售价为 14 美元，其成本资料如下：

变动性产品成本	$ 2.50
固定成本	6.50
产品总成本	$ 9.00

Delta 分部每年需要 30 000 个 cb-117 电路板。Alpha 分部满负荷运转（每年生产 100 000 个 cb-117 电路板）。

要求：

a. 如果 Omni 公司的转移定价政策要求转移价格必须为市场价格，那么其转移价格应该是多少？您建议 Alpha 和 Delta 分部都接受这个转移价格吗？

b. 现在假设 Omni 公司允许两个分部协商转移价格，并且如果 Alpha 分部将 cb-117电路板卖给 Delta 分部的话，那么将会避免 3 美元的分销成本。哪个分部决定最低转移价格？最低转移价格是多少？哪个分部决定最高转移价格？最高转移价格是多少？您建议 Alpha 和 Delta 分部选择一个介于议价区间的价格作为转移价格吗？

c. 如果Alpha 分部打算明年生产并销售 65 000 个 cb-117 电路板给 Delta 分部（存在剩余产能），那么结果会是怎样的？哪个分部决定最低转移价格？最低转移价格是多少？哪个分部决定最高转移价格？最高转移价格是多少？您建议 Alpha 和 Delta 分部选择一个介于议价区间的价格作为转移价格吗？

解答：

a. 市场价格为 14 美元。Alpha 和 Delta 分部都会接受该价格作为转移价格（因为两个分部都不会变得比对外出售或购入该产品的情况更糟）。

b. 最低转移价格 = $ 14 - $ 3 = $ 11，由销售分部，Alpha 分部决定。最高转移价格 = 14 美元，这是市场价格，由购买分部，Delta 分部决定。

Alpha 和 Delta 分部都会接受一个介于议价区间的价格作为转移价格。但是具体的数字取决于 Alpha 和 Delta 分部经理的谈判能力。

c. 最低转移价格 = 2.50 美元（变动性生产成本），由销售分部，Alpha 分部决定。最高转移价格 = 14 美元，这是市场价格，由购买分部，Delta 分部决定。

Alpha 和 Delta 分部都会接受一个介于议价区间的价格作为转移价格。但是具体的数字取决于 Alpha 和 Delta 分部经理的谈判能力。(请注意,最低转移价格中并没有包括固定成本,因为 Alpha 分部不管生产多少产品,其支付的固定成本总数是不变的)

10.6.3 以成本为基础的转移价格

以成本为基础的转移定价有三种形式:完全成本法、完全成本加成法、变动成本加固定费用法。在这三种情况下,为了避免一个分部将无效率(的业绩)转移到另一个分部,应该使用标准成本来确定转移价格。然而,最重要的问题还是以成本为基础的转移价格的恰当性。应该使用这些转移价格吗?如果要使用,又应该在什么条件下使用呢?

(1) 完全成本法

或许,转移定价方法中最不理想的一种方法就是完全成本定价法。它唯一的优点就是简单。完全成本定价可能会产生不正当的动机,并扭曲业绩指标。正如我们所看到的,购买分部和销售分部的机会成本对于确定适当的内部转移价格而言是至关重要的。同时,它们也为确定一个一致满意的内部转移价格提供了有用的参考价格点。完全成本法只有在很少的几种情况下才能提供有关机会成本的正确信息。

依据完全成本法确定的转移价格关闭了前述的价格协商的通道。在第一个例子中,如果必须以完全成本来定价,那么经理就不会去考虑进行内部转移交易。当然,如果以销售价格减去一些分销费用所剩下的价格进行内部转移,那么两个分部以及公司整体的业绩都会更好。在第二个例子中,如果以完全成本定价,那么制药部的经理就不能接受来自 West Coast 连锁店的特殊订单,两个分部以及公司整体的业绩都会变差。

(2) 完全成本加成法

完全成本加成法也遭受着与完全成本法一样的问题。然而,如果这个加成的数额可以协商,那么它就会减少不正当行为。比如,完全成本加成法的公式可用来确定第一个例子中的协商转移价格。在一些情况下,完全成本加成公式可能是协商的产物,如果是这样,那么它就仅仅是协商转移价格的特例。在这种情况下,使用这种定价方法是完全正确的。然而,利用完全成本加一定的利润来表示所有的协商价格,是不可能的(比如,它不能够用来表示第二个例子中的协商价格)。由于可以适用于许多实例,并且可以充分地考虑机会成本,所以协商定价是一种更好的方法。

(3) 变动成本加固定费用法

像完全成本加成法一样,如果固定费用可以通过协商来确定,那么变动成本加固定费用也是一种有用的转移定价方法。这个方法相对于完全成本加成法来说有一个优点:如果销售分部有剩余生产能力,那么变动成本就是它的机会成本。假设固定费用可通过协商确定,那么变动成本法就相当于协商转移定价法。(总之)比较好的定价办法就是进行协商并充分考虑机会成本。

(4) 各种方法的适用性

尽管成本基础上的转移价格有很多缺点,但公司还是经常使用这些定价方法,尤其是完全成本法和完全成本加成法。这些方法确实简单而客观。此外,分部间的转移价格对每个分部的利润率影响通常比较小。因此，使用一个很容易确定的以成本为基础的公式要比在谈判上花大量的时间和资源更为划算。

在其他的一些情况下，使用完全成本加成法的结果很可能就是协商达成一致后形成公式。也就是说，完全成本加成公式是协商的产物，只是所达成的转移定价被报告为完全成本的形式罢了。一旦建立起这个公式，它就会被一直使用，直到最初的条件发生变化，需要再次进行协商，通过这种方式，协商所耗费的时间和资源可降至最少。比如，内部交易的产品可能是顾客定做的，那么经理们就很难确定它们的外部市场价格。在这种情况下，完全成本加上一个按合理的利润率计算出的补偿，就可以作为转移分部的机会成本的一个很好的替代变量。基础 10.5 展示了如何以及为何计算以成本为基础的转移价格。

基础 10.5：如何以及为何计算以成本为基础的转移价格

资料：

Omni 公司拥有几个分部，包括生产电路板的 Alpha 分部，以及生产供热和空调系统的 Delta 分部。

Alpha 分部生产的型号为 cb-117 的电路板可用于 Delta 分部制作供热和空调系统所需要的恒温器中。cb-117 电路板的市场售价为 14 美元，其成本资料如下：

变动性产品成本	\$ 2.50
固定成本	6.50
产品总成本	\$ 9.00

Delta 分部每年需要 30 000 个 cb-117 电路板。Alpha 分部满负荷运转（每年生产 100 000 个 cb-117 电路板）。

要求：

a. 如果 Omni 公司的转移定价政策要求转移价格必须为完全成本，那么其转移价格应该是多少？您建议 Alpha 和 Delta 分部都接受这个转移价格吗？

b. 如果 Omni 公司的转移定价政策要求运用完全成本再加上 25% 的加成来确定转移价格，那么转移价格应该是多少？您建议 Alpha 和 Delta 分部接受这个转移价格吗？

c. 如果 Omni 公司的转移定价政策要求运用变动成本加上每件 12.00 美元的固定费用作为转移价格，那么转移价格应该是多少？您建议 Alpha 和 Delta 分部接受这个转移价格吗？

d. **如果** Alpha 分部打算明年生产并销售 65 000 个 cb-117 电路板给 Delta 分部（存在剩余产能），那么**结果会是怎样的？** Omni 公司的转移定价政策要求运用完全成本定价法确定转移价格。哪个分部决定最低转移价格？最低转移价格是多少？哪个分部决定最高转移价格？最高转移价格是多少？您建议 Alpha 和 Delta 分部选择一个介于议价区间的价格作为转移价格吗？

解答：

a. 完全成本法的转移价格为 9.00 美元。Delta 分部会很高兴地接受这个价格，但是 Alpha 分部会拒绝，因为如果对外销售的话，它每个产品能卖 14 美元，有盈利。

b. 成本加成法的转移价格为 11.25 美元（\$ 9.00+ \$ 2.25）。同样地，Delta 分

部会很高兴地接受这个价格，但是 Alpha 分部会拒绝，因为如果对外销售的话，它每个产品能卖 14 美元，有盈利。

c. 变动成本加固定费用法下的转移价格为 14.50 美元（$ 2.50+ $ 12）。在这一情况下，Alpha 分部会很高兴地接受这个价格，但是 Delta 分部会拒绝，因为如果外购的话，每个产品只需要 14 美元。

d. 最低转移价格 = 9.00 美元（完全生产成本），由销售分部，Alpha 分部决定。最高转移价格 = 14 美元，这是市场价格，由购买分部，Delta 分部决定。

当然，两个分部都会愿意接受单价 9.00 美元作为转移价格。

10.6.4 转移定价与跨国公司

对于跨国公司而言，转移定价必须达到两个目标：业绩评价和确定最优所得税。如果所有的国家都具有相同的税率结构，那么转移定价的制定就和税收无关了。但是由于存在着高税收国家（如美国）和低税收国家（如开曼群岛），所以 MNCs 就可以利用转移定价将成本转移到高税收的国家，而将收入转移到低税收的国家。

图表 10-5 通过两个转移定价来说明这种做法。如图表所示，当货物的所有权从比利时分公司移交至波多黎各的再开票中心时，第一个转移价格为 100 美元。由于该价格等于全部的成本，因此利润为零，而零利润所承担的税收也为零。第二个转移价格为 200 美元，是由位于波多黎各的再开票中心制定的。货物从波多黎各岛转移到美国时确实会产生利润，但由于波多黎各不征收公司所得税，所以这部分利润并不需要上税。最后，美国的分公司再把货物以 200 美元的价格出售给外部客户。因为成本等于收入，所以该分公司并无利润，仍不需缴纳所得税。再来设想一下不存在再开票中心时将会发生的情况。货物将直接从比利时发往美国。如果转移定价定为 200 美元，则比利时分公司的利润将是 100 美元，需按 42% 的税率纳税。或者，如果转移价格定为 100 美元，那么在比利时不需纳税，但是美国的分公司将实现 100 美元的利润，需按 35% 的税率缴纳公司所得税。

图表 10-5　　利用转移定价影响实付的所得税

行为	对税负的影响
母公司设于比利时的分公司生产一个零件的成本是 $ 100。这些零件的所有权转移到波多黎各的再开票中心*的转移价格是 $ 100/单位产品	税率为 42% 收入 $ 100-成本 $ 100 = $ 0 实付税金 = $ 0
波多黎各的再开票中心是同一母公司的分公司，该公司再以 $ 200/单位产品的转移价格将这批零件转移给美国的分公司。美国分公司以 $ 200 的单价将零件销售给外部客户	税率为 0% 收入 $ 200-成本 $ 100 = $ 100 实付税金 = $ 0 税率为 35% 收入 $ 200-成本 $ 200 = $ 0 实付税金 = $ 0

*再开票中心只拥有货物的所有权，并不接收实物，它的主要目标是把利润转移到低税收国家中的分公司。

总部设在美国的跨国公司（分部）之间进行交易的定价必须遵守《美国国内税

收法典》第 482 条的规定。这一条款授权国内税务署（IRS）在减少可能的偷逃税的前提下，可以对分公司间的收益和扣减项目进行再分摊。基本上，第 482 条要求销售应按“正常交易”（arm's length）进行，即制定的转移价格应与非关联方之间发生该项转移时制定的价格相匹配，而后再根据其间的差异对价格造成的可计量的影响进行调整。这些差异包括卸货成本和营销成本。转移价格允许包括卸货成本（运费、保险、关税和特别税）。由于内部转移通常可以避免营销成本，因此，需相应下调转移价格。IRS 允许采用三种近似于正常交易定价的定价方式。按优先顺序排列，分别为可比非控价格法、转售价格法和成本加成法。可比非控价格法（comparable uncontrolled price method）基本上就是市场价格。转售价格法（resale price method）是指转售方拿到的销售价格扣除一个恰当的加成，即购入商品进行转售的分公司制定的转移价格等于转售价格扣减一定的毛利。而成本加成法（cost-plus method）不过是以成本为基础的转移价格。基础 10.6 阐释了如何以及为何运用可比非控价格法和转售价格法。

基础 10.6：如何以及为何运用可比非控价格法和转售价格法计算转移价格

资料：

假设 ABC 公司在全球有许多分部。分部 B（设在美国）从分部 C（在加拿大）处购得一种零件。每个零件的对外售价是 38 美元，运费和保险费为 5 美元，不需支付 3.80 美元的佣金。

要求：

a. 请运用可比非控价格法计算转移价格。

b. 假设从分部 C 转移到分部 B 的零件没有外部市场。进一步假设分部 B 以 42 美元的单价售出零件且通常可以得到售出产品销售成本的 40% 的利润，请运用转售价格法计算转移价格。

c. 现在假设从分部 C 转移到分部 B 的零件没有外部市场，而且这种零件用于生产另一种产品（也就是说，该零件不会被转卖）。进一步假定制造成本是 20 美元，请运用可比非控价格法计算转移价格。

d. 如果运费和保险费为每件 4 美元，那么结果会是怎样的？这对可比非控价格有怎样的影响？对转售价格和成本加成价格呢？

解答：

a. 运用可比非控价格法计算转移价格的过程如下：

市场价格	\$ 38.00
加：运费和保险费	5.00
减：佣金	(3.80)
转移价格	\$ 39.20

b. 在分部 C 没有外部市场，而分部 B 有转售价格的情况下，转移价格计算如下：

转售价格 = 转移价格 +（加价比例 × 转移价格）

\$ 42 = 1.40 × 转移价格

转移价格 = \$ 42 ÷ 1.40 = \$ 30

c. 成本加成转移价格=制造成本+运费和保险费

=＄20+＄5

=＄25

d. 如果运费和保险费下降了1美元，可比非控价格法和成本加成法下的转移价格都将下降1美元。

确定正常交易价格（arm's-length price）较为困难。在很多时候，公司面临的转移定价情况使得上面列出的三种方法都不适用。这时，IRS将允许采用第四种方法——公司与IRS协商来确定转移价格。IRS、纳税人和税务法庭已经因协商转移价格问题争吵了许多年。无论如何，必须在这样一个事实——所得税申报表已经提交且公司正接受审计——出现后，才会进行此类协商。最近，IRS已批准发布了**预先定价协议（advance pricing agreements，APAs）**，以帮助纳税企业在纳税申报前判断其所提出的转移价格能否为IRS所接受。"APA是IRS和纳税人之间的一项协议，针对的是将要用于某项国际交易的定价方法。该协议涵盖了无形资产（诸如特许权使用费）的转移、财产的出售、服务的提供以及其他项目。在APA所规定的年限内，APA对于IRS和纳税人均有约束力，并且不予公开。"APA提供的这种确定意见并不是免费的。公司了除了支付应向IRS支付的50 000美元年费外，还需为提供专业的会计及法律意见过程中发生的直接成本买单。

如果能够证明是其被滥用的话，那么滥用转移定价法是非法的。例如，从英国进口到美国的牙刷标价高于5 600美元一支，出口到比利时的汽车座椅1.66美元一个，出口到以色列的导弹和火箭发射器仅为52美元一枚。

IRS同时也规范了外国公司与其美国分公司之间的转移定价。拥有25%以上外国股权的美国公司必须持有公平转移定价证明。例如，葛兰素史克（GlaxoSmithKline）的贸易谈判委员会（TNC）同意支付美国34亿美元的税款，这是转移定价税款清算的最大案例之一。IRS认为，葛兰素史克公司的美国子公司在过去的16年间向英国母公司为其提供的药材支付了过高的价格，尤其是一种名叫Zantac的畅销产品。其目的是减少美国子公司的利润以降低税负。"欧洲药品企业巨头涉嫌操纵转移价格，为此IRS向其收取巨款。"

当然，MNCs不仅要受到美国税法的限制，而且要受到其他国家税法的限制。既然普天之下都有所得税，因此所有管理的决策制度都应充分考虑到所得税的影响。加拿大、日本、欧盟和韩国等都在最近的20年内发布了关于转移定价的法规。对转移定价合理性的日益重视也许可以解释为何越来越多的跨MNCs采用市场价格作为转移价格了。但是，一项调查表明，MNCs已不再那么信赖以成本为基础制定的转移价格了，而是倾向于以市场为基础制定价格。一般认为，MNCs在制定其转移价格策略时，考虑最多的变量是公司整体的利润——以及包括了公司内部转移的所得税影响的整体利润。

管理者可以合法地避税，但是不能偷税漏税。这其中的差别很重要。不幸的是，两者之间的差别很模糊。尽管图表10-5中所描述的情形明显是滥用转移定价，但是其他的税收驱动行为却不一定是滥用转移定价。例如，MNCs可以合法地决定在高税收国家的分公司里成立一个必要的研究开发中心，因此该成本是可扣减的。跨国公司还可能利用税务筹划信息系统来实现全球税负最小化。当然，这并非易事。

练习题

复习题

10.1 转移定价

零件部门生产一种可以被成品部门使用的零件。生产这种零件的成本如下：

直接材料	$ 10
直接人工	2
变动性制造费用	3
固定性制造费用*	5
成本合计	$ 20

*根据实际产量200 000个计算。

零件部门发生的其他成本如下：

固定性销售和管理费用	$ 500 000
变动性销售费用	$ 1 /单位

该零件在外面市场上通常卖28美元至30美元（单价）。目前，零件以每个29美元的价格卖给外部顾客。这个部门每年可以生产200 000个零件。然而，由于经济形势不好，明年预计只能卖出150 000个零件。如果产品内销，变动性销售费用可以避免。

成品部门一直以28美元的价格从外部供应商手中购买这种零件。预计明年它将使用50 000个零件。成品部门的经理已经答应以每个18美元的价格从零件部购买50 000个产品。

要求：

（1）请确定零件部门能够接受的最低转移价格。

（2）求成品部门的经理能够支付的最高转移价格。

（3）应该进行内部交易吗？为什么要进行或是为什么不要进行？如果您是零件部门的经理，您会以每个18美元的价格卖出50 000个产品吗？试解释理由。

（4）假使零件部门的平均经营资产总计1 000万美元。假设50 000个零件以每个21美元的价格被转移到成品部门，请计算明年的ROI。

解答：

（1）最低转移价格是15美元。零件部门有过剩的生产能力，所以只要弥补它的增量成本就可以了，这个增量成本就是变动性制造费用。不管内部转移交易是否发生，固定成本都是不变的。如果进行内部转移，变动销售费用是可以避免的。

（2）最高转移价格是28美元。成品部门出价不会比它从外部供应商手中购买的价格更高。

（3）是的，应该进行内部转移交易。销售部门的机会成本比购买部门的机会成本要小。零件部门将会多赚 150 000 美元（ $ 3×50 000）的利润。总的联合利润将会是 650 000 美元（ $ 13×50 000）。零件部门的经理应该尽力通过协商谈判来为本部门获得一个更有利的结果。

（4）利润表：

销售收入 [（ $ 29×150 000）+（ $ 21×50 000）]	$ 5 400 000
减：变动销售成本（ $ 15×200 000）	(3 000 000)
变动销售费用（ $ 1×150 000）	(150 000)
贡献毛利	2 250 000
减：固定性制造费用（ $ 5×200 000）	(1 000 000)
固定销售和管理费用	(500 000)
营业利润	$ 750 000

ROI＝营业利润÷平均经营资产
＝ $ 750 000÷ $ 10 000 000
＝0.075

10.2 EVA

Surfit 公司是一家生产冲浪板的公司，其已经经营了 6 年，Sam Foster 是 Surfit 公司的所有者，他对公司的利润情况非常满意，他正准备让公司上市（也就是说，在纳斯达克交易所发行 Surfit 公司的股票）。过去几年的资料如下所示：

净利润	$ 250 000
资本总计	1 060 000
长期负债（利率为 9%）	100 000
所有者权益	900 000
Surfit 公司的税率为 35%	

要求：

（1）假使所有者权益的成本等于普通股平均成本的 12%，计算资本的加权平均成本。请计算 Surfit 公司去年的总资本成本。

（2）请计算 Surfit 公司的 EVA。

解答：

（1）

	金额	百分比	×	税后成本	=	加权成本
长期负债	$ 100 000	0.1		0.0585*		0.0059
所有者权益	900 000	0.9		0.1200		0.1080
总计	$ 1 000 000					0.1139

*0.09×（1−0.35）＝0.0585

资本的加权平均资本成本率是 11.39%

去年的资本成本＝0.1139× $ 1 060 000＝ $ 120 734

（2）EVA = $ 250 000 − $ 120 734 = $ 129 266

问题讨论

10.1　什么是分权。请讨论一下集中决策和分散决策的区别之处。

10.2　请解释为什么公司选择分权。

10.3　解释如何利用局部信息提高决策的准确性？

10.4　什么是毛利率和周转率？请解释这些指标是如何提高投资中心业绩评价的准确性的？

10.5　ROI 的三个优点是什么？请解释每一个优点如何有助于提高盈利水平。

10.6　ROI 的两个缺点是什么？请解释每一个缺点如何降低盈利水平。

10.7　什么是剩余收益？请解释剩余收益指标如何克服使用 ROI 指标的缺点。

10.8　什么是 EVA？它与 ROI 和剩余收益的不同之处在哪里？

10.9　什么是股票期权？它如何有利于实现目标协调性？

10.10　什么是转移价格？

10.11　什么是转移定价问题？

10.12　如果销售部门的最低转移价格比购买部门的最高转移价格低，中间产品就应该进行内部转移，您同意这种说法吗？为什么？

10.13　如果中间产品的外部完全竞争市场存在，那么应该进行转移定价吗？为什么？

10.14　请掌握三种成本基础的转移价格。成本基础的转移价格的缺点是什么？什么时候使用成本基础的转移价格比较合适？

10.15　（美）国内税收法规 482 的目的是什么？在这部法规下，转移定价的哪四种方式是可被接受的？

习题

10.1　计算平均经营资产、营业利润、资产周转率、投资回报率（ROI）

Forchen 股份有限公司提供了如下资料，这是该公司两个部门去年的相关数据：

	小电器部门	清洁产品部门
销售额	$ 34 670 000	$ 31 320 000
营业利润	2 773 600	1 252 800
经营资产 1 月 1 日	6 394 000	5 600 000
经营资产 12 月 31 日	7 474 000	6 000 000

要求：

（1）请计算小电器部门如下数据：

a. 平均经营资产

b. 利润率

c. 周转率

d. 投资回报率

（2）请计算清洁产品部门如下指标：

a. 平均经营资产

b. 利润率

c. 周转率

d. 投资回报率

（3）假使小电器部门营运收入变为 2 000 000 美元，**结果会是怎样的？**它将如何影响平均经营资产、利润率、周转率、投资回报率？计算所有变动了的比率（保留 4 位有效数字）。

10.2　以市场价格为基础的转移价格和协商的转移价格

Carreker 股份有限公司有很多个部门，其中有 Alamosa 部门，主要生产手术刀片，还有 Tavaris 部门，主要负责医学器械的生产。

Alamosa 部门生产的一种 2.6cm 的钢刀片可以用于 Tavaris 部门制作解剖刀。这种刀片的市场价格是 21 美元，刀片的相关费用信息如下：

变动成本：	$ 9.70
固定成本：	5.50
总成本：	$ 15.20

Tavaris 每年需要 15 000 份这样 2.6cm 的刀片。Alamosa 部门的生产量是足够供应的（90 000 份的刀片）。

要求：

（1）如果 Carreker 公司的转移定价政策规定要求转移价格必须为市场价格，那么转移价格是多少？您建议 Alamosa 和 Tavaris 部门都接受这个转移价格吗？

（2）现在假设 Carreker 公司允许两个分部协商转移价格，因为通过将产品销售给 Tavaris 部门，Alamosa 部门可以节约 1.75 美元的分销成本。哪个部门会设定最低的转移价格？您建议 Tavaris 和 Alamosa 部门选择一个介于议价区间的价格作为转移价格吗？

（3）假使 Alamosa 部门计划在下一年度生产和销售 65 000 份 2.6cm 的刀片，**结果会是怎样的？**哪个部门会决定最低的转移价格？这个价格是多少？哪个部门会决定最高的转移价格？这个最高价格又会是多少？您建议 Tavaris 部门和 Alamosa 部门选择一个介于议价区间的价格作为转移价格吗？

10.3　转移定价

Fillmore 工业公司是一个纵向一体化的公司，它有几个部门作为分权利润中心。Fillmore 公司的标准度量仪器生产部门生产科学研究用的仪器，并使用到 Fillmore 公司其他两个部门生产的产品。电路板生产部门生产印制电路板（PCB）。一种 PCB 模型是专门为标准度量仪器生产部门制作的，它使用了专利权设计。而一些比较简单的 PCB 模型被销往外部市场。晶体管部生产的产品被销售给发展良好的竞争性外部市场。可是有一种晶体管模型也内销给标准度量仪器生产部门。标准仪器生产部门单位产品的成本如下所示 ：

	PCB	晶体管
直接材料	\$ 1.85	\$ 0.40
直接人工	4.20	0.90
变动性制造费用	2.40	0.70
固定性制造费用	0.85	0.75
成本合计	\$ 9.30	\$ 2.75

电路板生产部的外销商品定价原则是完全成本加30%的利润加成。它相信这种专门为标准度量仪器生产部门制作的印制电路板在外部公开市场上每个将卖 12 美元。卖给标准度量仪器生产部门的晶体管的市场价格是每个 3.45 美元。

要求：

（1）晶体管部的最低转移价格是多少？晶体管内销给标准度量仪器生产部门的最高转移价格是多少？

（2）假设标准度量仪器生产部门能够以每个 2.75 美元的价格从外部市场上购买大量的晶体管。再进一步地假使晶体管部有过剩的生产能力，那么晶体管部会接收 2.75 美元这个价格吗？

（3）电路板生产部门和标准度量生产部门已达到一个协商转移价格，即每个印制电路板 11 美元。讨论这个内部转移价格对每一个部门有什么影响？

10.4 ROI、剩余收益

Raddington 工业公司生产工业用具和冲模设备。公司在 2012 年并购了它的一个合金钢盘的供应商，Keimer 钢铁公司，实现了纵向的业务扩展。为了更好地管理这两块独立的业务，Keimer 公司被作为一个投资中心独立运转。

Raddington 公司根据单位产品贡献率和投资报酬率对其各个责任中心进行监控，这里的投资是指使用的平均经营资产。管理者的奖金根据 ROI 来确定。对经营资产的所有投资都预期获得 13%的税前必要投资报酬率。

Keimer 部门的销售成本全部都被认为是变动成本，而它的管理费用则与产量无关。销售费用是一个混合成本，有 40% 要归因于销售量。Keimer 部门原本预期以 14.5%的 ROI 来获得一笔资金投资。然而，部门管理层反对这项投资，因为它将降低了 Keimer 部门整体的 ROI。

Keimer 部门 2013 年经营利润表预计如下。在 2013 年 11 月 30 日，这个部门的经营资产总计为 12 600 000 美元，比 2012 年增长 5%。

Keimer 钢铁公司

利润表

2013 年 11 月 30 日

销售收入		\$ 25 000 000
减：销售成本	\$ 16 500 000	
管理费用	3 955 000	
销售费用	2 700 000	23 155 000
税前经营利润		\$ 1 845 000

要求：

（1）如果 Keimer 部门在 2013 年 11 月 30 日生产和销售了 1 187 000 单位产品，请计算它的单位产品贡献率。

（2）请计算 Keimer 部门的下列业绩指标：

a. 经营资产的平均投资的税前收益率（ROI）。

b. 根据平均投资资产计算的剩余收益。

（3）请解释当剩余收益而不是 ROI 被作为业绩指标时，为什么 Keimer 部门会比较倾向于接受文中提到的那项投资资金。

（4）Keimer 部门是 Raddington 工业公司内部的一个独立的投资责任中心。如果根据 ROI 或者剩余收益对它进行业绩评价，试确定一下在这两种情况下它应该着重控制哪些项目？

10.5 管理业绩评价

Greg Peterson 最近被任命为 Webster 公司的经营副总裁。Greg 有着很好的从事制造行业的经验背景，他以前是 Webster 公司拖拉机部的经营经理。Webster 公司主要从事重型设备的生产制造、食物加工和金融服务。

在最近一次和公司的财务总经理 Carol Andrews 的谈话中，Greg 建议应该根据公司年度财务报表中的数据对部门经理进行业绩评价。这个报表列示了收入、利润、可确认资产和每个部门 5 年期的折旧等。Greg 相信通过建立起和评估公司高层管理人员相似的标准来对部门经理进行评估，将是非常适合的。Carol 认为可以使用年度财务报表中的部门报告信息来对部门经理进行评价，她还建议 Greg 考虑使用其他方法来评估部门经理的业绩。

要求：

（1）请解释为什么将用于公共报告目的的部门报告信息用于评价部门经理的业绩是不合适的？

（2）如果 Webster 公司根据年度财务报表对其部门经理进行业绩评价，请描述对各部门经理可能产生的行为影响。

（3）当 Greg 对部门经理进行业绩评价时，请指出和描述可以使用的几种恰当的财务信息。

第 11 章　战略成本管理

学习本章之后，您可以：

①解释什么是战略成本管理以及它如何帮助企业创造竞争优势。

②描述价值链分析，以及它在以作业为基础的顾客和供应商成本计算中的战略作用。

③解释什么是生命周期成本管理，以及如何利用它使一种产品在整个生命周期内实现利润最大化。

④描述 JIT 采购和生产的基本特征。

⑤描述 JIT 对成本可追溯性和产品成本计算的影响。

为什么冰淇淋的一个品牌会被认为好于另一个品牌？这也许反映了冰淇淋生产商对于冰淇淋的设计和制造是经过慎重考虑的，它们使用了特定的原料和香料，而不仅仅是普通原料。这是使产品具有独特性并使之区别于竞争者产品的一种手段。这也是一种基于特定消费者——希望购买优质的、特定的冰淇淋的消费者所作出的有意识的决策。对其利润而言，这是不是一个良好的战略呢？成本管理在战略决策中发挥着重要作用。成本信息对于制定战略和选择战略，以及评估现有的战略地位的可持续性而言，都是至关重要的。

第 4 章介绍了作业成本法的基本概念。这些概念用传统的生产成本的定义来解释。以作业为基础的产品成本可以极大地改进传统产品成本的准确性。因此，它使得存货的估价得以改进，并且管理者（和其他的信息使用者）可以得到更有用的、可引致慎重决策的产品成本信息。当然，传统的产品成本定义本身的意义具有局限性，因此在某些决策中可能不是很有用。比如，公司需要进行影响到长期战略地位和盈利能力的决策（此时传统的概念就不可用）。战略规划和决策需要一套比产品成本信息更为广泛的成本信息。为了服务于战略管理的目标，还需要关于顾客、供应商和不同的产品设计的成本信息。

这套范围更广泛的信息应该满足两个要求。第一，应该包括关于公司环境和公司内部活动的信息。第二，这套信息还必须具有前瞻性以使人们能够洞察未来的期间和活动。用成本数据支持价值链分析的价值链框架可以满足第一个要求。而支持产品生命周期分析的成本信息可以满足第二个要求。价值链分析导致组织的变革，从根本上改变了成本信息的本质和需求。适时制（JIT）生产是改变成本会计信息系统本质的战略性方法的一个例子。在本章，我们介绍战略成本管理、生命周期成本管理和 JIT 生产。JIT 方法用来说明价值链概念。不过，JIT 的应用及其对成本会计的影响很广泛，它本身就是一个值得研究的主题。而且，JIT 与战略成本管理的联系决定了它与战略成本管理应放在同一章进行讨论。

11.1　战略成本管理：基本概念

制定一个影响企业长期竞争地位的决策必须明确考虑决策的战略因素。企业最重要的战略因素是它的长期成长与生存，因此，战略决策（strategic decision making）是指怀着选择一个或一组战略的目的而在备选的、可合理地确保为公司提供长期成长和生存之能力的战略方案中进行选择。实现这个目标的关键是获得一种竞争优势（competitive advantage）。**战略成本管理**（strategic cost management）是指使用成本数据来开发和识别产生持久性竞争优势的出色战略。

11.1.1 战略定位：创造和保持竞争优势的关键

竞争优势（competitive advantage）是指以同样的或比竞争对手更低的成本创造更高的顾客价值，或以低于竞争对手的成本创造同等的价值。**顾客价值**（customer value）是顾客所收到的（利益）（顾客的收益）和顾客所付出的（成本）（顾客的代价）之间的差异。顾客所收到的东西不只是产品所提供的性能表现这一基本层次。[①] 顾客所收到的东西称为*全面产品*（total product）。**全面产品**（total product）是一个包括顾客从所购产品中获得的所有有形的和无形的利益的全方位（价值）。因此，顾客的收益包括基本的和特别的产品特性、服务、质量、使用指南、声誉、品牌和任何其他顾客认为重要的因素。顾客的代价包括购买产品的成本、为获得和学习使用该产品所花费的时间和精力，以及使用、维护和处理该产品的**购后成本**（post-purchase costs）。

增加顾客价值以获得竞争优势与明智的战略选择之间关系非常密切。已经得到公认的基本战略有三个：成本领先、产品差异与集中化。[②]

（1）成本领先

成本领先战略（cost leadership strategy）的目标是以低于竞争对手的成本为顾客提供同样的或更高的价值。如果顾客价值被定义为顾客收益与顾客代价之差，那么低成本战略的本质就是通过使顾客代价的最小化来增加顾客价值。在这种情形下，成本领先是组织的目标。比如，一个公司可以重新设计产品，使构成产品的零件数量减少，降低生产成本和顾客购买后的维护成本。

（2）差异化

差异化战略（differentiation strategy）恰恰相反，它是通过增加顾客所收到的利益（顾客收益）来增加顾客价值。可以通过为顾客提供一些竞争对手没有提供的东西来创造竞争优势。因此，必须使产品具有独特性，使其不同于竞争对手的产品。变更产品设计使其不同于普通产品，或者强化产品的某些有形的或无形的特性，都会产生差异性。与竞争对手产品的区别可以是功能方面的、美观方面的，或是样式方面的。比如，一个计算机零售商可以提供现场的修理服务，而这正是当地市场上的其他对手没有提供的产品特性。饼干生产商可以提供动物形状的饼干，比如，纳贝斯克（Nabisco）饼干公司设计了 Teddy（泰迪熊）Grahams 饼干，使其产品区别于形状更传统的其他品牌。然而，要想使变革具有价值，必须引起顾客的重视。而且，通过差异化为顾客增加的价值必须超出公司为了差异化而付出的成本。如果顾客认为这种差别是重要的，而且差异化为顾客增加的价值超出公司为了差异化而付出的成本，那么竞争优势就已经建立起来了。

---

① 记住我们关于产品的定义。服务是一种无形产品。

② 关于三种战略定位的完整讨论请参见 M. E. Porter, *Competitve Advantage: Creating and Sustaining Superior Performance*（New York: Free Press, 1985）。

（3）集中化

集中化战略(focusing strategy）是选择或重视所要竞争的细分市场或顾客。一个可行的方法是，选择看起来具有吸引力的市场和顾客，然后拓展服务于该目标市场的能力。另一个可行的方法是，选择公司的核心竞争力优于竞争对手的特定市场。集中化战略认为，并不是所有的市场（比如，在顾客和地理位置等方面）都是相同的。在组织的能力和潜力既定的情况下，其某些方面总会比其他方面（对顾客来说）更具吸引力。

（4）战略定位

在现实中，许多企业不会只选择一种基本战略，而是使用三种基本战略的组合。**战略定位**(strategic positioning）是指选择三种基本战略的最优组合的过程。组合选择的目标是创造持久的竞争优势。对于一个反映三种基本战略组合的**战略**(strategy)，可以作如下定义：

……选择企业致力于服务的细分市场和顾客，识别企业为向目标市场上的顾客传递价值观念而必须规划的关键内部业务流程，并确定为实现内部目标、顾客目标以及财务目标所需的个人和组织的能力。[①]

在定义中所说的“选择……细分市场和顾客”实际上是指集中化；“传递价值观念”是指选择增加顾客收益和/或减少顾客代价，因此会导致成本领先和/或差异化战略。发展为细分市场服务所必需的能力则与三种基本战略都相关。

成本管理在战略定位中的任务是什么？战略成本管理的目标是在强化所选择的战略定位的同时降低成本。请记住，竞争优势与成本相关联。比如，假定一个组织以高于竞争对手的成本提供同样的顾客价值（那么就没有竞争优势），该组织必须通过增加某一特定顾客群的价值（比如，用差异化和集中化战略来强化战略地位），同时降低成本，才可能达到一种状态，即以同样的或比竞争对手更低的成本提供更大的顾客价值。

11.1.2 价值链框架、联系和作业

选择最优的（或最有利的）战略定位要求管理者了解有利于提高组织业绩的作业。要实现正确的战略定位，就需要了解产业价值链。**产业价值链**(industrial value chain）是从原材料到最终客户对产成品的处理等一系列相互联系的创造价值的作业。图表11-1说明了一个石油行业的产业价值链。石油行业的某一个企业的业务可以不用——而且可能不会——跨越整个价值链。该图显示了不同的企业处于价值链的不同位置。大多数大的石油公司，如ExxonMobil、ConocoPhillips，它们的业务范围覆盖了从勘探到加油站的整个价值链（如图表11-1中A企业）。当然，这些石油巨头也会从其他的生产商那儿购买石油，或者也会向属于其他公司的加油站提供汽油。而且，有许多石油企业只在价值链的一个较小的部分从事专门业务，如勘探和生产、提炼和分销等（如图表11-1中的B企业和C企业）。无论在价值链中所处的位置如何，一个企业要创造和保持竞争优势，就必须了解整个价值链，而不只是企业经营所在的那个部分。

---

① Robert S. Kaplan and David P. Norton, *The Balanced Scorecard* (Boston: Harvard Business School Press, 1996): 37.

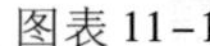
图表 11-1

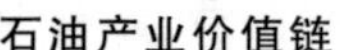
石油产业价值链

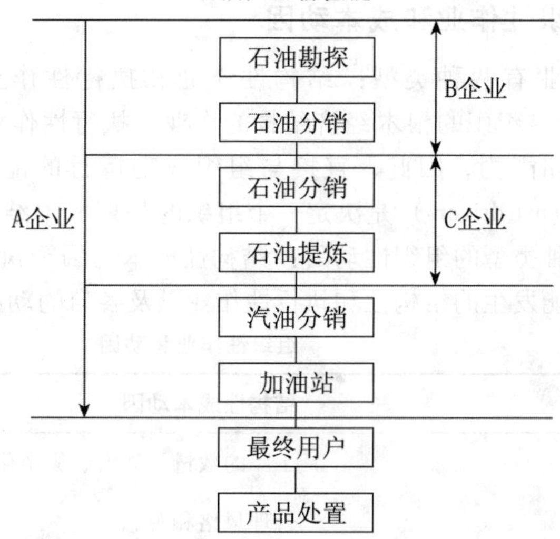

因此，把价值链分解成与战略相关的作业对于成功实施成本领先和差异化战略而言是最起码的要求。对于理解一个企业中具有战略重要性的作业来说，价值链框架是一个非常有用的方法。价值链框架的基本原理是，识别企业内部和外部的作业之间存在的复杂的联系和相互关系。必须分析和理解的联系有两种：内部联系（internal linkages）和外部联系（external linkages）。**内部**联系是身处价值链的企业的内部作业之间的联系。另一方面，**外部**联系描述的则是构成企业价值链的作业与企业供应商和顾客的作业之间的联系。因此，外部联系有两种类型：供应商联系和顾客联系。

外部联系强调这样一个事实：一个公司必须了解整个价值链，而不仅仅是了解它所参与的那部分价值链。有效的战略成本管理要求关注外部（价值链）。一个公司不能忽略供应商和顾客联系并且期望建立持久的竞争优势。一个公司需要了解它在产业价值链中的相对地位。评价整个价值链系统中的每一环节的经济优势和联系，可以给予公司几点重大的战略启示。比如，了解不同环节的收入和成本，可以揭示出是否有必要为提高公司总体经济业绩而进行前向或后向的整合。同样，它也可能反映出缩减投资与缩小在产业价值链上的参与范围是不是一个有利的战略。最后一点是，了解供应商和顾客的能力对于如何利用外部链接具有重大的影响。公司通过对产业价值链的利润率与供应商和顾客的利润率进行比较，就可对它们的能力作出评估。比如，假定一个独立的提炼商与生产商每加仑汽油的利润是 0.15 美元，而购买汽油的网络加油站（不属于该独立的生产商）每加仑汽油的利润是 0.05 美元。在该段价值链中，由下游环节获得的利润率是 25%（$ 0.05÷$ 0.20），而独立的提炼商与生产商获得的利润率为 75%。相对于石油提炼商与生产商来说，买方的能力相对较弱。另外，如果加油站部分的资产报酬率较高，这可能反映出前向整合是理想的，也是可能的。

我们要开发利用企业的内部联系和外部联系，就必须对企业的作业进行识别，并选择那些有利于企业创造（或保持）竞争优势的作业。进行这种选择过程需要了解每个作业的成本和价值。为了进行战略分析，作业可分为组织性作业和经营性作业；以此类推，这些作业的成本也是由组织性和经营性成本动因所决定的。

11.1.3 组织性作业和成本动因

组织性作业有两种类型：结构性作业和执行性作业。**结构性作业**（structural activities）是决定组织的根本经济结构的作业。**执行性作业**（executional activities）界定组织的流程和能力，因此，直接与组织成功运行的能力相关。**组织性成本动因**（organizational cost drivers）是决定一个组织的长期成本结构的结构性和执行性因素。因此，存在两种类型的组织性动因：结构性成本动因和执行性成本动因。图表 11-2 分类列出了可能发生的结构性和执行性作业以及各自的动因。

图表 11-2 **组织性作业和动因**

结构性作业	**结构性成本动因**
工厂建设	工厂的数量、规模、集中化程度
组织管理	管理风格和观念
员工分组	内部业务单元的数量和类型
复杂性	产品线的数量、独特流程的数量、独特零件的数量
垂直整合	范围、采购能力、销售能力
选择和采用流程技术	所采用流程技术的类型、经验
执行性作业	**执行性成本动因**
使用员工	员工参与程度
提供优质产品	质量管理方法
设计工厂布局	工厂布局效率
设计和生产产品	产品结构
提供产能	产能利用

如图表 11-2 所示，一个特定的组织性作业可能（也许是一种普遍现象）由一个以上的动因所驱动。比如，工厂建设成本受到工厂的数量、工厂的规模以及集中化程度的影响。强调集中的企业可能建立更大的工厂，使地理位置更集中并且控制力更强。类似地，复杂性可以由产品种类的数量、独特流程的数量和独特零件的数量所驱动。

组织性动因是影响组织长期成本结构的因素。只要看一看图表 11-2 中所示的不同动因，就可以很容易地理解这一点。人们熟悉的动因，如规模、范围、经验、技术和复杂性等都属于结构性动因。比如，规模经济和非规模经济是广为人知的经济现象，而学习曲线的作用（经验）也经常是记录在案的。结构性成本动因的一个有趣的属性是，越多并不一定越好。然而，结构动因的效率水平可以改变。比如，技术的变革可以通过改变一个工厂的最优规模而影响规模动因。在钢铁产业，利用本地废钢铁的小钢铁厂技术作为一种竞争优势已经消灭了规模经济。较小规模的钢铁厂现在可以获得以前只有较大的钢铁厂才能产生的同等水平的效率。

最近，被关注的重点是执行性动因。企业管理者正在付出相当多的努力对组织的工作进行改进。持续改进及其多种表现形式（员工授权、全面质量管理、流程价值分析、生命周期评估等）都是关于执行性效率的内容。以员工参与和授权为例，当员工参与程度提高时，使用员工的成本就会降低。雇员或工人参与是指，企业文化、参与程度以及他们对持续改进目标的承诺。

11.1.4 经营性作业和动因

经营性作业（operational activities）是日常从事的作业，是组织所选择的结构和流程的结果。比如，检验入库零件、材料搬运、发货、测试新产品、产品维修以及设备调整等。**经营性成本动因（operational cost drivers）**（作业动因）是驱动经营性作业成本的因素，包括零件数量、搬运次数、产品数量、顾客订单数量、退回产品数量等等。很明显，经营性作业和动因是作业成本法的核心内容。图表 11-3 列出了可能发生的经营性作业和动因。

图表 11-3　**经营性作业和动因**

产量层次作业	产量层次动因
零件打磨	磨床运转小时
零件组装	组装人工小时
钻孔	钻孔机运转小时
材料使用	材料重量
能源使用	千瓦时
批次层次作业	**批次层次动因**
组装设备	组装次数
批次搬运	搬运次数
批次检测	检测小时
产品返工	次品数量
产品层次作业	**产品层次动因**
重新设计产品	设计变更次数
产品赶工	延迟到货订单数
生产调度	产品种类
测试产品	流程数量

结构性作业和执行性作业决定了组织内日常作业的数量和本质。比如，如果一个组织决定在一台设备上生产一种以上的产品，那么这个结构性的选择就导致了对生产调度作业这种产品层次作业的需要。类似地，工厂布局设计决定了材料处理作业

（通常是一种批次层次作业）的性质和范围。而且，尽管组织性作业决定了经营性作业，但对经营性作业及其动因的分析仍然可以用来建议对组织性作业和动因的战略选择。比如，认识到搬运次数是计量个别产品消耗材料处理作业的指标，就意味着，如果重新设计工厂布局，则可以减少所需搬运次数进而降低资源开支。经营性和组织性作业以及与之相联系的动因之间的相关性很强，图表 11-4 说明了这些关系循环的性质。

图表 11-4　　**组织性作业与经营性作业的关系**

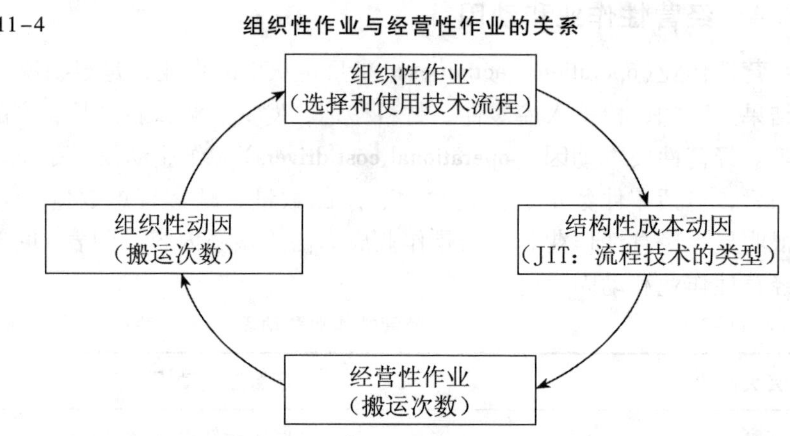

11.2　价值链分析

价值链分析（value-chain analysis）可以识别和利用内部联系与外部联系，目标是加强企业的战略地位。价值链分析通过考虑不同作业组合情况下，成本以及其他非财务因素是如何变化的，来决定联系的开发与利用。比如，组织为了应付新的挑战、充分利用新的机会，需要变革它们的结构和流程。这种变革可能包括差异化的新方法。另外，当强调成本领先时，对组织性和经营性成本动因进行控制以达成长期降低成本的成果，对于价值链分析来说非常重要。当然，其目标是能比竞争对手更好地控制成本动因（因此创造出一种竞争优势）。

11.2.1　开发利用内部联系

健全的战略成本管理体系要求考虑企业所参与的价值链部分（称为内部价值链）。图表 11-5 回顾了一个组织的内部价值链。生产前后的作业必须被识别，其联系也必须被识别并予以利用。开发利用内部联系意味着评估作业之间的联系，并利用这些联系降低成本、增加价值。比如，产品设计和开发作业发生在生产作业以前，与生产作业相联系。产品设计的方式会影响生产的成本。了解生产成本如何被影响，需要了解成本动因。因此，了解作业的成本动因对于理解和利用联系而言至关重要。如果设计工程师知道零件的数量是不同的生产作业（其成本会受到零件数量影响的作业包括材料使用、直接人工使用、组装、检测、材料处理和采购）的一个成本动因，那么工程师就会重新设计产品，使其结构成为标准的零件，其多种适应性、短时耗以及高质量会大大地降低整体产品的成本。基础 11.1 说明了在内部价值链中内部链接是如何被开发和利用来降低成本的。

图表 11-5

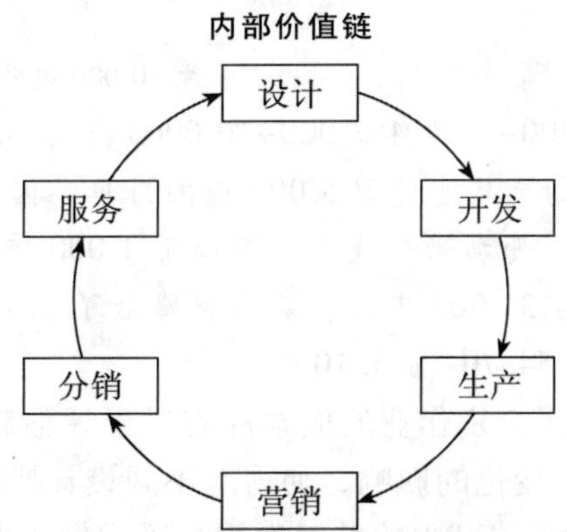

基础 11.1：如何以及为何开发利用内部联系来降低成本并增加价值

资料：

某个公司生产各种各样的高技术医疗产品，其中一个产品有 20 种零件。设计工程已经为产品造出了一种新型结构，它仅仅需要 8 种零件。提供的信息如下：现行作业产能和要求（20 种零件）以及预计作业要求（8 种零件）。

作业	作业动因	作业产能	现时作业需求	预计作业需求
材料用量	材料数量	200 000	200 000	80 000
组装零件	人工小时	10 000	10 000	5 000
采购零件	订单数量	15 000	12 500	6 500

另外，作业成本数据如下：

材料用量：3 美元/件；没有固定作业成本。

组装零件：12 美元/小时；没有固定作业成本。

采购零件：3 位领工资的职工，每人每年工资 30 000 美元；每个职员能够处理 5 000份采购订单。变动性作业成本：由于填表、邮寄等程序，每个采购订单发生变动成本 0.5 美元。

为什么：

开发和利用内部联系意味着评估内部价值链中的作业并用来降低成本、增加价值。

要求：

a. 请计算通过重新设计产品所能降低的成本。

b. 假设生产了 10 000 件产品，每件售价为 400 美元，通过节约每件产品成本可降低其单价。那么，该 8 种组件构成的产品价格是多少？

c. **如果**计划作业需求采购量为 4 500 件，**结果会是怎样的？**对要求 a 和 b 的答案有什么影响？

解答：

a.

材料用量成本降低［（200 000-80 000）×＄3］	＄360 000
人工成本降低［（10 000-5 000）×＄12］	60 000
采购成本降低*［＄30 000+＄0.50×（12 500-6 500）］	<u>33 000</u>

节约数合计 $ 453 000

* 根据新需求，采购指令可以减少一次，节约 30 000 美元。

b. 新价格 = $ 400-（$ 453 000÷10 000）= $ 354.70。

c. 因为每个采购员只能处理 5 000 份的订单，因此只需要一个采购员，可节约工资成本 30 000 美元。变动采购成本可再降低 1 000 美元 [$ 0.50×（6 500-4 500）]。因此，总节约成本为 31 000 美元，新价格降低了 3.10 美元（$ 31 000÷10 000），变为 351.6 美元（$ 354.70-$ 3.10）。

基础 11.1 强调了个别作业的成本性态对于评估新设计之影响的重要性。评估作业的联系和作业需求变化的影响，使得对不同设计战略的成本认识成为可能。请注意资源利用模式在这种分析①中的关键作用。采购作业当前提供了 15 000 单位的作业产能，按 5 000 单位一级的幅度获得（该能力按采购订单的数量来计量，见图表 11-6 中的阶梯成本性态）。当前产品结构未利用的作业是 2 500 单位（15 000-12 500）。重新设计产品使采购订单需求从 12 500 个降到 6 500 个，使未用作业产能增加到 8 500 单位（15 000-6 500）。在该点，管理者可以降低约束性资源支出。因为作业产能是按 5 000 单位成批取得的，所以资源支出可以降低 30 000 美元（每个采购人员的工资）。而且，既然需求降低，用于弹性资源的支出也可以按变动部分降低3 000美元（$ 0.5×6 000）。作业成本法模型和作业成本性态的知识是战略成本管理中有力且不可分割的组成部分。

图表 11-6 **阶梯成本性态：采购作业**

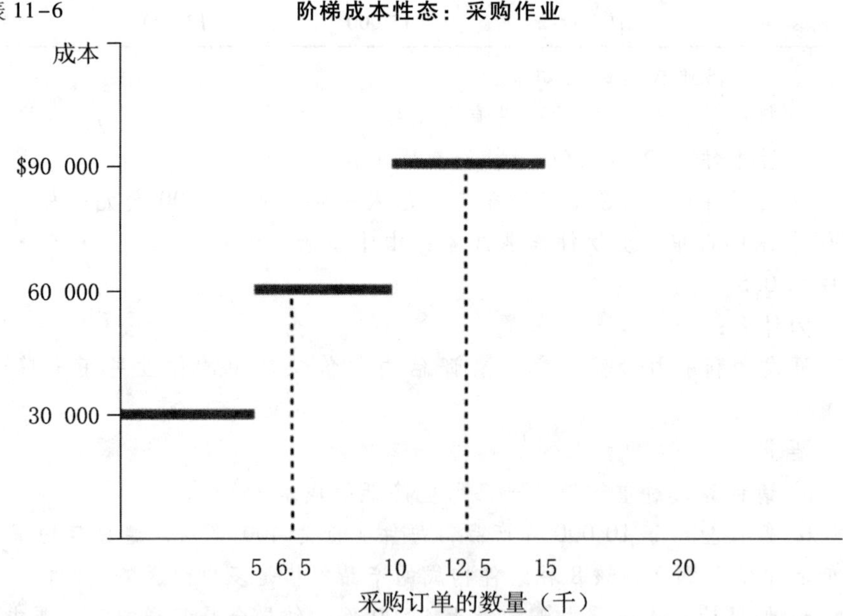

注：加粗的数字是产品结构变更前和变更后的作业需求（12.5 是变更前的需求，6.5 是变更后的需求）。

基础 11.1 中内含着一个假定，即工程设计作业的资源支出保持不变。这样，没有发生开发利用这种联系的成本。不过，假定开发利用从工程设计作业到企业价值链

① 资源利用模式已在第 3 章中介绍过。

下游作业之间的联系需要增加资源支出 50 000 美元，那么支出 50 000 美元而节约 453 000 美元当然也是值得的。通过增加一种作业的支出而节约其他作业的成本是战略成本管理的一个基本原则。

11.2.2 开发利用供应商联系

尽管每个企业都有自己的价值链，但是如图表 11-1 所示，每个企业又属于一个更大的价值链，即产业价值链。价值链系统还包括由供应商和购买方二者交易形成的价值链作业。一个企业不能忽视它本身的价值链作业与其供应商和购买方的价值链作业之间的相互影响。与企业外部的作业之间的联系也可开发利用。开发利用外部联系意味着管理这些联系，使企业和外部相关方都从中受益。

供应商提供原料，因此，会对使用者的战略定位产生重大的影响。比如，假定一个公司为了实施差异化战略和降低总体的质量成本，而采用全面质量控制的方法。**全面质量控制**(total quality control) 是一种对质量进行管理、使生产达到零缺陷要求的方法。次品的减少反过来又会降低质量作业的总体成本。但是，如果零件送货不及时、质量低劣，那么购买方的公司就没有办法生产高质量的产品并准时地向顾客交付产品。因此，一个公司如要达到零缺陷状态，就会在很大程度上依赖于供应商提供无缺陷零件的能力。一个公司一旦理解了这种联系，就能够与它的供应商紧密合作，以使采购的产品满足它的需求。

现实案例

霍尼维尔 (Honeywell) 公司了解这种联系，并建立了以促进贸易关系和提高质量为目标的供应商审核委员会。对供应商的评估与选择依赖于下列因素，如：品质量、配送、可靠性、持续改进的能力、产品价格和整体关系。公司期望供应商能达到一定的质量和配送能力的标准，比如次品率为每 100 万个中的 500 个 (次品)，99% 的准时到货率，99% 的接受率。[①]

用作业成本法管理采购成本

很明显，一个企业为了避免战略地位的弱化，必须仔细地选择它的供应商。为了鼓励采购经理选择那些在质量、可靠性和准时到货率等方面表现水平可以接受的供应商，必须明确两个基本的要求。[②] 首先，需要有一个更广泛的零件成本概念。以产量为基础的成本系统通常只是根据采购价格决定采购经理的报酬 (比如，材料价格差异)。更广泛的成本概念意味着采购成本应包括与质量、可靠性和准时到货率相关联的成本。因此，企业应要求采购经理在评价供应商时，根据这一全面的成本进行评价，而不只是考虑采购价格。其次，再根据因果关系把供应商成本分配到产品中去。

作业成本法是满足这两个要求的关键。为了满足第一个要求，供应商被定义为成本对象，与采购、质量、可靠性和准时到货率等相关的成本全部被追溯到供应商。对于第二个要求，成本对象则是产品，供应商成本被追溯到特定的产品。把供应商成本

---

① As reported at http: //honeywell. com/Pages /Search. aspx? k = supplier + board and http: //content. honeywell. com/sensing/ve/step. stm on February 1, 2012.

② These requirement are discussed in Robin Cooper and Regine Slagmulder, "The Scope of Strategic Cost Management," *Management Accounting* (February 1998): 16-18. Much of the discussion in this section is based on this article.

追溯到产品——而不是像以产量为基础的成本法那样——将它们平均分摊到所有的产品，据此管理者能够看到大量的、需由专业供应商来提供的独特零件，相对于标准零件对产品成本的影响。产品设计者如果了解复杂程度较高的产品的成本，那么他在设计新产品时，就能更好地在功能和成本之间进行权衡。增加的功能应该能够提供比增加的成本更多的效益（通过提高销售价格）。准确地将供应商成本追溯到产品，可以更好地把握产品的利润率，并使得产品设计者能够在不同的产品设计中做出更好的选择。基础 11.2 解释了以作业为基础的供应商成本法的概念及计算。

基础 11.2 的结果显示了当考虑内部返工作业和赶工作业的联系时，所谓的“低成本”供应商实际上成本更高。如果采购经理了解所有的成本数据，那么选择结果将会变得很清楚：Oro Limited 公司是很好的供应商，因为它以更低的单位总成本准时地提供了更高质量的产品。

基础 11.2：如何以及为何采用以作业为基础的供应商成本法

资料：

某采购经理选定两个供应商作为企业的两种电子零件（X1Z 和 Y2Z）的来源。与这两个零件有关的数据如下：

Ⅰ. 作业成本（零件缺陷和到货误期可归因于供应商；加工失误可归因于内部加工过程）：

作业成本	零件缺陷/到货误期	加工缺陷
产品返工	$ 200 000	$ 40 000
产品赶工	50 000	10 000

Ⅱ. 供应商数据

	Fielding Electronics		Oro Limited	
	X1Z	Y2Z	X1Z	Y2Z
购买单价	$ 10	$ 26	$ 12	$ 28
采购数量	40 000	20 000	5 000	5 000
零件缺陷数量	800	190	5	5
到货误期	30	20	0	0

为什么：

以作业为基础的供应商成本法使用诸如质量、可靠性、到货误期等（因素）将成本追溯至每个供应商，并将这些成本加入到直接采购成本中。这使得经理人员能够以降低总的供应商成本为目标来评估和选择供应商。

要求：

a. 请计算供应商的成本作业分配率。

b. 请计算每个供应商的每种零件的总采购成本。

c. **如果**X1Z 的数量限制为 Fielding Electronics 50 000 个，Oro Limited 30 000 个，**结果会是怎样的？**对于 Y2Z 没有其他方面来源的限制。以成本为基础，应该选择什么样的采购组合？

解答：

a. 返工作业成本分配率 = \$ 200 000÷1 000* = \$ 200（有缺陷的零件）

*1 000 = 800+190+5+5

赶工作业成本分配率 = \$ 50 000÷50* = \$ 1 000（到货误期）

*50 = 30+20

b.

	Fielding Electronics		Oro Limited	
	X1Z	Y2Z	X1Z	Y2Z
产品返工				
\$ 200×800	\$ 160 000			
\$ 200×190		\$ 38 000		
\$ 200×5			\$ 1 000	
\$ 200×5				\$ 1 000
产品赶工				
\$ 1 000×30	30 000			
\$ 1 000×20		20 000		
总成本	\$ 190 000	\$ 58 000	\$ 1 000	\$ 1 000
数量	÷4 000	÷20 000	÷5 000	÷5 000
单位成本	\$ 4.75	\$ 2.90	\$ 0.20	\$ 0.20
单位采购成本	10.00	26.00	12.00	28.00
总的单位供应商成本	\$ 14.75	\$ 28.90	\$ 12.20	\$ 28.20

c. 基于最低成本：X1Z 应从 Fielding Electronics 采购 15 000 个，而应从 Oro Limited 采购30 000个；Y2Z 应从 Fielding 采购 0 个，而应从 Oro Limited 采购 25 000 个。

现实案例

正如基础 11.2 所示，采购决策应该仅仅关心直接的获取材料成本，它能说明低成本供应商和高成本供应商之间的差异。基础 11.2 清晰地表明，了解直接的和非直接的获得材料成本的影响对管理供应商而言极其重要。管理供应商对制造型和服务型组织来说都很重要。而且，那些可能涉及危害环境方面的组织会发现，要价较低的供应商可能会带来一些重大的隐含的环境成本及风险。

为了说明这个问题，以 Clarus Technologies 为例，它是一家工程和制造公司，生产新型的再处理剂产品。其顾客将 Clarus 看成是要价较高的供应商，因为其要价普遍高于其竞争者。比如，其中一种产品，Tornado，可以清洗那些含有像加热油、JP-8 或涡轮机油等液体的油罐。它在油罐中插入了吸入管和排出管来清洗油罐与燃料，只会损失极少量的燃料。低价竞争系统要求所有的燃料都要清除或移开，并使用更多的人工来清洗油罐，但因为清洁人员必须进入油罐中进行清洗，因此需要更多的保险费，而且还必须将所清除的污染燃料作为有害废物来处理。一旦考虑了从这些附加的作业中所获得的成本节约额，则 Tornado 就很容易成为低成本产品。它的一个客户，某军事基地，就曾报道称（使用该产品）相对于其竞争者的系统至少节约了 200 000 美元。①

11.2.3 开发利用顾客联系

顾客也会对一个企业的战略地位产生重大的影响。当然，选择细分市场是明确战略地位的一个首要因素。比如，因为闲置产能而以很低的价格向低档经销商销售中档产品，就会威胁该产品的主要分销渠道。这是事实，即使经销商销售该产品时使用他们自己的标签。为什么呢？因为向低档经销商销售该产品，就为自己正常的中档经销商制造一个直接的竞争对手。正常零售渠道的潜在顾客可能转向低档市场，因为他们可以用更低的价格买到同样质量的产品。由此可以推知企业的正常销售渠道将会发生什么呢？这将会对公司的中档市场上的差异化战略产生什么影响呢？企业长期利润率受到的损害可能会远远大于来自特别订单销售的任何利益。

（1）顾客服务成本管理

战略成本计算的一个关键目标是识别公司利润率的源泉。在以产量为基础的成本系统中，产品销售成本和管理成本通常被看成是期间费用，而如果要分配给顾客的话，典型的做法是按收入的比例进行分配。因此，以产量为基础的成本计算法所提供的信息通常是：或者顾客服务没有任何成本，或者各个顾客的服务成本（所占总服务成本）的百分比与其销售收入（所占总收入）的百分比是相同的。如果顾客服务成本很大，那么不能分配或不能正确地分配这些成本都会使销售人员不能有效地对顾客组合进行管理。为什么呢？这是因为销售人员将不能区分那些花费很多服务资源的顾客以及那些实际上不需要这些资源的顾客。这种信息的缺乏会导致弱化公司战略地位的行为。为了避免这种结果并鼓励强化公司战略地位的行为，应该运用作业成本法将与顾客相关的成本分配到顾客。准确地分配这些与顾客相关的成本可以使公司将顾客区分为有利可图的顾客与无利可图的顾客。比如，一家小公司 Polish 运用以作业为基础的顾客成本计算法，发现 1 400 位顾客中有 400 位是有利可图的。② 而一些很常规的顾客其实是属于无利可图的那一类。这项分析表明，大多数有利可图的客户是那些基于大额订单、付款及时、接受中等额度折扣、预订标准产品并且要求标准到货条件的客户。对顾客的盈利性进行分析也表明了导致无利可图的最主要的问题是订单太小。

一旦明确了哪些顾客有利可图，那么就可以采取措施强化公司的战略地位。对于有利可图的顾客，组织可以通过提供更高水平的服务、更低的价格、新的服务或者三者相结合，努力提高顾客的满意度。对于无利可图的顾客，组织可以努力提高服务顾客的效率（比如，减少服务成本）、提高价格以使其反映消耗资源的成本、（通过减少对该分部市场的销售力度而）鼓励无利可图的顾客离开，或者结合采取以上三种

---

① Julie Lockhart, Audrey Taylor, Karl Thomas, Brenda Levetsovitis, and Jason Wise, "When a Higher Price Pays Off," *Strategic Finance* (January 2011): 29-35.

② Dorota Kuchta and Michal Troska, "Activity-Based Costing and Customer Profitablility," *Cost Management* (May/June 2007): 18-25.

措施。基础 11.3 解释了以作业为基础的顾客成本计算法的功能和作用。

基础 11.3：如何以及为何采用以作业为基础的顾客成本计算法

资料：

Thompson Company 为 11 个主要的购买者生产精密零件。在这 11 个客户中，有 1 位客户占据了销售额的 50%，其余的 10 位客户分享了剩下的 50%，它们采购零件的数量大致相等。公司对每一订单的定价是：生产成本加订单处理成本，再加 20% 的加成。在这样的价格结构下，大客户抱怨价格太高，威胁要转走它的业务，并指出 Thompson 的一个竞争对手的零件单价要比 Thompson 低 0.50 美元。

	1 位大客户	10 位小客户
购买数量	500 000	500 000
订单数量	2	200
生产成本	$ 3 000 000	$ 3 000 000
分摊的订单处理成本*	$ 303 000	$ 303 000
单位订单成本	$ 0.606	$ 0.606

*订单处理产能按 45 单位成批取得（阶梯成本），每批成本 40 400 美元；订单作业的变动成本是每个订单 2 000 美元，作业产能是 225 单位；因此全部订单处理成本为［（5× $ 40 400）+（$ 2 000×202）］= $ 606 000。现有的规则是，订单处理成本总额按采购数量分摊，因此，大客户分得全部订单处理成本的一半。

为什么：

以作业为基础的顾客成本计算法将客户动因的作业成本分配到单个客户或者客户类型。客户能够被分类为有利可图的与无利可图的（或者分类为可产生效率的与不可产生效率的），并且可以采取措施来提高效率与利润。

要求：

a. 用现行的订单成本分配率来计算 Thompson 向客户的单位报价。

b. 假定最新采用的 ABC 系统认为订单数量是订单处理作业最好的成本动因。使用这种动因将订单处理成本分配到每种客户类型并计算每类客户新的单位价格。Thompson 能打败其竞争者的报价吗？

c. 如果Thompson 给小客户 10 000 单位或更多的订货量提供折扣，结果会是怎样的？假设所有的小客户都可以并且尽最大可能确实利用了该折扣。Thompson 在不减少它的利润的情况下还能给小客户提供那初始的 7.93 美元的价格（见要求 a）吗？

解答：

a. 每类客户的单价 =［（$ 3 000 000+ $ 303 000）×1.20］÷500 000 = $ 7.93（四舍五入到美分）。

b. 订单处理成本分配率 = $ 606 000÷202 = $ 3 000。处理大客户订单的成本 = $ 3 000×2 = $ 6 000；处理小客户订单的成本 = $ 3 000×200 = $ 600 000。对大客户的单位价格 =［（$ 3 000 000+ $ 6 000）×1.20］÷500 000 = $ 7.21（四舍五入到

分)；对小客户的单位价格=［（$ 3 000 000+$ 600 000）×1.20］÷500 000=$ 8.64。新的大客户价格比竞争者的报价低 $ 0.72（$ 7.93-$ 7.21），因此更容易打败后者。

c. 那10位小客户的订单量将会减少到50（500 000÷10 000）。这意味着总的订单处理成本将会减少到184 800美元［（2×$ 40 400）+（$ 2 000×52）］。因此，新的订单处理成本分配率为 $ 184 800÷52=$ 3 554（四舍五入到美元），处理小客户订单的成本=$ 3 554×50=$ 177 700。最终，新的对小客户的单位价格=［（$ 3 000 000+$ 177 700)×1.20］÷500 000=$ 7.63（四舍五入到美分）。该价格低于最初的报价。

基础11.3揭示了一些关于作业基础的顾客成本之优势的有趣启示。首先，一些顾客从这种价格的纠正行为中获利。比如，大客户能立即获得一个降低后的价格。这种价格降低也有利于Thompson，因为纠正价格对于保住它的一半业务是必要的。但是，像Thompson这样的公司也面临着向其客户（10位小客户）宣布提价的困难任务。不过，基于作业的顾客分析，应该比关注成本分配的准确性和定价的公平性更为深入。对于Thompson来说，识别正确的成本动因（处理的订单数量）可以揭示出处理订单作业与顾客行为之间的一个联系。较少的、经常性的订单处理使得Thompson发生成本，这些成本可通过按销量进行分配的成本传递给所有的客户。又因是在总成本的基础上加价20%，所以实际收取的价格变得更高。进一步讲，减少订单数量会降低订单处理成本。因此，Thompson可以针对大额订单提供价格折扣。比如，提供一种激励（数量折扣）以增加小客户的订货量，能够有效地节约成本，从而没有必要增加对小客户的销售价格。此外，还有可能存在其他联系。较大的与不太频繁的订单也会减少对其他内在作业的要求，比如，安装设备的作业和处理材料的作业。减少其他作业需求可以导致进一步的成本降低和额外的价格削减，从而使Thompson更具竞争力。总而言之，开发利用顾客联系对买卖双方来说均有利可图。

11.3 生命周期成本管理

战略成本管理强调外部的重要性，以及识别和利用内部和外部联系的必要性。生命周期成本管理是一种与之相关的方法，它通过建立一个概念性的框架，使管理人员能够开发利用内部和外部联系。要理解生命周期成本管理的意思，我们首先需要理解一些关于产品生命周期的概念。

11.3.1 关于产品生命周期的几个观点

简单地说，**产品生命周期**(product life cycle）是一种产品存在的时间——从其被构思到被抛弃的时间。通常，产品生命周期是针对一个产品类别的整体而言的——比如轿车——但是，它还指具体的款式（比如，旅行车）和具体的品牌（比如，丰田凯美瑞)。而且，以“购买”一词代替“构思”一词，我们又可得到一种关于顾客导向的产品生命周期概念的定义。生产商导向的定义是指某一产品类别、款式或品牌的生命期限，而顾客导向的定义指某一具体产品的生命期限。考虑一下创造收入周期和可消费周期的概念，可以改进前述生产商导向的定义和顾客导向的定义。**创造收入周期**(revenue-producing life) 是指一种产品为公司创造收入的时间。一种产品的创造收入周期是从销售其第一件产品开始的。另一方面，**可消费周期**(consumable life) 是指一件产品能够满足顾客需求（偏好）的时间长度。很明显，对创造收入周期最为关心的是生产商，而对可消费周期最为关心的是顾客。不过，生产商也（可能）关心可消费周期，因为它可以用作一种竞争工具。

(1) 市场观

对于产品生命周期，产品或服务的生产商有两种观点：市场观和生产观。市场观描述一种产品经过不同生命周期阶段的一般销售模式。图表 11-7 说明了产品生命周期的市场观的一般模式。图中所示的四个不同阶段是：引入阶段、成长阶段、成熟阶段和衰退阶段。**引入阶段**(introduction stage) 的特征是预生产和引发作业，重点关注在市场中获取立足之地。如图所示，在一段时期内没有销售的情况（预生产阶段），然后随着产品被引进入销售才慢慢增加。**成长阶段**(growth stage) 是销售增长得较快的那段时间。**成熟阶段**(maturity stage) 是销售增长得较慢的那段时间。最后，成熟阶段的销售曲线的斜率先变为零，然后变为负数。**衰退阶段**(decline stage) 是产品不再为市场所接受，销售开始减少的那段时间。

图表 11-7　　**产品生命周期的一般模式：市场观**

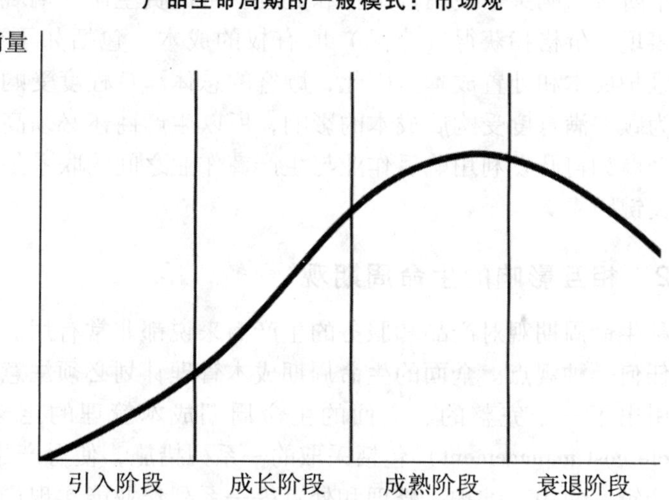

(2) 生产观

产品生命周期的生产观根据作业的类型变化确定生命周期的不同阶段：研究与开发作业、生产作业和后勤作业。生产观强调生命周期的成本，而市场观强调销售收入行为。**生命周期成本** (**life-cycle costs**) 是指在产品的整个生命周期内所有与该产品相关的成本。这些成本包括研究（产品构思）、开发（规划、设计和测试）、生产（加工作业）和后勤支持（广告、分销、质量担保、消费者服务、产品服务等等）。产品生命周期和相关成本约束曲线如图表 11-8 所示。请注意：90% 及以上的与一种产品相关的成本在产品生命周期的开发阶段就已经被限定了。被限定（committed）意味着将要发生的大部分成本预先被确定下来了——由设计该产品和按该设计生产该产品所必需的流程的性质所决定。

图表 11-8　　　　产品生命周期：生产观

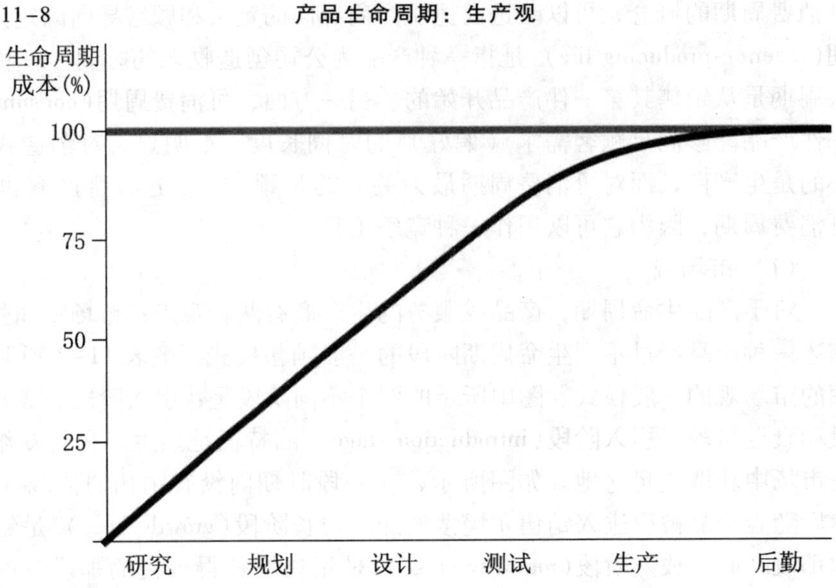

(3) 可消费生命周期观

和产品生命周期观一样，可消费生命周期的阶段也与作业相关。根据这些作业可划分四个阶段：购买、使用、维护和处置。可消费生命周期观强调一定价格下的产品的性能表现。价格指获得（产品）所有权的成本，包括如下要素：购买成本、使用成本、维护成本和处置成本。因此，顾客的总体满意程度受购买价格和购后成本的影响。因为顾客满意度受购后成本的影响，所以生产商还必须高度关注对这些成本的控制。生产商如何开发利用购后作业与生产商作业之间的联系是产品生命周期成本管理的一个关键因素。

11.3.2　相互影响的生命周期观

三种生命周期观对产品和服务的生产商来说都非常有用。实际上，生产商不能忽视其中任何一种观点。全面的生命周期成本管理计划必须注意不同的生命周期观。这个结论引出了一个完整的、全面的生命周期成本管理的定义。**生命周期成本管理**（life-cycle cost management）包括采取的一系列措施，使得产品的设计、开发、生产、营销、分销、使用、维护、修理和处置等一系列作业能实现产品生命周期的利润最大化。最大化生命周期利润意味着生产商必须理解和利用存在于这三种生命周期观之间的关系。一旦理解了这些关系，就可以采取措施，以充分利用增加收入和降低成本的各种机会。

(1) 不同生命周期观之间的关系

市场观关心产品生命周期内的销售模式的性质；它是一种收入导向的观点。然而，生产观强调开发、生产、营销和产品维护必需的内部作业。生产阶段是为了支持营销阶段的销售目标，这种销售支持行为需要资源支出；因此，可将产品生命周期观视为一种成本导向的观点。消费生命周期观涉及产品的性能表现和价格（包括购后成本）。创造收入的能力和资源支出的水平都与产品的性能表现和价格相关。生产商必须关心顾客所接受的价值和顾客所放弃的价值。因此，可将消费生命周期观视为一种顾客价值导向的观点。图表11-9说明了这三种观点的各阶段之间的关系。市场观的阶段按列表示，产品生命周期观和消费生命周期观按行表示。后两种观点根据它们的属性的本质进行区分：产品生命周期的支出和可消费生命周期的顾客价值。竞争和顾客的类型包括在顾客价值中，因为它们影响生产商提供顾客价值的方法。

图表11-9描述的关系很典型，但是，也可能会由于产品性质和生产商所处行业的不同而有所不同。关于这些关系的一些解释应该为生产商揭示出利用这些关系的潜力。可以纵向地或横向地观察这些关系。比如，以引进阶段为例，观察那些纵向的关系。在这一阶段，因为在研究开发和营销方面会发生大量的支出，所以我们可以预期到发生损失或细微利润的可能性。在该阶段的顾客可被认为是尝新者。简单地说，他们是购买这种产品的第一批顾客。尝新者喜欢冒险，愿意尝试新生的事物。他们通常更关心新产品的性能表现而不是它的价格。这一事实，再加上没有竞争者，可能容许对新产品制定一个高价。如果进入该市场的壁垒很高，那么这个高价就可以持续一段时间。然而，如果如该表的横向所示，随着竞争加剧，价格的敏感性增加，那么生产商就需要依赖进一步的研究开发和产品差异来维持竞争优势。

图表11-9　**不同的产品生命周期观点之间的一般关系**

市场生命周期：				
属性	**引入阶段**	**成长阶段**	**成熟阶段**	**衰退阶段**
销售	低	快速增长	缓慢增长、到达顶峰	衰减
生产生命周期：				
属性	**引入阶段**	**成长阶段**	**成熟阶段**	**衰退阶段**
费用：				
产品研发	高	中	中	低
产品研发	中	高	中	低
厂房设备	从低到中	高	中	低
广告	从中到高	高	中	低
服务	低	中	高	低
可消费生命周期：				
属性	**引入阶段**	**成长阶段**	**成熟阶段**	**衰退阶段**
顾客价值：				
顾客类型	尝新者	大众市场	大众市场、产品差异化	落伍者
性能表现敏感性	高	高	高	适中
价格敏感性	低	中	高	适中
竞争	没有	逐渐增加	高	低
属性	**引入阶段**	**成长阶段**	**成熟阶段**	**衰退阶段**
利润	微利到亏损	顶峰水平	从中到高	低

(2) 提高收入

创造收入的方法取决于市场生命周期阶段和顾客价值的影响。比如，定价策略会随着阶段的不同而不同。如前所述，在引入阶段，可以制定较高的价格，因为顾客对价格的敏感性较低，而更关心产品的性能表现。

在成熟阶段，顾客对价格和性能表现高度敏感。这说明，公司提升产品特色、提高产品的耐用性、改进产品的可维护性、提供个性化的产品等措施可能都是较好的战略。在此阶段，产品差异化很重要。然而，要使提高收入成为现实，顾客必须愿意为产品性能表现的改进支付额外的成本。而且，顾客额外支付的金额必须超出生产商为提供新的产品属性而增加的成本。在衰退阶段，则可以通过发现新的产品用途和新的顾客来提高收入。Church and Dwight 公司的 Arm & Hammer® 牌发酵粉除了用于正常地烘烤食品外，还可用于消除冰箱异味。这就是一个很好的例子。①

(3) 降低成本

生命周期成本管理的重点是降低成本，而不是控制成本。成本降低的战略应该明确地识别那些在产品生命周期的早期阶段采取的、能够在生产和消费阶段降低成本的措施。因为90%及以上的产品生命周期成本在开发阶段就已经被确定了，所以在产品的这个阶段强调作业的管理很有意义。已有研究表明：花在预生产作业上的每一美元可使生产和生产后作业节约 8 美元到 10 美元，包括顾客维护、修理和处置成本等。② 很明显，许多降低成本的机会发生在生产开始以前。管理者需要更多地投资于预生产资产，为产品生命周期的早期阶段作业提供更多的资源，以降低生产、营销和购后成本。

产品设计和流程设计通过以下途径提供成本降低的多重机会：a. 通过设计以降低生产成本；b. 通过设计以降低后勤支持成本；c. 通过设计以降低购后成本，包括顾客投入到维护、修理和处置的时间。要使这些成本降低方法得以成功，生产公司的管理者必须对作业、成本动因以及作业之间相互影响的情况有一个透彻的理解。生产、后勤和购后作业不是相互独立的。一些设计可能降低购后成本，但却会增加生产成本。其他作业则可能同时降低生产成本、后勤成本与购后成本。

一个以产量为基础的成本核算系统不能提供支持生命周期成本管理的信息。以产量为基础的成本核算系统强调使用以产量为基础的成本动因来描述成本行为，关注产品作业，而忽视后勤及购后作业，并且将研究和开发费用以及其他非制造成本在其发生时进行费用化。以产量为基础的成本系统很少收集关于产品生命周期的全部历史(信息)。然而，一个作业成本法系统能够提供关于作业的信息，包括关于预生产作业和后生产作业以及成本动因的信息。正如基础 11.4 中所示，作业成本法的信息对于降低产品生命周期成本的决策至关重要。

---

① Sak Onkvisit and John J. Shaw, "Competition and Product Management: Can the Product Life Cycle Help?" *Business Horizons* (July-August 1986): 51-52.

② Mark D. Shields and S. Mark Young, "Managing Product Life Cycle Costs: An Organizational Model," and R. L. Engwall, "Cost Management for Defense Contractors," *Cost Accounting for the 90's: Responding to Technological Change* (Montvale, NJ: National Association of Accountants, 1988).

基础 11.4：如何以及为何采用基于作业的产品生命周期成本降低方法

资料：

设计工程师正在考虑两种能减少直接材料和直接人工的新产品设计方案。以产量为基础的成本系统和 ABC 系统的数据如下：

以产量为基础的成本系统：

变动性加工作业的分配率：每直接人工小时 40 美元

材料使用：每个零件 8 美元

ABC 系统：

人工使用：每直接人工小时 10 美元

材料使用（直接材料）：每个零件 8 美元

机器加工：每机器小时 28 美元

采购作业：每采购订单 60 美元

设备安装作业：每安装小时 1 000 美元

质量担保作业：每件退回产品 200 美元（通常需要大量的返工）

顾客修理成本：每修理小时 10 美元

作业和资源信息（按年估计）

	A 设计	B 设计
产量	10 000	10 000
直接材料用量	100 000 个零件	60 000 个零件
人工用量	50 000 小时	80 000 小时
机器小时	25 000	20 000
采购订单	300	200
设备安装工时	200	100
退回产品数量	400	75
修理小时（顾客）	800	150

为什么：

通过认识到制造、后勤、购后作业不是相互独立的（这一事实），ABC 生成了可用于通过过程设计和产品设计来降低成本的决策的更好的和更详细的信息。

要求：

a. 请用以产量为基础的成本系统来选择低成本的设计方案。在此分析中考虑了后勤作业和购后作业吗？

b. 请用 ABC 分析法来选择低成本的设计方案。解释为什么该分析不同于以产量为基础的作业分析。

c. 如果A 设计的单位产品修理成本为 10 美元，而 B 设计的单位成本为 50 美元，结果会是怎样的？假设在可消费的生命周期中每单位产品都必须遭遇修理的情况，那么现在哪个是更好的设计呢？

解答：

a.

	A 设计	B 设计
直接材料[a]	\$ 800 000	\$ 480 000
加工成本[b]	2 000 000	3 200 000
生产成本合计	\$ 2 800 000	\$ 3 680 000
产量	÷10 000	÷10 000
单位成本	\$ 280	\$ 368

[a] \$ 8×100 000； \$ 8×60 000

[b] \$ 40×50 000； \$ 40×80 000

没有考虑后勤成本和购后成本。

b.

	A 设计	B 设计
直接材料	\$ 800 000	\$ 480 000
直接人工[a]	500 000	800 000
加工[a]	700 000	560 000
采购[b]	18 000	12 000
设备安装[b]	200 000	100 000
质量担保[b]	80 000	15 000
全部产品成本	\$ 2 298 000	\$ 1 967 000
产量	÷10 000	÷10 000
单位成本	\$ 230*	\$ 197*
购后成本[c]	\$ 8 000	\$ 1 500

[a] \$ 10×50 000； \$ 10×80 000； \$ 28×25 000； \$ 28×20 000

[b] \$ 60×300； \$ 60×200； \$ 1 000×200； \$ 1 000×100； \$ 200×400； \$ 200×75

[c] \$ 10×800； \$ 10×150

* 四舍五入到美元。

ABC 同时运用产量动因和非产量动因来分配制造成本。它同时考虑了生产、后勤、购后作业的影响（以产量为基础的成本系统仅仅使用生产作业）。

c. A 设计的购后成本为 240 美元（\$ 230+ \$ 10），B 设计为 247 美元（\$ 197+ \$ 50）。如果要考虑到购后成本，那么两种设计中的 A 设计的成本更低。

11.3.3 目标成本法的作用

产品生命周期成本管理强调降低成本，而不是控制成本。因此，目标成本法是在设计阶段建立降低成本目标的一个特别有用的工具。**目标成本**（target cost）是为了获得预定的市场份额而所需的销售价格与期望的单位利润之间的差额。销售价格可反映为顾客所看重的产品设计和功能（指产品功能性）。如果目标成本低于当前的可达到水平，那么管理层就必须寻找降低成本的方法，使实际成本趋向目标成本。寻找降低成本的方法是目标成本法的主要挑战。

对于降低成本，一般有三种典型的方法：a. 逆向工程法；b. 价值分析法；c. 流程改进法。在逆向工程法中，应仔细地分析竞争对手的产品（一种“分解”分析），以期发现更多的、能导致成本降低的设计特征。价值分析法努力评估顾客对不同的产品功能的重视程度。如果顾客愿意为某一项特定功能支付的价格低于它的成本，那么就应该考虑去掉这个功能。另一种可行的办法是寻找途径以降低提供这种功能的成本(比如，使用通用零件)。逆向工程法和价值分析法都强调通过产品设计来降低成本。(而）产品制造和营销流程也是降低成本的潜在方法。因此，重新设计流程以提高效率，也有助于实现所要求的成本降低。对目标成本法模式的总结如图表 11-10 所示。

图表 11-10　**目标成本法模式**

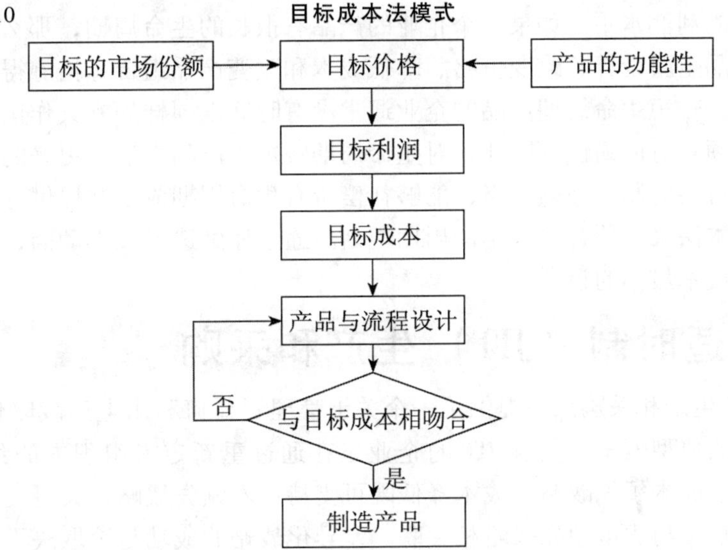

可以用一个简单的例子来说明图表 11-10 中的概念。假定一家公司正在考虑生产一种新的挖掘机。当前的产品设计和目标市场份额要求销售价格为 250 000 美元。必要的利润是每台 50 000 美元，则目标成本计算如下：

目标成本 = $ 250 000 - $ 50 000
　　　　 = $ 200 000

根据当前的产品与流程设计可估计其单位成本是 225 000 美元。因此，为达到目标成本和目标利润需要降低的成本是 25 000 美元（ $ 225 000 - $ 200 000）。对竞争对手的挖掘机的分解分析表明：进行设计改进，有望每台节约成本 5 000 美元。对比所要降低的成本 25 000 美元，还需要额外的努力。一项关于顾客对产品功能的反应的市场研究表明：在新型设计中，特别快的挖掘速度是相对不重要的一个因素。变更设计以降低挖掘速度，可以节约 10 000 美元。公司的供应商还建议使用标准化的零件，这又可节约另外的 5 000 美元。最后，设计团队可改变流程设计，因而可降低 50% 的测试时间。这使每台机器节约 6 000 美元。上述最后的（设计）变更达到了限制值，因此新式挖掘机得以批准投入生产。

目标成本是一种当前可达到的标准，但是在观念上不同于传统的标准。二者的区别在于激励力量的不同。传统的标准是内在激励，基于工业工程师和生产经理提出的效率观念制定标准。但目标成本是外在驱动的，它是根据对市场和产品竞争对手的分析而来的。

(1) 供应商和企业的合作

这个例子只是说明，供应商的建议也是降低成本的一个路径。在设计阶段，目标成本法要求企业和它的供应商紧密合作。这种合作产生的成本方案会比设计团队在独立行动情况下所可能提供的方案的成本更低。[①] 联合设计需要建立合作关系。对这种合作关系的激励来自各方寻求利益共享方案的意愿。

(2) 较短生命周期

尽管产品生命周期成本管理对所有的制造企业都很重要，但是对那些产品生命周期较短的企业来说，尤为重要。产品必须能够补偿所有的生命周期成本，并提供一个可接受的利润水平。如果一个企业的产品有很长的生命周期，那么盈利能力就可以通过对产品重新设计、改变价格、降低成本和改变产品组合等措施得到提高。但相比而言，生产较短生命周期产品的企业通常没有时间以同样的方式作出反应，所以它们的方法必须具有前瞻性。因此，对生命周期较短的产品来说，更好的生命周期规划非常关键，价格的制定必须恰当，能够补偿所有生命周期成本并提供好的回报。可以使用作业成本法来支持合理的生命周期规划。通过仔细选择成本动因，可以激励设计工程师选择成本最小的设计。

11.4 适时制（JIT）生产和采购

JIT 生产和采购系统提供了一个关于管理者如何利用上述战略性观念实现组织重大变革的典型例子。实施 JIT 的企业正在通过重新定义组织内的结构性和流程性作业，追求成本领先战略。成本降低既可支持成本领先战略，又可支持差异化战略。成本降低直接与成本领先战略相关联。差异化战略的成功与否取决于为顾客提供更多的价值. 然而，这块增加的价值必须大于因此而增加的成本。JIT 通过减少浪费能够帮助增加价值。JIT 的成功实施已经带来了重大的改进，如提高了质量、增加了生产力、缩短了提前订货期、大大降低了存货水平、缩短了设备安装时间、降低了生产成本、提高了生产率。例如，Oregon Cutting Systems，一个生产切割链（用于链锯）、伐木设备和运动器材的厂商，它在 3 到 5 年的时间里，次品率降低了 80%、废品率减少了 50%、设备安装时间从几个小时降到了几分钟（一种冲压机使安装时间从 3 小时降到 4.5 分钟）、提前订货期从 21 天减到 3 天、生产成本降低了 35%。[②] 下面这些公司也已实施了 JIT 技术：

AT & T 公司	Harley-Daridson	玩具反斗城
百得	惠普	沃尔玛
博格华纳	英特尔	西屋电气
克莱斯勒	约翰迪尔	施乐
福特	Mercury Marine	
通用电气	摩托罗拉	

① Robin Cooper and Regine Slagmulder, "Cost Management beyond the Boundaries of the Firm," *Management Accounting* (March 1998): 18-20.

② Jack C. Bailes and Ilene K. Kleinsorge, "Cutting Waste with JIT," *Management Accounting* (May 1992): 28-32.

采用JIT生产系统对成本管理会计系统的性质有重大影响。建立一个JIT系统会影响成本的追溯、提高产品成本计算的准确性、降低对服务中心成本分配的需要、改变直接人工成本的性态和相对重要性、影响分批成本法和分步成本法的使用、降低对标准和差异分析的依赖，降低存货跟踪系统的重要性。为了理解这些影响并对其加以重视，我们需要对JIT生产是什么以及它与传统生产有何不同的问题有一个基本的了解。

JIT生产是一个需求拉动的系统。**JIT生产**(JIT manufacturing) 目的是消除浪费，只在有需求时才进行生产，并且只生产顾客需要的数量。需求通过生产流程拉动生产。每一步工序只生产下一工序必要的产品。除非下一工序发来信号表明有生产的必要，否则不进行生产。生产所需的材料和零件适时到达。JIT假定除了直接材料以外的所有成本由时间和空间动因驱动。JIT通过压缩时间和空间，把注意力集中放在浪费的消除上。

11.4.1 存货的影响

通常，推动式系统下的产成品存货水平远远高于JIT系统。JIT生产依赖顾客联接系统的开发利用。首先，生产与顾客需求相联系。这种联系通过价值链向后扩展，还会影响生产商与其供应商的联系。**JIT采购**(JIT purchasing) 要求供应商适时地交付生产所需的零件和材料。因此，与供应商的联系也很关键。零件的供应必须与生产相连，而生产又与需求相连。成功开发利用这一联接系统的一个效果是使得存货降到更低的水平上。从19世纪70年代到21世纪初，美国的存货占国内生产总值的比例已经从26%降到15%。①

传统上一般认为，持有原材料和零件存货，是为了使企业能够享受数量折扣，并避免采购项目的未来价格提高而带来的损失。其目标是降低存货的成本。（而）JIT可以在不持有存货的情况下，达到同样的目的。JIT方案是选定少数几个离生产工厂尽可能近的供应商，与它们协商签订长期的合同，并建立更广泛的供应商参与机制，以达到开发利用供应商联系的目的。选择供应商时，不是单纯基于价格的考虑。

供应商的表现——如零件质量和按需交货的能力——以及它们对JIT采购的承诺等都是要考虑的重要因素。所有的努力都是为了与供应商建立起一种利润合作伙伴关系。要使供应商确信他们的利益与采购者的利益紧密相关。

为了帮助供应商降低其产品需求的不确定性，并在两者之间建立共同的信心和必要的相互信任关系，JIT生产商需强调长期合同。长期合同还具有其他的好处。它们可以规定价格和可接受的质量水平，还可通过大大减少订单的数量而降低订单和验收成本。长期合同的另一个影响是降低原材料和零件的成本：通常低于传统系统的5%至20%。为了与供应商建立紧密关系，通常需要大量地减少供应商数量。

现实案例

比如，美国奔驰汽车国际公司（Mercedes-Benz U. S. International's factory）在阿拉巴马旺斯的工厂将它的供应商清单从1 000个精简为100个，由此节约了时间和金

① Art Raymond, "Is JIT Dead?" *FDM* (January 2002): 30-32.

钱。通过以每年5%的价格削减作为交换，被选中的供应商可以得到跨越几年的长期合同（不同于其他的奔驰工厂，每年都要进行招标），并且可以根据公司的需要，调整现货的供应零件。最终的结果是：奔驰和它的供应商都降低了成本。①

供应商也由此受益，长期合同可以确保对他们的产品相对稳定的需求。供应商数量的减少意味着对被选中的供应商的订单数增加。因此，买方和卖方都从中受益，这是识别和利用外部联系的通常结果。

减少供应商的数量而与保留的供应商紧密合作，可以极大地改进购入材料的质量——这是成功运用 JIT 的重要成果。提高所购材料的质量，就可以避免或降低一些与质量相关的成本。比如，不再需要入库材料验收作业并且返工率也会下降。

11.4.2 工厂布局

作为另一个执行性成本动因，工厂布局的类型和效率，在 JIT 生产下，其管理方式也不同于传统（见图表 11-2，回顾一下执行性成本动因）。在传统的分批生产中，产品从一组相同的机器移到下一组。一个典型的特征是，具有相同功能的机器集中在一个称作部门或工序的区域内。专门操作同一种特定的机器的工人集中在同一个部门。因此，传统环境下的执行性成本动因是部门结构。JIT 以一种制造单元形式取代这种传统的工厂布局。JIT 环境下的执行性成本动因是单元结构。选择单元结构而不是部门结构，是由于它能提高组织成功"执行"的能力。前面提到的 Oregon Cutting Systems（OCS）所实现的一些效率的改进，如缩短了提前订货时间、降低了生产成本等等，都是单元结构的一个直接结果。单元式生产设计还能影响结构性作业，如工厂的规模和工厂的数量，因为它的一个典型特征是需要较少的空间。比如，它削减了40%的场地需求。如此的场地节约可以降低建设新工厂的需要，即使在需要建设新工厂时，也将会影响它们的规模。

制造单元（manufacturing cells）包含的机器按类分组，通常排成一个半圆形。机器安放时，需要考虑它们能否用来按顺序进行多种操作。每一个单元用来生产某一特别的产品或一系列产品。产品从一台机器转移到下一台机器以遵循从开始生产到完工的流程。工人被分配到各个单元接受培训以学习操作单元内的所有机器。换句话说，JIT 环境下的工人是多技能的，而不是专业化的。每个制造单元实质上就是一个微型工厂；实际上，单元经常被称作工厂内的工厂。图表 11-11 展示了 JIT 工厂布局与传统布局的比较。

11.4.3 员工分组

JIT 与传统组织的另一个主要区别与员工如何分组有关。正如刚才提到的，每个单元被视为一个微型工厂，因此，每个单元需要容易且迅速地得到辅助服务，这意味着集中化的辅助部门必须减少，重新分配它们的人员，使这些人员直接在制造单元中工作。比如，对于原材料，JIT 要求有多个仓储点，每个仓储点都靠近使用材料的地方。

① David Woodruff and Karen Lowry Miller, "Mercedes' Maverick in Alabama," *BusinessWeek* (September 11, 1995): 64-65.

图表 11-11　　　　**工厂布局形式：传统模式与 JIT 模式**

传统生产布局

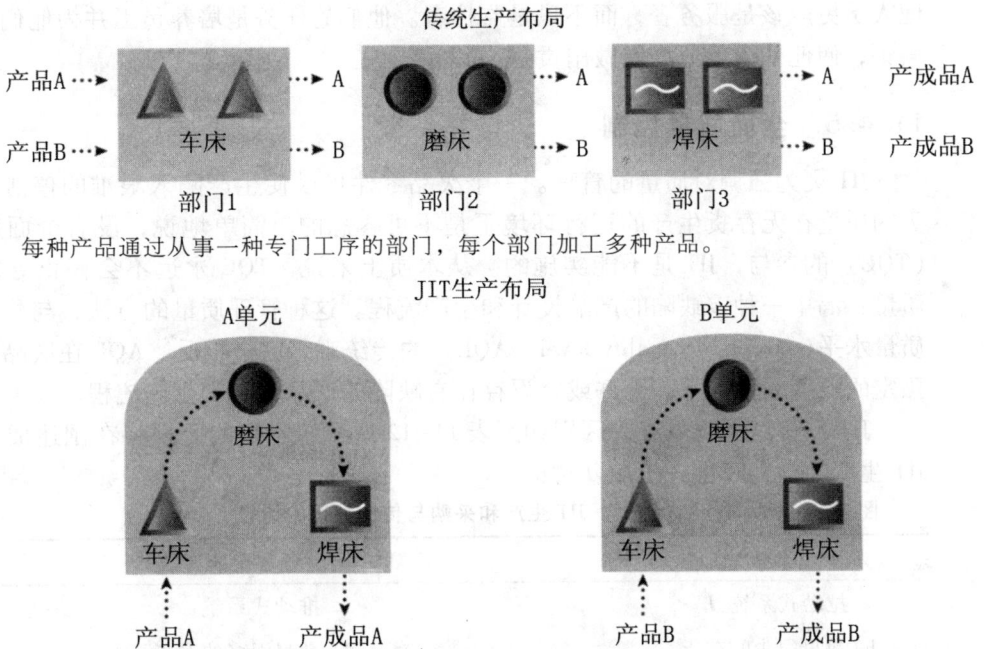

产品A → 车床 → A → 磨床 → A → 焊床 → A　产成品A

产品B → 车床 → B → 磨床 → B → 焊床 → B　产成品B

部门1　部门2　部门3

每种产品通过从事一种专门工序的部门，每个部门加工多种产品。

JIT生产布局

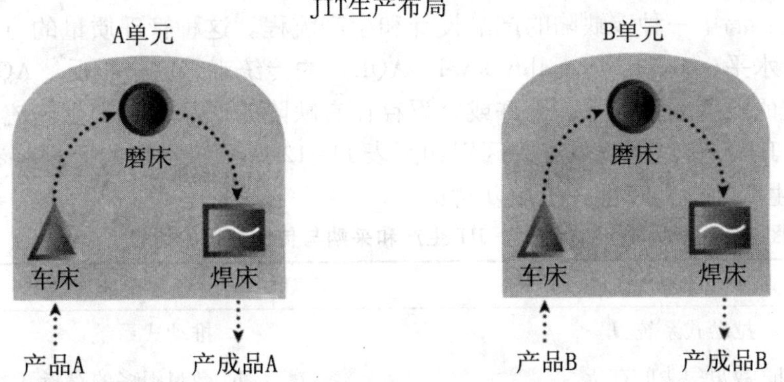

请注意：每种产品通过自己的单元。加工每种产品所必需的所有机器都放在一个单元内，每个单元负责一种产品或零件的生产。

将仓库集中在一个地方是不必要的，因为它实际上阻碍了有效的生产。采购人员可以被分到每个单元，负责每个单元的材料需求。类似地，生产和质量工程师等其他辅助人员也可被分到各个单元。

其他辅助服务可以被重新分配到单元，这可以通过培训各个单元的工人以从事这些服务来实现。比如，除了直接生产工作，单元的工人可以承担设备安装的任务、将半成品从一个加工地点移到单元内的另一个加工地点、进行预防性维护和细小的修理、进行质量检验以及从事打扫卫生的工作等等。这种复合工作能力直接与拉动式的生产方法相关。按需生产意味着生产工人（以前的直接工人）可能经常有“空闲的”时间。这种非生产时间可以被利用起来从事一些其他的辅助性作业。

11.4.4　员工授权

传统环境和 JIT 环境之间的一个主要的流程性区别是允许工人参与组织管理的程度不同。根据 JIT 的理念，增加员工的参与程度（执行性成本动因），会提高生产率和总体成本效率。它允许工人就工厂的经营发表意见。比如，允许工人为了查找和纠正问题而停止生产。管理者听取工人们的建言，利用他们的建议改进生产流程。工人们可以经常参与面试和招聘，有时甚至参与对未来老板的面试。这样做的原因是：如果这个“变革恰到好处”，那么工人们会更有效率并且合作得也会更好。

员工授权，作为一种流程性作业，还会影响到其他的结构性作业和流程性作业。为了便于更多的员工参与，管理结构必须进行变革。工人承担的责任越大，企业需要的管理人员就越少，组织结构就变得越扁平化。扁平的组织结构可以加速信息交流，并提高信息交流的质量。JIT 企业所需要的管理风格也在发生变化。JIT 环境下的管理人员更应该是服务者，而不只是监控者。他们的任务是培养员工并为他们提供技术培训，使他们为价值增值做出贡献。

11.4.5 全面质量控制

JIT 更为强调对质量的管理。一个次品零件可以使生产陷入艰难的停滞状态。低劣的质量在无存货生产的运行环境下是不可容忍的。简单地说，没有全面质量控制（TQC）的参与，JIT 是不能实施的。从本质上来说，TQC 永远不会停止寻求完美的质量：渴望一种零缺陷的产品设计和生产流程。这种管理质量的方法，与称为**可接受质量水平**（acceptable quality level，AQL）的传统观念完全相反。AQL 在次品没有超出预定的限度的情况下，允许或容忍存在有缺陷的产品设计和生产流程。

JIT 与传统生产系统的区别如图表 11-12 所示。它们的区别将在阐述成本管理中 JIT 生产的含义时进一步加以讨论。

图表 11-12　**JIT 生产和采购与传统方法的比较**

JIT	传统方法
a. 拉动式系统	a. 推动式系统
b. 数量很少的存货	b. 数量很多的存货
c. 供应商较少	c. 供应商较多
d. 长期的供应商合同	d. 短期的供应商合同
e. 单元结构	e. 部门结构
f. 多技能的工人	f. 专业化的工人
g. 分散的辅助作业服务	g. 集中的辅助作业服务
h. 较高程度的员工参与	h. 较低程度的员工参与
i. 帮助式的管理风格	i. 监督式的管理风格
j. 全面质量控制	j. 可接受的质量水平
k. 买方市场	k. 卖方市场
l. 关注价值链	l. 关注增值

11.5 JIT 和它对成本管理系统的影响

我们已经讨论过的许多由 JIT 系统导致的结构性和流程性作业的变化还会改变传统的成本管理实践。不仅是成本会计，还有经营控制系统，都会受到这些变化的影响。一般而言，组织上的变革简化了成本管理会计系统，同时提高了所提供的成本信息的准确性。

11.5.1 制造费用成本的可追溯性

成本系统有三种方法将成本分配到个别产品：直接追溯、动因追溯和分摊。在这三种方法中，最准确的是直接追溯；因此，它相对于其他两种方法是首选的分配方法。在 JIT 环境下，许多（在过去）采用动因追溯或者分摊方法分配到产品的制造费用成本现在可直接追溯到产品。使成本的追溯性发生这种变化的 JIT 的主要特征是单元生产方式、多技能的工人和分散的辅助作业服务。

在部门结构下，可能有许多产品经过某一单独部门的一个工序（比如打磨）。该工序完工后，产品被转移到位于不同部门的其他工序（比如，组装、喷漆等）。尽管通常各种产品需要的工序组合有所不同，但是大多数工序适用于一种以上的产品。比如，可能有 30 种不同的产品都需要打磨。因为一种以上的产品经过同一部门加工，那个部门的成本是所有经过该部门加工的产品的共同成本，所以这些成本必须使用作业动因或分摊的方法分配到产品。然而，在制造单元结构下，生产每一种产品必需的工序集中在一个叫做单元的区域内。因此，该单元的运行成本可以用直接追溯法分配到单元生产的产品或零件（不过，如果一个产品系列在同一个单元内生产，我们就必须求助于动因法和分摊法来分配成本）。

比如，以前位于其他部门的设备现在被重新分派到各个单元，在各个单元里，它可能只服务于一种产品或零件的生产。在这种情况下，折旧就是一种可直接归集的产品成本。多技能的工人和分散的辅助作业服务增强了这种影响。各个单元中的工人接受培训，学习安装、维护和操作本单元中的设备。另外，还可能利用本单元的工人将半成品从单元内的一台机器移到另一台机器，或者从事维修、安装和材料处理等工作。这些辅助职能以前是由为所有生产线服务的另一部门的人员从事的。另外，具有专业技能的人员（比如工业工程师和生产调度者）也被直接分到各个制造单元。由于多重任务的分派和其他辅助人员的重新部署，许多辅助成本现在可以使用直接追溯法将其分配到产品。图表 11-13 比较了传统生产环境下和 JIT 环境下一些选定成本的追溯性（假定各单元只生产一种产品）。比较是基于三种成本分配方法而进行的。

图表 11-13　**产品成本分配：传统系统 与 JIT 生产**

生产成本	传统环境	JIT 环境
直接人工	直接追溯	直接追溯
直接材料	直接追溯	直接追溯
材料处理	直接追溯	直接追溯
修理和维护	直接追溯	直接追溯
能源	直接追溯	直接追溯
生产物料	直接追溯	直接追溯
监管（部门）	分摊	直接追溯
保险费和税费	分摊	分摊
厂房折旧	分摊	分摊
设备折旧	动因追溯	直接追溯
保安服务	分摊	直接追溯
自助餐厅服务	动因追溯	动因追溯

11.5.2 产品成本计算

直接可归集成本的增加的结果之一就是提高了产品成本计算的准确性。直接可归集成本与产品直接相关（通常通过物理观察就可得知），可以肯定它的产品归属。不过，其他成本是几种产品的共同成本，必须使用作业动因法和分摊法将其分配到产品。（但）出于操作成本和便利性等方面的考虑，通常会选择不是与间接作业的消耗完全相关的作业动因。JIT 生产把许多共同成本转变为直接可归集成本，减少了这种需要。不过，请注意这些变化的驱动因素不是成本管理系统本身，而是由于实施 JIT 系统所带来的结构性作业和流程性作业的变化。尽管作业成本法能显著地改进产品成本的准确性，但关注重心的转变可以提供更有潜力的（成本的准确性的）改进。

图表 11-13 表明，JIT 没有将所有的成本都转变为可直接归集成本。即使 JIT 得以正确实施，仍会有一些间接作业归某制造单元（的多种产品）共同所有。这些依然存在的辅助作业大多数是设施层次的作业。在 JIT 系统中，批次的规模是一个单位的产品。因此，所有批次层面的作业都减少了或者消失了。比如，由于组织重构了，从部门结构到单元结构，因此可能就极大地减少了材料处理的作业。类似地，对于只生产一种产品的单元，设备安装作业也消失了。即使是生产系列产品的单元，设备安装时间也会达到最低水平。而且，由于辅助性作业被分散到单元层面，所以需要使用作业动因分配产品层面的作业成本也会大大地减少。那么，ABC 在 JIT 企业中还有用武之地吗？

尽管 JIT 降低了使用 ABC 追溯将生产成本到个别产品的作用，但是作业成本法系统还有比追溯生产成本更为广泛的应用。对于许多战略性和战术性决策来说，产品成本定义需要包括非生产成本。比如，价值链与工序产品成本法对于战略成本分析和生命周期成本管理来说，就是一个很有价值的工具。此外，把购后成本作为产品成本定义的一部分，也可以提供一些有价值的信息。因此，了解并掌握那些行政管理、研究、开发、营销、顾客服务和购后作业以及它们的成本动因，对于正确的成本分析来说是最基本的要求。而且，正如我们已经看到的那样，使用 ABC 把成本准确地分配到供应商和顾客是战略成本管理的一个基本构成部分。

11.5.3 JIT 对分批成本系统和分步成本系统的影响

企业在分批成本系统下实施 JIT，首先应该将它的重复性业务从特别订单中分离出来。然后，建立制造单元处理这些重复性业务。对那些需求不足、不值得建立一个单独的制造单元的产品，可以将生产工序相同的系列产品或零件所使用的各种机器组成一个制造单元。

重新安排了生产布局后，就不再需要按批次归集产品成本，而是应按单元层次来归集。此外，由于现在批次规模太小（这是降低在产品和产成品存货的结果），所以为每批工作编制工作通知单是不切实际的。除此之外，由于 JIT 可以压缩时间和空间的特征（事实上已经没有了安装的时间并且采用的是单元结构），缩短了产品提前订货的时间，这就使得追踪每件产品通过单元的过程变得较为困难。实际上，这种工作环境呈现了分步成本计算系统的性质。

JIT 简化了分步成本计算法。JIT 的一个关键特征是只需较低的存货水平。假定 JIT 成功地降低了在产品（比如，Oregon Cutting 公司的在产品降低了 85%），那么就不需要计算约当产量了。在这种情况下，计算产品成本的模式很简单：按单元归集某一期间内的成本，然后按当期产量分配这些成本。

11.5.4 反冲成本法

JIT 还提供了使生产成本流的计算得以简化的机会。在存货水平很低的情况下，花费资源去追踪那些经过所有存货账户的成本流过程，这种做法可能不是那么令人满意的。传统系统为每个部门都设置了一个在产品账户，这样就可以在产品经过整个工厂的每个流程时都追踪其生产成本。而在 JIT 系统中，已经不存在这样的部门，（比如）14 天的提前订货期可能已经缩短为 4 个小时，此时如果在一个单元内按产品加工地点追踪其成本，就是非常荒唐的。毕竟，如果生产周期按分钟或者按小时来计量，产品完工后立即发货，那么每天的生产成本都流到了产品销售成本（账户）有鉴于此，一种简化的生产成本流计算方法应运而生。这种简化的方法，被称作**反冲成本法**(backflush costing)，它运用引发点来确定在什么时候应将生产成本分配到关键的存货账户和过渡账户。

由于引发点的数量和地点可以改变，因此反冲成本法有几种不同的类型。引发点只不过是促使（“引发”）对特定生产成本进行会计确认的事件。根据引发点的定义(同样，也可以根据企业执行 JIT 的程度)，将反冲成本法分为四种形式：

a. 原材料采购（引发点 1）和产品完工（引发点 2）

b. 原材料采购（引发点 1）和产品销售（引发点 2）

c. 产品完工（唯一的引发点）

d. 产品销售（唯一的引发点）

（1）形式 a 和形式 b

对于形式 a 和形式 b 来说，第一个特点是原材料的采购。在 JIT 系统下采购材料时，其成本会被立即分配到在产品中。借记原材料和在产品（RIP）存货账户，贷记应付账款。RIP 存货账户的唯一目的是追踪原材料的成本。没有单独的材料存货账户，也没有在产品存货账户。反冲成本法的第二个特点是，将直接人工和制造费用归为一类。因为公司使用 JIT 系统并且生产自动化了，所以传统的直接人工成本类账户消失了。多技能工人混合从事设备安装作业、机器装载作业、维护和材料处理等。当工人成为多技能的工人时，单独地追踪和报告直接人工是不可能的。相应地，反冲成本法通常把直接人工成本和制造费用都放在一个叫做加工成本总账的过渡账户中。该账户在借方归集实际发生的加工成本，在贷方归集预分的加工成本。实际发生的加工成本与预分的加工成本之间的任何差额都被结转到产品销售成本中。

在反冲成本法的第一种形式中，产品的完工引发了产品生产成本的确认（第二个引发点）。在这个引发点，加工成本的分配通过借记“产成品存货”账户、贷记“加工成本总账”账户进行确认；原材料的成本通过借记“产成品存货”账户和贷记“RIP 存货”账户进行确认。这样，生产成本在产品完工后“流”出本系统。

在反冲成本法的第二种形式中，第二个引发点是指产品的出售时点，而不是它们的完工时点。对于这种形式的反冲成本法，生产成本在产品销售出去之后“流”出本系统。因此，加工成本的分配和原材料成本的转账通过借记“产品销售成本”账户和分别地贷记“加工成本总账”账户和“RIP 存货”账户来完成。其他的分录和形式 a 一样。

(2) 形式 c 和形式 d

在形式 c 和形式 d 中，都只有一个引发点。这两种形式都通过借记“加工成本总账”账户和贷记各种账户（比如折旧）来确认实际加工成本。两种形式对原材料采购都不做任何分录。对第三种形式来说，如果产品完工了，那么包括直接材料成本在内的所有成本都从系统中流出。其做法是，将所有的产品成本投入都借记“产成品”账户，而将直接材料成本贷记“应付账款”账户、预分的加工成本贷记“加工成本总账”账户。对第四种形式来说，只有产品销售了，成本才流出系统。因此，应贷记“产品销售成本”账户，而借记“应付账款”和“加工成本总账”账户。在这四种形式中，仅有第四种形式避免了记录所有的存货账户，因此，它才是一个纯粹的 JIT 企业使用的方法。基础 11.5 说明了反冲成本法。

基础 11.5：如何以及为何使用反冲成本法

资料：

一个 JIT 企业在 6 月份有如下业务：

1. 赊购 160 000 美元的原材料。
2. 将所有收到的原材料都投入生产。
3. 实际发生 25 000 美元的直接人工成本。
4. 实际发生 225 000 美元的制造费用。
5. 预分的加工成本为 235 000 美元（直接人工 \$ 25 000 + 预分的制造费用 \$ 210 000）。
6. 所有的产品当月全部完工。
7. 所有完工产品都已销售发出。
8. 请计算实际发生的成本和预分的成本之间的差额。

为什么：

减少周期时间和及时发货简化了生产成本流的核算。根据 JIT 系统的完工度（通过引发点测量）来核算成本，其简化程度如何呢？

要求：

1. 请为传统成本法和反冲成本法编制会计分录。对于反冲成本法，假设有两个引发点：

(1) 原材料采购；(2) 产品完工。

2. 假设要求（1）中的第二个引发点为产品销售。反冲成本法的会计分录将会发生什么变化？

3. **如果**只有一个引发点，为完工产品，或者产品销售，**结果会是怎样的？**反冲成本法的会计分录将与要求（1）中的结果有什么差异？

解答：

1.

业务	传统会计分录			反冲成本法会计分录：形式 a		
(1) 采购原材料	借：原材料存货	160 000		借：原材料和在产品存货	160 000	
	贷：应付账款		160 000	贷：应付账款		160 000
(2) 原材料投入生产	借：在产品存货	160 000		不做分录		
	贷：原材料		160 000			
(3) 发生直接人工成本	借：在产品存货	25 000		与制造费用一起入账：看下一分录		
	贷：应付工资		25 000			
(4) 发生制造费用	借：制造费用总账	225 000		借：加工成本总账	250 000	
	贷：应付账款		225 000	贷：应付工资		25 000
				应付账款		225 000
(5) 制造费用的预分	借：在产品	210 000		不做分录		
	贷：制造费用总账		210 000			
(6) 产品完工	借：产成品存货	395 000		借：产成品存货	395 000	
	贷：在产品存货		395 000	贷：原材料和在产品存货		160 000
				加工成本总账		235 000
(7) 产品销售	借：产品销售成本	395 000		借：产品销售成本	395 000	
	贷：产成品存货		395 000	贷：产成品存货		395 000
(8) 确认差异	借：产品销售成本	15 000		借：产品销售成本	15 000	
	贷：制造费用总账		15 000	贷：加工成本总账		15 000

2. 要求 a 中业务 6 和业务 7 的分录被下面的分录所代替：

借：产品销售成本　　395 000

　贷：原材料和在产品存货　　160 000

　　　加工成本总账　　235 000

所有的其他分录都和要求 a 的一样。

3. (a) 业务 1 没有分录。业务 6 被如下分录所代替：

借：产成品存货　　395 000

　贷：应付账款　　160 000

　　　加工成本总账　　235 000

(b) 业务 1 没有分录。业务 6 和 7 被如下分录所代替：

借：产品销售成本　　395 000

　贷：应付账款　　160 000

　　　加工成本总账　　235 000

练习题

复习题

11.1 战略成本管理、目标成本法

假定一个企业发生如下作业以及相关的成本性态：

作业	成本性态
组装配件	$ 10/直接人工小时
安装设备	变量：每次安装 $ 100
	阶梯式固定成本：$ 30 000 /阶梯，10 次安装/阶梯
接收货物	阶梯式固定成本：$ 40 000/阶梯，2 000 小时/阶梯

在当前情况下，具有阶梯成本性态的作业被现有产量充分利用。因此，任何新的产品需求将增加这些作业的资源支出。

一种新的产品有两种设计方案：设计 1 和设计 2。每个设计方案的有关信息如下（将生产 1 000 件产品）：

成本动因	设计 1	设计 2
直接人工小时	3 000	2 000
安装次数	10	20
接收小时	2 000	4 000

公司最近用直接人工小时作为动因建立了一个关于生产成本的公式。公式中，$R^2=0.60$。公式如下所示：

Y= $ 150 000+ $ 20X

要求：

(1) 假定设计部门被告知只有直接人工小时驱动制造成本（根据直接人工成本公式），请计算每种设计的成本。根据这个产量基础的成本假设，将选择哪种设计？

(2) 请现在利用所有的动因和作业信息，计算每种设计的成本。现在将选择哪种设计？这个更完整的作业信息集还有什么其他用途？

解答：

(1) 设计 1：$ 20×3 000= $ 60 000，$ 60 000+ $ 150 000= $ 210 000

设计 2：$ 20×2，000= $ 40，000，$ 40 000+ $ 150 000= $ 190 000

通过上述产量基础的分析，应选择设计 2。

(2) 设计 1：

组装配件（$ 10×3 000）	$ 30 000
安装设备［（10× $ 100）+（1× $ 30 000）］	31 000
接收货物（1× $ 40 000）	40 000
合计	$ 101 000

设计 2：

组装配件（$ 10×2 000）	$ 20 000
安装设备［（20×$ 100）+（2×$ 30 000）］	62 000
接收货物（2×$ 40 000）	80 000
合计	$ 162 000

从总成本看，设计 1 的成本最低。但还要注意预期的总制造成本的区别。利用直接人工动因计算出的两种设计的成本都较高。计算得出的成本的不同导致不同的定价策略。

11.2 反冲成本法

Foster 公司实施了适时制系统（JIT），现正在考虑使用反冲成本法。Foster 公司在本会计年度的第一个季度有以下交易的发生（加工成本差异按每季度确认）：

（1）赊购原材料 400 000 美元。

（2）将所有收到的原材料投入生产。

（3）本期发生直接人工成本 60 000 美元。

（4）本期发生制造费用成本 400 000 美元。

（5）已分配的加工成本为 470 000 美元。

（6）本月所有的产品已完工。

（6）所有完工产品都被销售完。

（7）计算实际成本和已分配成本的差异。

要求：为要求（2）和要求（4）的反冲成本计算编制分录。

解答：

交易	反冲分录：要求 2		
（1）购买原材料	借：原材料和在产品存货	400 000	
	贷：应付账款		400 000
（4）发生的制造费用	借：加工成本总账	460 000	
	贷：应付职工薪酬		60 000
	应付账款		400 000
（7）销售产品	借：产品销售成本	870 000	
	贷：原材料和在产品存货		400 000
	加工成本总账		470 000
（8）确认的差异	借：加工成本总账	10 000	
	贷：产品销售成本		10 000

交易	反冲分录：要求 4		
（4）发生的制造费用	借：加工成本总账	460 000	
	贷：应付职工薪酬		60 000
	应付账款		400 000

续表

交易	反冲分录：要求 4		
（7）销售产品	借：产品销售成本	870 000	
	贷：应付账款		400 000
	加工成本总账		470 000
（8）确认的差异	借：加工成本总账	10 000	
	贷：产品销售成本		10 000

问题讨论

11.1 获得竞争优势的意思是什么？成本管理系统在帮助企业实现这个目标的过程中发挥的作用是什么？

11.2 什么是顾客价值？顾客价值如何与成本领先战略相联系？如何与差异化战略相联系？如何与战略定位相联系？

11.3 请解释什么是内部链接和外部链接。

11.4 什么是组织性作业和经营性作业？什么是组织性作业动因？什么是经营性成本动因？

11.5 结构性成本动因和执行性成本动因的区别是什么？为每种动因举出一些例子。

11.6 什么是价值链分析？它在战略成本分析中的任务是什么？

11.7 什么是产业价值链？请解释为什么一个企业的战略与价值链的其他部分相关。请用全面质量控制作为例子，解释质量管理方法的成本如何依赖供应商链接系统？

11.8 产品生命周期的三种观点是什么？它们有什么不同？

11.9 市场生命周期的四个阶段是什么？

11.10 什么是生命周期成本？这些成本如何与生产生命周期相连？

11.11 可消费生命周期的四个阶段是什么？什么是购后成本？请解释为什么生产者可能希望了解购后成本。

11.12 “生命周期成本降低最好在生产生命周期的开发阶段实现。”您同意这种观点吗？解释您的理由。

11.13 什么是目标成本法？它在生命周期成本管理中的作用是什么？

11.14 请解释为什么具有专门生产某一产品的生产单元的 JIT 可以增加产品成本计算的准确性。

11.15 请解释反冲成本法是怎么生效的。

习题

11.1 开发内部联系

Woodruff 公司目前正在生产一种使用了 5 种特殊部件的雪上汽车。工程师提议要将这些特殊部件替换成普通部件，这样能降低成本而且会有更大的订购数量。现在的生产能力、需要量（需要特殊部件）和预计需要量（只需要普通部件）如下所示：

作业	作业动因	生产能力	现在的需求量	预计需求量
物资消耗	零件数量	192 000	192 000	192 000
安装部分	直接人工小时	90 000	90 000	72 000
采购部分	订单数量	20 000	17 100	10 500

另外，以下是作业成本数据：

物资消耗：20 美元 /消耗的特殊部件；16 美元/消耗的普通部件；没有固定的作业成本。

安装部分：14 美元/直接人工小时；没有固定的作业成本。

采购部分：有 4 个需要支付薪酬的职工，每个职工的薪酬为 45 000 美元/年；每个职工能够处理 5 000 份采购订单。变动作业成本包括：0.80 美元/订单的成本用来处理表格和邮寄等。

要求：

（1）请计算通过将特殊部件替换成普通部件能达到的成本降低。

（2）假设生产了 50 000 单位产品，每个售价为 8 800 美元，每单位产品的价格将会通过单位成本节约来降低。产品的新价格为多少？

（3）假使采购订单的预计作业需求量为 8 500 单位，这将对要求 1 和要求 2 的答案有什么影响？

11.2　竞争优势：基本观点

Keith Golding 决定购买一台个人电脑。他已经将选择缩小到两项：品牌 A 和品牌 B。它们有着相同的运行速度和硬盘容量、内存、显卡存储和基本软件支持包。两个品牌都有着良好的声誉。两者价格相同。经过一番调查对比，Keith 发现三年期内品牌 A 的运行及维护成本大约为 200 美元，品牌 B 的运行维护成本为 600 美元。品牌 A 的销售代理强调了低廉的运行维护成本，她声称这比其他任何一个品牌都低。然而品牌 B 的销售代理着重强调了他们品牌的良好的产品服务声誉。她向 Keith 提供了一份发表在个人电脑杂志上关于不同品牌服务质量排名的文章的影印件。在这个排行中，品牌 B 排名第一。基于以上所知，Keith 决定购买品牌 B 的电脑。

要求：

（1）Keith 购买的总产品是什么？

（2）品牌 A 追求的是成本领先还是差异化战略，品牌 B 呢？请解释。

（3）当被问到为什么选择了品牌 B，Keith 回答道："我觉得 B 比 A 提供了更多的价值。"这种更大的价值可能来自于哪里？如果 Keith 的选择体现了大多数消费者的观点，那么您会给品牌 A 提供哪些能提升其战略地位的建议？

11.3　产品生命周期

以下是关于产品生命周期的描述，区分下列每一项是否与市场、产品或客户观点相联系。可以的话，请辨别所描述的独有的特征。如果以下描述中有符合超过一种观点的，标记为互动项。

要求：

请解释其相互间的影响。

a. 销售以一定的增长率上升。

b. 购买产品后的维护成本。

c. 产品的市场占有率在萎缩，销量下降。

d. 运用一项设计使得购买后成本最小化。

e. 90%或以上的成本都发生于发展阶段。

f. 产品服务于客户需求的时间长度。

g. 与一个产品整个生命周末相关联的所有成本。

h. 当产品开始为公司产生收入的时候。

i. 在这个阶段中利润趋于达到顶峰。

j. 在这个阶段客户对价格的敏感度最低。

k. 描述一个产品在经过确切的生命周期阶段的一般销售模式。

l. 值得关注的是产品的性能和价格。

m. 使得生命周期利润最大的举措。

n. 强调对于发展、生产、市场和劳务产品所必需的内部活动。

11.4 适时制生产方式的特点及产品成本精准性

在运用 JIT 系统之前，Baker 公司，一家汽车零部件生产商，用维修时间来分配其三种产品（车轮、刹车踏板和球轴承）的维修成本。每年的维修成本总额为 5 880 000美元。每种产品的维修时间及生产数量如下：

	维修时间	产品数量
车轮	180 000	157 500
踏板	180 000	157 500
轴承	240 000	210 000

在运用 JIT 系统之后，建立起了三个制造单元，并培训了单元内的员工，使他们能采取预防性措施以减少维修。每个单元都配备了一位全职维修工。每年的维修费用总数依然是 5 880 000 美元；然而，归属于每个单元的产品成本发生了变化：

车轮单元	$ 1 596 000
踏板单元	1 764 000
轴承单元	2 520 000

要求：

（1）请计算在运用 JIT 系统前每种产品的单位维修成本。

（2）请计算在运用 JIT 系统后每种产品的单位维修成本。

（3）请解释为什么在 JIT 系统下的单位维修成本比传统的更准确。

第 12 章　作业管理

学习本章之后，您可以：

①区分作业管理和作业成本法的不同之处。

②界定流程价值分析的概念。

③描述以作业为基础的财务业绩评估方法。

④讨论有关作业管理系统应用层面的问题。

⑤解释为什么作业管理是责任会计的一种形式，并区分它与以财务为基础的责任会计的不同之处。

大多数企业都是在瞬息万变的环境中运行。通常情况下，这些企业面临着激烈的国内和国际竞争。这种严峻的竞争环境要求企业必须为不同的顾客细分市场提供符合顾客要求的产品与服务。反过来，这也意味着企业要找到符合成本效益的方式以生产品质高而数量少的产品。在这种外部环境下，企业想要提高业绩，就不仅要知道做每件事情的当前成本（*costs*），还要去评估为什么去做(*why*）这件事情以及怎么去做(*how*）这件事情。提高业绩意味着不断地寻求减少浪费的方法——一种被叫做持续改进(continuous improvement）的流程。作业管理和作业成本法是其中非常重要的工具。

12.1　作业成本法与作业管理的关系

作业会计是实践持续改进的一个重要因素。流程是一个组织内部所存在的许多改善机会的源头。流程是由各种为实现某一特定目标而采取的作业所构成的。改善流程意味着改善作业的应用方法。因此，管理作业，而不是成本，是保证企业经营持续改进的关键。作业对于改进产品成本计算和控制的有效性而言十分重要。正是有了这样的认识，才使得我们对业务流程有了新的理解，这一新的理解叫做作业管理。

作业管理(Activity Based Management，ABM）是一个系统的、综合的方法，帮助管理者关注以提高顾客价值并实现相应的利润为目标的作业。作业成本法（ABC）是作业管理的重要信息来源。因此，作业管理模型有两个维度：成本维度和流程维度。两维模型见图表12-1。成本维度提供有关资源、作业、成本对象的成本信息。成本对象包括产品、顾客、供应商、分销渠道等。成本维度的目的是提高成本分配的准确度。正如模型所显示的那样，耗费的资源成本可追溯到作业，每项作业的成本又追溯到成本对象。这一作业成本法的维度在产品成本计算、战略成本管理和战术分析中非常有用。第二个维度，即流程维度，提供应该进行什么作业、为什么进行这些作业以及作业进行效果如何的相关信息。这一维度的目的是减少成本。流程维度才是提供可以保持和考核持续改进能力的维度。为了理解流程是如何与持续改进相关的，需要对流程价值分析有深入的认识。

图表 12-1 **作业管理二维模型**

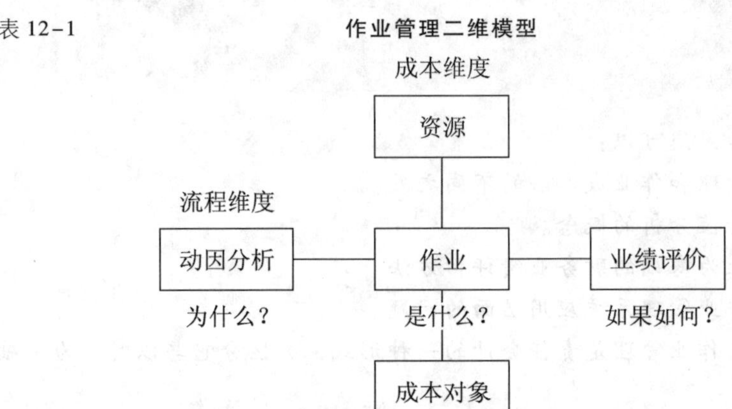

12.2 流程价值分析

流程价值分析(process value analysis, PVA) 是以作业为基础的责任会计的基础，它更注重作业的责任性而不是成本的责任性，并且更强调系统总体的业绩而非单项作业的业绩。流程价值分析使得作业管理从概念层面转入到实际操作层面。如图表 12-1 所示，流程价值分析关心的是：(1) 动因分析；(2) 作业分析；(3) 业绩评价。

12.2.1 动因分析：界定根本原因

管理作业需要了解哪些因素引起作业的产生以及哪些因素造成作业成本的变动。作业消耗投入要素（资源）并有生产数量。比如，如果一项作业是维护基本工资档案，那么所需的资源就可能包括一个基本工资核算员、一台电脑、一个打印机、纸张和桌椅。其产出则是实时的基本工资档案。一项作业**产出指标**(activity output measure) 是指应用作业的次数。它是一个可量化的指标。比如，对基本工资档案的维护次数也可作为维护基本工资档案（作业）的产出指标。

产出指标计算出对一项作业的需求量，也是一个作业动因。如果对作业的需求量变动了，那么作业成本也会变动。比如，如果所需维护的基本工资档案数量上升了，那么维护基本工资档案这项作业就可能需要消耗更多的投入（人工、桌椅和纸张等)。但是产出指标（作业动因)，如已维护的档案数量，可能不是并且通常不是作业成本变动的根本原因 (root causes)，而仅仅是所应用作业的结果。因此，**动因分析**(drive analysis) 就是为了找出哪些因素是作业成本变动的根本原因而付出的工作。比如，一个动因分析可能揭示出处理和处置有毒残留物（的成本）的根本原因是产品设计。一旦找到了根本原因，就能对作业进行改进。具体来说，创造一个新的产品设计可能会减少或消除对有毒残留物的处理成本。

几个作业拥有相同根本原因的情况时常会发生。比如，产品检测成本（以检测耗时为产出指标）与重新订购（以重新订购次数为产出指标）都是由于所购买材料的质量低劣而引起的。如果能够挑选好的供应商并帮助他们提高产品质量，那么这两项作业就能得到改善。通常，为了确定作业的根本原因要多问几个“为什么”。比如，问：为什么我们要检测所购零件。答：因为可能存在次品。问：为什么要重新订购？答：因为某些所购零件已确定为次品，不可用。问：为什么所购零件会有次品？答：因为供应商没有提供可靠的零件。一旦这些“为什么”的问题找到了答案，那么就能回答“怎么办”的问题。比如，问：我们如何才能提高所购零件的质量。答：选择（或开发）能够提供高质量零件的供应商。这些“为什么”的提问识别了根本原因，而那些“怎么办”的提问则帮助管理者找到了改进的办法。

12.2.2 作业分析：识别并评价价值含量

流程价值分析的核心是作业分析。**作业分析**(activity analysis）是识别、描述和评价一个组织所应用的作业的流程。作业分析应该得到四个结果：a. 执行了哪些作业；b. 有多少人参与了作业；c. 作业所耗用的时间及其资源；d. 评价作业为组织所创造的价值，包括提供一些应该选择并保留哪些增值作业的建议。步骤 1－3 已经在第 4 章进行了阐述。这些步骤对于分配成本十分重要。步骤 4 试图明确作业的价值含量，它更关注如何减少成本，而不是分配成本。因此，步骤 4 被看成是作业分析最重要的部分。作业可分为*增值的*(*value-added*）和*非增值的*(*non-value-added*）两种。

（1）增值作业

增值作业(value-added activities）是指有必要在经济业务中保留的作业。增值作业有助于增加顾客价值，并且（或者）符合组织需求。那些法律要求的作业是增值作业，因为它们是为了满足组织需求而存在的。此外，它们也有助于增加顾客价值，因为这些作业的存在使得企业得以持续经营并提供顾客所需的产品和服务。尽管这些法律强制应用的作业是必要的，顾客也应要求这些作业得以有效应用以减少成本上升对产品与服务价格的影响。法律强制应用的作业包括遵守 SEC 的报告要求和 IRS 的申报要求。企业的其他作业则是*自主裁量的*（*discretionary*）。将自主裁量的作业分类为增值作业的做法更像是一种艺术，而不是科学。它很大程度上依赖于主观判断。然而，仍然有一种方法可以界定自主裁量作业的属性。如果一项自主裁量的作业能同时满足 3 个条件，那么它就属于增值作业：a. 该作业导致一种状态发生变化；b. 这种状态的改变不是由此前所发生的作业导致的；c. 该作业能启动其他作业的应用。

比如，以用于医疗设备的金属配件的生产为例。其第一项作业是浇注，形成一个产成品的蜡状模具。下一步作业是加壳，在蜡状模具的外层加上陶瓷外壳。把蜡状物去除后，向陶瓷容器内倒入炽热的铁水，待凝固后打破容器，便得到所需产成品。浇注作业是一项增值作业，因为它：a. 导致了状态的改变——将不成形的蜡做成了蜡状模具；b. 此前没有其他作业可导致这种状态的改变；c. 启动了加壳作业的发生。加壳作业和倒注作业也是如此。对于操作层面的作业，如浇注和加壳，我们很容易看出它的增值内容，但是对于一般性的作业，如生产监督，我们还能如此轻松地辨别出吗？一项管理作业是为了管理其他增值作业而特别设计的——为了使其他作业更及时、更高效地完成。监督（作业）显然满足能够启动其他作业的条件，但是它导致了状态的变化吗？答案可以从两种角度给出。第一，监督可以看做是由一种可以导致一种状态变化的其他作业所消耗的启动资源。因此，监督作业是次级作业，是增值的一级作业所需的投入，帮助该作业实现一种状态的改变。第二，可以说监督使得不协调的作业变得更加协调，使状态发生变化，变得更有秩序。

一旦识别出增值作业，我们就可以确定增值成本。**增值成本**(value-added costs)是那些以完全效率来应用该增值作业的成本。这句话暗含的意思是，增值作业中可能包含那些导致不必要的成本的不重要的作业。

(2) 非增值作业

非增值作业(non-value-added activities) 是不必要的作业，也是企业内部和外部消费者都不认可其价值的作业。非增值作业是指那些不能导致状态改变或者因为第一次没有做对而重复进行的作业。比如，检测蜡状模具就是一项非增值作业。检测是一项检测状态的作业(*state-detection activity*)，不是改变状态的作业（检测结果只能告知模具的状态——检测其形态是否正确)。一般来说，状态检测作业不是增值的。现在，我们来考虑由于检测不过关而进行重铸作业的属性。重铸作业是为了把形态不正确的模具变成正确的模具。因此，作业导致了状态的改变。但是，该作业是非增值作业，因为它是重复(*repeats*) 加工；它正在做此前作业应该已经完成的事情。因此，它是一项纠正状态的作业(*state-correction activity*)。**非增值成本**(non-value-added costs) 是那些由非增值作业或低效率的增值作业导致的成本。由于日益加剧的竞争，许多企业正竭力消除非增值作业以及增值作业中不必要的部分，因为它们增加了不必要的成本，妨碍了企业业绩。因此，作业分析的目的是努力识别并最终消除不必要的作业，同时提高必要作业的效率。

评价作业的价值内容可以帮助管理者消灭浪费。随着浪费的消灭成本会降低。请注意，管理成本动因(*causes*) 而不是管理成本本身的重要意义。提高非增值作业的效率并不是长久之计。比如，训练检测员采取抽样程序可能会提高检测作业的效率，但是，如果能进行一个供应商评级项目来选取提供无次品的供应商就更好了，因为它能消除检测作业存在的必要。

现实案例

坐落在 Fairview 的明尼苏达州大学医疗中心 (University of Minnesota Medical Center) 对其有问题的药房进行了完善，旨在强化工作流程、消除非增值作业、减少错误和浪费，并大量地节省成本。研究发现，其无菌产品和存货最有提升空间。对于无菌产品，药房会记录其浪费、丢失药剂以及生产错误的数据，同时还发现了一些无谓的搬运作业。生产错误通常意味着重做，比如退回因为过期或药剂变动而不需要的大量的静脉注射药剂。寻找到根本原因可以使得有些作业得以重新设计或改善，而其他作业则被消除。对于存货，建立一个双库系统 (double-bin system) 能够明显减少提货的时间并提高再订购的效率。对于补货和搬迁采用先进先出法 (first in first out, FIFO) 能够避免产品过期从而减少浪费。这些举措每年能节省 $ 289 256 的成本。①

(3) 非增值作业举例

订购零件、生产赶期和次品的返工都是非增值作业的例子。其他的一些例子包括保修工作、处理顾客投诉和报告次品。非增值作业可以存在于企业的任何地方。在生

① Barbara L. Hintzen, Scott J. Knoer, Christie J. Van Dyke, and Brian S. Milavitz, "Effect of Lean Improvement Process Techniques on a University Hospital Inpatient Pharmacy," *American Journal of Health System Pharmacy* (November 15, 2009): 2042-2047.

产经营中，五个主要的作业经常被认为是浪费的和不必要的，它们是：

a. 生产调度(*scheduling*)

一项消耗时间和资源以确定不同产品什么时候可以进入加工流程（或者什么时候调试、进行多少级调试）和生产数量的作业。

b. 搬运(*moving*)

一项耗费时间和资源以把原材料、在产品和产成品从一个部门搬运到另一个部门的作业。

c. 等待(*waiting*)

一项在原材料和在产品等待进一步加工的流程中耗费时间和资源的作业。

d. 检测(*inspecting*)

一项耗费时间和资源以确保产品符合设计规格的作业。

e. 储存(*storing*)

一项耗费时间和资源以持有货物和原材料的作业。

以上作业中没有任何一项可以增加顾客价值。比如，如果公司已经知道了如何根据需求进行生产，那么生产调度作业就变得不必要了。同样，如果产品能够第一次就合格地生产出来，也就不需要检测作业了。作业分析的挑战是寻求不利用这些作业就能按顾客需求生产合格产品的方法。

(4) 管理作业以降低成本

竞争环境要求企业必须及时地、尽量以最低的成本生产顾客需要的产品。这也就是说，一个组织必须进行持续的成本改进。**改进成本法**(Kaizen costing)的特征是对现有流程和产品进行持续的、增量的改进。作业管理是改进成本法的根本。作业管理可以通过四种方式降低成本：[①] a. 作业消除；b. 作业选择；c. 作业减少；d. 作业共享。

作业消除(activity elimination)关注消除非增值作业。比如，为了确保顾客需求得以满足，生产赶期在某些时候看似十分必要。但是，这项作业是因为企业没能有效生产才变得重要。如果能够改进生产周期，那么企业也许能最终消除赶工作业，从而降低成本。

作业选择(activity selection)涉及在由于竞争战略不同而导致的不同作业组合之间的选择。不同的战略可能要求不同的作业。比如，不同的产品设计战略对作业的要求可能显著不同。作业的不同又会导致成本的不同。每种产品设计战略需要不同的作业组合，并导致不同的相关成本。在其他条件不变的情况下，应选择最低成本的设计战略。在改进成本法的框架中，重新设计（redesign）现有产品和流程可以导致不同的、更低成本的作业组合。因此，作业选择对降低成本具有重大影响。

作业减少(activity reduction)降低一项作业所需的时间和资源。这种降低成本的方法的主要目标是提高必要作业的效率，或者采取一种短期战略以进一步消除非增值作业。比如，提高产品质量能够减少顾客投诉，进而处理顾客投诉的需求也就减

① Peter B. B. Turney, “How Activity-Based Costing Helps Reduce Cost,” *Journal of Cost Management* (Winter 1991): 29-35.

少了。

作业共享(activity sharing) 通过利用规模经济提高必要作业的效率。具体来说，在作业本身的总体成本没有增加的情况下，增加成本动因的数量，就能降低单位成本动因的成本，从而消耗该作业的产品分得的成本也会下降。比如，可以设计一种新产品，使其使用其他产品正在使用的零件。那么，与现有零件相关的作业已经存在，新产品使用现有零件，公司就可以避免重新设计一整套作业。

12.2.3 评价作业业绩

作业业绩计量是为了评价一项作业的完成情况如何以及成果如何。作业业绩指标有财务的和非财务的两种形式，并集中在以下三个方面：(1) 效率；(2) 质量；(3) 时间。*效率*(*efficiency*) 强调作业投入和产出的关系。比如，可以通过减少投入但生产同样的产出来提高作业效率。*质量*(*quality*) 关注第一次就正确地完成作业。如果作业产出有缺陷，那么就可能需要重复应用该作业，导致不必要的成本和效率的降低。应用作业的*时间*(*time*) 也很重要。更长的时间通常意味着更多的资源消耗和更低的回应顾客需求的能力。业绩的时间指标属于非财务指标，而效率和质量指标既具有财务性，又具有非财务性。

12.3 作业效率的财务指标

评价作业业绩可以揭示现有效率水平以及提高效率的可能性。财务指标和非财务指标都能说明过去的业绩并揭示提高效率带来的未来潜在收益。第 13 章将讨论非财务指标，本章将把重点放在财务指标上。业绩的**财务指标**(financial measures) 应该提供关于作业业绩变动会有哪些经济影响的具体信息。因此，财务指标会反映成本节约的潜力和实际节约的成本。作业效率的财务指标包括：(1) 增值作业成本和非增值作业成本；(2) 作业成本的趋势；(3) 设定改进的标准；(4) 对标管理(benchmarking，标杆管理)；(5) 作业弹性预算；(6) 作业产能管理。

12.3.1 报告增值和非增值成本

降低非增值成本是提高作业效率的一个方法。一个公司的会计系统应该区分增值成本和非增值成本，因为改进作业业绩要求消除非增值作业和优化增值作业。企业应该辨别和正式报告每项作业的增值成本和非增值成本。强调非增值成本可以揭示公司当前存在多大程度的浪费，由此提供关于改进潜力的一些信息，这样就可以鼓励管理者将更多的注意力放在控制非增值作业方面。可以通过编制趋势报告和成本降低报告来评估改进的进展情况。随着时间的推移，对这些成本的跟踪使管理者可以评价他们的作业管理项目的有效性。

了解成本节约金额对于战略目标很重要。比如，如果消除了一项作业，那么节约的成本应该可以追溯到个别产品。这些节约可以导致产品价格的下调，从而使企业更具有竞争力。然而，要想改变定价策略，就必须了解通过作业分析得到的成本节约结果。所以，成本报告系统是以作业为基础的责任会计系统中的一个重要组成部分。

增值成本是组织唯一应该发生的成本。要达到增值标准就必须完全消除非增值作业；对于非增值作业，最优的产出是零成本的零产出。增值标准还要求完全消除那些必要的但是低效应用的作业的低效部分。所以，**增值标准**（value-added standard）规定了最优的作业产出。规定最优作业产出要求对作业产出进行计量。

制定了增值标准并不意味着它们会（或应该会）立即达到。持续改进的思想是向理想水平不断靠近。可以对员工（团队）的业绩改善给予奖励。此外，非财务作业业绩指标可以用来补充和支持消除非财务成本的目标（这些将稍后在本章进行讨论）。最后，计量某个员工个人或管理人员的效率不是消除非增值作业的方法。请记住，作业打破了部门的界限，是流程的一部分。关注作业、对流程改进提供激励才是更有效的一种方法。对流程进行改进会导致改善的业绩结果。

通过比较实际作业成本和增值作业成本，管理层可以评价作业低效的程度和作业改进的潜力。为了识别和计算增值与非增值成本，必须确定每项作业的产出指标。确定了产出指标之后，就可以确定每项作业的增值标准数量（SQ）。用标准价格（SP）乘以增值标准数量，可以计算出增值成本。作业的实际产出水平（AQ）与增值标准产出水平（SQ）的差额乘以单位标准成本，就可以得出非增值成本。图表 12-2 列出了这些公式，下面对其进行进一步详细解释。

图表 12-2　　**增值成本和非增值成本的计算公式**

增值成本＝SQ×SP

非增值成本＝（AQ－SQ）SP

式中：SQ——作业的增值标准产出水平；

SP——单位作业产出的标准价格；

AQ——利用弹性资源的实际数量或所取得的预定资源的实际作业产能。

对于弹性资源（按需获取的资源），AQ 是所使用作业的实际数量。对于预定资源（在使用之前取得的资源），AQ 表示所取得的作业产能的实际数量，按实际作业产能计算。这种 AQ 的定义使非增值成本的计算既考虑变动作业成本，又考虑固定作业成本。对于固定作业成本，SP 是预算作业成本除以 AQ，这里的 AQ 是实际作业产能。基础 12.1 说明了这些概念的意义。

基础 12.1：如何以及为何编制增值成本和非增值成本报告

资料：

一家制造企业有以下四类作业：购买材料、制造模具、检测模具与打磨粗糙的模具。购买材料和制造模具是必要的（作业），检测和打磨模具是不必要的（作业）。下面是截至 2013 年底，四类作业的相关数据（假定各作业动因的实际单位成本等于标准价格）。

作业	作业动因	SQ	AQ	SP
购买材料	购买耗时	20 000	24 000	$ 20
制造模具	制造耗时	30 000	34 000	12
检测模具	检测耗时	0	6 000	15
打磨模具	模具数量	0	5 000	6

为什么：

一个显示增值成本和非增值成本的成本报告能够使得管理者看到企业浪费的数额，评估其严重程度，并找到改进的机会。

要求：

a. 请编制一个2013年底的成本报告，显示每项作业的增值成本、非增值成本和总成本。

b. 请解释为什么检测和打磨作业是非增值作业。

c. **如果**购买材料成本是一项阶梯式固定成本，每个阶梯范围是2 000小时，而制造模具成本是变动成本，**结果会是怎样的？**应如何减少各项作业的成本浪费？

解答：

a.

2013年底增值成本和非增值成本报告

作业	增值成本	非增值成本	总成本
购买材料	\$ 400 000	\$ 80 000	\$ 480 000
制造模具	360 000	48 000	408 000
检测模具	0	90 000	90 000
打磨模具	0	30 000	30 000
合计	\$ 760 000	\$ 248 000	\$ 1 008 000

b. 检测作业是检测状态的作业，打磨作业是纠正状态的作业。

c. 对于购买作业，购买耗时每减少2 000小时，成本才会下降。对于制造模具作业，每节约一小时就意味着节约了12美元的成本。因此，对成本节约来说，改善制造作业比改善购买作业更为有效。

请注意，在基础12.1中，检测和打磨的增值标准产出水平（SQ）应该消除。理想情况下，企业通过提高质量、改变生产流程等，就不会产出任何次品；检测和打磨作业最终也可以被消除。基础12.1列示的成本报告使得管理者注意非增值成本；因此，它强调了改进的机会。通过重新设计产品、减少产品所需要的组成部分，可以降低购买耗时。通过改进制造流程和提高人工技术，可以减少对制造、检测和打磨模具的时间投入。因此，在某一时点及时地报告增值和非增值成本可以触发更有效的管理作业的措施。一旦管理者注意到浪费的金额，就会去寻求改进作业和降低成本的方法。报告这些成本还可以帮助管理者改进计划、预算和定价决策。比如，如果管理者注意到降低非增值成本的潜力可以消除降价的影响，那么管理者会考虑降低售价，使其与其他竞争对手的价格保持一致。

12.3.2 非增值成本的趋势报告

当管理者采取措施改进作业时，成本就会如预期的那样降低吗？要对此问题做出回答，一个方法就是随着时间的推移对每项作业的成本进行逐期比较。这样做的目的是降低成本以改进作业。倘若作业分析有效的话，我们还应当看到非增值成本逐期减少。趋势报告还能表明成本降低的空间。对于增值作业来说，成本降低的关键在于提高效率；对于非增值作业来说，则在于消除这些作业。基础 12. 2 阐释了非增值成本的趋势报告。

基础 12. 2：如何以及为何报告非增值成本趋势

资料：

参看基础 12. 1 的资料。假设在 2014 年初，制作模具的工艺被重新设计了，并且负责制作模具的员工在接受培训后掌握了新的技术。企业希望通过减少受损模具的个数来减少四类作业的成本浪费。对于购买和检测作业，工时每增加 2 000 小时，就要投入新的资源。其他两个作业所需的资源则是在要用和需要的时候才投入。到了 2014 年底，四类作业报告结果如下：

作业	作业动因	SQ	AQ	SP
购买材料	购买耗时	20 000	22 000	$ 20
制造模具	制造耗时	30 000	32 000	12
检测模具	检测耗时	0	2 000	15
打磨模具	模具数量	0	2 500	6

为什么：

比较不同时期非增值成本的变动数能够揭示企业在哪些方面实现了成本降低，使得管理者能够评价采取的改进措施的有效性，并显示还有多少可改进的潜力。

要求：

a. 请编制一个趋势报告，显示各类作业在 2013 年和 2014 年的非增值成本，以及这两年成本的变动情况。请讨论该报告的意义。

b. 请解释作业减少在增值作业和非增值作业中分别起了什么作用。

c. 如果在 2014 年底，该企业每单位产成品的售价降低了 10 美元，**结果会是怎样的？**假设企业生产并销售了 10 000 件产品，并且其产品只涉及以上提及的四类作业，那么在成本节约的思想下，企业能够降价到其他竞争者的价格水平并保持利润率与年初一致吗？

解答：

a.

趋势报告：非增值成本			
作业	2013	2014*	变动值
购买材料	$ 80 000	$ 40 000	$ 40 000
制造模具	48 000	24 000	24 000
检测模具	90 000	30 000	60 000
打磨模具	30 000	15 000	15 000
合计	$ 248 000	$ 109 000	$ 139 000

* 因为对购买和检测作业的资源投入的减少一定是 2 000 的倍数，所以成本节约金额只需简单地将 SP 乘以 AQ 的减少值就可以了。

趋势报告表明，非增值成本明显减少，证实了改进措施是有效的。

b. 对于增值作业，非增值部分通常是由于耗费了比实际需要更多的作业而造成的；因此，作业减少的目标在于提高作业效率。对于非增值作业，作业减少只是一个中间步骤，其最终的目的还是要消除非增值作业。基于作业消耗资源这一本质，减少作业会导致成本的减少。

c. 从第一问的解答中可以看出，单位产品的成本节约为13.9美元（＄139 000÷10 000），表明企业可以在保持利润率与年初水平一致的情况下，降低售价至与其他竞争者相同的价格，甚至还有可降低的空间。

基础12.2中的趋势报告显示，超过一半的非增值成本被消除了。报告也显示出企业仍有足够的改进空间，但作业改进到目前为止已经算是很成功了。报告非增值成本不仅能显示成本减少的金额，还能表明成本在哪些方面得到了降低。假设在增值标准不变的前提条件下，报告能为管理者提供还有多少成本降低空间的信息。但是，增值标准，就像其他标准一样，并不是一成不变的。新技术、新设计和其他改革可能改变作业的性质。当出现改进的新方法时，增值标准可能就会改变。管理者不应当满足于当前的效率，而应该持续地寻求更高水平的效率。

12.3.3 动因和行为因素的影响

作业产出指标需要计算和追踪非增值成本。减少非增值作业将引起作业需求的减少，并由此减少作业产出指标。如果一个团队的业绩受到它本身降低非增值成本能力的影响，那么作业动因（作为产出指标）的选择以及如何利用这些动因都会影响到团队的行为。比如，如果选择调试耗时作为调试成本的产出指标，那么就会激励员工缩短调试耗时。因为调试成本的增值标准要求彻底消除它们，所以它会激励员工努力把调试耗时降为零，这种激励与公司的目标一致，其引导的行为也必然是对公司有利的。

然而，如果公司目标是减少处理的特殊零件的种类，那么就会减少对采购和入库零件检测等作业的需求。如果这些作业成本要按零件的种类分配到产品，那么其产生的激励就是减少产品构成中零件的种类。不过，如果减掉太多的零件，产品功能的降低可能会使得产品的销售受到负面影响。通过运用功能分析法辨别每种产品的增值标准零件种类，可以防止发生这种过度减少零件的行为。[①] 设计者可以受到鼓励，按照零件的增值标准种类进行设计，由此降低非增值成本。这些标准提供了一个具体的目标，规定了激励措施所容许的行为类型。

12.3.4 改进标准的作用

改进成本法是指发现细微的、连续的改进空间，降低现有产品和流程的成本。用经营性术语表示，也就是降低非增值成本。对成本降低流程的控制是通过重复两个主要的子循环来完成的：（1）改进循环或持续改进循环；（2）维持循环。改进子循环包括*计划-应用-检测-修正*（*plan-do-check-act*）四个序列。如果一个公司当前正把注

---

① 功能分析法比较顾客愿意为产品某特定功能支付的价格和提供这种功能需要的成本。

意力放在降低非增值成本上，那么就要确定下一期（下一月、下一季等）计划实现的改进金额（*计划步骤*）。**改进标准**（**kaizen standard**）反映下一期的改进计划。计划实现的改进假定可以达到，因此改进标准是一种当前可以达到的标准。企业需要采取措施以实现计划中的改进（*应用步骤*）。下一步，将实际结果（如成本）与改进标准进行比较，以反映已实现的改进程度（*检测步骤*）。之后，企业应当把新的水平设定为未来业绩的最低标准，锁定已实现的业绩改进，同时启动维持循环，并寻求进一步的改进机会（*修正步骤*）。维持循环采用传统的“建立标准-应用-检测-修正”（*establish-do-check-act*）序列。标准根据前期的改进水平制定（锁定这些改进）。下一步，采取措施（*应用步骤*），检测结果以确保业绩与新水平保持一致（*检测步骤*）。如果结果不一致，就要采取纠正措施恢复原来的业绩（*修正步骤*）。图表 12-3 总结了改进式成本降低流程的模型。基础 12.3 演示了改进成本法的运用。

图表 12-3　**改进式成本降低流程**

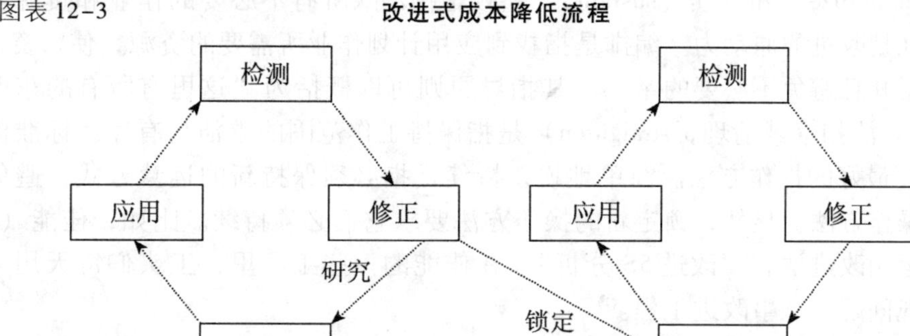

基础 12.3：如何以及为何使用改进成本法

资料：

一个汽车零件部门有打磨部件这一作业。作业产出用打磨耗时来计量。该作业的增值标准（SQ）为 0 小时。在 1 月 1 日，会计年度年初，部门允许每批部件消耗 8 小时的打磨时间（基本上等于实际发生的打磨耗时）。标准工资率是 18 美元/小时。1 月份，部门开发出了一项生产部件的新流程，预计能使打磨耗时减少 25%。这项新流程在 2 月起开始应用，并达到了预期的效果。

为什么：

改进成本法旨在持续改进现有作业和流程的效率。它可以被称为是动态的（*dynamic*）标准成本法系统。维持标准将基于改进子循环达到的持续改进的结果进行修改。

要求：

a. 2 月初，打磨耗时的维持标准和相关预期成本是多少？改进标准和相关预期成本是多少？

b. 2 月末，打磨耗时的维持标准和相关预期成本是多少？请解释原因。改进式成本降低流程的下一步骤是什么？

c. **如果**2 月起应用的新流程只能减少 20% 的打磨时间，而不是 25%，**结果会是怎样的？**新的维持标准及其成本是多少？

解答：

a. 维持标准：每批 8 小时；预计每批成本：144 美元（8×＄18）；改进标准：每批 6 小时（0.75×8）；预计每批成本：108 美元（6×＄18）。

b. 维持标准：每批 6 小时；预计每批成本：108 美元（6×＄18）。如果认定改进措施有效并且可持续，那么一个新的业绩就被锁定了，相应地，维持标准从每批 8 小时变为 6 小时。下一步骤是寻找新的改进机会以提供新的改进标准和预计每批成本。最终的目标是通过一系列的改进以消除非增值成本。

c. 可以锁定通过改进方法而实际达到的水平。在这个例子中，新的维持标准应为每批 6.4 小时（0.8×8），预计每批成本为 115.20 美元（6.4×＄18）。

在运用改进法帮助组织解决问题的过程中，“改进 5S 分析”是一种十分重要的工具。“5S”代表整顿（sort）、编排（set in order）、清扫（sweep）、标准化（standardize）和持续（sustain）。整顿是指消除所有不必要的作业和资源。这一步骤是计划改进的原动力。编排是指找到应用计划作业所需要的资源，使得资源可以轻易取得并且避免不必要的举动。其指导原则可以概括为“这里有所有的东西都各在其位”。清扫（或清理，straighten）是指保持工作范围的整洁与有序。标准化是指“锁定”最好的操作方法。简单地说，持续是指必须保持新的运营方式，避免退回到旧的操作方法。显然，锁定新的操作方法要求它们必须持续。比如，佳能（Canon）同时运用改进法和“改进 5S 分析”。在佳能的一些工厂里，工头们每天用一个小时去发现问题，从事改进工程。[①]

12.3.5 对标

对标与改进成本法和作业管理互为补充，可被当成是一种检测机制以找到改进的机会。**对标**(benchmarking）用从企业内外部找到的最好的实践方法作为标准，以此来评价和改善作业业绩。对标的目的是使自身成为最擅长进行作业和流程的企业（因此，对标是一个很重要的作业管理方法论）。很显然，这一方法有许多好处。比如，一项 APQC 的研究表明，对标能带来从 150 万美元到 1.894 亿美元不等的回报。[②] 有趣的是，对标的回报水平与高管的支持程度有直接的关系。

（1）内部对标

对内部运营进行对标称为*内部对标*(internal benchmarking）。在一个组织内部，进行相同作业的不同部门（如不同的厂房）通常会被拿来进行比较。某一项作业业绩最好的部门成为标准，其他部门就有了一个需要达到或者超过的目标。不仅如此，那个最好的部门还可以与其他部门分享如何达到如此优秀结果的经验。内部对标有以下几点优势。首先，通常存在大量可供使用的信息供企业各个部门分享。其次，可以立即实现成本降低。最后，组织内部最好的标准可用于同外部对标标准进行比较。最后一个优势也正好说明了内部对标的一个重要劣势。具体来说，内部最好的标准可能

---

① “Kaizen：The Japanese Strategy for Continuous Improvement，” http：//www.1000ventures.com/business_ guide/mgmt_ kaizen_ main.html，accessed September 2011.

② Kate Vitasek and Karl Mandrodt，Benchmarking：Prerequisite for Best-In-Class Supply Chains，an APQC white paper（see Knowledge base section）（Feburary 5，2007），http：//www.apqc.org/portal/apqc/ksn？paf _ gear _ id = contentgearhome&paf_ dm = full&pageselect = detail&docid = 129520，accessed may 27，2009.

要低于其他企业的水平，甚至低于直接竞争对手的水平。

说明内部对标好处的例子有很多。[①] 汤姆森公司（Thomson Corporation）通过内部对标，向整个公司收集并发布最优的实践方法，每年节省了 200 万美元。雪佛兰（Chevron）通过向整个公司传授能源使用的管理方法节省了 150 万美元。公共服务企业集团（Public Service Enterprise Group）运用内部对标来改善翻修道路、修补划线、填补坑洞和重新铺砌的流程。这些改进使得公司应对每次意外事件的成本从 2 200 美元下降到 200 美元。

（2）外部对标

涉及与组织外部的其他人进行对标的流程称为外部对标（external benchmarking）。典型的外部对标有三种方式：竞争性对标、实用性对标和一般性对标。竞争性对标是指与直接竞争对手比较作业业绩。竞争性对标的一个很重要的问题在于很难取得除公共领域外的信息。但是，有些时候也是可能的。比如，里兹-卡尔顿酒店（Ritz-Carlton）通过学习一个竞争对手的有效实践，大大地提高了它的家政管理流程。[②] 实用性对标是指与处于同一个行业但不同竞争市场的企业进行对标。比如，一家日本通信公司可将其客服流程与美国电报电话公司（AT&T）进行比较。一般性对标是学习、研究企业所处行业之外的非竞争对手的最优实践方法。某些作业和流程对于所有企业具有一般性。如果能够找到外部最优的实践方法，就能将其作为内部改进的标杆。比如，Verizon 通过研究一家电梯公司的外勤服务找到提供自身外勤服务的方法。[③]

12.3.6 作业弹性预算

那种能够识别作业产出变动时作业成本变动情况的能力使得管理者能够更详细地计划和监控作业的改进。**作业弹性预算**（activity flexible budgeting）可以预测作业产出变动时相应的作业成本是多少。作业框架下的差异分析使传统预算业绩报告的改进成为可能。它还能增强作业管理的能力。

在以产量为基础的预算中，实际作业水平的预算成本是在假定单一的产量基础动因（产品产量或者直接人工工时）驱动所有成本的情况下得出的。每个成本项目的成本公式都是产量或者直接人工工时的函数。图表 12-4 提供了一个基于直接人工工时的以产量为基础的弹性预算。然而，如果成本的变动是基于一个以上的动因，并且这些动因与直接人工工时不是密切相关的，那么这种预算成本就可能会产生误导。

当然，解决方案是为多个动因建立弹性预算公式。可以利用成本估计法（高低点法、最小二乘法等等）估计和验证每一种作业的成本公式。这种建立多元公式的方法使得管理者能更准确地预测不同作业利用水平下的成本。其中，不同的作业利用水平用作业产出指标来衡量。将这些成本与实际成本进行比较就能评价预算应用的业绩。图表 12-5 展示了一个作业弹性预算。请注意，直接材料和人工的预算数与图表 12-4 报告的一样，它们使用相同的作业产出指标。其他项目因为作业产出指标不同，预算数显著不同于传统预算中的预算数。

---

① Frank Jossi, "Take a Inside," HRMagazine (June 2002): 46-52.
② Robert C. Camp, *Business Process Benchmarking* (Milwaukee, WI: ASQC Quality Press, 1995): 273.
③ Robert C. Camp, *Business Process Benchmarking* (Milwaukee, WI: ASQC Quality Press, 1995): 273.

图表 12-4 **弹性预算：直接人工工时**

	成本构成		直接人工工时	
	固定成本	变动成本	10 000	20 000
直接材料	—	$ 10	$ 100 000	$ 200 000
直接人工	—	8	80 000	160 000
维护	$ 20 000	3	50 000	80 000
机器加工	15 000	1	25 000	35 000
检测	120 000	—	120 000	120 000
设备安装	50 000	—	50 000	50 000
采购	220 000	—	220 000	220 000
合计	$ 425 000	$ 22	$ 645 000	$ 865 000

图表 12-5 **作业弹性预算**

动因：直接人工工时				
	成本构成		作业水平	
	固定成本	变动成本	10 000	20 000
直接材料	—	$ 10	$ 100 000	$ 200 000
直接人工	—	8	80 000	160 000
小计	—	$ 18	$ 180 000	$ 360 000
动因：机器小时				
	固定成本	变动成本	8 000	16 000
维护	$ 20 000	$ 5.50	$ 64 000	$ 108 000
机器加工	15 000	2.00	31 000	47 000
小计	$ 35 000	$ 7.50	$ 95 000	$ 155 000
动因：安装次数				
	固定成本	变动成本	25	30
检测	$ 80 000	$ 2 100	$ 132 500	$ 143 000
设备安装	—	1 800	45 000	54 000
小计	$ 80 000	$ 3 900	$ 177 500	$ 197 000
动因：订单数量				
	固定成本	变动成本	15 000	25 000
采购	$ 211 000	$ 1	$ 226 000	$ 236 000
合计			$ 678 500	948 000

假定图表 12-5 中，每种作业动因的第一项作业水平相当于实际作业利用水平。图表 12-6 对实际作业利用水平下的预算成本和实际成本进行了比较。其中一个项目正好达到目标水平，其余七个项目则有的出现有利差异，有的出现不利差异。汇总后的净差异是 21 500 美元的有利差异。

图表 12-6　　以作业为基础的业绩报告*

	实际成本	预算成本	预算差异
直接材料	$ 101 000	$ 100 000	$ 1 000（不利差异）
直接人工	80 000	80 000	—
维护	55 000	64 000	9 000（有利差异）
机器加工	29 000	31 000	2 000（有利差异）
检测	125 500	132 500	7 000（有利差异）
设备安装	46 500	45 000	1 500（不利差异）
采购	220 000	226 000	6 000（有利差异）
合计	$ 657 000	$ 678 500	$ 21 500（有利差异）

* 动因的作业水平：10 000 直接人工工时，8 000 机器小时，25 次安装和 15 000 笔订单。

图表 12-6 的业绩报告对每项作业实际利用水平的全部预算成本和全部实际成本进行比较，还可比较实际固定作业成本与预算固定作业成本、实际变动作业成本和预算变动作业成本。此外，图表 12-5 则仅仅列示了各项作业动因的公式，并没有说明公式是如何推导出来的。基础 12.4 演示了如何推导出以作业为基础的弹性预算中的公式，并且将业绩报表中的成本细分为固定成本和变动成本以分别进行比较。

基础 12.4：如何以及为何编制以作业为基础的弹性预算

资料：

托马斯公司（Thomas Company）有一项“设备维修”作业，公司希望为其编制一个弹性预算公式。该作业消耗以下成本：

- 3 个便携式诊断仪，每个诊断仪每年租赁费 8 000 美元
- 3 个维修工人，每个工人每年工资为 45 000 美元（3 个工人共提供 6 000 维修小时的服务）
- 部件及辅料：每次诊断费 100 美元
- 维修耗时：每次诊断 4 小时

一年中，该作业仅消耗了 80% 的能力，并且实际发生了以下作业和资源成本：

- 租赁费：24 000 美元
- 工资：145 000 美元
- 部件及辅料：135 000 美元

为什么：

每一项作业的变动成本部分应该相当于该作业按需取得的资源（弹性资源），而固定成本部分则相当于该作业在使用之前取得的资源（预定资源）。业绩报告将（某一时段内的）实际作业成本与实际作业水平的预算成本进行比较。

要求：

a. 请为设备维修作业编制一个弹性预算公式，以维修耗时作为动因。

b. 请为设备维修作业编制一个业绩报告。

c. **如果**维修工人是以外包形式雇用的，每维修小时支付工资＄20（但诊断仪仍是托马斯公司自己租赁的），**结果会是怎样的？**请重新为设备维修作业编制一个弹性预算公式，以维修耗时作为动因。

解答：

a. 在使用之前取得的资源：

诊断设备	＄24 000	（3×＄8 000）
维修工人	135 000	（3×＄45 000）
固定成本合计	＄159 000	

按需取得的资源：

部件及辅料：＄100÷4＝＄25÷维修小时（X）

公式：维修成本＝＄159 000+＄25X

b.

以作业为基础的业绩报告

作业	实际成本	预算成本（80%的使用水平）*	预算差异
设备维修：			
固定成本	＄169 000	＄159 000	＄10 000（不利差异）
变动成本	135 000	120 000	15 000（不利差异）

* ＄159 000（固定的）；＄25×0.80×6 000（变动的）

c. 维修成本＝＄24 000+＄45X（设备的租赁费是固定的，变动成本为合同约定工资每小时＄20加上部件及辅料每小时消耗的＄25）

如基础12.4所示，把每种差异分解为固定的和变动的两个部分，可以更好地洞察计划和实际支出之间出现差异的原因。作业预算还可提供关于作业产能利用方面的有价值的信息。

12.3.7 作业产能管理

作业产能（activity capacity）是应用某项作业的次数。作业产能用作业动因来计量。比如，考虑产成品的检测作业，从每批产品中抽样检测以确定这批产品的总体质量。检测作业的需求决定了所需作业产能的数量。比如，假定用检测产品的批数计量作业产出。现在假设安排生产60批产品，因此必需的产能是为60批产品进行检测。最后，假设一个检测员每年能检测20批，因此，必须雇用3个检测员以提供必需的作业产能。如果需要支付每个检测员40 000美元的工资，那么这种作业产能的预算成本就是120 000美元。这是在使用之前所取得资源（人工）的成本。预算作业成本分配率是每批2 000美元（＄120 000÷60）。

关于作业产能和成本有几个问题。第一，作业产能应该（should）是多少？这个问题的答案提供了计量可实现的成本节约额的能力。第二，实际上利用了多少所取得的产能？这个问题的答案反映了没有产出的成本是多少，同时，还可以反映出减少作业产能和节约成本的机会。

产能差异

为了说明改进的潜力和消除浪费的过程，可以运用两种差异分析：作业产量差异(*activity volume variance*）和空余产能差异(*unused capacity variance*)。**作业产量差异**（activity volume variance）是指实际取得的作业水平（实际能力，AQ）与应该利用的增值标准作业数量（SQ）之间的差异再乘以预算作业分配率（SP)，即：

作业产量差异=（AQ-SQ）SP

对上述例子而言，产量差异是一个十分有用的经济解释：它是检测作业的非增值成本。该差异计量通过作业分析和作业管理可能达到的改进金额（本例中是 $ 120 000)。然而，因为检测作业的资源必须提前获取（通常是整体购买或者阶梯形增加，如一次一个检测员），所以计量作业的当前需要量（实际利用情况）也很重要。

当供给超过需求的数量达到一定程度时，管理层就可采取措施减少所提供的作业数量。因此，**空余产能差异**(unused capacity variance）就是作业的可用量（AQ）与作业的利用量（AU）之间的差异再乘以预算作业分配率（SP)，公式为：

空余产能差异=（AU-AQ）SP

空余产能差异是应该为管理层提供的重要信息。其目标是降低作业需求，直到未用产能差异等于产量差异时为止。为什么？因为产量差异是一种非增值成本，而未用产能差异则计量降低这种非增值成本的进展情况。因此，这种差异是有利差异。基础12.5演示了这两种差异的计算和运用。

基础 12.5：如何以及为何进行作业产能管理

资料：

检测产成品是一项作业。该作业的产出用检测耗时计量。以下是该作业最近一年度的有关数据：

作业供给：6 000 小时（3 个检测员每年提供 2 000 小时的检测服务）

检测成本（工资）：每年 40 000 美元

实际使用：4 500 检测小时

为什么：

产量差异是一种非增值成本，而未用产能差异则计量降低这种非增值成本的进展情况。了解这两个差异能为管理作业产能提供有价值的信息。

要求：

a. 请计算产量差异并解释它的重要性。

b. 请计算空余产能差异并解释它的用途。

c. **如果**实际检测只用了 3 500 小时，**结果会是怎样的？**这会对作业产能管理有什么样的影响？

解答：

a. 检测作业通常是非增值作业。因此：

产量差异 = (AQ-SQ) SP

= (6 000-0) ×＄20*

= ＄120 000 (不利差异)

*作业分配率 = (＄40 000×3) ÷6 000

产量差异是一种非增值成本。在本题中，检测作业的所有成本都是非增值的。管理层应当努力找到方法使该作业最终减少为零。

b. 未用作业产能 = (AU-AQ) SP

= (4 500-6 000) ×＄20

= ＄30 000 (有利差异)

对检测作业的需求有所减少，但是这种减少并不足以导致作业开支的减少。

c. 新的空余作业产能 = (AU-AQ) SP

= (3 500-6 000) ×＄20

= ＄50 000 (有利差异)

该作业需求水平只需要 2 个检测员就可以满足。因此，耗费的资源可以减少 40 000美元。

在基础 12.5 中，检测资源的供给多于使用。假定资源未被利用的原因是管理层正在进行一项质量改进项目以减少对产品批次检测的需求。当未用产能的成本达到 40 000 美元时，这一检测资源供给与使用的差异会对未来的经费计划产生影响。此外，因为这个质量改进项目，这种差异预计会持续下去，甚至越来越大（由于目标是把检测作业的成本降为零）。管理层现在一定愿意利用所出现的未用产能。本质上，当节约成本达到一个检测员的工资时，作业可利用产能就可以减少，从而检测作业的成本也就减少了。管理层要达到这个结果可以有多种选择。当检测作业的需求量减少到 4 000 小时，2 个全职检测员就够了。多出来的检测员可以永久地被重新分配到资源供应短缺的作业中去。如果不可进行重新分配，公司应该解雇这个多余的检测员。

这个例子阐述了作业产能管理的一个重要特征。作业改进可以产生空余产能，但是管理者必须愿意，并且能够做出减少冗余资源支出的艰难决策，才会使利润增加的潜力成为现实。减少冗余资源支出，或者把这部分冗余资源转移到能够创造更多收入的作业，都会提高利润。

12.4 作业管理的应用

作业管理（ABM）是一个比作业成本法（ABC）更全面的体系。ABM 在 ABC 的成本视角上，又加了一个流程视角。ABM 包括 ABC，并将其作为一个重要的信息来源。ABM 可被看作是具有以下广义目标的信息系统：(1) 通过提供更准确的成本信息来提高决策质量；(2) 通过鼓励和支持持续改进来减少成本。第一个目标属于 ABC 解决的范畴，而第二个目标则是流程价值分析（PVA）的结果。ABC 的目标是提高成本分配的准确性，而为了完成第二个目标，我们所需要的信息就不只这些。如果一家公司想要同时运用 ABC 和 PVA，那么就必须仔细构思应用方法。比如，在 ABC 中，我们可能会为同质性的作业建立成本池，无需更细节的作业信息。但是，对于 PVA，就必须知道这些细节信息。显然，如何运用 ABM 系统需要重大考量。图

表 12-7 展示了 ABM 的应用模型。

图表 12-7　　ABM 的应用模型

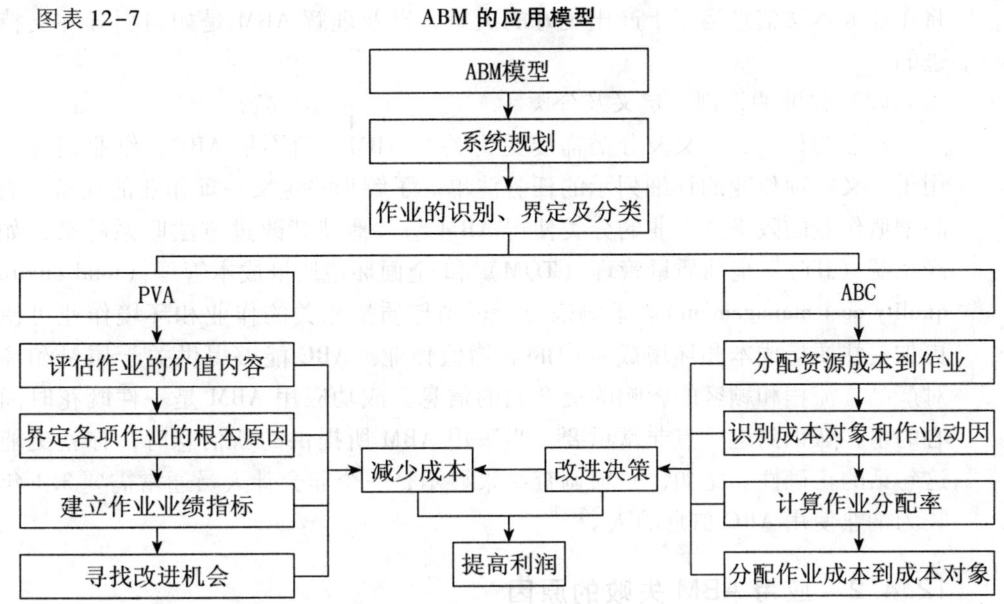

12.4.1　关于 ABM 应用模型的讨论

图表 12-7 中的模型显示，ABM 的最终目标还是提高利润。这一目标可以通过识别并选择改进机会，以及获取更准确的信息支持更好的决策来完成。举例来说，根本原因分析解释了改进机会。通过找到非增值成本，就能建立为了最大程度降低成本而应该优先考虑的事。此外，成本降低潜力是由 ABC 计算出来的。

图表 12-7 列举了应用 ABM 的十个步骤：两个一般步骤以及八个分别与 ABC 和 PVA 相关的步骤。四个 PVA 步骤已经在本章进行了详细讨论，四个 ABC 步骤则在第 4 章进行了介绍。两个一般步骤是：①系统规划；②作业的识别、定义及分类。

（1）系统规划

系统规划为 ABM 的应用提供了根据，并解决以下问题：

a. ABM 系统的目标和目的

b. 组织目前及期望达到的竞争地位

c. 组织业务流程及产品结构

d. 实行作业管理的时间进度表、职责安排及所需资源

e. 组织应用、学习、利用新信息的能力

为了获得收益，ABM 系统的目标必须仔细地定义，并一定要与企业期望达到的竞争地位、业务流程和产品结构相关。我们已经知道了作业管理的广义目标（提高成本分配的准确性并持续改进），但是我们仍然需要确定与这两个目标相关的具体的预期结果。比如，根据更准确的成本改变产品结构（预期利润会上升）就是一个更具体的结果。另一个例子是消除非增值成本以提高流程效率从而提升企业的竞争地位。规划还包括为应用项目制定时间进度表、将具体责任分配到个人和团队中去和编制详细的预算。应用 ABM 的成功与否很大程度上取决于企业学会利用 ABM 提供的信

息的能力。使用者必须确信这些新信息能够解决具体问题。同时，他们需要训练如何将作业成本法信息运用于产出更好的决策，以及理解 ABM 是如何引导并支持持续改进的。

（2）作业的识别、定义及分类

作业的识别、定义及分类需要更为关注 ABM，而不是 ABC。作业词典应该包括用于定义每项作业的详细列示的任务清单。了解那些定义一项作业的任务，有助于提高增值作业的效率。作业的分类使得 ABM 与其他持续改进方法联系起来，如适时生产系统（JIT）、全面质量管理（TQM）和 全面环境质量成本管理（total environmental quality cost management）。举例来说，识别与质量相关的作业和环境作业可使管理者更加关注质量成本和环境成本中的非增值作业。ABC 能够提供关于质量和环境成本对产品、流程和顾客的影响的更全面的信息。成功应用 ABM 是一件既花时间又耗耐心的事，认识到这一点非常重要。当采用 ABM 所提供的新信息时，你就更能体会到这句话的正确性。比如，一项调查结果显示，一个非会计人员通常需要 3.1 年才能成长为娴熟使用 ABC 信息的人。①

12.4.2 应用 ABM 失败的原因

ABM 作为一个系统，导致其失败的原因有很多。其中一个重要的原因就是缺乏高层管理者的支持。这种支持不仅在应用计划刚开始的时候需要，而且还要持续下去。当应用流程耗费时间太长或者不能达到预期时，通常就是失去支持的时候。没能达到预期结果是因为经营和销售经理不能很好地利用新的作业信息。因此，应该下大工夫去培训与教育（经理们）。新数据的优势需要被仔细地阐述清楚，而经理们必须被教会如何利用这些数据来提高效率和生产率。（同时），应该想到，改变是会碰到阻力的。经理们通常会对得到的新的成本信息产生怀疑。向经理们展示这些信息如何帮助他们成为更好的管理者有助于消除这种阻力。让非财务经理参与到规划和应用步骤也可能减小这种阻力，确保得到应有的支持。

不能整合新系统是 ABM 系统崩溃的另一个主要原因。如果 ABM 系统不与其他改进项目或办公会计系统互相冲突，那么其成功的概率就会增加。交流“ABM 系统是用于补充和提高其他改进项目的”这一理念十分重要。不仅如此，ABM 的融入不应导致作业成本法结果与传统会计结果直接冲突，否则，管理者可能更倾向于使用传统的会计数据，而不是新的数据。

尽管有些采用了 ABC 的企业后来又放弃了这一新体系，但是，失败的概率并不是很高。显然，并非很多企业都对 ABC 及其所承诺的优点感到不满。近期一项调查显示，被访问的企业中，只有 2.8% 的企业原先使用过 ABC 但后来放弃了。另外，87% 的企业认为一个理想的成本分配系统应该包括 ABC 这一运用形式（尽管只有 50% 正在采用 ABC）。这一结果表明未来 ABC 的运用空间还十分广泛。②

---

① Kip R. Krumwiede, “ABC: Why It's Tried and How It Succeeds,” *Management Accounting* (April 1998): 32-38.

② William Stratton, Dennis Desroches, Raef A. Lawson, and Toby Hatch, “Activity-Based Costing: Is It Relevant?” *Management Accounting Quarterly* (Spring 2009): 31-40.

12.5 以财务为基础的责任会计和以作业为基础的责任会计

责任会计（responsibility accounting）是管理控制的一个基本工具，具有四个基本要素：(1) 分配责任；(2) 建立业绩评价指标或标准；(3) 业绩评价；(4) 分配报酬。责任会计的目标是通过个人与组织共同实现一个或多个目标来影响个人或组织的行为。图表 12-8 列示了责任会计模型。

图表 12-8　**责任会计模型**

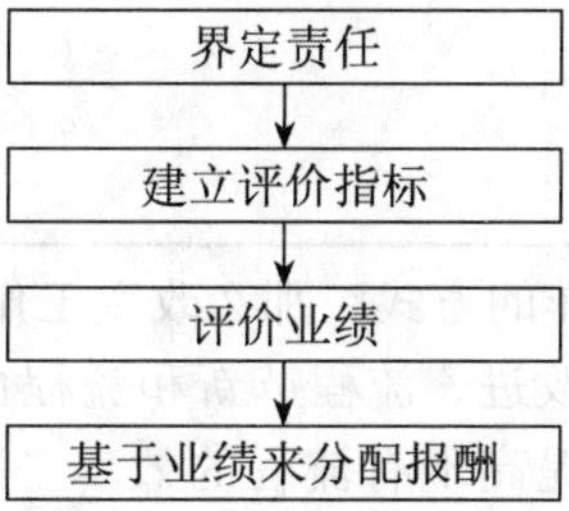

界定责任 → 建立评价指标 → 评价业绩 → 基于业绩来分配报酬

一个特定的责任会计系统是由图表 12-8 所列示的四个要素来界定的。随着时间的推移，演化出了三种责任会计系统：*以财务为基础的，以作业为基础的和以战略为基础的*。三种系统如今都得以应用。一般而言，企业会选择与其自身特定经营环境的经济情况及要求相兼容的责任会计系统。在稳定环境中经营的企业，它们的产品和流程是标准化的，竞争压力小，它们可能会认为复杂性较小的以财务为基础的责任会计系统就已经够用了。而当组织越来越复杂、竞争环境更加动态化时，以作业为基础的和以战略为基础的系统可能会更合适一些。以战略为基础的责任会计将在第 13 章中讨论。

稳定环境下的责任会计系统叫做*以财务为基础的责任会计*。一方面，**以财务为基础的责任会计**（financial-based responsibility accounting）将责任分配到组织性单位中，并以财务项目表述业绩指标。它强调财务视角。但是，另一方面，*以作业为基础的责任会计*是为那些在持续改进环境下经营的企业而发展的责任会计系统。**以作业为基础的责任会计**（activity-based responsibility accounting）将责任分配到流程，并使用财务和非财务业绩指标。它既强调财务视角，又强调流程视角。对这两个系统的各要素进行逐一比较，可以更深刻地了解这两种方法的差异。

12.5.1 分配责任

图表 12-9 列出了两个系统在责任分配方面的不同之处。以财务为基础的责任会计更关注职能性的、组织性的单位和个人。首先，责任中心被识别出来。责任中心是典型的组织性单位，如工厂、部门或生产线等。无论职能性单位是什么性质，责任总是被分配到作为主管的个人。责任用财务术语来描述（如成本）。强调在局部层面上（如组织性单位层面）达到最优财务结果就好。图表 12-9 显示，在一个以作业或流程为基础的责任系统中，关注的焦点从单位和个人转移到流程和团队，强调全系统的优化。当然，财务责任同样很重要。这种关注焦点变动的原因很简单。在持续改进的

环境下，财务视角意味着持续地增加收入、降低成本和提高资产利用率。为了创造这种持续的增长和改进，要求组织持续地改进它为顾客和股东创造价值的能力。流程之所以被选作关注焦点，是因为它们是顾客和股东价值的源泉，是实现组织财务目标的关键。顾客可以是组织内部的，也可以是组织外部的。流程包括采购、产品开发、制造和客服等。

图表 12-9 **责任分配比较**

以财务为基础的责任会计	以作业为基础的责任会计
1. 组织性单位	1. 流程
2. 局部经营效率	2. 全系统效率
3. 个人责任制	3. 团队责任制
4. 财务结果	4. 财务结果

既然流程是进行工作的方式，那么改变工作方式就意味着改变流程。改变工作方式的方法有三种：*流程改进*、*流程革新*和*流程创造*。**流程改进**(process improvement)是指不断地、经常性地提高现有流程的效率。比如，手术器械生产商（耳鼻喉手术器械）美敦力公司（Medtronic Xomed）通过将指示以书面的形式写下来，告诉员工从事工作的最好办法，以此来改进其流程。经过三年的努力，公司减少了57%的返工，85%的废料，并降低了其出口产品38%的成本。[①] 作业管理对于流程改进特别有用。流程是由一系列的与目标相关的作业组成的。列出这些作业，并将它们分成增值的与非增值的类别，立刻就能看出改善流程的方法：消除非增值作业。

流程革新(process innovation)（业务工程再造，business reengineering）是指以一种全新的方式应用一个流程，目的在于在反应时间、质量和效率等方面获得巨大的改善。比如，IBM 信用公司（IBM Credit）彻底地重新设计了它的信用审核流程，把编制价目表的时间从 7 天降到了 1 天。类似地，零件生产商联邦巨头公司（Federal-Mogul）利用流程革新，把零件原型的开发时间从 20 周降到了 20 天。[②] **流程创造**(process creation）是指建立新的流程以达到顾客要求和财务目标。比如，化学银行（Chemical Bank）确定了三个新的内部流程：理解目标顾客、开发新产品和交叉销售系列产品。[③] 化学银行管理层认为这些新的内部流程对改进顾客的利润组合、创造富有生机的组织来说，非常关键。应该注意，流程创新并不是指该流程对组织来说是独创的，而是指它对组织来说是新颖的。比如，开发新产品对许多组织来说是普遍的流程，但是对化学银行来说却很明显是全新的。

许多流程打破了职能界限。这便于采用那些对公司价值链作业给予关注的综合方法。它还意味着有效的流程管理需要跨职能的技术。团队是流程管理需求的自然结果。团队还可通过培养员工的友谊和归属感来提高工作的效率。流程改进、革新和创造需要大量的集体作业（和支持），不能由个人单独进行。通用电气（General

① William Leventon, "Manufactures Get Lean to Trim Waste," *Medical Device & Diagnostic Industry* (September 2004). http://www.devicelink.com/mddi/archive/04/09/016.html.

② Thomas H. Davenport, *Process Innovation* (Boston: Harvard Business School Press, 1993): 2.

③ Norman Klein and Robert Kaplan, Chemical Bank: *Implementing the Balanced Scorecard*, Case 125-210 (Boston: Harvard Business School Press, 1995): 5-6.

Electric）公司、施乐（Xerox）公司、玛丽埃塔（Martin Marietta Materials）公司和艾特那（Aetna）人寿保险公司都已经开始利用团队作为它们的基本工作单位。[1]

12.5.2 建立评价指标

一旦确定了责任，就必须确定业绩指标，设立标准，以作为业绩计量的基准。图表 12-10 列示了两个系统在确定业绩指标方面的不同之处。根据图表 12-10，预算和标准成本法是以财务为基础的系统的基准作业的基础。当然，这意味着业绩指标是客观的并且是财务性的。此外，它们倾向于支持保持现状，并且随着时间的推移保持相对稳定的状态。图表 12-10 揭示出处于持续改进环境下的公司具有明显不同的性质。首先，业绩指标是流程导向的。因此，必须考虑流程时间、质量和效率等流程属性。其次，业绩计量标准应当支持变革，因此标准在本质上是动态的。它们通过变革以反映新的条件和新的任务，帮助维持已应用的流程。比如，可以将标准设成反映某些流程改进的理想水平。一旦达到理想水平，再改变标准，使其激励员工进一步改进。在一个寻求持续改进的环境下，标准不可能是静态的。再次，最优标准发挥着重要作用。它们设定最终目标，因此可以识别改进的潜力。最后，标准应该反映由个别作用和流程带来的价值增加值。确定每项作业的增值标准的意义要比传统的财务责任系统更远大。它将控制权延伸到整个组织中。

图表 12-10　**业绩指标比较**

以财务为基础的指标	以作业为基础的指标
1. 组织性单位预算	1. 流程导向的标准
2. 标准成本法	2. 增值标准
3. 静态标准	3. 动态标准
4. 目前可达到的标准	4. 最优标准

12.5.3 业绩评价

图表 12-11 比较了以财务为基础的责任会计系统和以作业为基础的责任会计系统在业绩评价方面的不同之处。在以财务为基础的框架中，业绩评价是通过比较实际和预算结果来计量的。原则上，员工个人只能对那些他们能够控制的项目承担责任。财务业绩，作为衡量达到或超过财务指标的一个静态标准，受到了强烈的关注。而在一个以作业为基础的框架中，业绩不仅仅涉及财务视角，时间、质量和效率都是业绩的重要因素。缩短货物交送到顾客手里的时间被视为一个重要的目标。因此，诸如生产周期和交货准时性等非财务指标变得非常重要。业绩的评价是看这些指标是否随时间的推移而逐步提高。改善流程应该可以转换为更好的财务结果。因此，成本降低指标、成本趋势和单位产出成本都是表明流程是否得到改进的有用指标。需要计量这些指标相对于最优标准和中间标准的改进进展情况，以实现提供低成本、高质量产品和准时交货的目的。

① Davenport, *Process Innovation*, 97.

图表 12-11 **业绩评价比较**

以财务为基础的业绩评价	以作业为基础的业绩评价
1. 财务效率	1. 缩短时间
2. 可控成本	2. 提高质量
3. 实际与标准之间的比较	3. 减少成本
4. 财务指标	4. 衡量趋势

12.5.4 分配报酬

在两个系统中，员工个人根据有关政策和上层领导的判断得到奖惩。如图表 12-12 所示，许多金融工具（如加薪、发奖金、利润共享和升职）被用作为良好业绩的奖励。当然，不同的系统有不同的激励方法。比如，在以财务为基础的系统中，报酬系统常被设计为鼓励员工个人达到或优于预算标准。但是，对以作业为基础的责任系统来说，对员工个人进行奖惩比在以产量为基础的环境中更加复杂一些。员工个人同时对团队和个人业绩负有责任。既然与流程相关的改进大多是通过团队努力获得的，以集体为基础的奖惩比针对员工个人的奖惩更为合适。比如，在一个公司（电子配件生产商）中，为单位成本、准时交货、质量、存货周转次数、废料和周期等都设定了最优标准。[①] 在以所有指标表示的业绩得以维持并至少有一个指标得到改进时，对团队授予奖金。请注意这种计量和奖惩系统的多元复合性。另一个区别，涉及对收益共享和利润共享的观念。利润共享是一种全球性的激励措施，用来鼓励员工为公司的总体经济财富做出贡献。收益共享则更为特殊，允许员工共享特定的改进项目的收益。收益共享帮助公司获得员工对诸如全面质量管理等特别改进项目的必要支持。

图表 12-12 **奖励比较**

以财务为基础的奖励	以作业为基础的奖励
1. 基于财务业绩	1. 基于多重维度的业绩
2. 个人奖励	2. 团体奖励
3. 加薪	3. 加薪
4. 升职	4. 升职
5. 奖金和利润共享	5. 奖金、利润共享和收益共享

练习题

复习题

12.1 财务基础的责任会计与作业基础的责任会计

一个公司的人工工时标准是 2.0 小时/单位产品，包括设备安装时间。在最后一

① C. J. McNair, "Responsibility Accounting and Controllability Networks," *Handbook of Cost Management* (Boston: Warren Gorham Lamont, 1993): E41-43.

个季度的期初，已经生产了20 000单位产品，耗费人工44 000小时。生产经理担心年末报告会出现一个不利的人工效率差异。任何超过标准9% ~10%的不利差异意味着将会得到一个否定的业绩评价，这又会对奖金产生不利的影响。因此，在最后一个季度，生产经理决定减少设备安装次数，延长生产时间。他知道他的生产人工效率差异通常在标准的5%以内，真正的问题是设备安装时间。通过减少设备安装时间，可以将实际使用人工小时差异控制在标准时间的7% ~8%以内。

要求:

（1）请解释为什么生产经理的行为在持续改进环境下是不可接受的。

（2）请解释作业基础的责任会计如何阻止这类行为。

解答:

（1）在持续改进环境下，要努力降低存货和消除非增值成本。生产经理关注是否达到人工用量标准，忽视了更多生产时间对存货产生的影响。

（2）作业基础的责任会计关注作业和作业业绩。对于设备安装作业，增值标准应是零设备安装时间和零设备安装成本。因此，减少设备安装不会节约人工时间，也不会影响人工差异。当然就不会计算人工差异本身，至少在经营性水平上不计算。

12.2 作业数量差异、空余产能差异、增值和非增值成本报告、持续改进标准

Pollard制造公司已经为它的作业建立了增值标准。这些作业包括：材料使用、采购和检测。每种作业的增值产出水平、它们的实际达到水平和标准价格如下所示：

作业	作业动因	SQ	AQ	SP
使用木材	木板长度（英尺）	24 000	30 000	$ 10
采购	采购订单	800	1 000	50
检测	检测时间（小时）	0	4 000	12

假定材料使用和采购成本相当于弹性资源（在需要时取得），检测使用的资源按2 000小时的批量或幅度取得。实际支付的价格等于标准价格。

要求:

（1）假定持续改进努力使这一年降低了30%的检测需求（实际作业利用下降30%）。其为检测作业计算作业数量和空余产能差异。请解释它们的含义。还要解释为什么其他两种作业没有作业数量或者空余产能差异。

（2）请编制详细说明增值成本和非增值成本的成本报告。

（3）假使公司想在下一年将所有的非增值成本降低30%。请制定可以用来衡量企业达到这一标准的进度的持续改进标准。这些措施能够减少多少资源耗费?

解答:

（1）

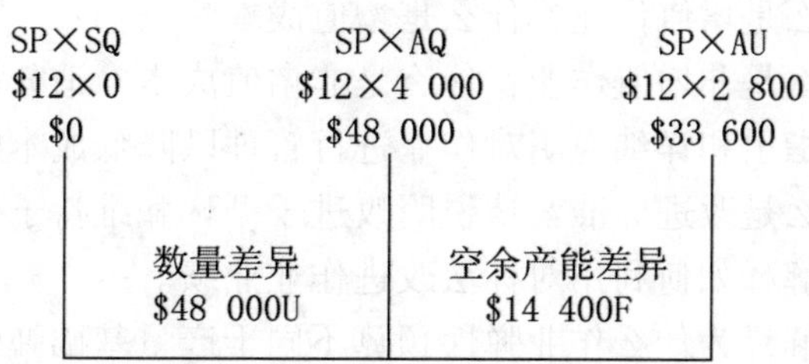

作业数量差异是非增值成本。空余产能差异计量未利用作业产能的成本。其他两种作业没有数量差异或者产能差异，因为它们只使用弹性资源，没有在使用前就取得了的产能，从而不可能有空余产能差异或数量差异。

（2）

	成本（$）		
	增值成本	非增值成本	合计
使用木材	$ 240 000	$ 60 000	$ 300 000
采购	40 000	10 000	50 000
检测	0	48 000	48 000
合计	$ 280 000	$ 118 000	$ 398 000

（3）

	改善标准	
	数量	成本
使用木材	28 200	$ 282 000
采购	940	47 000
检测	2 800	33 600

如果达到标准，那么可实现的节约如下：

材料：	$ 10×1 800	=	$ 18 000
采购：	$ 50×60	=	3 000
节约			$ 21 000

检测作业的资源支出没有降低，因为检测资源必须以 2 000 小时的幅度购买，而且只有 1 200 小时的节约，必须再节约 800 个小时才有可能降低检查作业的资源支出。空余产能差异必须达到 24 000 美元，才可降低资源支出。

问题讨论

12.1　作业管理模型的两个维度分别是什么？它们有什么区别？

12.2　什么是动因分析？它在流程价值分析中发挥什么作用？

12.3　什么是作业分析？为什么这种方法与持续改进的目标是一致的？

12.4　什么是增值作业？什么是增值成本？

12.5　什么是非增值作业？什么是非增值成本？请分别举出一个例子。

12.6　请指出和详细说明对作业进行管理以降低成本的四种不同方法。

12.7　什么是改进标准？请说明改进子循环和维持子循环。

12.8　请解释如何利用对标法改进作业业绩。

12.9　请解释为什么作业弹性预算不同于产量基础弹性预算。

12.10　在实施作业管理（ABM）系统时，对方案有什么需要考虑的地方？

12.11　请解释为什么一项具体的任务描述需要应用 ABM 而不是 ABC。

12.12　请举出一些理由说明为什么 ABM 实施的过程中可能会失去高层管理者的支持。

12.13　请解释 ABM 系统缺乏一体化时会如何导致其失败。

12.14　请描述财务基础的责任会计系统。

12.15　描述作业基础的责任会计系统，它与财务基础的责任会计有什么不同之处？

习题

12.1　作业基础的弹性预算

Foy 公司有一项焊接作业，公司希望为这项作业建立一个弹性预算方程。作业需要耗费的资源如下所示：

a. 4 台焊接机，每台焊接机的租赁价格为 12 000 美元/年

b. 6 名焊接职工，每名职工的薪酬为 50 000 美元/年（6 名工人提供的总焊接小时为 9 000 小时）

c. 焊接用品：300 美元/订单

d. 焊接小时：每个订单需要耗费 3 个小时

在这一年度中，作业使用量为最大使用量的 90%，发生的实际作业成本和资源成本为：

a. 租赁成本：＄48 000

b. 薪酬：＄315 000

c. 零件：＄805 000

要求：

1. 请为这项焊接作业编制弹性预算方程，以焊接小时作为作业动因。

2. 请为这项焊接作业编制业绩报告。

3. 假设焊接工作采取外包，支付 30 美元/小时（焊接设备由 Foy 提供）。请在外包的情况下重复要求 1。

12.2　ABC 和 ABM

Harvey 公司生产两种型号的搅拌器：“超级型”（定价为 400 美元）和“特殊型”（定价为 200 美元）。最近，由于竞争者以更低的价格供应相同质量和性能的搅拌器，Harvey 公司在特殊型搅拌器上失去了一部分市场份额。一份详细的市场调查显示，如果 Harvey 公司能够将特殊型搅拌器的价格降低至 180 美元，那么它将重新获得与以前相同的市场份额。然而，管理层认为任何的价格降低都要伴随着降低相同额度的成本，因此单位产品的盈利能力不会受影响。Earl Wise 是公司的管理者，指出不准确的成本分配会扭曲管理层对每项产品成本的观点，具有知道如何定价的能力。Earl 确定了以下制造费用作业：机械加工、检测、重新加工。这三项作业的成本，实际产能如下所示：

作业	成本	实际产能
机械加工	$ 5 400 000	90 000 机器小时
检测	3 600 000	45 000 检测小时
重新加工	1 800 000	45 000 重加工小时

两种产品的消耗模式如下所示：

	特殊型	超级型
产量	100 000	30 000
机器小时	50 000	40 000
检测小时	10 000	35 000
重加工小时	7 500	37 500

Harvey 公司根据机器小时，使用工厂制造费用分配率将制造费用分配至两种产品。

要求：

（1）请使用机器小时来分配制造费用，计算特殊型搅拌器的单位制造费用。现在，使用 ABC 法重新计算分配的成本。ABC 法是否提高了成本分配的准确性，解决了 Harvey 公司的竞争问题？它揭示了什么？

（2）现在，假设除了要提高成本分配的准确性之外，Earl 发现有缺陷的供应商是检测和重新加工的根源。假设 Harvey 公司发现了一家提供质量更好的零件的新的供应商，检测和重新加工的成本都减少了 50%。现在，请使用 ABC 法计算特殊型搅拌器的成本（假设检测和重新加工的时间也减少了 50%）。相关的消耗模型保持不变，请评论 ABC 法和 ABM 法的不同之处。

12.3　作业管理的实施

Jane Erickson 是电子部门的经理，她对最近报告的关于部门作业基础管理实施计划的结果感到不满意。首先，这个计划花费了超过计划 8 个月的时间，并且超过了预算 35%。更让人烦恼的是所有的事都做完后的事实，3/4 的车间报告说大部分产品其作业基础的产品成本与使用旧成本系统计算出来的成本并没有很大的不同。车间管理者表示他们会继续使用旧成本系统，因为它更容易计算和理解。然而，他们同时也在抱怨对付竞争者的报价很困难。可靠的消息说明部门的产品成本高于竞争对手的成本。这个结果使部门经理很困惑，因为他们的控制系统仍显示部门的直接材料和人工都有着有利的效率差异。他们抱怨 ABM 在显著提高成本效益上是失败的。

Jane 决定去几个车间进行考察，并与车间管理者进行交谈。在进行观察后，她发现车间管理者并没有理解非增值成本的概念，他们也没有很好地领会改进成本制的概念。他们并没有仔细思考得到的作业信息。最典型的是，一个车间管理者摊开他的手说道：“数据太多了，我为什么要在意这些细节？我看不到这些会如何帮助我来提高我车间的业绩。他们告诉我检测是不必要的作业，它并不会产生增值。我简直不能相信检测不是增值的和必要的。如果我们不进行检测，我们将会生产和运输更多的次品给顾客。”

要求：请解释为什么 Jane 的部门在实施 ABM 时遇到了问题。

12.4 财务基础的和作业基础的责任会计

下面的每种情况都叙述了分别标以 A 和 B 的两个场景。选出哪一个是描述适合作业基础的责任会计的环境，哪一个是描述适合财务基础的责任会计的环境？请简短地评论每组描述所说明的系统的区别，指出作业基础观点相对于财务基础观点的优势所在。

情况 1

A：采购经理、接收经理和应付账款经理被授予共同的采购责任。给予这些经理的责任是降低取得材料的成本、缩短从外部供应商处取得材料的时间和减少采购错误的次数（例如，采购材料种类错误或采购数量错误）。

B：工厂经理命令打磨部门的经理提高该部门的机器利用率，并且不要超出部门预算。然后，他又要求其他部门经理努力实现类似的效率改进。

情况 2

A：交货错误已经降低了 70%，每年节约 40 000 美元。而且，交付商品到顾客的时间已经减少了两天。根据公司政策，对这项节约做出贡献的团队被给予由改进交货效率而产生节约的 25% 作为奖金。公司政策还对每节约一天交货时间为员工增加工资 1%。

B：产品开发部门的经理 Bill Johnson 对他所主管部门的最后一个季度的项目业绩很满意。他们已经努力按预算完成了所有项目，这实际上可以确保 Bill 获得很丰厚的奖金，恰好可以用于本年圣诞节的采购。

情况 3

A：“Harvey，不用担心你们部门只利用了 70% 的能力。增加你们的产出只会增加下一个生产部门的存货。从组织整体来说，将会产生巨大成本。有时某个部门必须降低它的业绩，以使整个组织的业绩能够得以改进。”

B：“Susan，我很关心你们部门的情况，你们部门的预计指标实际已经比上个季度降低了。人工效率差异是不利的，我还注意到你们的机器利用率也降下来了。现在，我虽然知道你们并不是一个瓶颈部门，但是如果我的上司效率评价下降，我会受到很多谴责。”

情况 4

A：Colby 正在自言自语。他刚收到上季度的预算业绩报告。他的材料和人工支出再次超过了预算。现在真正的问题是怎么改进下一季度的业绩。

B：太好了！生产周期已经缩短，同时，次品数量已经减少了 35%。次品的减少使生产成本的降低额大于计划降低额。三个业绩指标的趋势都是有利的。

情况 5

A：Cambry 很愤怒。一个全面的预算削减！“他们怎么能够期望我用较少的钱提供必需的计算机服务呢？管理层确信成本超出控制，但是我很想知道是在哪里，至少在我的部门内！”

B：对应付账款部门进行了仔细的研究后，发现一个负责应付账款的员工 80% 的时间花在解决采购订单、验收单和供货发票之间的差异上。其他作业，如记录和编制对账单只花费了一个员工时间的20%。供应流程的重新设计实际上消除了所有的浪费，产生了巨大的成本节约。

情况6

A：5年以前，Breeann产品公司的管理层委托一个外部的工程咨询公司实施时间-动作研究，以建立人工效率标准，在生产中使用。这些人工效率标准现在仍在使用，被管理层视为生产效率的一个重要标准。

B：Janet对这个季度的人工业绩相当满意。与上年的同一季度相比，人工生产率增加了23%。大部分增加是由于采用了一种由生产工人建议的新的装配方法。她还很高兴地注意到材料产出率也提高了。材料产出率的提高是由于质量改进导致废品减少。

情况7

A："系统将材料加工成产品，工作地点没有工人。因此，流程效率比人工效率更重要，但是我们还必须特别注意那些使用我们的产品的人，不管他们是在企业内部，还是在企业外部。"

B："我相当高兴看到上年的收入增加了15%，尤其是我们的预算仅要求10%的增加。然而，在最近看到的一份关于我们行业的杂志后，我现在怀疑我们是否做得很好。我发现市场已经扩展了30%，我们的竞争对手的销售收入提高了40%。"

第 13 章　平衡计分卡：基于战略的控制

学习本章之后，您可以：

①比较和对比以作业为基础的和以战略为基础的责任会计系统。

②说明平衡计分卡的基本特点。

③解释平衡计分卡如何将行动措施与战略联系起来。

④描述一个组织如何实现战略联盟。

许多公司都在快速变化的环境中运营。产品和流程被不断地重新设计和改进，并且总是存在强劲的国内外竞争对手。竞争性环境要求公司提供定制产品和服务以满足多样化的顾客群。反过来，这意味着企业必须找到符合成本效益原则的方法来生产小批量而多样化的产品。这通常意味着需要更多地关注公司与其供应商和客户之间的联系，以实现改进成本、质量和价值链中各方反应时间等目标。此外，对于许多行业而言，产品生命周期正在萎缩，对创新的需求提出了更高要求。因此，在一个充满活力、快速变化的环境中运营的组织会发现，适应和改变对于生存来说至关重要。在第 12 章中，我们学习了作业管理法，其中描述了运营公司的基本经济学，从而使管理者能更好地理解成本的动因。反过来，理解成本的根源可使管理者通过不断改进流程而更有效地提高业绩。

作业管理法也产生了新式的责任会计，以更好适应由于强烈的竞争条件和动态变化而需要持续改进的环境。回想一下，责任会计模式是由以下四个基本要素来界定的：a. 分配责任；b. 建立业绩评价指标或标准；c. 业绩评价；d. 分配报酬。传统的或以财务为基础的责任会计模型强调组织单位的财务业绩，并使用静态的财务导向的标准来评价和奖励业绩（比如，预算和标准成本法）。虽然这个模型对于在一个希望强调维持现状的稳定环境中运营的公司而言是有效的，但它显然不适用于处于变动环境下、需要持续改进的公司。基于这一原因，以作业为基础的责任会计就产生了（第 12 章详细介绍了这两种模型的区别）。然而，尽管以作业为基础的责任会计是一个显著的进步，但是它很快就由于受到一些限制而流于形式。这就导致了以战略为基础的责任会计的发展，也就是这一章的主题。

13.1　以作业为基础的和以战略为基础的责任会计

以作业为基础的责任会计体现出责任如何进行分配、计量和评价等方面的重大变革。重要的一点是，作业系统在以职能为基础的责任会计系统的财务视角基础上增加了流程视角。流程展现了一个组织是如何运行的；因此，任何改进组织业绩的努力都要涉及改进流程。它还通过从维持现状来进行成本控制到通过持续学习和变革以降低成本的观点转变，改变了财务视角。这样，责任会计就从一维系统变成两维系统，从控制系统变成业绩管理系统。尽管这些变革是巨大的，而且方向正确，但是很快我们也发现这种新方法也有一些局限性。它的最大缺陷是：持续改进的努力经常是混乱的，不成体系，不能与组织的总体使命和战略结合起来。它缺乏一个导航系统，结果导致持续改进方向不明、没有目标。因此，预期的竞争优势时常不能变为现实。

企业需要的是*方向明确的*持续改进。然而，一个正式的持续改进指导系统意味着组织的管理者需要仔细地为他们的组织制定使命和战略，确定完成总体使命和战略所必要的目标、业绩评价指标和措施。换句话说，以战略为基础的责任会计是责任会计进化的下一阶段。**一个以战略为基础的责任会计系统（以战略为基础的业绩管理系统）**［strategic-based reasonability accounting system（strategic-based performance management system）］将组织使命转化为运营目标和评价指标。一个以战略为基础的业绩管理系统可以呈现出不同形态，最常见的就是平衡计分卡。**平衡计分卡**（Balanced Scorecard）作为以战略为基础的业绩管理系统，通常从四个不同视角确定经营目标和评价指标：财务视角、顾客视角、流程视角，以及学习与成长视角。

平衡计分卡将公司战略转换为可以在整个组织部署、具有可操作性的活动。平衡计分卡方法已经在美国和整个世界迅速蔓延开来。Bain & Company 对广大国际高管的调查表明，在 2010 年，47% 的受访企业使用了平衡计分卡，并预计在 2011 年使用的企业为 63%。因为它的广泛应用和普及，我们将集中讨论平衡计分卡下的业绩管理。本章将先通过比较以作业为基础的责任会计和平衡计分卡的具体责任要素来概述平衡计分卡，其余部分将阐述平衡计分卡中更具体的细节。

13.1.1 分配责任

图表 13-1 揭示出以战略为基础的责任会计系统通过把责任与战略捆绑在一起而（给企业）添加了改进的方向。它仍保留了以作业为基础的系统的流程与财务视角，但是增加了顾客以及学习与成长（基础能力）视角，将责任维度的数量增加到 4 个。尽管可以增加更多的视角，但是这四个视角对创造竞争优势和便于管理者详细说明与传达组织的使命和战略来说，是最基本的。只有那些有助于发现企业竞争优势的潜在来源的视角才能被包括进来。这就留下了扩展视角数量的可能性。请注意，这两个增加的视角考虑了顾客和员工的利益，而这些利益在以作业为基础的责任会计系统中没有充分予以考虑。另一个区别是平衡计分卡将责任的视角扩散到整个组织。在理想的情况下，组织中所有的个体都必须了解组织战略，知道他们的具体责任是如何帮助组织实现战略的。这种扩散的关键是对业绩评价指标进行适当和谨慎的界定。

图表 13-1　**责任分配的比较**

以作业为基础的责任	以战略为基础的责任
a. 不联系战略	a. 联系战略
b. 系统效率	b. 系统效率
c. 团队责任感	c. 团队责任感
d. 财务视角	d. 财务视角
e. 流程视角	e. 流程视角
	f. 顾客视角
	g. 学习与成长视角

13.1.2 建立业绩评价指标

图表 13-2 揭示了以战略为基础的方法保留了以作业为基础的系统中的财务和流

程导向的标准，其中包括增值和动态标准的概念。以战略为基础的方法不但没有抛弃任何在作业方法中形成的先进性思想，而且对其进行了一些重要的改进。在以战略为基础的责任会计系统中，必须对业绩评价指标进行整合，以使它们相互一致和相互促进。实际上，业绩评价指标应该慎重设计以表述并传达组织的战略及目标。只有通过将组织的战略转化为可以理解、传达并付诸实施的目标与评价指标，才可能实现个人与组织目标及措施之间的更为彻底的整合。因此，业绩评价指标必须综合平衡并与组织的战略相联系。

图表 13-2　　　　**业绩评价指标比较**

以作业为基础的评价指标	以战略为基础的评价指标
a. 流程导向和财务标准	a. 针对所有四个视角的标准
b. 增值标准	b. 用于传达战略
c. 动态标准	c. 用于协调目标
d. 最优标准	d. 与战略和目标相联系
	e. 平衡的评价指标

对一个具有平衡的评价指标体系的公司来说，选择评价指标时要在*滞后评价指标*和*先导评价指标*之间、*客观评价指标*和*主观评价指标*之间、*财务评价指标*和*非财务评价指标*之间、*外部评价指标*和*内部评价指标*之间进行平衡。**滞后评价指标**（lag measures）是结果评价指标，计量过去努力的结果（比如，顾客盈利性）。**先导评价指标**（lead measures）（**业绩动因**（performance drivers））是驱动未来业绩的因素（比如，员工培训耗时）。**客观评价指标**（objective measures）是那些很容易量化和验证的评价指标（比如，市场份额），而**主观评价指标**（subjective measures）则是那些在本质上不易量化、需要更多判断的评价指标（比如，员工能力）。**财务评价指标**（financial measures）是以货币形式表示的评价指标，而**非财务评价指标**（nonfinancial measures）是用非货币单位计量的评价指标（比如，单位成本和不满意顾客的数量）。**外部评价指标**（external measures）是与顾客和股东相关的评价指标（比如，顾客满意度和投资回报率）。**内部评价指标**（internal measures）是那些与为顾客和股东创造价值的流程和能力相关的评价指标（比如，流程效率和员工满意度）。

由于需要建立一种与战略更紧密的联系，战略业绩管理系统使用多种不同的评价指标。在传统的、以财务为基础的责任模型下，业绩评价指标大多为财务方面的，因此几乎都是滞后评价指标。财务评价指标和滞后评价指标不足以联系到战略中来。许多战略目标实际上是非财务的，需要使用非财务评价指标去促进和衡量提升的程度。比如，增加客户忠诚度是一个主要的战略目标，它会导致收入和利润的增加。然而，如何衡量客户忠诚度呢？追加订单的数量是一个可行性较高的评价指标，并且是一个非财务评价指标。但是，哪些是客户忠诚度的动因呢？提高的产品质量、提高发货的准时性，或者两者都是？这些关键的成功因素如何测量？次品的比率和准时交货的比例就很好。显然，为了表现战略目标之间所需的联系，非财务评价指标是必要的。

先导评价指标的概念也很重要。先导评价指标，根据其定义，是一个与战略有因果联系的评价指标。比如，如果次品的数量减少，那么客户忠诚度实际上会增加吗？

如果追加订单的数量增加，那么收入和利润实际上会增加吗？如果假设存在因果关系，但实际上又不存在，那么就可能造成高成本。比如，施乐（Xerox）认为增加客户满意度会提高财务业绩。然后该公司花费数百万美元调查和估算客户满意度，但结果却发现增加客户满意度并不能提高财务业绩。事实证明，一个顾客忠诚度评价指标对提升财务业绩而言只是一个正确的先导评价指标。

最后，应该指出的是，通过语言措施来沟通组织的战略要求（考虑）范围性和灵活性。范围性意味着内部和外部评价指标都是必要的。灵活性体现在考虑到了主观和客观评价指标以及非财务评价指标。一个平衡计分卡通过一系列综合的、可预测的和历史的并且可以主观或客观地测量的财务和非财务评价指标，完整地表述了一个公司战略。

13.1.3 业绩计量和评价

在以作业为基础的责任系统下，业绩评价指标是具有流程导向的。因此，业绩评价专注于流程特征的改进，比如时间、质量和效率。改进流程的财务结果也可进行计量，通常以所实现的成本降低来表示。因此，应将财务视角包括在内。战略业绩管理系统将这些评价方法扩展到包括顾客以及学习与成长的视角，还有更综合的财务视角。组织必须对各事项进行业绩评价，如客户满意度、客户维系、员工能力以及来自新顾客和新产品的收入增长。不过，关键的区别在于，它比仅仅扩大要评价指标的数量和类型更为深刻。图表13-3总结了以作业为基础的和以战略为基础的方法的业绩评价的比较。

图表13-3　　**业绩评价的比较：以作业为基础的VS以战略为基础的**

以作业为基础的业绩评价	以战略为基础的业绩评价
a. 减少工时	a. 减少工时
b. 提升质量	b. 提升质量
c. 成本降低	c. 成本降低
d. 趋势评价	d. 趋势评价
	e. 最优方法的扩展
	f. 所有四个视角的弹性目标

平衡计分卡框架下的业绩评价充分考虑了组织战略的有效性和可行性。而且，平衡计分卡方法可用于推动组织变化，而大多数的变化重点是通过业绩评价来表述的。这是通过为各个视角的单个业绩评价指标建立弹性目标来沟通的。**弹性目标**（stretch targets）是指在一定水平上设立的目标，如果实现这个目标，它将在三到五年的时间内改变组织（的状态）。一定期间的业绩是通过比较各评价指标的实际值与目标值来评价的。两个关键特性使弹性目标切实可行：（a）评价指标通过因果关系联系起来；（b）由于这一关系，这些目标不是单独设立的，而是由组织内各方达成一致的。图表13-4表明了两个系统的奖励方法极其相似，并且差异只表现在被评价维度的数量上。

图表 13-4 **奖励比较**

以作业为基础的奖励	以战略为基础的奖励
a. 两个或以上维度的业绩评价	a. 四个或以上维度的业绩评价
b. 集体奖励	b. 集体奖励
c. 加薪	c. 加薪
d. 升职	d. 升职
e. 奖金、分红和收入分成	e. 奖金、分红和收入分成

13.1.4 分配报酬

任何业绩管理系统要想取得成功，就必须将其奖励系统与业绩评价指标联系起来。以作业为基础的和以战略为基础的系统都使用相同的财务手段来奖励那些完成了预定业绩目标的员工。这两个系统和传统控制系统之间最大的区别在于，奖励的基础不仅仅是财务评价指标（还有非财务评价指标）。在平衡计分卡下，必须都考虑业绩的四个维度，而不只是考虑以作业为基础的业绩系统中的两个维度。一个组织不太可能获得平衡计分卡评价指标所需的支持，除非其补贴与计分卡评价指标捆绑在一起。但这两个系统都要面对团队奖励这个棘手的问题。

13.2 平衡计分卡：基本概念

平衡计分卡允许一个组织通过将组织战略转化为四个不同视角的具体目标和业绩评价指标，来建立一个战略重点。这四个视角是：财务视角、顾客视角、内部业务流程视角和学习与成长（基础能力）视角。平衡计分卡是一种可以有效执行和管理公司战略的方法。许多公司都将它们最近财务上的成功归功于这一战略业绩管理系统。

13.2.1 战略转化

根据平衡计分卡的发明者的界定，**战略**(strategy) 是：

选择企业打算服务的细分市场和顾客，识别企业在目标市场上能更好地为顾客创造有价值的商品所必须执行的关键内部业务流程，选定实现内部（流程）、顾客和财务目标所需的个人和组织。

战略指明了管理层所期望的四个视角之间的关系。另一方面，*战略转化*是指明确四个视角的目标、评价指标、目标值和措施。图表 13-5 说明了战略转化的过程。比如，以希望实现收入增长战略的公司为例。对于财务视角，公司可以规定一个通过引进新产品来增加收入的目标。*业绩评价指标*是新产品销售收入占总收入的百分比。下一年该评价指标的*目标值*或*标准*是 20%（即下一年总收入的 20% 必须来自新产品的销售）。(所采取的) *措施*则描述了这是*如何*实现的。当然，“如何实现”涉及其他三个视角。现在，必须识别实现收入增加目标所需要的目标顾客、内部流程以及个人和组织能力。它说明这样一个事实：财务目标是其他三个视角的目标、评价指标和措施所关注的焦点。这也说明了仔细界定四个视角之间的关系的必要，这样才会使策略变得有可见性和可操作性。然而，在研究这些因果关系应如何界定与实施策略之前，我们需要先更好地理解四个视角以及它们的目标和评价指标。

图表 13-5　　战略转化过程

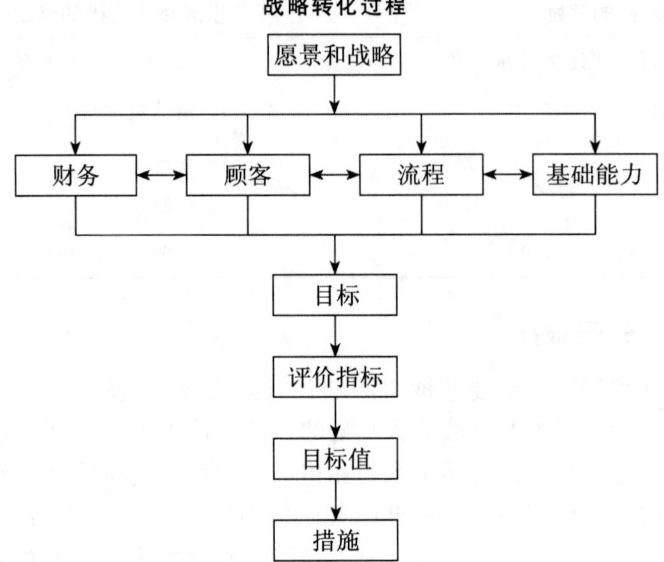

13.2.2　财务视角、目标和评价指标

财务视角(financial perspective) 建立了组织战略所希望的长期和短期财务业绩目标，同时描述了其他三个视角所引致行动的经济后果。这表明，应该选择其他三个视角的目标和评价指标，以使它们能导致或带来期望的财务结果。财务视角有三个战略主题：收入增长、成本降低和资产利用。这三个主题成为构建具体的经营目标和评价指标体系的基石。当然，这三个主题都服从管理者对风险管理的需求。

(1) 收入增长

实现收入增长的方法有好几种，而潜在的战略目标正反映了这些可能性。这些目标包括：增加新产品的数量，为现有产品开发新用途，开发新顾客和市场，采用新的定价策略。一旦确定了经营目标，就可以设计业绩评价指标。比如，对于前面列出的几个目标，它们的可利用评价指标（按给定的顺序）分别是新产品销售收入百分比，现有产品新用途增加收入的百分比，来自新顾客和新市场的收入所占百分比，以及产品或顾客的盈利性。

(2) 成本降低

成本降低的目标包括，降低单位产品成本，降低每个顾客或每个分销渠道的成本等。显然，针对这些目标，适当的评价指标是：特定成本对象的单位成本。这些评价指标的趋势将会说明成本是否正在降低。对于这些目标来说，成本分配的准确性尤其重要。在此，以作业为基础的成本法可以发挥重要的计量作用，对于那些通常不分配到顾客或分销渠道等成本对象的成本——销售和管理费用，尤为如此。

(3) 资产利用

提高资产利用效率是主要的目标。财务评价指标，如投资回报率和经济附加值，都可以使用。因为投资回报率和经济附加值评价指标在第 10 章详细讨论过，所以在此不再讨论。图表 13-6 概括了财务视角的目标和评价指标。

图表 13-6 **目标和评价指标的总结：财务视角**

目标	评价指标
收入增长：	
增加新产品的数量	新产品销售收入百分比
开发现有产品的新用途	产品新用途收入百分比
开发新顾客和新市场	新来源收入百分比
采用新的定价战略	产品和顾客的盈利性
成本降低：	
降低单位产品成本	单位产品成本
降低单位顾客成本	单位顾客成本
降低分销渠道成本	每分销渠道成本
资产利用：	
提高资产利用效果	投资回报率 经济附加值

（4）风险管理

与适用战略相关的风险管理是另一个关键的战略主题——一个对于已经讨论过的三个战略财务主题都很常见的主题。顾客类型、生产线和供应商的多样化都是降低风险常见的手段。购买一个供应商的原材料或许可以降低成本，但是如果供应商发生一些状况（比如，罢工），这也可能危及公司的产量。同样地，依靠一个非常大的客户群可能会增加收入——但是如果顾客决定在其他地方购买产品会出现什么情况呢？因此，任何的战略措施都要通过对相关风险的谨慎考虑来进行平衡。

13.2.3 顾客视角、目标和评价指标

顾客视角(customer perspective）是指明确和选择公司意欲参与竞争的目标顾客和市场。顾客视角是财务目标中收入部分的来源。不能向目标顾客提供适当的产品和服务意味着不会产生收入。

（1）核心目标和评价指标

一旦确定了目标顾客，就可确定*核心目标和评价指标*。**核心目标和评价指标**(core objectives and measures）是指那些在整个组织都通用的目标和评价指标。关键的核心目标有五个：增加市场份额、提高顾客保留率、增加顾客认知度、增加顾客满意度以及增加顾客盈利性。相应地，适用于这些目标的核心评价指标是市场份额（占市场百分比）、现有顾客业务增长率和顾客回头率、新顾客的数量、顾客满意度调查的等级，以及单个顾客和顾客群的盈利性。作业成本法是评价顾客盈利性的一个重要工具（见第 11 章）。请注意，顾客盈利性是这些核心评价指标中的唯一财务评价指标。不过，这个评价指标很关键，因为它强调恰当的顾客的重要性。如果他们不能带来利润，那么拥有这些顾客对企业又有什么用？对此问题，显而易见的解决办法是分清受顾客关注和受顾客钟爱的区别。

（2）顾客价值

除了核心目标和评价指标，顾客视角还需要包括驱动顾客价值，从而驱动核心结

果的评价指标。比如，增加顾客价值，以建立顾客忠诚度（增加保留率）和增加顾客满意度。**顾客价值**(customer value）是所实现价值和所牺牲价值之间的差额，其中价值实现是顾客收到的价值，而价值牺牲是顾客奉献的成本。顾客价值实现包括产品功能（特性)、产品质量、交货的可靠性、交货反应时间、形象和声誉。顾客价值牺牲包括产品价格、学习成本、维护成本和处置成本。顾客购买商品后发生的成本叫做**购后成本**(post-purchase costs)。

与顾客价值实现和价值牺牲有关的属性为那些可以导致增加核心产出的目标和评价指标提供了一个评价基础。关于降低顾客价值牺牲的目标最简单：降低产品价格和降低产品购后成本。销售价格和购后成本是重要的价值创造评价指标。降低顾客的这些成本就会减少顾客价值牺牲，从而增加顾客价值。增加顾客价值会对大多数核心目标产生有利影响。增加顾客价值实现会产生类似的有利影响。比如，与提高顾客价值实现相关的目标应包括以下几类：改进产品功能、提高产品质量、增加交货可靠性、改进产品形象和声誉等。这些目标可以使用的评价指标分别是：产品特性满意率、产品退回率、准时交货率和产品认知率。下面从这些目标和评价指标中，选择交货可靠性指标，来解释评价指标如何影响管理行为，以说明谨慎选择和使用业绩评价指标的必要性。

交货可靠性是指准时交付产品。准时交付是一个普遍使用的评价交货可靠性的操作评价指标。为了计量准时交货，企业可以规定交货日期，然后用交货总订单数去除准时交货订单数，以此评价准时交货能力。当然，目标是达到100%的准时交货率。然而，这个评价指标的使用本身可能会导致不利的行为结果，尤其是在同时存在未误期订单和已误期订单的情况下，工厂经理会选择优先满足还未误期的订单。这个业绩评价指标鼓励经理宁可让一个订单发货非常迟，也不能让几个订单的发货都比较延迟！编制一个表，将误期发货的订单按延误期限长短进行分类，可能有助于减轻这个问题。图表13-7总结了顾客视角的目标和评价指标。

图表13-7　**目标和评价指标的总结：顾客视角**

目标	评价指标
核心：	
增加市场份额	市场份额（占市场百分比）
提高顾客保留率	现有顾客业务增长率
	顾客回头率
增加顾客认知度	新顾客数量
增加顾客满意度	顾客调查的等级
增加顾客盈利性	顾客盈利性
顾客价值：	
降低产品销售价格	产品销售价格
降低购后成本	购后成本
改进产品功能	顾客调查的等级
提高产品质量	退货率
增加交货可靠性	准时交货百分比
	误期订单列表
提高产品形象和声誉	顾客调查的等级

13.2.4 流程视角、目标和评价指标

内部业务流程视角(internal business process perspective) 描述了为顾客和所有者提高价值所需的内部流程。流程是执行战略的手段。因此，流程视角要求识别实现顾客和股东满意度所必需的关键流程。为了给该视角提供一个分析框架，需要对流程价值链进行界定。**流程价值链**(process value chain) 是由三个流程组成：开发流程、经营流程和售后流程。**开发流程**(innovation process) 预测顾客现有的和潜在的需求，创造新产品和服务以满足这些需求。它代表了*长期的*价值创造。**经营流程**(operations process) 为顾客生产和交付*现有的*产品与服务。它开始于顾客订单，结束于产品和服务的交付。它是*短期的*价值创造。**售后服务流程**(post-sales service process) 在产品或服务交付以后，为顾客提供必需的、反应迅速的服务。

(1) 开发流程：目标和评价指标

开发流程的目标包括：增加新产品的数量，增加专利产品收入百分比，以及减少开发周期。相关的评价指标有实际新增产品与计划产品的比较、新产品所获收入百分比、专利产品收入百分比和开发周期（新产品上市时间)。

(2) 经营流程：目标和评价指标

有三个几乎总是被提到和强调的目标：提高流程质量、提高流程效率和缩短流程时间。流程质量评价指标包括：质量成本、有效产出率（有效产出/有效投入）和合格品率（有效产出/总产出)。对质量成本的计量和控制将在第 14 章进行深入讨论。流程效率评价指标主要涉及流程成本和流程生产率。作业成本法和流程价值分析为计量和追踪流程成本提供了便利。这些问题在本章前面部分（第 12 章）讨论作业管理时已深入地进行了探讨。生产率的评价在第 15 章探讨。常见的流程时间评价指标是指生产周期、生产速度和生产循环效率（MCE)。

(3) 生产周期和生产速度

公司对顾客订单做出反应的时间叫做*响应度*。*生产周期*和*生产速度*是响应度的两个操作性评价指标。**生产周期（生产）**（cycle time（manufacturing)）是指从收到原材料时起（周期的起点）直到产品转交产成品库存（周期的终点）为止，生产一件产品所耗用的时间。因此，生产周期是生产一件产品所需要的时间（时间/产量)。**生产速度**(velocity) 是在单位时间内能够生产产品的数量（产量/时间)。尽管生产周期被界定为经营流程，但它也可以类似的方式界定为开发和售后服务流程。比如，花费多长时间去开发新产品并推向市场？或者，需要多长时间去解决顾客投诉（从开始到结束)？

可以利用激励机制去鼓励经营经理缩短生产周期或提高生产速度，从而改进准时交付产品的能力。实现这个目标的一个很普通的方法是将生产成本与生产周期联系起来。比如，在一个实施 JIT 的企业，单元流程成本按一个产品通过该单元的时间分配到产品。根据某一期间内理论上可利用的生产时间（用分钟表示)，可以计算出每分钟增值标准成本。

每分钟增值标准成本 = 单元流程成本/可利用时间

要计算单位产品流程成本，用每分钟增值标准成本乘以该期间内生产产品的

实际生产周期，就可得出结果。通过比较根据实际生产周期计算的单位产品成本与根据理论或最优生产周期计算的单位产品成本，管理者就可评价改进的潜力有多大。请注意，一个产品通过单元的时间越长，单位生产成本越高。为了激励降低产品成本，这种产品成本计算方法可以鼓励经营经理和单位工人寻求缩短生产周期或提高生产速度的方法。基础 13.1 说明了生产周期和生产速度的概念。

基础 13.1：如何以及为何计算生产周期和生产速度

资料：

假定某公司的一个生产单位的数据如下：

理论生产速度：每小时 40 件

可利用的生产时间（每年）：1 200 000 分钟

全年流程成本：4 800 000 美元

实际生产速度：每小时 30 件

为什么：

生产周期（时间÷产量）和生产速度（产量÷时间）可以计量公司回应客户订单、客户投诉，以及新产品开发的所需时间。

要求：

a. 请使用生产周期时间和每分钟标准成本计算实际单位产品流程成本。

b. 请使用理论生产周期和每分钟标准成本计算理论单位产品流程成本。

c. **如果**实际生产速度是每小时 36 件，**结果会是怎样的？**单位产品的流程成本是多少？这一改进对交付产品能力有什么影响？

解答：

a. 实际生产周期＝60 分钟÷30 件＝2 分钟/件

（注意生产周期是生产速度的倒数）

每分钟标准成本＝＄4 800 000÷1 200 000＝＄4/分钟

单位产品流程成本＝＄4×2＝＄8/件

b. 理论生产周期＝60 分钟÷40 件＝1.5 分钟/件

单位产品流程成本＝＄4×1.5＝＄6/件

降低生产周期是其措施，因为它能减少单位成本。

c. 实际生产周期＝60 分钟÷36 件＝1.67 分钟/件

单位产品流程成本＝＄4×1.67＝＄6.68/件

公司应当更快地交付订单，提高交付产品的能力。

（4）生产循环效率（MCE）

另一个基于时间的经营评价指标是生产循环效率（MCE），其计算过程如下：

MCE＝流程时间÷（加工时间+搬运时间+检测时间+等待时间+其他不增值时间）

其中，加工时间是指将原材料加工成产成品所花费的时间。其他作业和它们花费的时间都被视为是浪费，管理目标就是要将这些时间减为零。如果实现了这一点，MCE 的值应该是 1.0。许多企业的 MCE 都小于 0.05。当改进 MCE（向 1.0 移动）

时，生产周期就可缩短，而且因为改进 MCE 的唯一方法就是减少浪费，所以其必然结果就是成本的降低。基础 13.2 进一步说明了 MCE 的含义。

基础 13.2：如何以及为何计算生产循环效率（MCE）

资料：

假定某公司的一个生产单位的数据如下：

理论生产速度：每小时 100 件

搬运时间：20 分钟

检测时间：15 分钟

返工时间：10 分钟

为什么：

MCE 可以计量增值流程所需生产周期的百分比。如果没有浪费，这个比例应该等于 1.0。

要求：

a. 请计算 MCE，评论其重要性。

b. 理论生产周期是多少？请使用实际和理论生产周期计算 MCE。

c. **如果**浪费减少了 1/3，**结果会是怎样的？**新的 MCE 是多少？新的生产周期呢？

解答：

a. 加工时间 = 60 分钟 − 20 分钟 − 15 分钟 − 10 分钟 = 15 分钟

MCE = 流程时间 ÷（加工时间 + 搬运时间 + 检测时间 + 返工时间）

= 15 ÷（15 + 20 + 15 + 10）

= 0.25

0.25 表明 75% 的生产周期被浪费了。

b. 理论生产周期 = 15 分钟 ÷ 100 件 = 0.15 分钟/件

实际生产周期 = 60 分钟 ÷ 100 件 = 0.60 分钟/件（包括理论生产周期加上浪费的时间）

MCE = 理论生产周期 ÷ 实际生产周期

= 0.15 ÷ 0.60 = 0.25

c. 新浪费的时间 =（2/3）×（20 分钟 + 15 分钟 + 10 分钟）

= 30 分钟

MCE = 15 ÷（15 + 30）= 0.33

（公司现在要花费 45 分钟去生产单位产品）

（5）售后服务流程：目标和评价指标

提高质量、提高效率以及缩短流程时间是售后服务流程的目标。比如，可用一次性解决问题比率，即通过一个服务电话就解决一个顾客请求的百分比，来衡量服务质量。可用成本趋势和生产率评价指标计量效率。可用起点（收到顾客请求时间）和终点（顾客问题解决时间）的周期计量流程时间。图表 13-8 对流程视角的目标和评价指标进行了总结。

图表 13-8　　**目标和评价指标的总结：流程视角**

目标	评价指标
开发：	
增加新产品的数量	实际新产品数量与计划数量之比
增加专利产品	专利产品收入百分比
缩短新产品开发时间	新产品上市时间（从开始到结束）
经营：	
提高产品质量	质量成本
	有效产出率
	次品率
提供流程效率	单位成本趋势
	产出/投入
缩短流程时间	生产周期和生产速度
	MCE
售后服务：	
改进服务质量	一次性解决问题比率
提高服务效率	成本趋势
	产出/投入
缩短服务时间	周期时间

13.2.5　学习与成长视角

学习与成长（基础能力）视角[learning and growth (infrastructure) perspective] 界定了组织长期发展和改进所需的能力。最后这个视角有三个主要促成因素：员工能力、信息系统能力和员工态度。员工能力包括技能、才能和知识。信息系统能力涉及数据、网络和技术基础设备及提供准确和及时的信息。员工态度包含激励、授权和合作（团队工作）。这些因素使得流程可以有效实施。学习与成长视角是其他三个视角的目标得以实现的源泉。该视角有三个主要目标：提高员工能力；增加激励、授权和合作；提高信息系统能力。

(1) 员工能力

员工能力的三种核心评价指标是员工满意度的等级、新员工百分比和员工生产率（比如，每个员工创造的收入）。关于员工能力的先导评价指标或业绩动因包括培训时间和适合战略性工作的员工比例（满足工作要求的员工百分比）。当产生新的流程时，经常需要新技术。培训和招聘是新技术的来源。而且，特定关键领域所需的、具备必备技术的员工百分比可反映组织实现其他三个视角目标的能力。

现实案例

比如，中国台湾的马偕纪念医院（Mackay Memorial Hospital）在提高员工研究、

教学和创新能力方面有独特的学习与成长视角。这一目标有两个具体的业绩评价指标：科学文献索引（SCI）的数量和科研项目的数量。因此，更具体的目标是增加SCI数量和科研项目的数量。从2003年到2005年，SCI数量从132篇增加到1 945篇，而科研项目的数量从46项增加到61项。

（2）激励、授权和合作

员工不仅必须具备必要的技术知识，还必须拥有有效地使用这些技术知识的自由、动机和积极性。每个员工提出建议的次数和每个员工的建议被采纳次数都可作为激励和授权的评价指标。每个员工提出的建议次数衡量员工参与的程度，而每个员工的建议被采纳次数反映员工参与的质量。第二个评价指标还可向员工表明他们的建议是否得到重视。

（3）信息系统能力

增加信息系统能力意味着向员工提供更准确、更及时的信息，使他们能够改进流程，并有效地执行新的流程。评价指标应该关注获取战略信息的难易程度。比如，可以使用如下评价指标：具有实时反馈能力的流程的百分比，以及通过在线获取顾客和产品数据来与顾客交流的员工百分比。图表13-9总结了学习与成长视角的目标和评价指标。

图表13-9　**目标和评价指标的总结：学习与成长视角**

目标	评价指标
提高员工能力	员工满意等级
	新员工百分比
	员工生产率（收入/员工人数）
	培训时间
增强激励和合作	适合战略性工作的员工比率（满足关键职位要求的员工百分比）
	每个员工提出建议的次数
提高信息系统能力	每个员工的建议被采纳的次数
	具有实时反馈能力的流程的百分比
	通过在线获取顾客和产品数据来与顾客交流的员工百分比

13.3　将评价指标与战略挂钩

平衡计分卡是具有特殊属性的关键业绩评价指标的集合。首先，业绩评价指标来自于公司的愿景、战略和目标。要将评价指标与战略挂钩，那么它们就必须源自战略。其次，应选择业绩评价指标以使结果评价指标和先导评价指标之间得以平衡。诸如利润率、投资回报率和市场份额等结果评价指标，对于大多数战略和组织而言是通用的，并且因此也是共同的（评价指标）。业绩动因导致了事情的发生；因此，先导评价指标是关于结果将如何实现的指示器。先导评价指标通常会将一个战略与另一个战略区分开来。因此，先导评价指标对于一个战略而言是唯一的，并且这种唯一性支持了那个意在将评价指标与战略挂钩的目标。第三，所有的计分卡评价指标都应通过因果关系而相互关联。

13.3.1 附有战略反馈的可检测性战略的概念

最后的一个要求——通过使用因果关系来连接的要求——是最重要的要求。因果关系是使先导指标和滞后指标相互整合，以同时用于表述和揭示公司战略的手段。结果评价指标很重要，因为它能反映战略是否被成功执行以及是否获得了预期的经济成果。先导评价指标可能会导致这样的后果。比如，如果次品数量下降（一个先导指标），那么这会带来更大的市场占有率（一个结果或者滞后指标）吗？更大的市场占有率（现在作为一个先导指标）会导致更高的收入和利润（滞后指标）吗？这些问题体现了因果关系在阐述一个战略的运作模式时的重要作用——这种战略可用可检测的形式来表述。实际上，一个**可检测性战略**(testable strategy）可以被界定为旨在达到一个整体目的的一系列相互联系的目标。战略的可检测性可以通过把战略重新阐述为一系列因果关系假设来完成，而这些假设一般用“如果……就……”的句式来表述。

也许，和因果关系结构相关联的最重要的一个信息就是战略的可行性是可以检测的。战略反馈可以被用以为管理者检测战略的合理性。比如，如果次品的数量下降，那么我们就可以预测市场占有率将会上升。如果（市场占有率）实际上并没有上升，那么就可能是由以下两个原因导致的：（a）实施问题；（b）无效的战略。首先，一个关键业绩评价指标(如次品数量）可能会没有达到目标水平（也就是说，次品数量的下降比计划中的下降目标要少)。在这种情况下，其他目标(如市场占有率和收入）没有达到期望的水平就可能仅仅是由于战略实施出现了问题。但另一方面，如果业绩动因达到了目标水平，而期望的结果却并没有实现，那么问题很可能就出现在战略本身。这是一个双环反馈的例子。**双环反馈**(double-loop feedback）是指这样的情况：管理者既能收到关于战略实施的效益性的信息，也能收到关于战略潜在假设的有效性的信息。在一个传统的业绩管理系统中，通常只会得到单环反馈。**单环反馈**(single-loop feedback）只强调战略实施的效益性。在单环反馈中，偏离计划结果的实际结果只是一个信号，它促使管理层采取改进措施来确保战略按计划执行。战略中潜在假设的正确性通常不会被怀疑。

双环反馈是战略学习的基础。在平衡计分卡框架中，战略学习是动态的而不是静态的。对假设进行检测，使得一旦部分战略出现不良迹象，那么实施调整与改变成为可能。比如，减少次品数量来提高产品质量可能并不会使市场占有率上升。如果其他所有的竞争者都在提高质量，那么正确的观念可能是：要想保持市场占有率就必须提高产品质量。提高市场占有率可能需要公司找到其他独特并创新的价值定位（如提供新产品)。

战略地图(strategy map）是一个生动地展现因果关系的有用工具，并且可将平衡计分卡战略与组织的经营活动联系在一起。战略地图简明地、形象化地展示了企业战略。战略地图描绘了企业的目标，并且展示了这些目标是如何同平衡计分卡的四个视角相互联系的。基础 13.3 说明了战略地图的绘制。

基础 13.3：如何以及为何绘制战略地图

资料：

以下是用“如果……就……”的句式来表述的价值增长战略：

a. 如果提高了员工技能并且再造了生产流程，那么生产周期就会缩短。

b. 如果生产周期缩短了，那么交货的可靠性就会提高并且流程成本也会减少。

c. 如果交货的可靠性提高了，那么就可以留住更多的顾客。

d. 如果留住了更多的顾客，那么市场份额就会增加。

e. 如果市场份额增加了，那么销售就会增加。

f. 如果销售增加了并且成本降低了，那么利润就会增长。

g. 如果利润增长了，那么股东价值就会增加。

为什么：

战略地图连接了四个视角目标之间的因果关系。这是可检测性平衡计分卡的一种简明的图形表示。未能达到预期的结果对于每个假设而言是由于执行不力或策略本身是无效的。

要求：

a. 请为被描述为一系列因果关系的增值战略编制战略地图。

b. 请解释一个业绩评价指标如何既可以作为滞后变量，又可以当做先导指标。

c. 如果股东价值没有增长到预期水平，其原因会是怎样的？请解释这个结果如何才能归咎于执行问题或是战略无效问题？应该针对每种情况分别采取什么行动？

解答：

a. 参见图表 13-10。

图表 13-10　　**基础 13.3 的战略地图**

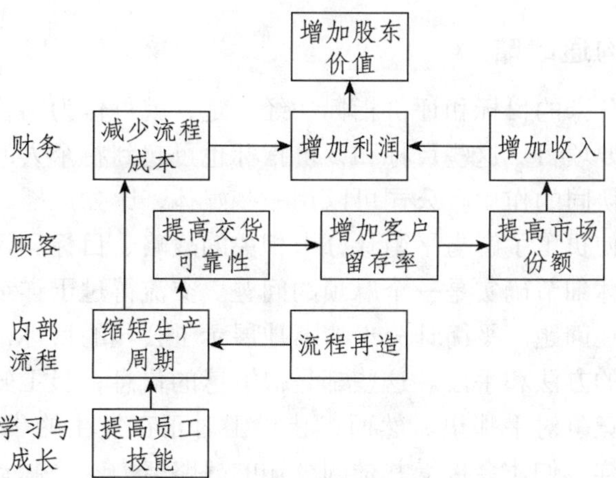

b. 以缩短生产周期这一目标为例。对于提高员工技能和再造生产流程的目标而言，生产周期是一个结果（滞后）指标。然而，它还可以作为提高交货可靠性和减少流程成本目标的业绩动因（引导变量）。

c. 假设增值战略是有效的，那么预期股东价值的增加依赖于实现所有上述引导变量的预期值。比如，如果不再造生产流程，那么生产周期的预期改进就不会发生。反过来，这会产生一系列的影响，并可以解释为什么没有实现预期的股东价值。在这种情况下，确保计划的行动得以真正的实施就是解决之道。另一方面，如果再造了流程，并且员工技能也提高到了预期水平，但是仍然没有实现预期的股东价值，那么就是战略存在问题。比如，假设前两个假设是有效的，但是第三个不成立。那么在这种情况下，那个留住更多的顾客就可以增加市场份额的假设就显然是无效的。再检测这些假设将会导致一个结论，即质量也是增加市场份额所需的业绩动因。

图表 13-10 中的战略地图显示了基础 13.3 中描述的价值增长战略，揭示出至少四点有趣的特性。第一，通过因果关系假设相连接的战略目标体现出了平衡计分卡的四个视角。第二，请注意，流程改进和员工技能（提高）都被假设为可以导致流程周期耗时的改进。这一点特别说明了，结果可以由一个以上的业绩动因而导致。第三，同样，一个引导指标可以导致多个结果。请注意，生产周期的缩短既可以导致交货可靠性的提高（影响顾客视角），也可以导致流程成本的减少（影响财务视角）。第四，如基础 13.3 所示，一个业绩评价指标既可以作为引导指标也可以作为滞后指标。比如，在员工技能和流程再造的作用下，生产周期是一个滞后评价指标。而周期耗时的变化又会影响到流程成本和交货的效率，所以它又是一个先导评价指标。

13.4 战略协同

制定战略是一回事，成功实施战略则是另一回事。要使平衡计分卡得以成功实行，整个组织都必须致力于完成目标。平衡计分卡就是为了给组织带来变革而设计的。为了使变革发生，员工必须充分了解战略；他们必须对目标、评价指标、目标值和措施具有主人翁意识；必须建立激励机制以支持战略，并且还需要分配资源以支持战略。

13.4.1 沟通战略

平衡计分卡的目标和评价指标一经设定，就可作为向管理者和员工沟通与交流组织战略的主要项目。这些目标和评价指标也可起到将个人的目标与行动和组织的目标与措施进行协同的作用。公司可以用一些媒体，比如广播、简讯、手册和公司的电脑网络等，来使员工了解与平衡计分卡相关的战略、目标和评价指标。但是，到底需要交流多少具体细节确实是一个麻烦的问题。交流得过于详细可能会产生一些与竞争对手有关的潜在问题。平衡计分卡清晰地展示了公司的目标市场以及为了得到这些市场份额所需要的方法和手段。这些都是很敏感的信息；员工知道得越多，这些信息就越有可能传到竞争对手那里。然而，让员工对正在发生的事情有足够的了解又非常重要，因为这样他们才会接受并赞同公司的战略努力。平衡计分卡的接合处必须足够清晰，这样员工才会看到他们的所作所为和企业长期目标之间的联系。看到这些联系可以增强个人目标和组织目标之间的一致性。

13.4.2 目标值与激励手段

一旦确定了目标和评价指标并已将其传达，那么就必须建立业绩预期。业绩预期一般通过为每一个目标的评价指标设定指标值来传达。经理们要对基于评价指标的实际值和目标值比较结果而分配的责任负责。最后，补贴和计分卡目标的实现程度相联系。非常重要的一点是，奖励系统应与所有的计分卡目标而不只是传统的财务评价指标相联系。如果不能改变补贴系统，那么就会导致管理者继续专注于短期财务业绩，而不注意平衡计分卡的战略目标。

图表 13-11 使用图表 13-10 中展示的基础 13.3 的目标和评价指标，对此进行了举例说明。每一个视角都有相应的管理权重，即每个目标都有百分比权重。对长期和短期（如 3 到 5 年期和 1 年期）都设定了目标值，并且都备了可用以实现这些目标值的相应措施。比如，在 3 年期内使股价提高 50% 真的可行吗？对来年需要设定多大程度的增长目标？（如果）这个增长目标依赖于收入增长 30% 以及成本减少 20%，（那么）以此类推，这些变化又应取决于其他视角的其他事件。（比如）生产周期是否可以（比如从目前的五天的水平）减少到两天呢？

图表 13-11　**目标值和权重方案的说明**

视角	目标	评价指标	目标值
财务（25%）	提高股东价值（25%）	股价	提高 50%
	增加利润（25%）	利润	100%
	提高收入（25%）	收入	提高 30%
	降低流程成本（25%）	成本	减少 20%
顾客（25%）	增加市场份额（20%）	市场份额	25%
	保留更多客户（30%）	追加的订单	70%
	提高交货可靠性（50%）	准时性比例	100%
内部流程（25%）	改进生产周期（60%）	生产周期	2 天
	流程再造（40%）	是否	是
学习或成长（25%）	提高员工技能（100%）	培训时间	每人 30 小时

怎样建立一个多维的激励性补贴机制是一个很有挑战性的任务。一般地，体现每个视角相对重要性的权重可以被用来决定分配给每个视角的奖金比例。因此，从图表 13-11 我们可以看到，在这个例子中，分配给每个视角的奖金比例都占总奖金池的 25%。但是在每个类别（视角）下，通常都有多个目标和评价指标。比如，在顾客类别（视角）下，就有三个业绩评价指标。那么怎样才能将 25% 的奖金池分配到每一个评价指标上呢？同样地，反映每个目标大类的相对重要性的权重可以用于做出这个层次的分配决策。比如，图表 13-11 表明，管理层决定分配 50% 的客户类奖金给及时交货目标（的实现），30% 给客户留存率目标，20% 给市场占有率目标。因此，在原奖金池中，有 12.5% 被分配给了交货目标（0.5×0.25）。

给各个视角和评价指标分配可能的奖金是一回事，而激励性补贴的数额则是（另一回事，它是）由业绩来决定的。在给定的期间内，需要将评价指标的实际值与其目标值进行比较。然后，补贴是基于目标的完成度来支付的。然而，平衡计分卡框架有一个主要的资格限制。为了确保对所有的评价指标都有适当的（平衡的）关注，因此只有在每一个战略评价指标都超过一个事先确定的最小临界值时，才能获得激励性补贴。

实施平衡计分卡的公司好像都发现，非常有必要将它们的奖励系统与新业绩评价系统的目标和评价指标相联系。实际上，有一项调查显示，大约81%的公司在平衡计分卡实施两年之后，实现了补贴与计分卡的连接。The Gold Coin Group，一个亚洲的动物和鱼类食物供应商和谷类销售商，就是一个明确的例子。这个集团的董事有50%的固定性补贴以及50%的变动性补贴。公司决定优先重视客户视角，因此分配了45%的变动补贴给客户视角，20%给财务视角，20%给流程视角，还有15%属于学习与成长视角。结果好像支持了这个决策。在两年之后，客户留存率与新增客户都提高了30%，客户投诉下降了40%，交货时间减少了50%。当然，因为与客户相关的这些业绩评价指标的提升，公司利润也相应增加了。

13.4.3 资源分配

要想完成所期望的战略目标需要给相应的战略方案分配资源。这需要两个主要的变革。第一，一个组织必须决定来年需要完成多少战略目标。第二，为了给战略路径中的这些短期进一步提供资源，需要建立起一个经营预算的流程。如果这些变革没有被考虑在内，那么就很难想象战略可以真正地得以执行。

练习题

复习题

13.1 视角、指标和战略目标

下面的指标属于四个视角中的一个：财务、顾客、流程、学习和成长。

a. 新产品带来的利润
b. 及时发货率
c. 经济增加值
d. 顾客满意程度
e. 交付周期
f. 第一次检测通过率
g. 战略工作完成率
h. 新顾客的数量
i. 单位产品生产成本
j. 顾客价值

要求：

请将每项指标按视角分类，并提出一个与该指标相关的可行战略。

解答：

视角	目标
a. 财务	增加新产品的数量
b. 顾客	增加发货的可靠性
c. 财务	提高资产的使用
d. 学习和成长	提高积极性和协同性
e. 流程	降低流程时间
f. 流程	提高服务质量
g. 学习和成长	提高职工工作能力
h. 顾客	提高顾客增加量
i. 财务	降低产品成本
j. 顾客	提高顾客价值

问题讨论

13.1 请描述战略基础的责任会计系统，它与作业基础的责任会计有什么区别？

13.2 什么是平衡计分卡？

13.3 平衡计分卡的意思是什么？

13.4 什么是滞后指标？什么是先导指标？

13.5 客观测量和主观测量有什么区别？

13.6 什么是弹性目标？它的战略目标是什么？

13.7 战略基础系统的奖励系统和传统方法有什么不同？

13.8 财务视角的三个战略主体是什么？

13.9 请指出顾客视角的五个核心目标。

13.10 请解释价值创造的长波和短波的意思。

13.11 请定义流程价值链的三个流程。

13.12 请指出学习和成长视角的三个目标。

13.13 什么是可检测战略？

13.14 双重反馈的意思是什么？

13.15 请指出和解释取得战略协同的三种方式。

习题

13.1 周期时间和周转率

Norton 公司中的一个生产部门的相关数据如下所示：

理论生产速度：	300 单位/小时
每年能提供的生产时间（分钟）：	10 000 000
实际加工成本：	$ 60 000 000
实际生产速度：	160 单位/小时

要求：

（1）请使用实际周期时间和每分钟的标准成本，计算每单位产品的实际加工成本。

（2）请使用理论周期时间和每分钟的标准成本，计算理想的每单位产品的加工成本。在使用周期时间成本时，它对管理层有什么激励作用？

（3）假使实际生产速度为220单位/小时，每单位产品的加工成本是多少？这个提高将对交付产品业绩有什么影响？

13.2 战略地图

Harmon社区医院为其平衡计分卡战略建立了以下一系列假设：

a. 如果职工周转率降低、满意程度提高，那么卫生保健的质量将会提高。

b. 如果卫生保健的质量提高，那么经营效率将会提高，患者的满意程度也会提高。

c. 如果经营效率提高，那么经营成本将会降低。

d. 如果患者的满意程度提高，那么市场份额将会提高。

e. 如果市场份额提高，那么收入会增加。

f. 如果收入增加、成本减少，那么利润会增加。

要求：

（1）请根据所描述的一系列因果关系，为Harmon的战略编制一幅战略地图。

（2）请解释业绩评价如何能够作为滞后指标和先导指标。

（3）假使利润没有提高至目标水平，请解释这个结果将如何归因于实施问题或者无效的战略。在每一种情况下，可能会采取什么行动？

13.3 作业基础的责任会计和战略基础的责任会计

以下评论是一家刚实施了平衡计分卡的公司的CEO做出的："在一个战略基础的业绩管理系统中，责任在三个D上有区别：方向、规模和分配。"

要求：

请解释这个评价如何描述了作业基础业绩管理系统和战略基础业绩管理系统中责任的不同之处。

第 14 章　质量与环境成本管理

学习本章之后，您可以：

①定义质量，描述质量成本的四种类型，并讨论用于计量质量成本的方法。

②编制质量成本报告，并解释其如何运行。

③解释为什么需要质量成本信息以及如何使用质量成本信息。

④描述和编制三种不同的质量业绩报告。

⑤讨论如何计量、报告以及降低环境成本。

⑥解释环境成本是如何被分配到产品和流程的。

企业会从事大量与质量及环境有关的作业，所有的这些作业都会消耗资源，而这些资源消耗决定了企业作业的质量与环境成本的水平。比如，检测或测试零件就是一项质量评价作业，其目的在于检测出不合格的产品，而污染测试则是用来测量污染的等级。在不合格产品被送交到顾客手中之前，检测并纠正不合格产品一般要比让顾客接受它们所花费的成本更低。同样地，防止污染物与废弃物进入环境（比治理被污染的环境）所花费的成本更低。质量与环境成本管理的目标是找到使所有质量与环境成本最小化的方法。有趣的是，该两种成本管理方式之间有着明显的相似点。本章将先后探究质量成本管理和环境成本管理。

竞争压力要求公司把更多的注意力放在质量方面。顾客需要质量更高的产品和服务。改进质量对许多公司来说，实际上成为了生存的关键性因素。提高工艺质量和产品服务质量是基本的战略目标，而这些目标又是任何一个完善的平衡计分卡所必备的一部分。如果质量提高了，那么顾客满意度就会提升；如果顾客满意程度提升了，那么市场份额就会增加；如果市场份额增加了，那么收入就会增长；此外，如果质量提高了，那么经营成本也会减少。因此，提高质量能够增加市场份额与销售量，同时，也会减少成本。改进质量的总体影响是能提高企业的财务与竞争地位。

1987 年马尔科姆·波多里奇国家质量奖（《国际公法》100-107）的设立表明，质量问题在美国引起了重视。波多里奇奖的设立是为了对那些在质量管理和成就方面表现优异的美国公司给予认可。该奖的领域包括：制造业、小型企业、服务业、教育业和医疗业。因为每类奖项不多于两个，很难获得，所以得到了广泛的追捧。第一个奖项颁发于 1988 年。在 2012 年有七个获奖者获得了波多里奇奖：

美德瑞达（MEDRAD）公司，沃伦代尔，宾夕法尼亚州（制造业）

雀巢普瑞纳宠物食品有限公司，圣路易斯，密苏里州（制造业）

弗里兹-尼克尔斯公司，华兹堡市，得克萨斯州（小型企业）

K&N 管理公司，奥斯丁，得克萨斯州（小型企业）

瑞士思德利公司集团，海湾微风，佛罗里达州（小型企业）

爱德维科特医疗中心撒马利亚医院，唐纳斯格韦（Downers Grove），伊利诺伊州（医疗业）

罗蒙郡公立学校，罗克维尔，马里兰州（教育业）[①]

提高质量能提升企业价值，因为质量的提高能提高企业的盈利能力。提高质量可·通过至少以下两种方式：a. 通过增加顾客需求；b. 通过降低提供产品与服务的成本。

14.1 质量成本

在过去的20到30年里，美国企业在提高质量方面有非常显著的进步。虽然如此，但仍然还有许多任务需要完成。其实质上就是质量成本问题，它可以成为成本节约的一个重要来源。根据一些专家和公司的观点，如果他们能够准确估计出他们的质量成本，那么将会发现这些成本是销售额的15% ~25%。[②] 根据六西格玛（six sigma）模型可知，如果一家公司的平均质量业绩是三西格玛（次品率约为6.7%），那么其质量成本的比率约为销售额的25% ~40%。[③] 不过，质量专家指出最理想的质量水平应该是销售额的2% ~4%（在六西格玛等级中（0.00034的次品率），质量成本将小于1%）。实际水平和最优水平之间的差异说明存在一个真正的机会黄金段。改进质量能够大大地提高盈利能力。

现实案例

美德瑞达公司，一家生产诊断和治疗疾病设备的厂家，在2010年赢得了它在十年里的第二次马尔科姆·波多里奇国家质量奖（第一次获得该奖是在2003年）。质量的提高帮助美德瑞达公司的收入从1997年的120 000 000美元增加到2009年的625 000 000美元。它的顾客忠诚度、满意度和服务水平都超过了一流标准。该公司的员工价值提升计划（该计划计量、追踪并确认员工提出的关于提升价值的思想）的参与度也大幅度增长，从1999年只有50名员工参与，到2009年参与人数超过了600名。而且，这项计划也从2005年的只能提供约人均23 000美元的价值，提高到了2009年的45 000美元。美德瑞达公司同样也在致力于提高它的环境业绩。比如，它降低了双氢氟碳、乙烯的排放量，从2007年55 000磅的排放量降低到2009年只排放了27 000磅[④]。

当这些公司实施质量改进项目时，对监督和报告项目进展情况的需要就应运而生。管理者需要了解，随着时间的推移，哪些质量成本正在发生变化，以及它们是如何变化的。报告和计量质量业绩对于一个正在进行的质量改进项目来说绝对是必需的。这种报告的基本前提是计量质量成本。但是要计量质量成本，就需要有一个可操作的关于质量的定义。

14.1.1 质量的定义

从可操作性的角度来说，**一个合格的产品或服务**（quality product or service）是能

① National Institute of Standards and Technology, "Seven U. S. Organizations Honored with the 2010 Baldrige National Quality Award," http: //www. nist. gov/baldrige/baldrige_ recipients2010. cfm, accessed September 21, 2011.

② M. J. Harry and R. Schroeder, Six Sigma: The Breakthrough Management Strategy Revolutionizing the World's Top Corporations (New York: Doubleday, Random House, 2000).

③ Arne Buthman, "Cost of Quality: Not Only Failure Costs," http: //www. isixsigma. com/index. php? option = com_ k2&view = item&id = 937: cost-of-quality-not-failure-cost-s&itemid = 187, accessed September 21, 2011.

④ National Institute of Standards and Technology, "MEDRAD", http: //www. nist. gor/baldridge/award_ recipients/ medrad_profile. cfm, accessed September 21, 2011.

够满足或超过顾客期望的产品或服务。实际上，质量就是顾客满意度。但是“顾客期望”是什么意思呢？顾客关心的产品特性是它的可靠性、耐用性、适用性以及合规性（符合规格的特性）。尽管还有许多重要因素会影响到顾客的满意度，但是那些可计量的质量因素明显地受到了更多的重视。尤其是产品的合规性受到了很大的关注。实际上，许多质量专家相信“**质量就是符合规格**(quality of conformance)”是关于质量的最好的可操作的定义。这种观点具有一定的逻辑性。在设计产品规格时，应该明确地考虑到可靠性、耐用性、适用性和性能等各个方面。一个产品如果能符合规格，就间接地表明了它是可靠的、耐用的、适用的以及性能良好的。产品应该按设计的规格进行生产；应该符合设计规格的要求。是否符合规格是定义不合格产品或次品的基础。

次品(defective product) 是不符合规格的产品。**零缺陷**(zero defects) 意味着所有的产品都符合规格。但是“符合规格”意味着什么呢？根据产品合格的传统观点可知，每一个规格或质量品性都存在一个可接受的范围。确定目标值，设定上下限，以描述一个可接受的对于产品特定质量品性的偏离程度。任何产品的质量品性只要在范围之内就都被视为是无缺陷的。比如，一个有明确规范目标的机器零件的钻孔直径为两寸，（那么）任何在目标1/32寸范围内的误差都是可以接受的。另一方面，对于严格质量观点(robust quality view)下的合规性定义强调精确的一致。**严格**(robustness) 是指质量品性正好落在目标值上（不允许存在关于偏差的容忍度），不容许任何对目标值的偏离。一个无缺陷的零件在严格的设定中，其所钻孔的（直径）就是精确的两寸。由于有证据表明产品质量品性偏离目标值，会导致极高的成本，因此，对于产品合格的严格质量定义优于传统的定义。

14.1.2 质量成本的定义

与质量相关的作业是由于质量可能或确实低劣而实施的（提高质量的）作业。实施这些作业的成本称为质量成本。因此，**质量成本**(costs of quality) 是由于质量可能或者确实低劣而应该发生的（提高质量的）成本。这个定义说明质量成本与两类和质量相关的作业有关：控制作业(*control activities*) 和失败作业(*failure activities*)。**控制作业**是组织为防止或检测有无劣质产品（由于可能存在劣质产品）而实施的作业。因此，控制作业由预防作业和鉴定作业构成。**控制成本**(control costs) 是实施控制作业发生的成本。**失败作业**是为了对劣质产品做出反应（劣质产品确实存在）而由组织或顾客实施的作业。如果对劣质产品的反应发生在次品（不合格、不可靠、不耐用等）交付到顾客手中以前，则这些作业属于内部失败作业，否则，它们属于外部失败作业。**失败成本**(failure costs) 是组织为执行失败作业而发生的成本。请注意，失败作业和失败成本的定义间接说明了顾客对劣质产品的反应会导致组织成本的发生。与质量相关的作业的定义还说明质量成本可分为四类：a. 预防成本；b. 鉴定成本；c. 内部失败成本；d. 外部失败成本。

（1）预防成本（prevention costs）

预防成本是在产品或服务提供过程中为防止出现劣质产品或服务而发生的成本。当预防成本增加时，我们可以预期失败成本将会减少。预防成本包括：质量工程、质量培训项目、质量计划、质量报告、供应商评估和选择、质量审计、质量研讨小组、实地试验、设计审查。

(2) 鉴定成本 (appraisal costs)

鉴定成本是为了确定产品或服务是否符合顾客的要求或顾客的需求而发生的成本，包括：检验和测试原材料、包装检验、监督鉴定作业、产品验收、流程验收、检测（检测和测试）设备和外部鉴定。其中，两个术语需要进一步加以解释。

产品验收(product acceptance) 是指为确定是否达到可接受的质量水平而从成批的产成品中抽样检测，如果已经达到了可接受水平，就接收这批产品。流程验收(process acceptance) 是指抽查在加工中的产品，确定流程是否处于控制之中以及是否正在生产无缺陷的产品，如果不是，就停止该流程，直到能够采取纠正措施为止。鉴定功能的主要目标是预防不合格商品送到顾客手中。

(3) 内部失败成本 (internal failure costs)

内部失败成本是由于产品和服务不符合规格或顾客需要而发生的。不合格产品在发货或送达外部以前就应被检测。内部失败是由鉴定作业发现的失败。内部失败成本包括废品、返工、停工（由于存在产品缺陷)、重新检验、重新测试和设计变更。如果产品没有缺陷，这些成本就不会发生。

(4) 外部失败成本 (external failure costs)

外部失败成本是产品和服务送到顾客手中以后，由于不符合要求或不能满足顾客需要而发生的。在所有的质量成本中，这一类可能是最具有破坏性的。比如，召回成本可能会高达上亿美元。其他的例子还有：由于产品性能不好而减少的销售额；由于劣质而导致的产品退回和折扣、担保、维修、对产品质量的责任、顾客不满意、丢失的市场份额和顾客投诉处理。和内部失败成本一样，如果产品没有缺陷，外部成本就不会发生。

图表 14-1 对这四类质量成本进行了总结，并列出这些成本的具体例子。例中每一种成本都是一类质量相关的作业成本，比如确定供应商的成本、验收入库材料的成本、处理顾客投诉的成本等。

图表 14-1　**分类列示的质量成本举例**

预防成本	鉴定成本
质量工程	验收原材料
质量培训	包装检验
招聘	产品验收
质量审计	流程验收
设计审核	实地试验
质量小组	持续的供应商确认
市场调查	
原型检测	
供应商认证	

续表

内部失败成本	外部失败成本
废料	失去的销售额（与性能表现相关的）
返工	销售退回/折扣
停工（与缺陷相关的）	保修
重新检测	由于缺陷而导致的折扣
重新测试	产品责任
设计变更	处理顾客投诉
修理	召回
	敌意

14.1.3 计量质量成本

质量成本还可分为显性成本(observable) 和隐性成本(hidden)。**显性质量成本**(observable quality costs) 是那些可以从组织的会计记录中得知数额的成本。**隐性质量成本**(hidden quality costs) 是由于劣质产品而导致的机会成本（机会成本在会计上通常不予以确认)。比如，以图表 14-1 列出的所有质量成本的例子为例。除了预期失去的销售额、顾客不满意和失去的市场份额外，所有质量成本都是显性的，都能从会计记录上找到。同样请注意，还可以发现隐性成本都列示在外部失败成本的类别中。这些隐性质量成本数额可能非常巨大，应该对其进行评估。尽管评估隐性质量成本不是很容易，但仍然有三种方法可供参考：

a. 乘数法（the multiplier method)

b. 市场调查法（the market research method)

c. 塔古奇质量损失函数（the Taguchi quality loss function)

(1) 乘数法

乘数法是简单地假定全部失败成本是得到计量的失败成本的倍数。

全部外部失败成本 = K（得到计量的外部失败成本）

其中 K 是乘数因子。K 的值根据经验估计。比如，威斯汀豪斯电子公司(Westinghouse Electric) 公布 K 的值在 3 到 4 之间[①]。这样，如果已计量的外部失败成本是 3 000 000 美元，那么实际的外部成本在 9 000 000 美元到 12 000 000 美元之间。公司通常采用抽样调查的方法确定乘数的数值[②]。在估算外部失败成本时，将隐性成本考虑在内，可以让管理层更加准确地预防和鉴定作业的资源支出水平。尤其是

---

① T. L. Albright and P. R. Rorth, "The Measurement of Quality Costs: An Alternative Paradigm," *Accounting Horizons* (June, 1992): 15-27.

② V. Sower, "Estimating External Failure Costs: A Key Difficulty in COQ Systems," *Quality Congress. ASQ's Annual Quality Congress Proceedings*, 58 (2004): 547-552.

在失败成本增加的情况下，我们将期望管理层增加在控制成本方面的投资。

（2）市场调查法

正式的市场调查方法是用来估计劣质产品对销售和市场份额的影响的。通过顾客调查和访问公司销售部门的人员，可以很好地帮助公司估计隐性成本的大小程度。市场调查结果可以用来预计劣质产品带来的未来利润损失。

（3）塔古奇质量损失函数

传统的零缺陷概念假设只有当产品的质量品性落在设计规格的上限和下限之外时，才会发生隐性质量成本。**塔古奇损失函数**（Taguchi loss function）假定质量品性相对于目标值的任何偏离都会导致隐性质量成本。而且，当质量品性实际值偏离目标值时，隐性质量成本会以平方的倍数增加。图表 14-2 显示的塔古奇损失函数可以用下面的公式表示：

$$L(y) = k(y-T)^2$$

式中：

k = 取决于组织外部失败成本结构的比例常数

y = 质量品性的实际值

T = 质量品性的目标值

L = 质量损失

图表 14-2　**塔古奇质量损失函数**

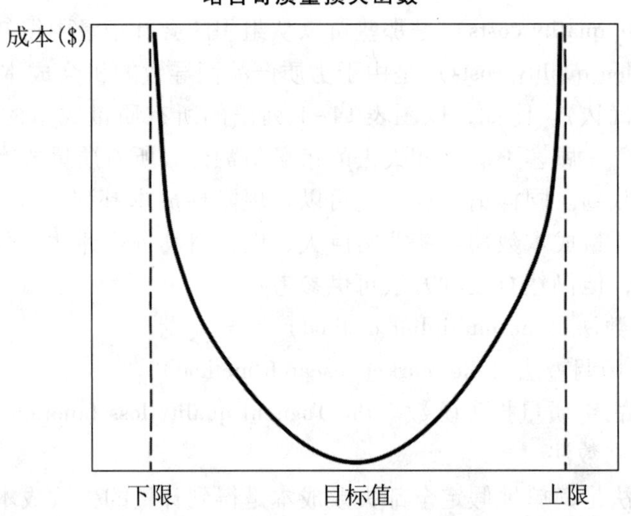

图表 14-2 表明在目标值这一点，质量成本为零，当实际值偏离目标值时，质量成本相应地以加速度增加。比如，假定有一家生产手表的公司，而且它的质量品性是精确度（以其在三个月内走的时间精确度为计量指标）。假设 k = 2 美元，T = 0 分钟。图表 14-3 显示了四件产品质量成本的计算。请注意：当从目标值偏离加倍时，成本增加四倍（产品 2 和产品 3）。同时还请注意，可以计算平均方差以及平均单位产品损失。这些平均数可用来计算一种产品的预期全部隐性质量成本。比如，如果产品的总产量是 5 000 件，平均方差是 7.5，那么预期的平均单位产品成本是 15 美元（7.5× $ 2），5 000 件产品的全部预期损失是 75 000 美元（ $ 15×5 000）。

图表 14-3 **质量损失计算示例**

产品号	实际值（y）	y-T	$(y-T)^2$	$k\ (y-T)^2$
1	−1	−1	1	$ 2.00
2	2	2	4	8.00
3	4	4	16	32.00
4	−3	−3	9	18.00
			30	$ 60.00
产量			÷4	÷4
平均值			7.5	$ 15.00

要运用塔古奇损失函数，必须先估计 k 的值。用一个（产品型号）规格的限定目标值的方差去除其预期成本，可得出 k 的值：

$$k=c/d^2$$

式中：c＝某规格限制的上限或下限损失

d＝上限或下限相对于目标值的离差

这意味着我们必须还要估计给定（偏离目标值的）离差的损失。前两种方法，乘数法和市场调查法可以帮助进行这种估计（只需估计一次）。一旦知道了 k 的值，就可以估计质量品性相对于目标值的任何水平的偏差所导致的隐性质量成本。

14.2 报告质量成本信息

如果组织对改进和控制质量成本非常重视，那么其基础工作就是建立质量成本报告系统。首先要进行的、也是最简单的一步是建立一个评估当前实际质量成本的系统。分类详细列示实际质量成本有两大重要的作用。第一，它可以揭示每一类质量成本的大小程度，使管理者可以评估它们的财务影响。第二，它分门别类地反映质量成本的分布，使管理者可以评估每类质量成本的相对重要性。基础 14.1 是 Chesser 公司的质量成本报告。

基础 14.1：如何以及为何编制一张质量成本报告

资料：

Chesser 公司截止到 2013 年 3 月 31 日的一个会计年度内的销售额共计5 000 000 美元。Chesser 公司的与质量成本有关的作业如下列所示：

保修	$ 250 000
废品	150 000
可靠性设计	65 000
返工	100 000
质量培训	10 000
流程验收	70 000
材料检测	30 000
顾客投诉	325 000

为什么：

一张质量成本报告按类别展示了质量成本的大小，以及这些成本的相关分布情况。这些分布情况使得管理者能够估计各类成本的重要性，并决定哪些方面质量的提高更需要得到重视。

要求：

a. 请编制一张质量成本报告，将成本分成不同类别，并以其占销售收入的百分比来描述这些不同类别的成本。提供这样一张质量成本报告需要什么信息？

b. 请编制一个柱状图和饼状图以表示每个类别在总质量成本中的所占比例。请评价该分布的特征。

c. **如果**从现在起的五年时间里，质量成本是销售收入的2.5%，控制成本为总质量成本的80%，**结果会是怎样的？**您的结论是什么？

解答：

a.

Chesser 公司的质量成本报告

2013 年 3 月 31 日

	质量成本		占销售收入的百分比[1]
预防成本：			
质量培训	$ 10 000		
可靠性设计	65 000	$ 75 000	1.50%
鉴定成本：			
材料检测	$ 30 000		
流程验收	70 000	100 000	2.00
内部失败成本：			
废品	$ 150 000		
返工	100 000	250 000	5.00
外部失败成本：			
保修	$ 250 000		
顾客投诉	325 000	575 000	11.50
质量成本总额		$ 1 000 000	20.00%[2]

[1] 实际销售收入为 5 000 000 美元

[2] $ 1 000 000÷ $ 5 000 000＝20%

这份报告清晰地指出了质量成本占销售收入的比率高达20%，远远高于原本预期的高质量性能的一般比例，即占销售收入的2% ~4%。

b. 如图表14-4，该图表显示了失败成本约为质量成本总额的82%，建议Chesser公司需要进行更多的作业控制以降低失败成本。

c. 首先，假定质量成本的降低是由于质量的提高，2.5%的水平表示该公司生产的产品具有非常高的质量水平。实际中，如果质量成本在2% ~4%的范围内并且事实上不存在失败成本（这个案例中是销售收入的0.5%），那么这家公司就能有效地达到零缺陷率。

质量成本占销售收入的百分比能更好地解释质量成本的财务重要性。比如，基础14.1列示的质量成本报告显示，Chesser公司在2013财年的质量成本占销售收入的20%。根据经验法则，质量成本占收比应该不超过2.5%，因此Chesser公司还有足够的空间来提升产品质量，减少质量成本，从而提高利润。

基础14.1说明，Chesser公司需要认真执行质量改进项目以减少质量成本。但是，质量成本能降低多少呢？是否存在管理者应该达到的最优水平呢？

图表14-4　　**质量成本分类：相对贡献图**

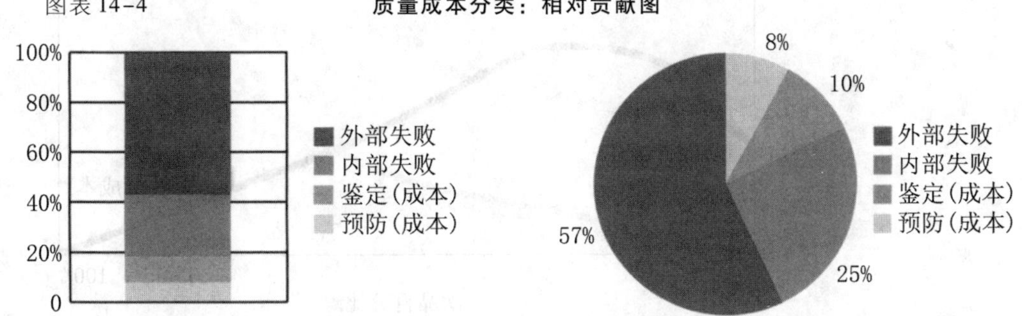

14.2.1　最优的质量成本分布：严格质量观下的零缺陷

最初的或传统的零缺陷模型认为，将不合格产品（nonconforming units）降低到零可以带来成本（降低方面）的收益。在20世纪80年代中期，严格质量模型将零缺陷模型向前推进了一步，它使次品或不合格产品的定义更为严格。根据严格质量模型的观点，产品的质量偏离目标值就会导致损失；偏离目标值的幅度越大，导致的损失就越大。换句话说，偏离是有代价的，设置关于规格极限的规定没有任何用处，并且实际上，它还可能具有欺骗性。零缺陷模型低估了质量成本，因而低估了通过更多改进质量的努力而可实现的节约成本的潜力（参见前述Westinghouse Electric的乘数因子）。因此，严格质量模型强化了关于次品的定义，修正了我们对质量成本的看法，使得（企业与）质量的赛跑更加紧张。

对于在高度紧张的竞争环境中经营的公司来说，质量能提供重要的竞争优势。如果严格质量观是正确的话，那么公司就可以利用它，（以使）在降低质量成本总额的同时，降低次品（严格定义下的次品）的数量。图表14-5显示，质量成本函数与严格质量观下的零缺陷率是一致的。实质上，如果企业增加其预防成本和鉴定成本并降低失败成本，则可以削减随后的预防和鉴定成本。请注意，在这个模型中失败成本可以降至零，而控制成本也可最终使得次品率为零。

这个例子与美国质量控制协会推荐的降低质量成本的战略一致。①

降低质量成本的战略相当简单：a. 采取针对失败成本的措施，使它们逐渐降低为零；b. 投资于能带来质量改进的“正确”的预防作业；c. 根据已实现的质量改进而降低鉴定成本；d. 持续评价和重新确定预防努力的方向，以获得进一步的质量改进。这个战略是建立在以下前提的基础上的：

① Jack Campanella, ed., *Principles of Quality Costs* (Milwaukee: ASQC Quality Press, 1990): 12.

图表 14-5 严格质量（观）与零缺陷的质量图

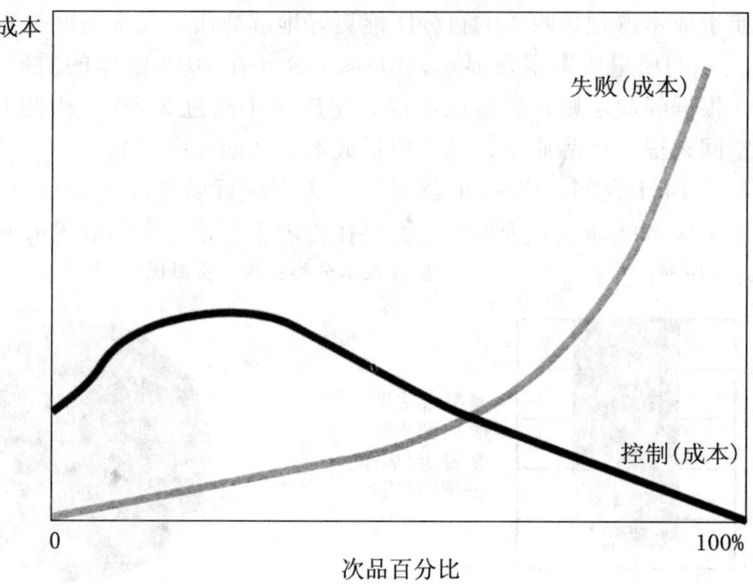

- 每一个失败都有其根本原因。
- 失败原因是可以预防的。
- 预防（成本）总是更低廉的。

企业能够显著地控制所有类别的质量成本的能力来自现实世界的经验。比如，坦能公司（Tennant Company）在八年的时间里把质量成本从销售收入的 17% 降低到 2.5%，其中，失败成本从初始的占全部质量成本的 50%（销售收入的 8.5%）变成仅占全部质量成本的 15%（销售收入的 0.375%）。西屋电气公司（Westinghouse Electric）为全面质量控制模型提供了进一步的支持。与坦能公司的经历类似，西屋电气公司发现它们的利润一直在增加，直到它们的控制成本达到全部质量成本的约 70%～80%[①]。根据这两个公司的经验，我们知道，降低各类成本从而显著地降低质量成本总额是可能的，并且这个过程从根本上改变了各类质量成本的相对分布状况。

14.2.2 作业成本管理的作用

作业成本法（ABC）可以用来测算一家公司每一单位产品所消耗的质量成本。一旦采用了 ABC，唯一需要做的就是识别出那些与质量成本相关的作业，比如检测、返工和保修（作业）等。假设返工作业成本为 250 000 美元，一家公司生产两款产品各 10 000 件：一种常规式样，一种豪华式样。常规式样的返工数量为 1 000 件，豪华式样的返工数量是 4 000 件（返工的数量是作业动因）。每件返工产品的费用为 50 美元（$ 250 000÷$ 5 000），而把返工成本（一种内部失败成本）分摊到每件产品上，则常规式样和豪华式样的费用分别是 50 000 美元和 200 000 美元。这一点暗示了，豪华式样比常规式样的质量更差。因此，ABC 可以作为一种用来鉴别各种质量问题

① These factual observations are based on those reported by Lawrence Carr and Thomas Tyson, "Planning Quality Cost Expenditures", *Management Accounting*, (August, 1995).

成本的方法，比如低质量产品、低质量流程以及低质量供应商。这也可使得质量成本管理获得更多的关注。

作业管理（ABM）同样有用。ABM 把作业分为增值作业和非增值作业，并且只保持那些会增加价值的作业。这个原则可以适用于与质量相关的作业。鉴定和失败作业以及与这些作业相关的成本是不增加价值的，应该（最终）被消除。预防作业——那些得到有效执行的预防作业——被认为是增值作业，应该保留。世界上最大的铸造公司，密尔沃基的洋机贸易股份有限公司（Grede Foundries，Inc.）已经观察了这四类质量成本长达十五年。然而，它并没有在期末的报告中将预防成本作为质量成本的一部分，是因为它不想让自己的管理者通过减少预防作业来降低质量成本。它坚定地认为花在预防作业上的钱是值得的。比如，它已经发现：废品减少 1%，就会导致被外部发现的次品数量减少大约 5%①。

作业发生的根本动因（成本动因），尤其是失败作业的根本动因也可以被识别，并且可以用来帮助管理者了解是什么导致了作业成本的发生。这些信息可以用来选择降低质量成本的方法，使质量成本达到如图表 14-5 所示的水平。实际上，作业管理很能支持关于质量成本的严格零缺陷观。在控制成本和失败成本之间没有最优的平衡；后者是非增值成本，应该将其降为零。其中一些控制作业是非增值的，应该被消除。另外一些控制作业则是增值作业，但可能执行效率不高，由此而导致的成本是非增值成本。因此，这些类别的质量成本也可以降到更低的水平。

14.3 质量成本信息与决策

报告质量成本能改进管理规划、控制与决策。比如，如果一家公司为了提高产品的质量而实施流程再造项目，那么它就需要对以下几个方面进行评估：分项目和分类别的当前质量成本水平、与实施项目相关的额外成本、分项目和分类别的预计节省额。至于这些额外成本和成本节约何时发生，也必须进行估计。然后，可以进行一个资本预算分析，以确定所建议项目的价值。如果该项目的评估结果是有利的，并且得以启动，那么通过业绩报告对该项目进行监控就非常重要。

利用质量成本信息实施某个质量项目并监督该项目的有效性只是质量成本系统的用途之一。（我们）还可以发现它的其他一些重要用途。质量成本信息是管理决策的一类重要信息。当外部团体通过注入 ISO 9000 等项目来评估公司的质量时，质量成本信息也很重要。

14.3.1 决策流程

管理者在许多决策中需要用到质量成本信息。其中的两个例子是战略定价和本-量-利分析。

（1）战略定价

以生产电子计量仪器的 AMD 公司为例。该公司的低档电子计量仪器市场份额已

① Nancy Chase，"Accounting for Quality：Counting Costs，Reaping Returns，" *Quality*，37，10 （October 1998）：38-42.

经呈稳定下降趋势。营销部经理 Linda Werther 认为，价格是其主要原因。她了解到日本公司正以比 AMD 公司更低的价格生产和销售这种低档的仪器。如果 AMD 公司根据竞争环境而降低它的价格，那么新的价格水平将会低于其成本。然而，如果不采取任何措施，那么日本公司又将继续扩展其市场份额。一种简单的可能做法是放弃低档生产线，而将注意力放在中档和高档产品类别上。然而，Linda 明白，这也只是一个短期措施，因为这些日本公司很快就会进入中高档产品市场的竞争。以下是该公司的低档仪器的简要收益表。

销售收入（10 000 000@ $ 20）	$ 20 000 000
产品销售成本	(15 000 000)
营业费用	(3 000 000)
该产品线的利润	$ 2 000 000

Linda 坚信，如果价格降低 15%，就可使该产品的市场份额和利润率恢复到以前的水平。一种可能的措施就是实施全面质量管理。她的第一个行动是询问低档仪器的质量成本信息。AMD 的会计主管 Eugene Sadle 承认没有单独对这类成本进行确认记录。比如，废品的成本就掩盖于产品账户中。但是，他郑重承诺，他会对其中一些成本进行估计。以下是他所提供的报告中关于低档仪器的一些数据。

质量成本（估计的）：

原材料检测	$ 200 000
废品	800 000
拒收	500 000
返工	400 000
产品检测	300 000
保修工作	1 000 000
估计的质量成本总额	$ 3 200 000

收到这份报告后，Linda、Eugene 和质量控制部的经理 Art Smith 聚到一起，讨论应该采取什么措施来降低低档产品线的质量成本。Art 有信心在 18 个月内将质量成本降低 50%。他已经在实施一个新的质量项目。Linda 计算后发现，与低档仪器相关的质量成本如能降低 50%，那么就可以使低档仪器单位成本降低大约 1.6 美元（$ 1 600 000÷1 000 000），这比所需降价的金额 3 美元（$ 20 的价格降低 15%）的一半稍多一点儿。根据这个计算结果，Linda 决定分三个阶段来降低价格：立即降价 1 美元，六个月内再降 1 美元，最后的 1 美元在十二月内降低。这个分阶段的降价措施能防止市场份额被进一步侵蚀，并在第二阶段的某个时间促使市场份额开始增加。分阶段降价，可以给质量管理部门留出时间来降低成本，以避免任何较大的损失。

AMD 公司的例子表明质量成本信息和全面质量控制项目的实施都有助于重大的战略决策。它还表明，质量改进不是万能药。质量改进导致的成本降低不足以弥补全部的价格降低额，（因此）还需要提高其他方面的生产率，以确保生产线的长期生存能力。比如，实施适时制（JIT）生产可以减少库存，从而降低材料处理和维护成本。

（2）本-量-利分析和战略设计决策

传统的本-量-利分析依赖于分解混合成本中的固定成本和变动成本。市场营销经理 Terry Foster 和工程设计师 Sharon Fox 在推出一种新产品时，发现了本-量-利分析的一些缺陷。他们本来认为一种新产品的推出肯定会得到批准。可是，他们收到了来自会计主管办公室的报告如下：

报告：新产品分析，675 号项目

预计可能的销售量：44 000 件

生产能力：45 000 件

单位售价：$ 60

单位变动成本：$ 40

固定成本：

产品开发	$ 500 000
生产	200 000
销售	300 000
合计	$ 1 000 000

预计盈亏平衡点：50 000 件

决策结果：拒绝

原因：盈亏平衡点大于生产能力，也大于预计销售量

两个人都坚信该项目会盈利，但为何成本数字会表现得如此差劲呢？为了努力找出原因所在，两个人找到会计主管助理 Bob Brown。他们之间的对话如下：

Sharon：Bob，我想知道为什么每件产品有 3 美元的废品损失，您能解释一下吗？

Bob：当然可以。它是根据我们观察现有的类似产品的废品损失情况来确定的。

Sharon：那么，我想你们忽略了这种新产品的新的设计特点。它的设计实际上消除了所有的浪费——尤其是当你们考虑到这种产品将用数控机器来生产的时候。

Terry：而且，这里每件 2 美元的修理费用也应该去掉。Sharon 的新设计方案解决了我们在相关产品中遇到过的失败问题。这意味着与修理中心相关的 100 000 美元的固定成本也应该去除。

Bob：Sharon，您如何能确定这种新设计能解决其中的一些质量问题呢？

Sharon：我绝对有把握。早期的模型运行情况跟我们的预期完全一致。那些测试的结果包含在设计方案中。

Bob：很好。单位变动成本降低 5 美元，固定成本降低 100 000 美元，盈亏平衡点调整为 36 000 件。单是这些改动就可使这个方案的成本可行。我会修改这份报告，肯定它的可行性。

上面的场景表现了按性态进一步对质量成本进行分类的重要性。尽管上例中只说明了以产量为基础的成本性态，但是根据作业对成本进行分类也是可能的，这样可以加强质量成本的决策有用性。这个场景还强调了单独确认和报告质量成本的重要性。新产品的设计可以降低质量成本，只有了解了分配到该产品的质量成本，Sharon 和 Terry 才能发现（原先）盈亏平衡点分析的错误。最后，请注意全面质量管理对设计决策的影响。在新产品的设计中，由于了解了质量成本以及它们的成因，可以避免现

有的许多质量问题。

14.3.2 ISO 9000 质量认证

正如一家公司要对它的供应商进行质量评价一样，同一家供应商可能在向其他公司供货时也需要出示质量证明。ISO 9000 是一套国际质量标准，它由在瑞士日内瓦的研究质量管理的国际标准化组织所开发。这些标准主要涉及文献概念以及对产品不合规和质量变化进行控制。ISO 9000 在欧洲（的推行）取得了成功。那些在欧洲有业务的美国公司仅仅出于开展业务的需要，成为了第一批追赶 ISO 9000 这一时尚的公司。为了响应供应商质量认证的标准化程序的需要，（ISO 9000 中）已经演变出了一个称为 ISO 9001：2008 的项目。

那些获得 ISO 9000 质量认证的公司要通过一家独立的评估机构的审核，以证明它们已达到特定的质量标准。现在的鉴定标准是 ISO 9001：2008 质量标准。ISO 9001：2008标准针对的是质量系统，特别是在产品设计/开发、生产、安装、最终检测和测试的质量保证模式。许多公司的质量认证是基于 ISO 9001：2000 标准，其实质与 ISO 9001：2008 标准相同。2008 年的更新版本主要是为了说明 2000 年版本的 ISO 9001 标准。非常重要的一点是，要知道这些标准不适用于所提供的特殊产品或服务。但是，它们适用于企业为了保证质量所采用的方法，比如检测产品、培训员工、记录质量信息以及修复次品等质量保证措施。

因此，ISO 9001：2008 质量认证既不能对产品的质量本身也不能对公司履行持续改进的承诺做出保证。所以，要求供应商取得 ISO 9001：2008 质量认证的公司（如摩托罗拉、通用电器）并没有停止审查它们的供应商。对于取得质量认证的需要只是第一步。

另一方面，许多公司发现，尽管申请 ISO 9001：2008 质量认证的过程漫长而昂贵（可能会花费数月的时间和 1 000 000 美元的成本，更大规模的公司或者需要花费更多），但是这个过程可以有助于企业认识到自己并改善公司的财务业绩。比如，办公设备生产商海沃思公司（Haworth）在它的五个工厂内的工作场所张贴带有口号和图片的布告，以此向雇员准确表明他们应该做什么。这些布告有利于确保所有员工遵守公司的方针政策，这是质量达标的一个标志。类似地，艾伦-布拉德利公司（Allen-Bradley）的特温思伯格工厂用一个电子邮件系统取代了纸制手册系统，由此极大地改进了质量和生产率。现在，当设计变更时，系统就会清除过时的指南，将其更换为新的指南。工人不再需要对他们的工作岗位指导进行记录——这些指导很快就会被淘汰。

ISO 9000 是供应商认证的第一步。截止到 2009 年，在美国有共计 30 675 家公司获得了 ISO 9001 质量认证①。许多大型公司，包括杜邦（DuPont）、通用电气（GE）、伊斯曼·柯达（Eastman Kodak）和英国电信（BT Group），正在敦促它们的供应商去获取质量认证。

① See www.anab.org, certification totals, accessed September 24, 2009.

14.4 控制质量成本

良好的质量成本管理要求对质量成本进行报告和控制（控制的一个目的是降低成本）。对质量成本的控制使管理者能够比较实际结果和标准结果、计量业绩，并采取一些必需的纠正性措施。质量成本业绩报告有两个基本的要素：实际结果和标准结果或期望结果。根据实际结果相对于期望结果的偏离，可以对质量管理业绩做出评价，提供可能存在问题的信号。

业绩报告对质量改进项目来说十分必要。如基础 14.1（见前文）所示的报告就可促使管理者确定应该在业绩报告中出现的不同成本，识别组织的当前质量业绩水平，并开始思考应该达到的质量业绩水平。确定质量标准是质量业绩报告的一个关键因素。质量标准应该强调成本降低的机会。

14.4.1 选择质量标准

（1）全面质量（管理）法

全面质量管理标准过去常被称为*严格零缺陷标准*（robust zero-defects standard）。这种标准倡导按规格目标值要求生产或提供产品与服务。全面质量控制是 JIT 或精益生产方式的内在要求。JIT 或精益生产方式并不是向全面质量控制转变的前提。这种方法可以独立存在。

必须承认，全面质量标准可能是一个不能完全达到的标准；然而，存在证据表明，可以近似地达到这个标准。次品的产生可能是由于员工缺乏知识，也可能是由于员工注意力不集中而导致。员工知识的缺乏可以通过对员工进行适当的培训来弥补，员工注意力缺乏则可以通过有效的领导来纠正。还请注意，全面质量控制意味着要最终消除失败成本。那些主张不应该允许次品存在的人还要继续寻求改进质量成本的新方法。

考虑下面的例子。一家公司具有大量的邮寄业务。平均有 15% 的邮件被送往了错误的地址。这种失误导致了退货、延期支付、丧失销售额等结果。有一次，一份缴税通知发到了错误的地址，过了缴税的截止日期，税款仍未缴付，导致了 300 000 美元的罚款。为什么不花费一点资源（资源成本必然小于 300 000 美元），保证邮寄清单正确并避免失误呢？一个百分之百准确的邮寄清单真的不可能做到吗？为什么不在第一次就把它做好呢？

（2）量化质量标准

质量可以用成本来计量。当质量成本降低时，可使质量水平更高——至少可以达到某个质量水平点。一家公司即使达到零缺陷的标准，仍然必须发生预防成本和鉴定成本。一个拥有运行良好的质量管理项目的公司，其质量成本大约为销售收入的 2.5%（如果实现了零缺陷，则质量成本全部是预防成本和鉴定成本）。许多质量控制专家和许多采取进取性质量改进项目的公司都认为 2.5% 的标准是合理的。

2.5% 的标准针对的是全部质量成本。个别质量因素的成本，如质量培训和材料检测等成本，其所占销售收入比例会更少些。每一个组织必须为每一个质量因素单独确定合适的标准。可以用预算来设定每个质量因素的标准支出，使预算质量成本的合计数满足 2.5% 的目标。

(3) 实物指标

对于一线经理和经营人员来说，质量的实物指标——如单位次品率、外部失败成本百分比、发票错误率、合同失误率和其他实物指标等可能更有意义。从实物指标来看，质量标准就是零缺陷或零失误，其目标是使每个人在第一次就把事情做好。

(4) 短期标准的使用

对于大多数公司来说，达到零缺陷标准是一个长期目标。达到这个标准的能力与供应商（所提供产品的）质量有很大关系。对于大多数公司而言，外购材料和服务成本构成了（自身）产品成本的很大一部分。比如，Tennant 公司产品成本的 65% 是从 500 多个不同的供应商那里所购材料和零件的成本。为了达到理想的质量水平，Tennant 公司不得不发起了一场大型的活动，以使它的供应商实施类似的质量改进项目。发展与供应商的关系，确保与供应商的必要合作，这确实需要花费些时日——事实上需要数年时间。同样地，让公司内部员工了解质量改进的必要性，并在该项目中树立信心，可能也需要好几年的时间。

因为通过改进质量而使其达到零缺陷水平，可能需要数年时间，所以，应该建立起年度质量改进标准，以使管理者能够在短期基础上运用业绩报告去评估质量改进项目的进展情况。这些**短期质量标准**(interim quality standards) 表示当年的质量目标。为了树立管理者和雇员达到零缺陷的最终标准的信心，应该向他们报告质量改进项目的进展情况。虽然达到零缺陷水平是个长期的计划，但是管理层仍会期望每年都取得巨大的进展。比如，Tennant 公司花费了 6 年的时间，使得质量成本从销售收入的 17% 降到 8%，平均每年降低超过 1%。而且，一旦达到了 2.5% 的目标，那么要保持这个质量水平，就必须继续努力。在这个阶段，业绩报告发挥着严格的控制作用。

14.4.2 质量业绩报告的类型

质量业绩报告计量的是组织的质量改进项目已经实现的进展。可以计量和报告的三种类别的质量改进项目进展情况如下：

a. 关于当期标准或目标的进展情况（短期标准报告）；

b. 从质量改进项目初期开始的进展趋势（多期趋势报告）；

c. 关于长期标准或目标的进展情况（长期报告）。

(1) 短期标准报告

每年，组织都必须建立一个短期质量标准，并制订计划，以达到该质量目标水平。因为质量成本是一种质量指标，所以质量目标水平可以用质量成本类别和按每个类别内的每一质量成本项目的预算金额来表示。短期质量标准一般是简单地以上一年发生的质量成本为基础，根据管理部门期望的降低幅度而计算得出。期末，**短期质量业绩报告**(interim quality performance report) 对当期的实际质量成本和预算质量成本进行比较。这种报告计量当期内已实现的相对于计划改进水平的进展情况。基础 14.2 展示了一个这样的报告。

基础 14.2：如何以及为何编制短期质量业绩报告

资料：

AMD 公司 2012 年和 2013 年发生的实际质量成本如下：

	2012	2013
预防成本：		
质量培训	$ 64 000	$ 80 000
可靠性设计	128 000	160 000
鉴定成本：		
材料检测	$ 66 400	$ 84 000
流程验收	76 000	96 000
内部失败成本：		
废品	$ 55 000	$ 50 000
返工	120 625	100 000
外部失败成本：		
顾客投诉	$ 81 250	$ 65 000
保修	184 375	165 000

2012 年年底，管理者决定对每个类别的项目控制成本增加 25% 的投资，同时预期每种失败成本的每个项目降低 20%。2012 年和 2013 年销售收入总计为 8 000 000 美元。

为什么：

以美元表示的给定年份的质量标准就是当年的预算成本。依据质量改进计划，预算成本通常会较前一年的质量成本有所降低。短期质量业绩报告将实际质量成本与预算质量成本进行比较。

要求：

a. 请计算 2013 年的预算成本，并编制一份短期质量业绩报告。

b. 请评价这份报告的重要性。AMD 公司的进步有多大？

c. 如果2012 年的销售收入为 8 000 000 美元，而 2013 年的销售收入为10 000 000美元，结果会是怎样的？预算的废品成本需要进行什么改进？质量培训的预算成本呢？假定 2013 年的实际成本没有发生变化，那么关于 AMD 公司的业绩又该如何调整呢？

解答：

a.

AMD 公司短期质量业绩报告

截止到 2013 年 6 月 30 日

	实际成本	预算成本	差异
预防成本：			
质量培训	$ 80 000	$ 80 000[1]	$ 0
可靠性设计	160 000	160 000[1]	0
预防成本合计	$ 240 000	$ 240 000	$ 0

续表

	实际成本	预算成本	差异
鉴定成本:			
材料检测	$ 84 000	$ 83 000[1]	$ 1 000U
流程验收	96 000	95 000[1]	1 000U
鉴定成本合计	$ 180 000	$ 178 000	$ 2 000U
内部失败成本:			
废品	$ 50 000	$ 44 000[2]	$ 6 000U
返工	100 000	96 500[2]	3 500U
内部失败成本合计	$ 150 000	$ 140 500	$ 9 500U
外部失败成本:			
顾客投诉	$ 65 000	$ 65 000[2]	$ 0
保修	165 000	147 500[2]	17 500U
外部失败成本合计	$ 230 000	$ 212 500	$ 17 500U
质量成本合计	$ 800 000	$ 771 000	$ 29 000U
占销售收入的百分比	10.0%	9.64%	0.36% U

[1]2012 年实际控制成本×1.25（比如，质量培训＝64 000×1.25＝80 000）

[2]2012 年实际失败成本×0.80（比如，废品＝55 000×0.80＝44 000）

b. AMD 公司十分接近所计划的结果（总共只差了 0.36%）。因此，管理部门认为增加额外 25% 的控制成本能够导致失败成本降低 20% 的想法好像是可行的。

c. 废品的期望值随着销售收入的变化而变化。因此，销售收入增加 20% 将导致废品预算成本也增加 20%：$ 44 000×1.20＝$ 52 800。这会产生一个 2 800 美元（$ 50 000－$ 528 00）的有利的废品差异。所有的变动性成本都会使预算增加，预算的差异将比最初计算的差异更为有利。质量培训是一种酌量性固定成本，因此它的预算不会影响销售收入的变化。

（2）多期趋势报告

短期质量报告为管理者提供了相对于特定具体目标的当期进展信息。用图画来表示某一个质量改进项目从开始实施起的进展情况，也很有用。多期趋势——即质量成本的总体变化——是朝着正确的方向变动吗？每一期都取得了大幅度的质量改进吗？这些问题，可以用一个追踪从项目开始到现在的质量变化图来回答。这种图就被称为多期质量趋势报告（multiple-period quality trend report）。按时间序列绘图来表示质量成本占销售收入的百分比，就可以对质量项目的总体趋势进行评估。所绘图形中的第一年是实施质量改进项目的前一年。基础 14.3 提供了一个关于多期趋势报告的详细例子。

基础 14.3：如何以及为何编制多期质量趋势报告

资料：

假设 AMD 公司的情况如下：

	质量成本	实际销售收入	成本占销售收入的百分比
2009	$ 1 000 000	$ 5 000 000	20.0%
2010	990 000	5 500 000	18.0
2011	900 000	6 000 000	15.0
2012	868 000	6 200 000	14.0
2013	800 000	8 000 000	10.0

同一时期，各类成本项目占销售收入的百分比：

	预防成本	鉴定成本	内部失败成本	外部失败成本
2009	2.0%	2.0%	6.0%	10.0%
2010	3.0	2.4	4.0	8.6
2011	3.0	3.0	3.0	6.0
2012	4.0	3.0	2.5	4.5
2013	4.1	2.4	2.0	1.5

为什么：

质量成本占销售收入百分比的变化趋势显示了随着时间推移，各种提高质量的措施的效果。表述各类质量成本的这些趋势能够说明，各种提高质量的措施对质量成本的相对分布所产生的作用。

要求：

a. 请编制一个柱状图以揭示作为成本百分比的质量成本的趋势（横坐标是时间，纵坐标是百分比），并对该图所传达的信息做出评价。

b. 请编制一个柱状图来描述用销售收入的百分比来表示的每个成本项目。这个图告诉了您什么信息？

c. 如果管理部门想要得到质量成本相对分布的趋势，结果会是怎样的？请用一个柱状图来表示，并评价图中的显著项目。

解答：

a. 参见图表 14-6。从图表 14-6 可以清楚地知道，以销售收入的百分比表示的质量成本呈现了稳定的下降趋势（从 20% 降到 10%）。通过该图还能得知，质量的改进尚有较大的空间。

图表 14-6　**多期趋势报告：总的质量成本**

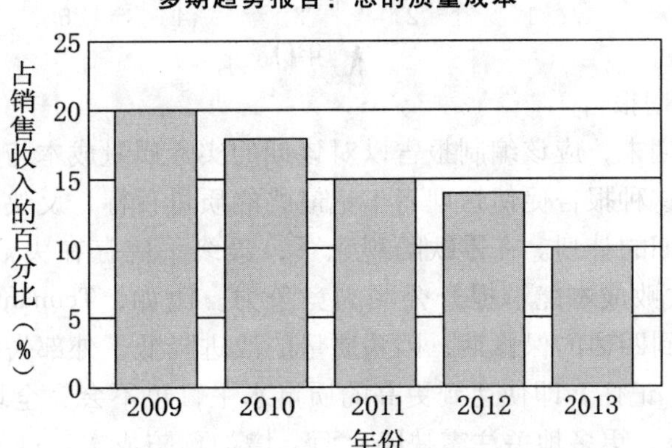

b. 参见图表 14-7。通过图表 14-7，我们可以发现 AMD 公司在降低内部和外部

失败成本上取得了很大的成功。更多的资金被用于预防成本（百分比增加了一倍）。同样地，鉴定成本先增后降，使得 AMD 公司对其预防措施更有信心。

图表 14-7　多期趋势图：个别质量成本项目

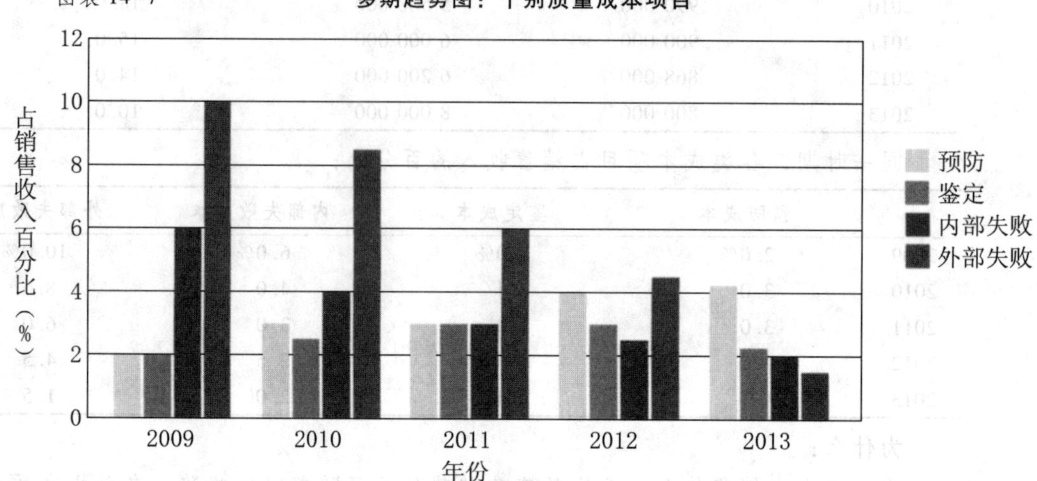

c. 参见图表 14-8。这个图表说明，失败成本从总质量成本的 80%（16%÷20%）降到了 35%（3.5%÷10%），而控制成本从 20% 提高到 65%。它表明，预防成本（增值性的）的提高导致了失败成本（非增值性的）的下降。

图表 14-8　多期趋势图：相对质量成本

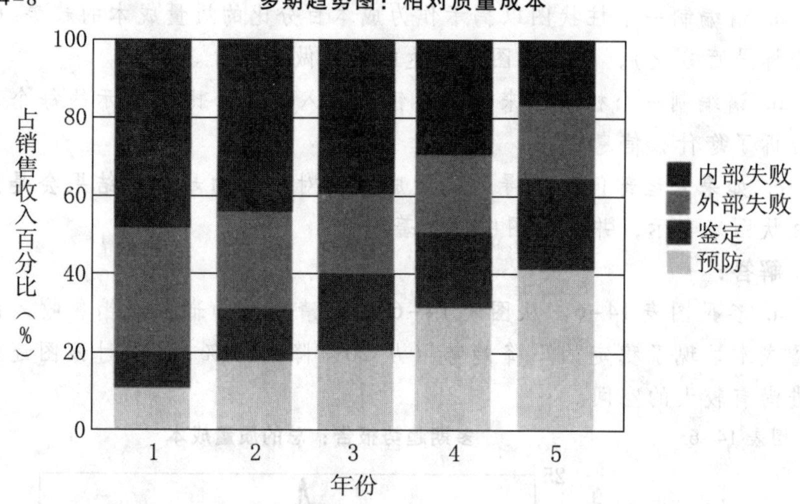

（3）长期报告

在每期期末，应该编制报告以对该期的实际质量成本与公司希望最终达到的成本进行比较。这种报告促使管理者牢记最终的质量目标，反映质量改进的空间，并且便于编制下一期的计划。在零缺陷观念下，最终不应存在失败成本（它们是非增值成本）。降低失败成本能够提升公司的竞争力。比如，Tennant 公司现在能够提供比竞争对手长两到四倍的保修期，因为质量的改进降低了外部失败成本。

（但请）记住，即使达到更高的质量水平，也不会完全地消除预防成本和鉴定成本。（实际上，更多地关注零缺陷反而会增加预防成本，这一点取决于最初所用的预防作业的类型和层次）。一般来说，我们会期望鉴定成本得到降低。比如，当产品质量提高时，产品验收工作可以被彻底取消；但是，这又可能会增加对流程验收的关注。公司必须要确保流程正在以零缺陷的方式运行。**长期质量业绩报告**(long-range quality performance) 对当期的实际成本与达到零缺陷时所容许的成本进行比较（假定达到零缺陷时的销售水平等于当期的销售水平）。如果目标成本水平选择恰当，则目标成本都是增值成本。因此，长期质量业绩报告只是增值成本和非增值成本报告的简单变化形式。基础 14.4 就是这样一种长期质量业绩报告。

(4) 对质量改进的激励

大部分组织对实现重大质量改进的贡献者既提供货币性激励又提供非货币性激励。在这两种激励中，许多质量专家认为非货币性激励更好用。

非货币性激励 正如预算编制一样，员工参与有利于员工将质量改进目标作为他们自己的目标。许多公司让员工参与质量改进的一个方法是使用失误原因识别表。**失误原因识别**(error cause identification) 是一个项目，它让员工描述那些他们不能在第一次就把事情做好的原因。失误原因清除法是 Philip Crosby 公司的质量改进项目的 14 个步骤之一①。为了确保项目的成功，每个提供信息的员工都会收到一封来自管理层的感激信。那些提供特别有用信息的员工将得到额外的奖励。

基础 14.4：如何以及为何编制长期质量业绩报告

资料：

下面给出了 AMD 公司截止到 2013 年 6 月 30 日的一年内的实际质量成本：

预防成本：	
质量培训	$ 80 000
可靠性设计	160 000
预防成本合计	$ 240 000
鉴定成本	
材料检测	$ 84 000
流程验收	96 000
鉴定成本合计	$ 180 000
内部失败成本	
废品	$ 50 000
返工	100 000
内部失败成本合计	$ 150 000
外部失败成本	
顾客投诉	$ 65 000
保修	165 000
外部失败成本合计	$ 230 000
质量成本合计	$ 800 000

在零缺陷水平下，AMD 公司希望花费 50 000 美元用于质量培训，100 000 美元用于可靠性设计，25 000 美元用于流程验收。假设销售收入为 8 000 000 美元。

① Philip Crosby, *Quality Is Free* (New York: New American Library, 1980).

为什么：

将长期质量业绩报告对当期的实际成本与达到零缺陷时所容许的成本进行比较。这个报告实质上是列示非增值成本的清单并反映质量提高所带来的进一步节约成本的潜力。

要求：

a. 请编制一个2013年的长期质量业绩报告。这份报告向AMD的管理部门传递了什么信息？

b. 请解释为什么在零缺陷的水平下还会存在质量成本。

c. 如果AMD达到了报告中所反映的零缺陷水平，结果会是怎样的？这个成就意味着什么？

解答：

a.

AMD公司长期质量业绩报告

截止到2013年6月30日

	实际成本	目标成本	差异
预防成本：			
质量培训	\$ 80 000	\$ 50 000	\$ 30 000U
可靠性设计	160 000	100 000	60 000U
预防成本合计	\$ 240 000	\$ 150 000	\$ 90 000U
鉴定成本			
材料检测	\$ 84 000	\$ 0	\$ 84 000U
流程验收	96 000	25 000	71 000U
鉴定成本合计	\$ 180 000	\$ 25 000	\$ 155 000U
内部失败成本			
废品	\$ 50 000	\$ 0	\$ 50 000U
返工	100 000	0	100 000U
内部失败成本合计	\$ 150 000	\$ 0	\$ 150 000U
外部失败成本			
顾客投诉	\$ 65 000	\$ 0	\$ 65 000U
保修	165 000	0	165 000U
外部失败成本合计	\$ 230 000	\$ 0	\$ 230 000U
质量成本合计	\$ 800 000	\$ 175 000	\$ 625 000U
占销售收入的百分比	10.0%	2.2%	7.81% U

AMD公司在失败作业上花费了太多的资金。它还需要在提高质量上作出更多努力。

b. 预防成本是增值成本，对于维持质量水平十分必要。从严格的理论意义上讲，鉴定成本的存在是不必要的（如果不存在有缺陷的产品，那么就没有必要进行检测作业）。

c. 通过减少在次品上的投入，AMD公司就可以用节约下来的资金进行扩张，并雇用更多的人工来支持这个扩张。提高质量水平自然而然地加强了公司的竞争力从而引起了扩张。因此，尽管提高质量水平可能意味着在某些领域提供更少的工作岗位（比如检测和保修服务），但是也同样意味着通过商业扩张将创造更多的工作岗位。

为了奖励员工所做出的努力，还可以给予他们其他的非财务性奖励。比如，一家餐馆对那些将用餐者的点菜单准确无误地输入厨房电脑的服务员，按月给予奖励。对于那些失误最多的服务员，则把他们的名字列在失误清单上（没有惩罚，只是名字）。（从此）失误率垂直下降，每月为餐馆在食品浪费方面节约了几千美元[①]。重要的不是奖励本身，而是对杰出成绩的公开认可。通过公开地认可那些重大的质量改进贡献，管理层得以强调它的质量改进承诺。同样地，得到认可的个人和团体也感受到了这种认可的好处，包括自豪感、工作满意度以及进一步改进质量的使命感。

货币激励 **收益共享**（gain sharing）为公司内对质量或生产率改进做出贡献的全体员工提供现金激励。比如，公司有一个目标，即在下一个季度将一个特定的工厂的次品率降低10%。如果达到这个目标，公司预计将节约1 000 000美元（通过避免返工和保修等作业来实现）。收益共享通过给员工发放以实现成本节约的一定百分比计算的奖金作为激励。比如，在Tennant公司，那些提供了质量改进建议且被采纳的员工，将获得由其建议而实现的第一年成本节约额的20%作为奖励。

14.5 界定、计量和控制环境成本

从历史上来看，企业会经常向大气和水源中排放污染物，但却没有承担这类作业的全部成本。许多人都认为，污染者需要承担由于生产产品和提供服务所引起的环境破坏的全部成本（污染者偿付原则）。通过承担全部成本（尚有争议），企业可能会寻找更具生态效益的生产方式。有趣的是，一些最早期的经验显示，在不减少有用的商品和服务并同时提高利润的条件下，提高环境质量也是很有可能的。如果这是真的话，那么一个更积极主动的方式就是必需的而且是恰当的。更积极的环境决策需要关于环境成本和利益的信息——这些信息难以被截然分开并被清晰地界定类别。根据生态效益的概念，实现企业目标和处理环境问题并不是相互排斥的。

14.5.1 生态效益模式

生态效益（ecoefficiency）是指组织的一种能力，即能够在提供更有用的产品和服务的同时减少对环境的负面影响，减少资源消耗及其成本。生态效益意味着用更少的材料、能源、水和土地生产更多的产品，提供更多的服务；同时，将废气、污水、废弃物以及有毒物质的排放降到最低程度。然而，关于生态效益模式最重要的观点可能是：防止污染和避免浪费对经济的发展有利——完全有可能做到少费多产。此外，生态效益是**可持续发展**（sustainable development）的补充和支持。可持续发展指的是既满足当前需要，又不危及后代发展的需要。尽管绝对的可持续发展是不可能实现的，然而努力去实现可持续发展还是有好处的。

生态效益表明环境保护和经济业绩之间存在一种正相关关系。图表14-9说明了

---

① Leonard L. Berry and A. Parasuramna, *Marketing Services: Competing Through Quality* (New York: The Free Press, Macmillan, 1991).

生态效益预想定义下的生态关系的目标、机会、结果[①]。四个主要目标是：a. 减少资源的消耗；b. 减少对环境的影响；c. 提高产品价值；d. 减少对环境的欠账。减少资源的消耗包括减少能源、原材料、水和土地的使用。同样也包括提高产品的耐久性和增强产品的可循环性。减少对环境的影响首先是要考虑将向环境中排放污染物的数量降到最低程度，并鼓励再生能源的可持续使用。提高产品价值指的是生产的产品要为消费者提供所需要的功能，但要用更少的原材料以及消耗更少的能源来生产。它也意味着产品的生产不会使环境质量下降，并且使用的原材料是环保的。第四个目标，减少对环境的欠账，需要公司识别和有效地管理与环境有关的危险和机会。达到这些目标需要公司寻找机会来提高生态效益，也就是图表 14-9 的第二个层次。

图表 14-9　**生态效益关系**

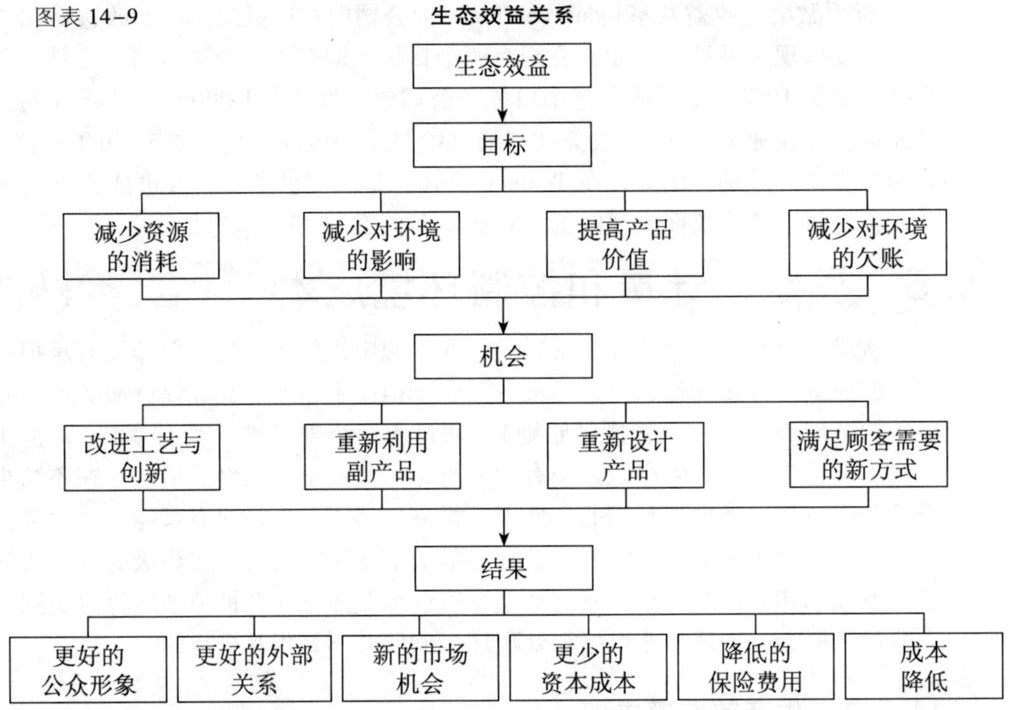

改进工艺和创新是提高效率的常见方法。既然这样，那么以提高生态效益为目的就意味着，生产流程的变革要同时关注降低成本和提高环境业绩。提高环境业绩的最有效的方法是改进工艺，但是对于生态效益上的重大进步而言，流程再造可能更为适合。"重新利用副产品"的意思是寻找将废料转换成有用的商品或投入到其他公司商品生产中去的方法。比如，LURA GROUP 将它的污泥通过污水处理设施加工成商业堆料[②]。重新设计产品是提高生态效益的另一个关键性方法。如果产品被重新设计，那么它们就可以消耗数量、类别更少的资源和排放更少的有毒物质，也更容易被回收再利用，同时还能为使用者提供高水平的功能。最后，还能通过寻找不同的、更好的方式以满足消费者的需要而提高生态效益。这可能需要重新定义市场，重新塑造供求

① The objectives and opportunities are those identified by the World Business Council for Sustainable Development (WBCSD). See WBCSD. "Eco-efficiency: Creating More Value with Less Impact," (October 1, 2000), http://www.wbcsd.org/web/publications/eco_ efficiency_ creating_ more_ value.pdf.

② WBCSD, "Eco-efficiency: Creating More Value with Less Impact," http://www.wbcsd.org/web/publications/eco_ efficiency_ creating_ more_ value.pdf.

关系。比如，提供一项服务比出售一件商品可能更具提高能源利用效率和减少污染的潜力。合用汽车就是最后这种方法的一个例子。

现实案例

Mobility 是一家瑞士的汽车合用公司。它为需要使用汽车的人们提供服务，使其不用购买他们自己的车。这些车停在一个地理位置十分优越的地方，比如火车站。顾客在预先安排的时间里使用这些汽车。有趣的是，这项服务改变了顾客的出行方式。合用汽车的顾客提高了他们对公共交通工具的使用，因此，减少了对汽车和燃料的使用。

图表 14-9 中的第三层次也就是最后一个层次，表示的是生态效益的结果。抓住前述的机会可以产生一系列有益的结果。减少对环境的影响能够创造社会利益，建立一个更好的公共形象，并且与政府建立良好的社会关系。这一点，反过来可以提高企业形象并能增强企业销售商品和提供服务的能力。提高生态效益的努力还可能通过拓展新的市场而增加收入（比如，过去被划分为无用的废渣也能够成为在市场上销售的商品）。具有生态效益的企业趋向于降低它们的环境风险，因此，它就能通过更少的资本成本和更低的保险费用来获取外部利益。最终，紧随着环境业绩提高的是成本的降低。

成本降低的结果特别重要。环境成本可能会在总的经营成本中占有很大比例；许多这样的成本可以通过有效的管理来减少或消除。比如，对环境成本及其成因的认识能帮助企业重新设计生产流程，这样就能减少资源的消耗和污染的排放（创新与成本降低措施之间的一种交互作用）。因此，可以降低当期和未来的环境成本，然后企业也会变得更具竞争力。为了提供这些财务信息，非常有必要界定、计量、分类环境成本并将其分配到流程、产品以及其他需要关注的成本对象身上。

14.5.2 环境成本的界定

在环境成本信息可以被提供给管理人员之前，必须对环境成本加以界定。环境成本的定义有很多种，但是最好的定义方法就是采取与总体环境质量模型相符的定义。在总体环境质量模型中，理想的状态就是对环境的零破坏（与全面质量管理中的零缺陷相类似）。对环境的破坏是指环境的直接恶化，比如向环境排放固体、液体或者气体废弃物（比如，水污染和空气污染），以及间接的环境恶化，比如对原材料和能源的滥用。因此，环境成本可以被称为环境质量成本（environmental quality costs）。与质量成本相似，**环境成本**（environmental costs）是由于恶劣的环境质量的存在而引起的成本。因此，环境成本与环境恶化的出现、检测、补救和预防作业相关。在这种定义下，环境成本可以被分为四类：

（1）**环境保护成本**（environmental prevention costs）是为了防止污染物和对环境有破坏性的废弃物的产生而执行作业所带来的成本。

（2）**环境检测成本**（environmental detection costs）是由于检测公司的产品、流程或其他作业是否符合恰当的环境标准而发生的成本。一个公司要遵守的环境标准和程序包括三方面：a. 政府的监管法规；b. 由国际标准协会制定的非强制性标准（ISO 1400）；c. 由管理层制定的环境政策。

（3）**环境内部失败成本**（environmental internal failure costs）是为了防止已经生产

出来的污染物和废弃物排放到环境中去而实施的作业的成本。因此，内部失败成本是为了消除和治理已经产生的污染物和废弃物而产生的。内部失败作业有如下目标：a. 确保生产出来的污染物和废弃物不会排放到环境中去；b. 降低污染物的污染水平，使其符合环境标准的要求。

（4）**环境外部失败成本**（environmental external failure costs）是在污染物和废弃物已经排放到环境中之后而实施的作业的成本。**已实现的外部失败成本**（realized external failure costs）是企业已经发生并支付的成本。**未实现的外部失败成本**（unrealized external failure costs）（社会成本）是因企业而产生的，但却由外部机构承担并支付的成本。社会成本可以进一步划分为：a. 由于环境恶化而产生的成本；b. 与使个人的财产或福利受到负面影响有关的成本。在以上任一情况下，即使是企业导致了这些成本的发生，也还是由其他人而不是由本企业来承担这些成本。

图表 14-10 总结了四种环境成本的类型而且详细地列示了引发每一类型成本的作业。在外部失败成本类别中，社会成本标有"S"的记号。由企业负责支付的成本称为**内部成本**（private costs）。所有没有标 S 标签的成本都是内部成本。在所有这四种环境作业中，外部失败成本是会使一个组织面临最大经济困难的成本。

图表 14-10　**按照不同的作业对环境成本分类**

预防作业	**内部失败作业**
评价和挑选供应商	操作污染治理设备
评价和挑选环境控制设备	处理和处置有毒废弃物
设计流程	维护污染治理设备
设计产品	为产生污染的设备请求许可
开展环境研究	回收废料
审查环境风险	
研制环境管理系统	
回收产品	
获得 ISO14001 认证	
检测作业	**外部失败作业**
审查环境作业	清理被污染的湖泊
检测产品和流程	清理石油污染
开发环境业绩指标	清理被污染的土壤
检测污染情况	处理人身伤害索赔（与环境有关）
检测供应商的环境业绩	将土地恢复到原来的状态
测量污染程度	由于恶劣的环境声誉而损失的销售额
	无效率地使用原材料和能源
	由于空气污染而接受医疗护理（S）
	由于污染而失业（S）
	损失了一个用作娱乐用途的湖泊（S）
	由于处理固态废弃物而破坏生态系统（S）

注："S" =社会成本

14.5.3　环境成本报告

如果一个组织认真对待提高其环境业绩和控制环境的话，那么环境成本报告就非常重要。按类别来报告环境成本可以有利于揭示两个重要的信息：a. 环境成本对公司盈利性的影响；b. 每一类环境成本的大致金额。基础 14.5 提供了一个简单的环境成本报告的范例。

基础 14.5：如何以及为何编制一张环境成本报告

资料：

Verde Corporation 在 2013 年 12 月 31 日的营业成本为 30 000 000 美元。环境成本如下：

维护污染控制设备	$ 400 000
开发环境业绩评价指标	240 000
操作污染控制设备	1 200 000
设计产品	600 000
员工培训	240 000
恢复土地的自然状态	2 100 000
检测流程	720 000
清理湖泊	3 300 000

要求：

a. 请编制一张环境成本报告，按质量类别将成本分类，并用其所占总营业成本的百分比来表述。该报告传递了什么信息？

b. 请绘制一个饼状图，以展示各类别环境成本的相对分布。这份报告能告诉了您什么信息？

c. **如果**Verde 故意不将污染湖泊的成本加入报告，**结果会是怎样的？**请给出做出这个决策的可能原因。

解答：

a.

Verde Corporation **环境成本报告**

截止到 2013 年 12 月 31 日

	环境成本		占营业成本的百分比[1]
预防成本：			
员工培训	$ 240 000		
产品设计	600 000	$ 840 000	2.80%
检测成本：			
检测流程	$ 720 000		
开发环境业绩评价指标	240 000	960 000	3.20
内部失败成本：			
操作污染控制设备	$ 1 200 000		
维护污染控制设备	400 000	1 600 000	5.33
外部失败成本：			
清理湖泊	$ 3 300 000		
恢复土地的自然状态	2 100 000	5 400 000	18.00
质量成本总计		$ 8 800 000	29.33%[2]

[1] 总营业成本为 30 000 000 美元。

[2] $ 8 800 000÷30 000 000＝29.33%

环境成本是总的营业成本的29.33%，看起来所占的比例相当大。通过提高环境业绩降低环境成本能显著地提高一家公司的利润率。

b. 参见图表14-11。对于总的环境成本而言，预防和检测类别成本只占了21%，剩下的79%的环境成本是失败成本。因此，增加预防作业比只顾压低失败成本更有效。

c. 最可能的原因是这个成本是一笔社会成本，不由公司支付，因此，不会直接影响Verde的利益。事实上，这样的正式确认会为公司带来一种潜在的负债（这是一种道德问题吗?）。

图表14-11

环境成本的相对分布

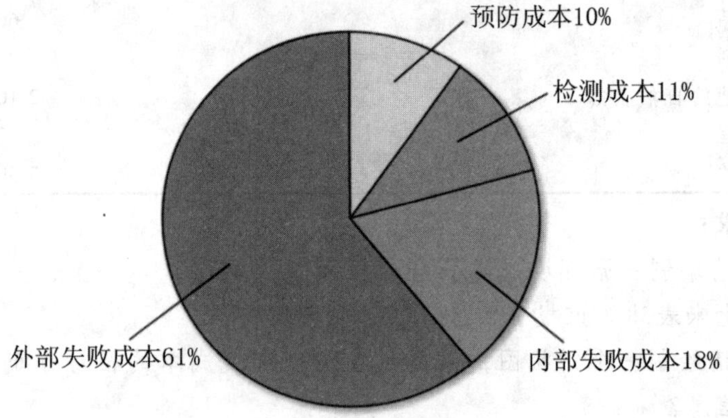

14.5.4 降低环境成本

在预防和检测作业中投入得更多会带来环境失败成本的显著降低。环境成本在许多方面的表现和质量成本一样。最小的环境成本在零破坏点（zero-damage point）处产生，这个点就像在全面质量管理模型中的零缺陷点。因此，一个生态效益的解决办法要关注预防成本，理由是预防比治理成本更低(prevention is cheaper than the cure)。与全面质量成本管理模型类似，在零破坏点上花费的环境成本最少。

14.5.5 环境财务报告

生态效益（的信息）可能会修正环境成本报告。尤其是，除了报告环境成本之外企业为什么不报告环境效益(environmental benefits) 的问题? 在一个特定的期间里，企业获得的效益有三种类型：

a. 额外收入；

b. 当期节约；

c. 成本回避（持续的节约效应）。

额外的收入指的是由于环境保护措施，比如回收废纸、寻找无害废品的新的应用方式（比如，用木头碎片生产木制国际象棋和木板）而产生的效益，以及由于提高了环境形象而增加的收入。成本回避是指以前年度支付的成本所产生的持续节约效应。当期节约指的是当年节省的环境成本。通过比较在特定期间内发生的环境成本所带来的效益，一种环境财务报表就产生了。管理人员可以使用这个报表来评价成果和潜在的进步。环境财务报表同时也成为每年向股东提供改进报告的一部分。图表14-12提供了一个环境财务报表的例子。报告显示公司有很大的进步，但是其成本仍是其效益的2.5倍，这意味着环境成本管理显然需要再加以改进。

图表 14-12 **环境财务报表**

Verde Corporation 环境财务报表

截止到 2013 年 12 月 31 日

环境效益：	
收入来源：	
回收收入	$ 600 000
来自废物衍生产品的收入	150 000
持续的节约效应：	
成本降低，污染物	900 000
成本降低，有害废弃物处置	1 200 000
当期节约：	
能源节省导致的成本节约	300 000
包装物的成本节约	450 000
环境效益合计	$ 3 600 000
环境成本：	
预防成本：	
设计环境管理流程	$ 640 000
供应商评价与选择	200 000
检测成本：	
污染测试	560 000
测量污染等级	400 000
内部失败成本：	
废品处理、运输、处置	1 500 000
操作污染控制设备	300 00
外部失败成本：	
低效的材料使用	1 400 000
清理土壤	4 000 000
环境成本总计：	$ 9 000 000

14.6 环境成本计算

产品和流程都是产生环境成本的源头。生产产品的过程会产生出排放到环境中去的固体、液体和气体废弃物。这些废弃物可能会破坏环境。因此，废弃物是内部和外部失败成本的原因（比如，投资购买设备用以防止废弃物进入环境，并在废弃物进入环境之后对其进行清理）。但是，生产流程并不是环境成本的唯一来源。包装物也是产生环境成本的一个原因。

产品本身也是产生环境成本的源头。在产品销售后，顾客对产品的使用和处置都会造成环境破坏。这些都是售后环境成本（environmental post-purchase costs）的例子。在大多数情况下，售后环境成本是由社会而不是由公司来承担的，因此，它属于社会成本。不过，有时售后环境成本会变成已实现的外部失败成本。

14.6.1 环境产品成本

生产、营销和交付产品的流程所产生的环境成本以及使用和处置产品的售后环境成本都是环境产品成本（environmental product costs）的例子。**完全环境成本法**（full environment costing）是指将包括内部和外部所有的环境成本都分配到产品中去的环境成本分配方法。**完全内部成本法**（full private costing）是指将内部成本分配到单个产品中去的环境成本分配方法。因此，内部成本法将那些由组织内部流程导致的环境成本分配到产品。内部成本法对许多公司来说也许是一个很好的起点，可以利用企业内部的数据来分配内部成本。而完全环境成本法则要求收集公司外部第三方所提供的数据。

将环境成本分配到产品可以产生有价值的管理信息。比如，它可以揭示某个产品是否比其他产品更应该对有毒的废弃物负责。这个信息可以促使企业提出新的产品设计方案，或者将生产该产品的流程设计得更有效率，对环境更有利。它同时也可以揭示当环境成本被恰当地分配后，产品是否仍然具有盈利性。这就使得企业可以判断是否停止生产该产品，以显著地改进其环境业绩和经济效率。改进环境业绩和经济效率有很多方法，但是对环境产品成本的了解确实非常关键。另外，正确分配环境成本也很重要。

14.6.2 以作业为基础的环境成本分配

生产、销售和运输产品流程的环境成本和由于使用与处置产品而导致的售后环境成本是环境产品成本（environmental product costs）的例子。将环境成本分配到产品可以产生有价值的管理信息。比如，它可以揭示某个产品是否比其他产品更应该对有毒的废弃物负责。这个信息可以促使企业提出新的产品设计方案，或者将生产该产品的流程设计得更有效率，对环境更有利。它同时也可以揭示当环境成本被恰当地分配后，产品是否仍然具有盈利性。这就使得企业可以判断是否停止生产该产品，以显著地改进其环境业绩和经济效率。改进环境业绩和经济效率有很多方法，但是对环境产品成本的了解确实非常关键。另外，正确分配环境成本也很重要。

作业成本法的出现方便了环境成本计算。将环境成本追溯到应为环境成本负责的产品是一个健全的环境会计系统的最基本的要求。每一项环境作业都要被分配成本，计算出作业率，再用这个比率来分配产品基于使用作业所引起的环境成本。基础14.6展示了如何在两种不同类型的工业清洁剂之间分配环境成本。

基础14.6中的成本分配使得管理者能够知道与这两种产品有关的环境经济效应，同时从环境成本能够反映环境破坏这一角度来说，环境单位成本同时也可以作为产品清洁程度的一个指数或指标。“肮脏”的产品会成为提高环境业绩和经济效率的重点。比如，基础 14.6 显示了清洁剂 B 比清洁剂 A 带来了更多的环境问题。清洁剂 B 的环境成本总计 370 000 美元（$ 3.7×100 000），占总制造成本的 18.5%。另外，清洁剂 B 的环境失败成本是 310 000 美元（维护加有毒废弃物），占总环境成本的 83.8%。清洁剂 A 的情况较好一些。它的环境成本总计 80 000 美元，占总制造成本的 8%，失败成本是总环境成本的 18.75%。很明显，清洁剂 B 身上体现了更大的环境和经济改进潜力。

基础 14.6：如何以及为何进行以作业为基础的环境成本分配

资料：

Pearson 公司报告如下：

a. 环境作业成本

作业	成本
设计流程（来减少污染）	$ 45 000
检测流程（为了污染问题）	80 000
维护环境设备	125 000
有毒废弃物的处置	200 000

b. 动因数据

	清洁剂 A	清洁剂 B
设计工时	2 000	1 000
检测工时	1 750	2 250
维护工时	200	4 800
废物的重量	1 000	19 000

c. 其他的有关生产的数据

	清洁剂 A	清洁剂 B
非环境产品成本	$ 920 000	$ 1 630 000
生产单位	100 000	100 000

为什么：

以作业为基础的环境成本分配能向管理者提供评估众多类别产品对环境影响的能力。了解这些信息可使他们设计出能改善其产品对环境影响的方法。

要求：

a. 请计算出用于分配环境成本到产品的作业分配率。

b. 请用 ABC 法确定每种产品的单位环境成本。

c. **如果**设计成本上升到 80 000 美元，而有毒废弃物的成本降低到 100 000 美元，**结果会是怎样的？**假设设计产品 B 用了 4 000 个小时中的 2 000 个小时。又假设有毒废弃物的成本会减少一半，而清洁剂 B 消耗了 10 000 磅中的 9 000 磅有毒废弃物。那么清洁剂 B 的新环境成本是多少？

解答：

a. 设计流程：$ 45 000÷3 000＝$ 15 每一设计小时

检测：$ 80 000÷4 000＝$ 20 每一检测小时

维护设备：$ 125 000÷5 000＝$ 25 每一维护小时

废品处置：$ 200 000÷20 000= $ 10 每磅

b. 产品成本：

作业	清洁剂 A	清洁剂 B
设计流程（$ 15×2 000；$ 15×1 000）	$ 30 000	$ 15 000
检测流程（$ 20×1 750；$ 20×2 250）	35 000	45 000
维护设备（$ 25×200；$ 25×4 800）	5 000	120 000
处置有毒废弃物（$ 10×1 000；$ 10×19 000）	10 000	190 000
环境成本合计	$ 80 000	$ 370 000
其他制造成本（非环境成本）	920 000	1 630 000
总成本（环境成本+其他成本）	$ 1 000 000	$ 2 000 000
单位环境成本*	$ 0.80	$ 3.70
单位成本（环境+其他）	$ 10.00	$ 20.00

*成本被分割成 100 000 份

c. 使用关联的作业分配率，每一设计小时 20 美元（$ 80 000÷4 000）和每磅废弃物 10 美元（$ 100 000÷10 000），使得分配到 B 的设计成本提高了 25 000 美元，分配到 B 的有毒废弃物成本减少了 100 000 美元。净下降额为 75 000 美元（$ 100 000 − $ 25 000），而 B 的总环境成本下降为 295 000 美元（$ 370 000 − $ 75 000）；因此，清洁剂 B 的单位环境成本现在是 2.95 美元（$ 295 000÷100 000）。

练习题

复习题

14.1　质量成本分类、质量改进和盈利能力

在年初，Kare 公司采取了一项可以改进产品质量的措施。公司开始采取措施以减少有缺陷产品的生产。在年底，生产经理的报告指出，产品的废弃和返工都减少了。公司的总经理对此很高兴，但是他想得到一些关于这项提高的财务影响的评价。为了做出这个评价，以下数据是当前和以前年度收集到的财务数据：

	以前年度（2012）	当前年度（2013）
销售收入	$ 10 000 000	$ 10 000 000
废料	400 000	300 000
返工	600 000	400 000
产品检测	100 000	125 000
产品保修	800 000	600 000
质量训练	40 000	80 000
材料检测	60 000	40 000

要求：

（1）请将成本分为预防、鉴定、内部失败和外部失败成本等类别。

(2) 请计算这两年中质量成本占销售额的百分比。由于质量改进，利润增加了多少？假使质量成本能够降低至销售额的 2.5%，通过质量提高将会增加多少利润（假使销售收入保持不变）？

解答：

a. 预防成本：质量训练；鉴定成本：产品检测和材料检测；内部失败成本：废料和重加工；外部失败成本：产品保修。

b. 以前年度：总质量成本：2 000 000 美元；占销售额的百分比：20%（$ 2 000 000÷$ 10 000 000）。当前年度：总质量成本：1 545 000 美元；占销售额的百分比：15.45%（$ 1 545 000÷$ 10 000 000）。利润增加了 455 000 美元。如果质量成本降低至销售额的 2.5%，利润也许能再增加 1 295 000 美元（$ 1 545 000－$ 250 000）。

14.2 环境成本

在 2013 年初，Greener 公司采取了一项可以改进环境业绩的方案。公司开始采取措施来减少污染性气体、固体和液体废弃物的产生和排放。在年底的一次管理会议上，环境经理的报告中指出公司在改进环境业绩、减少各种类型污染废弃物的排放上取得了令人瞩目的成绩。公司的总经理对此很高兴，但是他想对环境业绩改进的财务成本进行评价。为了满足总经理的要求，环境经理搜集了 2012 年初和 2013 年的如下财务数据（所有的成本变化都是由于环境业绩的改进所致）：

	2012 年	2013 年
销售收入	$ 60 000 000	$ 60 000 000
评价和挑选供应商	0	1 800 000
治理和处理有毒物质	3 600 000	2 400 000
检测流程（环境目标）	600 000	900 000
土地补偿（每年支出资金）	4 800 000	3 600 000
维护治理污染的设备	1 200 000	900 000
检测污染物	450 000	300 000

要求：

(1) 请对环境保护、检测、内部失败和外部失败成本进行分类。

(2) 请编制近一年的环境成本报告，将成本用销售收入的百分比来表示（而不是经营成本的百分比）。

解答：

(1) 环境保护成本：评价和挑选供应商；环境检测成本：检测污染物和检测流程；内部失败成本：维护防止污染的设备和治理、处理有毒物质；外部失败成本：土地补偿。

（2）

Greener 公司环境成本报告

2013 年 12 月 31 日

	环境成本	占销售收入的百分比
保护成本：		
评价和挑选供应商	$ 1 800 000	3.00%
检测成本：		
检测污染物	$ 300 000	
检测流程	900 000	
总检测成本	$ 1 200 000	2.00
内部失败成本：		
维护治理污染的设备	$ 900 000	
治理和处理有毒物质	2 400 000	
总内部失败成本	$ 3 300 000	5.50
外部失败成本：		
土地补偿	$ 3 600 000	6.00
总环境成本	$ 9 900 000	16.50%

问题讨论

14.1　设计品质和制造品质有什么不同之处？

14.2　为什么说质量成本是没把事情做好的成本。

14.3　零缺陷理念和严格质量观有什么不同之处？

14.4　请描述塔古奇损失函数，并将其与严格质量观相联系。

14.5　请指出并讨论质量成本的四个分类。

14.6　请解释为什么比起内部失败成本来，外部失败成本对公司更具有破坏性。

14.7　一些质量专家主张质量是免费的。您同意这种观点吗？请解释您的理由。

14.8　短期质量标准的目的是什么？

14.9　请描述质量业绩报告的三种类型。管理者如何使用每种报告来帮助评价其质量改进项目？

14.10　请描述用来激励职工参与质量改进项目的不同种类的激励方式。请解释利润分享。

14.11　如果公司的销售额为 200 000 000 美元，那么多少销售百分比应该花在质量成本上？假使公司花费销售额的 18% 在质量成本上，质量改进带来的潜在节约量是多少？

14.12 请解释为什么对于管理者来说，评价四个类别的质量成本的相对分布是很重要的。

14.13 请讨论当仅仅列示每个类别的质量成本时，质量成本报告所带来的好处。

14.14 请解释为什么会计要对编制质量成本报告负责。

14.15 什么是 ISO 9000？为什么这么多公司希望得到这个认证？

14.16 什么是生态效益？

14.17 生态效益的四个目标是什么？

14.18 请描述提高生态效益的四个因素。

14.19 什么是环境成本？

14.20 环境成本的四个分类是什么？请对每个分类的内容加以说明。

14.21 已实现的外部失败成本（环境）和未实现的外部失败成本（社会）之间的区别是什么？

14.22 完全环境成本法的含义是什么？完全内部成本法的含义是什么？

14.23 产品的单位环境成本能表达什么信息？

习题

14.1 质量成本报告

Evans 公司在 2013 年度的总销售额为 3 000 000 美元。质量相关作业的成本如下所示：

退货/补偿	$ 150 000
设计改变	180 000
原型检测	39 000
故障时间	120 000
质量小组	6 000
包装检测	42 000
现场测试	18 000
投诉处理	195 000

要求：

（1）请编制质量成本报告，将成本进行分类，并将每种分类所占的销售百分比表示出来。成本报告提供了什么信息？

（2）请编制柱状图和饼状图来阐明每种类别所占总质量成本的份额。请评论分布的意义。

（3）假使五年之后，质量成本是销售额的 7.5%，而控制成本占质量成本的 65%，您的结论是什么？

14.2 长期业绩报告

Nabors 公司在截至 2013 年 6 月 30 日 的实际质量成本如下所示：

预防成本：	
原型检测	$ 300 000
供应商证明	600 000
总预防成本	$ 900 000
鉴定成本：	
工艺验收	315 000
测试工作	360 000
总评估成本	$ 675 000
内部失败成本：	
重新检测	$ 187 500
重新加工	375 000
总内部失败成本	$ 562 500
外部失败成本：	
召回	$ 243 750
产品责任	618 750
总外部失败成本	$ 862 500
总质量成本	$ 3 000 000

在零缺陷状态，Nabors 预计在质量工程上花费 375 000 美元，在供应商证明上花费 75 000 美元，在包装检测上花费 50 000 美元。假设销售额为 25 000 000 美元。

要求：

（1）请为 2013 年度编制长期业绩报告。这份报告将会告诉 Nabors 的管理者什么信息？

（2）请解释为什么在零缺陷状态下质量成本仍然存在。

（3）假使在报告中反映 Nabors 公司达到了零缺陷状态，这个业绩会有什么影响？

14.3 环境成本报告

Verde 公司的报告显示截至 2013 年 12 月 31 日，生产成本为 50 000 000 美元，环境成本如下所示：

污染测试	$ 700 000
产品检测	420 000
处理有毒废物	2 100 000
取得 ISO 14001 认证	1 050 000
流程设计	420 000
清理石油泄漏	3 675 000
维护污染设备	1 250 000
清理受污染的土壤	5 775 000

要求：

（1）请编制环境成本报告，将成本按等级分类，并将每种类别的成本表达为总生产成本的百分比，这个报告传达了什么信息？

（2）请编制饼状图，分类列示环境成本的相对分布情况。该报告告诉了您什么？

（3）假使由于报告中包括了固体废物处理，Verde 故意没有将破坏生态系统的成本包括进去，请找出做这个决定的可能原因。如果有意识地避免，那么这个决定是不是缺乏职业道德？

14.4 质量成本报告

Kang 公司报告其在 2013 年的销售额为 3 240 000 美元。在年底，报告的质量成本如下所示：

设计观点	$ 162 000
召回	54 000
重新检测	27 000
原料检测	21 600
质量培训	54 000
工艺验收	27 000
废料	18 900
销售损失	108 000
产品检测	16 200
退货	51 300

要求：

（1）请编制质量成本报告。

（2）请编制图表（饼状图或者柱状图）来显示质量成本的相对分布情况，并对这个分布情况进行评论。

14.5 多期趋势报告

Willson 公司的管理者计算了过去五年中质量成本所占销售额度的百分比（2009 年是第一个年度，因为公司完成了质量提升项目）。相关信息如下所示：

	预防	鉴定	内部失败	外部失败	总计
2009	2%	3%	8.0%	12%	25.0%
2010	3	4	7.0	10	24.0
2011	4	5	5.5	6	20.5
2012	5	4	3.0	5	17.0
2013	6	3	1.0	2	12.0

要求：

（1）请为总质量成本编制趋势图。请评论图表对质量改进计划的成功说明了什么。

（2）请编制图表来反映每种质量成本类别的趋势。请评论图表对质量改进计划的成功说明了什么？这个图表是否提供了比总成本趋势图更有启发意义的信息？

（3）请编制一个图表来比较相对质量成本的趋势。这个图表告诉了您什么？

第 15 章　精益会计与生产率的计量

学习本章之后，您可以：

①描述精益生产的基本特征。

②描述精益会计。

③讨论并定义生产率和局部生产率的计量。

④对总体生产率的计量加以解释，并且描述它的优点。

以一个假想的公司为例，Garn Autoparts，生产四大产品系列：减震器、铝合金和钢轮、刹车系统和铝散热器。Garn 正在考虑扩张到新的国际市场并且正面临着诸如 DENSO（日本）、Bosch（德国）和 Delphi（美国）等竞争者。要使得这种努力取得成功，Garn 需要通过简化操作过程、消除浪费、提高质量和交付能力等而变得更有效率。显然，一个组织必须在获得资源、劳动力、机器、动力和其他投入以及转化成高质量的产品和服务等方面做得和竞争者一样好甚至更好。通过使用更少的投入生产一定的产出或者在一定投入下生产更多的产出，公司可以创造竞争优势。管理层需要评估用于提高效率的决策的潜在和实际的效果。管理层还需要监督和控制效率的变化。生产率指标能够满足（计量）这些业绩与控制目标（的要求）。

精益生产关注如何在生产过程中消除浪费。预期效益包括缩短的交货周期、改进的质量、提升的按时交付率、更低的库存、更小的空间、更少的人力、更低的成本和提高的盈利能力等效果。精益会计是一个简化的成本核算方法，通过财务和非财务指标来支持精益生产。支持效率改进的一个关键方面是生产率的衡量，这一点涉及投入和产出之间的关系。由于实践精益生产可以减少浪费，所以生产率也会相应提高。

15.1　精益生产

Garn Autoparts 是许多处于快速变化环境下的公司中的一个代表。产品和加工流程不断地被重新设计和改进，并且永远存在着强劲的国内外竞争对手。竞争性环境要求企业向多样化的顾客群提供顾客化的产品和服务。反过来，这也意味着企业必须找到符合成本效益原则的方法来生产小批量而多样化的产品，并且需要更多地关注企业与其供应商和顾客之间的联系。此外，对于许多行业而言，产品生命周期正在萎缩，对创新的需求提出了更高的要求。因此，在一个充满活力、快速变化的环境中运营的组织会发现，适应和改变对于生存而言至关重要。为了找到提高业绩的办法，在这种环境下运营的企业被迫重新评估它们是如何经营的。提高业绩转化为不断寻找消除浪费的方法以及只从事给顾客带来价值的活动。这种思想的制造方法通常被称为精益生产。因此，精益生产（lean manufacturing）是一种为消除浪费和最大化顾客价值而设计的方法。它的特点是在顾客需要的准确时间，以尽可能低的成本，交付有品质保证的（零缺陷）产品。

精益生产系统使得管理者可以消除浪费、减少成本并且变得更有效率。实行精益生产的企业通过重新定义组织内的活动来寻求一种成本降低的战略。成本降低与成本领先直接相关。精益生产通过减少浪费来增加价值。精益生产的成功实施已经带来了重大改进，比如更好的质量、提高的生产率、降低的交货时间、存货的大幅降低、减少的设备安装时间、更低的生产成本以及提高的生产率。

现实案例

比如，美国合成（USS），一家生产诸如聚晶金刚石刀具等创新金刚石制品的企业，实施了精益生产。随后，USS获得了2011年的新乡奖（Shingo Prize）（一个认可成功运用了精益生产的奖项）。USS通过运用精益生产将物流时间从4～17天降到了15分钟，将各加工步骤之间的存货保险储备从4 000个零件减少到了6个，部分机器的产能由于消除了浪费而提高了75%，并且收入提高了23%，而同时保住了该行业的最佳交付期。

精益生产也在如下企业中得到了应用，并取得了类似成果①：

约翰迪尔公司电力产品（John Deere Power Products）

湾流宇航公司（Interiores Aéreos S. A. De C. V. Gulfstream Aerospace）

E-Z-GO

奥托立夫安全气囊（Autoliv Airbag Odule Facility）

锐珂医疗公司（Carestream Health，Inc.）

莱康明引擎（Lycoming Engine）

事实上，精益生产与新乡重夫、大野耐一和丰田英二等开发的丰田生产系统是一样的。*世界级制造*和*适时制*（JIT）生产与采购是包含许多相同方法的（类似）术语。精益生产也与福特公司的精益企业制度类似。但是，新乡重夫、大野耐一和丰田英二的贡献克服了福特系统的一些主要的缺陷。具体地说，福特系统没有正确地衡量员工价值，也没有处理产品多样化的问题。变化多样的小批量产品与福特生产系统不能兼容。员工授权、团队结构、单元式制造、减少的设备安装时间和小批量生产都出现在丰田生产系统，并且是精益制造系统所不可或缺的组成部分。

是什么使得企业实现美国合成（USS）案例中所描述的成果？实现精益生产需要精益思想。精益生产通过如下精益思想的五个原则来辨别：

（a）通过每个特定产品来准确分辨价值；

（b）分辨每个产品的“价值流”；

（c）形成不间断的价值流动；

（d）让顾客从生产者那里拉动价值；

（e）尽善尽美。

15.1.1　通过产品来确定价值

价值是由顾客来决定的——至少，它是顾客愿意为其掏钱的一个物品或一种性能。顾客所获取的价值（价值实现）与其牺牲的价值（价值牺牲）是不同的。（价值）实现是顾客所接收到的。（价值）牺牲是顾客所付出的，包括他们愿意为基本和特殊的产品功能、质量、品牌与声誉所支付的价值。因此，价值与特定产品或产品的

① 所有这些公司都是新乡奖的获得者，新乡奖用于认可因为成功运用精益生产所实现的成果。参见网址。这里所列举的名单只是那些运用了精益生产系统的公司的一小部分。

特定功能有关。顾客不想要的额外的性能与功能是对时间和资源的一种浪费。此外，尝试销售顾客不想要的性能与产品也是对时间和资源的一种浪费。评估价值是外部导向的，而不是内部导向的。只有增值的作业应该加以生产；非增值的作业应该予以取消。

15.1.2 价值流

价值流是由所有的作业组合而成的，包括增值作业与非增值作业。价值流被用以推出一个产品组或服务，使其贯穿从起点（比如顾客订单或构思新产品）到顾客拿到成品这一整个过程。价值流有多种类型，最常见的是*订单处理价值流*。订单处理价值流关注的是给当前的顾客提供现有产品。价值流的第二种类型是*新产品价值流*，这一价值流关注的是为新顾客开发新产品。一个价值流反映了所有的为顾客提供产品——而要做的事情——做得好和做得坏都有可能。因此，分析价值流可以让管理者识别浪费。价值流中的作业有增值型与非增值型之分。不增值的作业是浪费的源头。它们又有两种类型：a. 在短期内可以避免的作业；b. 限于现有技术或生产方式而在短期内不能避免的作业。第一种类型大多数是可以快速消除的，但第二种类型则需要更多的时间和努力。图表 15-1 直观地描绘了 Garn Autoparts 的一个铝轮的订单处理价值流。这个特定的价值流只有一个生产单元，其他的价值流则可能有多个生产单元。

图表 15-1 **订单处理价值流**

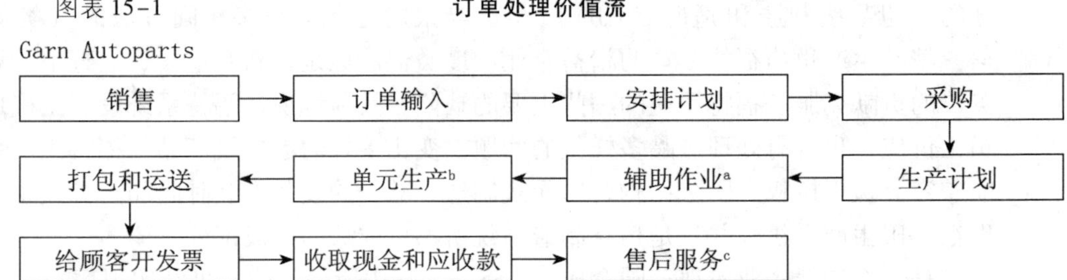

[a]移动材料、质量管理、工艺设计、安装设备、维护等。

[b]切割、钻孔和插入、装配与完工。

[c]顾客投诉、现场维修、保修服务等。

可以为每一种产品都设计一个价值流；不过，更常见的情况是将使用相同加工流程的产品组合成相同的价值流。识别价值流的一种方法是使用一个简单的二维矩阵，其中活动/加工流程列在第一个维度而产品在第二个维度。图表 15-2 用一个四轮模型列示了一个简单的矩阵：铝模型 A，铝模型 B，钢模型 C 和钢模型 D。这种情况下，表现的是两个价值流，每一个价值流都由两个产品模型组成（值得注意的是，不同于铝模型，钢模型有两个主要的加工流程，因此需要两个价值流）。

一旦识别了价值流，下一步工作就是将人员和资源分配到价值流。按照一般的经验，每个价值流应该有 25 人到 150 人（参与）。如有可能，应安排尽可能多的人员、机器、制造加工流程和辅助作业等服务于一个价值流。这样会带来主人翁的思想，并且可以用来划分直接责任。识别价值流也可简化和促进产品成本的计算。从某种意义上讲，价值流就是它自己的独立公司，而该价值流的团队对其自身的改进、增长以及盈利能力负责。

图表 15-2　**识别价值流的矩阵方法**

钢模型	订单输入	生产计划	采购	铝单元[a]	钢单元[b]	压力测试[c]	打包和运送	开发票
A	×	×	×	×			×	×
B	×	×	×	×			×	×
C	×	×	×	×	×	×	×	×
D	×	×	×	×	×	×	×	×

[a] 铸造、机器加工、喷漆与完工。

[b]冲压、焊接、熔覆（附加不锈钢或近似镀铬铝外观的油漆塑料零件）。

[c]为了确保钢轮具有和铝一样的抗压强度，它们需要通过压力测试。

铝模型 A 和铝模型 B 可以放在第一个价值流。

钢模型 C 和钢模型 D 可以确定第二个价值流。

15.1.3　价值流动

在一个传统的制造计划中，生产是按部门职能来组织的，而产品被大批量地生产，从一个部门移到另一个部门。因为每个批次要在各部门间移动，并且如果还有另一个批次在加工流程中排在它前面，那么它就需要等待轮到自己，所以这种方法需要大量的传送时间和等待时间。通常，（这种方法）需要冗长的转换时间来准备设备以生产下一批那些可能有一些不同特征的货物。传统的批次生产不是用来处理产品多样化的；此外，移动时间和等待时间还是浪费的根源所在。批次生产必须等待前一个批次（的完工）以及在开始一个加工流程之前的后续安装（的完成才可以进行）。一旦一个批次进入了加工流程，各个产品就按顺序进行生产；当一些产品完工之后，但在整个批次的产品移动到下一加工流程之前，它们必须等待该批次中的其他产品完工。比如，如果一个部门可以每 5 分钟加工一件产品，那么，在一个批次为 10 件产品中的第一件产品可以在 5 分钟后完工，但是必须再等待 45 分钟即剩余（9 件）产品全部完工后（整个批次）方可进入下一个加工流程。因此，（传统的生产模式）既有加工前的等待，又有加工后的等待。图表 15-3 说明了 Garn 当前模型 A 铝轮生产的部门布置。该图解释了目前的等待时间和移动时间。

图表 15-3　**Garn 当前模型 A 铝轮生产的部门布置**

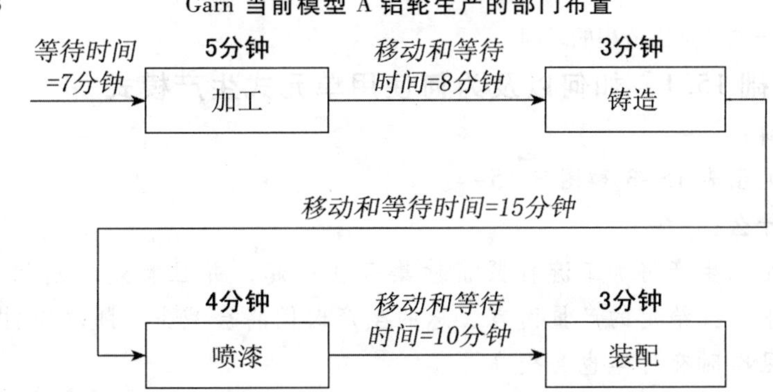

字体代码：

黑体字表示增值加工流程的时间

斜体字表示非增值加工流程的移动和加工前的等待时间

（1）减少安装/转换时间

在大批量生产中，很少需要安装作业，并且安装作业的固定成本由许多产品来共同分摊。其典型的结果就是使得生产计划非常复杂并导致大量的半成品和产成品库存。精益生产极大地减少了等待和移动时间，并使得小批量的不同产品也能够生产。实现这些结果的关键因素是更少的安装时间和单元式生产模式。减少为生产不同类型产品配置设备的时间，使得更多品种的更小批量的产品生产成为可能。它还能减少生产一个单位产品的时间，因此可以提高回应顾客需求的能力。顾客并不认可转换作业的价值，因此转换作业就是浪费。尽管减少安装时间很重要，但更重要的是单元式或持续性流动生产模式的应用。

（2）单元式生产

精益生产使用一系列的单元去生产（性质）类似的产品组。精益生产系统用生产单元的模式来取代传统的工厂布局。单元结构之所以优于部门结构，是因为它能减少订货提前期、降低生产成本、提高质量，并增加准时交货率。**生产单元**（manufacturing cell）包含产生一系列的产品所需要的几乎所有的操作程序。所使用的机器通常是以半圆形来分组。将加工流程相互靠近的原因是为了减少移动时间，并保持操作程序之间的持续流动，同时使得任何两个操作程序之间的存货保持为零。生产单元通常致力于生产需要类似操作程序的产品。图表 15-4 展示一个计划的模型 A 铝轮的单元生产结构。请注意，通过将加工流程紧密集合在一起并且单元致力于生产（具有类似操作程序的）产品组，（因此）移动和等待的时间基本上可以消除。基础 15.1 说明了相对于传统的部门式方法，单元式生产的价值。

图表 15-4　　　　**Garn 计划的生产单元（铝模型 A）**

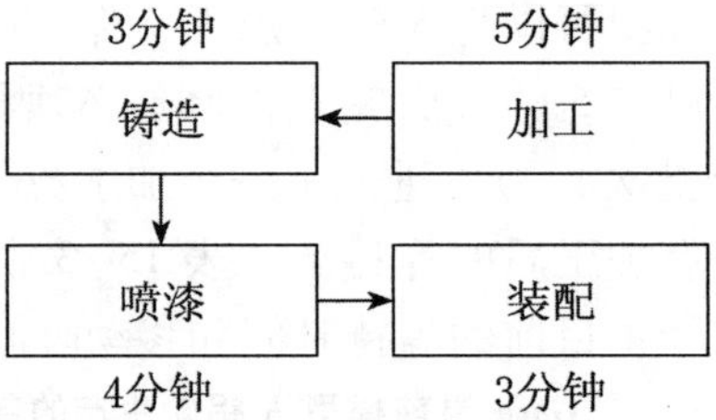

3分钟　　5分钟

铸造 ← 加工

↓

喷漆 → 装配

4分钟　　3分钟

蓝色 = 增值加工流程的时间

基础 15.1：如何以及为何使用单元式生产模式

资料：

参见图表 15-3 和图表 15-4。

为什么：

单元式生产将加工流程紧密地集合在一起，并且有效地消除了移动和等待的时间。对于一批给定的产量而言，总的生产时间将会减少，随之交付时间和成本也会减少，并且准时交付率也会提高。

要求：

a. 请计算使用 Garn 的传统的部门结构生产模式生产一批 10 件产品所花费的时间总量。

b. 使用单元式生产，生产相同批次10件产品的时间可以节省多少？假设生产单元的操作程序不会间断，那么生产率会是多少？是哪个加工流程控制了这一生产率？

c. **如果**生产的加工流程时间从5分钟减少到4分钟，**结果会是怎样的？**那么现在的生产率是多少，生产一批10件产品要花多长时间？

解答：

a.

生产一批1件产品总的交付时间	
加工时间	
机器加工	50分钟
铸造	30分钟
喷漆	40分钟
装配	30分钟
总加工时间	150分钟
移动和等待时间	40分钟
本批次的总的生产时间	190分钟

b.

加工时间（10件）	总耗时
第一件产品	15分钟
第二件产品	20分钟（加工流程在第一件产品后五分钟开始）
第十件产品	60分钟（总的加工时间）
相对于传统生产模式所节省的时间：190分钟-60分钟=130分钟	

如果单元生产能够持续不间断地进行，那么在第一件产品开工后的每5分钟就能生产出一件产品。因此，生产率是每小时12件（60÷5）。瓶颈工序（花费单位加工时间最长的那道工序）决定了生产率。

c. 目前4分钟是最长的单位产品加工时间，因此生产率是60÷4＝每小时15件。生产10件产品就要花费40分钟［（10÷15）×60］。

15.1.4 拉动价值

许多企业都会产生存货（产大于销），然后就会竭尽全力去销售已经生产的过剩产品。做出很大的努力试图去创造对过剩产品——顾客甚至可能根本就不想要的产品的需求。精益生产使用了一种需求拉动式的系统。精益生产的目标是消除浪费，只在被需要时生产产品且只生产顾客需要的产品数量。需求会拉动生产产品的整个加工流程。每个操作作业只生产为满足后续作业需求所必要的东西。只有当后续的加工流程发出信号表明需要生产时，（本工序的）生产才会进行。较短的准备时间和单元式生产是按需生产的促成因素。第 20 章提到的看板制度（Kanban system）就是一种确保材料和产品按需求流动的方法。

顾客的需求通过价值链传回，并且影响着生产者和供应商之间的关系。材料存货也是浪费。因此，管理供应商链接对于精益生产而言也是至关重要的。**JIT 采购（JIT purchasing）**要求供应商准时发送生产所需的零件和材料。零件供应必须和与需求相关的产品联系在一起。有效地管理顾客链接与供应商链接的一个结果就是能很大程度上减少所有的存货。1980 年以来，美国的存货占其国内生产总值的比例已经从 26% 降到了 15%。

传统上，（企业）会保留一部分材料和零件库存，这样它就可以利用数量折扣并且对冲未来要购买物品升高的价格。其目的是降低存货成本。JIT 采购可以在不持有存货的情况下实现相同的目的。JIT 的解决方案是通过与尽可能位于接近生产设施所在地的少数供应商磋商长期合同，以及通过建立更广泛的供应商参与途径等，来充分利用供应商。选择供应商并不仅仅基于价格的考虑。要考虑的至关重要的因素是，（供应商的）表现——零件的质量与按需交付的能力——以及对 JIT 采购的承诺。JIT 采购所做的每一点努力都是为了建立一种与供应商的利益伙伴关系。供应商需要明白，他们自己的利益是与顾客的利益紧密相连的。

为了减少供应商所面临的需求的不稳定性从而建立双向的信任和信心，精益生产的企业重视长期的合约，因为长期合约能够保证合理的价格和质量水平。长期合约也能够大幅度地减少预定的订单，从而减少订单成本和接收成本。长期合约的另一个作用是减少零件和材料的成本——通常在长期合约中这些成本会比传统的订单节省 5% ~20% 的成本。发展紧密的供应商关系可以大幅度地缩小供应商的数量。供应商也会因此而受益，因为长期合约保证了一个稳定的产品需求。更小范围的供应商意味着对于所选定的供应商而言，他们的销售额将会增加。因此，如果供应商与购买商两者之间的关系能够被很好地认定和管理，那么双方都会受益。通过减少供应商的数量，然后与现有的供应商保持良好的关系，购买商所购买的材料质量也会大大提高——成功地实施精益生产的一个重要成果。如果所购买的材料质量提高了，那么与质量相关的一些成本也能够避免或降低。比如，不再需要检查材料的工作，返工的次数也会降低等等。

15.1.5 精益求精（pursue perfection）

零准备时间、零残次品、零库存、零浪费、按需生产、提高每个生产单元的产出率以及最大化顾客价值，这些都是精益生产所追求的完美境界。当精益生产开始施行，并且改进的效果开始显现时，达到完美的可能性就在一步步地提高。对于精益求精的不懈的与近乎偏执的追求是精益生产的精髓所在。当生产加工流程逐步优化时，越来越多的被隐藏的问题就会暴露出来。在最短时间内以低成本生产高质量的产品是精益生产的最终目的。为了达到这个目的，精益生产的实施者必须识别然后剔除各种形式的浪费。

(1) 浪费的根源

浪费（waste）消耗资源但不产生新的价值。浪费是不能给顾客带来价值的东西。避免浪费需要识别出浪费的各种形式。浪费的主要形式如下：

(a) 残次品；

(b) 过量生产不被需要的产品；

(c) 等待进一步加工或消费的存货；

(d) 不必要的加工；

(e) 不必要的人员移动；

(f) 不必要的产品运输；

(g) 等待；

(h) 不符合顾客需求的产品设计和服务。

(2) 员工授权

员工参与是识别和剔除浪费的关键所在。传统生产和精益生产在程序上的一个关键区别就是被授权员工在组织管理当中的参与程度。在精益生产的环境中，提高员工的参与程度会提高生产率与总体的成本效率。经理寻求员工的意见，并采纳他们的建议来优化生产加工流程。必须改变管理结构来提高员工的参与度。因为工人们拥有了更大的职责，所以就不再需要那么多的经理，整个组织结构也就变得更加分权化了。分权化的结构运转速度更快，因此可以提升信息交换的质量。精益生产企业的管理方式也会发生变化。管理层承担的角色更像是润滑剂而不是监督者。他们的职责是发展员工和他们的技能，以使员工更好地为企业带来价值。

(3) 全面质量控制

精益生产必须更加重视质量管理。一个有缺陷的零件会使得生产突然停顿下来。精益生产的环境是在没有库存的条件下运行的，（因此）糟糕的质量显然是不能被容忍的。简言之，精益生产不能脱离全面质量控制（TQC）而存在。TQC 在本质上就是一个不断追求零缺陷的产品设计及其制造流程的过程，全面质量管理的内容将在第 14 章更详细地加以讨论。

(4) 存货

通过让顾客来推动生产能够控制过量生产。通过单元式生产、缩短设备安装时间、JIT 购买以及需求推动的系统等方式能够减少存货。存货管理是如此重要，以至于要在第 20 章独立一章来讨论到这个话题。

(5) 作业管理

过程价值分析是识别与消除非增值作业的方法。非增值作业是不必要的作业，包括等待等作业，因此精益生产的大量的浪费行为将由过程价值分析法来处理（识别与消除）。过程价值分析致力于寻找导致浪费产生的根源，然后（设法）逐渐去消除这些作业。第 12 章会详细讨论过程价值分析。

15.2 精益会计

前已述及的精益生产给企业所带来的结构上与程序上的许多改变，也会改变传统的成本管理实践。传统的成本管理系统不能很好地配合精益生产环境。事实上，传统的成本与经营控制方法会对精益生产产生不利的影响。标准成本差异和部门预算差异会导致过度生产并与需求推动的系统产生矛盾。比如，通过比较实际生产工时和预定生产工时来强调生产率会导致生产部门保持人工和生产处于在产状态。类似地，对于部门效率的强调（比如机器利用率），会导致非瓶颈部门（生产效率很高的部门）过度生产并造成在产品积压。此外，通过对 ABC 的学习我们已经知道了在多元化的产品生产中，使用厂部范围的制造费用分配率，相对于聚焦的制造部门分配率或者作业基础的分配率而言，会导致生产成本（信息）的扭曲。即使事实上（企业的成本管理效率）有很大的提升，但扭曲的生产成本也会让人误以为（企业实施）精益生产是失败的。为了避免一些障碍以及错误的信号，（企业）需要改变产品成本计算方法和经营控制方法来逐步运行一个以价值流为基础的精益生产系统。

15.2.1 聚焦的价值流与制造费用成本的可追溯性

成本计算系统用三种方法来将成本分配到单一的产品上：直接追溯、动因追溯和分摊。在这三种方法中，最准确的是直接追溯；因此，它要优于其他两种方法。（精益生产的）基本假设是，一个工厂中的每一种产品都会产生相应的价值流。在精益生产环境中，原来使用动因追溯或分摊方法来分配的许多制造费用现在都被认为可以直接追溯至产品。比如，先前（传统方法所认为的）在其他部门的设备，现在要在价值流中重新分配，那么在单一产品的价值流结构中，（就应被认为是）仅用于单一产品的生产。在这种情况下，折旧费用就是可以直接追溯的成本了。多技能的工人和分散的服务加强了这种作用（其管理以及成本计算都可以如法炮制）。工人们被分配到各个价值流而且接受训练以懂得如何在该价值流中安装、保养以及运行该设备。而这些支持功能原先是由那些为所有生产线工作的不同种类的工人小组来运作的。此外，有专项才能的人员（比如，工艺工程师与生产管理者等）可以分配到各个价值流。现在，这些员工的人工成本可以直接分配给各个价值流了。通常，运行了价值流结构之后就不需要增加所需员工的数量了。精益生产可以消除浪费性的作业，减少对员工的需求。比如，如果有效的需求推动式系统使得生产计划大幅度减少了，那么那些在生产计划部门工作的员工就可以被培训以从事价值流中的其他增值作业，比如采购与质量控制等。

图表 15-5 直观地总结了价值流的成本分配（模式）。（其中），大多数成本直接被分配到价值流中；不过，一些成本像设施成本等是通过成本动因而分配到各价值流的。设施成本通过单位平方英尺成本（总成本/总平方英尺）来分配。如果一个价值流所占用的面积（以平方英尺来表示）越少，那么它得到的成本分配就越少。因此，这种分配方式的目的是让价值流的管理者想方设法以减少面积的占用。当多余的空间腾出来之后，它就可以用于新的生产线或者用于满足新增的销售量之需。比如，假设一个占地 20 000 平方英尺的工厂的设施成本是每年 200 000 美元。其每平方英尺的成本是 10 美元。如果一个价值流占地 5 000 平方英尺，那么其被分配的成本是 50 000 美元。如果其经理能想办法以在 4 000 平方英尺的占地面积中完成同等的业务，那么其成本就可降低到 4 0000 美元。任何没被吸收的（即无法直接分配或动因追溯的）设施成本都将从收入中作为一个独立的项目来扣除。

图表 15-5 **价值流成本**

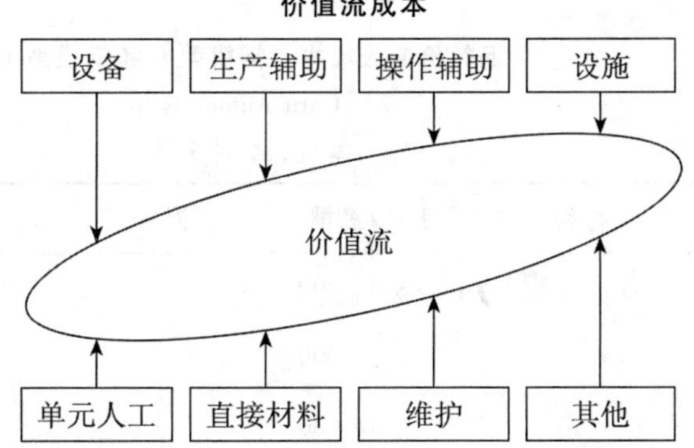

局限性及其问题

事实上，将所有所需的人工成本绝对地分配给一个价值流几乎是不可能的。（因为）可能会有一些人在多个价值流中工作。这些共享的工作者的成本应基于在各价值流中工作的时间来分配。同样，即使是在最完美的环境中，也总会有一些人独立于任何一个价值流之外（比如，一个工厂的总经理）。不过，在多元化的价值流（系统）中，不能分配的成本通常只占总成本的一个很小的比例。最后一点就是，在现实生活中，为每一种产品都设计一个价值流是很不现实的。通常的做法是为一组产品设计一个价值流。

15.2.2 价值流的成本计算

（1）产品成本计算：单一产品（聚焦的）价值流

因为多重作业分工、交叉培训以及其他辅助人员的轮换，大多数辅助成本都是唯一归属于某一聚焦的（单一产品）价值流的，因此可以被直接追溯到一种产品。增加直接追溯的成本的结果是，可以提高产品成本计算的准确度。直接追溯成本与（被追溯的对象）产品直接联系，因此可以确保是直接属于该产品的。产品成本通过（归集与分配）计算某期间内的（所有）成本并除以（相应的）产量而得到。聚焦的价值流可以使得产品成本计算简单而准确。

（2）产品成本计算：多重产品价值流

价值流围绕着多种产品共同的加工流程而建立（参见图表 15-2）。因此，在一个价值流以内构建生产单元是为了生产那些使用同样生产工序的一组产品或零件。这些成本通过与聚焦的价值流同样的（成本分配）方式来分配。但是，对于（某价值流以内的）多重产品，该价值流（以内）的（各）产品成本使用实际的平均成本来计算。

（平均的）价值流产品成本=某期的全部价值流成本/某期的发货（即销售或转出的）量

（公式的分母）之所以使用发货量而不是生产量是为了鼓励经理们减少存货。如果发货量大于生产量，则每周的平均单位成本就会降低，并且存货也会减少。如果生产量大于发货量，则单位成本会上升（因为未发货的产品生产成本会增加到分子中去），（这样可以）刺激经理们减少存货。通常，每周以实际成本为基础来计算平均成本。图表 15-6 显示了始于 4 月 6 日这一周的 Garn Autoparts 钢轮价值流的实际成本。利用这个信息，基础 15.2 说明了针对单一产品价值流和多重产品价值流的产品成本计算。

图表 15-6 **钢轮价值流成本：钢模型 C 和钢模型 D**

Garn Autoparts

本周，4 月 6 日

	材料	工资/薪酬	机器加工	其他	总成本
订单处理		$ 12 000			$ 12 000
生产计划		24 000			24 000
采购		18 000			18 000
压模	$ 250 000	25 000	$ 24 000	$ 12 000	311 000
焊接	100 000	28 000	28 000	8 000	164 000
电镀	50 000				50 000
测试		7 000			7 000
包装和运送		6 000			6 000
开发票		8 000			8 000
总计	$ 400 000	$ 128 000	$ 52 000	$ 20 000	$ 600 000

基础 15.2：如何以及为何计算价值流产品成本

资料：

参见图表 15-6。在 4 月 6 日的这周内，Garn Autoparts 生产和运送了 1 000 单位的模型 C 和 4 000 单位的钢模型 D，总计 5 000 单位。

为什么：

价值流中的单位产品成本等于一定时间内（通常是一周）该价值流的实际成本除以发货量。如果多重产品之间的材料成本彼此相差很大，则单位成本应为平均的加工成本与单位材料成本之和。

要求：

a. 假设价值流成本和总的发货量只用于一种产品（单一产品价值流）。请计算单位成本，并评价其准确性。

b. 请计算钢模型 C 与钢模型 D 的单位成本，并评价其准确性。请解释式中使用发货量而不是生产量的理由。

c. **如果**钢模型 C 占去了材料成本的 50%，**结果会是怎样的？**请指出单位成本如何根据这个条件来调整。

解答：

a. 单位成本 = $ 600 000÷5 000 = $ 120 每单位。这个成本非常准确，因为价值流只专注于一种产品，所以所有成本都属于该产品。

b. 单位成本 = $ 600 000÷5 000 = $ 120。每单位钢模型 C 和钢模型 D 都获得相同的 120 美元每单位的成本。准确性取决于价值流内产品的同质性。使用发货量为基础来计算单位成本可以激励经理们去减少库存。

c. 首先，单位材料成本是分别计算的：

钢模型 C：\$ 200 000* ÷1 000 = \$ 200

钢模型 D：\$ 200 000÷4 000 = \$ 50

*50% × \$ 400 000

其次，计算平均的单位加工成本：\$ 200 000÷5 000 = \$ 40

最后，计算单位成本（材料成本加上平均的加工成本）：

钢模型 C：\$ 200+ \$ 40 = \$ 240

钢模型 D：\$ 50+ \$ 40 = \$ 90

从基础 15.2 我们可以看到，价值流内的所有产品都获得一样的单位成本。不过，如基础 15.2 所示，如果各产品之间的材料成本明显不同，那么平均单位成本计算可以不将材料成本包括在内。在这种情况下，应先计算平均单位加工成本，然后再加上单位材料成本，（这样会）算出不同的总单位成本。如果产品类似且消耗大约相同比例的资源，或者如果产品组合（的结构）是相对稳定的，那么产品的平均成本就是有意义的。如果各产品之间非常相似，那么平均产品成本就会近似于个别产品成本。如果组合（的结构）是稳定的，那么随着时间推移，平均生产成本就会日趋成为一个合理的衡量经济效率变化的指标。但是，如果各产品之间不尽相同或者通过定制设计而种类繁多，那么平均产品成本就不能作为追踪价值流效率变化的一个较好的指标，也不能表明单个产品的成本是什么。在这种情况下，就需要其他的产品成本计算方法——那些能够提供更高准确度的方法。

那些提倡简单的平均成本计算方法的人推荐了（虽然有些勉强）一种叫做*功能与特征成本计算法*的方法。这种方法承认，一些产品零件比其他零件要花费更多的努力（时间）（来制作），因此成本也就更多。功能和特征的不同导致成本的差异。一个调整的平均生产成本可以反映这种复杂性的差异。一个值得一提的观察结果是，包含异质产品的价值流与包含多重产品并使用厂部制造费用分配率的工厂一样，都会陷入相同的成本扭曲的困境。ABC 通过因果追溯解决了成本扭曲问题。当然，ABC 也可以应用于一个价值流之内。争议之处在于，ABC 太复杂，且对于精益环境而言数据太过密集。然而，没有令人信服的证据表明，功能和特点成本法是简单而准确的。需要进一步的研究来为精益会计环境创造一个简单且更准确的产品成本（计算方法）。

15.2.3 价值流报告

成本通过价值流来收集和报告。假设 Garn Autoparts 的一个工厂只生产四种产品。该工厂有两个价值流：（a）铝轮（模型 A 和模型 B）及（b）钢轮（模型 C 和模型 D）。图表 15-7 显示了到 4 月 14 为止的一周内该工厂的盈利和亏损情况（该工厂已经大幅度提高了销售给汽车制造商的钢轮销量，这些制造商用新的钢轮模型来取代低端的铝轮。）。价值流以外的那些成本（维持成本）在单独一列中显示。所报告的收益和成本是本周的实际收益和成本。为了避免扭曲本周的业绩，要单独报告库存减少以反映其对价值流的贡献。增加的存货变化也可使对外报告的收益得以正确陈述。

图表 15-7 Garn Autoparts 的损益表

截止到 4 月 14 日的一周

	铝（模型价值）轮	钢（模型价值）轮	维持成本	工厂总计
收入	$ 700 000	$ 1 500 000		$ 2 200 000
材料成本	(280 000)	(410 000)		(690 000)
加工成本	(70 000)	(190 000)		(260 000)
价值流利润	$ 350 000	$ 900 000		$ 1 250 000
价值流 ROS*	50%	60%		
员工成本		$ (40 000)		(40 000)
其他费用		(30 000)		(30 000)
存货变化：				
本期减前期				(500 000)
厂部毛利				$ 680 000
厂部 ROS				31%

* ROS＝销售回报率＝利润/销售额

15.2.4 制定决策

使用一个价值流的平均产品成本意味着不能确知单个产品的成本。在现实中，许多决策不需要一个完全详细而准确的产品成本。浪费可以在作业与加工流程的层次上消除而并不一定需要知道产品成本。我们不需要详细描述产品差异来发出浪费来源和改进潜力的信号。实际上，诚如前述，标准成本差异实际上（反而）可能阻碍制定改进的决策。对于其他决策而言，那个影响价值流盈利能力的决策的效果可能是某一特定决策所需的唯一信息。比如，可以就在价值流的层次上（而不需落实到其中产品的层次上）制定特殊订单与自制或外购的决策。

以自制或外购为例。假设 Garn Autoparts 当前以购买生产轮毂产品所需零件为主，但现在要考虑是否自制的问题。这个决策可以在比较外购方案价值流的盈利性和自制方案的盈利性之后来做出。以下是对 Garn ABS 价值流的典型分析：

	外购	自制
收入	$ 1 500 000	$ 1 500 000
材料成本	(410 000)	(380 000)
加工成本	(190 000)	(200 000)
价值流利润	$ 900 000	$ 920 000

自制方案价值流的利润有所增加，所以应该选择自制该零件而不是外购。

尽管分析对价值流盈利性的影响有其优点，但是它也存在缺点。事实上，许多决策是短期的，并且不反映长期结果。比如，由于存在闲置的价值流产能，接受低于产品总成本的特殊订单（不知其平均成本）可能会增加价值流的利润率，但是继续接受这样的订单所获得的收益可能无法矫正产能的过度使用。因此，其他非常重要的决策可能需要单个产品的成本信息，而精益会计系统就必须提供这一信息。

15.2.5 绩效评价

放弃标准成本法也意味着舍去了一个主要的操作控制系统，并且必须以一个新的系统代之。精益控制系统使用一个盒子计分卡（Box Scorecard），它将经营状况、生产能力以及财务指标与前一周的业绩及其未来的期望状态进行比较。那些随着时间推移的趋势以及实现所期望的近期未来状态是用来激励实现绩效之持续改进的方法。因此，精益控制系统使用价值流的财务的与非财务的混合指标。未来的期望状态反映了各种指标的目标。经营和非财务指标也可用于生产单元的层次。图表15-8展示了一个典型的价值流盒子记分卡（指标和格式可以有所不同）。这里只对盒子记分卡进行简单的介绍，因为平衡记分卡是一种更全面综合的方法，它可以包含盒子记分卡的概念。

图表15-8　**ABS价值流的盒子记分卡**

截至2013年4月6日

	上周	本周（2013年4月6日）	计划的未来状态（2013年6月30日）
经营性（指标）			
人均销量	250	270	280
准时发货率	90%	92%	97%
“码头到码头”	18.5	18	16
“首次通过”	56%	58%	65%
平均产品成本	$ 128	$ 120	$ 115
应收账款天数	31	30	28
产能（指标）			
有效的	21%	20%	25%
无效的	45%	46%	30%
可用的	34%	34%	45%
财务（指标）			
每周销量	$ 1 800 000	$ 1 500 000	$ 2 000 000
每周材料成本	$ 800 000	$ 600 000	$ 600 000
每周加工成本	$ 400 000	$ 300 000	$ 400 000
每周价值流利润	$ 600 000	$ 600 000	$ 1 000 000
ROS	33%	40%	50%

对于经营性指标，人均销量是一个局部的人工生产率指标，因此也是一个人工效率指标。生产率指标会在本章进行更全面的讨论。“码头到码头”是从收货码头收到材料开始到完工运到发货码头所花费的产品生产*时间*。“码头到码头”是一个生产周期时间指标，这一概念在第13章已经介绍过了。“首次通过”是一个质量指标，并且仅仅就是一个没有生产有缺陷而需要被拒绝或返工的产品的百分比。产能被分为*有效的*（增值的）、*无效的*（非增值的——有用的但是不经济的）以及*可用的*（未用的）产能。记分卡指标有望随着时间的推移而改进，并且有助于管理并带来改进。比如，从图表15-8的盒子记分卡，我们可以看到无效的产能目标是从46%（当前情形）降到30%（未来情形），而有效的产能从20%增加到25%，可用的产能从34%增加到45%。由于消除了浪费，无效的产能转换成了有效产能。那些过去用于浪费的作业的机器、员工以及其他材料等现在可用于更为有效的工作。为了提高财务业绩，必须制定关于增加可用产能的决策。最明智实用的方法就是致力于使用闲置资源去扩大业务。一种可能性是去增加新的生产线。另一种可能性是将资源转移到其他处在一个高速发展状态而增加资源需求的价值流中。再一种方法是通过缩减人头与去除资源来实现成本降低。最后一种方法是最不可取的。（因为,）如果他们的建议和行动会导致他们或他们的朋友和同事失去工作的话，那么这种方法就会使得在将员工改造成一个精益生产的员工队伍时很难获得员工们的合作和参与。

15.3 生产率

精益生产和精益会计的主要目标是提高总体的生产率。**生产率**(productivity）与有效的产出有关，它尤其强调了用以制造产出的投入与产出之间的关系。在通常情况下，企业可以用不同的投入组合生产出既定水平的产出。而**总体生产率**(total productive efficiency）是指同时满足下列两个条件的情况：（a）对于能够实现一个既定产出的任何的投入组合，除去实现该产出所必需的投入之外，不需要任何额外的投入；（b）在能够满足以上要求的各种投入组合中，所选取的组合一定是成本最低的组合。第一个条件是由技术条件决定的，因此被称为**技术效率**(technical efficiency)。生产率的技术改进可以通过用更少的投入以生产相同的产出、通过使用相同的投入以生产更多的产出或者通过使用相对更少的投入以生产更多的产出来实现。而第二个条件则由相关投入（要素）的价格关系来决定，因此被称为是**分配效率**(allocative efficiency)。投入（要素）的价格决定了需要使用的每种投入的*相关比例构成*。选择正确的投入组合可以显著地提高经济效率。图表15-9和图表15-10列示了技术效率和分配效率的改进方法。图中的产出是车辆，投入（的要素）是人工（员工人数）与资本（投资于自动化机械的金额）。

15.3.1 局部生产率计量的定义

生产率计量(productivity measurement）就是指对生产率的变化进行定量的评价。目标是评价生产率是否得到了提高或是出现了降低。生产率计量既可以是对现实的计量，也可以是对未来的计量。现实的生产率计量有利于管理人员对效率的变化进行评价、监督和控制。而未来的生产率计量则是前瞻性的，可用于为战略决策提供参考。

图表 15-9 **改进技术效率**

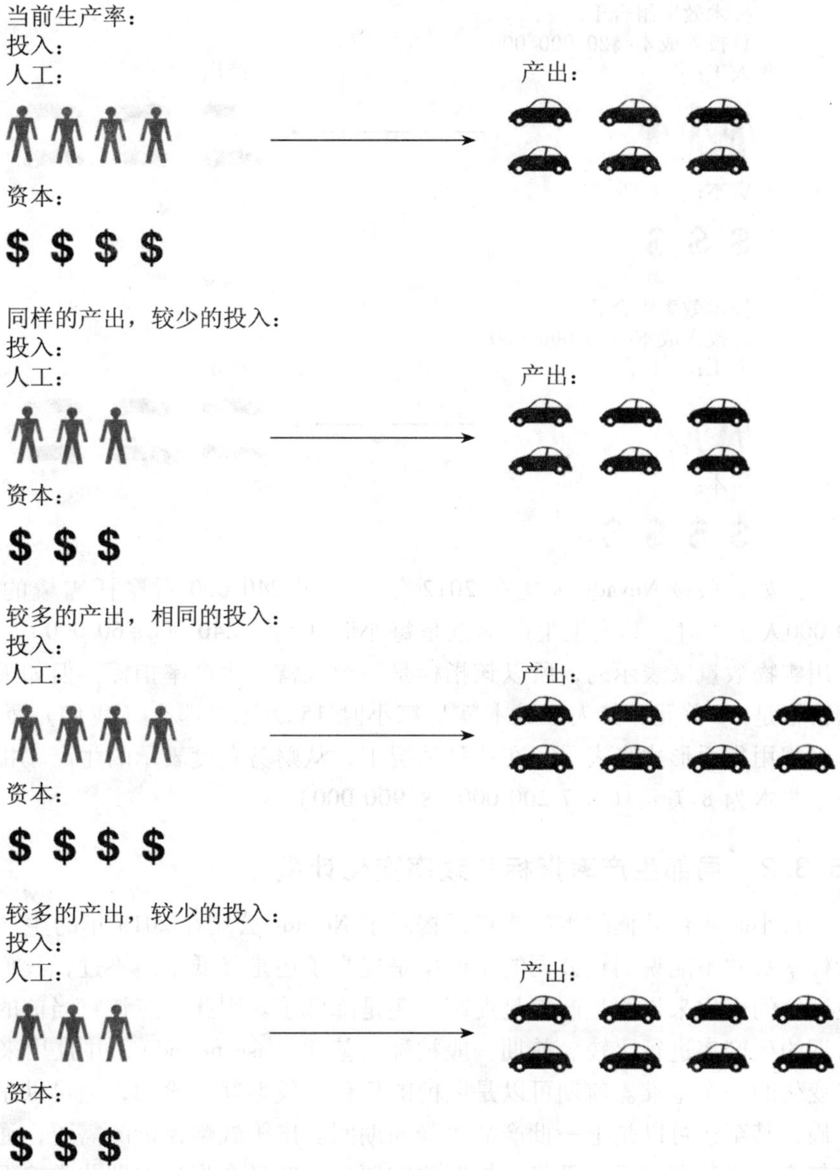

当前生产率：
投入：
人工： 产出：

资本：

$ $ $ $

同样的产出，较少的投入：
投入：
人工： 产出：

资本：

$ $ $

较多的产出，相同的投入：
投入：
人工： 产出：

资本：

$ $ $ $

较多的产出，较少的投入：
投入：
人工： 产出：

资本：

$ $ $

值得一提的是，未来的生产率计量有利于管理人员比较不同的投入组合所带来的相关收益，从而挑选出能带来最大收益的投入要素或投入组合。生产率指标可以是为单个的投入要素单独设立的，也可以是为投入组合而设立的。我们称只对某一项投入要素生产率所进行的计量叫做**局部生产率计量**(partial productivity measurement)。

单个投入要素的生产率通常表现为投入带来的产出除以投入的比值，如下：

生产率=产出/投入

由于该指标只测量了某一项投入（要素）的生产率，所以它被称为局部生产率指标。如果在该比率中，产出和投入都用实物数量来表示，我们就将其称之为**经营性生产率指标**(operational productivity measure)。如果投入和产出都是以货币形式来表示的，我们则将其称之为**财务性生产率指标**(financial productivity measure)。基础 15.3 说明了局部生产率指标。

图表 15-10　　**改进分配效率**

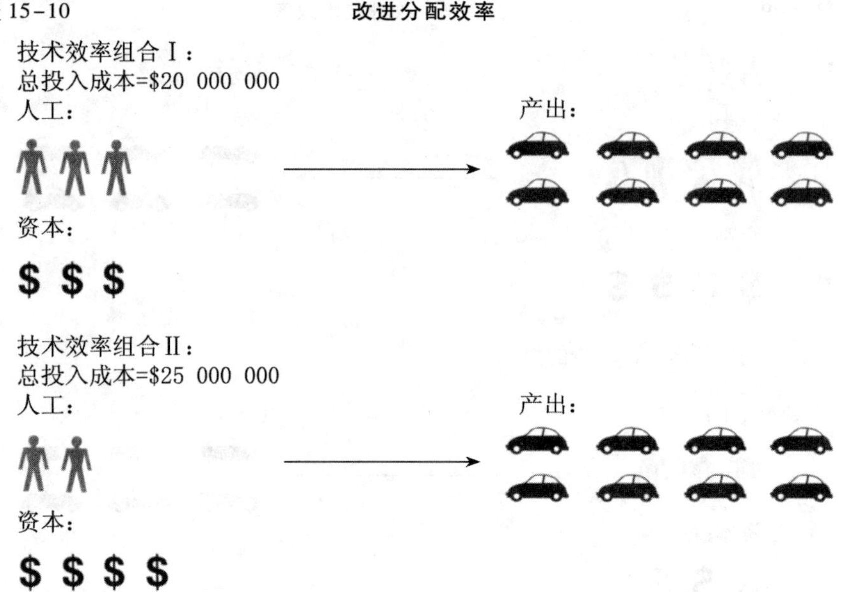

比如，假设 Nevade 公司在 2012 年生产了 240 000 台摩托雪橇的外框，使用了 60 000人工工时。其人工生产率就是每小时 4 台（240 000÷60 000）。因为该生产率是用实物数量来表示的，所以该指标是一个经营性生产率指标。但如果每台外框的销售价格是 30 美元，其人工成本就是每小时 15 美元，那么（我们）就可以将投入和产出都用货币形式来表示。在这种情况下，从财务角度表示的生产率指标就是每小时人工成本为 8 美元（$ 7 200 000÷ $ 900 000）。

15.3.2　局部生产率指标和效率变化计量

每小时 4 台外框的生产率指标揭示了 Nevade 公司在 2013 年的生产率水平。这个指标本身并不能说明该公司的生产率是提高了还是降低了。不过，我们可以通过计量生产率的变化来说明生产率是提高了还是降低了。因此，应该将当前的实际生产率与前期的生产率进行比较。前期一般被称为**基期**(base period)，并且用来作为计量生产率变化的一个基准。前期可以是以前的任何一段期间。比如，它可以是上一年度、上一周，甚至还可以是上一批产品生产的期间。出于战略评价的需要，通常会选定以前的年度作为基期。而出于经营控制的需要，一般又会将与本期非常接近的时期——比如上一批产品生产的期间或者是上一周作为基期。

为了便于说明，可假设 2012 年是基期，那么，其人工效率标准就是每小时 5 台外框。可进一步假设在 2012 年末，Nevade 打算采用新的生产工序来生产和组装外框，以缩减人工的使用。在 2013 年，该公司生产了 250 000 台外框，使用了 50 000 人工工时。2013 年的人工生产率指标就是每小时 5 台外框（250 000÷50 000）。（因此，）生产率的变化是每小时增加了 1 台外框（从 2012 年的每小时 4 台外框增长到 2013 年的每小时 5 台外框）。这个变化表明人工生产率方面有一个显著的提高，同时也证明了新的生产工序是有效的。

15.3.3 局部生产率指标的优点

局部生产率指标可以帮助管理人员关注于某一项投入（要素）的使用情况。局部经营生产率指标的优点在于，它易于被企业中的每个人所理解。因此，局部生产率指标方便用来评价经营人员的生产率水平。比如，人工（效率）可与每小时的产量或者每磅材料所生产的产品数量相关。所以，局部生产率指标提供了与经营人员相关且可理解的反馈信息——（因此）是与他们所能控制的某种特定投入（要素）有关的指标。该指标与经营人员有关而又易于理解的特性使得它比较容易被经营人员所接受。此外，对于经营控制来说，局部生产率的基准标准所在的期间通常很短，比如，生产率指标的比较标准可以是上一批产品的生产率指标。因此，使用这种短期内的生产率作为比较的标准可以便于追踪一年内的生产率变动。

15.3.4 局部生产率指标的缺点

局部生产率，在单独使用时可能会引起误导作用。因为某项投入（要素）的生产率的降低可能会导致另一项投入（要素）生产率的增加。如果总成本降低了，这种生产率的相互抵消作用就是值得的，但是如果仅仅使用局部生产率，就可能无法看到（总体的有效的）效果。比如，为了减少生产某种产品所耗用的直接人工工时而改变生产加工流程，在保持总产出不变的情况下可能会导致废料的增加。虽然人工效率提高了，但是使用材料的效率却降低了。如果废料成本的增加超过了人工成本的降低，那么企业总体上的生产率是降低的。

从上例中可以得出两个重要结论。首先，（投入要素的生产率变化之间）可能存在的相互抵消作用决定了那个用于评价生产率决策之优点的总体的生产率指标。管理人员只有观察了所有投入（要素）的总体生产率之后才可以得出对投入组合的总体效率的正确评价。其次，由于相互抵消的可能性，全面的生产率指标必须评价总体的财务后果，因此，它应该是一种财务指标。

15.4 总体生产率计量

总体生产率计量(total productivity measurement）是指对所有投入（要素）的总体生产率进行计量。（不过，）在实际操作中，没有必要对所有投入（要素）的效率都进行计量。许多企业只计量那些被认为与组织业绩和成功等有关的因素的生产率。因此，从实践的角度来看，总体生产率计量可被定义为，关注那些能从总体上揭示组织成功（效果）的、有限的几个投入（要素）的生产率。换句话说，总体生产率计量需要建立多因素分析的方法。关于生产率的文献所建议的（但是在实践中较为罕见）一种普通的多因素分析方法就是，运用综合生产率指数。综合指数很复杂而且难于解释，并且也没有得到普遍的接受。人们所认可的两种方法是组合计量与利润关联的生产率计量。

15.4.1 组合生产率计量

产品的生产需要一些关键的投入（要素），比如人工、材料、资本与能源。**组合**

计量(profile measurement)可给出一系列或一组独立的、互不相同的局部经营指标。(我们)可以通过比较不同时期的组合指标(一系列或一组指标)来测量生产率的变化。如果在比较基期比率时(发现)局部生产率都朝着同样的方向变化，那么就可以对生产率的变化做出比较明确的(表述)结论。不过，如果这些指标会(各自)朝着不同的方向变化，那么就存在相互抵消的情况，而组合的比较只能对生产率变化提供一个混合的信号。此外，尽管组合分析揭示了是否存在相互抵消作用，但是并不能表明该相互抵消作用是好还是坏。如果生产率变化的经济效益是正的，那么该相互抵消作用就是好的；反之，则可认为它是坏的。基础 15.3 说明了组合生产率计量(的含义)并指出了它的局限性。

基础 15.3：如何以及为何进行组合生产率计量

资料：

Nevade Company 在 2013 年采用了一项新的生产装配流程，这对人工与材料都产生了影响，相关数据报告如下：

	2012	2013
生产的外框的数量	240 000	250 000
耗用的人工工时	60 000	50 000
耗用的材料(磅)	1 200 000	1 150 000

为什么：

可以跨期比较生产率的指标组合(指标簇)来评价生产率的变化。如果变化的方向是相同的，那么就可以对生产率(的变化)进行明确的表述；如果存在相互抵消作用，那么评价总体生产率变化的特征就需要衡量单个投入(要素)的生产率的变化情况。

要求：

a. 请计算 2012 年的生产率组合。

b. 请计算 2013 年的生产率组合，并对新的生产装配流程的效果进行评价。

c. **如果**2013 年耗用的材料为 1 300 000 磅，**结果会是怎样的？**现在，比较 2012 年和 2013 年的组合会说明什么？

解答：

a. 局部经营生产率指标

2012 年的组合*

人工生产率	4 000
材料生产率	0.200

*人工生产率：240 000÷60 000；材料生产率：240 000÷1 200 000

b. 局部经营生产率指标

	2013 年的组合[*]
人工生产率	5.000
材料生产率	0.217

[*] 人工生产率：250 000÷50 000；材料生产率：250 000÷1 150 000

比较每项投入（要素）的 2012 年的组合生产率（4，0.200）与 2013 年的组合生产率（5，0.217）；（可知，）因此，新的加工流程提升了总体生产率。

c. 局部经营生产率指标

	2012 年的组合[a]	2013 年的组合[b]
人工生产率	4.000	5.000
材料生产率	0.200	0.192

[a] 人工生产率：240 000÷60 000；材料生产率：240 000÷1 200 000

[b] 人工生产率：250 000÷50 000；材料生产率：250 000÷1 300 000

人工生产率提高了而材料生产率下降了。这两种投入（要素的生产率）之间有相互抵消作用，因此必须（单独）计量以评价总体生产率的变化特征。

如基础 15.3 所示，组合分析可以为管理者们理解生产率的变化提供有用的信息。不过，通过比较生产率的组合并不一定总是能够揭示总体生产率效率变化的特征。一般而言，评价投入（要素）生产率之间的相互抵消作用对于评价总体生产率变化的特征是很有必要的。

15.4.2 利润关联的生产率计量

评估生产率的变化对本期利润所产生的影响是评价效率变化的（另）一种方式。企业的利润从基期（数）变到本期（数）。利润变化的一部分归因于生产率的变化。对那些归因于生产率变化的利润变化进行数值计量叫做**利润关联的生产率计量**（profit-linked productivity measurement）。

评价生产率变化对本期利润所产生的影响有助于管理人员理解生产率变化的经济重要性。生产率变化与利润之间的联系可用下列规则来描述：

利润关联规则（*profit-linkage rude*）：*计算在生产率不发生任何变化的情况下当期将会发生的投入成本，并将这个成本与实际的投入成本进行比较。这两个成本之间的差额就是由于生产率变化而导致的利润变化数额。*

利润关联规则所对应的公式如下：

$$\text{利润关联的生产率变化} = \sum PQ_i P_i - \sum AQ_i P_i$$

其中：

PQ_i = 在生产率不发生任何变化的情况下应用于当期的投入（要素）i 的数量

P_i = 投入（要素）i 的当前价格

AQ_i = 当期使用的投入（要素）i 的实际数量

为了运用利润关联规则公式，我们应该计算在生产率不发生任何变化的情况下应用于当期的投入（要素）的成本值。将当期的产出除以各项投入（要素）的基期生产率，可以得到 PQ_i：

PQ_i = 当期产出/投入（要素）i 的基期生产率

利润关联指标可以计算从基期到当期归因于生产率变化的利润变化量。通常，它并不等于两个期间的利润变化总量。利润变化总量和利润关联的生产率变化值之间的差额就叫做**价格弥补成分**（price-recovery component）。这一成分等于，假设生产率不变的条件下，收入变化值减去投入成本的变化值。因此，它计量了，假设在生产率不变的条件下，收入变化值覆盖投入成本变化值的能力，其计算（公式）如下：

价格弥补 = 利润变化总量 - 利润关联的生产率变化值

基础 15.4 说明了利润关联规则的应用。

基础 15.4：如何以及为何计算利润关联的生产率

资料：

Nevade 公司在 2013 年采用了一项新的生产装配流程。以下是 2 年的扩充数据：

	2012	2013
外框的产量	240 000	250 000
耗用的人工工时	60 000	50 000
耗用的材料（磅）	1 200 000	1 300 000
单位售价（外框）	$ 30	$ 30
每小时工资	$ 15	$ 15
每磅材料成本	$ 3	$ 3.50

为什么：

生产率对当期利润的影响是，应该使用的投入成本与实际使用的投入成本之间的差额。价格弥补是实际利润变化值和利润关联的生产率变化值之间的差额。

要求：

a. 请计算 2013 年的投入成本，假设生产率从 2012 年到 2013 年保持不变。

b. 请计算 2013 年的实际投入成本。生产率变化的净值是多少？有多少利润变化是归因于每项投入（要素）的生产率变化？

c. 如果一个经理想知道有多少 2012 年到 2013 年之间的利润变化总量是归因于价格弥补，结果会是怎样的？请计算价格弥补成分，并请评论其意义。

解答：

a. 基期生产率 = 4（人工）和 0.200（材料）。因此，我们得到：

PQ（人工）= 250 000÷4 = 62 500 小时

PQ（材料）= 150 000÷0.200 = 1 250 000（磅）

人工成本（PQ×P = 62 500×$ 15）	$ 937 500
材料成本（PQ×P = 1 250 000×$ 3.50）	4 375 000
PQ 总成本	$ 5 312 500

b.

人工成本（PQ×P=50 000×＄15）	＄750 000
材料成本（PQ×P=1 300 000×＄3.50）	4 550 000
当期总成本	＄5 300 000

利润关联的生产率计量：

	(1)	(2)	(3)	(4)	(2)-(4)
投入	PQ	PQ×P	AQ	AQ×P	(PQ-AQ)×P
人工	62 500	＄937 500	50 000	＄750 000	＄187 500
材料	1 250 000	4 375 000	1 300 000	4 550 000	(175 000)
		＄5 312 500		＄5 300 000	＄12 500

c.

	2012	2013	2013—2012
收入	＄7 200 000	＄7 500 000	＄300 000
投入成本	4 500 000	5 300 000	(800 000)
	＄2 700 000	＄2 200 000	＄(500 000)

价格弥补=利润变化总量-利润关联的生产率变化值

=＄(500 000)-＄12 500

=＄(512 500)

收入的增加不足以覆盖（弥补）投入（要素）成本的上升。生产率的提高在一定程度上缓解了价格弥补（不足）的问题。

基础15.4表明，Nevade所实施的新的加工流程变化的净效果是有利的，其利润增长了12 500美元。利润关联的生产率（变化）的效果可以在单个投入（要素）中分配。人工生产率的提升使得利润增加了187 500美元；不过，材料生产率的下降却导致利润减少了175 000美元。大多数的利润减少源自于材料耗用的增加——显然，新加工流程产生的浪费、废料以及毁损的数量更大。因此，利润关联的指标既可提供局部计量的效果又可提供总体计量的效果。总的利润关联的生产率指标等于各个局部指标之和。（利润关联的生产率指标的）这个属性使得利润关联的计量成为评估相互抵消作用的理想指标。（利润关联的计量使得）生产率变化的效果图更为清晰地呈现出来。除非浪费和废料得到更好的控制，否则该公司还应该使用原来的装配流程。当然，还有一种可能是，新加工流程的学习效果尚未完全捕获，并且还应继续观察人工生产率的进一步提高。如果新加工流程中的人工变得更加熟练，那么就有可能减少对材料的使用。

练习题

复习题

15.1 MCE、精益措施、平衡计分卡

Numark 制造公司生产一种产品，其作业和耗费时间如下所示（生产流程按顺序列示）：

	分钟
切割	20
焊接	15
组装	7
抛光	3
移动（3 次移动）	12
等待	18

要求：

（1）请在现有生产布局下，计算生产一单位的产品需要耗费的时间。

（2）假设 Numark 设立了制造单元，并消除了其移动和等待时间，如果是连续生产，那么生产率是多少？

（3）假使切割工序的时间减少一半，这对生产率有什么影响？

解答：

（1）生产一单位产品所耗费的生产时间为 75 分钟（20+15+7+3+12+18）。

（2）生产率=60÷20=3 单位/小时。

（3）生产率=60÷15=4 单位/小时。最慢的操作的循环时间是焊接（15 分钟）。

15.2 生产效率

2012 年末，Homer 公司引进了一项新的人工流程并且重新设计了它的产品，希望能够提高投入用量效率，在 2013 年末，公司的经理想对公司生产率的变化进行评价。该公司的相关资料如下所示：

	2012 年	2013 年
产出	10 000	12 000
产出价格	$ 20	$ 20
原材料（磅）	8 000	8 400
单位材料价格	$ 6	$ 8
人工（小时）	5 000	4 800
每小时人工工资率	$ 10	$ 10
动力（千瓦）	2 000	3 000
每千瓦价格	$ 2	$ 3

要求：

（1）请计算2012年和2013年每项投入的局部经营性生产率指标，并说明该公司的生产效率是否得到了提高？

（2）请编制每年的利润表，并计算总利润的变化。

（3）请计算2013年利润关联的生产效率指标。并评价公司为提高生产效率而采取的措施。

（4）请计算价格弥补成分并说明其中的含义。

解答：

（1）局部生产率指标

	2012年	2013年
原材料	10 000÷8 000＝1.25	12 000÷8 400＝1.43
人工	10 000÷5 000＝2.00	12 000÷4 800＝2.50
动力	10 000÷2 000＝5.00	12 000÷3 000＝4.00

组合分析显示人工生产率和原材料生产率得到了提高，而动力生产率下降了。计算的结果由于没有对置换效率进行评价所有无法说明总的生产效率的变化情况。

（2）利润表

	2012年	2013年
销售收入	$ 200 000	$ 240 000
投入成本	102 000	124 200
利润	$ 98 000	$ 115 800

总利润的变化：$ 115 800－$ 98 000＝$ 17 800（增长）

（3）利润关联指标

	(1)	(2)	(3)	(4)	(2) － (4)
投入	PQ*	PQ×P	AQ	AQ×P	(PQ×P) － (AQ×P)
材料	9 600	$ 76 800	8 400	$ 67 200	$ 9 600
人工	6 000	60 000	4 800	48 000	12 000
动力	2 400	7 200	3 000	9 000	(1 800)
		$ 144 000		$ 124 200	$ 19 800

* 原材料：12 000÷1.25；人工：12 000÷2；动力 12 000÷5

原材料和人工效率的提高超过了动力使用效率的下降程度，因此，公司为提高生产效率而采取的措施是有效的。

（4）价格弥补

价格弥补成分＝总利润变化－利润关联生产率变化

＝$ 17 800－$ 19 800

＝$ （2 000）

以上计算说明，如果生产率不变的话，利润将会下降2 000美元。40 000美元的小时收入增长将不能抵消投入的成本增长。从问题3的计算结果来看，如果利润不增长，则投入的成本将为144 000美元（第2列）。而当生产效率不变时，投入成本的增长为\$ 144 000－\$ 102 000＝\$ 42 000，这笔销售收入的增长为2 000美元。正是因为生产效率的提高，公司的利润才能增加。

问题讨论

15.1 什么是精益生产?

15.2 精益思想的五个原则是什么?

15.3 请确定两种类型的价值流，并解释它们的不同之处。

15.4 价值流是如何确定和建立的。

15.5 请解释精益生产如何能生产小批量产品（产量小）的不同产品（产品总类多）。

15.6 需求拉动系统在精益生产中扮演了什么角色?

15.7 请确定损耗的八种形式和来源。

15.8 什么是聚焦的价值流?

15.9 使用一个固定价格将设备成本分配到价值流的目的是什么?

15.10 为什么可用收益和运输单位来计算价值流产品成本。

15.11 什么时候平均单位成本将会对价值流有用?

15.12 请解释为什么价值流的盈利性中的变化将会提供比某些特定的个别产品成本更有用的信息。

15.13 什么是总体生产率?

15.14 请解释技术效率和分配效率之间的区别。

15.15 什么是生产率计量?

15.16 请解释局部生产效率和总体生产率之间的差异。

15.17 什么是经营性生产率指标? 什么是财务性生产率指标?

15.18 请讨论局部生产效率的优点和缺点。

15.19 确定基期有什么作用?

15.20 什么是组合计量和组合分析，这种分析方法的局限性是什么?

15.21 什么是利润相关联的生产率计算和利润关联的生产率分析?

15.22 请解释利润关联生产率计量的重要性。

15.23 什么是价格弥补成分?

习题

15.1 流水线生产和部门流程生产

Anderson公司的一项产品有以下部门生产流程：

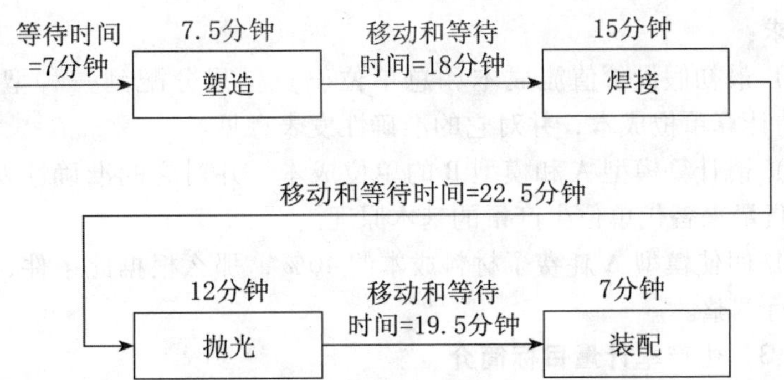

在一些培训之后，Anderson 公司的制造经理建议采取以下修订后的单元制造方法：

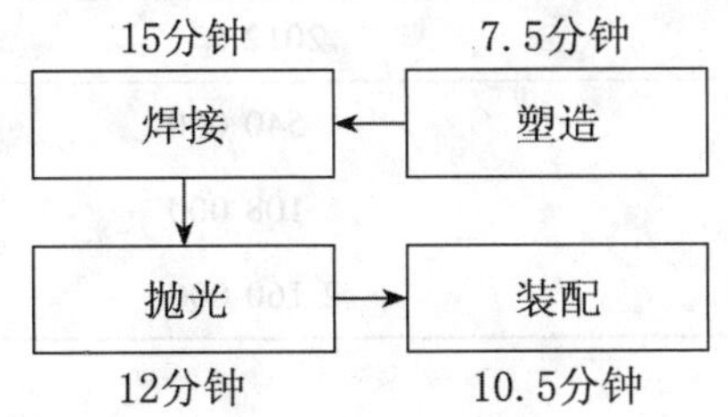

要求：

（1）请计算在使用 Anderson 公司的传统部门结构时，制造一批 20 单位产品所需要耗费的总时间。

（2）使用单元制造方法，制造同样数量的产品节约的时间是多少？如果单元制造持续生产，那么生产率是多少？哪个流程控制这个生产率？

（3）假使塑造、焊接和装配流程所耗费的时间都降低至 6 分钟，那么现在的生产率是多少？生产一批 20 单位产品所需要耗费的时间是多少？

15.2 价值流成本目标

在 6 月 12 日的这个星期中，Harrison 制造公司生产并装运了 15 000 单位的铝制车轮：3 000 单位的模型 A，12 000 单位的模型 B。生产这些产品发生了以下成本：

	原材料	薪酬	加工	其他	总成本
订单处理		$ 18 000			$ 18 000
生产计划		36 000			36 000
采购		27 000			27 000
压模	$ 375 000	37 500	$ 36 000	$ 18 000	466 500
焊接	150 000	42 000	42 000	12 000	246 000
镀层	75 000				75 000
测试		10 500			10 500
打包进行船运		9 000			9 000
开发票		12 000			12 000
合计	$ 600 000	$ 192 000	$ 78 000	$ 30 000	$ 900 000

要求：

（1）最初假设价值流成本和总单位出货量只分配到一种型号（单一产品价值流）。请计算单位成本，并对它的准确性发表意见。

（2）请计算模型 A 和模型 B 的单位成本，并对它的准确性发表意见。请解释用单位出货量来替代单位生产量的基本原理。

（3）假使模型 A 耗费了材料成本的 40%，那么根据此条件，它的单位成本将要如何进行调整。

15.3　生产率计量目标简介

在 2013 年，Choctaw 公司执行了一项新流程，其将会对人工和直接材料产生影响，以下报告数据用来评价其对公司生产率的影响：

	2012 年	2013 年
生产的产品量	540 000	450 000
使用的人工小时	108 000	75 000
使用的直接材料（磅）	2 160 000	1 500 000

要求：

（1）请计算 2012 年的生产率。

（2）请计算 2013 年的生产率，并评价新产品和装配流程的影响。

（3）假使 2013 年使用的人工小时为 112 500，请比较 2012 年和 2013 年的材料之间有什么联系。

15.4　利润相关生产力计量（目标④）

参照习题 15.3 Choctaw 公司提供了以下额外信息，总体生产率可以被计量其价值：

	2012 年	2013 年
生产的产品量	540 000	450 000
使用的人工小时	108 000	112 500
使用的材料（磅）	2 160 000	1 500 000
单位产品销售价格	$ 20	$ 22
每单位人工小时的薪酬	$ 12	$ 14
每磅材料的成本	$ 3.40	$ 3.50

要求：

（1）请计算 2013 年投入的成本，假使从 2012 年—2013 年，生产率并未发生改变。

（2）请计算 2013 年投入的实际成本。生产率变化的净值是多少？利润改变的多少是由于每项投入要素的生产率的变化吗？

（3）假使经理希望知道从 2012 年至 2013 年中多少总利润变化是由于价格弥补引起的。请计算价格弥补成分，并对它的意义做出评价。

第 16 章　本-量-利分析

学习本章之后，您可以：

①确定实现盈亏平衡或实现目标利润的销量与销售收入金额。

②确定实现目标税后利润的销量和销售收入。

③在多品种产品的情况下运用本-量-利分析。

④绘制利润-销量图表以及本-量-利图表，并分别解释它们各自的含义。

⑤解释风险、不确定性以及改变变量对本-量-利分析的影响。

⑥讨论非产量的成本动因对本-量-利分析的影响。

本-量-利分析（CVP 分析）是进行计划和决策的一项有力的工具。由于 CVP 分析强调成本、销售数量和价格的内在关系，因此它就集合了企业的所有财务资料。对于识别一个公司所面临的经济困难的范围与程度并且帮助找出必要的解决方案来说，CVP 分析会是一个非常有价值的工具。从 2008 年开始的经济严重衰退促使许多公司专注于盈亏平衡。

现实案例

比如，梅奥诊所（Mayo Clinic）宣布它在 2008 年达到收支平衡，尽管它没有实现 133 000 000 美元的收入目标。[①] 航空公司用本-量-利分析法来决定是否增加航线甚至决定是否开辟一条新的航线。Delta Air Lines 估计它在 2011 年的第二季度会有稳定的利润，因为其更高的收入抵消了其更多的燃料成本[②]。其他航线面临着不同的市场形势，但都没有这么有利的（预期）结果。Air India 与 Jet Airways 受损于走弱的卢比（印度货币）。不利的货币汇率意味着燃料成本（以美元计量）不得不被以卢比计量的收入所抵消。卢比贬值使成本增加，因此 SpiceJet 和 Jet Airways 难以维持收支平衡。[③]

CVP 分析能解决很多问题，比如，为达到盈亏平衡必须销售的销售量、一项特定的固定成本削减对盈亏平衡点的影响以及价格上涨对利润的影响等。此外，CVP 分析还能帮助管理人员通过检测各种价格或成本水平对利润的影响来进行敏感分析。

尽管本章涉及的是 CVP 分析的原理和术语，但是您学习 CVP 分析的目标应该不只是学习其原理。CVP 分析是财务计划和决策的一个不可或缺的组成部分。每一个会计人员和管理人员都应当完全掌握和运用这一理念。

16.1　盈亏平衡点与（实现）目标利润的销量及其销售收入

为了找出收入、成本和利润是如何跟随销量的变化而变化的（关系），首先就应该找到企业用销量表示的盈亏平衡点。寻找盈亏平衡点所常用的两种方法是经营利润

---

① Sea Stachura, "Mayo Clinic Breaks Even in 2008," Minnesota Public Radio, March 12, 2009, http://minnesota.publicradio.org/display/web/2009/03/12/mayobudget/, accessed October 6, 2011.

② "Delta Air Lines Sees 'Solid' Profits in Quarter," Memphis Business Journal, June 27, 2011, http://www.bizjournals.com/memphis/news/2011/06/27/delta-air-lines-sees-solid-profits.html, accessed October 6, 2011.

③ Mithun Roy, "Fall Re May Force Domestic Airlines to Revise Profit Targets," The Economic Times, March 3, 2009, http://economictimes.indiatimes.com/News/News-By-Industry/Transportation/Airlines-Aviation/Falling-Re-may-force-domestic-airlines-to-revise-profit-targets/articleshow/4215213.cms, accessed October 6, 2011.

法和边际贡献法。我们将讨论计算**盈亏平衡点**(break-even point)（零利润点）的这两种方法，然后看每种方法如何确定在盈亏平衡点上的销售总收入。计算要实现目标利润而必须达到的销量或销售收入的原理，可以通过盈亏平衡等式来推导。

运用产销量法进行 CVP 分析的第一步，就是要确定（那个要分析的）产品是什么。对制造型企业来说，这个答案很明显。

现实案例

宝洁公司（Procter & Gamble）可能将产品定义为一条象牙肥皂。服务型企业则面临着更困难的选择。JetBlue Airways 可能将产品定义为一客位-英里或者一次单程旅行。海底世界（Sea Would）则需要计算游客日数。杰克逊维尔海军供应中心（Jacksonville Naval Supply Center）向驻扎在佛罗里达州东北部和加勒比海的海军船只供给航运用、工业用以及日常用的物资，它定义“生产性产品”用以计量提供服务的过程中所涉及的作业量。在这种方式下，复杂的服务比简单的服务会分得更多的生产性产品，从而使得服务的供给更为标准化。①

第二步是将成本区分为固定性的和变动性的两个部分。CVP 分析主要关注那些引起利润变化的因素。由于我们正在讨论的是以销量为基础的 CVP 分析，因此我们需要确定与该销量有关的固定成本和变动成本以及收入（当我们把作业成本法引入 CVP 分析时，将会放宽这一假设）。认识到我们是将公司作为一个整体来予以关注的，这一点很重要。所以，公司的所有成本——制造成本、销售成本以及管理成本——都要考虑在内。随着销量的增加而增加的变动成本包括：直接材料、直接人工、变动性制造费用与变动性销售和管理费用。类似地，固定成本也包括固定性制造费用以及固定性销售和管理费用。

16.1.1 CVP 分析的基本概念

支持 CVP 分析的基本概念是企业的成本可被分解为变动成本和固定成本。将企业成本划分为固定性与变动性类别的一种有效的工具是边际贡献利润表。请记住，经营利润表示的是税前利润。经营利润只包括企业正常经营所带来的收入和费用。采用**净利润**(net income）这个术语来表示经营利润减去所得税后的数额。基础 16.1 举例说明了 CVP 的基本术语和边际贡献利润表。

基础 16.1：如何以及为何进行基本成本计算与编制边际贡献利润表

资料：

Blazin-Boards 公司计划在未来一年里实现销售 10 000 块滑雪板，每块售价 400 美元。产品成本如下：

每块滑雪板的直接材料：	$ 80
每块滑雪板的直接人工：	$ 125
每块滑雪板的变动性制造费用：	$ 15
工厂的固定性制造费用合计：	$ 800 000

变动性销售费用是其价格的 5%；固定性销售与管理费用总计为 400 000 美元。

① David J. Harr, “How Activity Accounting Words in Government,” *Management Accounting* (September 1990): 36-40.

为什么：

因为单位产品变动成本是由变动性生产或制造成本组成的，所以工厂经理可以使用这个数据。工厂经理有责任去尽可能廉价地并高效地生产高质量的产品。了解到单位产品变动成本是220美元，这是观察是否有需要改进生产流程的起点。

销售经理可能会对单位变化总成本感兴趣。因为这个成本中包括了销售佣金，它反映了所有的变动成本。销售经理能观察到佣金的影响（他们对此负责）和一次性折扣对整体盈利能力的影响。

高层管理人员使用单位边际贡献来进行预算，以观察单价的提高或下降对经营利润的影响。由于生产数量变化时，固定成本仍保持不变，所以边际贡献能提供重要的信息。

要求：

a. 计算：

1）单位产品变动成本；

2）单位销售费用；

3）单位总变动成本；

4）单位边际贡献；

5）边际贡献率；

6）年度总固定成本。

b. 为 Blazin-Boards 公司编制一份来年的边际贡献利润表。

c. **如果**下一年生产和销售了 13 000 块滑雪板，**结果会是怎样的**，它将如何影响经营利润？其（幅度）百分比如何？

解答：

a.

1）单位产品变动成本＝直接材料+直接人工+变动性制造费用

＝＄80+＄125+＄15＝＄220

2）单位销售费用＝＄400×0.05＝＄20

3）单位变动成本＝直接材料+直接人工+变动性制造费用+变动性销售费用

＝＄80+＄125+＄15+＄20＝＄240

4）单位边际贡献＝价格－单位变动成本＝＄400－＄240＝＄160

5）边际贡献率＝（价格－单位变动成本）÷价格＝（＄400－＄240）÷＄400＝0.4＝40%

或者 $=(\text{销售收入}-\text{变动成本总额})\div\text{销售收入}$ ＝（＄4 000 000－＄2 400 000）÷＄4 000 000＝0.4＝40%

6）总固定成本＝＄800 000+＄400 000＝＄1 200 000

b.

Blazin-Boards Company **来年的边际贡献利润表**

	总数	单位
销售收入（＄400×10 000块滑雪板）	＄4 000 000	＄400
减：总变动成本（＄240×10 000）	（2 400 000）	（240）
边际贡献合计	＄1 600 000	＄160
减：总固定成本	（1 200 000）	
经营利润	＄400 000	

c.

销售收入的增加额	$ 1 200 000
减:	
变动成本的增加额（3 000 块滑雪板×$ 240）	720 000
固定成本的增加额	0
经营利润的增加额	$ 480 000

经营利润将增加 480 000 美元，或总计为 880 000 美元。经营利润提高了 120%（$ 480 000÷$ 400 000），尽管销售数量只增加了 30%（因为固定成本已经被弥补，所以边际贡献的增加会直接增加利润）。

基础 16.1 表明，边际贡献利润表是分析一家公司业绩的一种有力工具。请注意，固定成本的存在意味着如果预计销量为 10 000 块，那么此时增加 1 000 块或 10% 的销量，将会引起经营利润超过 10% 的增长。同样的，1 000 块或 10% 的销量的减少会导致经营利润降低超过 10%。这就是为什么管理人员在测试销量变化对利润的影响时，了解固定成本和变动成本是如此重要。

16.1.2 盈亏平衡与目标利润的等式法

公司经常想知道应该生产和销售多少产品就可达到盈亏平衡或赚取目标利润。换句话说，生产多少单位的产品能达到期望利润（在盈亏平衡时，利润为零）？通过对基于边际贡献的经营利润法进行简单转换就能得到盈亏平衡或目标利润的等式。

经营利润=销售收入-变化费用-固定费用

这个经营利润的等式能够通过将销售收入和变化费用以每个产品的金额数和销售量表示来加以扩展。因此，销售收入也就是单位售价乘以销售数量，总变动成本是单位变动成本乘以销售数量。通过上述的表现形式，经营利润等式可转换成：

经营利润=（价格×数量）-（单位变动成本×数量）-总固定成本

最后，目标利润的等式可以用销售量来表示：

（实现）目标利润的销售量=（总固定成本+目标利润）÷（价格-单位变动成本）

当出现目标利润为零的特殊情况时，盈亏平衡的等式如下：

盈亏平衡的销售量=（总固定成本+0）÷（价格-单位变动成本）
=总固定成本÷（价格-单位变动成本）

经营利润表的一个重要优势在于，所有扩展的 CVP 等式都是从边际贡献利润表演变而来的。因此，任何 CVP 问题都可以用这个方法来解决。基础 16.2 演示了如何以及为何计算盈亏平衡或达到目标利润的销售量。

基础 16.2：如何以及为何计算盈亏平衡或达到目标利润的销售量

资料：

Blazin-Board 公司计划在来年销售 10 000 块滑雪板，每块售价为 400 美元。产品成本如下：

每块滑雪板的直接材料：	$ 80
每块滑雪板的直接人工：	$ 125
每块滑雪板的变动性制造费用：	$ 15
固定性制造费用合计：	$ 800 000

变动性销售费用是其价格的5%，固定性销售与管理费用合计为400 000美元。

为什么：

在盈亏平衡点，总收入等于总成本。一旦达到盈亏平衡点，所有的固定成本都被弥补了，（此时）再增加销售量只会引起变动成本的增加。因此，达到盈亏平衡之后的边际贡献直接就是利润。目标经营利润就被视为用以计算应该生产与销售的销售量的固定成本。了解盈亏平衡的数量能够简单地告知管理者如何在来年让企业扭亏为盈。

要求：

a. 请计算Blazin-Boards公司为盈亏平衡而必须卖出的销售量。请为计算出的销售量编制一份边际贡献利润表。

b. 请计算Blazin-Boards公司为达到240 000美元的目标利润而必须卖出的销售量。

c. 如果Blazin-Boards公司想要达到300 000美元的目标利润，**结果会是怎样的？**滑雪板的数量比要求b的结果是更大还是更小？为什么？

解答：

a. 盈亏平衡的销售量=总固定成本÷（价格-单位变动成本）

=$ 1 200 000÷（$ 400-$ 240）

=7 500（块）

销售收入（7 500块@$ 400）	$ 3 000 000
减：变动成本	1 800 000
边际贡献	$ 1 200 000
减：固定成本	1 200 000
经营利润	$ 0

事实上，销售7 500块实现的利润为零。

b. $ 240 000的目标利润所要求的销售量=（总固定成本+目标利润）÷（价格-单位变动成本）

=（$ 1 200 000+$ 240 000）÷（$ 400-$ 240）

=9 000（块）

c. 300 000美元的目标利润要求销售超过9 000块的产品。事实上，这个利润目标要求销售9 375块产品。

$ 300 000的目标利润所要求的销售量=（$ 1 200 000+$ 300 000）÷（$ 400-$ 240）

=9 375（块）

16.1.3 边际贡献法

经营利润法的一种改进形式是边际贡献法。它只是简单地确认了一种等式关系，即在盈亏平衡点，总的边际贡献等于固定成本。**边际贡献**（contribution margin）等于销售收入减去总的变动成本。如果在经营利润方程中用单位边际贡献来代替用价格减去单位变动成本（之后的差额），然后求解销售量，那么我们将得到下面的盈亏平衡点表达式：

销售量=固定成本÷单位边际贡献

回顾一下基础16.1中的要求b，它展示了Blazin-Boards公司预计来年销售收入的利润表。单位边际贡献可以通过两种方法计算。一种方法是用总的边际贡献除以销量，得出的结果为每单位160美元（＄1 600 000÷10 000）。另一种方法是用价格减去单位变动成本。这么做得出的结果相同，也是每单位160美元（＄400-＄240）。现在，我们可以利用边际贡献法来计算盈亏平衡点的销售量。

销售量=＄1 200 000÷＄160每单位

=7 500块

当然，这个答案与用经营利润法计算出来的结果一样。

另一个检查基础16.2计算结果的方法是利用盈亏平衡点。正如基础16.1所示，Blazin-Boards必须销售10 000块滑雪板才能赚取400 000美元的利润，也就是要比盈亏平衡点的7 500块多出2 500块。每块滑雪板的边际贡献是＄160美元。用160美元乘以超过盈亏平衡数量的2 500块可得出400 000美元（＄160×2 500）的利润。这个结果说明，超出盈亏平衡点的每单位产出的边际贡献就相当于每单位产品的利润。既然已经算出了盈亏平衡点，那么为了产生900 000美元的经营利润所必须销售的滑雪板数量就可以这样得到：用目标利润除以单位边际贡献，然后再加上盈亏平衡点销量。

假设，Blazin-Boards销售了11 000块滑雪板，而不是预算的10 000块。那么本例中的经营利润将会是多少？由于当销量为10 000块时，固定成本已经得到弥补，因此对于增加的数量而言唯一需要弥补的成本就只是240美元的单位变动成本了。一种更快、更直接的计算新的、更多的经营利润的方法是，用初始销量为10 000块时的400 000美元利润加上额外增加的1 000个产品的边际贡献，即160 000美元（1 000×＄160）。因此，销量为11 000块时的总的经营利润是560 000美元（＄400 000+＄160 000）。杠杆概念的重要性将在下一章中进行讨论。

（1）用销售收入表示的盈亏平衡点与目标利润

有时，管理人员倾向于用销售收入而不是销售数量来计量销售作业。通过销量乘以销售价格就能将以销量计量简单地转换为以销售收入来计量。比如，Blazin-Boards公司的盈亏平衡点是7 500块滑雪板。每块滑雪板的销售价格为400美元，盈亏平衡的销售收入就是3 000 000美元（＄400×7 500）。如果盈亏平衡点的数量能够很容易地计算出来的话，那么任何用销量表达的结果都能很容易地转换成用销售收入表示的结果。然而，在生产多种产品的企业里，这种情况很少见。幸运的是，盈亏平衡收入能够直接通过一个独立的基于总固定成本、目标利润和边际贡献率的等式计算出来。此时，重要的变量就是销售收入了，并且收入和变动成本都必须用金额（货币单位）而不是数量来表示。销售收入总是用金额来表示，这样计量变量就不再是问题了。让我们再仔细看看变动成本，并且看清楚它们是如何用销售收入来表示的。

为了计算出用销售收入表示的盈亏平衡点，变动成本应被定义为销售收入的百分比，而不是基于销售数量的某个金额。图表 16-1 演示了如何将销售收入分成变动成本和边际贡献。在这个图表中，价格为 10 美元，变动成本是 6 美元。当然，剩余部分就是 4 美元（ \$ 10- \$ 6）的边际贡献。从售出的 10 件商品来看，总变动成本是 60 美元（ \$ 6×10）。换言之，既然每售出一件商品就能得到 10 美元的收入，我们也可以说每得到 10 美元的收入，就会导致 6 美元的变动成本，也就是每一块钱的收入中都有 60% 可归因于变动成本（ \$ 6÷ \$ 10）。因此，从销售收入的角度来看，我们预期 100 美元销售收入的变动成本为 60 美元（0. 60× \$ 100）。

为了用销售收入来表示变动成本，我们需要计算**变动成本率**(variable cost ratio)。它就是每一块钱的销售收入中必须用于弥补变动成本的比例。变动成本率既可以用总额数据也可以用单位数据来计算。当然，在弥补了变动成本之后剩余的销售金额比例就是边际贡献率。**边际贡献率**(contribution margin ratio）是每一块钱的销售收入中可用来弥补固定成本并提供利润的比例。在图表 16-1 中，如果变动成本是销售收入的 60%，那么边际贡献率就一定是销售收入中剩余的 40%。变动成本率的余数就是边际贡献率，这一点很有意义。最后，弥补变动成本后的销售收入比例就应当是边际贡献成分了。

图表 16-1　**将收入分解成变动成本和边际贡献**

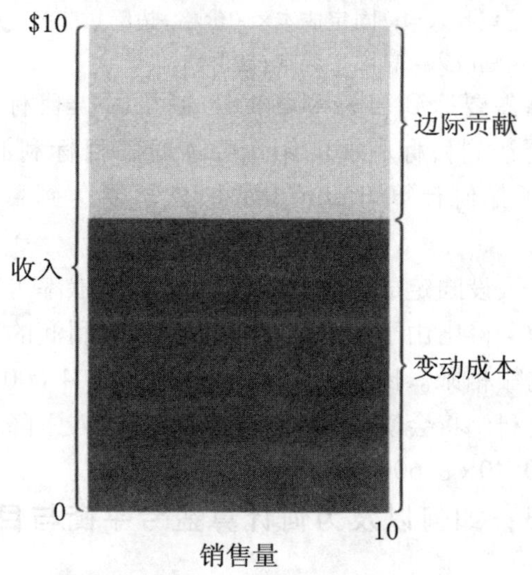

正如变动成本率可以利用总额数据或单位数据来计算一样，边际贡献率（在我们的图表中为 40%）也可以通过这两种方法来计算。也就是说，可以用总的边际贡献除以总的销售收入（ \$ 40÷ \$ 100），或者用单位边际贡献除以价格（ \$ 4÷ \$ 10）来计算。自然地，如果已知变动成本率，那么就可以用 1 减去变动成本率而得到边际贡献率（1-0. 60=0. 40）。

（那么）固定成本在哪里？既然边际贡献是弥补变动成本后所剩余的收入，那么它就必然可以是用于弥补固定成本并带来利润的收入。换句话说，我们可以将总的固定成本与总的边际贡献进行比较。如果总固定成本与总边际贡献相等，那么利润就为零（公司正处在盈亏平衡点上）。如果总固定成本低于总边际贡献，那么公司获取的利润就等于边际贡献超过固定成本的部分。最后，如果总固定成本大于总边际贡献，那么公司就将面临着经营亏损。

现在，让我们通过看基本利润表来考察**销售收入法**(sales-revenue approach)。

经营利润=销售收入-变动成本-总固定成本

经营利润=销售收入-变动成本率×销售收入-总固定成本

经营利润=销售收入（1-变动成本率）-总固定成本

经营利润=销售收入×边际贡献率-总固定成本

销售收入=（总固定成本+经营利润）÷边际贡献率

在盈亏平衡点上，经营利润等于零，因此等式可以转换为：

盈亏平衡点的销售收入=总固定成本÷边际贡献率

为了获取目标利润，销售收入应该等于总固定成本加上目标利润再除以边际贡献率。

那么，确定用销量表示的盈亏平衡点时所采取的方法呢？这里我们同样可以采用这一方法。记得用销量表示的盈亏平衡点等式为：

盈亏平衡点的销售量=总固定成本÷（价格-单位变动成本）

如果在上面的等式两端同时乘以价格，左边将等于盈亏平衡点的销售收入。

盈亏平衡点销量×价格=价格×［固定成本÷（价格-单位变动成本）］

盈亏平衡点的销售收入=总固定成本×［价格÷（价格-单位变动成本）］

盈亏平衡点的销售收入=总固定成本×（价格÷边际贡献）

盈亏平衡点的销售收入=总固定成本÷边际贡献率

就像在计算需要达到目标利润时的销量时，目标利润要与总固定成本相加一样，在计算需要达到目标利润的销售收入时，目标利润也要和固定成本相加。基础16.3举例说明了如何计算 Blazin-Boards 公司要达到目标利润或盈亏平衡点的销售收入。

一般来说，假设固定成本保持不变，边际贡献率可以用来找出销售收入的变化对利润的影响。为了得出由于收入的变化而导致的利润的变化，只需要简单地将边际贡献率与收入变化额相乘。比如，假如销售收入是 4 000 000 美元，而不是 4 600 000 美元，那么预期利润将会受到多大影响？销售收入下降 600 000 美元会引起利润下降 240 000 美元（0.40× $ 600 000)。

基础 16.3：如何以及为何计算盈亏平衡与目标利润的收入

资料：

Blazin-Boards 公司计划来年销售 10 000 块滑雪板，每块售价 400 美元。平均变动成本为 240 美元。总固定成本为 1 200 000 美元。

为什么：

公司一般倾向于用销售收入来表示盈亏平衡点。要做到这个，我们要知道销售收入必须弥补固定成本以及期望的经营利润。弥补完变动成本之后剩下的收入就用来弥补固定成本和利润。

要求：

a. 单位边际贡献是多少？边际贡献率是多少？

b. 请计算达到盈亏平衡所需要的销售收入。

c. 请计算实现 240 000 美元的目标利润所需要的销售收入。

d. 如果Blazin-Boards 的目标利润是 350 000 美元，结果会是怎样的？相对于要求 c 的结果，销售收入是增加了还是减少了？为什么？有多少？

解答：

a. 单位边际贡献 = 价格 - 单位变动成本

= $ 400 - $ 240 = $ 160

边际贡献率 = $ 160 ÷ $ 400 = 0.40 或 40%

b. 盈亏平衡点的销售收入 = 总固定成本 ÷ 边际贡献率

= $ 1 200 000 ÷ 0.40 = $ 3 000 000

c. 实现目标利润的销售收入 = （总固定成本 + 目标利润）÷ 边际贡献率

= （$ 1 200 000 + $ 240 000）÷ 0.40

= $ 3 600 000

d. 350 000 美元的目标利润大于 240 000 美元的目标利润，所以销售收入需要增加 275 000美元。

新目标利润要求的销售收入 = （$ 1 200 000 + $ 350 000）÷ 0.4 = $ 3 875 000

销售收入应增加 = $ 3 875 000 - $ 3 600 000 = $ 275 000

（2）以销售收入的百分比来表示的目标利润

假设 Blazin-Boards 公司想知道要获得销售收入的 15% 的利润需要销售多少块滑雪板。销售收入等于价格乘以销售数量。因此，目标的经营利润就是 15% 的销售价格乘以销售数量。使用经营利润法（这个例子中更为简单），我们得到如下结果：

0.15（$ 400）（数量）=（$ 400）（数量）-（$ 240）（数量）- $ 1 200 000

（$ 60）（数量）=（$ 160）（数量）- $ 1 200 000

$ 100（数量）= $ 1 200 000

数量 = 12 000 块

12 000 块滑雪板的利润是否与销售收入的 15% 相等呢？对于 12 000 块滑雪板而言，总收入是 4 800 000 美元（$ 400×12 000）。（此时）不用编制正式利润表也能算出利润数。需请记住，在盈亏平衡点之后，单位边际贡献就是单位利润。盈亏平衡的数量是 7 500 块滑雪板。假设销售了 12 000 块滑雪板，那么高于盈亏平衡点的销量是 4 500 块（12 000 - 7 500）滑雪板。因此，税前利润就是 720 000 美元（$ 160×4 500），也就是销售收入的 15%（$ 720 000 ÷ $ 4 800 000）。

16.1.4 两种方法的比较

对单一产品的情况，要将以销量表示的盈亏平衡点答案转换为一个以销售收入表示的答案，只需用单位销售价格乘以销量即可。那么为什么还要为销售收入法建立一个专门的等式呢？对单一产品的情况而言，这两种方法并无明显的优劣之分。这两种方法在概念上和计算上的难易程度都差不多。

然而，在多品种产品的情况下，CVP 分析就更为复杂，而销售收入法则要简单得多。这一方法的计算要求与单一产品情况下的计算要求几乎完全一样，而销量法则复杂了很多。即使在多种产品的情况下，CVP 分析的概念之复杂程度的确增加了，但运算仍然相当简单。

16.2 税后利润目标

所得税一般是以利润的百分比来计算的。在计算盈亏平衡点时，所得税没有任何影响，因为零利润支付的所得税也是零。（但是）当公司需要知道为了赚得特定的净利润所要求的销量时，就需要进行更多的考虑了。请记住，净利润是缴纳所得税后的经营利润，而我们的目标利润数据是以税前的形式表示的。因此，当目标利润是以净利润的形式表示时，我们就必须加回所得税以得到经营利润。因此，不管采用方程法还是边际贡献法，税后利润目标都必须首先转换为税前利润目标。

一般来说，所得税是根据利润的一定百分比计算的。税后利润，或者说是净利润，是根据经营利润（或者说是税前利润）减去所得税计算出来的。

净利润=经营利润-所得税

净利润=经营利润-税率×经营利润

净利润=经营利润（1-税率）

或 经营利润=净利润÷（1-税率）

因此，要将税后利润转换为税前利润，只需要简单地将税后利润除以（1-税率）即可。基础 16.4 展示了如何计算要达到目标税后利润所需要的销量。

基础 16.4：如何以及为何计算创造目标税后利润所需要的销售量

资料：

Blazin-Boards 公司想在下一年获得 390 000 美元的净利润（税后利润）。下一年每块滑雪板的价格是 400 美元。产品成本如下：

每块滑雪板的直接材料：	\$ 80
每块滑雪板的直接人工：	\$ 125
每块滑雪板的变动性制造费用：	\$ 15
固定性制造费用合计：	\$ 800 000

变动性销售费用是价格的 5%；固定性销售与管理费用总计为 400 000 美元。Blazin-Boards 的所得税率是 35%。

为什么：

由于所得税是企业的一笔合法开支，并且所有者也对税后利润很感兴趣，所以高层管理人员可能会对目标净利润有兴趣。由于税率是一个不能计入盈亏平衡等式的变量，所以会计人员必须首先将净利润转换为经营利润。一旦转换完成，就可以应用盈亏平衡等式了。

要求：

a. 请计算需要实现 422 500 美元的税后利润的税前利润。

b. 请计算基于要求 a 的经营利润下所需要销售的滑雪板的数量。

c. 请基于要求 b 计算出的滑雪板的数量，编制一份 Blazin-Boards 公司下一年的利润表。

d. 如果 Blazin-Boards 的税率为 30%，**结果会是怎样的？**获得 422 500 美元的净利润所要求的销量是比 11 563 块更多还是更少？请计算所需要的销量。

解答：

a. 税前利润=税后利润÷(1-税率)

= $ 422 500÷(1-0.35)

= $ 422 500÷(0.65)

= $ 650 000

b. 滑雪板的数量=(总固定成本+目标利润)÷(价格-单位变动成本)

=($ 1 200 000+ $ 650 000)÷($ 400- $ 240)

=11 563 块(取整)

c. Blazin-Boards 公司来年的利润表

	总额	单位
销售收入($ 400×11 563 块滑雪板)	$ 4 625 200	$ 400
减:变化总成本($ 240×11 563)	(2 775 120)	(240)
边际贡献合计	$ 1 850 080	$ 160
减:总固定成本	(1 200 000)	
经营利润	$ 650 080	
扣除:所得税($ 650 080×0.35)	227 528	
净利润*	$ 422 552	

*请注意净利润高了 52 美元,这是因为 11 562.5 块的数量四舍五入成了 11 563 块。

d. 数量会比 11 523 块少,因为低税率意味着在同样的净利润目标下需要更少的经营利润。

税前利润=税后利润÷(1-税率)

= $ 422 500÷(1-0.30)

= $ 603 571(取整)

滑雪板数量=(总固定成本+目标利润)÷(价格-单位变动成本)

=($ 1 200 000+ $ 603 571)÷($ 400- $ 240)

=11 272 块(取整)

16.3 多品种产品分析

Blazin-Boards 公司决定提供两种类型的滑雪板:一种常规滑雪板,售价 400 美元,一种豪华滑雪板,用石墨制作的并为冠军水平设计的滑雪板,售价 600 美元。销售部门确信下一年能够售出 10 000 块常规滑雪板和 2 500 块豪华滑雪板。会计主管已根据销售预测编制出了下面的计划利润表:

	常规滑雪板	豪华滑雪板	合计
销售收入	$ 4 000 000	$ 1 500 000	$ 5 500 000
减:变动成本	2 400 000	750 000	3 150 000
边际贡献	$ 1 600 000	$ 750 000	$ 2 350 000
减:直接固定成本	400 000	200 000	600 000
产品边际	$ 1 200 000	$ 550 000	$ 1 750 000
减:共同固定成本			200 000
经营利润			$ 1 550 000

请注意，这位会计主管对直接固定成本和共同固定成本作了区分。**直接固定成本**（direct fixed expense）是那些可以追溯到各个分部的固定成本，如果该分部不存在，则该项固定成本就可以避免。比如，直接固定成本包括个别分部的监管人员薪酬、只为个别分部租用或购进的设备等。**共同固定成本**（common fixed expense）是不可以追溯到各个分部的固定成本，即使某个分部被削减，该固定成本也仍然会发生。公司总部的成本就是共同固定成本，工厂管理和景观美化的成本也是共同固定成本。

16.3.1　以销售量表示的多品种产品的盈亏平衡点

Blazin-Boards 的老板对于增加一条新的产品线有些顾虑，他想知道必须销售多少每类产品才能达到盈亏平衡。如果您有责任回答这个问题，您将如何反应？

一种可能的反应是，利用我们之前建立的用固定成本除以单位边际贡献的等式。但是，这个等式是为了单一产品的分析而设计的。对于两种产品来说，却有两个单位边际贡献。常规滑雪板的单位边际贡献为 160 美元（$ 400－$ 240），豪华滑雪板的单位边际贡献是 300 美元（$ 600－$ 300）。一种可能的解决方案是，分别对每一条产品线单独进行分析。如果利润被定义为产品边际，那么这种办法能够得到单项产品的盈亏平衡点。常规滑雪板的盈亏平衡计算如下：

常规滑雪板盈亏平衡点的数量＝固定成本÷（价格－单位变动成本）

＝$ 400 000÷$ 160

＝2 500 块

豪华滑雪板盈亏平衡点数量＝固定成本÷（价格－单位变动成本）

＝$ 200 000÷$ 300

＝667 块（取整）

因此，为了达到盈亏平衡的产品边际，必须销售 2 500 块常规滑雪板和 667 块豪华滑雪板。但是盈亏平衡的产品边际只是弥补了直接固定成本；而共同固定成本尚未得到弥补。销售这些数量的滑雪板会导致发生一笔金额与共同固定成本相等的亏损。公司整体的盈亏平衡点还没能确定。共同固定成本必须以某种方式引入到分析中。

在计算盈亏平衡点之前将共同固定成本分摊给每条产品线，可以解决这个困难。然而，共同固定成本的分配是主观武断的。因此，很难轻易地得出富有意义的盈亏平衡点数量。

另一种可能的解决方案是将多品种产品的问题转换成单一产品的问题。如果能做到这点，那么所有用于单一产品的 CVP 方法都可以直接运用了。这种转换的关键在于确认用销量表示的所销售产品的预期销售组合。

（1）销售组合

销售组合（sales mix）是一个企业所销售的产品的相对组合。销售组合可以用销量或销售收入比例来度量。比如，如果 Blazin-Boards 计划销售 10 000 块常规滑雪板和 2 500 块豪华滑雪板，那么用销量表示的销售组合就是 10 000：2 500。通常，销售组合被简化为尽可能小的整数。因此，10 000：2 500 的相对组合就可以被简化为 100：25，进一步简化则为 4：1。那就是说，每卖出四块常规滑雪板，就要卖出一块豪华滑雪板。

销售组合还可以用每种产品对总销售收入的贡献百分比来表示。本例中，常规滑雪板销售收入为 4 000 000 美元（$ 400×10 000），豪华滑雪板的销售收入为 1 500 000美元（$ 600×2 500）。（因此）常规滑雪板占了总销售收入的70%，豪华滑雪板占了剩余的30%（百分比四舍五入成整数）。看上去这两种销售组合似乎不一样。用销量表示的销售组合是4：1，也就是说，每卖出五块滑雪板，其中80%是常规滑雪板，20%是豪华滑雪板。然而，以销售收入为基础的销售组合中，常规滑雪板占了70%。事实上这并没有差别。销售收入形式的销售组合采用了销量形式的销售组合并用价格对其进行了加权。因此，虽然隐含的滑雪板的销售比例仍然是4：1，但是当引进了价格因素时，价格较低的常规滑雪板加权的系数更小。在后面的讨论中，我们将采用销量形式的销售组合。

确定盈亏平衡点的销量可以采用很多不同的销售组合。比如，一个5：1的销售组合所确定的盈亏平衡点为3 637 块常规滑雪板和727 块豪华滑雪板。这个组合所产生的总的边际贡献为800 020 美元［（$ 160×3 637）+（$ 300×727）］。类似地，如果卖出了2 353 块常规滑雪板和1 412 块豪华滑雪板（符合一个5：3 的销售组合），其总边际贡献则为800 080 美元［（$ 160×2 353）+（$ 300×1 412）］。既然总固定成本为800 000 美元，那么两种销售组合都达到了盈亏平衡点。幸运的是，不必对每种销售组合都予以考虑。Blazin-Boards 是否真的能够预期一个5：1 或5：3 的销售组合？Blazin-Boards 是否期望每卖出两块常规滑雪板，就卖出一块豪华滑雪板？或者说，Blazin-Boards 是否真的能够每卖出两块常规滑雪板，就卖出一块豪华滑雪板？

根据 Blazin-Boards 的市场研究，可以期望一个4：1 的销售组合。这就是应当采用的比率，其他的都可以忽略。CVP 分析中应当采用期望实现的销售组合。

（2）销售组合和 CVP 分析

确定一个特定的销售组合使我们能够将一个多品种产品的问题转换为一个单一产品的 CVP 模式。既然 Blazin-Boards 期望每卖出1 块豪华滑雪板就卖出4 块常规滑雪板，那么就可以将4 块常规滑雪板和1 块豪华滑雪板的一个产品组合定义为单件产品。通过将产品组合定义为单件产品，多品种产品问题就转换成了单一产品的问题。基础 16.5 就举例说明了用打包的方法计算多品种产品的盈亏平衡的销售量。

基础 16.5：如何以及为何计算多品种产品企业的盈亏平衡点的销售量

资料：

Blazin-Boards 公司计划在来年销售 10 000 块常规滑雪板和 2 500 块豪华滑雪板。产品的价格和成本资料如下所示：

	常规滑雪板	豪华滑雪板
价格	$ 400	$ 600
单位变动成本	240	300
直接固定成本	400 000	200 000

共同的固定性销售与管理费用总计 200 000 美元。

为什么：

盈亏平衡点的销量给予管理者一个提高盈利能力的起点。如果公司出现了亏损，那么盈亏平衡点就能告诉管理部门需要做些什么来阻止亏损。一旦跨过了盈亏平衡点，公司就会开始盈利。通过观察每个产品的盈亏平衡点，管理者能够知道一个产品是否应该被另一个产品所取代。

要求：

a. 预计的下一年的销售组合是怎样的（计算出每种产品最少的销量）？

b. 请基于要求 a 求出的销售组合，即常规滑雪板和豪华滑雪板组成的打包形式。将组合的边际贡献求到三个小数位，计算出常规滑雪板和豪华滑雪板的盈亏平衡点数量。

c. 请根据要求 b 求出的盈亏平衡销售数量，为 Blazin-Boards 公司编制一份边际贡献利润表。

d. 如果Blazin-Boards 认为它能卖出 10 000 块常规滑雪板和 5 000 块豪华滑雪板，**结果会是怎样的？**销售组合是多少，在盈亏平衡点上要生产和销售多少常规滑雪板和豪华滑雪板？

解答：

a. 常规和豪华滑雪板的销售组合＝10 000：2 500＝4：1

b.

产品	价格	单位变动成本	单位边际贡献	销售组合	单位边际贡献×销售组合
常规	\$ 400	\$ 240	\$ 160	4	\$ 640[1]
豪华	\$ 600	\$ 300	\$ 300	1	300[2]
组合边际贡献					\$ 940

[1] 每个产品组合中包含的销售量（4）乘以单位边际贡献（\$ 160）

[2] 每个产品组合中包含的销售量（1）乘以单位边际贡献（\$ 300）

组合的盈亏平衡数量＝总固定成本÷产品组合的边际贡献

＝（\$ 400 000+ \$ 200 000+ \$ 200 000）\$ ÷940

＝851. 064 块

注意：产品组合的份数不是一个整数，这是因为产品组合组数本身并不是最后的结果。当它乘以销售组合时，小数就可能很重要了。滑雪板的数量必须要取整，因为没有人会买一块滑雪板的一部分。

c. Blazin-Boards 来年的利润表

	常规滑雪板	豪华滑雪板	合计
销售收入	\$ 1 361 600	\$ 510 600	\$ 1 872 200
减：变动成本	816 960	255 300	1 072 260
边际贡献	\$ 544 640	\$ 255 300	\$ 799 940
减：直接固定成本	400 000	200 000	600 000
产品边际	\$ 144 640	\$ 55 300	\$ 199 940
减：共同固定成本			200 000
经营利润			\$ （60）

d. 销售组合是 10 000：5 000，或者 2：1

产品	价格	单位变动成本	单位边际贡献	销售组合	单位边际贡献×销售组合
常规	$ 400	$ 240	$ 160	2	$ 320[1]
豪华	$ 600	$ 300	$ 300	1	300[2]
组合边际贡献					$ 620

[1] 每个产品组合中包含的销售量（2）乘以单位边际贡献（$ 160）

[2] 每个产品组合中包含的销售量（1）乘以单位边际贡献（$ 300）

组合盈亏平衡点的数量＝总固定成本/组合边际贡献

＝（$ 400 000+ $ 200 000+ $ 200 000）÷ $ 620

＝1 290. 323 块

常规滑雪板的盈亏平衡点的销售量＝（2×1 290. 323）＝2 581 块（取整）

豪华滑雪板的盈亏平衡点的销售量＝（1×1 290. 323）＝1 290 块（取整）

对于一个给定的销售组合来说，可以就像公司只销售一种产品那样进行 CVP 分析。然而，改变某种产品价格的行为可能会影响销售组合，因为顾客可能会购买相对来说更多或更少的该种产品。因此，价格决策可能会涉及一个新的销售组合，并且必须反映这种可能性。请记住，一种新的销售组合将会影响为实现目标利润所必须销售的每种产品的数量。如果下一期的销售组合不确定，那么就可能有必要考虑好几种组合的情况。这是一种敏感性分析，它能帮助管理人员大致看出公司可能面临的情况。

当产品种类增加时，销量表示的盈亏平衡点法的复杂程度就会大大地增加。想象一下对一个有着好几百种产品的企业进行这种分析，这种情景看上去要比实际上可怕得多。计算机能够轻易地处理一个有着这么多数据的问题。而且，很多企业分析的是产品组合而不是单种产品，这就使得这个问题简化了。应付这种增加的复杂性的另一种方法是从销量法转为销售收入法。这种方法可以仅仅利用一个组织的利润表中的数据来完成多品种产品的 CVP 分析。其计算要求简单得多。

16. 3. 2　销售收入法

可以采用同样的例子来说明用销售收入表示的盈亏平衡点。但是，我们需要的资料只是 Blazin-Boards 公司整体的预计利润表。

	全部滑雪板
销售收入	$ 5 500 000
减：变动成本	3 150 000
边际贡献	$ 2 350 000
减：总固定成本	800 000
经营利润	$ 1 550 000

请注意，这张利润表与先前那张更为详尽的利润表中的合计栏是一致的。预计利润表是基于这样的假设编制的：（公司）可以卖出 10 000 块常规滑雪板和 2 500 块豪华滑雪板（一个 4 : 1 的销售组合）。用销售收入表示的盈亏平衡点也是以这个预计的销售组合为基础的（对销量法来说，不同的销售组合将产生不同的结果）。

有了利润表，就可以解答通常的 CVP 问题了。比如，为了达到盈亏平衡必须实现多少销售收入？为了回答这个问题，我们用总的固定成本 800 000 美元除以边际贡献率 0.4273（$ 2 350 000÷ $ 5 500 000）。

盈亏平衡销售收入 = 固定成本÷边际贡献率
= $ 800 000÷0.4273
= $ 1 872 221

用销售收入表示的盈亏平衡点隐含地采用了假定的销售组合，但是不需要计算产品组合的边际贡献，也不需要知道每种产品的数据。该计算的工作量与单一产品的计算相似。而且，答案仍然是以销售收入的形式来表示的。与销量所表示的盈亏平衡点不同，用销售收入表示的 CVP 问题的答案仍然是以单一的总和数据来表示的。但是，销售收入法的确牺牲了关于每种产品业绩的资料。

16.4 CVP 关系的图表

图表能够帮助管理人员看出变动成本与收入的不同，并加深他们对 CVP 关系的理解。它还能帮助管理人员迅速地理解销售的增加或减少将对盈亏平衡点所产生的影响。这里介绍两种基本的图表：利润-销量图表以及本-量-利图表。

16.4.1 利润-销量图表

一张利润-销量图表（profit-volume graph）可从直观上描绘利润与销量之间的关系。利润-销量图表是经营利润等式（经营利润 = 价格×销量-单位变动成本×销量-固定成本）的图表。在这张图表中，经营利润（利润）是因变量，销量是自变量。通常，自变量数额反映在横轴上，因变量数额反映在纵轴上。

为了使讨论更加具体，我们将利用一组简单的数据。假设 Gordon 公司只生产一种产品，其成本和价格数据如下：

总固定成本	$ 100
单位变动成本	$ 5
单位销售成本	$ 10

利用这些数据，经营利润可以表示为：

经营利润 =（$ 10×销量）-（$ 5×销量）- $ 100
=（$ 5×销量）- $ 100

我们可以沿着横轴标出销量，沿着纵轴标出经营利润（或亏损），从而在图表上绘出这种关系。绘制一条线性方程的图形需要两个点。虽然任意两个点都可以，但经常选择的两个点是与零销量和零利润对应的两点。当销量为零时，Gordon 的经营亏损为 100 美元（或者说利润为- $ 100）。与零销量对应的点是（0，- $ 100）。换句话说，在没有发生销售时，公司的总亏损就是其总固定成本。当经营利润为零时，销量为 20 件。与零利润（盈亏平衡）对应的点是（20，0）。图表 16-2 中描出的这两个点就决定了这张图表中的利润走势。

图表 16-2　**利润-销量图表**

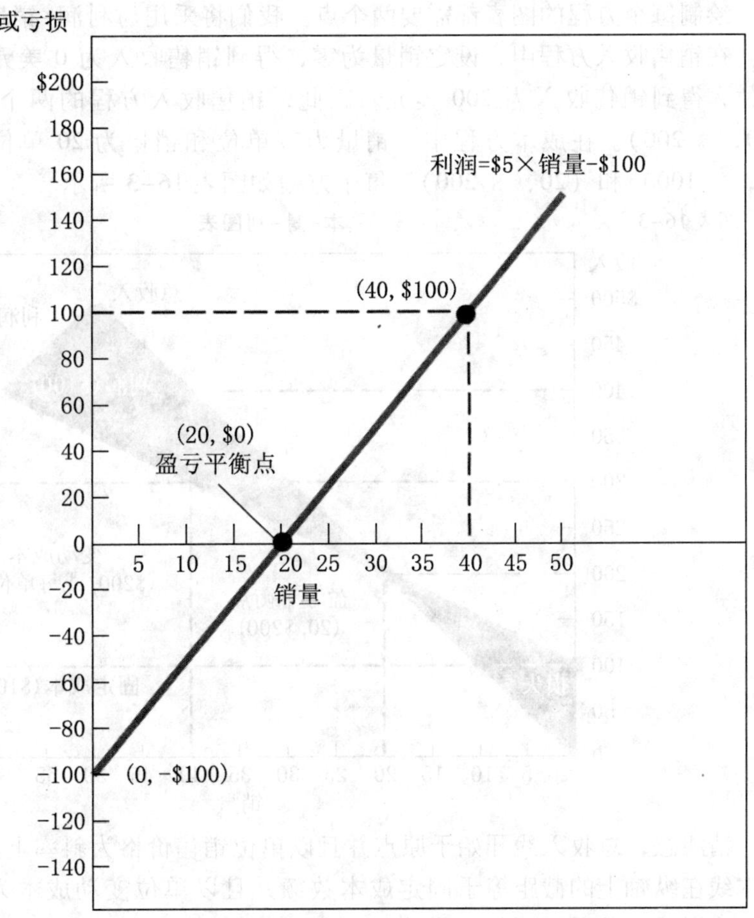

图表 16-2 中的图形可以用来估计任何销售水平下 Gordon 的利润（或亏损）。比如，与 40 单位的销量相对应的利润可以通过下列步骤从图表中得出：a. 从横轴上画一条垂直的线到利润线上；b. 从利润线上画一条水平的线到纵轴上。这样的话我们就可以看出，与 40 单位销量对应的利润为 100 美元。利润-销量图表虽然很容易理解，但却没有揭示出当销量变化时成本如何变化。另一种绘图表方法则可以提供这一细节。

16.4.2　本-量-利图表

本-量-利图表（cost-volume-profit graph）描绘了成本、销量和利润之间的关系。为了获得更详尽的关系，有必要分别画两条线：总收入线和总成本线。这两条线分别代表下面两个方程：

销售收入＝价格×销量

总成本＝变化单位成本×销量+固定成本

利用 Gordon 公司的例子，收入与成本方程分别为

收入 = $ 10×销量

总成本 = $ 5×销量 + $ 100

为了在同一张图表中绘制出这两个方程，应以纵轴表示金额，横轴表示销量。

绘制每个方程的图表都需要两个点。我们将采用与利润-销量图表中相同的 X 坐标。在销售收入方程中，设定销量为零，得到销售收入为 0 美元；设定销量等于 20 单位，得到销售收入为 200 美元。因此，销售收入方程的两个点是（0， $ 0）和（20， $ 200）。在成本方程中，销量为零单位和销量为 20 单位所得到的点分别为（0， $ 100）和（20， $ 200）。每个方程如图表 16-3 所示。

图表 16-3　**本-量-利图表**

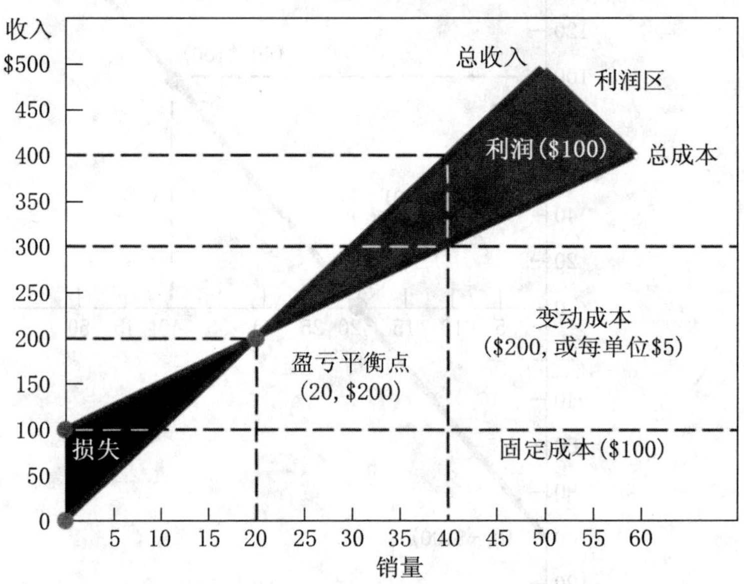

请注意，总收入线开始于原点并且以单位销售价格为斜率上升（斜率为 10)。总成本线在纵轴上的截距等于固定成本数额并且以单位变动成本为斜率上升（斜率为 5)。当总收入线位于总成本线之下时，就产生了一个亏损区。类似地，当总成本线位于总收入线之下时，就产生了一个利润区。总收入线与总成本线相交的点就是盈亏平衡点。为了达到盈亏平衡，Gordon 公司必须卖出 20 单位的产品从而得到 200 美元的总收入。

现在，让我们比较一下从 CVP 图表中可以得到的资料与从利润-销量图表中可以得到的资料。为了进行这样的比较，我们考虑销量为 40 单位的情况。回顾一下可知，利润-销量图表揭示了销量为 40 单位时所产生的利润为 100 美元。再来看下图表 16-3。CVP 图表也显示出了 100 美元的利润，但它还揭示了更多内容。CVP 图表揭示了与 40 单位的销量相联系的总收入为 400 美元、总成本为 300 美元。进一步说，总成本还可以分解为 100 美元的固定成本和 200 美元的变动成本。CVP 图表提供了利润-销量图表没有提供的收入和成本资料。与利润-销量图表不同，要确定与一个给定的销量相联系的利润，还需要进一步计算。虽然如此，但是由于它包含了更丰富的资料，因此管理人员们可能认为 CVP 图表是一个更有用的工具。

16.4.3　本-量-利分析的假设

刚刚阐述的利润-销量图表和本-量-利图表是以一些重要的假设为基础的。下面列出了这些假设中的一部分。

a. 该分析假设了一个线性的收入函数和一个线性的成本函数。

b. 该分析假设价格、总固定成本和单位变动成本能够确定并且在相关范围内保持不变。

c. 该分析假设生产出的产品都能被卖出去。

d. 对多品种产品进行分析，假设销售组合已知。

e. 假设销售价格和成本能够被确切地知道。

第一个假设，也就是线性成本和收入函数的假设，需要予以额外的考虑。让我们来看一看作为基础的经济学中的收入和总成本函数。图表16-4中的情形A描绘了曲线型的收入和成本函数。我们看见，当销量增加时，收入也随之增加，但是最终收入开始比先前更为平坦地上升了。其原因很简单，那就是：当卖出越来越多的产品时，价格必须下降。总成本函数就更为复杂，它开始时急剧上升，然后变得平稳一些（随着规模扩大，回报上升），然后又急剧上升（随着规模扩大，回报率降低）。我们怎么能够处理这些复杂的关系呢？

图表16-4　**成本和收入关系**

情形A：曲线型的CVP关系

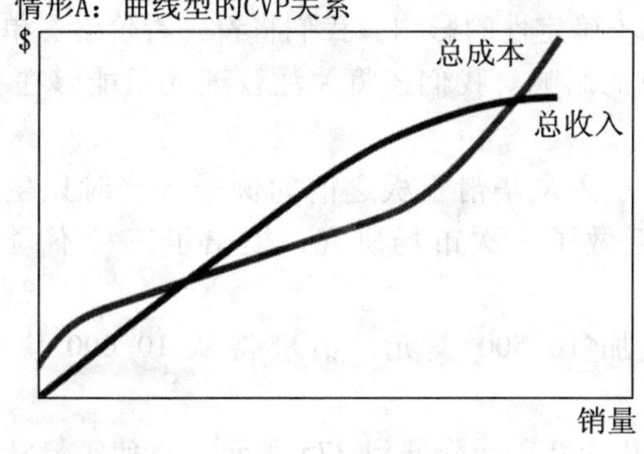

情形B:相关范围与线性的CVP关系

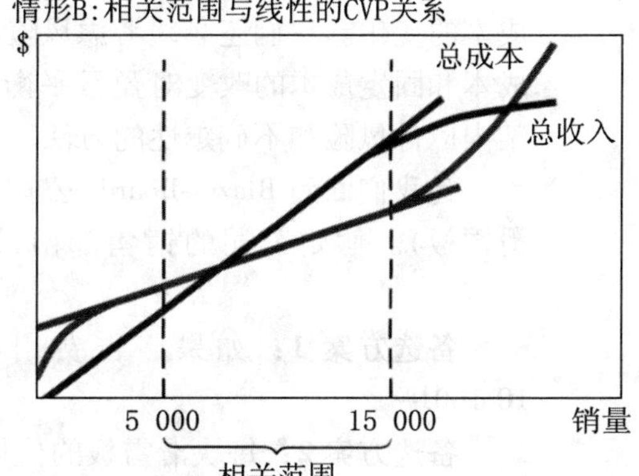

（1）相关范围

幸运的是，我们不必考虑一个公司所有可能的生产和销售范围。请记住CVP分析是一个短期决策工具（我们知道它属于短期范围，是因为某些成本是固定的）。我们只需要确定当前的经营范围，或相关范围，在这个范围内线性的成本和收入关系是正确的。图表16-4中情形B显示出一个销量由5 000单位到15 000单位的相关范围。请注意，在这个范围内，成本和收入的关系大致上是呈线性的，从而使我们能够运用我们的线性CVP方程。当然，如果相关范围改变了，就必须采用不同的固定成本和变动成本以及不同的价格。

第二个假设与相关范围的定义有关。一旦确定了相关范围，那么成本和价格关系就被认定为是已知并且不变的。

（2）产量等于销量

第三个假设是所生产的产品都被销售了。在期间内存货没有变化。存货不对盈亏平衡分析产生影响，这一点很有意义。盈亏平衡分析是一种短期决策技巧，因此我们希望能囊括一个特定期间内的所有成本。存货反映了前一个期间的成本，因此没有予以考虑。

（3）固定的销售组合

第四个假设是一个固定的销售组合。在单一产品分析中，销售组合显然是固定的——100%的销售都与一种产品相关。多产品分析要求一个固定的销售组合。但事实上，要确定地预计销售组合是不可能的。实际中解决这一局限性的典型做法是进行敏感分析。利用电子表格分析，各种销售组合的变量的敏感分析都可以轻易地完成。

（4）确定价格和成本

最后，第五个假设是价格和成本已知。事实上，企业很少能确定地知道变动成本和固定成本。一个变量的改变通常会影响到其他变量的数额。通常，可以考虑一个概率分布。此外还有一些正式的方法可以用来明确地将不确定性加入 CVP 模型中。这些问题将在下一部分中进行探讨。

16.5 CVP 变量的变化

由于企业是在一个动态的世界中经营，因此它们必须关心价格、变动成本和固定成本的变化。它们还必须考虑风险和不确定性的影响。我们将看一看价格、单位变动成本和固定成本的改变对盈亏平衡点的影响。我们还将关注管理人员能够在 CVP 框架内应付风险和不确定性的方法。

让我们回到 Blazin-Boards 公司在引入豪华滑雪板之前的例子（当时只生产常规滑雪板）。假定公司的销售部门最近做了一次市场研究，提出了三种不同的备选方案。

备选方案 1：如果广告费用增加 16 500 美元，销量将从 10 000 块增加到 10 100块。

备选方案 2：每块滑雪板的价格从 400 美元降低到 375 美元，将使销量从 10 000 块增加到 12 000 块。

备选方案 3：价格降低到 375 美元，广告费用增加 16 500 美元，将使销量从 10 000块增加到 15 000 块。

Blazin-Boards 是应当维持它当前的价格和广告策略，还是应当选择市场研究所描述的三种备选方案之一呢？

（先）考虑第一个备选方案。广告费用增加了 16 500 美元，销量增加 100 块会对利润产生什么样的影响？这个问题可以只用单位边际贡献回答。我们知道单位边际贡献是 160 美元。既然销量增加了 100 块，那么总的边际贡献增加额为 16 000 美元（$ 160×100 块）。然而，既然固定成本增加了 16 500 美元，利润实际上将会下降 500 美元（$ 16 500－$ 16 000）。我们只需要看总的边际贡献和固定成本的增加额来计算总利润的变化。图表 16-5 总结了第一种备选方案的结果。

图表 16-5 **对备选方案 1 结果的总结**

	增加广告费用前	增加广告费用后
销量	10 000	10 100
单位边际贡献	×$ 160	×$ 160
总边际贡献	$ 1 600 000	$ 1 616 000
减：固定成本	1 200 000	1 216 500
利润	$ 400 000	$ 399 500

	利润差额
销量变化	100
单位边际贡献	×$ 160
边际贡献变化	$ 16 000
减：增加的固定成本	16 500
利润降低额	$ (500)

对于第二种备选方案，固定成本没有增加。因此，只需要观察对总边际贡献的影响就能够回答这个问题。在当前 400 美元的价格下，单位边际贡献为 160 美元。如果卖出 10 000 块的产品，那么总边际贡献是 1600 000 美元（$ 160×10 000）。如果价格下降为 375 美元，那么单位边际贡献下降为 135 美元（$ 375－$ 240）。如果在新的价格下卖出 12 000 块的产品，那么新的总边际贡献就是 1 620 000 美元（$ 135×12 000）。如图表 16-6 显示，价格降低导致了 20 000 美元的利润上升（$ 1 620 000－$ 1 600 000）。

图表 16-6 **对备选方案 2 结果的总结**

新边际贡献（$ 135×12 000）	$ 1 620 000
旧边际贡献（$ 160×10 000）	1 600 000
边际贡献增加额	$ 20 000

第三种备选方案要求降低销售价格并增加广告费用。与第一种备选方案类似，这可以通过观察对边际贡献和固定成本的影响来确定对利润的影响。利润变化可按如下步骤得到：a. 计算总的边际贡献的增量；b. 计量固定成本的增量改变；c. 将两个结果相加。

当期销售 10 000 单位的产品的总边际贡献是 1 600 000 美元。既然新的单位边际贡献为 135 美元，那么在销量增加到 12 000 单位时，新的总边际贡献为 1 620 000 美元（$ 135×12 000）。因此，总边际贡献的增量为 20 000 美元（$ 1 620 000－$ 1 600 000）。但是，为了获得边际贡献的这一增量变化，需要增加 16 500 美元的固定成本。对利润增量的净影响为 3 500 美元。第三种备选方案结果的总结参见图表

16-7。

图表 16-7　　**对备选方案 3 结果的总结**

	变化之前	增加广告费用和降低价格后
销量	10 000	12 000
单位边际贡献	×$ 160	×$ 135
总边际贡献	$ 1 600 000	$ 1 620 000
减：固定成本	1 200 000	1 216 500
利润	$ 400 000	$ 403 500
		利润差额
销售 10 000 单位时边际贡献减少额		$ (250 000)
销售增加 2 000 单位时边际贡献增加额		270 000
边际贡献变化额		$ 20 000
减：增加的固定成本		16 500
利润增加额		$ 3 500

在市场研究确认的三种备选方案中，方案 2 和方案 3 都能保证带来利润。它们分别使利润增加了 20 000 美元（方案 2）和 3 500 美元（方案 3）。很明显，方案 2 具有更大的获利潜力。

这些例子都是以销量法为基础的。但是我们完全可以同样简单地运用销售收入法。答案将是一样的。

16.5.1　关于风险和不确定性的介绍

CVP 分析的一个重要假设就是价格和成本是确知的。(但) 实际情况很少是这样的。风险和不确定性是企业决策的一部分，必须以某种方式予以处理。严格来说，风险和不确定性是有区别的，风险的概率分布已知，而不确定性的概率分布未知。但是就我们的目的来说，两个术语可以相互替换。

管理人员们通过不同的方法来处理风险和不确定性。当然，首先管理活动必须意识到未来的价格、成本和数量具有不确定的性质。其次，管理人员从考虑盈亏平衡点转为考虑盈亏平衡带。换句话说，由于数据的不确定性，一个企业可能当销量在 1 800单位到 2 000 单位之间时——而不是在 1 900 单位这一点上达到盈亏平衡。因此，管理人员可能进行敏感分析或者“如果——就”(的假设)（what-if）分析。此时，当管理人员在设定盈亏平衡（或目标利润）关系，然后查看改变的成本和价格对销量的影响时，一张电子表格就会很有帮助。对管理活动非常有用的两个概念是安全边际(margin of safety) 和经营杠杆(operating leverage)。这两者都可以被认为是风险指标。每一个都要求知道固定成本和变动成本。

(1) 安全边际

安全边际(margin of safety) 是超出盈亏平衡点的销量或期望销量、销售收入或期望销售收入。基础 16.6 举例说明了安全边际。

基础 16.6：如何与为何计算安全边际

资料：

Blazin-Boards 公司计划在来年以 400 美元的单价销售 10 000 块滑雪板。产品成本如下：

每块滑雪板的直接材料：	$ 80
每块滑雪板的直接人工：	$ 125
每块滑雪板的变化制造费用：	$ 15
固定制造费用合计：	$ 800 000

变动性销售费用是价格的 5%；固定性销售和管理费用是 400 000 美元。

为什么：

安全边际是计量风险的一个粗略指标。超出盈亏平衡点越多，安全边际就越高，公司就越远离盈亏平衡和亏损。

要求：

a. 请计算来年的安全边际的数量（请回顾一下基础 16.3 中盈亏平衡点销量的计算）。

b. 请计算来年盈亏平衡的销售收入和安全边际的销售收入。

c. 如果Blazin-Boards 公司在来年实际上销售了 9 800 块滑雪板，结果会是怎样的？请计算此时的安全边际的销量和销售收入。

解答：

a. 安全边际 = 10 000 块 − 7 500 块 = 2 500 块

b. 盈亏平衡销售收入 = 7 500 × $ 400 = $ 3 000 000

安全边际销售收入 = (10 000 × $ 400) − $ 3 000 000 = $ 1 000 000

c. 安全边际 = 9 800 块 − 7 500 块 = 2 300 块

安全边际销售收入 = (9 800 × $ 400) − $ 3 000 000 = $ 920 000

安全边际可以被看做是计量风险的一个粗略指标。在制订计划时，总会有一些未知事项可能导致销售下降到最初预期的水平之下。如果一个企业根据来年的预期销售水平计算的安全边际很大，那么由于销售下降导致亏损的风险就比安全边际小的时候要低。面临着一个较低安全边际的管理人员可能希望考虑增加销售或降低成本的行为。

现实案例

比如，由于 8 月份佛罗里达州遭遇了空前数量的飓风，沃尔特迪士尼公司（Walt Disney Company）在 2004 年最后一个季度面临着较低的主题公园收入。迪士尼的首席财务总监在灾后解释道："人们把生活物资集中在一起相依为命（people put their lives together），这会对近期当地居民的入园人数产生影响"。他也说明了公司将把注意力放在"提高主题公园酒店的入住率，提高每个顾客在主题公园的消费水平以及管理费用"上。目标是在三到五年里达到至少 20% 的经营边际[①]。所有主题公园的一

① Dwight Oestricher, "Disney CFO Staggs Sees Theme Park 1Q Hurt by Storms," *The Wall Street Journal* (September 30, 2004): B1 and B2.

个更稳定的经营边际可帮助迪士尼在无法预知的重大事件中得到缓冲。

(2) 经营杠杆

在物理学中，杠杆是一种用来使力加倍的简单的机械。其基本原理是，杠杆将所使用的力放大，从而产生更大的效果。一个给定数量的力所移动的负荷越重，则该机械优势就越大。在财务术语中，经营杠杆与一个组织中固定成本与变动成本的相对组合有关。有时，固定成本与变动成本是可以相互抵消的。当变动成本降低时，单位边际贡献增加，使得每卖出一个单位产品的贡献变得更大。在这种情况下，销售波动对盈利能力的影响增强。因此，随着销售的增加，通过增加固定成本比重而降低了变动成本的公司将比固定成本比重更低的公司得到更高的利润增长。固定成本被用作增加利润的杠杆。不幸的是，当销售减少时，经营杠杆更高的公司将承受更多的利润下降。因此，**经营杠杆**(operating leverage) 就是利用固定成本，在销售作业改变时，得到更高比例的利润变化。

经营杠杆系数越高，销售作业的改变对利润的影响就将越大。由于这种现象，一个组织所选择的组合可能对它的经营风险和利润水平产生相当大的影响。

给定销售水平下的**经营杠杆系数**(degree of operating leverage) 可以通过边际贡献与利润之比来衡量：

经营杠杆系数=边际贡献÷利润

如果利用固定成本降低了变动成本，从而使边际贡献增加，利润降低，那么经营杠杆系数增大——表明风险也在上升。基础 16.7 举例说明了经营杠杆系数以及它用于计算在给定销售收入变化百分比的条件下利润是如何变化的。

基础 16.7：如何以及为何计算经营杠杆系数与利润变化的百分比

资料：

Sharda 公司计划增加一条新的生产线。在增加这条产品线的过程中，公司可以选择主要依靠自动化操作或主要依靠人工。10 000 单位的销售水平下的相关数据如下：

	自动化系统	手工系统
销售收入	$ 1 000 000	$ 1 000 000
变动成本	500 000	800 000
边际贡献	$ 500 000	$ 200 000
减：固定成本	375 000	100 000
经营收入	$ 125 000	$ 100 000
单位售价	$ 100	$ 100
单位变动成本	50	80
单位边际贡献	50	20

为什么：

自动化系统有更高的固定成本，更低的变动成本和更高的单位边际贡献。更高的固定成本可以帮助从每个售出的单位产品中提取出更多的边际贡献，因此这个系统将会有很好的回报——如果单位售价足够高的话。如果单位售价较低的话，手工系统就会面临更小的风险。经营杠杆系数能够帮助一家企业确定自动化系统的风险（会比手工系统的风险）大多少。

要求：

a. 请计算每个系统的经营杠杆系数。

b. 假设销售收入比预计要高 40%。则每个系统的经营利润将以什么样的百分比增加？每个系统的利润分别增加多少？

c. **如果**单位售价比预计要低 30%，**结果会是怎样的？**每个系统的经营利润将以什么样的百分比减少？每个系统的经营利润总额各是多少？

解答：

a. 经营杠杆系数=边际贡献÷利润

自动化系统的经营杠杆系数=＄500 000÷＄125 000=4.0

手工系统的经营杠杆系数=＄200 000÷＄100 000=2.0

b. 自动化系统的利润增加百分比=4.0×40%=160%

手工系统的利润增加百分比=2.0×40%=80%

自动化系统的利润增加额=1.6×＄125 000=＄200 000

手工系统的利润增加额=0.8×＄100 000=＄80 000

自动化系统的新利润=＄125 000+＄200 000=＄325 000

手工系统的新利润=＄100 000+＄80 000=＄180 000

c. 自动化系统的利润减少百分比=4.0×30%=120%

手工系统的利润减少百分比=2.0×30%=60%

自动化系统的利润减少额=1.2×＄125 000=＄150 000

手工系统的利润减少额=0.6×＄100 000=＄60 000

自动化的系统新利润=＄125 000-＄150 000=＄（25 000）

手工系统的新利润=＄100 000-＄60 000=＄40 000

如基础 16.7 所示，经营杠杆系数是一条很有价值的信息。它能被用于快速确定销售收入的百分比变化对经营利润的影响。我们可以看到销售增长 40% 能为公司带来现在的利润。但是，这种作用是一把双刃剑。当销售降低了，自动化系统也会显示出更高百分比的利润下降。而且，在自动化系统下，由于固定成本的增加导致了更高的经营杠杆。自动化系统的盈亏平衡点是 7 500 单位（＄375 000÷＄50），而手工系统的盈亏平衡点是 5 000 单位（＄100 000÷＄20）。很明显，在较低的销售水平下是手工系统更好，而在较高水平下，则是自动化系统更好。（那么）在什么样的销售水平下，手工系统和自动化系统的盈利能力是相同的呢？我们可以通过设定每个系统与另一个系统的经营利润等式计算出来。

（＄100×销量）-（＄50×销量）-＄375 000=（＄100×销量）-（＄80×销量）-＄100 000

（＄50×销量）-＄375 000=（＄20×销量）-＄100 000

销量=9 167 块（取整）

在自动化系统与手工系统之间做选择时，管理人员必须估计销量超过 9 167 单位的可能性。如果经过认真的研究，坚信销售将轻易地超出这一水平，那么选择就是显而易见的：自动化系统。相反，如果销售不可能超过 9 167 单位，则手工系统更可取。图表16-8用CVP的一些概念总结了手工系统和自动化系统之间的相对差异。

图表16-8　**手工系统和自动化系统之间的差异**

	手工系统	自动化系统
价格	相同	相同
变动成本	相对较高	相对较低
固定成本	相对降低	相对较高
边际贡献	相对较低	相对较高
盈亏平衡点	相对较低	相对较高
安全边际	相对较高	相对较低
经营杠杆系数	相对较低	相对较高
利润下降风险	相对较低	相对较高
利润上涨潜力	相对较低	相对较高

16.5.2　敏感性分析与CVP

个人电脑和电子表格的普及使得大多数管理人员进行成本分析成为可能。一个重要的工具就是**敏感分析**（sensitivity analysis），它是一种检测隐含假设的改变对答案影响的“如果——就（假设）”（“what-if”）技巧。它只要简单地输入价格、变动成本、固定成本和销售组合数据，就能建立等式计算盈亏平衡点与预期利润。然后可以按要求改变数据以考察这种变化对预期利润造成的影响。

在基础16.7中，一家公司比较分析了使用一个自动化系统或一个手工系统可能对利润所产生的影响。该计算工作主要是手工进行的，过多次数的改变会很麻烦。如果利用计算机，则在相关的销量假设下，在75美元到125美元之间以1美元为幅度改变价格，将会是一个比较简单的问题。同时，变动成本和固定成本也可以进行调整。比如，假设自动化系统的固定成本为375 000美元，但那些成本在第一年内可能轻易地上升为两倍，而在第二年和第三年，随着系统的缺陷被消除、工人们学会了使用该系统，固定成本又降了回来。电子表格同样可以毫不费力地处理这些计算。

我们必须注意，电子表格虽然对得到数字结果的任务完成得很好，但是却不能完成CVP分析中最困难的工作。这项工作就是：确定那些最开始被输入的数据。会计人员必须熟悉企业的成本和价格分布，并且还必须熟悉经济情况的改变对这些变量的影响。（确实），变量很少能够被确切地知道，（但）这一事实并不能成为忽视不确定性对CVP分析的影响的借口。幸运的是，敏感分析还能够使管理人员认识到一个预测得很差的变量对结果的影响程度。那也是一个优点。

道德问题

最后，非常有必要强调的一点就是，CVP的结果只是商业决策的一个输入变量。比如，那些决定选择一种生产流程而非另一种，或者决定是否消除一项特定的成本的决策还需要考虑其他许多因素。企业与非营利性主体经常要面对涉及安全性的权衡问题。道德问题在CVP分析中也非常重要。一种可能性就是，潜在问题的成本应被

（恰当）估计并包含于 CVP 的结果中。但是，通常而言，这些成本及其概率并不能被确切地知晓。在这种情况下，这些因素就应该作为定性因素包含于最终的决策制定程序中。第 17 章，在讨论短期决策制定时，会更详细地谈到这个话题。

16.6 CVP 分析与非产量成本动因

传统的 CVP 分析假定企业所有的成本都可以被分为两种类型：随着销量变化而变化的成本（变动成本）以及不随着销量变化而变化的成本（固定成本）。此外，它还假定成本是销量的线性函数。然而，经常有成本随着非产量成本动因而变化。作业成本法（ABC），就是一个很好的例子，其成本被分为基于产量（动因的）成本与不基于产量（动因的）成本。有一些成本，比如安装生产设备，就会随着批次的数量而变化；其他成本，比如购买和接收成本，可能就会随着产品种类的数量而变化。在传统 CVP 中，那些非产量（动因的）变动成本被假定为固定的。然而，考虑到这些丰富的变动成本的设定，CVP 可以被修改。由于它提出了更多的与成本动因相关的精确认识，这种修改可以使得 CVP 更为有效。这些认识可以导致更好的决策。

为了说明这一点，假设一家公司的成本可以由三个变量来解释：产量水平的成本动因——销量；批次水平的成本动因——安装次数；产品水平的成本动因——设计工时。成本等式可以表示如下：

总成本=固定成本+单位变动成本×销量+单位安装成本×安装次数+设计成本×设计工时数量

和前面一样，经营利润等于总收入减总成本。表示如下：

$$\text{经营利润}=\text{总收入}-\left(\text{固定成本}+\text{单位变动成本}\times\text{销量}+\text{单位安装成本}\times\text{安装次数}+\text{设计成本}\times\text{设计工时数量}\right)$$

让我们用边际贡献法来计算盈亏平衡点的销售量。在盈亏平衡点，经营利润为零，达到盈亏平衡点的保本销量如下：

$$\text{盈亏平衡点销售量}=\left(\text{固定成本}+\text{单位安装成本}\times\text{安装次数}+\text{设计成本}\times\text{设计工时数量}\right)\div\left(\text{价格}-\text{单位变动成本}\right)$$

ABC 盈亏平衡点与传统盈亏平衡点的比较揭示出了两个显著的差异。首先，固定成本改变了。某些先前被确认为固定成本的成本实际上也许会随着一些非产量的成本动因而变化，在这个例子中是安装次数和设计工时。其次，在 ABC 盈亏平衡等式的分子中有两个非产量（动因的）变动成本术语：一个是与批次相关的作业，一个是与产品维持相关的作业。

16.6.1 比较传统分析和 ABC 分析的例子

为了使前面的讨论更加具体，比较一下传统的本-量-利分析与作业成本法（下的本-量-利分析）会很有帮助。我们假设一个公司想计算出实现 20 000 美元的税前利润的目标销量。该分析基于以下数据：

成本动因	与变量相关的数据单位变动成本	成本动因水平
销量	$ 10	—
安装次数	1 000	20
设计工时	30	1 000

其他数据：

总固定成本（传统）	$ 100 000
固定成本（ABC）	50 000
单位售价	20

实现 20 000 美元的目标税前利润所必需的目标销量计算如下：

销量 =（目标利润+固定成本）÷（价格-单位变动成本）
=（$ 20 000+ $ 100 000）÷（$ 20- $ 10）
= $ 120 000÷ $ 10
=12 000 块

使用 ABC 等式，实现 20 000 美元的经营利润所必需的目标销量计算如下：

$$销量=\left(\frac{目标}{利润}+\frac{固定}{成本}+\frac{安装}{成本}\times\frac{安装}{次数}+\frac{设计费用}{分配率}\times\frac{设计}{工时}\right)\div\left(价格-\frac{单位变动}{成本}\right)$$

=（$ 20 000+ $ 50 000+ $ 20 000+ $ 30 000）÷（$ 20- $ 10）
= $ 120 000÷ $ 10
=12 000 块

在两种方法下，目标销量是相同的。原因很简单，传统成本计算法下的总固定成本是由非产量基础的变动成本和与成本动因无关的固定成本组成的。ABC 将非产量基础的变动成本分解出来了。这些成本与每种成本动因的特定水平相联系。批次水平成本动因的动因水平是 20 次的安装次数，产品水平成本动因的动因水平是 1 000 个设计工时。只要非产量基础的成本动因的作业水平保持不变，传统的与 ABC 的（CVP 分析的）计算结果就会是一样的。但是这些水平可能会改变，因此两种方法所提供的信息就可能大不相同了。ABC 等式的 CVP 分析更详尽地表述了直接成本动因，能够提供重要的战略卓识。为了说明这一点，让我们利用前面给出的数据来进行不同的分析。

16.6.2 战略内涵：传统 CVP 分析与 ABC（下的 CVP）分析

假设在传统 CVP 分析后，市场情况表明只能销售 10 000 单位的产品，而不是之前预期的 12 000 单位。于是公司的总裁指派产品设计工程师去找到一种降低产品制造成本的方法。工程师们还被告知传统的成本等式仍然要保持，即固定成本为 100 000美元，单位变动成本为 10 美元。10 美元的单位变动成本由下列因素组成：直接人工，4 美元；直接材料，5 美元；变动性制造费用，1 美元。为了达到降低盈亏平衡点的要求，设计工程师们提出了一种对人工需求更少的新设计方案，由此单位产品的直接人工成本降低了 2 美元。该设计不影响直接材料或变动性制造费用。新的单位变动成本为 8 美元，而盈亏平衡点计算过程如下：

销量 = 固定成本÷（价格-单位变动成本）
= $ 100 000÷（$ 20- $ 8）
=8 333 块

如果销量为 10 000 单位，预计利润计算如下：

销售收入（$ 20×10 000）	$ 200 000
减：变动费用（$ 8×10 000）	80 000

边际贡献	$ 120 000
减：固定费用	100 000
经营利润	$ 20 000

经理很兴奋地批准了这个新设计。一年以后，经理发现没有实现期望的利润增加。事实上，还发生了亏损。为什么？一个 ABC 法的 CVP 分析能够给出答案。

总成本＝$ 50 000+$ 10×销量+$ 1 000×安装次数+$ 30×设计工时

假设新的设计需要更复杂的安装，它将安装费用从 1 000 美元增加到 1 600 美元。同时，假设因新的设计增加了技术含量，就需要增加 40% 的设计工时（从 1 000 小时增加到 1 400 小时）。新的成本方程，包括了减少了的单位变动成本，如下所示：

总成本＝$ 50 000+8×数量+$ 16 000×安装次数+$ 30×设计工时

将经营利润设为零并利用 ABC 等式，（可将）盈亏平衡点计算如下（假设仍然进行 20 次生产）：

销量＝［$ 50 000+$ 1 600×20+$ 30×1 400］÷（$ 20－$ 8）

＝$ 124 000÷$ 12

＝10 333 块

销售 10 000 单位的利润为（请记住，最大可能的销量为 10 000 块）：

销售收入（$ 20×10 000）		$ 200 000
减：基于产量的变动费用（$ 8×10 000）		80 000
边际贡献		$ 120 000
减：非基于产量的变动费用		
安装次数（$ 1 600×20）	$ 32 000	
设计支持（$ 30×1 400）	42 000	74 000
可追溯边际贡献		$ 46 000
减：固定成本		50 000
利润（亏损）		$ (4 000)

工程师们怎么会出现这么大的偏差呢？他们不知道新设计会增加安装成本和设计支持吗？是，也不是。他们可能意识到这两个变量会增加，但是传统的成本等式使得他们没有关注那些变量的变化到底可能会对盈亏平衡销量造成多大的影响。传统的成本等式向工程师们传达的信息给了他们这样的印象，既然人工作业水平的变化不影响固定成本，那么——在不影响直接材料或变动性制造费用的情况下——任何人工成本的降低都将减少总成本。然而，ABC 等式则表明，人工投入的降低如果对安装作业或设计支持产生负面影响，则可能导致不利的结果。通过提供更多的洞察，（决策者）可能做出更优的决策。向工程师们提供 ABC 成本信息可能会将他们引向不同的路径——一条可能对公司更为有利的路径。

16.6.3 CVP 分析与 JIT

如果一个企业采用了 JIT，那么它的单位变动成本就会降低，而固定成本会增加。比如，直接人工现在就会被看成是固定成本而不是变动成本。另一方面，直接材料还是基于产量的变动成本。事实上，强调总体质量和长期采购会使得这个假设更为真实，因为直接材料成本与产量严格地成比例变化（因为消除了废料、废品和数量折扣）。诸如动力和销售佣金的其他基于产量的变动成本将仍然继续存在。另外，批次水平的变动成本消失了（在 JIT 中，批次就是一个单位的产品）。因此，JIT 的成本等式表达如下：

总成本＝固定成本＋单位变动成本×产量＋设计成本×设计工时数量

由于它的运用是 ABC 等式的一种特殊情况，因此不再举例。

16.6.4 CVP 分析、多种动因与非营利性主体

很明显，本－量－利分析对制造型和服务型企业都有帮助。它对非营利性主体也同样有效。对于非营利性组织来说，可能有很多方式来获得收入，同时有很多项目会产生成本。因此，可能不便直接使用本－量－利等式。那么，管理人员需要了解不同类型的成本、不同的动因以及影响它们的经济条件。

现实案例

美国邮政服务公司（United States Postal Service，USPS）是一家半独立的联邦机关，法律要求它“收入中立”，也就是保持盈亏平衡。然而，在过去的几年里，USPS 已经亏损了。为了努力提高额外收入和控制成本，USPS 考虑采取一系列措施，包括出售一部分邮件配送中心、每周五天而不是六天投递邮件以及关闭它 32 000 个邮政办公室中的 10% 等。这些行动中的一部分是与削减固定成本有关的，比如关闭了大量的规模很小的邮政办公室以及出售 487 个邮件配送中心中的 252 个等等。其他的行动则旨在降低变动成本，比如把每周六天的邮件投递时间改回到每周五天。最后的任务是寻找各种提高收入的办法，比如通过鼓励更多的发送大批量邮件的业务。这些业务的困难在于，会导致复杂的邮件产品组合打包，而提高价格又肯定会导致销量的下降。①

了解成本结构可以更容易地看出邮递业务中的哪些成本可以被去除，哪些收入增长点必须被挖掘。在这样的复杂情况下，最好是使用电子表格来计算各种情景下的收入与成本。

练习题

复习题

16.1 盈亏平衡点、目标利润、安全边际

Cutlass 公司下一年的计划利润如下：

	总额	每单位
销售收入	$ 200 000	$ 20
减：变动成本	120 000	12
边际贡献	$ 80 000	$ 8
减：固定成本	64 000	
经营利润	$ 16 000	

① Jennifer Levitz, “Post Office's Rescue Plan: Junk Mail,” *The Wall Street Journal* (October 6, 2011): A1 and A2.

要求：

（1）请计算盈亏平衡点销售量。

（2）为了实现 30 000 美元的目标利润，必须销售多少产品？

（3）请计算边际贡献率，如果销售收入超过预期收入 25 000 美元，请利用边际贡献率计算公司将实现的额外利润。

（4）假使 Cutlass 公司希望获得等于销售收入 20% 的经营利润。为了实现这一目标必须销售多少产品？请编制一张利润表来验证您的答案。

（5）请计算预计销售水平下的安全边际。

（6）请计算预计销售水平下的经营杠杆的效用，如果销售额增加了 15%，利润的变化率将会是多少？

解答：

（1）盈亏平衡点为：

销售量＝固定成本÷（价格－单位变动成本）

＝＄64 000÷（＄20－＄12）

＝＄64 000÷＄8

＝8 000 单位

（2）为了实现 30 000 美元的利润，必需的目标销售量为

销售量＝（＄64 000＋＄30 000）：＄8

＝＄94 000÷＄8

＝11 750 单位

（3）边际贡献率为＄8÷＄20＝0.40。增加 25 000 美元的收入，额外的利润为：0.40×＄25 000＝＄10 000。

（4）为了求得利润等于销售收入的 20% 时的销售量，令目标利润等于 0.20×（价格×销售量）并求解销售量。

经营利润＝价格×销售量－单位变动成本×销售量－固定成本

＄0.20×＄20×销售量＝＄20×销售量－＄12×销售量－＄64 000

4×销售量＝＄64 000

销售量＝16 000 单位

利润表如下（单位：＄）：

销售收入（16 000×20）	＄320 000
减：变动成本（16 000×12）	192 000
边际贡献	＄128 000
减：固定成本	64 000
经营利润	＄64 000

经营利润/销售收入＝＄64 000÷＄320 000＝0.20 或 20%

（5）安全边际为 10 000－8 000＝2 000 单位，或者销售收入表示为 40 000 美元。

（6）经营杠杆的效用＝＄80 000÷＄16 000＝5.0

利润变化百分比＝15%×5.0＝75%

问题讨论

16.1 请解释 CVP 分析能够怎样为管理计划服务。

16.2　请阐述 CVP 分析中销售量法和销售收入法的区别。

16.3　请给出盈亏平衡点这一术语的定义。

16.4　请解释为什么超出盈亏平衡点的销售量的单位边际贡献就是单位利润。

16.5　一个不得不努力实现月度利润的餐馆老板说："我们越忙，就亏损得越多。"您认为该餐馆的边际贡献是什么情况？

16.6　什么是变动成本率？什么是边际贡献率？这两个比率的关系如何？

16.7　如果边际贡献率从销售收入的 30% 增加到 35%，那么对盈亏平衡点会有什么影响？为什么？

16.8　假设一个边际贡献率为 0.3 的公司增加了 10 000 美元的广告费用，并且发现销售收入增加了 30 000 美元。增加广告费用是不是一个好的决策？为什么对商人来说，理解这个简单的问题很重要？

16.9　请为销售组合结构下定义，并举一个例子来支持您的定义。

16.10　请解释为单一产品设计的 CVP 分析如何能够运用于多品种产品的情况。

16.11　为什么多品种产品的公司可能选择只计算综合的盈亏平衡收入而不是分产品的盈亏平衡数量？

16.12　所得税怎样影响盈亏平衡点和 CVP 分析？

16.13　请解释销售组合结构的变化能够怎样改变一个公司的盈亏平衡点？

16.14　请为安全边际下定义。解释经营杠杆的含义。安全边际的增加对风险的影响是什么？杠杆作用增强对风险的影响是什么？

16.15　为什么作业成本计算法下的 CVP 分析比传统方法的启示更强？

习题

16.1　变动成本，边际贡献，边际贡献率

Super-Tee 公司计划在下一年度以 16 美元每件的价格销售 12 000 件 T 恤，生产成本包括以下各项：

每件 T 恤的直接材料	$ 5.75
每件 T 恤的直接人工	$ 1.25
每件 T 恤的变动性制造费用	$ 0.60
厂部总的固定性制造费用	$ 43 000

变动性销售费用是优惠券的补偿，平均为 0.80 美元/T 恤；固定性销售和管理费用为 19 000 美元。

要求：

（1）请计算：

a. 每单位产品的变动生产成本。

b. 每单位产品的总变动成本。

c. 每单位产品的边际贡献。

d. 边际贡献率（保留 4 位有效数字）。

e. 该年度的总固定成本。

（2）请为 Super-Tees 公司编制下一年度以边际贡献为基础的利润表。

(3) 假使每单位产品的销售费用从0.80美元增加至1.75美元，请重新计算下列项目：

a. 每单位产品的变动生产成本。

b. 每单位产品的总变动成本。

c. 每单位产品的边际贡献。

d. 边际贡献率（保留4位有效数字）。

e. 该年度的总固定成本。

16.2 税后利润目标

Olivian公司希望在下一年度获得420 000美元的利润（税后）。它的产品定价为275美元/单位。生产成本包括：

直接材料	$ 90
直接人工	$ 65
变动性制造费用	$ 16
工厂总的固定性制造费用	$ 440 000

变动性销售费用为14美元/单位；总的固定性销售和管理费用为290 000美元，Olivian公司使用的税率为40%。

要求：

(1) 请计算为了达到税后利润目标420 000美元，税前利润应该是多少？

(2) 请计算应销售多少单位产品才能获得要求1中计算出的销售收入。

(3) 请基于要求2中计算的销售量来编制Olivian公司下一年度的利润表。

(4) 假使Olivian公司适用的税率为35%，那么要达到420 000美元净利润需要销售的产品数量会高于还是会低于要求（3）中的数量？请计算在新利率下需要销售的产品数量。

16.3 CVP，税前和税后的收益目标

Sara Pacheco是一位大学二年级的学生，她通过制作串珠钥匙圈配件来赚取一点额外的收入。她在星期六的早上在当地跳蚤市场销售她的钥匙圈。Sara以每个5美元的价格销售钥匙圈，每个钥匙圈的单位变动成本（珠子、钥匙环等）为2美元，固定成本包括小钳子、喷胶枪等，耗费了她90美元。

要求：

(1) 请计算Sara的盈亏平衡点销售量。

(2) 请为Sara编制利润-销量图。

(3) 请为Sara编制本量利图。

16.4 假使条件、变量的利用

请为下列多选题选择最佳答案。

(1) 本-量-利分析包含了一些内含的简化的假设条件，下列各项哪项不属于这些假设？

a. 可预测成本和收入

b. 成本和收入在相关范围内是线性的

c. 期初和期末存货水平在数量上没有显著变化

d. 销售组合的改变是不相关的

(2) 成本会计中所使用的“相关范围”这一术语表示(　　)。

a. 成本可能波动的范围

b. 成本关系正常的范围

c. 生产的可能范围

d. 过去 10 年的生产的范围

(3) 在计算要达到预计经营收入目标必须销售的单位数量时，将如何运用下列条件?

产品单价	经营收入目标
a. 分母	分子
b. 分子	分子
c. 不用	分母
d. 分子	分母

(4) Korian 公司产品的相关信息如下 :

销售收入	$ 300 000
变动成本	240 000
固定成本	40 000

假设 Korian 公司产品的销售收入增加了 20% ，那么 Korian 公司的净利润应该是多少 ?

a. $ 20 000

b. $ 24 000

c. $ 32 000

d. $ 80 000

(5) 下列数据是上一年度 McNally 公司上一年度的数据:

单位变动成本	$ 3. 50
边际贡献率÷销售收入	30%
盈亏平衡收入（当前数额）	$ 1 000 000

McNally 希望以同样的价格和边际贡献率多销售 50 000 单位产品。为了产生一笔金额相当于多卖出 50 000 单位产品的销售收入的 10% 的毛利，固定成本可以增加多少?

a. $ 50 000

b. $ 57 500

c. $ 67 500

d. $ 125 000

(6) Bryan 公司的盈亏平衡销售量是 8 500 单位产品，每单位变动成本是 $ 140，总固定成本是 $ 297 500 /年。Bryan 的产品应该定价多少 ?

a. $ 140

b. $ 35

c. $ 175

d. 根据以上数据并不能决定

16.5 多品种产品的 CVP 分析

Steinberg 公司生产商业打印机。一种是常规型，它是设计用黑白两色来复印和打印的基础型打印机。另外一种型号是高级型，它集彩色打印、扫描、复印为一体。在下一年度，Steinberg 公司预计销售 90 000 个常规型和 18 000 个高级型产品。这两种产品的部门利润表如下所示：

	常规型	高级型	总计
销售额	$ 13 500 000	$ 12 150 000	$ 25 650 000
减：变动成本	9 000 000	7 290 000	16 290 000
边际贡献	$ 4 500 000	$ 4 860 000	$ 9 360 000
减：直接固定成本	1 200 000	960 000	2 160 000
部门毛利	$ 3 300 000	$ 3 900 000	$ 7 200 000
减：共同固定成本			1 280 000
净利润			$ 5 920 000

要求：

（1）请计算要达到平衡点，常规型和高级型打印机分别需要卖出多少台。

（2）请使用利润表中总计这一栏的信息，计算达到平衡点时需要获得的销售收入。

16.6 作业成本法下的 CVP 分析

Busy-Bee 公司生产多种多样的面包，一块面包的平均价格为 1 美元，成本如下所示：

成本动因	单位变动成本	成本动因的水平
销售的产品量	$ 0.65	—
设备安装	$ 300	150
维护小时	$ 15	2 500

其他数据：

总固定成本（传统）	$ 140 000
总固定成本（ABC）	57 500

要求：

（1）请使用常规分析法计算盈亏平衡点销售量。

（2）使用作业成本法计算盈亏平衡点销售量。

（3）假设 Busy-Bee 公司能够将设定成本降低 100 美元/设备安装，并且能够将需要的维护小时降低至 1 000 小时。那么在这种情况下，要达到盈亏平衡点需要销售多少数量的产品？

第17章 作业资源使用模型与战术性决策

学习本章之后，您可以：

① 描述并解释战术性决策模型。

② 界定并解释相关成本和相关收入的概念。

③ 解释作业资源使用模型如何用于评估相关性。

④ 在各种经营状况下运用战术性决策的概念。

Tom 和 Ray Magliozzi（也被称为 Click 和 Clack，the Tappet Brothers）有每周一期的广播秀和建议读者解决其汽车问题的报纸专栏。Tom 和 Ray 常常使用战术性决策来提供各种建议。比如，在 2004 年的 10 月，一个读者问如何处理他妻子的 1991 年的 Ford Escort。这辆车每六个星期就要更换一次空气过滤器，因为汽油燃烧不完全的杂质会聚集在安装过滤器的箱子中。没有机械师能够解决过这个问题。Tom 和 Ray 仔细研究了这个问题，发现问题源于“窜漏”——当燃烧的气体从气缸内部泄露至曲柄箱时就会出现这种情况。很快，气体和压力就压倒了曲柄箱通风系统，汽油被吹回到空气过滤器外壳，从而毁坏空气过滤器。该怎么办呢？Tom 和 Ray 给出了两个解决办法：第一，更换发动机。这将解决根本问题，但是需要花费大约 1 500 美元。第二，继续保持每六个星期更换一次空气过滤器。他们计算了一下，每次 10 美元，该用户可以在未来 17 年都保持每六周更换一次过滤器。当然，问题是给 1991 款的车更换一个新的发动机纯粹是浪费钱，因为车体剩余部分将会比发动机提前就报废。

成本管理信息系统的主要作用就是提供可用于战术性决策的成本和收入的数据。本章将重点介绍成本和收入数据在战术性决策中的作用。为了做出合理的决策，成本信息使用者必须能够判断哪些（数据）是与决策相关的，哪些是不相关的。

17.1 战术性决策

战术性决策(Tactical decision making）是指在多个即期或可以预见期限的备选方案中进行选择。接受一笔低于正常售价的订单来使用闲置生产力并提高当年利润就是一个例子。其即期目标就是使用闲置生产力来增加短期利润。因此，许多战术性决策从本质上来说是趋于短期性的；但是，需要强调的是这种短期性决策通常具有长期性后果。再看第二个例子。假设一家公司正在考虑生产某种零部件而不是从供应商处购买。其即期目标可能就是降低制造主产品的成本。当然，这个战术性决策就还可能是公司建立其（行业）领导地位的整个（战略）决策的一小部分。因此，战术性决策通常是为更大目标服务的小规模行动。请记住，制定战略的整体目标是建立长期的竞争优势，战术性决策应该要支持这个整体目标，即使其即期目标是短期的或小规模的。因此，完整的战术性决策不仅能够实现有限的目标，而且能够为长远目标服务。实际上，所有的战术性决策都应该服务于一个组织的整体战略目标。

17.1.1 战术性决策的制定过程

这里概述了一个大体的战术性决策制定模型。以下列示的就是这个程序的六个步骤：

a. 确认和界定问题。

b. 确定解决问题的可能的方法，并排除不可行的选项。

c. 确定与每个可行方案有关的成本和收益，排除与决策不相关的成本和收益。

d. 比较每个方案的*相关的*成本和收益。

e. 评估定性的因素。

f. 选择整体收益最大的方案。

(1) 步骤一：确定问题

为了解释程序中的这个步骤，可以一个苹果生产者为例。每年，所收获的苹果中有25%是小个儿而畸形的。这些苹果不能通过正常的分销渠道销售，而是简单地倒入果园做化肥。果园所有者对这种方法不满意，而想找到处理这些苹果的最好方法。

(2) 步骤二：确定可行方案

有许多方案可以考虑：

a. 把这些苹果卖给养猪者。

b. 将苹果装袋（每袋5磅）并将其作为次品卖给超级市场。

c. 租一台当地的罐头制造设备，将这些苹果制成苹果酱。

d. 租一台当地的罐头制造设备，将这些苹果制成饼馅。

e. 继续目前堆积作肥料的做法。

在这5个备选方案中，方案a被排除了，因为当地没有足够多的养猪者愿意购买这些苹果；方案e代表了当前的状态，在果园所有者的要求下被排除了；方案d也被排除了，因为当地的罐头制造设备中没有能够生产饼馅的装备。但是，当地的罐头制造设备却能够用来生产苹果酱，这使得方案c成为可能。另外，由于当地的超市同意购买5磅一袋的次品苹果，并且可以在其仓库中装袋，所以方案b也是可行的。方案b与方案c被认为是可行的。

(3) 步骤三：预计成本和收益并排除不相关成本

假设这位苹果生产者预计装袋方案的人工和材料（袋子和绳子）成本为每磅0.05美元。5磅一袋的苹果能以每袋1.30美元的价格卖给当地的超级市场。制作一磅苹果酱的设备租金、人工、苹果、罐子和其他材料的成本为0.40美元。生产5罐16盎司的苹果酱需要6磅苹果。每罐售价为0.78美元。种植和收获苹果的成本与装袋方案和苹果酱方案的选择无关。

(4) 步骤四：比较相关成本和收益

装袋方案下，每袋5磅的苹果的成本为0.25美元（$ 0.05×5），收入为每袋1.30美元，也就是每磅0.26美元。因此，每磅净收益为0.21美元（$ 0.26－$ 0.05）。而苹果酱方案是6磅苹果生产5罐16盎司的苹果酱，5罐的收入为3.90美元（5×$ 0.78），它可以转换为每磅0.65美元（$ 3.90÷6）。因此，净收益为每磅0.25美元（$ 0.65－$ 0.40）。在这两个方案中，苹果酱方案带来的收益比装袋方案每磅多0.04美元。

(5) 步骤五：评估定性因素

定性因素是那些很难转化成货币单位的因素。对于这个苹果的例子来说，这位苹果生产者目前没有涉及过任何苹果类消费品的生产，而且也很不情愿从事苹果酱的生产。这位生产者完全没有这部分产业价值链的经营经验，而且对苹果酱的销售渠道也几乎是一无所知，必须得聘请一位专家。最后，租赁机会是每年都要考虑的一个问题。长期来看，会形成一项大额的资金负担。而装袋小苹果（的方案）则恰恰相反，它是一个产品差异化战略，它使得生产者能够在其熟悉的领域内从事经营。

（6）步骤六：选择最佳方案

虽然苹果酱方案更合算一些，但是定性分析却反对这一方案。因此，就应该选择袋装方案。这一方案保持了目前在产业价值链中的位置，并且针对个小而畸形的苹果实施产品差异化战略而强化了生产者的竞争地位。

（7）决策程序小结

这6个步骤构成一个简单的决策模型。一个**决策模型**（decision model）就是一套程序，如果遵循了这套程序，就将导致一个决策。图表17-1总结并阐明了该苹果生产者的决策模型的几个步骤。步骤3和4阐释了战术性成本分析。**战术性成本分析**（tactical cost analysis）就是使用相关成本数据来确认可为组织带来最大利益的方案。因此，战术性成本分析包括预计成本、确认相关成本以及比较相关成本。但是战术性成本分析只是整个决策程序中的一部分。还必须更多考虑定性因素。

17.1.2 定性因素

决策模型中步骤5是至关重要的。虽然成本和收入信息非常重要，但是要做出明智的决策还需要其他信息，通常是定性的信息。比如，考虑方案与组织的战略目标的关系基本上就是一种定性的评估。

现实案例

其他的定性因素也是很重要的。比如，汽油价格在2008—2009年的上涨重燃了人们对混合动力汽车的兴趣。虽然丰田的Prius、尼桑的Altima、雪弗兰的双模式Tahoe SUV的投资回收期都短于五年，但是这类车的回收期大体都比较长。回收混合动力型和非混合动力型车之间的成本差异，有些需要十多年，有些则需要差不多100年！既然购买混合动力型车不经济，可为什么还是有很多人选择它呢？答案通常就是定性因素。有些人喜欢减少碳排放并追求“环保”。做一些利于环境的事情（对他们来说）有一种满足感。布拉德利伯曼是Hybridcars.com的编辑，就提到过混合动力汽车的“科技吸引力”。“混合动力车无疑吸引了那些爱好科技的人们，”他说，“如果您是iPod或iPhone一出来就立马出去购买一台的人，如果您使用TiVO而不是VCR，那么您就可能接受这样一个事实，即从电子方面来说，今天的混合动力车是最先进的车”。

在决策过程中应该如何去处理定性因素？首先，它们必须得到确认。其次，决策者应当尽量地将其量化。通常定性因素只是更难以量化，但并不是不可能量化。比如，外部供应商的不可靠性就可以量化为可能的延迟天数乘以工厂停工期的人工成本。最后，真正的定性因素，比如延迟的订单对顾客关系的影响，必须在决策模型的最后一步予以考虑——挑出具有整体利益最大的方案。

图表 17-1　　**决策模型：战术性决策程序**

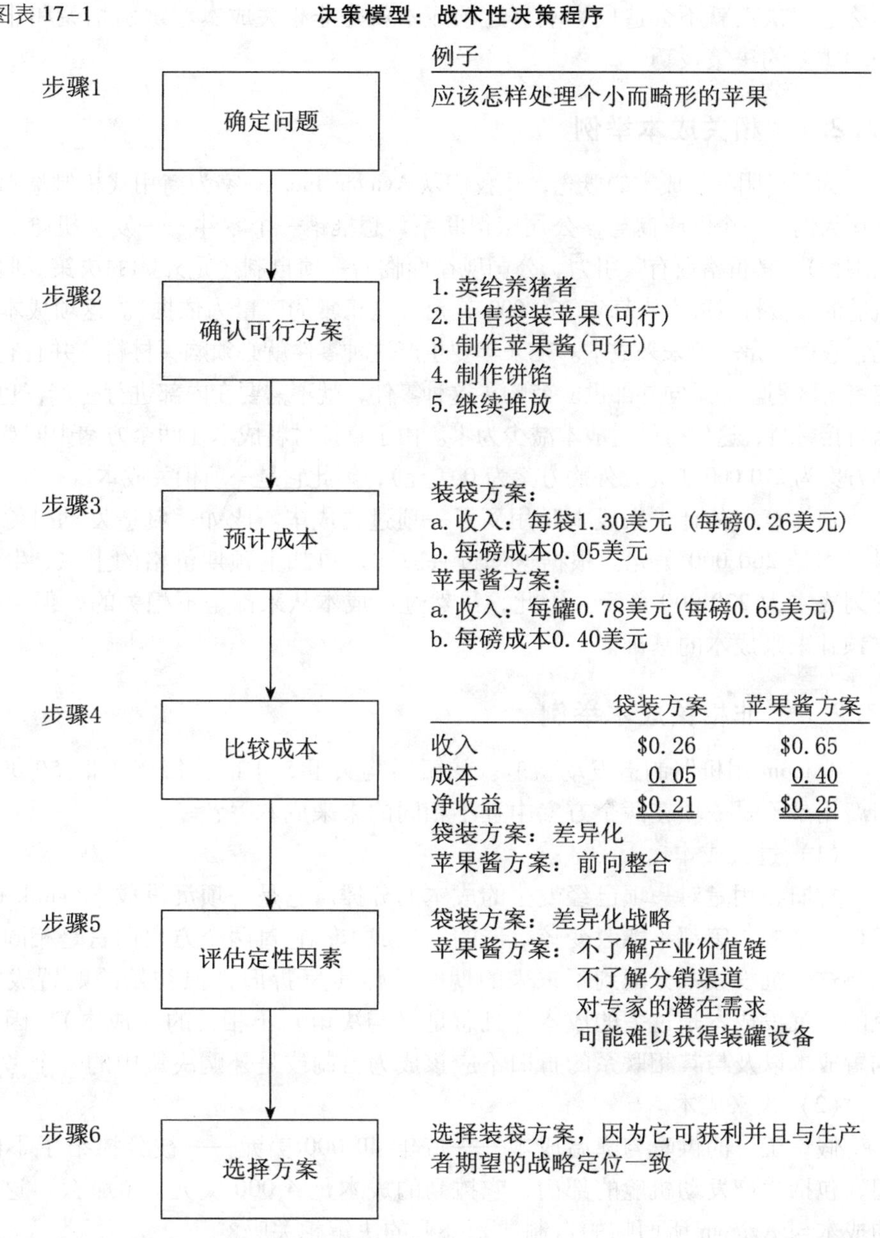
例子
步骤1
确定问题
应该怎样处理个小而畸形的苹果
步骤2
确认可行方案
1. 卖给养猪者
2. 出售袋装苹果(可行)
3. 制作苹果酱(可行)
4. 制作饼馅
5. 继续堆放
步骤3
预计成本
装袋方案：
a. 收入：每袋1.30美元（每磅0.26美元）
b. 每磅成本0.05美元
苹果酱方案：
a. 收入：每罐0.78美元(每磅0.65美元)
b. 每磅成本0.40美元
步骤4
比较成本
袋装方案　苹果酱方案
收入　$0.26　$0.65
成本　0.05　0.40
净收益　$0.21　$0.25
袋装方案：差异化
苹果酱方案：前向整合
步骤5
评估定性因素
袋装方案：差异化战略
苹果酱方案：不了解产业价值链
不了解分销渠道
对专家的潜在需求
可能难以获得装罐设备
步骤6
选择方案
选择装袋方案，因为它可获利并且与生产者期望的战略定位一致

17.2　相关成本与收入

在不同备选方案中进行选择，只需考虑与决策相关的成本与收入。图表 17-1 中列示的战术性决策的核心就在于相关成本与收入的确认和比较。相关成本（收入）（relevant costs（revenues））是不同方案之间互不相同的未来成本（收入）。既然对相关收入的定义处理方式和相关成本是一样的，那么为了简化起见，我们只讨论相关成本。所有决策都与未来相关；因此，只有未来的成本才可能与决策相关。此外，相关成本还必须在各个方案之间互不相同。如果一项未来成本在多个方案中都是一样的，

那么它对决策就不会造成影响。这项成本就是非相关成本。辨别相关和非相关成本是一项重要的决策技巧。

17.2.1 相关成本举例

为了说明相关成本的概念，让我们以 Avicom Inc. 一家为商用飞机制造喷气发动机的公司为例。一个供应商与该公司取得联系，想推销一个零件——发动机舱（喷气发动机的围栏），其价格很有吸引力。公司现在面临着一项自制还是外购的决策。假设生产发动机舱的直接材料成本为每年 270 000 美元（以正常的产量为依据）。这项成本是相关成本吗？它确实是一项未来成本。在来年要生产这种零件就必须购买材料，并且它使得两个方案有所区别。如果向外部供应商购买这种零件，就不需要在内部进行生产，也不必购买什么直接材料，这使得材料成本减少为零。由于直接材料成本在两个方案中间互不相同（自制方案为 270 000 美元，外购方案为 0 美元），因此它是一项相关成本。

请注意，估计未来成本时用到了一项过去成本。比如，制造发动机舱的最近的材料成本是 260 000 美元。根据这一过去成本，再加上预期价格的上涨，生产发动机的计划成本为 270 000 美元。因此，虽然过去成本从来都是不相关的，但它们通常被用作预计未来成本的基础。

17.2.2 非相关成本举例

Avicom 用机器制造发动机舱。该机器购买于 5 年前，每年折旧 50 000 美元。折旧费用是不是一项在两个方案中互不相同的未来成本呢？

（1）过去成本

折旧费用是对一项已经发生的成本的分摊。它是一项**沉没成本**（sunk cost），因为任何未来的决策都不能改变该机器的初始成本；它对两个方案而言是相同的。虽然我们将这一沉没成本分配到了未来的期间并称其为*折旧*，但初始的购置成本是不可避免的。沉没成本是过去的成本并且总是（与决策）不相关的（成本）。因此，机器的购置成本以及与其相联系的折旧不应该成为自制或是外购决策中的一个考虑因素。

（2）未来成本

假设工厂的供暖与降温成本——每年 40 000 美元——被分摊给了不同的生产部门，包括生产发动机舱的部门，它摊到的成本是 4 000 美元。（那么）这 4 000 美元的成本与 Avicom 所面临的自制或是外购的决策相关吗？

由于为工厂提供动力的成本必须在未来年限内支付，因此它是一项未来成本。但是，这项成本在自制或外购的方案中是否有差别呢？不管生产发动机舱与否，工厂的供暖和降温成本都不可能改变。因此，这项成本对两个方案来说完全相同。如果停止生产发动机舱，那么分摊给其余部门的动力费用金额就可能会改变，但总的支付水平却并不会受到该决策的影响。因此，它是一项非相关成本。

17.2.3 国际贸易中的相关成本和收益

相关成本和收益在国际贸易决策制定中是很有用的。比如，一家公司可能要进口生产中所需的材料。虽然这个交易看起来与从国内供应商处购买材料一样，但是关税会增加（问题的）复杂性和成本。**关税**（tariff）就是政府对进口产品所征收的一种税。任何与购买材料有关的成本，比如进货运费或者关税，都是材料成本。公司总是在寻找降低关税的方法。它们可能会控制进口材料的数量，通过使用美国资源来改变材料（以增加国内购买数量并获得更多的关税优惠地位），或使用对外贸易区。

（1）对外贸易区

美国政府建立了大约280个**对外贸易区**（foreign trade zones，FTZs），这些地区的身家在美国土壤之上但（其业务）却被认为在美国商务之外[①]。在FTZs的公司可以从事仓储和（或）制造业务。如果物品离开FTZ而被运往外国目的地，那么它就是没有关税的。只有被运往美国目的地，才会发生关税。因为对外贸易区必须位于靠近海关入境口岸的地方，所以它们通常坐落于海港或机场附近。圣安东尼奥市、新奥尔良市和俄克拉何马城就是有对外贸易区的城市的例子。货物进口到对外贸易区直到它们离开都是免税的。这对那些进口材料的制造商来说是意义非常重大的。一些美国公司在对外贸易区内建立制造工厂。由于关税要直到进口材料离开对外贸易区才会作为成品的一部分而支付，因此公司可以推迟付款义务以及相关联的营运资本损失。此外，对于有瑕疵的材料或不计入成品的存货，公司还可以不负任何责任。

一个例子也许有助于理解这种潜在的成本优势。假设Roadrunner公司在对外贸易区开设了一个石化工厂。这个工厂为其生产进口易挥发的材料（比如，在加工过程中容易大量挥发的化学物质）。Wilycoyote公司则在对外贸易区之外建立了一个相同的工厂。假设这两家工厂均用400 000美元从委内瑞拉进口了原油，（那么）可以考虑关税及相关支出所产生的影响。Roadrunner和Wilycoyote都使用这些原油来进行化工生产。两家公司都在生产前三个月购买原油，并且在销售和运送给顾客之前完工成品将被库存大约五个月。在生产过程中大约有30%的原油挥发。关税按成本的6%来征收。每家公司都面临12%的持有成本。

Wilycoyote在购买（原油）时需要支付24 000美元（0.06×＄400 000）的关税，且需要支付与石化成品和库存部分相关的每年12%的持有成本。这种情况下，库存的月份就有8（3+5）个月。总的应税持有成本是1 920美元（0.12×8/12×＄24 000）。关税和应税持有成本一共是25 920美元。（但）另一方面，由于是在对外贸易区，Roadrunner则只需在出售时支付关税，进口商品不会带来关税直到（除非）商品被移交出区外。由于只有70%的原油留存在完工产品中，因而其关税为16 800美元（0.7×＄400 000×0.06），而没有与关税相关的持有成本。两家公司与关税有关的成本可总结如下：

	Roadrunner	Wilycoyote
购买时支付的关税	＄0	＄24 000
关税持有成本	0	1 920
售出时的关税	16 800	0
关税及与关税相关成本总计	＄16 800	＄25 920

① 更多关于对外贸易区的信息可参见此网站：http：//ia. ita. doc. gov/ftzpage/。

可以很清楚地看到，Roadrunner 的对外贸易区的选址使得每进口一次材料就可节约成本 9 120 美元（$ 25 920－$ 16 800）。

在以上的例子中，潜在的商业决策包括是否在对外贸易区中选址。相关成本包括在区内外选址的关税和应税持有成本。当商品不符合美国的国民健康、安全以及污染标准而受到罚款时，位于区内（的公司）还将带来额外的潜在的成本降低（效果）。不达标的外国商品可以在不受罚款的情况下进口到对外贸易区并修正到符合法律要求。另一个有效使用对外贸易区的例子就是将高关税的零部件组装到低关税的产成品中去。在这种情况下，国内人工的增加就会增加完工产品的本国含量，并且使得嵌入的外国零部件部分也享有更多的优惠关税待遇。一个定性因素就是通过使用对外贸易区来使得物流过程流线化，更快捷、更高效地清除关税。

17.3 相关性、成本性态以及作业资源使用模型

理解成本性态是确定相关性的一个基本要求。在成本主要是以产量为基础时，可以简单地来划分固定成本和变动成本。但是，现在，ABC 模型使得我们开始关注产量层次、批次层次、产品层次以及设施层次的成本。前三种成本是变动的，但分别与不同类型的作业动因相关。作业资源使用模型可以帮助我们区分各种作业成本的性态并评估它们的相关性。

作业资源使用模型（activity resource usage model）中包含两类资源：a. 弹性资源；b. 预定资源。在第 3 章中我们曾讲过，弹性资源是那些在使用和需要时才取得的资源，而预定资源是在使用之前就取得的资源。这些资源类型以及它们在相关成本计算中的作用在以下部分予以描述。

17.3.1 弹性资源

资源支出是获得作业产能的成本。为了获取一项作业产能所支付的款项就是作业成本。对于弹性资源来说，作业资源的需要（使用）与作业资源的供给是相等的。因此，对这类资源来说，如果不同的方案对一项作业的需求不同，那么资源支出也将不同，这项作业的成本就是与决策相关的。比如，内部供给电力需要使用燃料。燃料就是一种弹性资源。以下面这样两个方案为例：a. 接受一份特殊的、一次性的订单；b. 拒绝这张特殊订单。如果接受这张订单将会增加对动力的需求，那么使用动力的千瓦时（动力的作业动因）数增加，也就增加了燃料消耗（假定燃料是唯一需要取得的资源），因而两个方案中的动力成本将出现差别。因此，动力成本与决策相关。

17.3.2 预定资源

预定资源是在使用之前通过默认的合同而取得的，并且它们的金额通常较大。以一个组织的雇员为例。其默认的（合同）含义是：即使所使用的作业数量会有暂时的下降，组织也仍然会维持一定数量的雇员水平。这意味着一项作业可能有空余产能（未使用的产能）。（因此）在不同方案之间，增加对一项作业的需求并不意味着其成本一定会上升——如果有足够的空余产能的话。比如，假定一个公司有五个生产工程

师，他们每个人每年工作 2 000 个小时，工资为 50 000 美元，总的工程产能是10 000 工程小时（5×2 000）。假设今年该公司的正常业务预期只需使用 9 000 工程小时。这意味着工程作业有 1 000 工程小时的空余产能。在决定接受还是拒绝一份需要 500 工程小时的特殊订单时，该工程成本就是不相关的。这张订单可以通过空余的工程产能来完成，这项资源耗费在两种方案中是相同的（不管是否接受这张订单都将花费 250 000美元）。

相反，*如果不同方案之间的需求差别将会导致资源供给的差别*，那么该作业成本就与决策相关。资源支出的改变可能因下面两种形式而发生：a. 资源需求超过资源供给（增加资源支出）；b. 资源需求永久性地下降，导致供给大大地超过需求，从而可以减少该作业产能（减少资源支出）。

为了说明第一种变化（的情况），可以假定特殊订单要求1 500 工程小时。这超过了1 000 工程小时的空余产能。为了满足该需求，组织将需要雇用第六个工程师，或者可能使用一个顾问工程师。不管采取哪种措施，如果接受订单的话，资源支出都将增加；现在，工程成本就变成了相关成本。

为了举例第二种变化（的情况），可以假定公司正在考虑外购一种生产用零件，而不再自己制造。请记住，有10 000 工程小时可用而只用了 9 000 工程小时。如果向外采购该零件，那么对工程的需求将从 9 000 工程小时下降到 7 000 工程小时。由于将不再需要制造这种零件的工程支持，因此这是一项永久性的（作业需求）减少。因为现在的空余产能是 3 000 工程小时，而该工程作业是按每 2 000 工程小时一个整数单位（每增加一名工程师就增加 2 000 工程小时）而取得的，（这意味着）公司可以通过辞退一名工程师或将其重新安排到其他需要服务的工厂中去，而减少（该作业）产能和资源支出。不管采取哪种措施，资源供给都会降低到 8 000 工程小时。在自制或外购的两种方案之间的工程成本的差异将为 50 000 美元（一个工程师的工资）。这项成本是与决策相关的。

通常，预定资源是在知道需求之前的多个期间就预先取得的。比如租用或购买一栋房屋。购买多期作业产能通常要求预先支付现金。在这种情况下，可能每年都要确认一项费用，但不需要额外的资源支出。先期的资源支出是一项沉没成本并且永远不会是相关的成本。定期的资源支出，比如租金等，基本上与资源使用无关。即使作业使用发生了永久性的减少，也很难减少资源支出，因为存在正式的合同约束。

比如，假定一个公司租用了一家工厂，每年租金 100 000 美元，租期 10 年。这家工厂能生产 20 000 单位的产品——租用工厂时所预计的水平。5 年后，假定该产品的需求下降，这个工厂每年只需要生产 15 000 单位的产品。尽管生产作业减少了，但每年 100 000 美元的租金仍然必须支付。现在假设，产品需求增加了，超过了 20 000单位的产能。（在这种情况下，）公司也许会考虑购置或租用另一个工厂。此时，资源支出在不同方案之间就有了差别。但是，获取长期作业产能的决策不在战术性决策的范围之内。这不是一个短期的或小规模的决策。涉及多期产能的决策称为资本投资决策，将在第 19 章讨论。图表 17-2 总结了作业资源使用模型在评价（成本的）相关性时的作用。

图表 17-2　资源需求与供给

类型	关系	相关性
弹性的	供给=需求	
	a. 需求改变	a. 相关
	b. 需求不变	b. 不相关
预定的	供给-需求=空余产能	
	a. 需求增加<空余产能	a. 不相关
	b. 需求增加>空余产能	b. 相关
	c. 需求减少（永久性）	
	1. 作业产能减少	1. 相关
	2. 作业产能不变	2. 不相关

17.4 战术性决策示例

作业资源使用模型和相关性概念是进行战术性决策的有用工具。知道如何使用它们来解决各种问题是非常重要的。其运用包括这样一些决策，自制还是外购一种零件、保留还是削减一个部门或一条产品线、接受还是拒绝一份低于正常价格的特殊订单、对联合产品进行进一步的加工还是在分离点销售。当然，这类决策不胜枚举。但是，在其他情况下，也可以运用同样的决策原理。一旦您知道了如何运用这些决策原理，就可以相对容易地在任何恰当的情况下正确地对其加以运用。在举例说明这些运用情况时，我们会假定战术性决策的前两个步骤（见图表 17-1）已经完成了。因此，我们将重点放在战术性的成本分析上。

17.4.1 自制或外购决策

组织经常会面临着**自制或外购决策**（make-or-buy decisions）——决策是自制还是外购为生产某种产品或提供某种服务所需要的零件或服务。比如，一位内科医生可以向外部供应商（医院或收费实验室）购买实验测试（业务），也可以在内部自行进行测试。类似地，一个 PC 电脑生产商可以自己生产磁盘驱动器，也可以向外部供应商购买。

技术与专业工作的外包正在成为一个重要的自制或外购决策问题。**外包**（outsourcing）是指将业务功能移交给位于国内或国外的另一家公司。

现实案例

比如，许多报纸正在关闭它们的外国新闻机构，而把该工作外包给其他公司。许多注册会计师也发现所得税的报税工作可以外包给印度的低成本供应商。

定性因素在外包决策中很重要。时间是有价值的资源，许多公司发现全球化会导致时间（效率）和质量的提高。比如，微软公司发现位于爱尔兰和美国的呼叫中心能提供更好的顾客服务。早上 8 点，一个在纽约的需要解答问题的顾客可能不能从建立在加利福尼亚的呼叫中心获得帮助，但是可以从位于都柏林的中心获得帮助。（外包的）一个消极面是，外包的政治影响含有“出口工作”的弦外之音，使得公司在进行决策时必须更加小心。

从本质上看，自制或外购决策不属于短期决策，但它被归类为小规模的战术性决策。比如，这种自制或外购决策可能是由成本领先和差异化战略所引起的。是以自制代替外购，还是以外购代替自制，可能是降低主要产品生产成本的一种途径。也有可能是，选择自制或外购可能是为了提高零件质量，从而提高最终产品的总体质量（通过质量实现产品差异化）。基础 17.1 说明了如何以及为何进行自制或外购决策。

基础 17.1：如何以及为何进行自制或外购决策

资料：

Talmadge 公司每年生产 100 000 单位的零部件 34B，用于制造一种吹雪机的发动机。一个外部供应商以 4.75 美元的价格提供这种零部件。单位成本如下：

直接材料	$ 0.50
直接人工	2.40
变动性制造费用（动力）	0.90
固定性制造费用	1.05
单位总成本	$ 4.85

制造费用是以机器小时来预分的，零部件 34B 每年需要 30 000 个机器小时。

为什么：

自制或外购决策需要公司关注相关的成本和收益。问题（的解答）就是在每种方案的各列标题下面列示出相关的成本和收益。每种方案的差异表明了其自身的定量优势和劣势。

要求：

a. Talmadge 公司的备选方案有哪些？

b. 假设所有的固定成本都是不可避免的，请列出内部生产和外部购买的相关成本。

c. 哪种方案更符合成本效益（要求）？其效益有多高？

d. **如果**固定性制造费用中用于监督生产零部件 34B 的 60 000 美元在外购时是可以避免的，**结果会是怎样的？**哪种方案更符合成本效益（要求）？其效益有多高？

解答：

a. 备选方案就是自制还是外购这个零部件。

b. 自制该零部件的相关成本有直接材料、直接人工和变动性制造费用。外购零部件的相关成本就是购买价格。

c.

	自制	外购	差异
直接材料	$ 50 000	$ 0	$ 50 000
直接人工	240 000	0	240 000
变动性制造费用	90 000	0	90 000
购买价格	0	475 000	(475 000)
总计	$ 380 000	$ 475 000	$ (95 000)

由于固定性制造费用是不相关的，所以该分析显示，自制方案有 $ 95 000 的优势。

d.

	自制	外购	差异
直接材料	$ 50 000	$ 0	$ 50 000
直接人工	240 000	0	240 000
变动性制造费用	90 000	0	90 000
监督成本	60 000	0	60 000
购买价格	0	475 000	(475 000)
总计	$ 440 000	$ 475 000	$ (35 000)

现在，监督成本（固定性制造费用的一部分）是相关的了；该分析显示，自制方案有35 000 美元的优势。

成本分析：作业成本管理系统

自制或外购问题也可以用作业成本管理的形式来说明。问题的结构与基础 17.1 列示的一样；但是，通常相关成本的范围会更广泛，因而要注意确定哪些活动是相关的并且其金额是多少。为了说明 Talmadge 公司的 ABC 分析，我们将从基础 17.1 中引用数据到图表 17-3。所有作业产能都是按年度来度量的。提供空间的成本包括每年的厂房折旧、不动产税以及每年的维护费用。这项成本根据每种产品的生产设备所占用的面积分摊到各种产品成本中。每种作业的变动成分是弹性资源的成本。固定成分是在使用之前所获取的预定资源的成本。购买单位指的是一次必须取得多少单位的该种作业（以其动因来计量）。比如，如果搬运材料需要更多的产能，那么该产能必须以 25 000 次（搬运次数）为一个整体单位（不可分割）来购买。

Talmadge 公司应当继续制造零部件 34B 还是向外部供应商购买，取决于因（通过用外购来代替自制）减少资源支出所能够降低的资源支出金额。正如基础 17.1 所示，这个问题的解答思路如下：

图表 17-3 **作业和成本信息**

作业成本公式						
作业		固定成本		变动成本率		成本动因
提供动力	=	$ 0	+	$ 3	×	机器小时
提供监督	=	$ 0	+	$ 20 000	×	产品线数量
搬运材料	=	$ 250 000	+	$ 0.60	×	搬运次数
检测产品	=	$ 280 000	+	$ 1.50	×	检测小时
安装设备	=	$ 0	+	$ 10	×	安装小时
提供空间	=	$ 971 000				平方英尺
折旧	=	$ 120 000				产量

作业动因	总产能	预计用量	零部件 34B 的作业用量	购买单位
机器小时	按需供给	750 000	30 000	1
监督的产品线	15	15	3	3
搬运次数	250 000	240 000	40 000	25 000
检测小时	16 000	14 000	2 000	2 000
安装小时	60 000	58 000	6 000	2 000
提供的空间	971 000	971 000	5 000	50 000
折旧	620 000	100 000	100 000	15 000

	自制	外购	差异数
直接材料	$ 50 000	$ 0	$ 50 000
直接人工	240 000	0	240 000
提供动力	90 000	0	90 000
提供监督	60 000	0	60 000
搬运材料	49 000	0	49 000
检测产品	38 000	0	38 000
安装设备	60 000	0	60 000
购买价格	0	475 000	(475 000)
总计	$ 587 000	$ 475 000	$ 112 000

如果 Talmadge 公司通过外购来取代自制零部件 34B，那么该七种作业的资源使用量都会节省。让我们一起来回顾一下。

直接材料、直接人工和动力都是严格的变动（成本），并且它们的数量和成本都与基础 17. 1 的计算所得相同。

直接材料 = $ 0. 50×100 000 单位 = $ 50 000

直接人工 = $ 2. 40×100 000 单位 = $ 240 000

动力 = $ 0. 90×100 000 单位 = $ 90 000

监督作业是一项不可分割的（“整体”）资源且必须以 3 条产品线为单位来购买。由于制造零部件 34B 正好需要三条产品线，因此所需的监督作业量为 60 000 美元（$ 20 000×3 条产品线）。

由于既有变动成本又有固定成本，因而搬运材料和检测产品（的成本计算）更复杂些。

搬运材料 =（ $ 250 000÷250 000 次搬运）(25 000) +（ $ 0. 60×40 000 次）= $ 49 000

检测产品 =（ $ 280 000÷16 000 总检测小时）(2 000) +（ $ 1. 50×2 000 检测小时）= $ 38 000

请注意，与零部件 34B 相关的固定金额就是固定资源支出能够减少的金额，所以它取决于总的作业产能——250 000 次搬运和 16 000 小时检测。固定成本分配率乘以必须一次性购买的整体数量或单位。与零部件 34B 相关的资源支出的变动数量就是实际上用于生产零件的成本动因乘以变动成本分配率。

安装设备是按安装时间严格变动的。由于零部件34B需要6 000安装小时，且变动成本分配率是每小时10美元，所以生产该零部件需要60 000美元。

请注意，提供空间和设备折旧（的成本）被忽略了，因为它们是非相关成本。它们将在总量上保持不变，无论该零部件是自制还是外购。

我们可以看到，作业成本提供的额外信息改变了分析结果，认为外购该零部件更为有利。公司外购该零部件将每年节约112 000美元。当然，这仅仅是定量分析。Talmadge公司还需要考虑一些重要的定性因素。比如，外部供应商能够保持Talmadge公司所需要的质量吗？供应商能够满足交付需求吗？只有全面考虑到定量因素和定性因素的分析才能为做一个好的决策提供管理支持。

17.4.2 保留或削减决策

通常一个经理需要确定一个分部，比如一条产品线，应当要保留还是要削减。比如，通用汽车公司最近正在决定削减一些汽车产品线，包括奥兹莫比尔、悍马、萨博和别克。**保留或削减决策**（keep-or-drop decisions）使用相关成本分析来确定一个企业的某个分部应当要保留还是要削减。在传统的成本管理系统中，使用产量基础的固定和变动成本编制的分部收益表有助于进行保留或削减决策。基础17.2说明了如何以及为何进行保留或削减决策分析。

基础17.2：如何以及为何进行保留或削减产品线决策

资料：

Dexter公司生产三种GPS定位设备。Basic GPS模型是一个入门级别的自动导航设备，通过折扣店和亚马逊网站（Amazon.com）来出售。Runner的GPS是一个迷你化的模型，它允许跑步者在跑步时记录里程、步伐以及心率；它通过运动商店和体育装备网站来出售。Chart Plotter则是一款专门为水手设计的专业定位装置；它可以定制海岸线与深海的海底和特殊地理地区的地图表。它通过专卖GPS的网站来出售。Dexter公司正在考虑削减Basic GPS产品线，保留Runner GPS和Chart Plotter产品线。以下是分部收益表。

	基本 GPS	Runner GPS	Chart Plotter	合计
销售收入	$ 450 000	$ 980 000	$ 1 670 000	$ 3 100 000
减变动成本	(324 000)	(372 000)	(601 600)	(1 297 600)
边际贡献	$ 126 000	$ 608 000	$ 1 068 400	$ 1 802 400
减直接固定成本：				
广告	(85 000)	(124 000)	(130 000)	(339 000)
监督	(60 000)	(115 000)	(135 000)	(310 000)
产品边际	$ (19 000)	$ 369 000	$ 803 400	$ 1 153 400
减共同固定成本				915 000
税前利润				$ 238 400

为什么：

许多公司都需要考虑一个部分或者产品线是否应该保留。这个问题需要关注所削减分部的相关成本与收益。

要求：

a. 请列出需考虑的备选方案。

b. 请列出每种方案的相关收益和成本。

c. 哪种方案更符合成本效益（要求）？其效益有多高？

d. 如果削减 Basic GPS 产品线将意味着损失 10% 的 Runner GPS 设备生产量以及 2% 的 Chart Plotter 生产量，**结果会是怎样的？**哪种方案更符合成本效益（要求）？其效益有多高？

解答：

a. 两种备选方案分别是保留还是削减 Basic GPS 产品线。

b. 保留 Basic GPS 产品线的相关收益和成本包括 450 000 美元的销售收入、324 000美元的变动成本、85 000 美元的广告成本以及 60 000 美元的监督成本。所有共同的固定成本都是不相关的。在削减该产品线的情况下，任何与保留该产品线相关的收益与成本都不会发生。

c.

	保留方案	削减方案	对比保留方案的差异额
销售收入	$ 450 000	$ 0	$ 450 000
减变动成本	324 000	0	(324 000)
边际贡献	$ 126 000	0	$ 126 000
减直接固定成本：			
广告	(85 000)	0	(85 000)
监督	(60 000)	0	(60 000)
产品边际	$ (19 000)	0	$ (19 000)

如果保留 Basic GPS 产品线将导致 19 000 美元的损失。

d.

	Basic GPS	Runner GPS	Chart Plotter	合计
销售收入	$ 0	$ 882 000	$ 1 636 600	$ 2 518 600
减变动成本	0	(334 800)	(589 568)	(924 368)
边际贡献	$ 0	$ 547 200	$ 1 047 032	$ 1 594 232
减直接固定成本：				
广告	0	(124 000)	(130 000)	(254 000)
监督	0	(115 000)	(135 000)	(250 000)
产品边际	$ 0	$ 308 200	$ 782 032	$ 1 090 232
减共同固定成本				915 000
税前利润				$ 175 232

利润差异＝三条产品线的总利润－只有两条产品线的利润

＝$ 238 400－$ 175 232＝$ 63 168

正如基础 17.2 所示，必须分辨可直接归属于一个分部的收入和成本。如果该分部被削减，那么只有可追溯（至该分部）的收入和成本应该消失。此外，可追溯（至该分部）的收益（损失）决定了一个分部应当要保留还是要削减。如果产品（或分部）的收益为正，则该分部应当保留；如果为负，则应当削减该分部。基础 17.2 列示了一份传统的分部收益表，其中产品被界定为分部。该报表表明 Runner GPS 和 Chart Plotter 都产生了正的产品边际，而 Basic GPS 模型则产生了负的产品边际。因此，管理者将可能削减 Basic GPS 模型。但是，如果分析考虑到了潜在的互补效应——削减的产品线对其他两种产品线在销量方面的影响——那么决策就将发生改变。在第二种情况下，很显然，消费者更喜欢一个完整的系列产品，Basic GPS 在某种程度上增加了其他两种模型的盈利能力。

一家公司可以通过超越传统的产品成本计算模型来提升差异分析（效果）。也就是说，管理者可以通过观察非产量成本的影响，来考虑产量基础的变动成本与固定成本的分类。

现实案例

比如，便利店时常需要在满足产品品种齐全的需求与大批量专售的需求之间进行平衡，以使自己适应小店模式。过去，这些便利店总是基于每种产品的获利能力来决定储备哪种商品，其利润根据批发与零售的差价来计算。这样做虽然看似合理，但是它完全忽视了与运送和储存每种产品线有关的额外成本。在 2001 年的早期，**美国批发营销人员协会**（American Wholesale Marketers）和**全国便利店协会**（National Associational of Convenience Stores）展示了一项最新软件的研究结果，这个软件“通过将每个项目的营运、人工、存货和管理费用作为参考因素来对项目的获利能力进行评估”。过去，在决定单位产品成本时，持有产品的成本是不被考虑的。但是，持有成本是总成本结构中的重要组成部分。

一个连锁便利店的所有者测试了这个软件，发现每出售一组保险丝与电灯泡就会发生 0.5 美元的损失。他调查了消费者并发现他们愿意出更高的价格。因此，他将售价提高了 1 美元，这样得到了双赢。电灯泡和保险丝都盈利了，而且消费者依旧为能在便利店随时买到急需的商品而感到欣慰。同样的，连锁店觉得把三种洗衣粉分成两种还是太多。它将其供应削减到一种品牌的产品并将其置于主导位置。销量因此提高了 20%，同时，在这种情况下，成本也由于独家品牌供应而下降了。

让我们用作业数据来继续分析 Dexter 公司的例子。如果 Dexter 公司发现基于非产量动因的使用情况，那么共同的固定成本实际上包括一些可分摊给各产品线的可追溯的固定成本。为了特别说明，该三类费用以及它们的作业数据如下表所示：

作业	作业动因	作业产能	空余产能	Basic GPS 的作业用量	购买单位
检测产品	检测批次	200	15	80	40
顾客服务	投诉次数	30 000	900	12 000	1 000
搬运材料	搬运次数	2 800	400	1 400	350

使用额外的作业信息，我们现在可以重新分析一下保留或削减决策。

	保留方案	削减方案	对比保留方案的差异额
销售收入	$ 450 000	$ 0	$ 450 000
减变动成本	324 000	0	(324 000)
边际贡献	$ 126 000	0	$ 126 000
减直接固定成本：			
广告	(85 000)	0	(85 000)
监督	(60 000)	0	(60 000)
检测产品[a]	(56 000)	0	(56 000)
顾客服务[b]	(60 000)	0	(60 000)
材料处理[c]	(70 000)	0	(70 000)
产品边际	$ (205 000)	0	$ (205 000)

[a] 检测成本分配率＝$ 140 000÷200＝$ 700； $ 700×80 批次＝$ 56 000

[b] 顾客服务成本分配率＝$ 150 000÷30 000＝$ 5； $ 5×12 000 次投诉＝$ 60 000

[c] 材料处理成本分配率＝$ 140 000÷2 800＝$ 50； $ 50×1 400 次搬运＝$ 70 000

请注意，Basic GPS 使用的每种可追溯的固定作业量都是可以消除的。如果继续保留 Basic GPS 产品线就将导致 205 000 美元的损失。尽管 ABC 分析没有改变保留或削减决策的分析思路或概念基础，但是它能使管理者更好地明白哪些成本是会被该分析所影响的。

一如既往地，保留或削减决策也应考虑定性因素。如果一个产品线被削减，那么它将会如何影响顾客的忠诚度？职工会下岗吗？多余的劳动力会被其他产品线所吸纳吗？许多这些因素是可以被量化的，或者其概率可以被赋值，以便于管理者可以应用敏感性分析。其他的因素则是真正定性的因素，必须主观地加以考虑。

17.4.3 特殊订单决策

通常，价格歧视法则要求，从事州际商务的企业在同一市场中要以同样的价格将相同的产品卖给相互竞争的顾客。这些限制不适用于竞标或者非竞争性的顾客。在同一市场中对不同顾客的竞标价格可以不同，并且企业经常会有机会考虑那些非常规市场中的潜在顾客的一次性特殊订单。**特殊订单决策**(special-order decisions) 考虑的是应当接受还是拒绝一份特殊价格的订单。特殊订单决策属于短期的战术性决策。这类决策的有限目标是增加短期利益。在进行这类决策时必须小心，以使接受特殊订单不能破坏正常的分销渠道或是对其他战略因素造成不利影响。在这一限制条件下，应当提醒注意的是，特殊订单通常可能是很有吸引力的，尤其是当企业拥有空余产能的时候。对这种情形，公司可以将其分析集中于那些按需取得的资源——因为归属于该订单的任何资源支出的增加都将由此引起。

比如，假设 Polarcreme 公司是一个冰激淋公司，目前使用了其生产产能的 80%。公司生产产能是 1 000 万个冰激淋。来自公司不经常销售产品的一个地区的一位冰激淋分销商提出以每个冰激淋 1.75 美元的价格购买 200 万个优质冰激淋，并要求其标签可以贴在该产品身上。其正常售价是 2.50 美元一个。基础 17.3 说明了如何以及为何进行特殊订单决策。

基础 17.3：如何以及为何进行特殊订单决策

资料：

Polarcreme 公司是一个冰激淋公司，目前使用了其生产产能的 80%。公司的生产产能是 1 000 万个冰激淋。来自公司不经常销售产品的一个地区的一位冰激淋分销商提出以每个冰激淋 1.75 美元的价格购买 200 万个优质冰激淋，并要求其标签可以贴在该产品身上。其正常售价是 2.50 美元一个。优质冰激淋的成本信息如下：

	总计 800 万个	单位成本
变动成本：		
直接材料	$ 7 600 000	$ 0.95
直接人工	2 000 000	0.25
包装	1 600 000	0.20
佣金	160 000	0.02
分送	240 000	0.03
其他变动成本	400 000	0.05
非产量层次的成本：		
采购（$ 8×40 000 个采购订单）	320 000	0.04
接受（$ 6×80 000 个销售订单）	480 000	0.06
安装设备（$ 8 000×50 次安装）	400 000	0.05
固定成本	1 600 000	0.20
总成本	$ 14 800 000	$ 1.85

这个特殊订单将不需要佣金或分送（买家到 Polarcreme 公司的工厂上门取货）。这个订单将增加 10 000 个采购订单、20 000 个销售订单以及 13 次设备安装。另外，特殊订单的标签模板所产生的一项一次性成本需要 24 500 美元。

为什么：

特殊订单之所以“特殊”是因为其价格低于正常水平。公司在考虑特殊订单时需要考虑所有相关的成本和收益。

要求：

a. 请列出需考虑的备选方案。

b. 请列出每种方案的相关收益和成本。

c. 哪种方案更符合成本效益（要求）？其效益有多高？

d. 如果接受该特殊订单会使得正在考虑向这个新地区扩张的常规顾客不太满意，因而使其决定将原属于 Polarcreme 公司的 200 万个优质冰激淋的常规年度订单给了其他公司，结果会是怎样的？哪种方案更好呢？

解答：

a. 两种备选方案分别就是接受或拒绝该特殊订单。

b. 接受订单的相关收益和成本包括销售收入、直接材料、直接人工、包装、其他变动成本、采购、接受（销售订单）、安装设备以及标签模板的成本。固定成本不受影响。如果拒绝该订单，那么其净利润为零。

c.

	接受	拒绝	对比接受方案的差异额
销售收入	$ 3 500 000	$ 0	$ 3 500 000
直接材料	(1 900 000)	0	(1 900 000)
直接人工	(500 000)	0	(500 000)
包装	(400 000)	0	(400 000)
其他变动成本	(100 000)	0	(100 000)
采购（$ 8×10 000 个采购订单）	(80 000)	0	(80 000)
接受（$ 6×20 000 个销售订单）	(120 000)	0	(120 000)
安装设备（$ 8 000×13 次安装）	(104 000)		(104 000)
标签模板	(24 500)	0	(24 500)
净利润	$ 271 500	0	$ 271 500

如果接受该订单将增加 271 000 美元的经营利润。

d. 在这种情况下，2.5 美元一个的正常订单比 1.75 美元一个的特殊订单更好，公司应该拒绝该特殊订单。尽管该特殊订单没有佣金和分送费用，但是它们的单位成本合计只有 0.05 美元，因此公司与常规顾客（的交易）更好，其价格高出 0.75 美元，而且可以避免 24 500 美元的特殊标签模板成本。

请注意，基础 17.3 中的特殊订单价格为每个 1.75 美元，大大低于 2.50 美元的正常售价；实际上，它甚至低于总的单位成本。尽管如此，接受订单对公司来说还是有利可图表的。公司存在充足的闲置生产产能，而且这张订单不会代替其他以正常售价销售的产品的生产。此外，这些成本中有很多是不相关的，比如佣金、分送（成本）和固定成本。当然，这个分析中也包括了归属于该特殊订单的追加成本。基础 17.3 中的“要求 d”提醒我们考虑特殊订单对现有顾客的潜在影响。在这种情况下，很容易就可将该影响量化，并且发现该特殊订单是应该被拒绝的。在其他情况下，管理者也应该将对其他顾客的影响作为定性因素来考虑对该订单的影响。

17.4.4 销售或继续加工决策

诚如第 7 章所述，到分离点为止，联合产品有着共同的加工程序和生产成本。到了分离点，它们变得可以区分了。比如，某些金属诸如铜和金等可能存在于同一种矿石之中。在铜和金被分离出来之前，这个矿石必须被开采、碾磨和处理。这个分离的点被称为分离点。开采、碾磨和处理的成本就是两种产品的共同成本。

通常联合产品会在分离点被销售出去。但是有时候，在分离点之后继续加工一种联合产品比在当时就销售更加有利。决定是否**销售或继续加工**（sell or process further），是一个管理人员必须做出的一个重要决策。这个决策的关键点在于所有的联合生产成本都是与销售或继续加工决策不相关的。当到达分离点时，所有的联合成本都是沉没的，因此是不相关的。

以 Delrio 公司为例来说明。Delrio 是一个生产并销售新鲜食品和罐装食品的公司。位于 San Juan 的分部专门生产和销售西红柿产品。San Juan 有一个很大的西红柿农场，生产用于其产品的所有的西红柿。这个农场被分为一些便于管理的区域。每个区域生产大约 1 500 磅西红柿，这被称为一顷。每一个区域都必须耕种、施肥、洒农药、浇水和收摘。西红柿在成熟以后就被收摘。然后，这些西红柿被运到一个仓库，在那里它们被清洗并分类。所有这些作业的成本大约为每顷 200 美元。

西红柿被分为两等（A 和 B）。A 等西红柿比 B 等西红柿大，而且形状更好。A 等西红柿被卖给大的超市。B 等西红柿被送到罐装工厂，在那里它们被加工为番茄酱、番茄沙司和番茄膏。每顷大约生产 1 000 磅 A 等西红柿和 500 磅 B 等西红柿。最近，罐装工厂的经理要求将 A 等西红柿用于（生产）一种 Delrio 热沙司。研究表明，A 等西红柿制成的沙司比 B 等西红柿制成的沙司味道更好，也更耐久。而且，B 等西红柿已全部被用于生产其他产品了。基础 17.4 说明了如何以及为何进行分离点销售或继续加工决策。

基础 17.4：如何以及为何进行分离点销售或继续加工决策

资料：

Delrio 公司生产并销售新鲜食品和罐装食品。San Juan 农场栽种并收摘西红柿。每个区域生产大约 1 500 磅西红柿，称为一顷。这 1 500 磅西红柿中大约有1 000磅 A 等西红柿和 500 磅 B 等西红柿。种植与收摘西红柿的成本大约为每顷 200 美元。Delrio 可以每磅 0.40 美元的价格将每顷产量中的 1 000 磅 A 等西红柿卖给大超市。此外，西红柿还可以被加工成热沙司。每罐热沙司的售价为 1.50 美元。额外的加工成本是每罐 1 美元，这个金额包括了维护配料、装瓶、人工以及所需的加工作业。

为什么：

由于联合成本先于分离点而发生，因此在决定是销售还是继续加工时，它们是沉没成本。只有在分离点的售价、继续加工成本以及最终售价才是与该决策相关的。

要求：

a. 请列出需考虑的备选方案。

b. 请列出每种方案的相关收益和成本。

c. 哪种方案更符合成本效益（要求）？其效益有多高？

d. **如果**A 等西红柿中最好的优质 A 等西红柿，可以卖到每磅 0.80 美元，**结果会是怎样的？**每顷的 1 000 磅 A 等西红柿中有 30% 是优质 A 等西红柿。但是，除非同时出售普通 A 等西红柿，否则超市是不会购买优质 A 等西红柿的（不过，它们将会与其他供应商协调）。将优质 A 等西红柿从普通 A 等西红柿中挑选出来需要的额外成本为每顷 50 美元。哪个方案更好呢？

解答：

a. 两种备选方案分别就是在分离点出售或者继续加工 A 等西红柿。

b. 相比在分离点出售而言，继续加工的相关收益和成本包括销售给超市的收入和销售热沙司的收入减去额外（继续）加工的成本。种植和收摘西红柿的每顷 $ 200 的成本是沉没成本，不需要考虑。

c.

	在分离点销售	继续加工	对比继续加工的差异额
销售收入	$ 400	$ 1 500	$ 1 100
继续加工成本	0	(1 000)	(1 000)
合计	$ 400	$ 500	$ 100

将 A 等西红柿继续加工成热沙司有每顷 100 美元的优势。

d. 在这种情况下，300 磅 A 等西红柿（优质 A 等西红柿）的售价为 0.80 美元，剩下的 700 磅的售价为 0.40 美元。在分离点的总收入为 520 美元（$ 240+ $ 280）。（您也许会想到原始方案仍然存在——在分离点以单价 0.40 美元出售所有 A 等西红柿。虽然这个方案的确存在，但是以更高价格出售优质 A 等西红柿的新方案的优势如此明显，以至于原始方案可以被完全放心地忽视。公司不会再去考虑它。）

	在分离点销售	继续加工	对比继续加工的差异额
销售收入	$ 520	$ 1 500	$ 980
继续加工成本	(50)	(1 000)	(950)
合计	$ 470	$ 500	$ 30

将 A 等西红柿继续加工成热沙司有每顷 30 美元的优势。

基础 17.4 说明了产品的联合成本，即每顷 200 美元的种植与收摘西红柿的成本是不相关的，可以被忽略。请记住，将联合成本分摊到不同的联合产品仅仅是为了核算产品成本以及对存货进行估价。它不是“销售或继续加工”决策的内容。只有一种情况需要考虑联合成本，并且完全可以融入继续联合产品加工的管理决策之中。那就是，如果总收入不足以弥补所有成本（包括联合成本以及继续加工成本），那么公司就会重新考虑是否维持这一业务。

17.4.5 相关成本的计算与道德行为

道德问题

相关成本被用于战术性决策——基于短期视野或有限目标所做的决策。但是，在做这些决策时，决策者应当始终将决策控制在一个道德框架内。达到目标很重要，但如何达到目标可能更重要。不幸的是，很多管理者却有着相反的观点。问题的部分原因在于很多管理者感到有极大的业绩压力。通常，业绩不好的人可能会被辞退或降职。在这种情况下，采取有争议的行为，其诱惑就会很大。

现实案例

比如，在 20 世纪 90 年代早期，羊绒价格大大下跌。羊绒纤维的价格越低，意味着针织衫和外套的价格就越便宜，而从中国内地和香港的进口量翻了两倍还不止。不幸的是，这些羊绒成分的衣物质量参差不齐，并且有时，虚假产品冲入了最终销售市场。2000 年秋，Lands' End 发现它的一款运动夹克，广告宣称其材质为羊毛和 30% 的羊绒混合而成，但检测结果却只有 10% ~30% 的羊绒。该公司建议它的经营者把这个变化性告知有意购买的顾客，并给仍然想买这个夹克的顾客 20% 的优惠。（但）其他的一些公司则选择了“低级做法”（不是很光彩的做法），它们继续将它们的混纺针织衫和运动夹克标榜为高羊绒含量的产品去销售。

对于什么是对什么是错，可能会有无穷无尽的争论。第 1 章讨论了那些已为个人提供指导的道德标准。此外，还有很多公司雇用了全职的道德问题工作人员。这些工作人员通常设立了热线，因此雇员可以拨打电话并进行投诉，或者对特定行为的性质进行咨询。但是，正如《财富》杂志中的一篇文章所指出的那样：“下面这个古老的建议仍然是最好的：不要去做任何您不希望您母亲在她的早茶时间可以读到的关于您的负面新闻。”

17.4.6 与个人决策相关的成本分析

最后，有必要提请注意，相关成本分析在个人决策中也是很重要的。本章所强调的决策模型几乎可以提升任何短期决策（的效率）。

现实案例

对于许多年轻滑雪者的父母来说，一个重要的决定就是应该给孩子买一对新的滑雪板还是进行季节性的租赁。当然，这个问题是由于孩子们正在成长，今年合适的滑雪板到了明年就不一定合适了。孩子们也总是在改变他们的想法。那些迫不及待登上斜坡的孩子在经历了一个不顺利的上午之后也许就对这项运动变得厌烦和疲惫。或者这些孩子会决定转向单板滑雪。使问题更复杂的事情在于，有许多方案可供选择——每日租赁、季节性租赁、长期租赁、购买全新的还是购买二手的（滑雪板）。科学家实际上发明了一种滑雪板租赁运算法则来帮助人们决定应该购买还是租赁滑雪板。在最后的分析中，家长们综合考虑了，他们的预算、他们对孩子将会喜爱滑雪及其活动频率的可能性所进行的估计，以及将时髦制图表应用于新滑雪板的“显酷要素”等因素。

多年以来，许多学生发现，使用这个模型来帮助他们决定是否买车、养宠物、选择大学会有很大启发。他们或许意识到自己已经默认了这种决策制定模型，并且知道如何清楚地使用（这种决策制定模型）才可以明显提高他们的决策（效率）。他们或许也明白了定性因素在那些决策中有多么重要。在许多情况下，当他们一旦明白了定性因素中所依附的合法性的时候，他们就会对最终决策感到更加满意。

练习题

复习题

17.1 作业资源使用模型、战略要素、相关成本计算

Perkins 公司有闲置的生产能力。最近，Perkins 公司收到一份订单，向公司不经常涉足的一个地区的一位新顾客销售 2 000 件产品。该顾客出价为每单位 10 美元。

产品通常售价为 14 美元。作业基础的会计系统提供了如下信息：

	成本动因	空余产能	需求量*	作业分配率** 固定	变动
直接材料	产量	0	2 000	—	$ 3.00
直接人工	直接人工工时	0	400	—	7.00
设备安装	安装工时	0	25	$ 50.00	8.00
机器加工	机器工时	6 000	4 000	4.00	1.00

* 这只表示考虑的特殊订单所需求的资源数量。

** 固定作业分配率是单位作业产能必须支付的价格。变动作业分配率是需要时才取得的资源的单位价格。

虽然安装作业的固定作业分配率为每小时 50 美元，但是这一资源的扩充必须成批地取得。对安装作业的购买必须以 100 小时为单位。因此，任何安装作业的扩充都必须一次增加 100 小时。每小时的价格就是固定作业分配率。

要求：

(1) 如果接受该订单，请计算 Perkins 公司的收益变化。您认为是否应当接受这张订单？(请注意讨论战略问题)

(2) 假定安装作业有 50 小时的空余产能，这将会对分析产生怎样的影响？

解答：

(1) 如果接受了该订单，会相应发生变化的成本是相关成本。这些成本由变动作业成本（弹性资源）和取得额外的作业能力的任何成本（预定资源）构成。收益变化的金额如下：

收入($ 10×2 000 单位)	$ 20 000
减去增加的资源开支：	
直接材料($ 3×2 000 单位)	(6 000)
直接人工($ 7×400 直接人工工时)	(2 800)
安装作业($ 50×100 小时+8×25 小时)	(5 200)
机器加工($ 1×4 000 机器小时)	(4 000)
收益变化额	$ 2 000

在接受特殊订单以前，必须仔细审查。这张订单能使收益增加 2 000 美元，但是它要求扩张安装的作业能力。如果这种扩张的性质是短期的，那么它可能是值得的。如果它必须是一种长期的投入，则公司将为了获得一年 2 000 美元的收益而每年投出 5 000 美元。在这种情形下，订单就应该被拒绝。即使投入是短期的，也需要考虑其他的战略因素。这张订单是否会对任何正常销售造成影响？公司是否在为其闲置能力寻找一种永久性的解决方案，或者说特殊订单是否会变成一种习惯——一种最终证明会损失惨重的反应模式？接受这张订单是否会影响公司的正常分销渠道？接受订单应该有助于巩固公司的战略地位。

(2) 如果存在 50 小时的多余的安装能力，那么安装作业能够满足这张特殊订单的作业需求，而不会为了额外的作业能力而发生额外的资源支出。因此，这张特殊订单的盈利能力将增加 5 000 美元（本来需要增加的资源耗费金额），从而接受订单所增加的总收益为 7 000 美元。

问题讨论

17.1 什么是战术性决策?

17.2 “战术性决策通常是服务于较大目标的小规模行动。”请解释其含义。

17.3 什么是战术性成本分析？战术性决策模型中的什么步骤与战术性成本分析相符?

17.4 请描述您个人曾经做出的战术性决策。在您的决策中运用战术性决策模型，结果如何？（提示：您可以讨论买一辆汽车、选择一所大学或是买一只小狗。）

17.5 什么是相关成本？为什么说一项现存资产的折旧通常是非相关成本。

17.6 请举出一个非相关的未来成本的例子。

17.7 相关成本通常决定应该选择哪个方案。您同意吗？请解释。

17.8 在自制或外购的决策中，直接材料是否可能是一项非相关成本？请解释。请举出一个相关的固定成本的例子。

17.9 在战术性成本分析中，过去成本所起的作用是什么?

17.10 什么时候弹性资源对一项决策来说是相关的?

17.11 什么时候预定资源的成本对一项决策来说是相关的?

17.12 产量基础和作业基础的自制或外购分析之间的主要差别是什么?

17.13 请解释为什么作业基础的分部报告能够为自制或外购决策提供更多的信息?

17.14 在销售或进一步加工决策中，是否应当考虑联合成本？请解释。

17.15 为什么一个公司可能会接受一个低于其完全成本的价格?

习题

17.1 资源供给与使用、特殊订单、相关性

Elliott 公司有四个处理采购订单的职员。每个职员的薪酬为 25 750 美元，每年能处理 6 500 张采购订单。每个职员在处理订单的过程中使用一台个人电脑和一台激光打印机。一年中每台个人电脑的可用时间足以处理 6 500 张订单。每台个人电脑的年折旧额为 1 100 美元。除了薪水，Elliott 花费 27 560 美元用于表格、邮资等（假使要处理 26 000 张采购订单）。在这一年中，共处理了 25 350 张订单。

要求：

（1）请将与采购相关的资源分为：（a）弹性资源；（b）预定资源。

（2）请计算总的作业能力，并将其分为已用作业和空余作业。

（3）请计算总的资源供给成本（作业成本），并将其分为已用作业和空余作业。

（4）（a）假设一张大额的特殊订单将引起 500 张额外的采购订单，那么哪些采购成本是相关的？如果接受了该订单，那么采购成本将增加多少？（b）假设这张特殊订单将引起 700 张额外的采购订单。那么您对（a）的回答将会发生怎样的改变?

17.2 自制或外购、产量基础分析

Morrill 公司生产两种不同型号的测量仪器：一种密度计和一种测厚仪。特定季度的分部利润表如下所示：

	密度计	测厚仪	合计
销售额	$ 150 000	$ 80 000	$ 230 000
减：变动费用	80 000	46 000	126 000
边际贡献	$ 70 000	$ 34 000	$ 104 000
减：直接固定费用*	20 000	38 000	58 000
部门毛利	$ 50 000	$ (4 000)	$ 46 000
减：共同固定费用			30 000
经营利润			$ 16 000

*包括了折旧。

密度计使用了一种从外部供应商处购得的零件，价格为 25 美元/单位。每个季度都购买了 2 000 单位的零件。所有生产的产品都销售完毕，期末也没用外购零件的存货。Morrill 公司在考虑自制这种零件而不是购买它。单位层级的变动制造成本如下所示：

直接材料	$ 2
直接人工	3
变动性制造费用	2

没有显著的非单位层级费用发生。

Morrill 公司在考虑两种方法来提供这种零件的生产能力。

(1) 租赁生产需要的场地和设备，每个季度的场地费用为 27 000 美元，还有 10 000美元的管理人员费用。除此之外没有其他固定费用。

(2) 终止生产测厚仪。设备的改变几乎不需要成本，现有的生产场地也可以用来生产零件。直接固定费用，包括管理人员费用，需要 38 000 美元，设备的折旧费用为 8 000 美元。如果测厚仪被终止生产，密度仪的销售并不会被影响。

要求：

(1) Morrill 公司应该自制还是外购这种零件？如果拥有这种生产设备，应该选择哪种方案？解释您的选择并提供计算支持。

(2) 假设终止生产测厚仪将会使密度仪的销售额降低 10%，这将对决定有什么影响?

(3) 假设终止生产测厚仪使密度仪的销售额降低 10%，每个季度需要消耗的零件为 2 800 单位。依旧假设期末没有零件存货，生产的产品都被销售完毕。假设每单位的销售价格和变动成本都与要求（1）中相同。将租赁替代选择考虑进去。现在，正确的决定是什么?

第18章　定价和盈利能力分析

学习本章之后，您可以：

①讨论基本的定价概念。

②计算成本加成率和目标成本。

③讨论法律体系和道德对定价的影响。

④解释为什么企业要计量利润并利用吸收成本法和变动成本法计算利润指标。

⑤计算销售价格、销售数量、边际贡献、边际贡献量、销售组合、市场份额以及市场规模差异。

⑥讨论产品生命周期内价格、成本和利润的变化。

⑦讨论利润指标的一些局限性。

亨利·福特说过："一个不能为买方和供应商带来利润的企业不是一个好企业。买方和供应商必须由于交易而在某种程度上变得更加富有，否则平衡就被打破了。"[①] 福特的话提醒我们，买方和卖方的关系是一种交换关系，双方都希望从中获利。通常，我们用收入与成本之差来计量利润。首先我们将讨论价格和收入。然后，我们将讨论利润、价格与成本的相互作用。

18.1　基本的定价概念

一个公司所面临的比较困难的决策之一就是定价。当需要财务数据时，不管该信息是与成本还是与价格相关，公司通常求助的最主要的资料来源就是会计。因此，会计人员必须对收入数据的来源以及解释这些数据的经济与市场的概念很熟悉。

18.1.1　需求与供给

顾客都想要以较低的价格获得较高质量的商品和服务。尽管顾客需求是在营销课程中详细探讨过的，但是会计人员需要了解需求与供给互相作用的方式。

当所有其他情况相同的时候，价格越低，顾客的购买量越大；价格越高，顾客的购买量越少。相反，在更高的价格下，生产者愿意比在更低的价格时供给更多的产品。市场的出清价格或者均衡价格位于供给曲线和需求曲线的交点。在这一价格下，生产者愿意供给的数量与顾客需求的数量相等。如果企业要价高于市场出清价格，需求将小于供给。生产者会眼见着存货逐渐积压，而顾客又在购买别的商品。如果价格低于市场出清价格，生产的所有产品都将被买空，短缺和未能交付订货的情况就会发生，提示着将要增加生产或提高价格。

除了价格以外，影响需求的其他因素还包括顾客收入、商品质量、是否可以取得替代商品、对互补商品的需求、商品是属于必需品还是奢侈品，等等。但是，基本的需求—供给关系仍然存在，而且生产者知道，提高价格几乎会不可避免地导致销售下降。价格弹性和市场结构是影响公司调节价格能力的两个因素。

---

① Henry Ford, *Today and Tomorrow* (Portlande, OR: Productivity Press, 1926, reprinted in 1988).

18.1.2 需求的价格弹性

既然价格会影响销售量，那么生产者就想知道价格变化将引起需求量发生多大的变化。需求的价格弹性（price elasticity of demand）以需求量变化的百分比除以价格变化的百分比来计量。如果需求具有相对弹性，那么小比例的价格变动将导致更大比例的需求量变动。相反的就是非弹性的需求。

具有价格弹性的商品一般来说有很多的替代商品，不是必需品。餐馆用餐和汽车的需求相对来说较有弹性。

不具有价格弹性的商品的替代商品很少，是必需品。处方药品、用电和牙签是不具有价格弹性的商品。

尽管需求的价格弹性在现实世界里很难计算，但还是可以看到它的影响在起作用。

现实案例

比如，Ben & Jerry's ice cream、多芬肥皂（Dove soap）、立顿茶（Lipton teas）以及好乐门蛋黄酱（Hellmann's Mayonnaise）（等产品）的制造商——联合利华(Unilever)，在2008年发现在提高很多商品的价格后其利润率下降了。需求的突然下降导致了利润率的下降。新上任的CEO，Paul Polman迅速改变战略，即降低价格以增加销量。显然，联合利华的许多商品都面对着具有弹性的价格需求。各种冰激淋、香皂、茶等都有许多的竞争对手。比如，尽管一位顾客可能很喜欢多芬肥皂，但在其价格上升之后，仍然可能会转向购买其他品牌[①]。

其他公司可能生产不具有弹性需求的商品。比如，航空公司将其核心市场定位为商务旅行者，那么这些旅客对航空旅行的需求就是非弹性的。他们需要在最后一分钟购买机票、更好地预订机票以及在工作周飞行等这样的一些机动性。在这种情况下，所购买的票价相对较高。当然需求的弹性只是影响价格的一个因素，另一个重要的价格决定因素是市场结构。

18.1.3 市场结构和价格

市场结构影响价格，也影响支持该价格的必要成本。一般来说，有四种类型的市场结构：完全竞争、垄断竞争、寡头垄断和垄断市场。这些市场的区别在于买方和卖方的数量、产品的独特性、企业进出市场的相对难易程度（比如，进入壁垒）。

完全竞争市场(perfectly competitive market）中有很多买方和卖方——没有谁强大到足以影响整个市场——相似的产品并且易于进入或退出该行业。完全竞争市场中的企业不能索要高于市价的价格，因为那样的话没有人会愿意购买它们的产品，同时它们也不愿意以低于市价的价格出售产品，因为它们可以按市价卖掉它们能生产的所有产品。

（完全竞争市场的）极端对立面是垄断市场。在**垄断市场**(monopoly）中，进入

① Aaron O. Patrick, "Unilever CEO's Push to Cut Prices Drives Increase in Sales," *The Wall Street Journal* (August 7, 2009): B1.

壁垒如此之高，以至于整个市场中只有一家企业，而且其产品是独一无二的。垄断企业是价格的设定者。但是，垄断者设定价格并不意味着它能强迫消费者购买。它只是表明，可以设定一个比竞争市场更高的价格（并卖出更少的数量）。某些垄断者从法律上设置强制的进入壁垒（比如，美国邮政服务公司）。其他一些垄断企业则是因为专利权保护、专业技术或成本高昂的生产设备等原因。制药公司由于专利权的保护对新药拥有垄断权。当专利权到期后，一般的制药公司都可以生产它，这种药物的价格就直线下跌。

垄断竞争(monopolistic competition）兼有垄断和完全竞争的特征，但它更接近竞争的情形。市场上有很多的买方和卖方，但是产品存在一定的差异性。餐馆就是垄断竞争的典型。每家餐馆都提供食物，但都试图以某种方式使自己区别于其他餐馆——食物的民族风味、紧邻工作地段或学校、能提供聚会场所、菜肴精美或轻松的氛围等等。最终结果是将价格略微提高于完全竞争市场，而顾客则同意为那些吸引他们的特色支付稍高的价格。

寡头垄断(oligopoly）的特征是市场中只有少数的卖方。一般来说，进入壁垒很高，并且这些壁垒通常与成本相关。比如，谷类食品行业中占优势的企业有Kellogg's、General Mills和Quaker Oats。原因不在于制造玉米片的高成本，而在于三巨头巨额的销售开支（比如，广告和货架位置的费用）使得小公司无法进入这一市场。

各种市场结构类型及其特征总结在图表18-1中。公司为了明白它们的定价选择，而必须清楚其所处的市场结构。请注意，这些市场结构还有着供给或成本方面的意义。完全竞争行业中的企业的营销成本（广告、市场定位、销售折扣、优惠券）比垄断竞争行业中的企业更低，(因为）垄断竞争行业中的企业必须不断强化顾客的印象，以表明它拥有独特的产品。一般来说，垄断者需要花费成本来保护其垄断地位，通常是法律费用和游说费用（包含在管理费用中）。

图表18-1　　**四种市场结构的特征**

市场结构类型	行业中企业的数量	进入壁垒	产品的独特性	与结构类型相关的费用
完全竞争	很多	非常低	没有特色	没有特殊成本
垄断竞争	很多	低	具有一定特色	广告、优惠券、差异化成本
寡头垄断	很少	高	相当独特	差异化成本、广告、销售折扣、优惠券
垄断	一个	非常高	非常独特	法律和游说开支

18.2 成本与定价策略

公司利用各种策略来设定价格。由于成本是供给的一个重要决定因素，并且它为生产者所熟知，因此很多公司都以成本为基础来定价。还有其他一些公司利用一种目标成本策略或以市场的初始条件为基础的策略来设定价格。

18.2.1 以成本为基础的定价

需求是定价公式的一方面，供给是另一方面。由于企业为了获利而使收入必须能弥补成本，因此很多企业从成本开始来确定价格。也就是说，它们计算出产品成本，并且加上预期的利润来确定价格。这种方法的原理很简单，常有一个成本基础和一个加成率。这个**加成率**(markup) 是基础成本的一定百分比，它包括预期的利润和没有包括在基础成本中的所有成本。对工作订单进行报价的公司一般都以成本为基础来确定出价。基础 18.1 说明了如何以及为何计算成本的加成率。

基础 18.1：如何以及为何计算成本的加成率

资料：

AudioPro 公司，由 Chris McAnders 所有并经营，主要销售和安装在家里、车里使用的音响设备。直接材料和直接人工的成本很容易追溯至所归属的工作订单。安装工人平均每小时收取 12 美元。AudioPro 公司上年的利润表如下所示：

收入		\$ 350 350
产品销售成本：		
直接材料	\$ 122 500	
直接人工	73 500	
制造费用	49 000	245 000
毛利		\$ 105 350
销售与管理费用		25 000
经营利润		\$ 80 350

Chris 想要找到销售商品的成本加成率使得每单位产品赚得与上年相同的利润。

为什么：

企业以成本加成率作为一种简单的方式来定价，因此，一般来说，这样价格就会包含所有的成本和利润。成本是一个已知量且必须被价格所覆盖，以确保企业获得利润。

要求：

a. 为了维持与上一年的相同的利润所需的销售成本的加成率是多少？

b. 假设 Chris 想要扩张公司的产品线，其中包括汽车报警系统、电子遥控开门器。她估计销售和安装电子遥控开门器的成本如下：

直接材料	\$ 80.60
直接人工 (3 小时×\$ 12)	36.00
预分的制造费用	23.40
总成本	\$ 140.00

Chris 根据要求 a 计算出来的加成率将对新产品如何定价？

c. 由于直接材料成本是商业活动的最大成本，那么如果 Chris 想要计算出直接材料成本的加成率，**结果会是怎样的？**直接材料成本的加成率是多少方可维持与上年相同的利润？如果加成率是基于直接材料成本来计算的，那么 Chris 要求 b 中的工作订单的标价是多少？

解答：

a. 加成率必须包括所有成本而不只是一部分的产品销售成本（COGS），再加上预期利润。

COGS 的加成率 =（销售与管理费用+经营利润）÷COGS

=（＄25 000+＄80 350）÷＄245 000

=COGS 的 0.43（倍），或者 43%

b. 新产品价格 = ＄140+0.43×＄140 = ＄140+＄60.2 = ＄200.20

= ＄140×1.43 = ＄200.20

c. 直接材料的加成率 =（直接人工+制造费用+销售与管理费用+经营利润）÷直接材料

=（＄73 500+＄49 000+＄25 000+＄80 350）÷＄122 500

= 直接材料成本的 1.86（倍），或者 186%

报价 = ＄80.60+（1.86×＄80.60）= ＄80.60+＄149.92

= ＄230.52（四舍五入）

从基础 18.1 可以看出，产品销售成本的加成率为 43%。请注意，43% 的加成率弥补了所有的利润及销售与管理费用。假设经营水平和其他费用稳定不变，直接材料成本的 186% 的加成率将获得同样数量的利润。直接材料成本的成本加成率弥补了直接人工、制造费用、销售与管理费用以及利润。基础的选择和加成的百分比一般来说是怎么方便怎么定。

如果以基础 18.1 计算出来的成本加成率来确定价格，那么这就只是初始价格。Chris 可以根据她对这类产品竞争状况的了解以及其他因素对这一价格进行调整。加成率是一种指导方针，而不是一种绝对规则。

如果一家公司确实以成本加成率设定了价格，那么它能否保证赚取利润？根本不能。如果只卖出了很少的产品（工作订单），那么全部加成利润都将用于弥补销售与管理费用，以及那些没有明确地包含在确定价格的计算过程中的成本。

成本加成定价法经常被零售店采用，而它们通常的加成率是成本的 100%。如果 Graham Department Store 以 24 美元买进一件毛衣，其零售价为 48 美元［＄24+(1.00×＄24)］。这 100% 的加成需要弥补职员工资、工作场地和设备（收银机等）、水电费、广告费等，还有利润。成本加成法的一个主要好处是标准加成率很容易被采用。要想想为一个商店中的每件商品都设定一个价格有多困难。比如，陶器商店（Pottery Barn）存储了从玻璃制品和陶器到家居和纺织品等很多种商品。（那么）通过估计每种商品的供给和需求特征来为它们分别定价将会花费太多时间。采用一个统一的成本加成率，如果需求量小于预计数量则再根据需要进行调整，这样就会简单得多。

18.2.2 目标成本与定价

大多数美国公司和几乎所有的欧洲公司都将一种新产品的价格设定为成本与预期利润之和。其基本原理是公司必须获取足够的收入来弥补所有的成本并产生利润。

Peter Drucker 写道："这是真实的但却是不相关的：顾客并不认为保证生产者获得一定利润是他们的责任。定价的唯一合理方法是从市场愿意支付的金额开始。"①。

目标成本法（target costing）是一种根据顾客愿意支付的价格（目标价格）来确定一种产品或服务的成本的方法。销售部门确定一种产品的何种特征与价格最能为顾客接受。然后，公司的工程师的任务就是设计和开发这种产品，以使成本和利润能被那一价格所弥补。日本企业多年以来一直采用这种方法，美国公司也正开始采用目标成本法。

当零售商店寻找那些能在一个特定水平上定价以吸引顾客的商品时，它们（实际上）就在采用某种形式的目标成本法了。

现实案例

比如，很多百货商店与服装公司合作开发自有品牌。这些自有品牌的商品通常是高质量的商品，而成本和标价都比类似的名牌商品要低。这种自有品牌给予商店很大的灵活性。比如，某个商店并不生产毛衣，但是它可以找到愿意以允许商店获得目标价格和利润的（特定）成本来提供特定毛衣的资源。Caslon 和 JWN 是 Nordstrom Department Stores 的自有品牌，Kenmore 和 Craftsman 是 Sears 的自有品牌。

让我们回到基础 18.1 中 AudioPro 公司的例子。假设 Chris 发现其他厂家的遥控开门器的标价为 155 美元，而她的初始价格是 200.2 美元。她是否应该放弃进入这一产品线的计划？如果她能将其价格调整到市场价格，那么她就不必放弃。请记住，该初始价格中包括 80 美元的直接材料和 36 美元的直接人工。也许 Chris 可以只提供一个遥控器而不是两个，从而节约 15 美元。另外，她还可以削减一点直接人工的时间，一旦工人们经过训练，就能够更高效地工作，这样就节约了 16 美元。（此时，其）主要成本将为 85.6 美元（$ 80.6－$ 15＋$ 36－$ 16），而不是最初的 116.6 美元。

AudioPro 公司的制造费用为直接人工的 65%。但是，Chris 必须仔细地考虑这份工作订单（产品）。也许通过减少采购能从某种程度上减少制造费用的发生。（只需要一个可靠的供应商，工具、设备与音响装配都可由其提供）也许这种产品的制造费用金额将为 10 美元（直接人工的 50%）。那就使得一件产品的成本为 105.6 美元（$ 65.6＋$ 30＋$ 10）。

现在，如果采用标准的 43% 的成本加成率，价格将为 151 美元，在其他公司 155 美元的价格之内。正如您能看出的，目标成本法是一个互动的过程。Chris 将仔细检查整个循环，直到她能找到目标成本或者确定不能找到目标成本为止。但是，请注意，目标成本法已经给了 Chris 开发一个可盈利市场的机会。如果最初是以成本为基础来定价的话，她就可能不会再有机会。

目标成本法比以成本为基础的定价涉及更多的前期工作。但是，如果以成本为基础的价格高于顾客愿意接受的价格，那么就让我们不要忘了必须做的额外工作。控制成本以支持一个更低的价格的艰巨任务就开始了，否则失去市场的机会成本就会发生。

① Peter Drucker, "The Five Deadly Business Sins," *The Wall Street Journal* (October 21, 1993); A22.

18.2.3 其他定价策略

目标成本法还被有效地应用于采用撇油定价或渗透定价的营销决策中。**渗透定价**(penetration pricing)是为了迅速建立起市场份额，对一种新产品确定较低的初始价格，甚至可能低于成本的定价方法。当产品或服务是全新的并且顾客对其价值有很大的不确定性时，这种方法很有效。渗透定价不是掠夺性定价，其重要的差别在于定价的意图。渗透定价不是为了破坏竞争，会计师、律师和其他新开业的专业人士通常采用渗透定价以建立起客户基础。

撇油定价(price skimming)指的是，在一种产品或服务刚被引入市场时，对其索要较高的价格。从本质上说也就是，公司从市场中撇去油脂。当产品是新产品、一小群顾客对其评价很高，并且公司喜欢一种垄断优势时，这种方法运用得最为有效。实行撇油定价的公司希望通过高昂的初始定价收回研究和开发费用。一种成本上的考虑是，在生产的初始阶段，规模经济和学习效应还没有发生。

现实案例

比如，在20世纪60年代末期，惠普公司(Hewlett-Packard)生产出便携式计算器，这的确很新鲜也很昂贵。定价在400美元以上，只有在工作中使用计算器的科学家和工程师才会觉得需要这种产品。随着便携式计算器市场的扩大、技术的改进以及规模经济的出现，成本和价格急剧地下降了。到了20世纪80年代，发行商为了招揽杂志的新订户，免费赠送微型太阳能计算器。

与撇油定价密切相关的是价格欺骗。当拥有市场控制能力的公司将产品价格定得“太高”时，就发生了**价格欺骗**(price gouging)。价格多高算太高呢？当然，成本是一个考虑因素。任何时候当价格刚刚能够弥补成本时，就不可能发生价格欺骗。这就是很多企业费尽周折去解释它们的成本结构并指出顾客可能没有意识到的成本的原因。比如，制药公司会强调与新药物相联系的研究和开发成本。当一个高价不能清楚地得到成本的支持时，买方就会感到受了欺骗。

18.3 法律制度与定价

政府在定价中也扮演着重要角色。随着时间的推移，很多规范企业有关定价方式的法律已经得以通过。很多定价法律背后的基本原则是，竞争是很好的，因此应该得到鼓励。因此，公司勾结以控制价格的行为以及有意将竞争者驱逐出行业的做法是被禁止的。

18.3.1 掠夺性定价

掠夺性定价(predatory pricing)是为了损害竞争者并排除竞争而将价格设定在成本之下的做法。请注意，很重要的一点是，低于成本的定价并不一定就是掠夺性定价。公司会经常将价格定于成本之下，比如零售商店每周会推出特价或实行渗透性定价。各州关于掠夺性定价的法律创造出了一个法律定义的拼凑物。大约有一半的州有反对掠夺性定价的法律，这些法律在定义和规则方面都有着某种程度的差异。

现实案例

比如，在阿肯色州的三家 Conway 药店对沃尔玛（Wal-Mart）提起了诉讼。[①] 药商们认为，沃尔玛通过实行低于成本的掠夺性定价销售100多种产品。（但其中）一个困难在于难以确切地指出成本是多少。沃尔玛有着很低的间接费用和强大的购买力。供应商为了获得沃尔玛的业务通常需要削减价格，较小的关注者则不能赢得这样的价格削减。因此，沃尔玛的产品定价低于竞争者的成本这一事实并不意味着那些产品的定价会低于沃尔玛的成本。（虽然在这个案子中，沃尔玛的CEO的确承认有时会将价格定于其成本之下。）更重要的是，如果的确发生了掠夺性定价行为，那么那个低于成本的价格的目的一定是为了驱逐竞争者，而这一点很难证明。一般来说，各州在掠夺性定价案件中会遵循联邦法律，但是联邦法律还是很难证明掠夺性定价，尽管价格竞争受到了如此高度的重视。

国际市场上的掠夺性定价被称为倾销（dumping），发生在当公司在其他国家以低于成本的价格销售产品，从而使其他国家的国内产业受到损害时。为了应对倾销的指控，（企业）需要证明其价格实际上高于或等于成本，或者证明本地企业没有受到损害。

18.3.2 价格歧视

《罗宾逊-帕特曼法案》（Robinson-Patman Act）作为一种取缔价格歧视的手段于1936年被通过。价格歧视（price discrimination）指的是对本质上相同的产品向不同的顾客索要不同的价格。《罗宾逊-帕特曼法案》的一个关键特征是：法案只涉及制造商或供应商，服务与无形资产不包括在内。

重要的是，《罗宾逊-帕特曼法案》在某些特殊条件下允许价格歧视：a. 如果竞争状况需要它；b. 如果成本（包括生产、销售、运输成本）能证明低价是正当的。显然，第二个条件对会计来说很重要。因为对一个顾客提出较低的价格必须以能辨识的成本节约为依据。而且，成本节约额必须至少等于折扣额。

在违反《罗宾逊-帕特曼法案》的起诉中，举证责任在被控告企业自身。以成本为理由的证据必须有充分的成本数据做支持。证明一个成本理由是一种绝对的辩护，但是准备证据的费用以及联邦贸易会对这一辩护的限制性解释使其在过去很少被采用。现在，庞大的数据库、作业成本法的发展以及强大的计算功能使它成为了一种更合适的选择。问题依然存在。成本分摊使这类判断非常棘手。为了证明给予大公司的数量折扣是正当的，公司也许要追踪销售电话的记录、小批和大批的运送所要求的时间和人工的差异等。

在计算成本差异的过程中，公司必须根据平均销售成本区分出不同的顾客类别，并对每一类别的所有顾客确定一个以成本为依据的价格。基础18.2展示了如何以及为何要按不同的顾客群体计算成本和利润。

① 沃尔玛这次诉讼败诉，但1993年10月上诉后胜诉。

基础 18.2：如何以及为何根据顾客类型计算成本和利润

资料：

Cobalt 公司生产维生素补充物，平均每箱的生产成本为 163 美元（一箱包括 100 瓶维生素）。Cobalt 公司上年向下列三类顾客销售了 250 000 箱产品。

顾客	每箱价格	销售箱数
大规模连锁药店	$ 200	125 000
小规模本地药店	230	100 000
私人保健会所	250	25 000

大规模连锁药店每瓶产品上的商标成本为 0.03 美元。连锁店通过电子数据交换系统（EDI）订货，Cobalt 每年花费 50 000 美元的操作费和折旧费。Cobalt 支付所有的运费，其上年的运费为 1 500 000 美元。

小规模本地药店订货批量较小，这要求在工厂里要进行专门的挑选和包装。这一特殊的处理使每箱的销售成本增加了 20 美元。向那些将 Cobalt 的产品卖给这些药店的独立批发商支付的销售佣金平均为销售收入的 10%。坏账成本约为销售收入的 1%。

私人保健会所购买维生素的批量比本地药店更小；这一特殊的挑选和包装成本为平均每箱 30 美元。向这些保健会所进行的销售没有销售佣金。Cobalt 在保健会所的管理杂志上做广告，通过电话接受订货，供应销售点的海报并在会所里展示。这些营销成本为每年 100 000 美元。这类顾客的坏账成本平均为 10%。

为什么：

遵循《价格歧视法》的企业必须保证其价格的差别是由成本差别来支持的。平均而言，来自每个顾客类型的利润大致是一样的。

要求：

a. 请分别计算三种顾客类型的每箱总成本。

b. 请使用要求 a 得出的成本计算每种顾客类型的每箱产品的利润。该成本分析是否能够支持不同的价格？如果可以的话，原因是什么？如果不可以，原因又是什么？

c. 如果Cobalt 对所有顾客群体的定价均为一致的平均价格，结果会是怎样的？这将如何影响利润率？

解答：

a. 连锁店：

每箱生产成本	$ 163.00
贴商标成本（$ 0.03×100）	3.00
EDI（$ 50 000÷125 000）	0.40
运输（$ 1 500 000÷125 000）	12.00
每箱成本合计	$ 178.40

本地药店:	
每箱生产成本	$ 163.00
每箱的特殊处理	20.00
销售佣金（$ 232×0.10）	23.20
坏账费用（$ 232×0.01）	2.32
每箱成本合计	$ 208.52
保健会所:	
每箱生产成本	$ 163.00
每箱的特殊处理	30.00
销售费用（$ 100 000÷25 000）	4.00
坏账成本（$ 250×0.10）	25.00
每箱成本合计	$ 222.00

b.

	连锁店	本地药店	保健会所
每箱价格	$ 200.00	$ 232.00	$ 250.00
减：每箱成本	178.40	208.52	222.00
每箱利润	$ 21.60	$ 23.48	$ 28.00
每箱利润率	10.80%	10.12%	11.20%

利润百分比分布在 10.12% ~11.20% 之间。这样看起来成本情况证明了在三种顾客群体之间的价格差异是正当的。

c. 每箱的平均价格为 227.33 美元。如果向所有三种顾客都出示这个价格，那么来自连锁店的利润率将会增加，来自当地药店和保健会所的利润率将会下降。假设连锁店将继续从 Cobalt 以更高的价格购入维生素补充物，那么 Cobalt 将获得相同的利润率。（但是）这个假设可能是错的，连锁店可能拒绝再从 Cobalt 购进任何产品。Cobalt 只剩较少的销售量，从剩下的消费者身上赚取更少的利润。

基础 18.2 表明，不同的价格必须与不同的成本相联系。如果这样做了，那么公司关于更高的价格与更高的成本相联系的证词，可能可以保护它免于价格歧视的指控，并且也有可能刺激那些面对更高价格的顾客改变他们经商的方式以获得价格优惠的资格。

道德问题

正如一个公司可以在成本分配方面实施非道德行为，它同样可以在定价方面进行误导。一个很好的例子就是，有些航线在向外公布的价格上增收一些费用。在 2008 年，Spirit Airlines 在它公布的价格之外额外增收了一些费用。运输部门勒令其停止，并征收了 40 000 美元的罚款。（但）依然存在一些其他费用在购票时不做要求，只有当购买已经形成之后才会显现出来。比如，在飞行时间的 24 小时之前预留座位需要额外支付 15 美元，并且要用第二张信用卡支付。这并不违法，因为乘客不需要预留座位。但是，也有一些顾客发现这样做就会产生误导作用①。

18.4 计量利润

利润是一个企业生产和销售产品或服务所做出的投入与产出之间的差额指标。对利润的定义有很多，有些用于外部报告，有些用于内部报告。

18.4.1 计量利润的原因

显然，企业对计量利润很感兴趣。事实上，企业可以根据其主要目标是否是盈利而分类——它们或者是营利主体或者是非营利主体。计量盈利的原因有很多。这些原因包括确定企业的生存能力、评价管理业绩、确定公司是否遵守了政府法规，以及向市场发出关于其他相关者有否获得机会的信号。

一家公司的所有者想知道公司在短期和长期是否有继续生存的能力。工作给生命赋予了意义。坚持事业不仅是达到目标的一种手段，它本身也是一种目标。亚当·斯密②的《金钱游戏》中有一段很有趣的话，它澄清了约翰·梅纳德·凯恩斯将股市描述为一种游戏的原因。斯密写道：

游戏？游戏？为什么大师说是游戏？他本来可以说是事业，或者专业、职业以及别的什么。游戏是什么？它是“运动、比赛、嬉戏或娱乐”；“为了娱乐、消遣或赢得奖金而按照既定规则进行的竞赛”。这听上去像不像拥有一份美国产业的股票？像不像正在参与美国经济的长期增长？不像，但它听上去就像是股市。

它听起来不仅像股市，还与其他很多事业相似。史蒂夫·乔布斯在一个车库里开办起了他的苹果电脑公司。很多年后，已是亿万富翁的他被苹果公司免职——而他立即又开办了 NeXT 公司。后来，他又回到苹果，潜心经营 Pixar 公司，生产出了 iPod、iPad 和 iPhone，取得了惊人的成功，直到死于 2011 年。萨姆·沃尔顿一直投身于沃尔玛，直到他逝世，就像约翰·D. 洛克菲勒对标准石油公司（Standard Oil）一样。玩游戏很重要，而利润是保持得分的一种方式。游戏者为了留在游戏中必须保持正的利润。亏损达到一定程度，您就出局了。

利润可被用来评价管理业绩。评价业绩是很复杂的，但是由于利润可以金额表示，因而简化了计分程序。最高管理层通常以利润或投资报酬率为基础进行评价。两个指标都要求收益超过成本。

受管制的企业必须将利润控制在一定的限度之内。一个受到管制的垄断企业的盈利能力受到监控，要求其确保公众在这一框架内享受服务并且价格不得高于非管制垄断企业的水平。请注意，这里并没有单独对价格进行规定——而是要求价格的设定必须确保“合理的报酬率”，并且与受管制企业所发生的成本相联系。受管制的公司的例子包括公用事业公司、市话公司、有线电视公司等。这些公司享有垄断地位，并且

---

① Scott McCartney, “The Next Airline Fee: Buying Tickets?” *The Wall Street Journal* (March 3, 2009): D4.

② 事实上，亚当·斯密是 George J. W. Goodman 的笔名。但您可能会发现《金钱游戏》（New York: Vintage Books, 1976）的署名是亚当·斯密。这本书对探索投资和投资者来说具有可读性。

它们通过遵守规章为这一特权付出代价。

利润对于公司外部人员来说也是可获得机会的信号。一个高利润的企业向市场表明，其他人也许可以通过进入这一产业而获利。低利润不会诱发竞争。由于这个原因，公司可能有意避免高额的短期利润。

现实案例

比如，在20世纪40年代，杜邦公司将尼龙卖给女袜和女士内衣制造商，其价格只是本来可以索要的价格的60%——尽管尼龙已得到了专利保护，但事实上并不存在竞争。结果，竞争被延迟了5到6年，尼龙市场得到了很大的发展，扩展到了一些超出预料的领域，比如用在汽车轮胎上①。

即使一个非营利主体没有利润，它仍然要从事交易行为，并且必须评价其业绩和长期的生存能力。捐赠人需要关于慈善事业的资料，尤其是关于慈善机构履行使命情况的更好的指标，了解它是如何使用和占用资源的。供货、邮寄、电话和办公场所都需要钱。雇员不一定挣得比市场工资少，他们只不过没有任何剩余索取权。因此，这一章所涉及的很多概念都与非营利主体有关。比如，美国女童子军（Girl Scouts of America）预期从小甜饼的销售中获利，尽管这不是指通过定价高于成本来赚钱。非营利主体也对收入和费用或者说流入和流出的关系感兴趣。

18.4.2 计量利润的吸收成本法

吸收成本法，或叫完全成本法，是对外财务报告所要求的方法。根据GAAP，利润是一个历时悠久的概念，并且由收入和费用之差决定。当然，从长期来看，所有的成本都是变动的。因此，可以通过将部分固定成本分配到每单位产品，将固定成本视作变动成本。**吸收成本法**(absorption costing）将所有的生产成本，包括直接材料、直接人工、变动性制造费用和一部分固定性制造费用，分配给每件产品。这样，单位产品除了为生产它而发生的变动成本之外，还吸收了部分车间的固定性制造费用。当一件产品完工时，它将这些成本带入存货成本。当它被卖出时，这些生产成本就作为销售成本列示在利润表中。运用吸收成本法计算出三种利润指标：毛利、经营利润和净利润。基础18.3描述了如何计算存货成本和编制吸收成本法下的利润表及其原因。

基础18.3：如何以及为何运用吸收成本法计算存货成本并编制利润表

资料：

Lasersave公司是一个回收激光打印机旧硒鼓的公司，从8月份开始经营并于一个月中生产了1 000个硒鼓，成本如下：

直接材料	$ 5.00
直接人工	15.00
变动性制造费用	3.00
固定性制造费用*	20.00
变动性销售费用	1.25

* 单位固定性制造费用 = $ 20 000÷1 000 = $ 20

① Drucker, "The Five Deadly Business Sins."

工厂总的固定性制造费用为每月20 000美元。8月份，以60美元的价格卖出了1 000个硒鼓，固定性销售与管理费用为12 000美元。

为什么：

公司用吸收成本法来计量存货价值并为利润表计算所销售商品的成本。根据GAAP，这个用法是可接受的。它确保了在长期内，所有的生产成本都被所生产的产量吸收了。

要求：

a. 请运用吸收成本法计算硒鼓的单位成本。

b. 期末存货的数量是多少？用吸收成本法计算的期末存货成本是多少？

c. 请为Lasersave公司编制8月份的一份吸收成本法下的利润表。

d. 如果9月份的产量为1 250个，成本是稳定的，销售量为1 000个，**结果会是怎样的？**期末存货的成本是多少？9月份的经营利润是多少？

解答：

a. 吸收成本法下单位产品的成本如下：

直接材料	$ 5.00
直接人工	15.00
变动性制造费用	3.00
固定性制造费用	20.00
生产成本合计	43.00

b. 期末存货数量=期初存货数量+生产数量-销售数量=0+1 000-1 000=0（个）

期末存货成本=0

c.

Lasersave公司8月份吸收成本法下的利润表

		占销售的百分比
销售收入（$ 60×1 000）	$ 60 000	100.00%
减：产品销售成本（$ 43×1 000）	43 000	71.67
毛利	$ 17 000	28.33%
减：变动性销售费用（$ 1.25×1 000）	(1 250)	(2.08)
固定性销售与管理费用	(12 000)	(20.00)
经营利润	$ 3 750	6.25%

d. 期末存货数量=期初存货数量+生产数量-销售数量=0+1 250-1 000=250（个）

期末存货成本=$ 39×250=$ 9 750

新的经营利润为7 750美元，计算如下：

销售收入（$ 60×1 000）	$ 60 000
减：销售成本（$ 39*×1 000）	39 000
毛利	$ 21 000
减：变动性销售费用（$ 1.25×1 000）	(1 250)
固定性销售与管理费用	(12 000)
经营利润	$ 7 750

* 固定性生产成本÷生产数量=$ 20 000÷1 250=$ 16；因此，单位产品成本=$ 5+$ 15+$ 3+$ 16=$ 39。

基础 18.3 列示的利润表是大家熟悉的对外报告的完全成本法利润表。请记住，收入与产品销售成本之差是毛利（或边际毛益）。它不等于经营利润，因为尚未弥补销售与管理费用。毛利曾经是一个相当有用的利润指标。销售与管理费用相对来说比较稳定而且很容易地用来进行调整计算。但在今天的经济环境中，这种看法不再那么正确了。政府规章有时会以不可预见的方式来影响企业。为了遵循《美国残疾人法案》而颁布的《环境净化与设施调整规章》只是增加非生产费用的规章中的两个例子。此外，研究和开发费用也是从毛利中扣除以得到经营利润的一项费用，它正变得越来越重要。现在，毛利不再像以前那样有用了，不能被用作评价公司长期健康程度的独立指标。

基础 18.3 还有一栏列示了“销售百分比”，它通常与吸收成本法利润表相联系。请注意，Lasersave 公司赚得的毛利刚刚超过销售收入的 28%，经营利润为销售收入的 6.25%。这个业绩是好还是坏？这取决于这一行业的一般情况。如果行业中大多数公司赚得的毛利润为销售收入的 35%，那么 Lasersave 公司将被认为低于平均水平，它也许应该寻找降低销售成本或增加收入的机会。

吸收成本法下的经营利润怎样呢？它是不是一个合理的业绩指标？这个指标也同样存在问题。首先，管理者可以通过多生产存货，将一些当期成本进行转移。其次，吸收成本法不是一种便于决策的形式。

吸收成本法的缺点。一般来说，一家公司生产一种产品是为了销售。事实上，Lasersave 公司体现的正是这种情况，其 8 月份生产的每个产品都被卖掉了。9 月份则是不同的情形。Lasersave 公司生产了 1 250 个产品，但只销售了 1 000 个。价格、单位变动成本和固定总成本保持不变。基础 18.3 表明，尽管 9 月份的销售量与 8 月份相同，成本也保持稳定，但 9 月份的经营利润比 8 月份的要高。

9 月份的经营利润为 7 750 美元，而 8 月份的经营利润为 3 750 美元。销售的产品数量相同，价格相同，成本相同。这是怎么回事呢？错误的根源在于，将固定的车间制造费用当做变动成本来处理了。在 8 月份，生产了 1 000 个产品，每件产品吸收了 20 美元（ $ 20 000÷1 000）的固定性制造费用。但是在 9 月份，同样是 20 000 美元的固定性制造费用总额分摊给了 1 250 个产品，所以每个产品只吸收了 16 美元（ $ 20 000÷1 250）。250 个期末存货将它们所有的变动性生产成本 5 750 美元（ $ 23×250）以及 9 月份的 4 000 美元（ $ 16×250） 固定性制造费用都带入了期末存货成本。期末存货中包含的 4 000 美元固定性制造费用恰好等于 4 000 美元的经营利润差异。

显然，吸收成本法利润表在 9 月份提供了错误的信息。当销售业绩相同，多生产了 250 单位的产品，看上去似乎 9 月份的业绩要优于 8 月份。（即使公司希望生产出期末存货，由此而增加当期的利润也是易令人误解的。）

当然，通过生产出期末存货来操纵利润的总目的是为了使利润比没有多余产量的情况下要高。以经营利润为基础来进行评价的管理者知道，他们可以通过增加生产来暂时提高盈利能力，以确保他们的年终奖金得以提升。因此，经营利润或净利润作为盈利能力指标的作用被削弱了。利用吸收成本法下的利润作为盈利能力指标的公司可以制定与产量相关的规章。比如，一个生产地板保养产品的公司强调工厂只能生产总预算中所要求的产量。虽然这并不能消除存货变化对经营利润的影响，但是它的确使经理们不能有意操纵产量以增加利润。

吸收成本法的第二个缺陷是，它不是一种便于决策的形式。假定 Lasersave 公司正在考虑接受一张以 38 美元的价格购买 100 个硒鼓的特殊订单。（那么）公司是否应该接受该订单？如果我们以吸收成本法利润表为准，那么谁能回答这个问题？8 月份的单位产品生产成本是 43 美元，9 月份的单位产品生产成本是 39 美元。这两个数据都不包括销售成本。将固定性制造费用看做一种产量层次的变动成本使得我们很难看出增量成本是多少。

18.4.3 计量利润的变动成本法

避免由于将固定性制造费用当做变动成本而引起的隐含问题的一种计量盈利能力的方法是变动成本法。**变动成本法**(variable costing)（有时叫做直接成本法）只将产量层次的变动性生产成本分配到产品；这些成本包括直接材料、直接人工和变动性制造费用。固定性制造费用被视作一种期间成本，不与其他产品成本一并计入存货成本，而是作为发生当期的费用。

将固定性制造费用作为一种期间费用，使得计入存货的车间成本减少了。在变动成本法下，只有直接材料、直接人工和变动性制造费用才计入存货成本。（请记住，销售与管理费用肯定不会计入存货成本——不管它是变动性的还是固定性的。）因此，Lasersave 公司可以计入存货的变动生产成本为 23 美元（＄ 5 的直接材料+ ＄ 15 的直接人工+ ＄ 3 的变动性制造费用）。

变动成本法利润表与吸收成本法利润表存在一点差别。基础 18.4 演示了如何以及为何计算 8 月份和 9 月份的存货变动成本，并编制了变动成本法利润表。

基础 18.4：如何以及为何运用变动成本法计算存货成本并编制利润表

资料：

Lasersave 公司是一个回收激光打印机旧硒鼓的公司，于8 月份开始经营，一个月中生产了 1 000 个硒鼓，成本如下：

直接材料	＄ 5.00
直接人工	15.00
变动性制造费用	3.00
固定性制造费用*	20.00
变动性销售费用	1.25

* 单位固定性制造费用 = ＄ 20 000÷1 000 = ＄ 20

工厂的总固定性制造费用为每月 20 000 美元。8 月份，以 60 美元的价格卖出了 1 000 个硒鼓，固定性销售与管理费用为 12 000 美元。

为什么：

企业用变动成本法来计量存货，并为内部管理决策编制利润表而计算产品销售成本。变动成本法不被 GAAP 所接受。然而，它是一种有用的决策形式，而且不允许管理者通过生产剩余存货来操纵利润。

要求：

a. 请运用变动成本法来计算每个硒鼓的单位成本。

b. 期末有多少存货？运用变动成本法计算的期末存货成本是多少？

c. 请编制 Lasersave 公司 8 月份的变动成本利润表。

d. 如果9 月份产量是 1 250 件，成本稳定，销售量为 1 000 个，结果会是怎样的？期末存货的成本是多少？9 月份的经营利润是多少？

解答：

a. 变动成本法下的单位产品的生产成本如下：

直接材料	$ 5.00
直接人工	15.00
变动性制造费用	3.00
总成本	$ 23.00

b. 期末存货数量=期初存货数量+生产数量-销售数量=0+1 000-1 000=0（个）

期末存货成本=0

c. 变动成本法下 Lasersave 公司 8 月份的利润表

		占销售百分比
销售收入（$ 60×1 000）	$ 60 000	100.00%
减：所销售产品的变动成本（$ 23×1 000）	(23 000)	(38.33)
变动性销售费用（$ 1.25×1 000）	(1 250)	(2.08)
边际贡献	$ 35 750	59.59%
减：		
固定性制造费用	(20 000)	(33.33)
固定性销售与管理费用	(12 000)	(20.00)
经营利润	$ 3 750	6.25% *

* 百分比的总和由于四舍五入的原因可能会不相等。

d. 期末存货数量=期初存货数量+生产数量-销售数量=0+1 250-1 000=250（个）

期末存货成本=$ 23×250=$ 5 750

新的经营利润为 3 750 美元，计算如下：

销售收入（$ 60×1 000）	$ 60 000
减：所销售产品的变动成本（$ 23×1 000）	(23 000)
变动性销售费用（$ 1.25×1 000）	(1 250)
边际贡献	$ 35 750
减：	
固定性制造费用	(20 000)
固定性销售与管理费用	(12 000)
经营利润	$ 3 750

如基础 18.4 所示，销售收入减去所有的产量层次的变动成本（包括变动性生产

成本和变动性销售费用）之和，得到边际贡献。然后减去期间所有的固定费用，不管是生产车间发生的还是销售与管理部门发生的，得到经营利润。

请注意，Lasersave 公司 8 月份和 9 月份的利润表完全一样。这看上去比较合理。这两个月有着相同的销售收入和成本。虽然 9 月份的产量更高，但那些数据会作为存货的增加显示在资产负债表中。正如我们看到的那样，在变动成本法下，由于固定性制造费用不计入存货成本，因而不能够通过提高产量来操纵利润。

让我们更进一步看一看每个月的情况。8 月份，产量恰好等于销量，该期间的成本计入存货中，因而吸收成本法下的经营利润等于变动成本法下的经营利润。9 月份，存货增加，吸收成本法下的经营利润高于变动成本下的经营利润。其差异为 4 000美元（ $ 7 750－ $ 3 750），恰好等于单位产品的固定性制造费用乘以存货增加量（ $ 16×250 个）。

当存货减少时会发生什么情况呢？在吸收成本法下对经营利润有影响，而在变动成本法下则没有影响。让我们来看看 10 月份的 Lasersave 公司，这时产量为 1 250 个（和 9 月份相同），而销量为 1 300 个。

在这种情形下，当存货减少（产量小于销量）时，变动成本下的经营利润大于吸收成本下的经营利润。差异为 800 美元（ $ 14 475－ $ 13 675），等于 50 件期初存货中包含的每件 16 美元的上个月的固定性制造费用。图表 18－2 总结了存货变动对吸收成本法和变动成本法下的经营利润的影响。

图表 18－2　　**吸收成本法和变动成本法下的存货变动**

如果	那么
1. 产量>销量	吸收成本法利润>变动成本法利润
2. 产量<销量	吸收成本法利润<变动成本法利润
3. 产量＝销量	吸收成本法利润＝变动成本法利润

简而言之，如果存货从期初到期末发生了变动，那么两种成本计算方法将会得出不同的净利润。其原因是吸收成本法将固定性制造费用分配给了产品。如果这些产品被卖掉了，则其包含的固定性制造费用将显示在利润表里的产品销售成本中。如果这些产品没有被卖掉，则其包含的固定性制造费用就进入了存货。但是在变动成本法下，当期所有的固定性制造费用都计入当期费用。因此，吸收成本法允许管理者通过存货的生产来操纵利润。

除了提供更好的业绩信号外，变动成本法利润表还有一个优点。它还能提供更为有用的管理决策信息。比如，Lasersave 公司每多卖一个硒鼓能多赚多少利润？基础 18. 3 指出其每个的毛利为 17 美元（ $ 60－ $ 43）。但是，这一数据中包含了固定性制造费用，而固定性制造费用不会由于多生产并销售了一个产品而改变。基础 18. 4 中的变动成本利润表给出了更有用的信息。多卖出一个产品所带来的边际贡献为 35. 75 美元（ $ 60－ $ 23－ $ 1. 25）。变动成本法的关键在于，固定费用不随产销量的变化而变化。因此，虽然变动成本法利润表不能用于外部报告，但它对某些管理决策来说却是一个很有价值的工具。

18.4.4 分部盈利能力

公司常常希望知道一个分部的盈利能力。分部可能是一条产品线、一个部门、一个销售区域或一个顾客群。由于确定归属于公司各分部的利润需要进行费用的分摊，因此它比确定公司的总体利润要难。变动成本法、吸收成本法、作业成本法的分部利润表已经在之前的章节中提到过了。比如，第 17 章讲到了保留或放弃决策的分部利润表。产品线或顾客群的作业成本法的分部利润表在第 4 章和第 12 章阐述了。因此，我们将不在这里进行深入探讨。我们将关注于变动成本法分部利润表在管理上的运用。

（1）产品线利润

我们都非常理解为什么企业希望知道某种产品是否能够盈利，某种持续亏损并且没有盈利潜力的产品可以予以削减。这样可使资源用于盈利能力更高的产品。反过来，一种可盈利的产品应当继续生产并予以关注。

如果所有的成本和收入都很容易被追溯到每种产品，那么产品线的盈利能力的计算将很简单，但这种情况是很少见的。因此，公司首先必须确定如何来计算利润。让我们来看看 Alden 公司，它生产两种产品：普通传真机和多功能传真机。普通传真机有电话和传真的功能。这种机器更便宜也更容易生产。多功能传真机是一种高端机器。它是双线电话、传真机、电脑打印机和复印机的结合物。多功能传真机采用更先进的技术，生产难度更大。每种产品的数据如下：

	普通传真机	多功能传真机
产量	20 000	10 000
直接人工工时	40 000	15 000
价格	$ 200	$ 350
单位产品主要成本	$ 55	$ 95
单位产品制造费用*	$ 30	$ 22.50

* 年制造费用为 825 000 美元，制造费用以直接人工工时为基础进行预分。

销售费用都是变动费用，约为销售收入的 10%。200 万美元的管理费用都是固定费用，根据销售收入比例分摊给各种产品。吸收成本法下的产品利润如图表 18-3 所示。

图表 18-3　　**Alden 公司的吸收成本法下产品利润表**　　单位：千美元

	普通传真机	多功能传真机	合计
销售收入	$ 4 000	$ 3 500	$ 7 500
减：产品销售成本	1 700	1 175	2 875
毛利	$ 2 300	$ 2 325	$ 4 625
减：			
销售费用	(400)	(350)	(750)
管理费用	(1 067)	(933)	(2 000)
经营利润	$ 833	$ 1 042	$ 1 875

显然，多功能传真机的盈利能力更高。但这告诉了我们什么信息呢？我们能否得出结论：每卖出一部普通传真机就会使利润增加 41.65 美元（$ 833 000÷20 000）？每卖出一部多功能传真机就会使利润增加 104.20 美元（$ 1 042 000÷10 000）？不，Alden 公司混淆了变动成本和固定成本，并且在没有理由认为收入驱动管理费用的情况下以收入为基础来分摊了管理费用。此外制造费用以单位产品为基础分配给了不同产品，但我们却不知道它究竟包含些什么。22.5 美元是否正确地反映了生产一部多功能传真机所要求的制造费用资源呢？一份变动成本法的分部利润表将给出更好的信息。

采用变动成本法计量分部利润 Alden 公司也可以采用变动成本法以及各自的直接固定费用和共同的固定费用。为了在 Alden 公司应用变动成本法，我们需要关于固定性和变动性制造费用的额外信息。假设总的变动性制造费用是 360 000 美元，总的固定性制造费用是 465 000 美元。由于制造费用根据直接工时进行预分，因此分配给普通传真机的变动性制造费用为 261 818 美元［$ 360 000×（40 000÷55 000）］。分配给多功能传真机的变动性制造费用为 98 182 美元［$ 360 000×（15 000÷55 000）］。变动成本法下的利润表如图表 18-4 所示。请注意，所有的固定费用在合计列中扣除了，没有归属于任何产品线。

图表 18-4　**Alden 公司的变动成本法利润表**　单位：千美元

	普通传真机	多功能传真机	合计
销售收入	$ 4 000	$ 3 500	$ 7 500
减：变动性销售费用	(1 362)	(1 048)	(2 410)
销售佣金	(400)	(350)	(750)
毛利	$ 2 238	$ 2 102	$ 4 340
减：			
固定性制造费用			(465)
管理费用			(2 000)
经营利润			$ 1 875

（2）部门利润

正如公司想知道不同产品的相对盈利能力一样，它们也许还想评价公司不同部门的相对盈利能力。部门利润通常用于评价经理们的业绩。不能赚得利润就很可能导致本部门被关闭。比如，通用汽车由于 Oldsmobile 持续没有赚取利润而决定关闭其生产线。

部门利润可以用前面讲述的三种方法中的任何一种来计算。通常采用的是吸收成本法，并将公司费用分摊给每个部门，以提醒它们，公司的所有费用都必须得到弥补。假定 Polyglyph 公司由四个部门组成：Alpha、Beta、Gamma 和 Delta。10 000 000 美元的公司费用根据各自的销售收入分摊给各个部门。部门利润表如下所示：

	Alpha	Beta	Gamma	Delta	Total
销售收入	$ 90	$ 60	$ 30	$ 120	$ 300
减：产品销售成本	35	20	11	98	164
毛利	$ 55	$ 40	$ 19	$ 22	$ 136
减：					
部门费用	(20)	(10)	(15)	(20)	(65)
公司费用	(3)	(2)	(1)	(4)	(10)
经营利润（亏损）	$ 32	$ 28	$ 3	$ (2)	$ 61

Polyglyph 将会如何看待这些结果？显然，Delta 出现了经营亏损。公司管理部门对 Delta 的持续生存能力提出质疑。但是，请注意，如果不包括被分摊的公司费用，Delta 的经营亏损就会被消除。事实上，如果公司费用不分摊到各个部门的话，那么看上去每个部门都会更有盈利能力。因此，管理部门可能会集中精力提高 Delta 的盈利潜力。Delta 的部门费用相对而言比较高。这也许是因为其雄心勃勃的研究和开发计划所造成的。如果这一计划的回报能够预测，那么公司管理部门将减少担心。公司管理部门还将关心每个部门的发展趋势以及短期与长期的前景。即使是一个看上去盈利的部门，比如 Alpha，如果它正处于一个衰退产业或是利用的资源比公司的费用分摊要多得多，那么它也可能会引起注意。部门盈利能力和责任会计的其他内容参见第 10 章。

(3) 总体利润

计算分部利润对很多管理决策来说都非常有用。但是，在产品线、顾客群和部门利润的计算过程中隐含着费用分摊的问题，这可能意味着，在某些情况下总体利润最为有用。它的计算最简单，而且它的确有意义。如果总体利润持续保持为正，那么即使一个或几个分部正在亏损，公司也能继续经营。

现实案例

比如，High Flight 从事三种服务：飞行训练、短程飞行服务（主要是地区银行的快递服务）以及飞机出租。High Flight 要确定每种服务的盈利能力非常困难。同样的飞机被用于各种服务项目，因此将飞机的折旧费用分摊给三种服务看上去很合理。但是 High Flight 的老板意识到，这样的分摊将转移注意力，从而忽略了这样一个根本的问题：这三种服务是否都应当被提供？某些成本很容易被追溯到每个分部（比如燃料费用和驾驶费用）。其他一些成本则很难分摊，比如飞机折旧和飞机棚租金。最终，High Flight 对每种服务进行了一次改进的盈利能力分析，并确定飞行训练可能是亏损的。管理部门做出了怎样的决策？他们保留了所有的服务，因为他们意识到，飞行员愿意从他们接受飞行训练的地方租用飞机。因此，飞行训练与飞机出租之间的这种联系就意味着，公司必须将二者同时保留或同时删减。

18.5 与利润相关的差异分析

经理们经常想将实际利润与预期利润进行比较。这自然会导致差异分析，即将实际金额与预算金额进行比较。利润差异主要是由预算数与实际数之间的价格、销量及边际贡献差异引起的。

18.5.1 销售价格和销售数量差异

实际的销售收入可能不同于预期的销售收入，因为实际价格不同于预期价格，或者实际销量不同于预期销量，或者两者都有。**销售价格差异**（sales price variance）等于实际价格与预期价格之差乘以实际销量。用公式表示如下：

销售价格差异 =（实际价格 - 预期价格）× 实际销量

销售数量差异（sales volume variance）是实际销量与预期销量之差乘以预期价格。它可用如下公式表示：

价格销量差异 =（实际销量 - 预期销量）× 预期价格

总体销售差异是销售价格差异与销售数量差异的总和。

总体销售差异 = 销售价格差异 + 销售数量差异

在这种情况下，如果差异使得利润高于预期金额，销售价格和销售数量的差异即为有利差异（F）。如果差异使得利润低于预期金额，则为不利差异（U）。基础 18.5 阐述了如何以及为何计算销售价格、销售数量以及总体销售差异。

基础 18.5：如何以及为何计算销售价格差异、销售数量差异以及总体销售差异

资料：

Armour 公司分销产品。在 5 月份，Armour 公司预期以每磅 0.2 美元的平均价格销售 20 000 磅农产品。实际以平均 0.19 美元的价格销售了 23 000 磅的产品。

为什么：

销售价格差异告知了管理者实际价格和预期价格的差异将如何影响收入。销售数量差异则告知管理者实际销量和预期销量的差异又将如何影响收入。

要求：

a. 请计算 5 月份的销售价格差异。

b. 请计算 5 月份的销售数量差异。

c. 请计算 5 月份的总体销售差异，并说明它是有利差异还是不利差异。

d. **如果**5 月份实际销售了 19 000 磅产品，**结果会是怎样的？**它将如何影响销售价格差异、销售数量差异、总体销售差异？

解答：

a. 销售价格差异 =（实际价格 - 预期价格）× 销售数量

= [（$ 0.19 - $ 0.2）× 23 000] = $ 230 U

b. 销售数量差异 =（实际销量 - 预期销量）× 预期价格

= [（23 000 - 20 000）× $ 0.20] = $ 600 F

c. 总体销售差异 = 销售价格差异 + 销售数量差异

= $ 230U + $ 600F = $ 370 F

总体销售差异是有利差异，因为有利的销售数量差异大于不利的销售价格差异。低于预期销售价格使收入减少；但是，高于预期销量胜过了它的影响，从而使总体收入增加。

d. **如果**5 月份销售量为 19 000 磅，由于实际销量的减少，销售价格差异也会减少。销售数量差异就是不利差异，总体销售差异也变为不利差异，这是因为销售价格差异和销售数量差异都是不利差异。

正如基础 18.5 所示，销售价格差异和销售数量差异之和是**总体（全面）销售差**

异(total (overall) sales variance)。当然，简单来说它就是实际销售收入和预期销售收入之间的差异。将总体销售差异分解为价格和数量成分便于经理们理解为什么实际销售收入不同于预算销售收入。

这些差异使得经理们开始关注定价和销售的问题。当出现了显著的差异时，可以对差异进行研究，以发现引起差异的深层原因。比如，销售价格的不利差异，原因可能是为了与竞争对手竞争而给予了没有预料到的价格折扣。销售价格差异与销售数量差异会相互作用。比如，不利的销售价格差异可能与有利的销售数量差异相匹配，因为降低价格能提高销量。

18.5.2 边际贡献差异

我们已经关注过了价格差异与销售差异。成本差异已经在第 9 章中讲过了。现在，同时考虑销售收入与成本，并计算实际和边际贡献之间的差异。**边际贡献差异**(contribution margin variance) 是实际边际贡献与预算边际贡献之差。

边际贡献差异=实际边际贡献-预算边际贡献

如果赚得的实际边际贡献高于预算金额，那么这一差异就是有利差异。基础 18.6 就描述了如何以及为何计算边际贡献差异。

基础 18.6：如何以及为何计算边际贡献差异

资料：

Birdwell 公司生产两种类型的喂鸟器。常规型是简单地由塑料和木头制成，可以挂在树枝上。豪华型更大，可以独立置放，包括一个支柱和一个圆形的护罩，来防止松鼠吃鸟食。两类产品的预算和实际数据如下所示：

预算金额：

	常规型	豪华型	合计
销售收入：			
($ 10×1 500)	$ 15 000		
($ 50×500)		$ 25 000	$ 40 000
变动性费用	9 000	17 500	26 500
边际贡献	$ 6 000	$ 7 500	$ 13 500

实际金额：

	常规型	豪华型	合计
销售收入：			
($ 10×1 250)	$ 12 500		
($ 50×625)		$ 31 250	$ 43 750
变动性费用	7 500	21 875	29 375
边际贡献	$ 5 000	$ 9 375	$ 14 375

为什么：

边际贡献差异告诉管理者实际边际贡献与预期贡献之间的差异。这是分析导致实际和预期利润之间任何差异的起点。

要求：

a. 请计算边际贡献差异。

b. 如果豪华型喂鸟器的实际销售量减少了，结果会是怎样的？它会如何影响边际贡献差异？如果豪华型喂鸟器的实际销量增加了呢？它又将如何影响边际贡献差异？

解答：

a. 边际贡献差异=实际边际贡献-预期边际贡献

= \$ 14 375- \$ 13 500= \$ 875 F

b. 如果豪华型喂鸟器的销售量减少，其他保持不变，那么边际贡献差异就会减少。(但) 它是否会转变为不利差异取决于豪华型的销售收入所减少的幅度。另一方面，如果豪华型喂鸟器的销售量提高，其他保持不变，那么边际贡献差异将更大，并且仍然是有利差异。

边际贡献差异是一个总体差异，它可以被分解成边际贡献销量差异和销售组合结构差异。

(1) 边际贡献销量差异

边际贡献**销量差异**(contribution margin volume variance) 等于实际销量与预算销量之差乘以预算的平均单位边际贡献。请注意边际贡献销量差异与销售数量差异的区别。二者考察的都是实际销量与预算销量之间的差额。但是，销售数量差异是用这一差额乘以销售价格，而边际贡献销量差异是用这一差额乘以单位边际贡献。因此，边际贡献销量差异带给经理们的信息是，由于销量变化所引起的利润的增加额或减少额。

边际贡献销量差异=（实际销量-预算销量）×预算的平均单位边际贡献

预算的平均单位边际贡献等于总的预算边际贡献除以所有产品的预算总销量。基础 18.7 演示了如何以及为何计算边际贡献销量差异。

基础 18.7：如何以及为何计算边际贡献销量差异

资料：

回顾基础 18.6 中 Birdwell 公司的例子，其给出的资料如下：

	预算	实际
普通型销售数量	1 500	1 250
豪华型销售数量	500	625
总边际贡献	\$ 13 500	\$ 14 375

为什么：

边际贡献销量差异告诉了经理们实际销量与预期销量之间的差异是如何影响边际贡献的。不像销量差异，边际贡献销量差异衡量的是实际与预期销量之差对边际贡献的影响，包括了价格与变动成本。因此，它与利润之间的关系更紧密。

要求：

a. 请计算预算的平均单位边际贡献。

b. 请计算边际贡献销量差异。

c. 如果豪华喂鸟器的实际销售量减少了，结果会是怎样的？它将如何影响边际贡献销量差异？如果豪华喂鸟器的实际销量增加了呢？它又将如何影响边际贡献销量差异？

解答：

a. 预算的平均单位边际贡献=总的预算边际贡献÷预算总销量

=＄13 500÷（1 500+500）=＄6.75

b. 边际贡献销量差异=（实际销量-预算销量）×预算的平均单位边际贡献

=［（1 250+625）-（1 500+500）］×＄6.75=＄843.75 U

c. 如果豪华喂鸟器的实际销量减少，其他保持不变，那么边际贡献销量差异将减少，甚至变得更为不利。如果豪华喂鸟器的实际销量增加，其他保持不变，那么边际贡献销量差异将增加，不利的程度会更轻。它是否能转变为有利差异取决于豪华喂鸟器实际销量的增加幅度。

正如基础 18.7 所示，不利的边际贡献销量差异是由于总的销量小于预算销量。但是我们能看出 Birdwell 公司的实际边际贡献高于预期边际贡献。这是由于销售组合结构发生了变化。

（2）销售组合结构差异

销售组合结构代表的是每种产品的销售收入在总收入中所占的比例。某个只生产一种产品的公司，该产品的销售组合结构显然为100%，不存在销售组合结构变化对利润的影响。但是，生产多种产品的公司则存在着销售组合结构的改变问题。如果销售了较多的高利润产品，则实际利润将高于预期利润。如果销售组合结构向低利润的产品倾斜，那么实际利润将低于预期利润。我们将**销售组合结构差异**（sales mix variance）定义为：每种产品的销量变化乘以该产品的预算单位边际贡献与预算的平均单位边际贡献之差，然后将所有产品的金额加总。

销售组合结构差异=［（产品 1 的实际销量-产品 1 的预算销量）×（产品 1 的预算边际贡献-预算的平均单位边际贡献）］+［（产品 2 的实际销量-产品 2 的预算销量）×（产品 2 的预算边际贡献-预算的平均单位边际贡献）］

上面的销售组合结构差异公式适用于生产两种产品，详情见基础 18.8。如果生产了三种产品，我们只需要简单地再加上其他产品的销量变化与预算单位边际贡献差异的乘积即可。

基础 18.8：如何以及为何计算销售组合结构差异

资料：

回顾基础 18.6 中 Birdwell 公司的数据，其给出的资料如下：

	预算	实际
普通型销售数量	1 500	1 250
豪华型销售数量	500	625
普通型单位边际贡献	＄4.00	
豪华型单位边际贡献	＄15.00	
总边际贡献	＄13 500	＄14 375

为什么：

销售组合结构差异告诉了经理们实际的产品销售所占总销售百分比与预期之间的差异对边际贡献的影响。只用预期的边际贡献来测量销售组合结构的不同。

要求：

a. 请计算销售组合结构差异。

b. 如果豪华型喂鸟器的实际销量减少了，**结果会是怎样的？**它将如何影响销售组合结构差异？如果豪华型喂鸟器的实际销量增加了呢？它又如何影响销售组合结构差异？

解答：

a.

$$\text{销售组合结构差异}=\left[\left(\begin{matrix}\text{产品1的}\\\text{实际销量}\end{matrix}-\begin{matrix}\text{产品的1}\\\text{预算销量}\end{matrix}\right)\times\left(\begin{matrix}\text{产品1的}\\\text{预算边际贡献}\end{matrix}-\begin{matrix}\text{预算的平均}\\\text{单位边际贡献}\end{matrix}\right)\right]+\left[\left(\begin{matrix}\text{产品2的}\\\text{实际销量}\end{matrix}-\begin{matrix}\text{产品2的}\\\text{预算销量}\end{matrix}\right)\times\left(\begin{matrix}\text{产品2的}\\\text{预算边际贡献}\end{matrix}-\begin{matrix}\text{预算的}\\\text{平均单位边际贡献}\end{matrix}\right)\right]$$

$$=[(1\ 250-1\ 500)\times(\$\ 4.00-\$\ 6.75)]+[(625-500)\times(\$\ 15.00-\$\ 6.75)]$$

$$=\$\ 1\ 718.75\ \text{F}$$

b. 如果豪华型喂鸟器的实际销量（边际贡献较高的产品）减少，其他保持不变，那么销售组合结构差异将会下降，变得更为不利。要根据所减少的数量来判断是否会转变为不利差异。另一方面，如果豪华型喂鸟器的实际销量增加，那么销售组合结构差异将扩大，变得更为有利。

现在我们知道了销售组合结构的有利差异为 1 718.75 美元，边际贡献销量的不利差异为 843.75 美元，这些解释了边际贡献的总差异为什么是 875 美元的有利差异。

18.5.3 市场份额与市场规模差异

经理们不仅想通过销售数量和销售组合结构差异来考察公司内部的边际贡献，而且还想将视野向外扩展，以考察公司与行业中其他企业相比的情况。**市场份额**（market share）指的是一个公司的销售收入占整个行业销售收入的比例。**市场规模**（market size）是指整个行业的销售收入。显然，市场规模和市场份额都将影响到一家公司的利润。

市场份额差异（market share variance）是指以实际市场份额百分比与预算市场份额百分比之差，乘以实际行业销售量，再乘以预算的平均单位边际贡献。**市场规模差异**（market size variance）是指以实际行业销售量与预算行业销售量之差，乘以预算市场份额百分比，再乘以预算的平均单位边际贡献。

$$\begin{matrix}\text{市场份额}\\\text{差异}\end{matrix}=\left[\left(\begin{matrix}\text{实际市场}\\\text{份额百分比}\end{matrix}-\begin{matrix}\text{预算市场}\\\text{份额百分比}\end{matrix}\right)\times\begin{matrix}\text{实际行业}\\\text{销售量}\end{matrix}\right]\times\begin{matrix}\text{预算的平均}\\\text{单位边际贡献}\end{matrix}$$

$$\begin{matrix}\text{市场规模}\\\text{差异}\end{matrix}=\left[\left(\begin{matrix}\text{实际行业}\\\text{销售量}\end{matrix}-\begin{matrix}\text{预算行业}\\\text{销售量}\end{matrix}\right)\times\begin{matrix}\text{预算市场}\\\text{份额百分比}\end{matrix}\right]\times\begin{matrix}\text{预算的平均}\\\text{单位边际贡献}\end{matrix}$$

基础 18.9 描述了如何以及为何计算市场份额差异与市场规模差异。

基础 18.9：如何以及为何计算市场份额差异与市场规模差异

资料：

喂鸟器行业的预算销量为 20 000 单位（包括所有类型的产品），行业的实际销售量为 23 000 单位。回顾基础 18.6 中 Birdwell 公司，其给出的数据如下：

	预算	实际
普通型销售量	1 500	1 250
豪华型销售量	500	625
总边际贡献	$ 13 500	
预算的平均单位边际贡献	$ 6.75	

为什么：

市场份额差异与市场规模差异使得企业能将业绩水平与整体市场做一个比较，这也使得经理们能够关注公司之外的东西，寻找产品在市场中的新契机。

要求：

a. 请计算市场份额差异。

b. 请计算市场规模差异。

c. 如果Birdwell公司实际销售了2 300单位（两种产品的总和），结果会是怎样的？它将如何影响市场份额差异？市场规模差异呢？

解答：

a. $\text{市场份额差异} = \left[\left(\text{实际市场份额百分比} - \text{预算市场份额百分比}\right) \times \text{实际行业销售量}\right] \times \text{预算的平均单位边际贡献}$

实际市场份额百分比＝1 875÷23 000＝0.08152 或 8.152%（四舍五入）

预算市场份额百分比＝2 000÷20 000＝0.10 或 10%

市场份额差异＝［（0.08152－0.10）×23 000］×$ 6.75

＝$ 2 869 U（四舍五入为最接近的美元数）

请注意，该市场份额差异是不利的，那是因为Birdwell公司实际市场份额小于预算市场份额。

b. $\text{市场规模差异} = \left[\left(\text{实际行业销售量} - \text{预算行业销售量}\right) \times \text{预算市场份额百分比}\right] \times \text{预算的平均单位边际贡献}$

＝［（23 000－20 000）×0.10］×$ 6.75

＝$ 2 025 F

请注意，该市场规模差异是有利差异，因为实际行业销量大于预期行业销量。

c. 如果Birdwell公司实际销售了共2 300单位的产品，那么其实际市场份额百分比为10%，与预期市场份额百分比相等。市场份额差异为零。市场规模百分比不会受到任何影响。

正如基础18.9所示，Birdwell公司的市场份额差异为2 869美元的不利差异。换句话说，Birdwell公司的销售份额从10%下降到8.125%，使得公司的边际贡献减少了2 869美元。

市场规模的变化对Birdwell公司的影响可通过市场规模差异来计量。它是2 025美元的有利差异。这意味着，如果实际市场份额等于预算市场份额，公司的边际贡献将增加2 025美元。不幸的是，Birdwell公司的市场份额下降了。但是，如果在一个更小的市场中，8.2%的市场份额将产生更少的利润，因此，市场规模的扩大对Birdwell公司而言仍然是有利的。

虽然边际贡献差异以及市场份额与市场规模差异都对分析盈利能力有着重要的意义，但是公司可能还想进一步对利润继续分析。下一部分将从产品生命周期的角度来考察利润。

18.6 产品生命周期

观察产品生命周期的视角很多。第 11 章介绍了市场角度、产品角度以及消费角度。我们在这里将它们综合起来观察产品生命周期对利润的影响。很多产品有着可预测的利润或产品生命周期。从市场角度看，产品生命周期（product life cycle）从四个阶段描述了产品获利的历史：引入、成长、成熟与衰退。在引入阶段，利润很低，其原因有二。第一，在产品被市场接受的过程中，销售收入很低。第二，投资和学习支出很高，从而导致费用较高。成长阶段的特征是：市场接受程度和销售收入逐渐增加，规模经济的出现导致费用下降。产品实现盈亏平衡，进而利润逐渐上涨。到了成熟阶段，利润渐趋稳定。产品已找到其市场，收入相对稳定。投资减少，而所有的学习效应开始实现，导致稳定的成本。最后，在衰退阶段，产品到了其生命周期的末期，收入和利润开始下降。成本可能仍然较低，但没有低到销售收入之下。图表 18-5描绘了利润和产品生命周期的相互作用。

图表 18-5　　**产品生命周期与盈利能力**

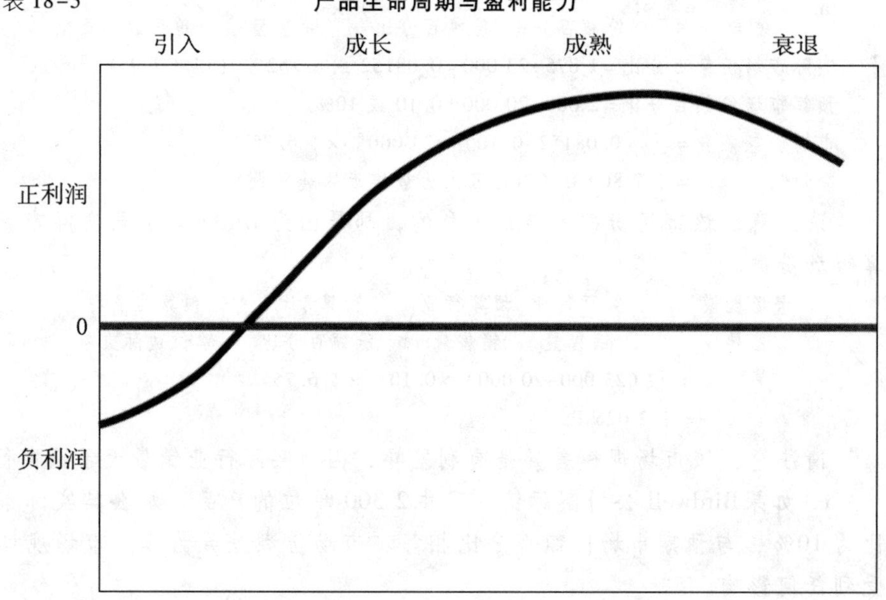

产品生命周期有助于企业理解在每个阶段产品的不同竞争压力。因此，它对拟定计划非常重要。生产、成本和利润的规律性使得产品生命周期对成本管理同样重要。产品生命周期的每个阶段说明了对各种成本的可预测影响。图表 18-6 对这些影响进行了总结。

产品生命周期有多长？这取决于产品以及产品所面临的环境。电视机花了很多年才达到成熟阶段，部分原因是由于它的引入时间是在第二次世界大战中，当时必需的技术资产被转移到了战争中。电脑游戏一般来说会很快地达到成熟阶段——几个月的时间。流行产品，如酸味糖球，可能在数周之内就会完成其产品生命周期。

图表 18-6　　**产品生命周期对成本管理的影响**

	引入	成长	成熟	衰退
产品	基本设计、类型很少	改进、扩展产品线	产品线激增、差异性扩大	最小限度的变化、产品线减少
学习效应	成本高、学习多、回报少	仍然很强、学习开始降低成本	生产稳定、很少甚至没有学习	没有学习、劳动效率达到最高
设备安装	很少、但是很新而且不熟练	由于新类型的引入而逐渐增加	由于产品差别化的发生而变得很多	由于只生产卖得最好的产品线而逐渐减少
采购	由于寻找新材料和供应商而可能会很高	找到了可靠的供应商并且材料变化很少因而逐渐降低	由于产品线的改变而可能很高	由于清理现有存货而使供应商和供货量越来越少
营销费用	向少量目标市场销售和分销的成本低	广告和分销费用增加	支持性广告、交易折扣增加、分销成本高	广告、分销和推销成本达到最低

产品生命周期的知识对成本管理而言非常重要。我们很容易看出四个阶段对营销活动以及销售的增长与下降的影响，而对成本的影响则不太明显。制造活动中，必须意识到对成本的最新的影响。任何一种新产品引入的时候，都存在着学习效应。换句话说，随着公司制造的某产品越来越多，员工就越来越熟练。在所需原材料的采购活动中，找到了供应商并对其越来越熟悉。在制造活动中，为生产新批次而安装设备的效率越来越高。工程师们能够“排除生产过程中的麻烦”。整个生产过程越来越顺利，速度越来越快，效率越来越高——同时，成本越来越低。但那并不是全部的情况。正如我们在图表 18-6 中看到的，在成熟阶段，随着产品分支越来越多，产品的差异越来越大。

现实案例

Mattel 公司的芭比娃娃（Barbie）已有超过 50 年的历史——但是我们并不是在讨论最初的芭比了。芭比已经改变了。她的胳膊和腿可以弯曲，她的头发有各种长度和颜色。她有着令人眼花缭乱的衣服和装饰品。每个版本都要求不同的材料和设备安装。而且，芭比还有很多的朋友——每个都有着不同的生产要求。在 2008 年，芭比、她的朋友、许多交通工具、房子等等为 Mattel 公司带来了 12 亿美元的收入。由于每 10 年都会出现一大批新的小女孩，因此芭比和她的朋友进入成熟阶段也许还需时日[①]。

产品生命周期对作业成本法（ABC）来说很有意义。回顾一下，在 ABC 中，将作业成本分类分别是产量层次、批次层次、产品层次与设施层次。在引入阶段，产量层次成本最高，因为新的原材料的采购是小批量的。此外，由于员工刚刚学习

① Karen Sprey, “Happy Birthday, Barbie,” *Business Week* (March 17, 2009), http://www.businessweek.con/lifestyle/content/mar2009/bw20090317_261333.htm. Accessed October 20, 2011.

如何制造新的产品，因此单位产品的直接人工成本也更高。在成长阶段，由于学习效应开始显现，而且可能取得材料采购的数量折扣，因此产量层次的成本开始下降。类似地，成熟阶段的产量层次成本趋于稳定。在衰退阶段，由于产量减少，因而不再享有数量折扣，但是由于对现有存货进行清理并且避免提价，因此单位成本可能仍然很低。

批次层次成本的变化与产量层次很相似。由于不熟悉业务，引入阶段的采购、接收（订单）、设备安装与检测的成本都很高。在成长阶段，由于发生了正的学习效应，批次层次成本应该降低。比如，工人们能更熟练地进行设备安装。在成熟阶段，随着产品的差异化，批次层次成本可能上升。设备安装的次数与复杂程度增加，采购订单成本增加，并且检测成本也可能增加。最后，到了衰退阶段，缩减产品线，只保留销售情况最好的产品线，并且批次的数量与复杂程度都在降低，导致批次层次成本下降。

产品层次成本在引入阶段最高，在生命周期的余下阶段逐渐降低——在成熟阶段，由于新型产品的出现，可能出现反弹。比如，改变设计的命令在产品刚刚投入生产的时候发生得最频繁。设施层次成本可能受影响，也可能不受影响，除非产品生产需要新的设施或设备，否则设施层次成本在引入阶段最高。图表 18-7 描述了在产品生命周期中，ABC 下的各类成本的一般趋势。

图表 18-7　**产品生命周期中的 ABC 成本类别**

	产品生命周期阶段			
ABC 成本类别	**引入**	**成长**	**成熟**	**衰退**
产量层次成本	高	较低	由较低到趋于稳定	低
批次层次成本	高	较低	较高	低
产品层次成本	高	较低	由较低到趋于稳定	低
设施层次成本	高	低	低	低

18.7　利润指标的局限性

利润指标很重要，因此会计人员对利润水平进行计量可对企业大有帮助。但是，对于企业来说，除了货币化的利润指标之外，还有其他很多东西。在这一部分，我们来看一看利润指标的局限性。

盈利能力分析的一个局限在于，它关注的是过去的业绩，而不是未来的业绩。经济环境是不可预测的，因此过去一贯的——归因于有力的管理、高效的雇员以及高质量的产品的盈利能力——并不能在经济条件变化时仍然保证获得成功。在那种情况下，战略的转变可能是至关重要的。比如，从根据所发生的费用而支付转变为根据诊断号而支付，就在很大程度上改变了医疗保健行业的命运。以前，保险公司和联邦政府将医疗保健所发生的全部成本支付给医生和医院。当然，削减成本也就不重要了。（但）现在，强调效益和成本控制对医疗保健领域的所有成员都有着显著的影响。

现实案例

比如，强生公司（Johnson & Johnson, J&J）努力改变在血管修复手术中所使用的支架的补偿率。J&J 的支架比市场上的其他支架在技术上更先进，成本也更高。但是，根据医疗保险制度规定，不管使用哪种支架，支付给医院的金额都相等。J&J 通过 200 000 例病人的例子表明，使用强生支架能够避免第二次甚至第三次的血管修复。支架的补偿率提高了。[①]

这个例子说明，公司必须保持灵活性并注意改变企业的条件。

精明的成本经理对公司外部的经济和环境趋势很清楚。这些外部环境能够决定管理计划的成功与否。它们还有助于在确定利润好坏与否时为管理部门提供参考。在萧条期，利润的小幅增长都表明业绩显著。而在经济繁荣期同样的增长幅度则会引起对管理部门能力的怀疑。

（利润指标的）另一个局限是：利润强调定量指标。亨利·福特曾说，买方和卖方都必须因为交易而变得更加富有。但是财富是否必须始终用金钱来衡量呢？利润的某些方面无疑是可量化的。新开办的公司也因为度过了一年的门槛而激动。由于能够成功地开办并持续地经营一个企业而产生的信心是它们的财富的一部分。很多公司将它们的部分利润回馈给社会，这也是一种形式的财富。

最后，我们必须记住，利润对人们的行为有着强大的影响。可以想象，人们都愿意获利而不愿亏损。他们的工作、晋升和奖金可能都取决于每年的利润，这种依赖性可能会有意无意地影响着他们的行为。作为会计人员，意识到利润指标能不同程度地激励个人更努力地工作并且遵守道德规范，这一点很重要。

道德问题

人们避免损失的愿望以及他们短视的倾向可能会导致非道德行为的发生。非道德行为可以采取各种形式，但基本上都可以归结为撒谎。公司也许用劣质的产品或材料冒充高质量的产品——从而卖更高的价钱。公司也许设有两套账——以进行所得税和存货税的欺骗。它们也许为了低估产品销售成本而夸大存货价值，从而高估净利润。

认为利润数据比其他一切都重要的那些公司，如果其雇员采取相应的措施并在其权利范围内增多这些数据，那么应该不足为怪。过分关注利润数据不仅会导致非道德行为，而且还会鼓励人们忽略那些不受重视但对公司非常有利的因素。一般来说，工人们会希望公司能"随时随地满足他们的要求"。如果加薪、晋升和奖金都只以利润为基础，那么雇员将为了增加利润而工作。即使公司说其他因素也很重要（比如，良好的公司信誉、创新能力和高质量的产品），也只会被看成是口头上的大道理。

长期以来对月份、季度和年度损益表的重视可能导致公司强调短期效果。过分强调短期的最优结果，可能会引起道德问题。一种解决办法就是关注长期效益。有着长远定位的公司知道它们不能欺骗顾客，并希望能长期保持其业务。劣质的材料和技术终将被顾客发现。从而顾客将转向别的企业，而重新赢得曾经失去的信任，将会是一

① Ron Winslow, "Johnson & Johnson Misses Beat with Device for Cardiac Surgery," *The Wall Street Journal* (September 18, 1998): A1.

个极度痛苦的缓慢的历程。因此，遵守道德的人们和公司通常强调以长期效益作为最佳的行为基准。

练习题

复习题

18.1 定价

Melcher 公司生产并销售小型家用电器。几年前，它设计并开发了一种新的叫做 Mixalot 的手提式搅拌机。这种搅拌机可以用来制作奶昔和面糊。接上一个切磨用的附件，就可以制成蔬菜汁或水果汁。这种搅拌机和公司生产的标准的座式搅拌机很不一样。因此，花了 250 000 美元进行设计和开发。另外还花了 50 000 美元用于顾客中心小组，在这些小组中对样机进行了试验。在试验过程中出现了安全问题。例如，一个试验者划破了手。因此有必要在刀片周围增加一个塑料的防护装置。这使得搅拌机的直接成本增加了 1.50 美元，最初估计的单位直接成本为 3.50 美元。前 5 年的相关经营信息如下所示：

	第 1 年	第 2 年	第 3 年	第 4 年	第 5 年
销售量	25 000	150 000	400 000	400 000	135 000
价格	\$ 15	\$ 20	\$ 20	\$ 18	\$ 15
直接成本	\$ 125 000	\$ 600 000	\$ 1 640 000	\$ 1 640 000	\$ 526 500
设备安装费用	5 000	9 600	80 000	80 000	12 000
购置特殊设备	65 000	—	—	—	—
赶工	—	15 000	40 000	35 000	—
返工	12 500	45 000	60 000	60 000	6 750
其他制造费用	50 000	300 000	800 000	800 000	270 000
维修	6 250	7 500	10 000	10 000	3 375
佣金（5%）	18 750	150 000	400 000	360 000	101 250
广告	250 000	150 000	100 000	100 000	25 000

第 1 年的直接成本包括安全防护罩。购置的特殊设备是用于制造和安装防护罩的。其使用寿命为 5 年，无残值。

要求：

（1）5 年中，该种搅拌机每年的单位销售成本是多少？

（2）5 年中，每年与该种搅拌机相关的营销费用是多少？请计算单位产品的金额。

（3）请计算该种搅拌机每年的经营利润。然后，比较整个寿命周期中的成本和收入。该种搅拌机是否盈利？

（4）讨论 Melcher 公司最初以及整个生命周期内对该种搅拌机的定价策略。

解答：

（1）

	第1年	第2年	第3年	第4年	第5年
直接成本	$ 125 000	$ 600 000	$ 1 640 000	$ 1 640 000	$ 526 500
设备安装费用	5 000	9 600	80 000	80 000	12 000
特殊设备折旧	13 000	13 000	13 000	13 000	13 000
赶工	—	15 000	40 000	35 000	—
返工	12 500	45 000	60 000	60 000	6 750
其他制造费用	50 000	300 000	800 000	800 000	270 000
总销售成本	$ 205 500	$ 982 600	$ 2 633 000	$ 2 628 000	$ 828 250
除以销量	÷25 000	÷150 000	÷400 000	÷400 000	÷135 000
单位销售成本	$ 8.22	$ 6.55	$ 6.58	$ 6.57	$ 6.14

（2）

	第1年	第2年	第3年	第4年	第5年
维修	$ 6 250	$ 7 500	$ 10 000	$ 10 000	$ 3 375
佣金	18 750	150 000	400 000	360 000	101 250
广告	250 000	150 000	100 000	100 000	25 000
总的营销费用	$ 275 000	$ 307 500	$ 510 000	$ 470 000	$ 129 625
除以销量	÷25 000	÷150 000	÷400 000	÷400 000	÷135 000
单位营销费用	$ 11.00	$ 2.05	$ 1.28	$ 1.18	$ 0.96

（3）

	第1年	第2年	第3年	第4年	第5年
销售收入	$ 375 000	$ 3 000 000	$ 8 000 000	$ 7 200 000	$ 2 025 000
减：销售成本	205 500	982 600	2 633 000	2 628 000	828 250
毛利	$ 169 500	$ 2 017 400	$ 5 367 000	$ 4 572 000	$ 1 196 750
减：营销费用	275 000	307 500	510 000	470 000	129 625
经营利润（亏损）	$（105 500）	$ 1 709 900	$ 4 857 000	$ 4 102 000	$ 1 067 125

5 年经营利润	$ 11 630 525
减：设计和开发费用	300 000
弥补所有成本后的剩余收入	$ 11 330 525

在这 5 年期间，该种搅拌机在扣除了设计和开发费用后仍然是盈利的。这一费用在对外的利润表中是不要求列示的。

（4）Mixalot 的最初价格设定为 15 美元。这个价格是 5 年期间内最低的要价。看来，Melcher 公司对 Mixalot 采取的是一种渗透定价策略。如果从根本上说，Mixalot 不是一种全新的产品，也就是说，市场上有其他一些器具可以替代它。有可以制造混合奶昔的搅拌器，有可以切蔬菜的菜刀和菜板，有可以混合和切割食品的处理器。Melcher 公司要建立起市场需求，就必须使 Mixalot 进入厨房。请注意，第 1 年的大额的营销支出也是为了引起市场关注。这也有助于使得随后的价格提升。最后，到了第 5 年，这种搅拌器已进入了产品生命周期的衰退阶段。其他公司可能已经开始使用更具竞争性的产品，对这种搅拌机的需求量已开始下降。

18.2 吸收成本法和变动成本法

Acme Novelty 公司生产钱包和钥匙链。去年的一些数据列示如下：

	钱包	钥匙链
产量	100 000	200 000
销量	90 000	210 000
销售价格	$ 5.50	$ 4.50
直接人工小时	50 000	80 000
生产成本：		
直接材料	$ 75 000	$ 100 000
直接人工	250 000	400 000
变动性制造费用	20 000	24 000
固定性制造费用：	50 000	80 000
非生产成本：		
变动性销售费用	30 000	60 000
直接固定性销售费用	35 000	40 000
一般固定销售费用*	25 000	25 000

*一般固定销售费用总额为 50 000 美元，在两种产品中平均分配。

这一年预算的固定性制造费用为 130 000 美元，等于实际发生的固定性制造费用。固定性制造费用利用一个以预计的直接人工小时为基础的全厂分配率分摊给各种产品，预期的直接人工小时为 130 000。这一年钥匙链的期初存货为 10 000 单位。这些钥匙链的单位成本与这一年所生产的钥匙链的单位成本相同。

要求：

（1）请分别运用变动成本法和吸收成本法计算钱包和钥匙链的单位成本。

（2）请利用吸收成本法编制利润表。

（3）请利用变动成本法编制利润表。

（4）请解释造成吸收成本法和变动成本法之间经营利润差异的原因。

（5）请以产品为分部编制分部利润表。

解答：

（1）钱包的单位成本计算如下：

直接材料（75 000÷100 000）	$ 0.75
直接人工（250 000÷100 000）	2.50
变动性制造费用（20 000÷100 000）	0.20
单位变动成本	$ 3.45
固定性制造费用［（50 000×1.00）÷100 000］	0.50
单位吸收成本	$ 3.95

钥匙链的单位成本计算如下：

直接材料（100 000÷200 000）	$ 0.50
直接人工（400 000÷200 000）	2.00
变动性制造费用（24 000÷200 000）	0.12
单位变动成本	$ 2.62
固定性制造费用［（80 000×1.00）÷200 000］	0.40
单位吸收成本	$ 3.02

两种成本唯一的差别在于固定性制造费用的分摊。固定性制造费用利用预定的固定性制造费用分配率（$ 130 000/130 000 小时=1/小时）进行分摊。例如，钱包利用了50 000 直接人工小时，因此分摊到的固定性制造费用为 $ 1×50 000，也就是50 000美元。这个数额除以产量得到单位固定性制造费用为 0.50 美元。最后应注意，在变动成本法下，单位成本没有包括变动非生产费用。这两种方法下的单位成本都只考虑了生产费用。

（2）吸收成本法下的利润表如下所示：

销售收入［（$ 5.50×90 000）+（$ 4.50×210 000）］	$ 1 440 000
减：销售成本［（$ 3.95×90 000）+（$ 3.02×210 000）］	989 700
毛利	$ 450 300
减：销售费用*	215 000
经营利润	$ 235 300

*两种产品的销售费用总额。

（3）变动成本法下的利润表如下所示：

销售收入［（$ 5.50×90 000）+（$ 4.50×210 000）］	$ 1 440 000	
减变动成本：		
变动性制造费用［（$ 3.45×90 000）+（$ 2.62×210 000）］		（860 700）
变动性销售费用		（90 000）
边际贡献	$ 489 300	
减固定成本：		
固定性制造费用		（130 000）

固定性销售费用	(125 000)
经营利润	$ 234 300

(4) 变动成本法下的利润比吸收成本法下的利润低 1 000 美元（ $ 235 300 - $ 234 300）。这一差异是由于吸收成本法下存货中的固定性制造费用的净变化引起的。

钱包：	
产量	100 000
销量	90 000
存货增加	10 000
单位固定性制造费用	× $ 0.50
固定性制造费用增加	$ 5 000
钥匙链：	
产量	200 000
销量	210 000
存货小时	(10 000)
单位固定性制造费用	× $ 0.40
固定性制造费用减少	$ (4 000)

因此，存货中净增加的固定性制造费用为 1 000 美元（ $ 5 000 - $ 4 000）。在吸收成本法下，有 1 000 美元的当期固定性制造费用流入了存货。由于变动成本法将所有当期的制造费用都确认为费用，因此，变动成本法下的利润应当比吸收成本法下的利润低 1 000 美元。

(5) 分部利润表：

	钱包	钥匙链	合计
销售收入	$ 495 000	$ 945 000	$ 1 440 000
减变动成本：			
变动性生产成本	(310 500)	(550 200)	(860 700)
变动性销售费用	(30 000)	(60 000)	(90 000)
边际贡献	$ 154 500	$ 334 800	$ 489 300
减直接固定费用：			
直接固定性制造费用	(50 000)	(80 000)	(130 000)
直接销售费用	(35 000)	(40 000)	(75 000)
产品边际	$ 69 500	$ 214 800	$ 284 300
减一般固定费用：			
一般销售费用			(50 000)
经营利润			$ 234 300

问题讨论

18.1　请定义弹性需求和非弹性需求。请给出弹性需求和非弹性需求产品的例子(列举原文中没有的例子)。

18.2　完全竞争市场的特征是什么？请给出两个完全竞争市场的例子。这种市场中的公司如何可以转移到竞争更小的市场中？

18.3　您如何计算销售成本的加成？这一加成是纯利润吗？请解释。

18.4　目标成本法与传统成本法的区别是什么？目标成本法与价格的关系如何？

18.5　渗透定价和撇脂定价的区别在哪里？

18.6　为什么一般来说位于市内的加油站比位于城市之间的高速公路岔口上的加油站的要价稍低？

18.7　什么是价格歧视？它合法吗？

18.8　公司为什么要评估利润？为什么受管制的公司很在乎利润水平？

18.9　一个分部指的是什么？为什么公司需要评估分部的利润？

18.10　假设 Alpha 公司有四条生产线，其中三条是盈利的，另外一条（我们将其称为亏损线）通常会发生亏损。请给出几种 Alpha 公司不削减亏损产品线的原因。

18.11　吸收成本法和变动成本法之间的区别是什么？什么情况下吸收成本法下的经营利润高于变动成本法下的经营利润？

18.12　用净利润来评价盈利能力指标的优点和缺点各有哪些？

18.13　为什么有些公司要评价顾客盈利能力？在什么情况下公司将不想评价顾客盈利能力？

18.14　为了理解实际利润和计划利润的差额，管理人员运用了一些什么差异指标？

18.15　请描述产品生命周期。在产品生命周期的各个阶段，产量层次成本有何变化？批次层次成本呢？产品层次成本呢？设施层次成本呢？

习题

18.1　成本加成、工作定价

Ventana Window 和 Wall Treatments 公司提供帷帐、遮光屏和各种窗台制品。Ventana 与顾客一起工作，来制造合适的窗台制品、下订单、安装完工品。直接材料和直接人工成本很容易追溯到作业。Ventana 上一年度的利润表如下所示：

收益		$ 226 700
产品销售成本：		
直接材料	$ 114 000	
直接人工	38 000	
制造费用	26 000	178 000
毛利		$ 48 700
销售和管理费用		32 000
净利润		$ 16 700

Ventana 希望在产品销售成本上加上适当的加成来使公司赚取和上一年度每项产品相同的利润。

要求：

（1）产品销售成本的加成是多少才能保持与上一年度相同的利润？（保留两位有效数字）

（2）一位顾客为重建工作订购了帷帐和遮光屏。这项工作将会耗费以下成本：

直接材料	$ 1 230
直接人工	250
预分的制造费用	175
总成本	$ 1 655

根据要求 1 中计算的加成率，Ventana 给这项工作的报价应是多少？

（3）假使 Ventana 希望计算直接材料成本的加成，因为它在总成本中占了大部分比率。直接材料成本基础上的加成是多少才能保持与上一年度同样的利润？（保留两位有效数字）如果加成率是根据直接材料成本计算出来的，那么 Ventana 在要求 2 中的工作的报价会是多少？

18.2 不同顾客类的成本差异

Kaune 食品制造公司生产罐装混合坚果，平均生产成本为 52 美元/箱（每箱有 24 瓶坚果）。Kaune 在上一年度销售了 150 000 箱产品给以下三个类别的顾客：

顾客类别	每箱的价格	销售的数量（箱）
超市	$ 58	80 000
杂货店	93	40 000
便利店	88	30 000

超市需要在每罐上贴上特殊的标签，每罐标签的成本为 0.04 美元。它们是通过电子数据交换（EDI）来下订单的，运行费用和折旧费用为 61 000 美元。Kaune 将坚果运送到店铺，并将它们放置于货架上，这个摊销费用为 45 000 美元/年。

杂货店通过多批次的小订单来订购产品。这些订单需要经过特殊的挑选和打包，这个特殊的处理方式使每箱销售的产品的成本增加 25 美元。销售 Kaune 产品给杂货商的独立批发商的销售佣金为销售额的 8%。坏账金额占销售金额的 9%。

便利店的订单也需要特殊的处理方式，每项产品需要耗费 30 美元。另外，Kaune 每年需要付给便利店 15 000 美元作为广告费用。Kaune 的运输卡车需要频繁地将货物运输至每个便利店，这将耗费 30 000 美元/年。

要求：

（1）请分别计算这三个顾客层级的每箱产品总成本。

（2）请使用要求 1 中计算的成本，分别计算每个顾客层级的每箱产品的利润。这个成本分析是否支持对不同的顾客层级收取不同的价格？为什么？

（3）假使 Kaune 按每箱产品的平均价格来向顾客统一定价，这将如何影响利润率？

18.3 吸收成本法，期末存货价值，经营利润

Pattison 产品公司，在十月份开始生产，并在这个月内生产了 40 000 单位产品，

每单位产品的成本如下所示：

直接材料	$ 5.00
直接人工	3.00
变动性制造费用	1.50
固定性制造费用*	7.00
变动性销售费用	1.20

* 每单位固定性制造费用 = $ 280 000÷40 000 单位产品 = $ 7。

工厂总的固定性制造费用为 280 000 美元/月。在十月份，公司以 24 美元的单价销售了 38 400 单位产品，固定性销售与管理费用为 130 500 美元。

要求：

（1）请使用吸收成本法计算每单位产品的成本。

（2）有多少单位产品留在期末存货中？请使用吸收成本法计算期末存货的成本。

（3）请为 Pattison 产品公司编制十月份的吸收成本法利润表。

（4）假使 11 月份的生产量为 40 000 单位，成本不变，销售量为 41 000 单位，期末存货的成本为多少？11 月份的经营利润是多少？

18.4 边际贡献差异

Iliff 公司生产和销售两种型号的台式烤炉——烤箱和对流烤箱。这两种型号产品的预计和实际数据如下所示：

预算：

	烤箱	对流烤箱	合计
销售额：			
（$ 90×25 000）	$ 2 250 000		
（$ 150×15 000）		$ 2 250 000	$ 4 500 000
变动费用	500 000	750 000	1 250 000
边际贡献	$ 1 750 000	$ 1 500 000	$ 3 250 000

实际：

	烤箱	对流烤箱	合计
销售额：			
（$ 88×25 000）	$ 2 270 400		
（$ 160×14 000）		$ 2 240 000	$ 4 510 400
可变费用	541 800	742 000	1 283 800
边际贡献	$ 1 728 600	$ 1 498 000	$ 3 226 600

要求：

（1）请计算边际贡献差异。

（2）假使对流烤箱的实际销售量增加，这将对边际贡献差异有什么影响？假使对流烤箱的实际销售量降低，这将对边际贡献差异有什么影响？

18.5 需求弹性和市场结构

Janet Gordon 和 Phil Hopkins 几年前毕业并获得会计的硕士学位，他们开设了一家提供全方位服务的会计师事务所。Janet 和 Phil 有许多小顾客。在编制年度财务报告时，他们主要到了一些定价趋势。以下是 5 个披萨餐厅的数据，他们是 Janet 和 Phil 的顾客。

	销售的数量	平均价格
Mamma Mia's	18 000	$ 10.00
Happy Time Pizza	21 000	7.90
Keg and Pie Pizza	22 000	8.00
Fast Freddy's Pizza	30 000	7.00
Pizza-Pizza	24 000	7.50

要求：

（1）披萨的需求量是相对更有弹性还是没有弹性？

（2）披萨产业的市场结构性质是什么？您对 Mamma Mia's 能比 Fast Freddy's Pizza 定价高这么多是怎么想的？

18.6 需求基础，生命周期定价

Foster Hancock 是一个会计师，他刚准备在他的家乡开一家会计师事务所。他听说镇内现有的会计师收费是 65 美元/小时。这对 Foster 来说听起来不错。实际上，他相信他能够收取 75 美元/小时，因为他有很高的平时成绩，并且他也更新了现有会计准则的知识。

要求：

Foster 是否应该收取 75 美元/小时？您对他有什么建议？

18.7 道德问题、吸收成本法、业绩指标

部门主管兼管理会计师 Bill Fremont 因为部门经理 Steve Preston 给他的一份备忘录而感到不安。Bill 被安排在一星期后去向总部报告本部门的财务业绩。在备忘录中，Steve 给了 Bill 一些关于这次报告的指示。他被特别告知，要强调部门利润在去年基础上显著增长。但是，Bill 认为部门的业绩并没有任何实质上的改进，并且不愿意说假话，他知道利润的增加是由于 Steve 有意地增加了存货的生产。

在早些时候的一次会议中，Steve 说服了生产部门生产超过他们所能销售出去的产品。他指出，通过递延当期的一些固定成本，可以使报告的利润增加。而这有两大好处：第一，通过增加利润，部门的盈利水平就能够超过使所有的管理人员获得年金的最低水平。第二，由于达到了预算的利润水平，部门将更容易争取所需要的资金。虽然 Bill 对这种做法表示反对，但是被驳回了。最有说服力的理由是，所增加的存货将在下一年随着经济的好转而卖掉。但是，Bill 不这样认为。依据过去的经验，他知道，市场需求的增加要达到部门的生产能力，至少需要两年的时间。

要求：

（1）请讨论部门经理 Steve Preston 的行为。生产存货这一决策是否道德？

（2）Bill Fremont 应该怎么做？他应不应该遵循指示强调利润的增长？如果不这样做，那他有什么样的选择？

（3）第 1 章列举了管理会计的道德标准。请指出适用于这种情形的标准。

第 19 章　资本投资

学习本章之后，您可以：

① 区分独立的资本投资决策和多项互斥的资本投资决策。

② 说明投资项目的投资回收期和会计收益率在资本投资决策过程中所起的作用。

③ 为独立的资本投资项目计算净现值（NPV）。

④ 为独立的资本投资项目计算内含报酬率（IRR）。

⑤ 解释为什么在进行多项互斥的资本投资决策时 NPV 法要优于内含报酬率法。

⑥ 将毛现金流量转化为税后现金流量。

⑦ 描述对先进技术和环境保护措施的资本投资。

组织经常有机会（或需要）投资于一些长期的资产或长期的项目。新的生产系统、新的工厂、新的设备，甚至新产品的开发都属于此类的资产和项目的范畴。通常备选方案不止一个。比如，联邦快递（FedEx）曾经做出过一项资本投资决定：购买飞机、分类设备和分发设备等。对于设在孟菲斯的联邦快递来说，这意味着一笔巨额的资金的支出（资本性支出）。对于这一类的资本投资要做出正确的决策需要估计投资项目的现金流量。如何根据现金流量来评价投资项目或投资项目的优劣是本章阐述的重点。我们将学习在进行资本投资决策时可能用到的四种财务模型：投资回收期、会计收益率、净现值和内含报酬率。

19.1　资本投资决策

资本投资决策(capital investment decisions) 包括这样一些过程：进行计划、确定目标和优先考虑事项、筹措资金，并利用某种标准选择长期资产。因为资本投资决策会使企业承担一定的长期风险，而且同时还可能影响企业未来的发展，所以资本投资决策可以说是管理者所作出的最重要的决策之一。任何一个组织所拥有的资源都是有限的，这些有限的资源应该用来保持或提高组织的长期获利能力。失败的资本投资决策可能是代价高昂的。通常，（资本投资决策的）期望都是该资本投资能够增强盈利能力——而不是使其削弱。

进行资本投资决策的过程通常被称为资本预算(capital budgeting)。这里将介绍两类资本预算方案。独立的投资项目(independent projects) 指的是这样的投资项目：无论该投资项目采纳与否，都不会影响其他项目的现金流量。比如，市场营销部门和研究开发部门联合提出需要增加一条新的生产线，而建造这条新的生产线可能需要在营运资金和生产设备上投入大量的资金。一条生产线的增加与否不需要经过其他生产线的采纳或拒绝。因此，生产线的投资决策是相互独立的。

第二类资本预算项目需要企业在若干个可以提供相同的基本服务的竞争性投资项目中进行选择。如果采纳了其中的某一方案，就排除了其他方案被采纳的可能性。所以，多项互斥的投资项目(mutually exclusive projects) 指的就是若干这样的投资项目。在这些投资项目中，如果某一项投资项目被采纳，那么就排除掉了所有其他的投资项目。比如，一家公司也许面临着这样的选择，是继续使用现有的手工生产设备还是用自动化的系统来替换它。一旦选择了一个系统，另外一个就会被排除；它们是相互排斥的。

资本投资决策常常与长期资本资产的投资有关。除土地以外，这些长期资产都需要在它们的使用年限内计提折旧，而且，随着这些长期资产的使用，最初用于购买它们的投资会逐渐耗尽。一般来说，一项正确的资本投资，在资产的使用年限内，其最初的资本支出是能够收回的，而且同时还可以带来一个合理的投资回报率。所以，管理者应该以它们各自所能产生的经济回报为基础，决定是否采纳一项独立的资本投资项目，并比较各个竞争性的方案。但是什么是合理的回报呢？人们普遍认为，任何一项新的投资项目所能带来的回报应该至少可以补偿投入资金的机会成本。比如，如果某公司从利息率为6%的资本市场中拿到一部分资金投资于一个新的项目，那么这个新的投资项目的回报率至少应该是6%（就是那个将这笔资金留在资本市场所能获得的回报）。当然，在实际中用于投资的资金的来源是多方面的——不同来源的资金的机会成本可能也不尽相同。所以，如果某公司使用了两种不同来源的资金，其中一笔资金的机会成本是4%，另一笔资金的机会成本是6%，那么公司所必须获得的回报率就应该介于4% ~6%之间，具体数额取决于不同来源的资金所占的相对比重。

在进行资本投资决策时，管理者必须估计出投资项目的每一笔现金流量的数额和发生的时间，评价投资的风险以及考虑投资项目将会对企业利润产生什么样的影响。其中最困难的任务是估计现金流量。需要预测的是未来的现金流量，而预测出的数据不可能是完全准确的，显然，对现金流量预测得越准确，资本投资决策的可靠性就越高。在预测投资项目的现金流量时，管理者必须能够确定和量化与所投资项目有关的收益。尽管对投资项目未来的现金流量的预测是资本投资决策过程中非常关键的一个环节，但是这里并不需要考虑具体的现金流量的预测方法。所以，一般假定现金流量是已知的，而重点是在给定现金流量的情况下如何进行资本投资决策。

管理者必须确定资本投资的目标和投资的优先次序。他们还必须为投资项目的取舍制定一些基本的标准。在本章中，我们将学习四种基本的方法，用以指导管理者是采纳还是拒绝这些潜在的投资项目。这些方法既包括非贴现的决策方法也包括贴现的决策方法（每类决策方法都讨论两种基本的方法）。贴现的投资决策方法既适用于独立的项目决策，也适用于多项互斥的项目决策。

19.2 投资回收期和会计收益率：非贴现方法

资本投资决策的基本模型可以分为两个主要类别：非贴现模型和贴现模型。**非贴现模型**（nondiscounting models）不考虑货币的时间价值，而**贴现模型**（discounting models）则明确地考虑了货币的时间价值。尽管由于非贴现模型没有考虑货币的时间价值而被许多会计理论学家所不齿，但在实际中仍然有许多企业在进行资本投资决策时使用它。然而，近几年来，贴现模型的应用日益广泛起来，而且很少有企业在资本投资决策时只使用一种模型——事实上，这两种模型企业可能都要用到。这一点说明，在管理者进行资本投资决策时，这两种模型都能提供有用的信息。

19.2.1 投资回收期

非贴现模型的类型之一就是投资回收期。**投资回收期**（payback period）是指企业收回初始投资额所需要的时间。如果一个投资项目每年的现金流量是等额的，那么就可以用下面的公式来计算一个项目的投资回收期：

投资回收期=初始投资额÷每年的现金流量

但是，如果投资项目每年产生的现金流量不是等额的，那么要计算投资回收期，就需要将每年的现金流量累加起来，直到初始投资额全部收回为止。基础 19.1 说明了等额的与不等额现金流量的回收期分析。

基础 19.1：如何以及为何计算投资回收期

资料：

假设一家公司正在考虑两种不同的且互斥的项目（A 和 B），它们的寿命期都是 5 年，且初始投资额都是 210 000 美元。每种方案的现金流模式如下：

项目 A：每年现金流均为 70 000 美元

项目 B：120 000 美元，100 000 美元，90 000 美元，50 000 美元，以及 30 000 美元

为什么：

投资回收期是收回一个项目初始投资额所需要的时间。它对评估诸如以下的事项也许是有帮助的：a. 一项投资对流动性的影响；b. 财务风险；c. 过时风险。

要求：

a. 请计算项目 A（等额现金流）的投资回收期。

b. 请计算项目 B（非等额现金流）的投资回收期。基于回收期分析应选择哪个项目？请解释。

c. **如果**第三个互斥的项目，项目 C 是可用的，且有相同的初始投资额，每年有等额的现金流 100 000 美元，**结果会是怎样的？**现在应该选择哪个项目呢？

解答：

a. 等额现金流：

投资回收期=初始投资额÷年均现金流

= $ 210 000÷ $ 70 000

=3.0 年

b. 非等额现金流：

年份	未收回的投资额（年初）	每年的现金流	回收所需时间
1	$ 210 000	$ 120 000	1.0 年
2	90 000	100 000	0.9 年*

*在第 2 年年初，还有 90 000 美元的初始投资额尚未收回。在全年统一的现金流假设下，由于第 2 年预计的净现金流是 100 000 美元，所以只需 0.9 年（ $ 90 000÷ $ 100 000）就能收回剩余的 90 000 美元。

项目 B 的投资回收期更短，因此风险更小，对流动性的影响也更小。

c. 项目 C 的投资回收期是 2.1 年（ $ 210 000÷100 000）。项目 B 还是有更好的回报，但是项目 C 预示了寿命期内更多的现金流以及对流动性有更有利的影响。

（根据投资回收期进行资本投资决策时，）一种常用的方法是为所有的投资项目制定一个最长的投资回收期，所有超过最长投资回收期的项目都应该被拒绝。这样使

用投资回收期可以大致反映投资项目的风险大小，即投资回收期越长，投资项目的风险越大。同样，如果项目的现金流量的风险较大，那么该项目所要求的投资回收期也要比正常的更短。另外，如果公司的资金周转有困难，可能更希望项目的投资能够尽快地收回。设备的陈旧过时也是一个关键性的因素。在有些行业中，设备陈旧过时的风险是非常高的。处于这些行业中的企业可能也希望投入的资金能够尽快收回。使用投资回收期可能还有另外一个对企业不太有利的原因：许多有权进行投资决策的管理者出于对自身利益的考虑可能会选择那些投资回收期较短的项目。如果根据一些短期的指标，如年度净利润，来评价一名管理者的经营业绩，那么他或她很可能会选择一些投资回收期非常短的项目进行投资，以使利润的增长尽快体现出来。这些问题可以通过制定公司预算政策和设立预算审查委员会来解决。

投资回收期可以用来挑选竞争性的备选方案。按照这种方法，投货回收期短的投资项目比投资回收期长的方案更好。然而，这样使用投资回收期缺乏足够的说服力，因为投资回收期这一指标存在着两个明显的缺陷：a. 它没有考虑回收期满以后该项目的回报情况；b. 它没有考虑货币的时间价值。

这两个重大的缺陷很容易说明。假设一家轮胎制造公司正在考虑两种不同的自动化输送带系统——Autocon 和 Maticmuv。每种系统的初始投资额都是 600 000 美元，寿命期都是 5 年，每年的现金流量如下：

投资额	第 1 年	第 2 年	第 3 年	第 4 年	第 5 年
Autocon	$ 360 000	$ 240 000	$ 200 000	$ 200 000	$ 200 000
Maticmuv	160 000	440 000	100 000	100 000	100 000

两个投资项目的投资回收期都是 2 年。所以，如果管理者仅仅根据投资回收期来比较这两种投资项目的话，那么这两种投资项目不相上下。然而，事实上，Autocon 系统要明显优于 Maticmuv 系统。原因有两点：第一，投资回收期满后的几年里 Autocon 系统产生的现金回报要比 Maticmuv 系统产生的现金回报大（600 000 美元比 300 000 美元）；第二，在第 1 年中 Autocon 系统获得了 360 000 美元的回报，而 Maticmuv 系统只获得了 160 000 美元的回报。Autocon 系统比 Maticmuv 系统多获得的 200 000 美元可以用作其他可以带来回报的用途，如投资于另外一个项目。现在获得一美元总比从现在起一年后获得一美元要好，因为现在的一美元可以用来投资并且从现在起一年以后可以带来一部分回报。

总之，投资回收期提供给管理者的信息具有以下作用：

a. 有助于控制与未来的现金流量的不确定性有关的风险。

b. 有助于将投资对公司资金周转所造成的不利影响减少到最低限度。

c. 有助于控制设备陈旧过时的风险。

d. 有助于控制投资对业绩指标的影响。

尽管如此，这种方法还是存在着重大的缺陷：它没有考虑投资项目的整体获利能力和货币的时间价值。虽然投资回收期的计算对于管理者而言非常重要，但是完全根据投资回收期进行资本投资决策可能是十分愚蠢的。

19.2.2 会计收益率

会计收益率(accounting rate of return, ARR) 是另一个为人们所广泛使用的非贴现模型。会计收益率是根据一个投资项目的利润，而不是根据这个投资项目的现金流量，来衡量这个投资项目的回报。会计收益率可以用下面的公式计算得到：

会计收益率=平均利润÷初始投资额

利润并不等于现金流量，因为在计算投资项目的利润时要考虑应收应付事项和递延待摊事项。一个项目的平均利润来自于该项目每年收入的增加，然后把总数按年数划分。计算一个投资项目的平均利润，可以先将投资项目每年的利润累加起来，再除以总年数。每年的利润近似于每年的现金流量扣除每年的折旧费用。投资项目的平均利润约等于投资项目的平均现金流量减去投资项目的平均折旧额。如果在一定时期内的投资项目所获得全部收入都已收到，而项目的折旧是唯一的非现金费用，那么前述的约数就是准确的。

与投资回收期不同的是，会计收益率考虑了投资项目整体的获利能力；与投资回收期相同的是，会计收益率同样也没有考虑货币的时间价值（正如基础 19.2 问题 c 所述）。没有考虑货币的时间价值同样也是这种方法的主要缺陷，因此它也可能会导致管理者选择那些并不能带来最多利润的项目。由于投资回收期和会计收益率没有考虑货币的时间价值，所以它们被称为*非贴现模型*。贴现模型使用的是贴现的现金流量，**贴现的现金流量**(discounted cash flows) 指的是用它们的现值表示的未来的现金流量。要想使用贴现模型首先要弄懂现值的概念。表 19A-1 和表 19A-2，在本章剩余的章节中需要参考和使用这些现值表。

基础 19.2：如何以及为何计算会计收益率

资料：

假设一项投资需要初始投资额 300 000 美元且没有残值。该投资项目的寿命是 5 年，每年的现金流（按先后顺序）是：90 000 美元，90 000 美元，120 000 美元，90 000美元，以及 150 000 美元。

为什么：

一个项目的会计收益率是该项目的平均利润除以初始投资额。因此，会计收益率用于评价一项投资的盈利能力。

要求：

a. 请计算 5 年的年均净利润。

b. 请计算会计收益率。

c. 如果第二个竞争性的项目具有相同的初始投资额和残值，但是现金流（按先后顺序）如下：150 000 美元，120 000 美元，90 000 美元，90 000 美元，90 000 美元，结果会是怎样的？请用会计收益率来度量，应该选择哪个项目：第一个还是第二个？哪个项目才是二者中更好的？

解答：

a. 每年的折旧费用：（$ 300 000-$ 0）÷5=$ 60 000

第 1 年净利润=$ 90 000-$ 60 000=$ 30 000

第 2 年净利润 = \$ 90 000 − \$ 60 000 = \$ 30 000

第 3 年净利润 = \$ 120 000 − \$ 60 000 = \$ 60 000

第 4 年净利润 = \$ 90 000 − \$ 60 000 = \$ 30 000

第 5 年净利润 = \$ 150 000 − \$ 60 000 = \$ 90 000

b. 总的净利润（5 年）= \$ 240 000

平均净利润 = \$ 240 000 ÷ 5 = \$ 48 000

会计收益率 = \$ 48 000 ÷ \$ 300 000 = 0.16

c. 第二个项目有相同的会计收益率；因此，这个度量表明这两个项目没有差别。但是，实际上，尽管所提供的现金总量是相同的，第二个项目还是比第一个更好，因为它比第一个项目更早收回更多的现金。

19.3 净现值法

贴现模型明确地考虑了货币的时间价值，因此，贴现模型既包括贴现的现金流入的概念，也包括现金流出的概念。这里将介绍两种贴现模型：*净现值*（NPV）法和*内含报酬率*（IRR）法。我们首先来讨论净现值法，内含报酬率法将在下一节中讨论。

净现值（net present value，NPV）是与某一投资项目有关的现金流入量的现值和现金流出量的现值之间的差额：

$$
\begin{aligned}
NPV &= [\sum CF_T/(1+i^t) - I] \\
&= [\sum (CF_T)(df_T)] - I] \\
&= P - I
\end{aligned}
\qquad \text{（公式 19.1）}
$$

式中

I——投资项目成本（通常就是投资项目的初始投资额）的现值；

CF_T——第 t 期的现金流入量 t = 1，2，3…，n；

i——必要报酬率；

n—项目投资期；

t——期间；

P—投资项目未来的现金流入量的现值；

df_T——贴现系数，等于 $1/(1+i)^t$

NPV 衡量的是一个投资项目的获利能力。如果 NPV 为正值，那么它就表示价值的增加。对于一个企业而言，数值为正的 NPV 的大小表示的就是企业由于该投资项目而增加的价值的多少。

在使用净现值法以前首先要确定必要报酬率。**必要报酬率**（required rate of return）是指可以接受的最低报酬率，又被称为*贴现率*、*最低预期资本回报率*，其数值应该对应资本成本。**资本成本**（cost of capital）是各种资源成本的加权平均值，其中权重为各资源的相对数量。从理论上来说，资本成本是正确的贴现率，然而在实践中，一些企业往往选择更高的贴现率来对付未来现金流量的不确定性。但是资本成本应该已经在其价值中考虑了不确定性，因此使用更高的贴现率可能会产生不良的偏差。因此，资本成本一般被认定为回报的必要部分。

如果 NPV 为正值，那么就表示：a. 投资项目的初始投资额能够收回；b. 必要报酬率能够达到；c. 除了 a 和 b 以外还可以获得一部分额外的回报。所以，如果 NPV 大于零，就表示该投资项目能够获利，因而可以接受；如果 NPV 等于零，那么决策者就会发现无论是接受还是拒绝该项目，结果都是一样的；最后，如果 NPV 小于零，那么就应该拒绝这个项目。在这种情况下，项目的获利水平要低于必要报酬率。基础 19.3 说明了 NPV 的用法。

基础 19.3：如何以及为何分析 NPV

资料：

Polson 公司正在考虑一款新型手机的生产，相关数据如下：

- 预期年收入：750 000 美元
- 预计产品生命周期：5 年
- 设备：成本 800 000 美元，5 年后残值 100 000 美元
- 预期增加营运资本 100 000 美元（5 年后可收回）
- 每年付现的经营费用大约为 450 000 美元
- 必要报酬率：12%

为什么：

NPV 是未来现金流量的现值减去初始投资之后的差额。所有 NPV 为正（为负）的项目都应该接受（拒绝）。未来现金流量的现值是用必要报酬率（通常是资本成本）来计算的。

要求：

a. 请估计手机项目每年的现金流量。

b. 请用估计的每年现金流量来计算 NPV。

c. **如果**收入被高估了 150 000 美元，**结果会是怎样的？**假设经营费用保持不变，请重做 NPV 分析来更正这个错误。

解答：

a.

年份	项目	现金流
0	设备	\$ (800 000)
	营运资本	(100 000)
	总计	\$ (900 000)
1～4	收入	\$ 750 000
	经营费用	(450 000)
	总计	\$ 300 000
5	收入	\$ 750 000
	经营费用	(450 000)
	残值	100 000
	营运资本收回	100 000
	总计	\$ 500 000

b.

年份	现金流	贴现系数*	现值
0	$ (900 000)	1.000	$ (900 000)
1~4	300 000	3.037	911 100
5	500 000	0.567	283 500
NPV			$ 294 600

*1-4 年来自图表 19BA-2；第 5 年来自图表 19BA-1。

c. 纠正收入高估了 150 000 美元的错误将导致放弃该项目，具体如下所示。

年份	现金流	贴现系数*	现值
0	$ (900 000)	1.000	$ (900 000)
1~4	150 000	3.037	455 550
5	350 000	0.567	198 450
NPV			$ (246 000)

*1-4 年来自图表 19BA-2；第 5 年来自图表 19BA-1。

19.4 内含报酬率法

内含报酬率（internal rate of return，IRR）是指使项目的现金流入量的现值和初始投资额的现值相等的利息率。换言之，内含报酬率就是使项目的 NPV 等于零的利息率。下面的公式可以用来计算项目的内含报酬率：

$$I=\sum CF_t/(1+i)^t \qquad \text{（公式 19.2）}$$

式中

$t=1, \cdots, n$

公式 19.2 的右边是项目未来的现金流量的现值，左边是项目的投资额。在公式 19.2 中 I 、CF_t 和 t 都是已知的，那么，内含报酬率（即公式中的 i）就可以设定 NPV=0 来求解公式 19.2 中的 i。一旦计算出项目的内含报酬率，就应该将其与必要报酬率进行比较。如果内含报酬率大于必要报酬率，那么就认为这个项目是可以接受的；如果内含报酬率等于必要报酬率，那么无论是采纳还是拒绝这个项目，结果都是一样的；如果内含报酬率小于必要报酬率，那么就应该拒绝这个项目。

当每年的现金流量是统一的或者平均的，通过求解 I 来确定内含报酬率是一个简单的过程。由于一系列的现金流量是统一的，只需从表 19A-2 中引用一个贴现系数即可计算出年金现值。我们设定 df 为这个贴现系数，CF 为每年现金流量，则公式 19.2 可写成以下形式：

$I=CF\ (df)$

求解 df，我们得到：

$df=I/CF$

$\quad$=初始投资额÷每年现金流量

一旦计算出了贴现系数，就可以回到表 19A-2，找到项目寿命期所对应的那一行，扫视那一行直到找到所计算出的贴现系数。对应于这个贴现系数的利率就是 IRR。由于表 19A-2 没有列出所有可能的利率，所以有可能一个贴现系数落在两个利率之间。在这种情况下，可以通过插值法近似求出 IRR；但是，出于我们的目的，我们只需根据表值显示大致确定内含报酬率的范围即可。

如果现金流量是不平均的，那么公式 19.2 必须使用商务计算器或者软件包比如 Excel 表格等，通过试误法来求解。使用试误法来求解，首先要选择一个可能的 i 值。在这第一次的猜测下，计算出未来现金流量的现值并与初始投资成本相比较。如果这个现值大于初始投资成本，那么这个利率就太小了；如果现值小于初始投资成本，则利率太大。下一步的猜测就是据此调整利率。基础 19.4 说明了 IRR 的计算和用法。

基础 19.4：如何以及为何计算内含报酬率

资料：

一家资本成本率为 10% 的企业正在考虑两项独立的投资：

a. 一个新的电脑辅助设备系统，成本为 240 000 美元，将在未来三年中于每年年末产生 99 900 美元的现金净流量。

b. 一个存货管理系统，成本为 50 000 美元，并将分别于第一年年末和第二年年末分别节约人工成本 30 000 美元和 36 000 美元。

为什么：

IRR 是使 NPV 等于零时的利率。IRR 由求解公式 19.2 来确定。可接受的投资应该有一个高于资本成本（或预期回报率）的 IRR。

要求：

a. 请计算第一项投资的 IRR 并确定是否接受。

b. 请计算第二项投资的 IRR 并评价其可接受程度。第一次用 18% 来测试。

c. 如果第一项投资的现金流量为 102 000 美元而不是 99 000 美元，**结果会是怎样的？**

解答：

a. df= $ 240 000÷99 000 = 2.402。由于该项目寿命期为三年，我们必须在表 19A-2中找到第三行并浏览这一行直到找到 2.402。对应 2.402 的利率是 12%，这就是内含报酬率。由于内含报酬率大于 0.10，所以这个投资是可以接受的。

b. 要找出内含报酬率，我们必须使用试误法来找出 i，列出如下式子：$ 50 000 = $ 30 000÷（1+i）+ $ 36 000÷（1+i）。首先猜测 i=0.18，表 19A-2 得到的贴现系数是 0.847 和 0.718，因此该两个现金流量的现值如下：

P =（0.847× $ 30 000）+（0.718× $ 36 000）
　= $ 51 258

由于 P> $ 50 000，所以需要一个更高的利率。我们使得 i=20%，可以得到：

P=（0.833× $ 30 000）+（0.694× $ 36 000）
　= $ 49 974

由于这个值较合理地接近 50 000 美元，我们可以说内含报酬率 =20%。由于内含报酬率>0.10，这个投资是可以接受的。

c. df= $ 240 000÷ $ 102 000=2.353。查表19A-2，这个贴现系数现在处于12%和14%之间，意味着内含报酬率>0.10。

在所有的资本投资分析技术中，内含报酬率法应用得最为广泛。它之所以如此受欢迎，其中的一个原因可能是由于它是一种报酬率——管理者们非常熟悉的一个概念。另一个原因可能是管理者们认为IRR就是最初的投资所能获得的真实的或实际的报酬率。但是不管内含报酬率受欢迎的原因是什么，对IRR率有个基本的认识还是很有必要的。

19.5 多项互斥的投资项目

到现在为止，我们讨论的都是独立的投资项目。其实还有很多资本投资决策属于多项互斥的投资项目。如何应用NPV分析法和IRR法从多项竞争性的项目中挑选出最优的项目是一个非常有趣的问题。还有一个更为有趣的问题是，在帮助管理者从众多的互斥项目中挑选出使公司价值最大化的项目时，NPV法和IRR法所起的作用是否不同。在现实中，一般来说，在从多项互斥的方案中进行选择时，NPV法要优于IRR法。

19.5.1 比较NPV法和IRR法

对于独立的资本投资项目，无论采用NPV法还是采用IRR法，结果都是一样的。如果投资项目的NPV大于零，那么这个投资项目的IRR也一定大于必要报酬率；这时，两个模型所得出的结论都是正确的。然而，对于多项竞争性的投资项目而言，这两种方法可能会产生不同的结论。凭直觉我们认为，对于多项互斥的投资项目，应该选择NPV最大或者IRR最高的投资项目。由于采用不同的方法，可能会得出不同的互斥项目的优劣次序，所以那个总是能够找到使公司价值最大化的项目的方法要更好一些。正像我们将要看到的，NPV法就是这样的方法。

NPV法和IRR法的区别主要表现在以下两个方面：第一，NPV法假定所收到的每一笔现金流入都能够按照相当于必要报酬率的利润率再投资，而IRR法假定所收到的每一笔现金流入都能够按照相当于计算出的IRR的利润率再投资。第二，NPV法用绝对值指标来衡量一个项目的获利能力，而IRR法用相对值指标来衡量一个项目的获利能力。因为NPV法使用绝对值指标，所以它会受到投资规模的影响，而IRR法不会。比如一个投资为100 000美元且从现在起的一年内产生一笔121 000美元的现金流的项目，会和一个投资为10 000美元且从现在起的一年内产生一笔12 100美元的现金流的项目一样，具有相同的IRR（21%）。但是，请注意，第一个项目的NPV是10 000美元而第二个项目只有1 000美元。由于绝对值指标与相对值指标所揭示的项目的优先次序经常会有所不同，所以在评价这些项目时，NPV法和IRR法偶尔会得出不同的结论是毫不奇怪的，当这两种方法的结论相互矛盾时，NPV法的结论总是正确的，这一点可以从后面的例子中看出。

假定管理者需要在两个互斥的项目中进行选择。这两个项目的现金流量、现金流量的发生时间、NPV和IRR都在图表19-1中给出。（在计算项目的NPV时假定必要报酬率为8%)。两个项目的寿命期相同，初始投资额也相同。两个投资项目的NPV均为正值，内含报酬率也都大于必要报酬率。但是，投资项目A的NPV更大，而投资项目B的IRR更高。在抉择哪个项目时，NPV法和IRR法给出了不同的答案。

图表19-1　**NPV法和IRR法：相互矛盾的结论**

年份	项目A	项目B
0	\$ (1 000 000)	\$ (1 000 000)
1	——	686 342
2	1 440 000	686 342
IRR	20%	24%
NPV	\$ 234 080	\$ 223 748

最优的项目可以通过调整其中一个项目的现金流量，使得其现金流量可以逐年比较而确定。对该项目现金流量的调整见图表19-2，它将投资项目B的第一年的现金流入量全部调整到了第二年。对投资项目B的现金流量的调整，可以通过假设第一年686 342美元的现金流入按照必要报酬率进行了再投资来实现。在这样的假设条件下，686 342美元的终值等于741 249美元（1.08×\$ 686 342）。741 249美元再加上第二年末收到的686 342美元，预计投资项目B的现金流量为1 427 591美元。

图表19-2　**调整后的项目A和项目B的比较**

年份	调整后的项目A	调整后的项目B
0	\$ (1 000 000)	\$ (1 000 000)
1	—	—
2	1 440 000	1 427 591*

*(1.08×\$ 686 342) +\$ 686 342

正像我们从图表19-2中看到的一样，投资项目A比投资项目B更好一些。投资项目A与投资项目B的初始投资额相等，但是投资项目A第2年的现金流入量要大于投资项目B（二者之差为12 409美元)。由于NPV法从一开始就认为应该选择投资项目A而不是投资项目B，所以它的结论是正确的。

可能有人会反对上面的分析过程，认为投资项目B应该更好一些。因为它可以在第1年末获得686 342美元的现金流入，而收到的这笔现金流入量可以比必要报酬率更高的利润率进行再投资。回答是，如果这样的投资机会真的存在，那么还是应该选择投资项目A，然后按照与资本成本相当的利率借入686 342美元，将这笔资金投资于那个富有吸引力的投资项目。这样，在第2年末，公司应该用投资项目A和另一个投资项目的所得偿还借款和借款利息。比如，假定另一个投资项目的报酬率是20%，调整后的投资项目A和投资项目B的现金流量见图表19-3（假定投资项目A和投资项目B在第1年末都对另一个投资项目进行了投资）。请注意，投资项目A仍然优于投资项目B——两者之差仍是12 409美元。

图表 19-3　**存在其他投资机会时调整后的现金流量**

年份	投资项目 A	调整后的投资项目 B
0	\$ (1 000 000)	\$ (1 000 000)
1	——	——
2	1 522 361[a]	1 509 952[b]

[a] \$ 1 440 000+ [(1.20× \$ 686 342) - (1.08× \$ 686 342)]。最后一项是需要在第二年末偿还的资本和它的成本。

[b] \$ 686 342+ (1.20× \$ 686.342)。

在对多项互斥的项目进行筛选时，NPV 法给出了正确的结论。与此同时，它还能衡量各个竞争性的项目对公司价值的影响程度。选择 NPV 最大的投资项目与使股东财富最大化的目标是一致的。另一方面，采用 IRR 法并不一定能够做出使公司价值最大化的选择。IRR，作为衡量获利能力的相对指标，它的优势在于，能够精确地衡量出留在项目内部的资金所能够获得的利润率。然而，由于从本质上来说，IRR 没有考虑项目对公司的绝对贡献额，所以 IRR 最大的项目并不必然会使公司所有者的财富最大化。在投资分析的最后阶段，起决定作用的是项目所能获得的利润总额——是绝对利润，而不是相对利润。所以，在从竞争性的多项互斥的项目中，或者是从资金有限的情况下的多项竞争性的项目中进行选择时，应该采用 NPV 法，而不是 IRR 法。

如果一个独立项目的 NPV 为正，那么这个投目就可以接受。对于多项互斥的项目而言，应该选择 NPV 最大的投资项目。从多项竞争性的项目中挑选出最优的项目一般要经历以下三个步骤：a. 估计出每个项目的现金流量的情况；b. 根据现金流量计算出每个项目的 NPV；c. 选择 NPV 最大的项目。基础 19.5 将说明如何运用 NPV 法分析多项互斥的项目。

基础 19.5　如何及为何为互斥项目确定 NPV 或 IRR

资料：

Milagro Travel Agency 现在有两种不同的计算机系统可供选择：标准 T2 系统和顾客旅行系统。每年的运行成本、资本支出额和项目的寿命期如下（税后现金流量）：

	标准 T2 系统	顾客旅行系统
年收入	\$ 240 000	\$ 300 000
年运行成本	120 000	160 000
系统投资额	360 000	420 000
项目寿命期	5 年	5 年

假定该公司的资本成本为 12%。

为什么：

因为选择最大的 NPV 与财富最大化的观念相符，所以，在这些竞争项目中推荐使用 NPV 作为评价标准。

要求：

a. 请计算标准 T2 系统的 NPV。

b. 请计算顾客旅行系统的 NPV。应该选择哪个计算机系统？

c. 如果Milagro Travel Agency 的所有者想知道为什么 IRR 不能用于投资分析，应该怎么办？请计算出每个项目的 IRR 并解释为什么它不适用于互斥投资决策。

解答：

a.

标准 T2 系统：NPV 分析

年份	现金流量	贴现系数*	现值
0	$ (360 000)	1.000	$ (360 000)
1～5	120 000	3.605	432 600
NPV			$ 72 600

* 见表 19A-2。

b.

顾客旅行系统：NPV 分析

年份	现金流量	贴现系数*	现值
0	$ (420 000)	1.000	$ (420 000)
1～5	140 000	3.605	504 700
NPV			$ 84 700

* 见表 19B-2。

应该选择顾客旅行系统，因为其 NPV 更大。

c. IRR 分析：

标准 T2 系统：贴现系数 = 原始投资 ÷ 年现金流量

= 360 000 ÷ 120 000

= 3.0*

顾客旅游系统：贴现系数 = 原始投资 ÷ 年现金流量

= 420 000 ÷ 140 000

= 3.0*

* 见表 19A-2；df = 3 意味着 IRR ≈ 20%。

IRR 是衡量盈利的相对指标，当把两个竞争的项目做比较时，它不会揭示项目的绝对获利额，因此不一定能选到使财富最大化的项目。两个计算机系统的 IRR 相等，但是，顾客旅游系统因其比其他系统更能增加公司价值而明显更优。

19.6 税后现金流的计算

在资本投资分析过程中一个重要环节就是确定每个备选项目的现金流量的状况。事实上，对现金流量的计算可能是资本投资决策过程中最关键的环节。不管采用多么复杂和先进的资本投资决策模型，对现金流量的错误预测度都可能导致错误的决策。现金流量的计算大致可以分为两步：a. 预测投资项目未来的收入、费用和资本性支出；b. 根据通货膨胀和税收影响因素调整毛现金流量。在这两个步骤中，更具有挑战性的是第一步。对现金流量的预测需要很高的技巧，它的方法论一般在管理学和统计学中应用。当预测出投资项目的毛现金流量后，应该考虑通货膨胀的影响，对其进行调整。最后，直接依据有关税法，计算出税后的现金流量。就我们现在的研究水平，我们一般假定投资项目的毛现金流量的预测值已经获得，从而关注对已经预测出的现金流量进行调整以提高资本支出分析的准确度及其有用性。

19.6.1 将毛现金流量调整为税后现金流量

假定已经按照所期望的准确程度预测出了根据通货膨胀率调整后的毛现金流量，那么分析者必须将这些毛现金流量调整为税后现金流量。为了分析税收对现金流量的影响，通常可以将现金流量分为三类：a. 取得投资项目的资产所需的初始现金流出；b. 投资项目寿命期内所产生的现金流量（经营现金流量）；c. 投资项目结束时，清理投资项目时所发生的现金流量。根据税收的影响而调整后的现金流出和现金流入叫做净现金流出和净现金流入。净现金流量包括：经营收入、经营费用、资产折旧额以及相关的所得税。它们都是进行资本投资决策时所需要考虑的因素。

（1）第 0 年的税后现金流量

第 0 年的净现金流出量（最初的资本支出）的计算非常简单，就是项目的初始成本和所有与项目直接有关的现金流入量的差。项目的总成本包括土地成本、设备成本（包括运输费和安装费）、由于资产出售获得回报而需要缴纳的所得税，以及营运资金的增加额等。在取得项目的资产时所发生的现金流入包括由于资产出售而抵减的税金、出售资产所获得的现金，以及其他税收回报，如投资抵免的所得税等。

根据现行的税法，所有与资产（除土地以外）的取得有关的成本都必须资本化，在资产的使用年限内逐年摊销（通过计提折旧实现摊销）。在资产的使用年限内，每年在计算应纳税所得额时将资产的折旧额从其收入中扣除。然而，在资产刚刚取得时，没有计提任何折旧费用。所以，在第 0 年资产折旧与现金流量的计算是无关的。在资产取得时，最主要的税收影响不仅与出售原有的资产时确认的利得或是损失有关，还与所有投资应缴所得税的确认有关。

出售原有的资产而获得的利得需要缴纳额外的税金，相应地会减少出售原有资产所获得的现金收入。另一方面，出售原有的资产而遭受的损失属于可以抵减应纳税所得额的非付现费用，可以抵减一部分税金。结果，出售原有的资产时所获得的现金收入就会有所增加，其增加额就是税收的抵减额。

根据税收的影响调整投资项目的现金流入和现金流出，需要具有与现行公司税率有关的知识。目前，绝大多数公司的联邦所得税率是 35%。至于各个州的所得税率，不同的州有不同的规定，为了分析问题方便，我们假定联邦和州的联合所得税率是 40%。

让我们来看一个例子，Lewis Company 目前使用两种制造设备（M1 和 M2）来生产它的某一种产品。市场上已经出现了一种可以取代上面两种设备的弹性制造系统。管理部门希望知道取得弹性系统所需的净投资额。如果购买了新设备，那么旧的设备将被卖掉。

旧设备的清理		
	账面价值	市价
M1	$ 600 000	$ 780 000
M2	1 500 000	1 200 000

弹性系统的取得	
购买成本	$ 7 500 000
运输费用	60 000
安装费用	600 000
营运资金的增加额	540 000
合计	$ 8 700 000

确定这项投资的净投资额时，应该将出售旧机器所获得的净收入，从取得新机床的成本中减去。出售旧机床所获得的净收入可以通过计算与资产销售有关的税金，并相应地调整总的销售收入来确定。

税金可以通过用资产市价减去资产的账面价值来估计出。如果两者之差为正，那么说明公司在资产销售中获取了利得，应该缴纳所得税。应该从资产销售中获得的现金减去应交纳的所得税，另一方面，如果两者之差为负值，那么说明公司在资产销售中遭受了损失——非现金损失。但是这项非现金损失的确影响了现金流量，它可以从收入中扣除，因而可以使一部分收入免征所得税，从而，可以抵减一部分税金。所以，资产出售的损失所产生的现金流入量等于税金的抵减额。

为了说明这一问题，图表 19-4 以 M1 和 M2 的出售为例说明了有关的税收影响：

图表 19-4　**与 M1 和 M2 的出售有关的税收影响**

资产	利得（或损失）
M1[a]	$ 180 000
M2[b]	(300 000)
净利得（损失）	$ (120 000)
所得税率	×0. 40
税金抵减额	$ 48 000

[a] 销售价格减去账面价值为：$ 780 000－$ 600 000。

[b] 销售价格减去账面价值为：$ 1 200 000－$ 1500 000。

通过出售这两台机器，该公司可以获得以下的净现金收入：

M1 的销售价格	$ 780 000
M2 的销售价格	1 200 000
税金抵减额	48 000
净现金收入	$ 2 028 000

根据上面计算出的净现金收入，这个投资项目的净投资额的计算如下：

弹性系统的总成本	$ 8 700 000
减：出售旧设备的净现金收入	2 028 000

净投资额（现金流出）	$ 6 672 000

（2）税后经营现金流量：项目寿命期

除了要确定投资项目的初始资金支出额以外，管理者还必须估计出投资项目在其寿命期内每年的税后经营现金流量。如果项目能够带来收入，那么项目现金流量的主要来源就是生产经营活动。经营现金流入量可以根据投资项目的利润表来估计，每年的税后现金流量就是投资项目的税后利润和它的非付现费用之和，税后现金流量的计算可用下面一个简单的公式表示：

税后现金流量=税后净收入+非付现费用

CF=NI+NC

非付现费用的最典型的例子就是资产折旧费用及其损失。乍一看来，这似乎有些奇怪——用非付现费用来计算税后现金流量。非付现费用不是现金流量，但是由于它能抵减税金，因此的确产生了现金流量。

用来确定经营现金流量的利润法，可以进行分解，可以分别计算利润表中每一个项目对税后的现金流量的影响。分解法通过分别计算利润表中的每一个项目的税后现金流量来计算投资项目的经营现金流量：

CF=[(1-所得税率)×现金收入]-[(1-所得税率)×付现费用]+(所得税率×非付现费用)

第一个分解因式［（1-所得税率）×现金收入］表示来自现金收入的税后现金流入量。第二个分解因式［（1-所得税率）×付现费用］是由付现的经营费用引起的税后现金流出量。因为在计算应税所得时，付现费用可以从公司的经营收入中扣除，所以，其结果是使一部分经营收入免征所得税。应税所得的减少结果是抵减了公司的税金支出和减少了与付费有关的实际的现金流出量。第三个分解因式（所得税率×非付现费用），表示由于非付现费用抵减部分所得税而产生的现金流入量。非付现费用，比如折旧费，也可以使一部分需要纳税的经营收入*免征所得税*（*tax saving*）。基础19.6说明了计算税后现金流量的利润法和分解法的应用。

基础19.6：如何以及为何计算税后现金流量

资料：

某公司计划生产一种新产品，生产新产品需要花费1 600 000美元购买新设备。新产品和新设备的使用年限都是4年。设备以直线法摊销，没有残值。该产品的年度利润表如下。

收入	$ 1 200 000
减：付现的经营费用	(500 000)
折旧费	(400 000)
税前利润	$ 300 000
减：所得税（税率为40%）	120 000
净利润	$ 180 000

为什么：

根据项目利润表计算税后现金流量通常都很方便。给每个项目添加税后现金流量会产生与利润法相同的结果。

要求：

a. 请运用利润法，计算税后现金流量。

b. 请用分解法，计算利润表中每个项目的税后现金流量并表明其总和与利润法的结果是否一致。

c. **如果**人们希望这四年将电子表格格式应用于分解法以促进电子表格软件的应用，**结果会是怎样的？**按照电子表格的格式来应用分解法，需要对每一个收益项目设置一栏，还要设置一个总计栏。

解答：

a. CF＝NI+NC＝$ 180 000+ $ 400 000＝$ 580 000

b.

(1−t) ×收入＝（1−0.40）×$ 1 200 000	$ 720 000
(1−t) ×付现费用＝（1−0.40）×$ （500 000）	(300 000)
t×折旧费用＝0.40×$ 400 000	160 000
营运现金流	$ 580 000

c.

年份	(1−t) R[a]	−(1−t) C[b]	tNC[c]	CF
1	$ 720 000	$ (300 000)	$ 160 000	$ 580 000
2	720 000	(300 000)	160 000	580 000
3	720 000	(300 000)	160 000	580 000
4	720 000	(300 000)	160 000	580 000

[a] R＝收入。

[b] C＝付现成本。

[c] NC＝非付现费用。

19.6.2 MACRS 折旧率

税法规定，除不动产以外，所有的可以计提折旧的经营资产都统称为动产，并被分为六大类。对每一类动产都确定了一个用于计算该类资产折旧额的使用年限。计算资产的折旧额时，即使实际所预计的资产的使用年限与所规定的使用年限不一致，也必须按照规定的使用年限计算。税法规定每类资产的使用年限的目的是确定资产的折旧额，而且税法所规定的资产的使用年限常常要比实际资产的使用年限短。大多数的生产设备、机器和办公设备都属于**七年期资产**(seven-year assets)。货车、汽车、计算机等设备属于**五年期资产**(five-year assets)。大多数的小型工具属于**三年期资产**(three-year assets)。因为绝大多数的动产都可以划入这几类中，所以我们下面的讨论将仅限于这几类资产。

纳税人在计算每年的折旧额时，既可以采用直线法也可以采用**修正的加速成本回收系统**[modified accelerated cost recovery system，(MACRS)]。现行法律将 MACRS 定义为双倍余额递减法。在计算资产的折旧额时，并不需要考虑资产的残值。但是，不论采用哪一种计提折旧的方法，都适用半年**惯例**(half-year convention)。这个惯例假定任何一项新取得的资产，在它投入使用的第一个应税年度只使用了半年，而不管这项资产实际投入使用的具体日期。当这项资产的寿命期结束时，下一年仍然可以计提半年的折旧。如果某项资产在它的寿命期结束之前被处置了，半年惯例允许在处置该资产的当年计提另外半年的折旧。

比如，假定某企业在 2012 年 3 月 1 日购买了一辆汽车。这辆汽车价值 30 000 美元，该企业按直线法计提折旧。汽车属于五年期资产（税法规定）。在五年内汽车每年应计提的折旧额为 6 000 美元（＄30 000÷5）。然而，根据半年惯例，这个企业在 2012 年计算应纳税所得额时，只能抵扣 3 000 美元的折旧，即按直线法计算的每年折旧额的一半（0.5×＄6 000），剩余的另一半的折旧额将在第六年抵扣（或者在汽车被处置的那一年，如果汽车被提前处置的话）。每年可以抵扣的折旧额如下：

年份	可以抵扣的折旧额
2012	＄3 000（半年的折旧额）
2013	6 000
2014	6 000
2015	6 000
2016	6 000
2017	3 000（半年的折旧额）

假定这项资产在 2014 年 4 月被处置了。在这种情况下，2014 年只能抵扣 3 000 美元的折旧（根据税法关于提前处置的规定）。

如果采用双倍余额递减法计提折旧，那么第 1 年计提的折旧额将是直线计提折旧额的两倍。采用双倍余额递减法，每年计提的折旧额将不断减少，直到某一年按双倍余额递减法计提的折旧小于该年按直线法计提的折旧额。当按双倍余额递减法计提的折旧小于该年按直线法计提的折旧额时，应该在剩余几年内改用直线法计提折旧。图表 19-5 分别给出了按双倍余额递减法，三年期资产、五年期资产和七年期资产的每年的折旧率，图表中所给出的折旧率包括了第一年和最后一年的折旧率，因而是 MACRS 折旧率。

图表 19-5　　MACRS 折旧率

年份	三年期资产	五年期资产	七年期资产
1	33.33%	20.00%	14.29%
2	44.45	32.00	24.49
3	14.81	19.20	17.49
4	7.41	11.52	12.49
5		11.52	8.93
6		5.76	8.92
7		—	8.93
8		—	4.46

不论是采用直线法还是采用双倍余额递减法，在资产的使用年限内，计提的总的折旧额是相等的，而且无论采用哪种计提折旧的方法，所抵减的所得税总额也是一样的（假定在资产的使用年限内所得税率保持不变）。然而，因为双倍余额递减法在最初的几年所计提的折旧额相对要多一些，所以在最初的几年其抵减的所得税款也要多些。因为货币具有时间价值，所以所得税抵减得越早越好。因此，相对于直线法，企业应该更倾向于采用 MACRS 法。这个结论将通过下面的例子来说明。

一个企业正在考虑花 60 000 美元购买一台计算机设备。税法要求这台计算机设备在五年内计提折旧，然而税法同时也允许采用任何一种方法计算折旧额。当然，这个企业应该选择双倍余额递减法，因为它能为公司带来更多的收益。

从分解法中我们得知，由于资产折旧使一部分收入免征所得税而产生的现金流入量，可以用计提的折旧额乘以所得税率（t×NC）来计算得到。图表 19-6 给出了每一种折旧法所产生的现金流量和它的现值，假定贴现率为 10%。正如您将看到的，按 MACRS 法计提折旧所抵减的所得税款的现值要大于按直线法计提折旧所抵减的所得税款的现值。

图表 19-6　**举例说明加速折旧法的价值**

直线法

年份	折旧额	所得税率	抵减的所得税	贴现系数	现值
1	$ 6 000	0.40	$ 2 400.00	0.909	$ 2 181.60
2	12 000	0.40	4 800.00	0.826	3 964.80
3	12 000	0.40	4 800.00	0.751	3 604.80
4	12 000	0.40	4 800.00	0.683	3 278.40
5	12 000	0.40	4 800.00	0.621	2 980.80
6	6 000	0.40	2 400.00	0.564	1 353.60
NPV					$ 17 364.00

MACRS 法

年份	折旧额*	所得税率	抵减的所得税	贴现系数	现值
1	$ 12 000	0.40	$ 4 800.00	0.909	$ 4 362.20
2	19 200	0.40	7 680.00	0.826	6 343.68
3	11 520	0.40	4 608.00	0.751	3 460.61
4	6 912	0.40	2 764.80	0.683	1 888.36
5	6 912	0.40	2 764.80	0.621	1 716.94
6	3 456	0.40	1 382.40	0.564	779.67
NPV					$ 18 551.46

* 用图表 19-5 中的五年期资产的折旧率乘以 $ 60 000 计算而来。比如，第一年的折旧额等于 0.20× $ 60 000。

税后现金流量：最终处置

在投资项目的寿命期结束时，有两个主要的现金来源：a. 营运资金的回收；b. 设备的清理、运输和出售（残值影响因素）。所有用于投资项目的营运资金，在这时都将被收回。项目营运资金的收回不需要交纳所得税，所以，如果在投资项目开始时需要投入 180 000 美元作为营运资金，那么在投资项目的寿命期结束时，这 180 000美元将成为一项现金流入。处置与项目有关的资产同样也会产生现金流量。比如，如果一项资产的卖出价格是 120 000 美元，它的拆除费和运输费是 30 000 美元，那么，毛现金流入量就是 90 000 美元（$ 120 000－$ 30 000）。在这项资产交易中还必须要考虑税收的影响。比如，如果这项资产的账面价值是 15 000 美元，那么企业在出售这项资产时必须确认 75 000 美元（$ 90 000－$ 15 000）的利得。如果所得税率为40%，那么资产处置所产生的现金流入量将减少 30 000 美元（$ 75 000×0.40），所以，该项目结束时预计的现金流入量是 60 000 美元（$ 90 000－$ 30 000）。

19.7 资本投资：先进技术和环境保护措施

在今天的制造环境中，对先进技术和污染防治技术（P2）的长期投资是公司保持其竞争优势的重要保证。对先进的制造技术的投资——比如对机器人技术和计算机集成制造技术进行投资，可以提高产品的质量、提高生产系统的灵活性和可靠性，并且还可以缩短提前期。这样，就可以增加顾客的满意度，从而提高市场份额。同样，P2 现在已经开始引起公司管理部门的注意。P2 是指采取一种积极的治理污染的方式，它的着眼点是产生污染的原因而不是造成污染的结果。它常常要求对一些复杂的产品和生产工艺重新进行设计和采用更为先进的技术。如果公司能够从源头上消灭那些污染物质，那么就可以形成公司潜在的竞争优势，因为公司不需要在以后再处理和处置这些污染物质了，这样就可以减少公司的环境成本。而环境成本的减少可能会使投资项目的 NPV 变为正值。

现实案例

沃特飞机工业公司（Vought Aircraft Industries）生产商用和军用零部件。该公司使用高压蒸汽设备来加工合成飞机零件。该设备需要高温，且城市用水也用来定期对设备进行冷却。冷却后的水被随之排放到冷水渠。沃特公司决定投资一个拥有新的冷却塔的新高压蒸汽设备。这个冷却塔可以使水不断循环。新的高压蒸汽设备和新的冷却塔每年节约城市供水成本 68 000 美元。每一个设备现在每年大约节约 14 000 000 加仑的水。另外，这个设施不再将水排放到冷水渠。

尽管在对先进技术和 P2 机会的资本投资决策过程中，贴现现金流量分析法（NPV 法和 IRR 法）仍然占据着统治地位，但是我们还应对投资决策模型中的各个输入变量给予更多的关注。其初始投资额如何确定、经营现金流量如何预测、残值如何确定，以及贴现率如何选择等都与传统的投资分析方法有着本质上的不同。

19.7.1 投资额确定的不同之处

投资于自动化的制造系统要比投资于过去的一般的制造系统复杂得多。对于过去一般的生产设备而言，资产的直接取得成本就是全部的投资额。但是，对于自动化的制造系统来说，直接成本可能只占到全部投资额的50%～60%；软件的成本、工程成本、培训成本以及实施成本在总成本中占有相当大的比例。所以，在估计一个自动化的制造系统的实际成本时，我们要格外小心，因为那些附加成本很容易被忽略掉，而这些附加成本的数额可能相当可观。其原因是由于员工培训需要投入大量的资金。在这些公司完全掌握这些技术以前，它们不可能让这项技术完全发挥出它的能量并充分地提高工作效率。在进行P2投资决策时也要注意类似的问题，因为有关污染防治的投资可能会涉及一些放射性的新技术，而且间接成本数额可能也相当巨大。

19.7.2 对经营现金流量预测的不同之处

对一般设备投资的经营现金流量的预测，一般是根据可以直接确定的有形收益，比如人工成本和动力成本以及废品成本的节约等。类似地，对最终排放管道控制系统的环境投资的经营现金流量的预测，取决于直接环境成本的节约（比如，废弃物的治理成本的减少）。但是，在实际中，有许多环境成本隐藏在其他的成本中。许多环境成本隐藏在间接费用中（比如属于与最终排放管道控制系统有关的设备的部分维修保养成本）。就像传统的资本投资决策分析一样，无形的收益和间接的节约额被忽略掉了。然而，这些无形的和间接的回报，对于这个投资项目是否可行，却具有非常重要的影响。产品质量的提高、生产可靠程度的增加、提前期的缩短、顾客满意程度的提高，以及保持市场份额能力的增强都是先进制造系统所带来的重要的无形收益。辅助生产部门如生产计划部门和仓库的人工成本的降低，就是先进制造系统所带来的间接收益。为了能够更加准确地评估投资项目的潜在的价值，需要投入更多的精力去衡量这些无形的和间接的收益。比如，新的自动化生产设备可以节约大量资金，如可以减少浪费、降低存货水平、提高产品质量以及减少间接人工成本等。直接人工成本的节约额也许不足以证明这个投资项目可行。这些考虑因素还说明了事后审计的重要性。**事后审计**(postaudit) 是在投资项目开始实施后对投资项目的分析。它将投资项目的实际收益和成本与预计的收益和成本进行比较。事后审计揭示了无形收益和间接收益的重要性。在未来的资本投资决策中，这些因素被考虑的可能性大大增加了。

19.7.3 一个例子：对先进技术的投资

下面的例子可以用来说明考虑无形收益和间接收益的重要性。假设某一公司正在考虑投资于弹性制造系统（FMS）。公司现在面临两种选择：一是继续使用现有的传统制造设备，这套设备预计还可以使用10年。另一个选择是改用新的系统，预计使用年限也是10年。该公司的贴现率为12%，与这两个投资项目有关的数据见图表19-7。根据这些数据，我们可以计算出新系统的NPV，如下所示：

现值（$ 4 000 000×5.65*）	$ 22 600 000
减：投资额	18 000 000
NPV	$ 4 600 000

* 贴现率为12%，寿命期为10年时的贴现系数。

从上面的计算结果我们可以看出，该项目的NPV大于零，而且数额很大。这里很清楚地表明，FMS是可以接受的。很明显，这一结果在很大程度上取决于对无形收益和间接收益的确认。如果没有这些收益，这个投资项目的直接节约额就只有2 200 000美元，而此时的NPV为负值：

现值（$ 2 200 000×5.65）	$ 12 430 000
减：投资额	18 000 000
NPV	$（5 570 000）

作业成本计算法兴起后，借助成本动因的分析，可以更为方便地确认间接收益。间接收益一旦被确认，如果数额巨大，就应该被纳入资本投资分析之中。

图表 19-7　　投资项目的数据：直接收益、无形收益与间接收益

投资额（当期的支出）	FMS	现有制造系统
直接成本	$ 10 000 000	$ 0
软件成本和工程成本	8 000 000	—
当期支出额合计	$ 18 000 000	$ 0
税后净现金流	$ 5 000 000	$ 1 000 000
减：现有系统的税后现金流量	1 000 000	n/a
增量收益	$ 4 000 000	n/a
增量收益的说明		
直接收益：		
直接人工	$ 1 500 000	
废品减少	500 000	
生产准备	200 000	$ 2 200 000
无形收益：质量方面的节约		
返工	$ 200 000	
产品质保	400 000	
保持公司的竞争地位	1 000 000	1 600 000
间接收益：		
生产计划部门	$ 110 000	
人工成本	90 000	200 000
合计		$ 4 000 000

仔细观察图表 19-7 之后，您就会发现无形收益的重要性。保持或提高企业的市场竞争地位，是重要的无形收益之一。这里需要提出一个非常关键的问题是，如果没有进行这项投资，那么企业的现金流量的情况将是怎样的？换句话来说，如果该公司决定放弃购置先进技术的设备，那么它是否还能继续与其他公司在产品质量、交货时间以及产品成本方面展开竞争呢？（如果竞争对手选择购买先进技术的设备，那么这一问题就显得尤为重要。）如果公司的竞争地位被削弱，那么公司当期的现金流量势必将会减少。

如果不进行这项投资，现金流量就会减少。那么，减少的现金流量就应该作为对先进技术进行投资所带来的增量收益。在图表 19-7 中，该公司估计由于保持公司的竞争地位而带来的回报为 1 000 000 美元。尽管对这项收益的估计需要公司认真地进行战略规划和战略分析，但是，其意义是十分重大的。如果这项收益被忽略或被忽视掉了，那么所计算出的 NPV 将为负值，这个投资项目也将被拒绝掉。这一计算过程如下：

现值（$ 3 000 000×5.65）	$ 16 950 000
减：投资额	18 000 000
NPV	$ （1 050 000）

19.7.4 残值

在资本投资决策过程中，资产的最终的价值或残值往往会被忽略。忽略残值的一个常见的理由是对资产残值的估计很困难。由于这种不确定性的存在，残值对投资决策的影响往往被人们忽视或大大低估。然而，这样做可能是非常不明智的，因为残值有可能会决定一个投资项目是否可行。在日益激烈的市场竞争环境中，公司承受不起错误决策（所付出的高昂代价）。处理不确定性的问题的一种比较好的方法是进行敏感性分析。**敏感性分析**（sensitivity analysis）是通过改变投资决策所依据的假设，来分析由于假设条件的变化而对现金流量模式产生的影响。敏感性分析常常又被称为**"如果……就"分析**（what… if analysis）。比如，敏感性分析常常会提出这些问题：如果现金收入比预测值少 5%，对投资决策的影响结果会是怎样的？多 5% 呢？尽管用手工进行敏感性分析，计算量会非常大，但是使用计算机和 Lotus 或 Excel 等软件包就可以很快了。事实上，本章已经介绍过的 NPV 和 IRR 的计算，都可以用这些软件包来完成。这些软件包中都具有内置的 NPV 和 IRR 函数，极大地方便了完成计算的要求。

下面举例来说明残值对投资决策的潜在影响，假定图表 19-7 中项目的每年的税后经营现金流量不是 4 000 000 美元，而是 3 100 000 美元。如果不考虑残值，投资项目的 NPV 的计算如下：

现值（$ 3 100 000×5.65）	$ 17 515 000
减：投资额	18 000 000
NPV	$ （485 000）

如果资产残值为零，那么该项目将被否决。但是，如果残值为 2 000 000 美元，那么其 NPV 将为正值，意味着这个项目将被采纳：

现值（$ 3 100 000×5.65）	$ 17 515 000
现值（$ 2 000 000×0.322*）	644 000
减：投资额	(18 000 000)
NPV	$ 159 000

*贴现率为12%、期数为10的贴现系数。

但是，如果残值小于预测值，情况又会怎样呢？如果最坏的结果是残值为1 600 000美元，那么它对该决策会有什么影响？在最坏的情况下，NPV可以重新计算如下：

现值（$ 3 100 000×5.65）	$ 17 515 000
现值（$ 1 600 000×0.322）	515 200
减：投资额	(18 000 000)
NPV	$ 30 200

所以，当最坏的情况出现时，NPV仍然为正值。这里举例说明了如何运用敏感性分析方法，处理与残值不确定性有关的问题。敏感性分析同样可以用于分析其他现金流量变量。

19.7.5 贴现率

如果在选择贴现率时过于保守，则可以证明这样做的危害性更大。从理论上讲，如果未来的现金流量比较确定，那么应该用公司的资本成本作为贴现率。但是，在实际中，未来的现金流量往往是不确定的，为了应对这种现金流量的不确定性，管理者常常会选择一个高于资本成本的贴现率。但是如果选择的贴现率过高，则会导致选择短期性项目的倾向。

下面举例来说明贴现率的选择过高会对投资决策造成什么影响。还以图表19-7中的项目为例。假定正确的贴现率是12%，而这个企业实际选择的贴现率为18%。用18%作为贴现率，NPV的计算过程如下：

现值（$ 4 000 000×4.494*）	$ 17 976 000
减：投资额	18 000 000
NPV	$ (24 000)

*贴现率为18%，寿命期为10年时的贴现系数（见表19A-2）

由于NPV为负值，所以这个项目将被拒绝。与较高的贴现率相对应的贴现系数要比与较低的贴现率相对应的贴现系数低得多（比较12%贴现率的贴现系数5.65和18%贴现率的贴现系数4.494，就能看得出来）。采用较高的贴现率，实质上等于赋予前期现金流量较高的权重，而赋予后期现金流量较低的权重。从而有利于短期项目而不利于长期项目。这会导致自动化制造系统很难成为一个可行的项目，因为能够证明这项投资可行的现金收入需要经过一个更长的时期才能收到。污染防治的项目也存在着类似的问题。

图表 19A－1　　　　**1 美元现值表***

时期	2%	4%	6%	8%	10%	12%	14%	16%	18%	20%	22%	24%	26%	28%	30%	32%	40%
1	0.980	0.962	0.943	0.926	0.909	0.893	0.877	0.862	0.847	0.833	0.820	0.806	0.794	0.781	0.769	0.758	0.714
2	0.961	0.925	0.890	0.857	0.826	0.797	0.769	0.743	0.718	0.694	0.672	0.650	0.630	0.610	0.592	0.574	0.510
3	0.942	0.889	0.840	0.794	0.751	0.712	0.675	0.641	0.609	0.579	0.551	0.524	0.500	0.477	0.455	0.435	0.364
4	0.924	0.855	0.792	0.735	0.683	0.636	0.592	0.552	0.516	0.482	0.451	0.423	0.397	0.373	0.350	0.329	0.260
5	0.906	0.822	0.747	0.681	0.621	0.567	0.519	0.476	0.437	0.402	0.370	0.341	0.315	0.291	0.269	0.250	0.186
6	0.888	0.790	0.705	0.636	0.564	0.507	0.456	0.410	0.370	0.335	0.303	0.275	0.250	0.227	0.207	0.189	0.133
7	0.871	0.760	0.665	0.583	0.513	0.452	0.400	0.354	0.314	0.279	0.249	0.222	0.198	0.178	0.159	0.143	0.095
8	0.853	0.731	0.627	0.540	0.467	0.404	0.351	0.305	0.266	0.233	0.204	0.179	0.157	0.139	0.123	0.108	0.068
9	0.837	0.703	0.592	0.500	0.424	0.361	0.308	0.263	0.225	0.194	0.167	0.144	0.125	0.108	0.094	0.082	0.048
10	0.820	0.676	0.558	0.463	0.386	0.322	0.270	0.227	0.191	0.162	0.137	0.116	0.099	0.085	0.073	0.062	0.035
11	0.804	0.650	0.527	0.429	0.350	0.287	0.237	0.195	0.162	0.135	0.112	0.094	0.079	0.066	0.056	0.046	0.025
12	0.788	0.625	0.497	0.397	0.319	0.257	0.208	0.168	0.137	0.112	0.092	0.076	0.062	0.052	0.043	0.036	0.018
13	0.773	0.601	0.469	0.368	0.290	0.229	0.182	0.145	0.116	0.093	0.075	0.061	0.050	0.040	0.033	0.027	0.013
14	0.758	0.577	0.442	0.340	0.263	0.205	0.160	0.125	0.099	0.078	0.062	0.049	0.039	0.032	0.025	0.021	0.009
15	0.743	0.555	0.417	0.315	0.239	0.183	0.140	0.108	0.084	0.065	0.051	0.040	0.031	0.025	0.020	0.016	0.006
16	0.728	0.534	0.394	0.292	0.218	0.163	0.123	0.093	0.071	0.054	0.042	0.032	0.025	0.019	0.015	0.012	0.005
17	0.714	0.513	0.371	0.270	0.198	0.146	0.108	0.080	0.060	0.045	0.034	0.026	0.020	0.015	0.012	0.009	0.003
18	0.700	0.494	0.350	0.250	0.180	0.130	0.095	0.069	0.051	0.038	0.028	0.021	0.016	0.012	0.009	0.007	0.002
19	0.686	0.475	0.331	0.232	0.164	0.116	0.083	0.060	0.043	0.031	0.023	0.017	0.012	0.009	0.007	0.005	0.002
20	0.673	0.456	0.312	0.215	0.149	0.104	0.073	0.051	0.037	0.026	0.019	0.014	0.010	0.007	0.005	0.004	0.001
21	0.660	0.439	0.294	0.199	0.135	0.093	0.064	0.044	0.031	0.022	0.015	0.011	0.008	0.006	0.004	0.003	0.001
22	0.647	0.422	0.278	0.184	0.123	0.083	0.056	0.038	0.026	0.018	0.013	0.009	0.006	0.004	0.003	0.002	0.001
23	0.634	0.406	0.262	0.170	0.112	0.074	0.049	0.033	0.022	0.015	0.010	0.007	0.005	0.003	0.002	0.002	0.000
24	0.622	0.390	0.247	0.158	0.102	0.066	0.043	0.028	0.019	0.013	0.008	0.006	0.004	0.003	0.002	0.001	0.000
25	0.610	0.375	0.233	0.146	0.092	0.059	0.038	0.024	0.016	0.010	0.007	0.005	0.003	0.002	0.001	0.001	0.000
26	0.598	0.361	0.220	0.135	0.084	0.053	0.033	0.021	0.014	0.009	0.006	0.004	0.002	0.002	0.001	0.001	0.000
27	0.586	0.347	0.207	0.125	0.076	0.047	0.029	0.018	0.011	0.007	0.005	0.003	0.002	0.001	0.001	0.001	0.000
28	0.574	0.333	0.196	0.116	0.069	0.042	0.026	0.016	0.010	0.006	0.004	0.002	0.002	0.001	0.001	0.000	0.000
29	0.563	0.321	0.185	0.107	0.063	0.037	0.022	0.014	0.008	0.005	0.003	0.002	0.001	0.001	0.000	0.000	0.000
30	0.552	0.308	0.174	0.099	0.057	0.033	0.020	0.012	0.007	0.004	0.003	0.002	0.001	0.001	0.000	0.000	0.000

* $P_n = A/(1+i)^n$

图表 19A-2　　　　**1 美元欠款年金现值表***

时期	2%	4%	6%	8%	10%	12%	14%	16%	18%	20%	22%	24%	26%	28%	30%	32%	40%
1	0.980	0.962	0.943	0.926	0.909	0.893	0.877	0.862	0.847	0.833	0.820	0.806	0.794	0.781	0.769	0.758	0.714
2	1.942	1.866	1.833	1.783	1.736	1.690	1.647	1.605	1.566	1.528	1.492	1.457	1.424	1.392	1.361	1.331	1.224
3	2.884	2.775	2.673	2.577	2.487	2.402	2.322	2.246	2.174	2.106	2.042	1.981	1.923	1.868	1.816	1.766	1.589
4	3.808	3.630	3.465	3.312	3.170	3.037	2.914	2.798	2.690	2.589	2.494	2.404	2.320	2.241	2.166	2.096	1.849
5	4.713	4.452	4.212	3.993	3.791	3.605	3.433	3.274	3.127	2.991	2.864	2.745	2.635	2.532	2.436	2.345	2.035
6	5.601	5.242	4.917	4.623	4.355	4.111	3.889	3.685	3.498	3.326	3.167	3.020	2.885	2.759	2.643	2.534	2.168
7	6.472	6.002	5.582	5.206	4.868	4.564	4.288	4.039	3.812	3.605	3.416	3.242	3.083	2.937	2.802	2.677	2.263
8	7.325	6.733	6.210	5.747	5.335	4.968	4.639	4.344	3.078	3.837	3.619	3.421	3.241	3.076	2.925	2.786	2.331
9	8.162	7.435	6.802	6.247	5.759	5.328	4.946	4.607	4.303	4.031	3.786	3.566	3.366	3.184	3.019	2.868	2.414
10	8.983	8.111	7.360	6.710	6.145	5.650	5.216	4.833	4.494	4.192	3.923	3.682	3.465	3.269	3.092	2.930	2.414
11	9.787	8.760	7.887	7.139	6.495	5.938	5.453	4.029	4.656	4.327	4.035	3.776	3.543	3.334	3.147	2.978	2.438
12	10.575	9.385	8.384	7.536	6.814	6.194	5.660	5.197	4.793	4.439	4.127	3.851	3.606	3.387	3.190	3.013	2.456
13	11.348	9.986	8.853	7.904	7.103	6.424	5.842	5.342	4.910	4.533	4.203	3.912	3.656	3.427	3.223	3.040	2.469
14	12.106	10.563	9.295	8.244	7.367	6.628	6.002	5.468	5.008	4.611	4.265	3.962	3.695	3.459	3.249	3.061	2.478
15	13.849	11.118	9.712	8.559	7.606	6.811	6.142	5.575	5.092	4.675	4.315	4.001	3.726	3.483	3.268	3.076	2.484
16	13.578	11.652	10.106	8.851	7.824	6.974	6.265	5.668	5.162	4.730	4.357	4.033	3.751	3.503	3.283	3.088	2.489
17	14.292	12.166	10.477	9.122	8.022	7.120	6.373	5.749	5.222	4.775	4.391	4.059	3.771	3.518	3.295	3.097	2.492
18	14.992	12.659	10.828	9.372	8.201	7.250	6.467	5.818	5.273	4.812	4.419	4.080	3.786	3.529	3.304	3.104	2.494
19	15.678	13.134	11.158	9.604	8.365	7.366	6.550	5.877	5.316	4.843	4.442	4.097	3.799	3.539	3.311	3.109	2.496
20	16.351	13.590	11.470	9.818	8.514	7.469	6.623	5.929	5.353	4.870	4.460	4.110	3.808	4.546	3.316	3.113	2.497
21	17.011	14.029	11.764	10.017	8.649	7.562	6.687	5.973	5.384	4.891	4.476	4.121	3.816	3.551	3.320	3.116	2.498
22	17.658	14.451	12.042	10.201	7.772	7.645	6.743	6.011	5.410	4.909	4.488	4.130	3.822	3.556	3.323	3.118	2.498
23	18.292	14.857	12.303	10.371	8.883	7.718	6.792	6.044	5.432	4.925	4.499	4.137	3.827	3.559	3.325	3.120	2.499
24	18.914	15.247	12.550	10.529	8.985	7.784	6.835	6.073	5.451	4.937	4.507	4.143	3.831	3.562	3.327	3.121	2.499
25	19.523	15.622	12.783	10.675	9.077	7.843	6.873	6.097	5.467	4.948	4.514	4.147	3.834	3.564	3.329	3.122	2.499
26	20.121	15.983	13.003	10.810	9.161	7.896	6.906	6.118	5.480	4.956	4.520	4.151	3.837	3.566	3.330	3.123	2.500
27	20.707	16.330	13.211	10.935	9.237	7.943	6.935	6.136	5.492	4.964	4.524	4.154	3.839	3.567	3.331	3.124	2.500
28	21.281	16.663	13.406	11.051	9.307	7.984	6.961	6.152	5.502	4.970	4.528	4.157	3.840	3.568	3.331	3.124	2.500
29	21.844	16.984	13.591	11.158	9.370	8.022	6.983	6.166	5.510	4.975	4.531	4.159	3.841	3.569	3.332	3.124	2.500
30	22.396	17.292	13.765	11.258	9.427	8.055	7.003	6.177	5.517	4.979	4.534	4.160	3.842	3.569	3.332	3.124	2.500

*$P_n = (1/i) \times [1-1/(1+i)^n]$

练习题

复习题

19.1 资本投资基础（不考虑所得税的影响）

Kenn Day 是 Day 实验室的主管，正在调查购买一批新的测试设备的可行性。这批设备所需要的初始投资额为 300 000 美元。为了筹集这笔资金，Kenn 打算发行价值 200 000 美元的股票（这些股票每年将支付 24 000 美元的股利），并借入 100 000 美元，借款利润为 6%。Kenn 计算出他的加权资本成本为 10% ［（2/3×0.12）+（1/3×0.06）］。这一加权资本成本将作为他进行资本投资决策的利率。

Kenn 估计这台新的测试设备每年能够带来 50 000 美元的现金流入量。Kenn 预计这台设备可以使用 20 年。

要求：

（1）请计算这个投资项目的投资回收期。

（2）假定这台设备每年的折旧额为 14 000 美元，请计算这个投资项目的会计收益率（用总投资额作分母）。

（3）请计算这个投资项目的净现值。

（4）请计算这个投资项目的内含报酬率。

（5）Kenn 应该购买这台设备吗？

解答：

（1）这个投资项目的投资回收期为 $ 300 000 ÷ $ 50 000，或 6 年。

（2）这个项目的会计收益率为（$ 50 000－$ 14 000）÷ $ 300 000，或 12%。

（3）根据表 19A－2，当 i 等于 10%，n 等于 20 年时，这笔年金的贴现系数为 8.514。所以，这个投资项目的净现值为［（8.514× $ 50 000）－ $ 300 000］，或 125 700美元。

（4）与投资项目的内含报酬率相对应的贴现系数为 6.00（$ 300 000 ÷ $ 50 000）。根据表 19A－2，内含报酬率应该在 14% 到 16% 之间（根据期数 n=20 的那一行）。

（5）由于这个投资项目的净现值为正值，内含报酬率又大于 Kenn 计算出的资本成本，所以投资于测试设备是正确的。当然，这里假设 Kenn 所预计的现金流量是准确的。

19.2 有关竞争性方案的资本投资决策（考虑所得税的影响）

Weins 邮政服务公司（WPS）决定购买一辆运输用卡车。现在只有两种备选方案。每种方案的有关信息如下：

	普通卡车	高级卡车
购买成本	$ 20 000	$ 25 000
每年的运行成本	$ 3 500	$ 2 000
折旧方法	MACRS	MACRS
预计残值	$ 5 000	$ 8 000

WPS 的资本成本是 14%。公司计划该卡车使用 5 年，然后按它的残值出售，假设州和联邦的联合所得税是 40%。

要求：

(1) 请计算每一种投资方案的税后现金流量。

(2) 请计算每种投资方案的净现值，并提出投资建议。

解答：

(1) 对于轻型卡车，MACRS 准则允许它的使用年限为五年。根据其折旧率，计算每种投资方案的折旧额如下：

年份	普通卡车	高级卡车
1	$ 4 000	$ 5 000
2	6 400	8 000
3	3 840	4 800
4	2 304	2 880
5	1 152*	1 440*
合计	$ 17 696	$ 22 120

* 在资产清理的当年只允许计提半年的折旧。

用电子表格的形式计算税后的经营现金流量如下：

		普通卡车			
年份	(1−*t*) *R*	−(1−*t*) *R*	*tNC*	其他	*CF*
1	n/a	$ (2 100)	$ 1 600		$ (500)
2	n/a	(2 100)	2 560		460
3	n/a	(2 100)	1 536		(564)
4	n/a	(2 100)	922		(1 178)
5	1 618[a]	(2 100)	461	2 304[b]	2 283

[a]残值（$ 5 000）−账面价值（$ 20 000−$ 17 696=$ 2 304）=$ 2 696；0.60×$ 2 696=$ 1 618。

[b]收回的资本=账面价值=$ 2 304。收回的资本并不需要纳税——出售资产时获得的收益才需要纳税。脚注 a 说明了对出售资产获得的收益的处理。

		高级卡车			
年份	(1−*t*) *R*	−(1−*t*) *R*	*tNC*	其他	*CF*
1	n/a	$ (1 200)	$ 2 000		$ 800
2	n/a	(1 200)	3 200		2 000
3	n/a	(1 200)	1 920		720
4	n/a	(1 200)	1 152		(48)
5	$ 3 072[a]	(1 200)	576	$ 2 880[b]	5 328

[a]残值（$ 8 000）−账面价值（$ 25 000−$ 22 120=$ 2 880）=$ 5 120；0.60×$ 5 120=$ 3 072

b 收回的资本=账面价值= $ 2 880。收回的资本并不需要纳税——出售资产获得的收益才需要纳税。脚注 a 说明了对出售资产获得的收益的处理。在进行电子表格分析时，非应税的项目需要另外再加一栏。

（2）普通卡车的净现值的计算：

普通卡车的净现值的计算：

年份	现金流量	贴现系数	现值
0	$ (20 000)	1.000	$ (20 000)
1	(500)	0.877	(439)
2	460	0.769	354
3	(564)	0.675	(381)
4	(1 178)	0.592	(697)
5	2 283	0.519	1 185
净现值			$ (19 978)

高级卡车的净现值的计算：

年份	现金流量	贴现系数	现值
0	$ (25 000)	1.000	$ (25 000)
1	800	0.877	702
2	2 000	0.769	1 538
3	720	0.675	486
4	(48)	0.592	(28)
5	5 328	0.519	2 765
净现值			$ (19 537)

因为高级卡车的净现值更大，这说明在这两种车中它的运行成本最低，所以应该购买高级卡车。请注意，若两种方案的净现值均为负值，那我们选择的应是成本最低的投资方案。

问题讨论

19.1 请解释独立的资本投资方案和多项互斥的资本投资方案之间的不同之处。

19.2 请解释为什么现金流的数额和发生时间在资本投资决策中非常重要。

19.3 投资回收期和会计收益率都忽视了货币的时间价值。您说对吗？

19.4 什么是投资回收期？请列举并讨论投资回收期可以用来帮助管理者进行资本投资决策的三种可能的理由。

19.5 什么是会计收益率？

19.6 什么是资本成本？它在资本投资决策过程中所起到的作用是什么？

19.7 内含报酬率就是投资项目所能获得的真实的或实际的投资报酬率。您同意这种观点吗？请讨论。

19.8 请解释如何使用净现值来决定接受还是拒绝一个投资项目。

19.9 请说明为什么在竞争性投资方案或多项互斥的投资方案中进行挑选时，净现值法要优于内含报酬率法？请解释为什么有些管理者在多项互斥的投资方案中进行挑选时还在继续使用内含报酬率法。

19.10 为什么说准确地预测出某一潜在的投资项目的现金流量非常重要？

19.11　在第0年所应该考虑的主要的纳税事项有哪些？

19.12　请说明为什么用MACRS法计提折旧要比用直线法计提折旧更好一些。

19.13　在先进技术投资和P2机会的资本投资决定中所需要考虑的重要因素有哪些？

19.14　什么是事后审计？它是如何为未来的资本投资决策——尤其是涉及先进技术的资本投资决策——提供有用的信息的？

19.15　请说明什么是敏感性分析。在资本预算决策过程中它有什么作用？

习题

19.1　投资回收期

Jan Booth在考虑是投资储藏设备还是洗车设备。这两个项目都有5年的周期，并需要360 000美元的投资资金，每个项目的现金流模式如下所示：

储藏设备：每年的现金流量都为20 000美元

洗车设备：112 500美元；142 500美元；60 000美元；120 000美元和90 000美元

要求：

(1) 请计算储藏设备的投资回收期（平均现金流）。

(2) 请计算洗车设备的投资回收期（非平均的现金流）。基于投资回收期分析，应该接受哪项投资？请解释您的理由。

(3) 假使有第三个互斥的资本投资方案，一个洗衣设备，需要同样的投资金额，每年的现金流为150 000美元。现在，应该选择哪个项目？

19.2　净现值

Carsen Sorensen是Thayn公司的管理者，收到了关于新项目生产的数据：

预计每年的收益：750 000美元

项目生产周期：5年

设备：800 000美元，5年之后的残值为100 000美元

营运资本的预计增加量：100 000美元（在第5年年末可收回）

每年的付现经营费用：预计为450 000美元

必要报酬率：8%

要求：

(1) 请预测新产品的年现金流。

(2) 请使用预计的年现金流，计算NPV。

(3) 假使利润高估了150 000美元，重新演算NPV分析，纠正这个错误。假设经营费用保持不变。

19.3　内含报酬率

Manzer公司在考虑两个独立的投资项目：

新的自动材料处理系统，耗费900 000美元，并将在以后四年的每年年末都产生300 000美元的现金流。

计算机辅助制造系统，耗费775 000美元，将会在第一年年末和第二年年末分别产生劳动力节约成本400 000美元和500 000美元。

Manzer 公司的资本成本为 8%。

要求：

(1) 请计算第一个投资项目的内部报酬率，并且决定是否接受这个投资项目。

(2) 请计算第二个投资项目的内部报酬率，并评论它的可行性。使用 12% 作为参考指标。

(3) 假使第一个投资项目的现金流为 250 000 美元，而不是 300 000 美元。

19.4 净现值和内含报酬率

Keating 医院正在考虑两种不同的低场核磁共振（MRI）系统：Clearlook 系统和 Goodview 系统。每个项目的预计年收益、年成本、资本支出和项目周期（使用税后现金流）如下所示：

	Clearlook	Goodview
年经营收入（美元）	$ 720 000	$ 900 000
年经营成本（美元）	445 000	655 000
系统投资（美元）	900 000	800 000
项目周期	5 年	5 年

假设公司的资本成本为 8%。

要求：

(1) 请计算 Clearlook 系统的 NPV。

(2) 请计算 Goodview 系统的 NPV。应该选择哪种 MRI 系统？

(3) 假使 Keating 医院想知道为什么不将 IRR 用于投资的分析中，请计算每个项目的 IRR，并解释为什么在互斥的资本投资方案的选择中使用它是不合适的？

19.5 税后现金流

Warren 公司计划为它的一个电子产品开设新的维修中心。这个中心需要的投资的应折旧资产成本为 480 000 美元。资产使用直线折旧法，在 4 年内折旧，并且没有预计残值。中心的年利润表如下所示：

收益	$ 360 000
减去：付现经营费用	(150 000)
折旧	(120 000)
税前利润	$ 90 000
减：税收	36 000
净收益	$ 54 000

要求：

(1) 请使用收益法，计算税后现金流。

(2) 请使用分解法，计算利润表中每个项目的税后现金流，并表明其总额与收益法下的税后现金流一样。

(3) 假使在电子表格中使用分解法是有利的，并以此来促进电子表格的使用，请在电子表格中使用分解法，为利润表中的每项都列出单列数与合计数。

19.6 基本概念

Roberts 公司正在考虑一个设备的投资项目，这个项目能比现有技术更有生产效率。这个投资需要耗费 2 293 200 美元。这个设备预计能使用 5 年，并且期末没有残值，项目相关的预计现金流如下所示：

年限	现金收入	现金费用
1	$ 2 981 160	$ 2 293 200
2	2 981 160	2 293 200
3	2 981 160	2 293 200
4	2 981 160	2 293 200
5	2 981 160	2 293 200

要求：

（1）请计算项目的投资回收期。

（2）请计算项目的会计收益率。

（3）请计算项目的净现值，假使要求的回报率为 10%。

（4）请计算项目的内部报酬率。

19.7 贴现率、质量、市场份额、现代制造环境

Sweeney 制造公司有一间生产设备基本上已经报废的工厂。这些生产设备必须被替换，而 Sweeney 公司现在有两个相互竞争的方案可供选择。第一个方案是用传统的生产设备替换这些报废的设备；第二个投资方案是购置一些采用现代生产技术的设备，而且这些设备还具有计算机辅助设计和制造的功能。这两种方案的投资额和税后现金流量如下：

年份	传统的生产设备	采用现代技术的设备
0	$ （1 000 000）	$ （4 000 000）
1	600 000	200 000
2	400 000	400 000
3	200 000	600 000
4	200 000	800 000
5	200 000	800 000
6	200 000	800 000
7	200 000	1 000 000
8	200 000	2 000 000
9	200 000	2 000 000
10	200 000	2 000 000

这个公司的所有投资项目所使用的贴现率为 18%。公司的资本成本为 14%。

要求：

（1）请用 18% 的贴现率计算每一个投资方案的净现值。

（2）请用 14% 的贴现率计算每一个投资方案的净现值。

（3）这个公司在计算投资方案的净现值时，应该采用哪一个贴现率？请说明理由。

（4）现在假设，如果购买传统的生产设备，由于生产的产品质量较差（与实现自动化生产的竞争对手相比），所以就会削弱公司的竞争能力。市场部门预测市场份额的丢失会使第 3 年到第 10 年的预计净现金流入量减少 50%。请根据这些资料重新计算采用传统生产设备的投资方案的净现值。那么现在的决策是什么？请讨论在投资分析时估计无形的和非直接收益的重要性。

第20章　存货管理：经济订货批量、JIT与约束理论

学习本章之后，您可以：

①描述保险储备存货管理模型。

②讨论适时生产（JIT）存货管理。

③解释约束条件最优化决策的基本概念。

④了解约束理论，并且知道如何用它来进行存货管理。

存货过多将带来很高的成本。目前，管理存货的方法有很多，包括经济订货批量模型（EOQ）、JIT以及约束理论（TOC）等。以上三个模型都提供了降低存货成本的方法。最优存货管理方法的选择通常取决于组织的性质以及存货本身的性质。

对于大多数公司来说，存货占据了大量的投入资本。存货占用着可以高效率投入生产的闲置资金，因此，高效率的存货管理能给企业带来大幅度的成本削减。此外，质量、产品设计、价格、超额工时、产能过剩、供应客户能力（到期履约能力）、交付周期以及总体盈利能力都会受到存货水平的影响。比如，Kiowa Company是一家拥有所有生产线的机械制造商，它通过采用约束理论削减了60%的新项目启动时间，从而增加了与现有客户的交易并获得了新的客户，这给该公司带来了40%的收入增长。[①]

描述存货政策如何运用于降低成本以及帮助组织提高竞争地位是本章的主要目标。首先回顾的是保险储备存货管理(just-in-case inventory management)——一个基于存货预期需求的传统存货模型。了解这一模型的基本原理及其蕴含的概念基础有助于理解它的适用情形。理解保险储备存货管理也为掌握用于当前制造业的存货管理方法的优点提供了知识背景，这些方法包括JIT以及约束理论（TOC）。为了全面了解约束理论，有必要简要介绍一下条件最优化（线性规划）的概念。尽管本章的重点是存货管理，但是约束理论不仅仅涉及存货管理技术，所以我们又把它称为约束会计(constraint accounting)。

20.1　保险储备存货管理

存货管理与管理存货成本有关。按照存货管理流程可以将存货成本分为三类：a. 存货取得成本（不是存货本身的成本）；b. 存货持有成本；c. 缺货成本。

如果存货是外购材料或商品，那么存货取得成本即为订货成本。订货成本(ordering costs）是发出和接受订单的成本，包括处理订单的费用（办公费用和文件）、运输保险费以及装卸成本。如果材料或商品是企业自产的，那么取得成本叫做生产准备成本(setup costs)。生产准备成本是指准备与调试设备使之可以生产特定产品或零件所发生的费用，包括闲置生产工人工资、闲置生产设备成本（收入的损失）以及运行测试费用（人工、材料以及制造费用）。订货成本和生产准备成本在本质上是一样的——都是获得存货过程中所必需的成本。两者区别仅在于准备活动的性质不同（一个是填列并发出订单的费用，一个是配置并调试设备的费用）。因此，下文中

① AGI-Goldratt Institute, "TOC Success Stories: Thinking Processes," http://new.goldratt.com/tpstories.htm. Accessed, October 28, 2011.

所用的订货成本也可以视为生产准备成本。

持有成本(carrying costs) 是持有存货的成本，包括保险费、存货税费、减值、存货占用资金的机会成本、管理成本以及储存空间的相关费用。

如果需求不确定，就将会涉及第三类存货成本——缺货成本。**缺货成本**(stock-out costs) 是指没有足够存货满足客户需求时产生的成本，包括销售损失（现在的和未来的)、赶工成本（更高的运输要价、加班费等等）以及中断的生产损失。

20.1.1 持有存货的理由

有效的存货管理要求存货相关成本能得到最小化。存货持有成本的最小化，要求小规模订购或生产，然而订货成本最小化，则要求大规模、经常性的订单（生产准备成本最小化则要求批次少、时间长的生产活动)。组织在选择存货水平时，要考虑的一个重要因素是在两类成本之间进行平衡，以使订货成本和存货持有成本的总和最小，这也是组织为什么需要持有一定存货的一个重要原因。

持有一定的存货的第二个理由是为了满足不确定性的需求。如果对材料或产品的需求量远远超出了预期，那么存货可以作为一种缓冲器，使组织能够做到按时交货(从而使顾客满意)。尽管平衡此消彼长的这两类成本和应付需求的不确定性，是人们最常提起的持有存货的主要原因，但还有其他一些因素在起作用。

由于供货的不确定性，保持一定量的零件和原材料存货，通常被认为是必要的。也就是说，如果出现供货推迟或供货中断（罢工、恶劣的天气和供应商破产等都可能会引起供货中断或推迟）的情况，保持一定的零件和原材料等存货的保险储备，可以确保生产不受影响，并能继续进行。生产过程的不稳定性也要求额外多生产些存货。比如，由于生产过程可能会产生大量的不合格品，公司为了满足顾客的需求，可能会决定按照超出顾客的需要量来组织生产。同样的，如果由于机器故障而导致生产中断，为保证对顾客或下一个生产工序的持续供应，也需要持有一定的存货作为保险储备。最后，组织为了获取数量折扣或者为了避免受到未来价格上升的影响，可能会购进比正常需求量多得多的存货。图表 20-1 总结了持有存货的一般理由。需要说明的是，这些仅仅是用来说明持有存货是合理的理由，认识到这一点非常重要。因为还有许多是促进存货持有的原因。比如，利用机器和劳动率指标来考核经营业绩将导致存货水平提高。

图表 20-1　**持有存货的一般理由**

1. 平衡订货成本或生产准备成本与持有成本
2. 不确定的需求
3. 机器故障
4. 残次品
5. 缺少零部件
6. 零部件延迟到货
7. 不稳定的生产流程
8. 利用折扣
9. 套期保值以避免未来价格上升带来的不利影响

20.1.2 经济订货量：一个平衡取得成本和持有成本的模型

在图表 20-1 中列示的九种持有存货的理由中，第一个理由是与权衡取得和持有成本直接有关的。除了最后两个（与管理存货本身有关），其他理由大多数是与缺货成本直接或间接相关的。首先，我们假设不存在缺货成本，并且仅关注平衡取得和持有成本这一问题。为了提出一个应对权衡这两种成本的对策，必须强调两个基本问题：

a. 应该订购多少（或生产多少）来削减存货成本？

b. 应该何时下订单（或者完成生产准备）？

回答第二个问题以前，需要解决第一个问题。

（1）订货成本和持有成本之和的最小化

假设需求是已知的，订货（或者生产准备）成本和持有成本之和可以用以下公式描述：

$$TC = PD \div Q + CQ \div 2$$

$$= \text{订货成本（或生产准备成本）} + \text{持有成本} \qquad (20.1)$$

式中：

TC = 订货成本（或者生产准备成本）和持有成本之和

P = 一次下订单和接受订单成本（或者准备开动一次生产线的成本）

Q = 每次订货的数量（或者生产批量）

D = 已知的年需求量

C = 单位存货年持有成本

使用公式 20.1，可以计算任一持有存货组织的存货成本，尽管存货成本模型仅在制造业中使用生产准备成本和批量作为输入数据。订货或者生产准备成本是订货量（或者生产准备量）D÷Q，乘以单位订货成本或者生产准备成本。年持有成本是 CQ÷2，它是简单地用平均存货持有量（Q÷2）乘以单位持有（或者生产准备）成本（C）计算而来。假设平均存货量是 Q÷2，等价于假设存货是均匀消耗的。

公式 20.1 可以用于计算任一数量 Q 下的成本。然而，存货管理的目标是确定使得总成本最小化的订货量（或生产批量）。因此，决策变量是订货量（或生产批量）。这个使得总成本最小化的数量叫做**经济订货量**（economic order quantity，EOQ），并且由公式 20.1 推导出 Q：[①]

$$Q = EOQ = \sqrt{2DP \div C} \qquad (20.2)$$

基础 20.1 演示了 EOQ 和存货成本公式的计算过程。

基础 20.1：如何以及为何计算 EOQ

资料：

Mantener 公司为一个 DVD 播放器的主要生产商提供维修服务。以下是关于修理 DVD 播放器零件的数据（该零件从外部供应商那里购入）：

D = 25 000 件

---

① $^2d(TC)/dQ = C/2 - DP/Q^2 = 0$；因此，$Q^2 = 2DP/C$ 并且 $Q = \sqrt{2DP/C_W}$。

Q = 500 件

P = 40 美元/订单

C = 2 美元/件

为什么：

存货成本被定义为订货成本（或生产准备成本）加上持有成本的总和。订货量（或生产批量）决定存货成本。使总存货成本最小化的数量叫做经济订货批量（EOQ）。

要求：

a. 请计算 Mantener 的订货成本、持有成本以及与 500 单位订货量相关的总成本。

b. 请计算 EOQ、与之相关的订货成本、持有成本以及总成本。请比较并且评价 EOQ 与现行订货量（的优劣）。

c. 如果 Mantener 与一个供应商签订了专属供应协议，并且该供应商将以更小、更频繁的订单供给所有的需求，结果会是怎样的？在该协议下，订货成本降低至每次订货 0.40 美元。请计算新的 EOQ 并评价其影响。

解答：

a. 订单数量 = D÷Q = 25 000÷500 = 50

订货成本 = P×D÷Q = 50×＄40 = ＄2 000

持有成本 = CQ÷2 =（＄2×500）÷2 = ＄500

TC = ＄2 000 + ＄500 = ＄2 500

b. EOQ = $\sqrt{2\times25\ 000\times\$\ 40\div\$\ 2}=\sqrt{1\ 000\ 000}=1\ 000$

TC = 订货成本 + 持有成本 = ＄40×25 000÷1 000 +（＄2×1 000）÷2 = ＄1 000 + ＄1 000 = ＄2 000

相对于现有订单规模，经济订货量更大，订单次数更少，但是总成本反而低了＄500。请注意，（此时）持有成本 = EOQ 的订货成本。

c. EOQ = $\sqrt{2\times25\ 000\times\$\ 0.40\div\$\ 2}=\sqrt{10\ 000}=100$

TC = 订货成本 + 持有成本 = ＄0.40×25 000÷100 +（＄2×100）÷2 = ＄100 + ＄100 = ＄200

小量的、频繁的订单能够在很大程度上减少存货成本。这一结果预示了及时购买系统（just-in-time purchasing）的有用性。

（2）何时订货或生产

我们不仅需要知道订货多少（或生产多少），还需要知道什么时候下订单（或者为生产做准备）。避免缺货成本是决定何时下订单的关键因素。**再订货点**（reorder point）是应下新订单的时间点（或者生产准备开始时点）。它是 EOQ、交付周期以及存货耗用速率的函数。它用存货水平来表示，即当存货量达到某一水平时，将触发新订单的下达。**交付周期**（lead time）是订单下达后（或者生产准备开始时）到收到经济订货量所需的时间。

为了避免缺货成本并且使持有成本最小化，订单下达的时间应该满足在最后一单位存货投入使用时，新的存货到达企业。了解了耗用速率和交付周期，我们可以计算达到这些目标的再订货点：

再订货点 = 耗用速率×交付周期　　（20.3）

如果对零件或产品的需求量不能确切了解，那么就有可能存在缺货成本。为了避免这个问题，组织通常选择持有保险储备量。**保险储备量**（safety stock）是作为应对需求量波动而额外持有的保险性存货。保险储备量是由最大耗用速率与最小耗用速率之差乘以交付周期而得到的。对于现存的保险储备量，再订货点可以计算如下：

再订货点 =（平均耗用速率×交付周期）+保险储备量 （20.4）

基础 20.2 演示了在确定与不确定情况下的再订货点的计算。

基础 20.2：如何以及为何要再订货

资料：

Mantener 公司的 EOQ 为 1 000 件。该公司每天耗用 100 件，交付周期为 4 天。

为什么：

再订货点是 EOQ、交付周期以及存货耗用速率的函数。如果使用数量是不确定的，那么保险储备量将起到需求量波动缓冲器的作用。

要求：

a. 请用公式 20.3 计算再订货点。

b. 请用图演示出再订货点，纵轴是存货量（单位），横轴是时间（天）。从 0 时刻开始，展示两种备选方案下的经济订货量。

c. **如果**日均使用量是 100 件，但是每日最大使用量是 120 件，**结果会是怎样的？**当这一不确定需求存在时，再订货点是多少？

解答：

a. 再订货点 = 耗用速率×交付周期 = 100×4 = 400（件）。因此，一份订单应该在存货水平降至 400 件时下达。

b. 参见图表 20-2。请注意存货耗用在订货到达时发生，并且持有量回升到 EOQ 水平。

c. 存在不确定性时，保险储备量是必要的。保险储备量的计算如下：

最大需求量	120
平均耗用量	(100)
差异	20
交付周期	×4
保险储备量	80

再订货点 =（平均使用速率×交付周期）+保险储备量

=（100×4）+80

=480（件）

因此，当存货水平降至 480 件时，订单就自动下达了。

20.1.3 一个涉及生产准备的例子

同样的存货管理概念也可以运用于生产存货的制造企业的背景中。为了说明这一点，以 Expedition 公司为例，它是一个大型花园和草坪设备制造商。其堪萨斯（Kansas）的一个大工厂生产轧边机。该工厂的管理者试图决定生产轧边机的规模。他认为现在的生产批量太大了，并且希望所确定的是持有成本和生产准备成本最小化的数量。他也想避免缺货成本，因为任何的缺货都将导致工厂零售网络的问题。

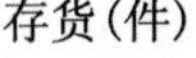

图表 20-2 **再订货点**

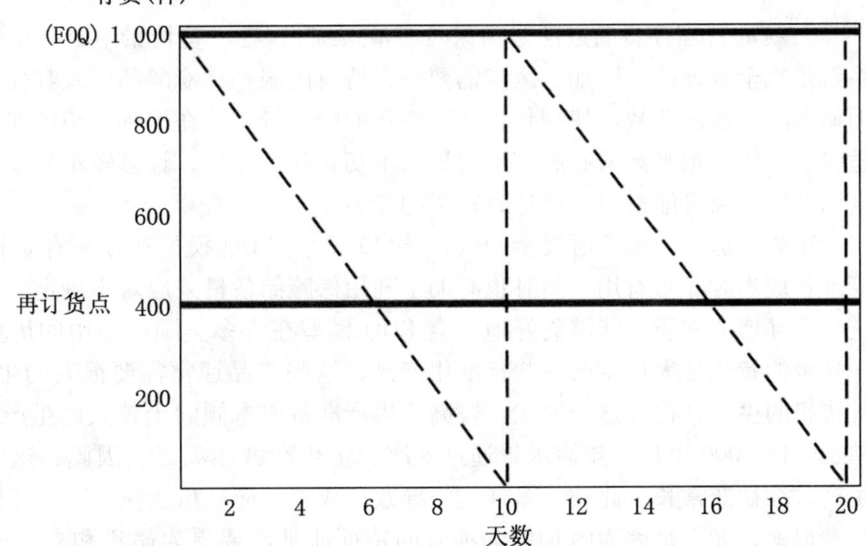

为了帮助他做决策，管理者提供了如下资料：

轧边机平均需求量：720 台/天

轧边机最大需求量：780 台/天

轧边机年需求量：180 000 台

单位持有成本：4 美元

生产准备成本：10 000 美元

交付周期：22 天

图表 20-3 **EOQ 与再订货点：**

$$\text{EOQ} = \sqrt{2DP \div C}$$

$$= \sqrt{2 \times 180\,000 \times \$\ 10\,000 \div \$\ 4}$$

$$= \sqrt{900\,000\,000}$$

$$= 30\,000\ （台）$$

保险储备量：

最大需求量	780
平均耗用量	(720)
差异	60
交付周期	×22
保险储备量	1 320

再订货点 =（平均使用量×交付周期）+保险储备量

=（720×22）+1 320

=17 160（台）

根据前述资料，经济订货量和再订货点的计算如图表 20-3 所示，从中我们可以看出，轧边机应该按照一批 30 000 台的数量生产，并且新的生产准备应在供应量降至 17 160 台的时候开始。

20.1.4 EOQ与存货管理

传统的管理存货的方法是指保险储备系统[①]。在一些情景中，一个保险储备存货系统是完全合理的。比如，医院需要一直持有内服药、麻醉药以及其他重要供应物从而确保随时实施急救。使用包含保险储备的经济订货量在这种环境中非常合理。依靠适时供应的药剂来拯救心脏病患者显然不切实际。而且，许多较小的零售商店、制造商以及服务商可能没有支持适时购买的能力。

正如轧边机的例子所展示的（图表20-3），EOQ模型在权衡存货持有成本和生产准备成本时非常有用，同时也有助于利用保险储备量来应对不确定性。通过理解传统生产环境的本质，能够更好地体会EOQ模型在许多美国产业中的历史重要性。这一环境的特点是大量生产一些标准化产品，这些产品通常需要很高的生产准备成本。轧边机的生产就符合这一模式。较高的生产准备成本倾向于较大的生产批量：30 000单位。180 000单位的年需求量通过6次批量生产就能满足。因此，这些工厂的产品生产线往往非常长。此外，多样化将导致高成本，应尽量避免。生产不同种类的产品耗费很大，尤其是因为附加的、独有的特征通常需要更为昂贵和充足的生产准备成本——这就是需要标准化生产的原因。

20.2 JIT存货管理

许多传统的、大批量、高生产准备成本的企业的生产环境在过去的二三十年中发生了巨大变化。首先，竞争市场不再具有国界划分。运输和通信业的发展极大地促进了全球竞争。技术的发展导致了更短的产品生命周期，并且产品的多样化增加了。国外企业提供的具有专业特色的更高质量、更低成本的产品给我们本土的大批量、高生产准备成本的企业带来了巨大的与提高产品质量与多样性且同时需要压缩成本的压力。这些竞争压力导致许多企业放弃了EOQ模型而选择了JIT方式。JIT有两个战略目标：增加利润和提升公司竞争地位。这两个目标通过控制成本（实现更好的价格竞争力和提高利润）、提升交付情况以及提高质量来实现。JIT提供了增长的成本效益，并且同时具有应对客户对更高质量和多样性的需求的灵活性。质量、灵活性以及成本效益是参与世界级竞争的基本原则。

适时生产存货管理（Just-in-time inventory management）是通过消除浪费来实现对生产力的持续追求。JIT是精益生产的基本的、必要的一部分。因此，当谈及JIT的实践时，实际上等同于谈论精益生产的实践。两者都拥有消除浪费的目标；精益生产在其消除浪费的方法中使用JIT概念。非增值（non-value-added）作业是浪费的主要源泉之一。在第12章，我们了解到非增值作业是非必要的或者是必要的但无效率的、有待提高的。必要的作业对于交易是基本的，或者对于客户来说是有价值的。消除非增值作业是JIT的一个主要作用，但是这也是任何一个公司在遵循持续发展路径中的一个基本目标——不论是否使用JIT。

显然，JIT不只是一个存货管理系统。然而，存货被视为浪费的代表。它们占用

① Eliyahi M. Goldratt and Robert E. Fox, *The Race* (Croton-on-Hudson, NY: North River Press, 1986).

资源、现金、空间和人工。其中也隐藏着一些无效率的工作，并且增加公司信息系统的复杂性。因此，即使 JIT 更多地关注存货管理之外的东西，存货控制仍然是一个重要的附带收益。在本章中，强调了 JIT 的存货维度。在第 11 章中，已经描述过了 JIT 的其他好处和特点。在第 12 章中，尤其强调了非增值作业的分析。

20.2.1 拉动式系统

JIT 是持续按照当前需求而供应商品，而不是基于预期需求而保持固定规模的商品存量的一种生产方法。许多快餐店，比如 Burger King，利用拉动式系统（pull system）来控制它们的成品存货。当一个客户点了汉堡包时，马上就能从烤架上拿到它。当汉堡包数量过低时，厨师将制作新的汉堡包。客户的需求通过该系统拉动材料的耗用。同样的原理也适用于制造业环境。每一道生产工序仅生产满足下一个工序所需的量。材料和组件只在生产活动开始时运到，以满足需求。

JIT 的一个效果是削减存货至非常低的水平。追求微小的存货量是 JIT 成功的关键。然而，追求微小的存货量，必然对持有存货的传统理由（见图表 20-1）提出挑战。这些理由不再被认为是有效的。

根据传统观点，持有存货解决了一些与图表 20-1 中所列理由相关的潜在问题。比如，为了解决订货成本或生产准备成本与持有成本之间的冲突问题，可以选择一个使得总成本最小化的存货量。如果市场需求多于预期，或者产量因故障和生产低效率降低，那么存货就可以作为一种保险储备，给客户提供产品，否则，可能客户将不能按时收到产品。类似地，存货可以防止因材料的延迟到货而产生的缺货成本。最后，存货通常是如何利用数量折扣达到以最低的成本购买最好的材料这一问题的解决方案。

JIT 与精益生产都不把存货视为这些问题的解决方案。实际上，JIT 方法可以视为存货的替代信息。公司必须更加仔细地追踪材料和产成品情况。JIT 存货管理提供了一种不需要大量存货的解决方案。

20.2.2 生产准备成本以及持有成本：JIT/精益方法

JIT 采用了完全不同的方法以使总的持有成本和生产准备成本最小化。传统方法承认生产准备成本的存在，然后寻找能最佳平衡这两类成本的订货量。同时，JIT 不认为生产准备成本（或者订货成本）是给定的；相反，JIT 试图将这些成本降至为零。如果生产准备成本和订货成本变得十分微小，唯一剩下的需要最小化的成本是持有成本。这一方法解释了 JIT 中将存货降为零的动力。

（1）长期合同、持续补给以及电子数据交换

订货成本可通过与供应商建立密切的关系来削减。为外部材料供给签订长期合同将明显减少订单数量以及相关的订货成本。零售商寻找到一个通过采用持续补给安排减少订货成本的方法。**持续补给**（continuous replenishment）意味着生产者替零售商承担存货管理的职责。生产者告知零售者何时再订购以及订购多少。零售者复核这一建议，并且在认为合理的情况下批准这一订货指令。

现实案例

比如，Procter & Gamble（宝洁）和 Wal-Mart（沃尔玛）就使用这一方法。[①] 这一方法为 Wal-Mart 削减了存货，并且也减少了缺货问题。此外，Wal-Mart 通常在付款之前就销售 Procter & Gamble 的商品。另一方面，Procter & Gamble 成为首选供应商，拥有更多、更好的货架空间且更小的需求不确定性。更为精准地确定需求的能力使得 Procter & Gamble 以小批量持续生产和供给——JIT 生产的目标之一。而且，因为持续补给按客户总订单增长百分比增长，Procter & Gamble 发现它的生产节约效果也增强了。

类似的方法可以用于生产者和供应商之间。

持续补给方法由电子数据交换来支撑。**电子数据交换**（electronic data interchange，EDI）允许供应商进入买家在线数据库。通过了解买家的生产计划（以生产企业为例），供应商可以及时运送所需的零件。EDI 意味着无纸化——没有购买订单或者发票。供应商使用数据库中的生产计划来决定自己的生产和运送计划。当发送零件时，电子资料从供应商发送至买家以告知其物资在途。当零件运抵时，扫描条形码，将触发货物的付款。显然，EDI 需要供应商和买家之间紧密的工作安排——他们几乎就像一个公司而不是两个独立的公司在运行。

（2）减少生产准备时间

减少生产准备时间需要公司寻找新的、更为有效的方法来完成生产准备。首先，经验表明生产时间的大幅减少是可以实现的。一个经典案例是 Harley-Davidson。通过采用 JIT，Harley-Davidson 减少了超过 75% 的机器评估的生产准备时间。[②] 在一些情形下，Harley-Davidson 能够将几小时的时间削减到几分钟。其他公司也取得了类似的效果。比如，Mercury Manufacturing 将一些生产线的生产准备时间从 51 分钟减少到了近 3 分钟（削减了 94%）。[③] 一般而言，生产准备时间至少可以减少 75%。

20.2.3 适时能力：JIT（精益）解决方案

适时能力（due-date performance）是衡量一个企业满足客户需求能力的指标。过去，企业通过储备产成品存货以确保能够按期交货。JIT 不是通过建立存货而是通过大幅削减交付周期来解决适时能力问题。更短的交付周期增加了公司按期交货以及迅速回应市场需求的能力。因此，企业竞争力得到提高。JIT 通过削减生产准备时间、提高质量以及使用单元制造来缩短交付周期。而且，由于 JIT 是精益生产的基本组成部分，JIT 实质是精益生产。因此，精益生产是 JIT 概念的逻辑拓展和整合。

制造单元能够缩短生产设备与存货之间的传送距离；它们也能对交付周期产生巨大影响。

---

① Hau Lee and Seungjin Whang, "The Whoes, and How of Inventory Design," *Supply Chain Management Review* 12, no. 8 (November 2008): 22. See also Dan Gilmore, "Supply Chain Lessons from Procter and Gamble," *Supply Chain Digest*, August, 5, 2011, http://www.scdigest.com/assets/FirstThoughts/11-08-05.php?aid=4822. Accessed October 27, 2011.

② Gene Schwind, "Man Arrives Just in Time to Save Harley-Davidson," *Material Handling Engineering* (August 1984): 28-35.

③ Michigan Manufacturing Technology Center, "Success Stories, Mercury Manufacturing Company," www.mercurymfg.com/images/stories/fruit/mercury-1.pdf. Accessed October 27, 2011.

现实案例

比如，GM Nameplate 是一家为医学设备及其他产品生产生物传感器、图形叠加、开关技术以及触摸屏幕的公司。它采用的是传统生产系统，正着力提高它的 Intaq 生产线薄膜开关的生产速度。公司的目标是提高其效率、质量和交付时间。公司最终决定为 Intaq 生产线建立制造单元。使用制造单元后，交付周期从六周缩短到了五天。此外，废品率减少了 29%，而且及时送货率从 73% 上升到 100%。① Boride Egineered Abrasives 将生产成型染色后的抛光石的交付周期从 2 ~4 周减少至五个工作日。②

这些交付周期的削减不是特例——大多数公司实施 JIT/精益生产后，都削减了 90% 的交付周期。

20.2.4 避免停工与过程的可靠性：JIT/精益方法

大多数的停工是出于以下三个原因中的一个：机器故障、残次的材料或组件，以及材料或组件的供应不足。持有存货是这三个问题的解决方法之一。

支持 JIT 方法的人认为存货并不能解决这些问题而是掩盖了这些问题。JIT 的提倡者利用湖中石头来做比喻。石头代表这三个问题，水代表存货。如果湖很深（存货量很高），那么石头将不会暴露，并且管理者可以假设它不存在。JIT 除了和供应商建立正确关系之外，还能通过强调全面预防性维护与全面质量控制来解决这三个问题。

（1）全面预防性维护

零机器故障是**全面预防性维护**（total preventive maintenance）的目标。通过更多地关注预防性维护，大多数机器故障可以避免。这一目标由于跨专业的工作观念，在 JIT 的环境下更容易实现。对一个单元工人来说，培训他或她对其运行的机器进行维护是很普遍的。鉴于 JIT 拉式生产的本质，单元工人可能有空档的生产时间。这些时间的一部分可以通过将单元工人纳入预防性维护工作来提高生产时间利用率。

（2）全面质量控制

追求零废品率是解决残次零件的方法。因为 JIT 不依靠存货来替换残次零件或者材料，所以十分强调内部生产和外部采购的质量。结果是显著的：零件退货率下降了 75% ~90%。减少残次品零件也消除了基于不可靠生产系统而持有存货的合理性。

（3）看板系统

为了保证零件或材料在需要时就可立即获得，许多企业采用**看板系统**（the Kanban system）。这是一个通过使用标记或卡片来控制生产的信息系统。看板系统负责确保所需的产品（或零件）在所需的时间以所需的数量生产（或取得）。这是 JIT 存货管理的核心。

看板系统运用塑料、黑板或 4 英尺×8 英尺的铁板作为卡片或者标记。看板通常

---

① Case Study One: "Electronic Products Manufacturing," http://www.gmnameplate.com/who_we_are/lean_manufacturing/case_study_one_electronic_products_manufacturing. Accessed October 27, 2011.

② Michigan Manufacturing Technology Center, "Success Stories, Boride Engineered Abrasives," www.nmc.edu/training/lean-business-practices/casestudyboride.pdf. Accessed October 27, 2011.

放在塑料袋里并且与零件或者一个装零件的容器系在一起。

一个基础的看板系统需要用到三种卡片：领取看板、生产看板和供应商看板。前两个看板控制生产流程中工作的进展，而第三个看板控制流程和外部供应商间的零件流动。领取看板（withdrawal Kanban）详细说明接下来的工序需从上一个工序中获取的数量。生产看板（production Kanban）详细说明上一工序应该生产的数量。供应商看板（vendor Kanban）用于通知供应商运送更多零件；它也能说明零件何时需要。这三个看板在图表 20-4、图表 20-5、图表 20-6 中分别列示。

图表 20-4 **领取看板**

物品编号	**15670T07**	前道工序
物品名称	**电路板**	**电路板组装**
计算机型号	**TR6547 PC**	
机箱容量	**8**	后道工序
机箱型号	**C**	**最终组装**

图表 20-5 **生产看板**

物品编号	**15670T07**	前道工序
物品名称	**电路板**	**电路板组装**
计算机型号	**TR6547 PC**	
机箱容量	**8**	
机箱型号	**C**	

图表 20-6 **供应商看板**

物品编号	**15670T07**	收货公司名称
物品名称	**电路板**	**个人电脑**
机箱容量	**8**	收货大门
机箱型号	**A**	**75 号**
送货时间	上午 8：30 下午 12：30 下午 2：30	
供应商名称	**Gerry Supply**	

可以用一个简单的例子来阐述看板卡片如何用于控制工作流程。假设生产一个产品需要两道工序。第一个工序（CB 装配车间）建立并测试电路板（使用 U 型生产单元）。第二个工序（最终工序）把 8 个电路板放入从外部供应商购入的待组装零件。最终产品是个人电脑。

图表 20-7 提供了个人电脑的生产流程图。图中用到看板的步骤已经标示出

来了。

图表 20-7　　　　　　　　**看板流程图**

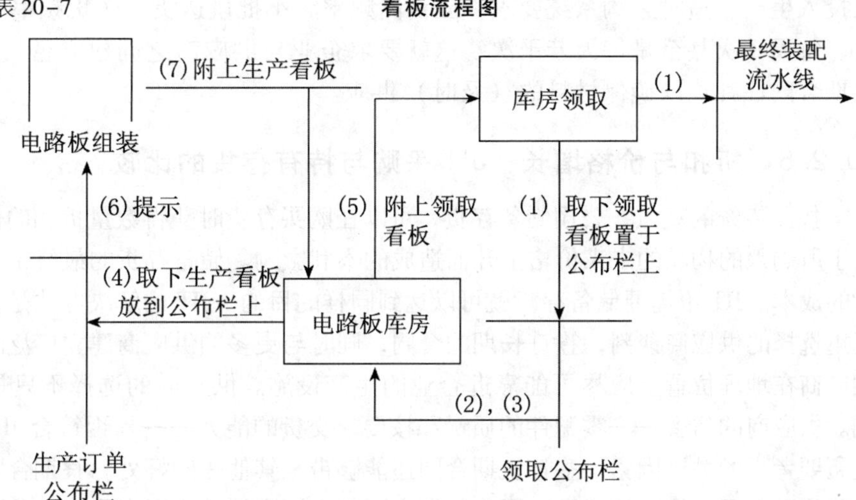

先来看看半成品在两道工序之间的流动。假设 8 个电路板放在一个容器中，该容器是放在电路板库房里的。给该容器附上一个生产看板（P 看板）。还有一个装有 8 个电路板的容器放在最终装配线附近（领取库房）并附上一个领取看板（W 看板）。现在假设生产计划需要即刻组装一台电脑。

看板系统可以描述如下：

a. 最终组装线的一位工人来到领取库房，拿走 8 个电路板，并且将它们投入生产。该工人同时拿走了领取看板并且将其置于公布栏上。

b. 公布栏上的领取看板表明，最终装配部门还需要 8 块电路板。

c. 一名最终装配线的工人（或称为搬运工的物料管理人员）从领取公布栏上取走领取看板，将它带到电路板库房。

d. 在电路板库房，搬运工从盛有 8 块电路的容器上取下生产看板，将它放在生产订单公布栏上。

e. 接下来，这名搬运工将领取看板附在盛装有 8 块电路板的容器上，并将这个容器送到最终装配线。下一台电脑的组装从此开始。

f. 放在生产订单公布栏上的生产看板提示，电路板组装工序的工人应该开始生产下一批电路板了。当一组新的电路板开始生产后，生产看板将从生产订单公布栏上取下，与正在制造的电路板放在一起。

g. 这批 8 块电路板全部完工后，被装到容器中，并将附上生产看板，然后这个容器将被运送到电路板仓库。一轮新的生产循环接着就开始了。

看板的使用可以确保后一道工序（最终组装）能够在恰当的时间从前一道工序（电路板组装）中获得所需数量的电路板。看板系统还控制着前一道工序生产的数量，使之恰好等于后一道工序所需领取的数量。这样，存货数量就可以保持在最低水平，而且零配件也能在被使用之前及时运到。

如果半成品是从外部购买的，看板的运动流程也是基本上一样的。唯一的不同之处就在于，用供应商看板取代了生产看板。放在供应商公布栏上的供应商看板向供应商表明，需要送来一批新的商品。就以电路板为例，这些外购的零件必须及时运到，以投入生产。适时采购系统要求供应商高频率、小批量送货。送货频率可以是每周一次、每天一次甚至是每天若干次，这就要求企业与供应商之间建立密切的合作关系。长期合同往往可以确保材料的（及时）供应。

20.2.5 折扣与价格增长：JIT 采购与持有存货的比较

按照传统的观点，公司储备存货，可以在购买存货时获得数量折扣的优惠，并回避由于所购入的物品的未来价格上升而造成的不利影响。储备存货的最终目的在于降低存货的成本。JIT 不需要储备存货就可以达到同样的目的。JIT 的解决办法是，与一些经过慎重选择的供应商谈判，签订长期的合同，同时与更多的供应商建立广泛的联系。这些供应商在地理位置上应尽可能靠近企业的生产设施。供应商的选择不只是以价格为基础。供应商的信誉——零配件的质量和按要求交货的能力——是否符合 JIT 采购的要求是所要考虑的关键因素。签订长期合同还能够带来其他一些好处。长期合同规定了产品的价格以及可以接受的质量水平。长期合同还大幅度地减少了发出订单的次数，从而有助于降低订货成本。JIT 采购的另一个结果是降低购买零件的成本。

20.2.6 JIT 的局限性

JIT 并不是一种简单的、可以立即购买投入使用并且立即见效的方法。JIT 的实施，与其说是一个突变的过程，倒不如说是一个渐进的过程。它需要的是耐心。JIT 常被人们认为是一种简单化了的程序——然而这并不意味着它很容易就被掌握和操作。JIT 的实施需要时间。比如，与供应商建立有效的协作关系需要时间。坚持要求供应商在送货次数和产品质量方面迅速做出改变是不切实际的，而且很有可能会导致公司与其供应商之间产生摩擦与对抗。公司与其供应商之间的关系的基础应该是合作，而不是强制。为了获得 JIT 采购所能带来的各种好处，公司有可能会单方面去调整与供应商之间的关系。如果通过强行制定双方之间的合同条款来迫使对方让步，来单方面地调整与供应商之间的关系，很可能会引起供应商的不满，而且在实际中，甚至有可能会导致供应商采取报复行为。到头来，供应商可能会寻找或开发新的市场，或者想办法提高商品的价格（比作为优先供应商时商品的售价更高的价格），或者寻求更加宽松的合同条款。对于那些缺乏耐心的公司来说，供应商的这些行为会使它们从 JIT 中获取的好处大打折扣。

员工也可能会受到 JIT 的影响。研究表明，作为保险储备的存货骤然降低后，工作流程将变得更加紧密，导致生产工人的劳动紧张程度大幅度提高。所以，有人提议存货的减少应该采用一种更为慎重、更为缓慢的方式，激发工人的独立自主感，鼓励他们更加积极、更加广泛地参与到生产经营的改进中来。存货被强制性地、过快地减少，确实会揭示一些问题——但是可能还会产生更多的问题：降低销售量同时加大工人的劳动强度。如果工人们将 JIT 简单地看成是一种榨取他们更多血汗的方法，那么推行 JIT 的努力是注定要失败的。或许推行 JIT 的一个更好的策略是使存货水平随着 JIT 对生产经营过程的不断改善而逐步降低。推行 JIT 并不是一件轻而易举的事情，它需要细致周密的计划和准备。可以预见，在推行 JIT 的过程中，公司可能会面临一些斗争和挫折。

JIT 的最大缺陷在于没有存货作为保险储备，以应付生产中断的局面。无法预料的生产中断一直威胁着公司目前的销售量。事实上，当问题出现后，JIT 的对策是在继续进行下一步的生产活动以前，努力找出并解决这些问题。采用 JIT 策略的零售商们同样面临着缺货的问题。采用 JIT 采购方式的零售商订购的是他们现在所需要的商品——而不是预期将来所要出售的商品——因为其基本的思想是使商品尽可能即时地流经该零售渠道，从而将存货保持在最低水平，并且降低减价抛售的可能性。如果顾客对商品的需求量的增加远远超出了零售商的存货的供应量，零售商就不可能迅速地对订货做出调整，从而无法避免地触怒顾客、失去销售额。

现实案例

比如，2002 年秋的一次美国西海岸的码头工人罢工事件对圣诞购物季产生了强烈影响。许多零售商受到了影响，因为为这个秋季订购的商品被锁在码头上。Toys “R” Us 目睹了 “Hello Kitty” 存货的短缺导致的惨痛的销售损失。制造商同样面临短缺的问题。比如 NUMMI（通用和丰田的美国合资企业）不得不因进口发动机和传动装置的短缺而关闭在加利福尼亚费利蒙（Fremont）的生产工厂。

然而，尽管 JIT 存在许多不足，许多零售商和制造商似乎仍偏好 JIT。显然，偶然的销售损失不及持有高水平存货量的成本高。

即便如此，我们必须承认今天的销售损失是永久性的。建立一个中断次数非常少、相对完善的 JIT，不是一项短期就能完成的工作。所以，失去的销售额就是推行 JIT 的一种实际成本。约束理论（theory of constrains，TOC）是 JIT 方法的一种替代方案，或许还是一种补充。原则上，TOC 可以和 JIT 结合起来使用。毕竟，JIT 生产环境同样存在各种约束条件。不仅如此，约束理论还有一个非常显著的优点，就是通过提高质量、减少反应时间以及降低经营成本等手段，努力提高未来的销售额，同时还能保护本期销售额不受影响。不管怎样，在介绍和讨论约束理论之前，我们需要先对约束条件下的最优化理论作一番简要的介绍。

20.3 约束条件最优化理论基本概念

制造业和服务业组织必须确定他们将生产和销售的产品组合方案。关于产品组合的决策可能对一个组织获利能力有重大影响。每一种组合代表了一种与之相关的获利水平。管理者应该选择使得总利润最大化的产品组合方案。通常的方法是，假设只有单位变动成本与产品组合决策有关，那么，假设非产量水平的成本对不同的产品组合是相同的，管理者应该选择可以带来最大边际贡献总额的产品组合方案。

如果一个企业拥有的资源不受限制，并且它所生产的每一件产品都可以销售出去，那么产品组合的决策就变得非常简单——生产无限多的产品。但不幸的是，每一个企业只拥有有限的生产资源，而且它所生产的产品的市场需求量也是有限的，这些限制被称为约束条件（constraints）。**外部约束条件**（external constraints）指来自企业外部的（比如市场需求量等）、强加给公司的限制性因素。**内部约束条件**（internal constraints）是指企业内部的（比如可供企业使用的设备的生产工时和人工生产工时等）限制性因素。尽管企业所拥有的生产资源和市场对企业产品的需求量都是有限的，但是，就某一具体产品组合方案而言，并不一定满足所有的需求或者使用了所有的可用资源。因此，对于某一具体的产品组合方案而言，如果某一有限的资源没有全部得到充分的利用，那么这样的约束条件就称为**松散约束条件**(loose constraints)。同样，如果某一有限的生产资源全部得到了利用，那么这样的约束条件就称为**严格约束条件**(binding constraint)。**约束条件最优化**(constrained optimization) 是选择使得在企业面临的约束条件下总边际贡献最大化的最优组合。当至多存在一个内部约束条件时，可以发现一些有趣的规律。

20.3.1 一项严格的内部约束条件

通常，解决约束条件最优化问题的模型由两部分构成：a. 以数学形式表达的边际贡献总额最大化目标；b. 以数学形式表达的内部约束条件和外部约束条件。最优化函数（就边际贡献总额最大化而言）叫做**目标函数**(objective function)。目标函数在数学上可以表示为单位产品边际贡献乘以每种产品的产量（用未知变量表示），最后加总所有产品的边际贡献总额。一个内部约束条件可以表述为不等式，其左边是每单位产品耗用稀缺资源数量乘以每种产品的产量再加总。不等式右边很简单，就是产品可利用资源的总量。外部约束条件的表示方法同上。基础 20.3 阐述了只有一个内部约束条件的约束条件最优化问题。单位稀缺资源的产品边际贡献是用来确定最优产品组合的控制或决定因素。

基础 20.3：如何以及为何解决单一内部约束条件下约束条件最优化问题

资料：

Schaller 公司生产两种型号的机器零件，X 和 Y，单位边际贡献率分别为 300 美元和 600 美元。首先假设 Schaller 可以卖掉所有生产的两种零件。零件 X 需要 1 小时钻孔，零件 Y 需要 3 小时钻孔。公司拥有三个机器，每周一共可以提供 120 小时的钻孔工作。

为什么：

能否实现生产边际贡献总额最大化的零件组合受到企业面临的约束条件的影响。在单一内部约束条件下，应首先考虑生产拥有最大单位稀缺资源边际贡献的产品的最大产量。

要求：

a. 请表述在钻孔时间约束下，实现边际贡献总额最大化的目标。

b. 请确定每一种机器零件应生产的最优数量和与该组合有关的边际贡献总额。

c. **如果**市场条件使得 Schaller 最多只能销售 60 单位的零件 X 和 100 单位的零件 Y，**结果会是怎样的？**请表述在该约束条件下的目标函数，并确定最优组合以及相关的边际贡献总额。

解答：

a. 目标函数：边际贡献总额（Z）最大化 $Z=\$300X+\$600Y$

需满足：$X+3Y\leqslant120$（钻孔时间约束）

b. 零件 X 的单位稀缺资源的产品边际贡献 = 300 美元（$300 单位边际贡献÷每

件 1 个钻孔小时）；

零件 Y 的单位稀缺资源的产品边际贡献=200 美元（$ 600 单位边际贡献÷每件 3 个钻孔小时）。因此应该生产 120 件（120 个钻孔小时÷每件 1 个钻孔小时）零件 X，边际贡献总额为 36 000 美元（$ 300×120）。不需要生产零件 Y。

c. 边际贡献总额（Z）最大化 Z=4 300X+4 600Y

需满足：X+3Y≤120（钻孔时间约束条件）

X≤60（零件 X 的需求约束条件）

Y≤100（零件 Y 的需求约束条件）

零件 X 的最大产量应为 60 件，耗用 60 个钻孔小时。剩余 60 个钻孔小时生产 20 件零件 Y（60÷3）。边际贡献总额 = $ 300×60+ $ 600×20 = $ 30 000。

20.3.2 多项严格的内部约束条件

一个组织所面临的严格约束条件可能不止一项，几乎所有的组织都会受到多项约束条件的限制。比如：有限的原材料、有限的人工、有限的机器工时等等。解答受到多项内部约束条件限制的产品组合问题确实要复杂得多，并且需要运用一种叫做线性规划的数学方法。

线性规划模型（linear programming model）把约束条件最优化问题表述为一组线性约束条件的线性目标函数。非负约束条件（nonnegativity constraints）仅仅表示产品的生产数量不可能为负值这一事实，通常包含在一组线性约束条件中。所有的约束条件集合在一起称为**约束条件集**（constrain set）。**可行方案**（feasible solution）是指在线性规划模型中符合所有约束条件的方案。所有可行方案的集合叫做**可行方案集合**（feasible set of solutions）。**线性规划**（linear programming）是一种在众多可能解中寻找直到找到最优解的方法。线性规划的原理允许许多方案可以不考虑。实际上，随着最终有限的几个可行方案的确定，绝大多数的方案都被排除了，从而将结果限制在有限集之内。

如果只有两种产品，那么最优解可通过作图来确定。经验显示，最优解通常都是角点。因此，一旦画出图并标明角点，那么寻找最优解只是一个计算每一个角点对应的价值并且挑选最大值的过程。以下是图解法的四个步骤：

a. 画出每一约束条件曲线。

b. 确定可行方案集合。

c. 确定所有可行方案集合区域中所有的角点。

d. 确定可以使目标函数值最大的角点。

如果所生产的产品不只两种或三种时，图解法就不适用了。幸运的是，一个称为**单纯形法**（simplex method）的计算程序可以用于解决更大型的线性规划问题。这一计算程序已经编码并且可以在电脑上解决这些大型问题。

利用图解法解决一个线性规划问题提供了解决这类问题方法的新思路，这一点可在基础 20.4 中，通过拓展 Schaller 公司的问题来详细阐述。图表 20-8 为这一拓展的问题提供了详细的约束条件数据。

图表 20-8 **约束条件数据：Schaller 公司**

资源名称	可供使用的资源	每个零件 X 的资源使用量	每个零件 Y 的资源使用量
研磨	80 个研磨工时	1 小时	1 小时
钻孔	120 个钻孔工时	1 小时	3 小时
抛光	90 个抛光工时	2 小时	1 小时
零件 X 市场需求量	60 件	1 件	0 件
零件 Y 市场需求量	100 件	0 件	1 件

基础 20.4：如何以及为何解决双变量的线性规划问题

资料：

Schaller 公司生产两种机器零件：X 和 Y，边际贡献率分别为 300 美元和 600 美元。其他资料见图表 20-8。

为什么：

两种产品的线性规划问题可以用图解法解决。约束条件被图形化了，并且最大产出价值的可行角点（最大化问题）是最优解。

要求：

a. 请用线性规划模型表述 Schaller 公司的约束条件最优化问题。

b. 请使用图解法解决要求 a 中的线性规划问题。哪些是严格约束条件？

c. 如果 Schaller 公司额外有 5 小时的钻孔时间，同时其他资源保持不变，**结果会是怎样的？**新的最优组合以及相关边际贡献总额是多少？这额外的 5 个小时产生的单位增量收益是多少，如果有的话？

解答：

a. 边际贡献总额（Z）最大化 Z= $ 300X+ $ 600Y

需满足：

内部约束条件：X+Y≤80（研磨）

X+3Y≤120（钻孔）

2X+Y≤90（抛光）

外部约束条件：X≤60

Y≤100

非负约束条件：X≥0

Y≥0

b. 图解法参见图表 20-9（明确每个约束条件的两个点，然后描点并连接就可得到规划图）。坐标点 A、B、C、D 通过分别解答其相交约束条件落在可行范围内（ABCD 区域，含边界线）的线性方程得来。

角点	X 的值	Y 的值	Z= $ 300X+ $ 600Y
A	0	0	$ 0
B	0	40	24 000
C	30	30	27 000*
D	45	0	13 500

*最优解

严格约束条件是钻孔和抛光，钻孔：30+3×30=120；抛光：2×30+30=90。

c. 只有点 C 会受到影响。同时解方程 X+3Y=125 和 2X+Y=90 可得 X=29，Y=32，代入 Z=＄300X+＄600Y，得 Z=27 900 美元。增量收益为 900 美元（＄27 900-＄27 000），单位增量收益为 180 美元（每个额外的钻孔工时使边际贡献总额增加 180 美元）。

图表 20-9　　　　**图解法**

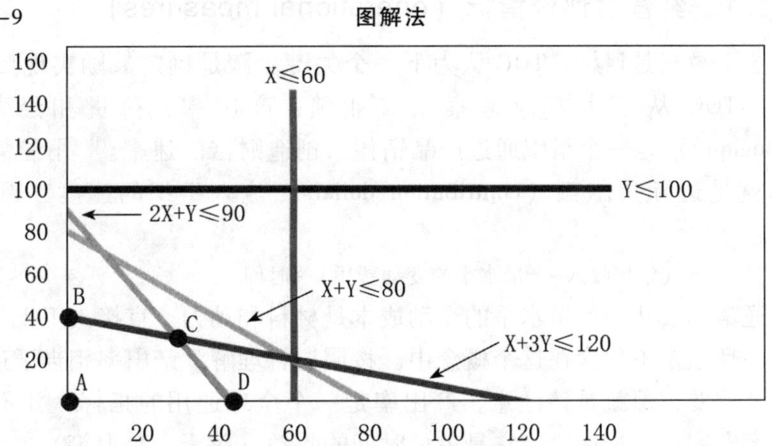

如基础 20.4 所示，线性规划模型是进行产品组合决策时的一个重要工具。基础 20.4 的要求 c 阐述了当增加了用于钻孔这一稀缺资源的严格约束条件后，总收益得到增加。这个例子也告诉我们所增加的稀缺资源的单位效益（Schaller 公司例子中，额外的钻孔工序单位小时收益为 180 美元）。使用单纯形法也能附带地得到同样的单位收益信息。单纯形法能够计算出我们所说的影子价格。**影子价格**（shadow prices）表明了额外的单位稀缺资源使得边际贡献总额增长的数量。因此，尽管线性规划模型得出了最优产品组合决策，但其真正的管理价值更多地取决于，所用的用于该模型的各种输入数据以及使用这些数据以产生更为有用的结果的方式。比如，使用线性规划模型要求管理者必须首先确定公司所面临的各种内部和外部的约束条件，内部约束条件与资源如何被产品所消耗有关；因此必须确定各种产品与资源消耗的关系。一旦各种产品的资源消耗的约束关系得到确定，管理者就可以根据这些资料从各个方面来提高公司的经营管理业绩，包括存货的管理水平。

20.4　约束理论

约束理论（theory of constraints）的目标是通过管理约束条件来实现现在和未来的盈利。约束理论（TOC）认为任一组织（或系统）的业绩都受到其约束条件的限制。在经营期间内，每个系统至少都有一个限制产量的约束条件。约束理论形成了一个管理约束条件以支持持续发展目标的特殊方法。然而，TOC 关注系统层面（system-level）持续发展的效用。每一个公司（或系统）相当于一个链条。每个链条有一个最薄弱的环节，这一环节可能限制作为一个整体的链条的业绩。最薄弱环节受系统约束并且是提升组织总体绩效的关键。为什么呢？因为忽视了这个环节，而去改进其他的环节，不仅要花费大量的金钱，而且可能不会对整个系统业绩的提高有任何帮助。反之，如果加强了系统的最薄弱的环节，系统的业绩就能得到提高。但是，有时，加强了一个最为薄弱的环节又会将重点转移到另一个成为最薄弱的环节上。现在这个新的约束条件成了整个系统的关键性约束条件，而且必须得到加强，从而进一步提高整个系统的业绩。因此，约束理论也可以被看成是一种使系统不断得到改进的方法。

20.4.1 经营性评价指标（operational measures）

鉴于盈利是目标，TOC 认为下一个关键步骤是确定鼓励实现目标的经营性评价指标。TOC 从三个方面考察系统业绩：产出率、存货和经营费用。**产出率**（throughput）是一个组织通过产品销售来创造财富的速率。[①] 用经营术语来表达，产出率就是边际贡献额（contribution dollars）流入组织的速度。因此，我们将其定义为：

产出率 =（销售收入-产量水平的变动费用）÷时间 (20.5)

通常，公认的产量水平的变动成本是材料和动力。直接人工视为产量水平的固定成本并且通常不包含在这个概念中。按照这种理解，产出率相当于边际贡献额。有一点非常重要，那就是请注意，产出率是一个全球通用的指标，并不具有地域性。最后，产出率是一种速度。它是单位时间的收益（每天、每月等）。

存货（inventory）是组织在将原材料转化成产出的过程中所投入的全部资金。用经营术语表达，存货就是组织中所有准备出售的资产所占用的资金。这样，就将传统的存货的概念扩大到了包括诸如设备等各项固定资产在内（这些资产在它们的使用寿命结束时最终会被出售）。根据 TOC 的观点，存货指的是那些投入到各个资产项目中的、不必马上使用的资金。因此，存货是在组织内正在使用的资金。

经营费用（operating expenses）的定义则是组织在将存货转化成产出率的过程中所投入的全部资金。因此，经营费用就指除了存货占用的资金以外的全部的支出，包括直接人工成本和所有的经营及维修费用。所以，产出率是反映公司资金流入的指标，存货是反映公司资金占用的指标，经营费用是反映公司资金流出的指标。以上述三种业绩计量指标为基础，管理的目标可以表述为：提高产出率、使存货数量最小化以及降低经营费用。

通过达到这些目标，以下三个传统的财务业绩指标会受到有利的影响：净利润和投资报酬率将得到提高，现金流量将得到改进。在 TOC 的三个影响因素中，产出率被认为是改善财务业绩指标的最重要的因素，存货次之，最后是经营费用。为什么这样排名的理由显而易见。经营费用和存货最多可以降低至零（尽管存货数量较大），而产出率实质上没有上限。增加产出率并且减少经营费用一直被视为改善这三个绩效指标的关键因素；然而，使存货数量最小化在实现上述财务指标改善的过程中所起的作用，一直被认为是不如产出率和经营费用所起的作用那么重要。

与传统的保险储备观点相比，约束理论和 JIT 一样，赋予了存货管理更多的职能。TOC 认为，存货水平的降低，可以减少存货持有成本，进而减少经营费用，增

---

① 这一定义是根据 Eliyahi Goldratt 和 Robert Fox 在 The Race 中的研究给出的。其他有关约束理论的定义和基本概念也是基于他们的研究给出的。

加净利润。但是，TOC 还认为，降低存货水平，通过使公司拥有更好的产品、更低的价格以及应对顾客需求的更好的反应能力，有助于增强公司的市场竞争力。

（1）更好的产品

更好的产品意味着更高的质量。它同时还意味着公司有能力进一步改进产品，并将这些改进后的产品迅速投放市场。较低水平的存货与产品质量之间的关系，在 JIT 那一节的内容中已经做了详细的论述。从本质上来说，降低存货水平，可以让我们及时地发现产品缺陷、找出问题产生的原因。

产品改进也是一项关键性的竞争因素。新产品或改进后的产品需要尽快地投放市场——赶在竞争者能够提供具有相似性能的产品以前。保持较低水平的存货，有助于这一目标的实现。因为在推出新产品以前，需要处理或出售的旧产品（库存产品或加工过程中的在产品）较少。所以存货水平较低可以使公司的产品更新得更快。

（2）较低的价格

较高的存货水平意味着需要拥有更大的生产能力，所以需要在生产设备和场地上投入较多的资金。由于交付周期常常是和大量的在产品存货联系在一起的，所以较高的存货水平往往会导致加班加点。而加班加点当然会提高经营费用，降低盈利能力。较低的存货水平，可以减少存货持有成本、单位存货所占用的资金的机会成本以及其他经营费用，如加班费、特殊装运费用等。通过减少存货所占用的资金额与降低营业成本，可以提高每一种产品的单位边际贡献额，从而使公司在产品价格决策过程中拥有更大的灵活性。

（3）提高交付能力

按时交货、用比市场所要求的更短的交付周期生产出商品，是参与市场竞争的重要手段。企业能否准确地预测生产和交货所需时间决定了企业能否按时交货。如果企业的存货水平高于它的竞争对手，那么企业的交付周期可能比整个行业所预计的交付周期要长。较高的存货水平可能会掩盖完成一批订单实际所需要的时间。较低的存货水平可以让我们更加细致地观察出实际交付周期的长短，从而提供一个更加准确的交货日期。缩短交付周期同样是十分关键的。缩短交付周期等于减少了在产品存货。如果某公司持有 10 天的在产品存货，那么它的平均交付周期就是 10 天。如果这个公司能将交付周期缩短到 5 天，那么这个公司就只持有 5 天的在产品存货。随着交付周期的缩短，减少产成品存货的数量也就成为可能。比如，如果某一产品的交付周期为 10 天，市场要求公司一次性交货，那么平均而言，公司必须持有 10 天的产成品存货（外加一些存货保险储备以应付需求的不确定性）。假定公司能将这种产品的交付周期缩短到 5 天，那么，公司产成品存货也可以减少到 5 天。因此，存货水平的高低能够反映出公司对市场的反应能力。与竞争对手相比，存货水平偏高会使公司处于竞争劣势。所以说，TOC 强调通过缩短交付周期来降低存货水平。

20.4.2 提升业绩的五个步骤

约束理论运用五个步骤来实现提升组织业绩的目标：

a. 确定组织所受到的约束条件。

b. 充分利用受到严格限制的资源。

c. 让其他一切工作都服从于步骤 b 所做出的决策。

d. 努力改善组织的严格约束条件。

e. 重复上述过程。

（1）步骤1：确定组织所受到的约束条件

步骤1与我们前面所描述的线性规划的过程是一样的。内部和外部约束条件被确定下来以后，最优的产品组合方案也就被确定了下来，即在满足组织所有的约束条件的前提下，能使产出率最大的产品组合就被认为是最优产品组合方案。最优产品组合方案揭示出了每种有限的资源的利用程度，以及在组织所有的约束条件中，哪些是严格的约束条件。

（2）步骤2：充分利用受到严格限制的资源

充分利用任何一种受到严格限制的资源的一种方法是，确保按照最优产品组合方案组织生产。然而，充分利用受到严格限制的资源，比简单地确保按照最优产品组合方案组织生产的含义要广泛得多。这一步骤是 TOC 概念中短期约束条件管理原理的核心，直接关系到 TOC 所追求的降低存货水平、改进经营业绩的目标能否实现。

大多数组织只受到很少的几项严格约束条件的限制。其中最主要的严格约束条件可定义为**鼓手**(drummer)。比如，假定只存在一项内部严格约束条件，由于缺少其他严格约束条件，很自然，这项约束条件就是所谓的鼓手约束条件。鼓手约束条件的生产率决定着整个工厂的生产率。需要由鼓手约束条件提供半成品才能进行生产的下游工序，自然地不得不按照它的生产率组织生产。所以下游工序的生产安排比较简单。一旦零件在鼓手工序加工完成，下游工序就可开始进行加工生产。同样，由于后一道工序的加工作业只有在前一道工序的生产加工完成后才能开始进行，所以向鼓手约束条件提供半成品的上游工序，也要按照与鼓手约束条件相同的速率来安排生产。根据鼓手约束条件的生产速率安排生产，可以避免上游工序过剩的生产能力生产出过剩的在产品。

在对上游生产工序进行生产安排时，为了实现降低存货水平和提高组织业绩的目标，TOC 运用了另外两种方法来管理组织的约束条件：保险储备（*buffers*）与控制索（*ropes*）。首先，在主要的严格约束条件之前的工序建立存货保险储备。这种存货保险储备又称为*时间缓冲*。**时间缓冲**（time buffer）是指能使受约束的资源在特定的时间间隔内充分利用所需要的存货。建立时间保险储备的目的在于使组织的产出率不受任何可以在一定的时间内恢复生产的中断影响。比如，如果解决大多数鼓手约束条件的上游工序发生的生产中断，需要花费 1 天的时间，那么建立 2 天的保险储备量足以保证产出率不会因为生产的中断而减少。所以在生产安排上，对于鼓手约束条件的前一道工序，应比计划使用时间提前 2 天生产鼓手资源所需要的零件（前一道工序现在生产的产品应该是鼓手工序计划两天后使用的零件）。任何前面的工序都应该及时追溯安排，以使它生产的零件能在后续工序需要时及时到达。

控制索（ropes）是为了保证原材料投入生产（第一道生产工序）的速率与受约束资源限制的生产工序的生产率相适应而采取的措施。采用控制索的目的在于确保在产品存货的数量不会超过时间缓冲所需要的数量。这样，鼓手工序的生产速率就被用来制约原材料的投入速率，并有效地对第一道生产工序的生产率进行控制。第一道生产工序的速率又制约着后面生产工序的生产率。所以，TOC 的存货管理制度通常被称为**鼓-保险储备-控制索系统**（drum-buffer-rope system，DBR）。图表 20-10 给出了 DBR 的一般结构。基础 20.5 阐释了具体案例下的 DBR 结构。

图表 20-10　**鼓-保险储备-控制索系统：一般描述**

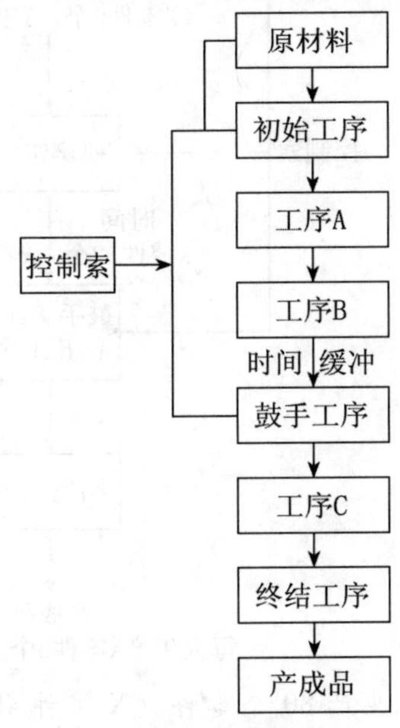

基础 20.5：如何以及为何建立鼓-保险储备-控制索系统

资料：

参考图表 20-8 和基础 20.4 的资料，另外已知 Schaller 公司整个生产过程由三道连续的工序构成：研磨、钻孔和抛光。最优产品组合为每周生产 30 件零件 X 和 30 件零件 Y。假设每个星期的 5 个工作日内，市场对每个零件的需求量是均匀的，并且 Schaller 公司要求 2 天的缓冲时间。

为什么：

主要的严格约束条件决定了生产率（充当鼓手的角色）。保险储备保护了企业的产出率，而控制索确保在产品存货的数量不会超过时间缓冲所需要的数量。

要求：

a. 请识别公司的鼓手、生产率、时间缓冲及控制索。

b. 请列出 Schaller 公司的 DBR 结构。

c. 如果研磨部门被允许或被鼓励充分发挥它的生产效率，结果会是怎样的？这对在产品数量会有怎样的影响？

解答：

a. 严格约束条件：钻孔和抛光。由于钻孔工序为抛光工序提供半成品，所以钻孔工序为该工厂的鼓手约束条件。生产率为每个零件每天生产 6 件（30÷5）。2 天的时间缓冲要求研磨工序提供 24 个加工完毕的零件：X 零件 12 个，Y 零件 12 个。为了确保作为时间缓冲的存货量的增加速率不超过每种零件每天6个的速率，应该对原材料投入第一道工序——研磨工序的速率加以控制，以确保研磨工序每天每种零件只能加工6个。

b. 见图表20-11。

图表20-11　**鼓-保险储备-控制索系统：Schaller Company**

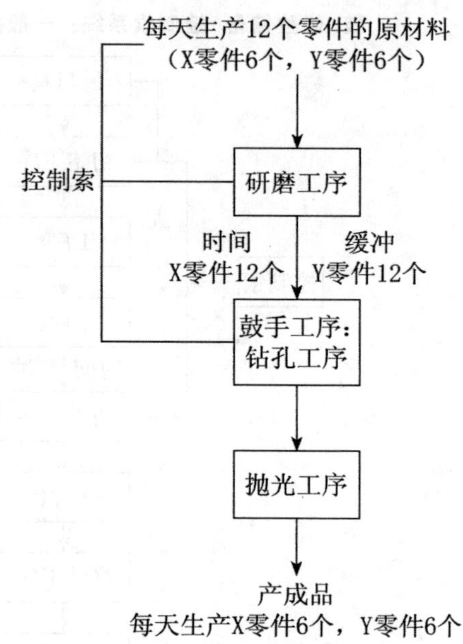

c. 研磨部门每周能生产80个零件（X零件40个，Y零件40个），能使钻孔部门之前的保险储备每周增加20个零件，形成持续的在产品存货堆积。

（3）步骤3：让其他一切工作都服从于步骤2所做出的决策

基础20.5显示，鼓手约束条件从根本上限定了整个工厂的生产能力。其他所有部门都应该服从鼓手约束条件的需要。这项原则要求公司改变它们原来观察问题的方式。比如，仅仅衡量单个部门的生产效率已经没有什么意义了。正如基础20.4列示的，鼓励研磨部门充分发挥它的生产效率，会形成过多的在产品存货。研磨部门的生产能力是每星期80个组件，作为2天的保险储备的存货已经到位，那么研磨部门能使钻孔部门之前的保险储备每周增加20个组件。在一年内，存在形成大量在产品存货的可能性（在50周内这两种组件的保险储备将增加1 000个）。

（4）步骤4：努力改善组织的严格约束条件

一旦已经采取行动对现有的各种约束条件进行充分的利用后，接下来的步骤是要着手实施一项持续的改善计划，其内容是减少严格约束条件对组织经营运作的限制。可是，如果组织所面临的严格约束条件不止一项时，应该首先改善哪一项呢？比如，在Schaller公司中存在着两项严格的内部约束条件：钻孔加工约束条件和抛光加工约束条件。在这种情况下，其原则是应该增加使产出率增加得最多的那项受到限制的资源。计算影子价格有助于做出决策。该例中，钻孔工时和抛光工时的影子价格分别是180美元和60美元，所以，Schaller公司应该努力打破钻孔工时的约束，因为它所带来的产出率更高。

假设，Schaller 公司为钻孔部门增加了一半的生产力，使得每周打孔时间从 120 小时提高到 180 小时。那么产出率将提高 10 800 美元（180×60 个额外的打孔工时），达到 37 800 美元。另外，最优生产组合将变成生产 18 件零件 X 和 54 件零件 Y，读者可以自行验算。提高一半的生产力有价值吗？为了回答这一问题，我们需要比较提高生产力的成本和增加的产出率。假设人工成本——为 50 美元每加班一小时（对所有的员工都是如此）——那么增量成本为 3 000 美元，由此可见，决定提高生产力是个不错的选择。

（5）步骤 5：重复上述过程：是否有新的约束条件限制了产出率？最终，原来有限的钻孔加工工时不再是一项严格的约束条件。比如，假定公司为钻孔加工工序增加一个班次，使可供利用的钻孔工时增加到了 240 个小时。新的约束条件集见图表 20-12。请注意，这时的钻孔时约束条件不再对最优的产品组合方案的决策产生什么影响。这时，研磨工序的约束条件和抛光工序的约束条件都可能会成为新的鼓手约束条件。一旦新的鼓手约束条件被确定下来，那么就要重复进行上面的这一过程（步骤 5）。我们要实现的目标是通过管理约束条件，使公司的业绩不断得到改善。不要由于惰性而形成一个新的约束条件。现在应该将工作重点放在下一个最薄弱的环节。

图表 20-12　　**Schaller 公司新的约束条件集**

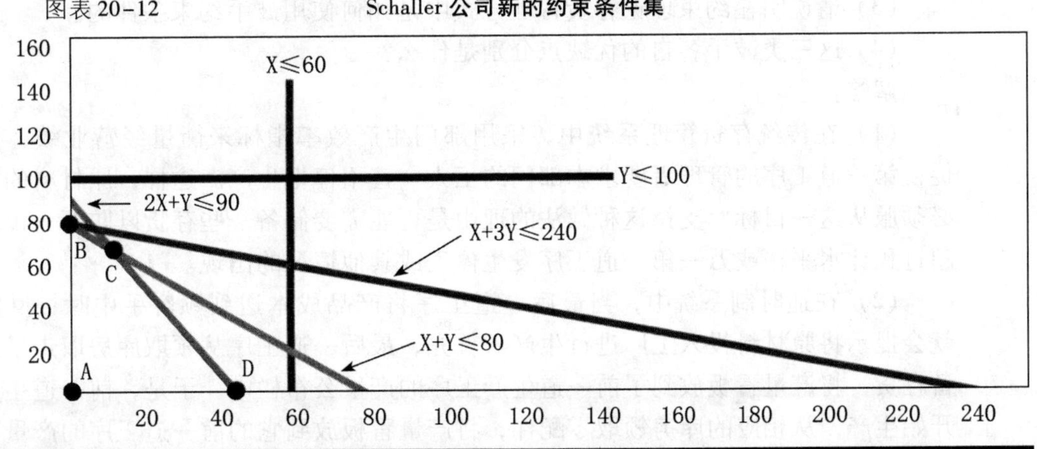

练习题

复习题

20.1　经济订货批量（EOQ）

Verijon 公司每年使用 15 000 磅的塑料制品来生产塑料杯子。下每个订单的成本为 10 美元，每年储存一磅塑料制品的成本为 0.30 美元。Verijon 公司平均每天使用 60 磅的塑料制品。从下订单到收到货品需要花费 5 天。

要求：

（1）请计算 EOQ。

（2）请在 EOQ 下计算每年的订购成本和储存成本。

（3）再订货点（ROP）是在什么时候?

解答:

（1）$EOQ = \sqrt{2DP \div C}$

$= \sqrt{2 \times 15\ 000 \times 10 \div 0.30}$

$= \sqrt{1\ 000\ 000}$

$= 1\ 000$

（2）订货成本 = P×（D÷Q）=（15 000÷1 000）×＄10 = ＄150

储存成本 = C×（Q÷2）=（1 000÷2）×＄0.30 = ＄150

（3）ROP = 60×5 = 300 磅（每当存货量降到这个水平，就应该下订单）

20.2 适时制、鼓–保险储备–控制索系统

在适时制和适时制存货管理系统中也存在着鼓手——决定整个工厂的生产率的因素。对适时制系统来说，鼓手就是第一道生产工序的过剩的生产能力。对于适时制系统来说，鼓手就是市场需求量。

要求:

（1）请解释为什么适时制系统中的鼓手是第一道生产工序的过剩的生产能力?

（2）请解释市场需求是如何控制整个适时制生产系统的。

（3）请说明在约束理论存货管理方式中是如何使用鼓手约束条件的。

（4）这三类鼓手各自的优缺点分别是什么?

解答:

（1）在传统存货管理系统中，采用部门生产效率指标来衡量经营业绩，这就会促使第一道工序的管理者要求本部门的工人一直不停地生产。这样，原材料的投放就必须服从这一目标。支持这种做法的理由是可能需要储备一些存货以防万一市场需求超过预计水平，或万一第一道工序发生停工或其他情况的出现。

（2）在适时制系统中，当最后一道工序将产品成本送到顾客手中时，反馈信息就会提示将原材料投入工厂进行生产。首先，最后一道工序从领取库房取走了缓冲储备存货，将产量看板放到了前一道生产工序的产量公布栏中。于是，前一道生产工序开始生产，从相应的库房领取零配件，将产量看板放到它的前一道工序的产量公布栏中。这一过程不断重复——直到回到第一道生产工序。

（3）鼓手约束条件制约着整个工厂的生产率，使它与自己的生产率相适应。对于鼓手约束条件后面的工序，这一过程是自动实现的。但是对于鼓手约束条件前面的工序，对生产率的控制是通过将鼓手约束条件的生产率与第一道生产工序的生产率相挂钩来实现的。在鼓手约束条件的前一道生产工序还设置了存货的时间缓冲，以保护产出率不受生产中断的影响。

（4）过剩的生产能力作为鼓手约束条件，一般会生产出过剩的存货。这些存货可以用来保护本期的产出率。然而，这些存货会占用大量的资本，而且常常会掩盖一些问题，如较差的质量、较差的按时交货能力以及生产缺乏效率等。由于这种做法代价较高，而且常常会掩盖一些关键性的生产问题，所以这种适时制方式对公司的竞争能力造成了损害，可能会对公司未来的产出率构成威胁。适时制系统大幅度地减少了存货的数量——只在每道工序前设立了很少的存货缓冲储备，作为调节生产流程和提

示生产何时开始进行的一种手段。适时制方式由于没有掩盖这些问题，而是最终地解决了它们，所以具有非常明显的优势。然而，在纠正这些问题时，暴露出的这些问题常常意味着公司当前的产出率的丧失。由于公司采取措施提高了它的生产经营能力，所以未来的完工受到了保护。约束理论在关键性的约束条件前设置了存货的时间缓冲，这些缓冲存货足以保证当其他工序发生生产中断时发挥作用。一旦这个问题解决了，其他资源约束条件通常拥有过剩的生产能力来弥补停产时间内的产量损失。这样本期的产出率就得到了保障，而且由于约束理论采用了和适时制一样的方式——揭露问题和解决问题，未来的产出率也得到了保障。约束理论可以看做适时制方式的一种发展——克服了产出率损失的问题，而保留了适时制其他的特性。

问题讨论

20.1　什么是订货成本？什么是生产准备成本？什么是存货持有成本？对每种成本都请举例说明。

20.2　请解释为什么根据传统的存货管理的观点，存货持有成本随着订货成本的下降而上升。

20.3　请讨论持有存货的传统理由。

20.4　什么是缺货成本？

20.5　请说明如何使用保险储备来应付市场需求的不确定性。

20.6　什么是经济订货批量（EOQ）？

20.7　适时制采用什么方法使存货的总成本达到最小？

20.8　持有存货的其中一条原因是为了避免停工，适时制存货管理方式是如何处理这一潜在的问题的？

20.9　请说明看板系统如何有助于减少存货。

20.10　请说明与供应商之间的长期的、建设性的关系是如何减少原材料的取得成本的。

20.11　什么是约束条件、内部约束条件和外部约束条件？

20.12　请说明用图形法解决线性规划问题的一般步骤。当产品不止两三种时，应该采用哪种方法来解决这类问题？

20.13　请给约束理论中用来衡量组织的经营业绩的三个指标下定义，并加以讨论。

20.14　请说明为什么减少存货数量可以生产出质量更好、价格更低的产品以及提高公司对顾客需求的反应能力。

20.15　约束理论用来提高公司经营业绩的五个步骤是什么？

习题

20.1　EOQ

Thomas 公司是一家生产加热装置的公司。下面是有关用于生产其产品的零件的价格（从外部供应商处购得）：

D = 12 500

Q=250

P=45 美元

C=4.5 美元

要求：

（1）请计算 Thomas 公司的订货成本、存货储存成本、一个有 250 单位零件的订单的总成本。

（2）请计算 EOQ 和与其相关的订货成本、存货储存成本和总成本。比较 EOQ 和现有的订单数量，并对此发表评论。

（3）假使 Thomas 公司与一个提供所有小而频繁的订单的供应商签订了一个专有的供应合同，根据这个合同，订货成本降低至 0.45 美元/订单。请计算新的 EOQ，并对其影响发表评论。

20.2 约束优化：一个内部严格约束条件

Patz 公司生产两种类型的机器配件：配件 A 和配件 B，每单位产品的边际贡献分别为 300 美元和 600 美元。首先假使 Patz 能够销售出它生产的所有零件。零件 A 需要 2 小时的装配时间，零件 B 需要 5 小时的装配时间。公司每个礼拜能提供 300 小时的装配时间。

要求：

（1）受制于装配时间的约束，请表示总边际贡献最大化的目标。

（2）请计算出每种机器零件应该生产的最优值，在生产这个组合时获得的总边际贡献。

（3）假使在现在的市场条件下，Patz 公司最多能销售出零件 A 的 75% 和零件 B 的 60%。请表达目标函数和与它相关的约束条件，并且计算最优的生产组合和此时的总边际贡献。

20.3 鼓-保险储备-控制索系统

Fisher 公司有三个连续的流程：切割、焊接、装配。假设最佳组合为，零件 A=0 单位/星期；零件 B=30 单位/星期。需求量在 5 天工作内平均分布、Fisher 需要 2.5 天的时间缓冲。

要求：

（1）请说明鼓手、生产率、时间缓冲。

（2）请举例说明 Fisher 公司的 DBR 结构。

（3）假设焊接部门允许或者被鼓励按生产能力来生产。这将对在产品存货有什么影响？

20.4 看板系统、电子数据交换（EDI）

Hales 公司生产某种产品需要经历两道工序。第一道工序生产出零件 A；第二道工序，零件 A 和外购的零件 B 组装成最终的产成品。为了简单起见，假定组装 1 件最终的产成品所需的时间与生产 1 个零件 A 所需的时间相同。零件 A 放入一个容器中，被送到一个称为零件库房（SB 库房）的地方，并将一块产量看板放在该容器上。第二个容器，也装有一个零件 A，放在装配线附近（称为领取库房）。该容器上放着一块领取看板。

要求：

（1）请说明如何利用领取看板和产量看板卡片来控制两道工序之间的工作流程。这种方法如何使存货数量最小化？

（2）请说明如何用供方看板卡片来控制外购零件的流通。对于与供应商的关系来说，这种做法有什么意义？持续供给系统和电子数据交换系统在这一过程中发挥了什么作用（如果有的话）？

Supplements Request Form (教辅材料申请表)

Lecturer's Details（教师信息）			
Name: (姓名)		Title: (职务)	
Department: (系科)		School/University: (学院/大学)	
Official E-mail: (学校邮箱)		Lecturer's Address / Post Code: (教师通讯地址/邮编)	
Tel: (电话)			
Mobile: (手机)			

Adoption Details（教材信息） 原版□ 翻译版□ 影印版 □			
Title: (英文书名) Edition: (版次) Author: (作者)			
Local Puber: (中国出版社)			
Enrolment: (学生人数)		Semester: (学期起止日期时间)	
Contact Person & Phone/E-Mail/Subject: (系科/学院教学负责人电话/邮件/研究方向) (我公司要求在此处标明系科/学院教学负责人电话/传真及电话和传真号码并在此加盖公章。) 教材购买由 我□ 我作为委员会的一部份□ 其他人□[姓名：] 决定。			

Please fax or post the complete form to（请将此表格传真或邮寄至）：

CENGAGE LEARNING BEIJING
ATTN : Higher Education Division
TEL: (86) 10-82862096/ 95 / 97
FAX : (86) 10-82862089
ADD: 北京市海淀区科学院南路 2 号
融科资讯中心 C 座南楼 12 层 1201 室 100080